W0087169

Vorwort

Mit dem Lehrbuch *Allgemeine Wirtschaftslehre für den Bankkaufmann/die Bankkauffrau* haben wir die Zielsetzungen des für diesen Ausbildungsberuf zum 1. August 2020 in Kraft getretenen bundeseinheitlichen Lehrplans konsequent umgesetzt. Ausgangspunkt sind die dort aufgeführten Lernfelder:

- Die eigene Rolle im Betrieb und im Wirtschaftsleben mitgestalten (Lernfeld 1)
- Marktmodelle anwenden (Lernfeld 6)
- Gesamtwirtschaftliche Einflüsse analysieren und beurteilen (Lernfeld 10)

Handlungsorientierte Ausbildung in Schule und Betrieb stellt Auszubildende, Ausbilderinnen und Ausbilder sowie Lehrerinnen und Lehrer vor vielfältige Anforderungen. Die Vermittlung von Schlüsselqualifikationen rückt zunehmend in den Vordergrund pädagogischer Zielsetzungen. Die Anforderungen an die Bankkauffrau/den Bankkaufmann erweitern sich. „Neue Banker" benötigen zusätzliche Qualifikationen: Kommunikations- und Kooperationsfähigkeit, digitale Kompetenz und die Fähigkeit, sich selbstständig Wissen anzueignen. Für die angestrebte berufliche Handlungskompetenz ist die Bereitschaft und Fähigkeit, auf der Grundlage fachlichen Wissens und Könnens Aufgaben und Probleme zielorientiert, sachgerecht, methodengerecht und selbstständig lösen zu können, eine unabdingbare Voraussetzung.

Die Lernfelder der Bankbetriebslehre, die von beruflichen Aufgabenstellungen und Handlungssituationen ausgehen, erfahren in der Allgemeinen Wirtschaftslehre ihre Einbindung in einen rechtlichen und gesamtwirtschaftlichen Bezugsrahmen. In Lernfeld 1 entwickeln die Schülerinnen und Schüler die Kompetenz, ihre Rolle im Ausbildungsbetrieb und als Verbraucher im Wirtschaftsleben selbstverantwortlich wahrzunehmen und mitzugestalten. Dazu benötigen sie grundlegende Kenntnisse im Wirtschafts-, Sozial- und Arbeitsrecht. In Lernfeld 6 geht es um die Kompetenz, Marktmodelle miteinander zu vergleichen und auf reale wirtschaftliche Erscheinungsformen hinsichtlich grundlegender Problembereiche wie z.B. Marktmacht, Wettbewerb und faire Preisbildung anzuwenden. Bei der Beschäftigung mit dem Lernfeld 10 erwerben die Schülerinnen und Schüler die Kompetenz zur Analyse gesamtwirtschaftlicher Entwicklungen und nehmen dabei wirtschaftspolitische Fragestellungen vor dem Hintergrund ökonomischer und ökologischer Aspekte in den Blick. Insgesamt werden durch die Beschäftigung mit den drei Lernfeldern die Voraussetzungen für eine selbstbestimmte Rollenpositionierung innerhalb des „Systems Bank" und für eine qualifizierte Kundenberatung und -betreuung geschaffen, in der neben bankbetrieblichen auch allgemeinwirtschaftliche Aspekte zum Tragen kommen.

Die *Allgemeine Wirtschaftslehre für den Bankkaufmann/die Bankkauffrau* soll die im Unterricht behandelten Inhalte zusammenfassen, die Themengebiete strukturieren, als „Wissensspeicher" bei der selbstständigen Erarbeitung der Inhalte dienen und eine optimale Vorbereitung auf die IHK-Abschlussprüfung sicherstellen.

Ergänzend empfehlen wir das Arbeitsheft *Allgemeine Wirtschaftslehre für den Bankkaufmann/ die Bankkauffrau – Fälle und Aufgaben* (89228). Es enthält konventionelle und programmierte Übungs- sowie Fallaufgaben und ermöglicht das Trainieren einer selbstständigen Bearbeitung rechtlicher und allgemeiner wirtschaftlicher Problemstellungen, die Kontrolle des Lernfortschritts und die gezielte Vorbereitung auf Klausuren und Prüfungen.

Es ist der Rechtsstand bis zum Frühjahr 2021 berücksichtigt.

Die Verfasser

Inhaltsverzeichnis

Lernfeld 6: Marktmodelle anwenden

Lernfeld 1: Die eigene Rolle im Betrieb und im Wirtschaftsleben mitgestalten

1 Rechtliche und soziale Rahmenbedingungen menschlicher Arbeit im Betrieb

Im Verlauf seiner Entwicklung hat der Mensch stets versucht, seine Arbeit durch technische Hilfsmittel und organisatorische Maßnahmen produktiver zu gestalten.

Die Erfindung neuer Maschinen und Produktionsverfahren ermöglichte im 19. Jahrhundert den Übergang von den handwerklichen zu den industriellen Herstellungsverfahren und leitete den tiefgreifenden Wandel von einer **Agrar-** in eine **Industriegesellschaft** ein. Fabriken in den Städten ersetzten die alten Handwerksbetriebe. Die notwendigen Arbeitskräfte fanden sich in der vom Land in die Städte strömenden arbeitslosen Bevölkerung.

Die **Maschinisierung und Mechanisierung der Arbeitswelt** führte nicht nur zu einer grundlegenden Veränderung der traditionellen Arbeits- und Produktionsverfahren, sondern auch zu einer hochgradig arbeitsteiligen Wirtschaft mit industrieller Massenproduktion. Hierbei ist der Mensch der technischen Apparatur zugeordnet, er bedient die Maschine und stellt sich auf ihren Takt ein. Bei der **Fließbandarbeit** verrichtet er am vorbeilaufenden Werkstück bestimmte Handgriffe, meist nach vorgegebener Zeiteinteilung. Durch diese Produktionsweise wurde eine erhebliche Steigerung der Arbeitsproduktivität erreicht.

In der 2. Hälfte des letzten Jahrhunderts stand die Entwicklung der industriellen Produktion im Zeichen der **Automatisierung des Arbeitsprozesses**. Unter der Automation versteht man technische Verfahren, die darauf abzielen, die Produktion von selbstständig arbeitenden Maschinen durchführen zu lassen. Menschliche Arbeit wurde dadurch nicht überflüssig, aber sie änderte sich in ihrer Qualität und Quantität. Dem Menschen kam vorrangig die Aufgabe der Planung, Lenkung und Kontrolle des Produktionsprozesses zu. Die aufgrund der Automation freigesetzten Arbeitskräfte fanden zunehmend Beschäftigung im **Dienstleistungsbereich** der Wirtschaft.

Der Wandel in der Arbeitswelt blieb und bleibt nicht ohne Folgen für die soziale Situation des Menschen. Das anfängliche Fehlen sozialen Schutzes führte im 19. Jahrhundert zu gesellschaftlichen Missständen:

- mangelnde Fürsorge bei Krankheit und Arbeitslosigkeit,
- keine Alterssicherung,
- niedrige Masseneinkommen,
- Kinderarbeit,
- unzureichende Ernährung,
- schlechte Wohnverhältnisse.

Ausgehend von Zusammenschlüssen der Arbeiterschaft bildeten sich Mitte des 19. Jahrhunderts die **Gewerkschaften** und **politischen Parteien**, die eine Verbesserung der Arbeits- und Lebensbedingungen forderten.

Mithilfe einer entsprechenden Gesetzgebung gelang es nach und nach, die negativen Begleiterscheinungen und Fehlentwicklungen der Industrialisierung zu korrigieren. Einzelne Arbeitnehmer wurden und werden heute durch eine umfangreiche **Arbeits- und Sozialgesetzgebung** geschützt.

Seit Ende des 20. und zu Beginn des 21. Jahrhunderts verändert sich die Arbeitswelt dahingehend, dass

- die Industriegesellschaft sich immer mehr zur Wissens- und Dienstleistungsgesellschaft wandelt.

- die Dienstleistungen Industrieprodukten immer mehr vorgeschaltet und nachgelagert werden bzw. sie diese immer mehr begleiten.

- die Globalisierung der Wirtschaft zu einem immer stärkeren Austausch von Gütern und Dienstleistungen auf internationaler Ebene und zu immer stärkeren Verzahnungen der Wirtschaften verschiedener Länder führt.

- die Gesellschaft zunehmend pluralisiert wird. Gleichzeitig wird die Individualisierung im privaten und beruflichen Bereich zunehmen. Dies führt zu neuen Wertmaßstäben und zu Änderungen der sozialen Beziehungen.

Arbeitsbedingungen	
Arbeitsgestaltung	**Humanbeziehungen**
– Arbeitsort – Arbeitsplatz- und Arbeitsumgebung – Arbeitsbeginn, Arbeitsende, Arbeitszeit, Höchstarbeitszeiten, Mindestruhezeiten – Arbeitsabläufe, Beschreibung der zu leistenden Arbeit – Arbeitssicherheit und Hygiene am Arbeitsplatz – Schutzmaßnahmen – Gleichbehandlung – altersgerechte Arbeitsbedingungen (z. B. in Krankenhäusern und Altenheimen) – Arbeitsentgelt, Urlaubsdauer, Kündigungsfristen, Hinweis auf Tarifvertrag, evtl. Betriebsvereinbarungen	– Führungsstil – Sozialleistungen, sozialer Kontakt – Betriebsklima – Mitbestimmung – Entlohnung – Anerkennung, Einfluss, Erfolgsbeteiligung – Selbstverwirklichungsmöglichkeiten

1.1 Berufsausbildung

Beispiel: Die 17-jährige Auszubildende Sabrina Maler möchte nach dem Besuch der Höheren Handelsschule eine Berufsausbildung als Bankkauffrau bei der Commerzbank AG beginnen. Der Berufsausbildungsvertrag, ein Formular der zuständigen Industrie- und Handelskammer, wird von
- *dem Ausbildungsbetrieb, der Commerzbank AG,*
- *der Auszubildenden, Sabrina Maler,*
- *dem gesetzlichen Vertreter der Auszubildenden, ihren Eltern Ludwig und Lotti Maler, unterzeichnet.*

1.1.1 Duale Ausbildung

Berufsbildung umfasst die Berufsausbildung, die berufliche Fortbildung und Umschulung. Es gelten die normalen arbeitsrechtlichen Regelungen, soweit das Berufsbildungsgesetz (BBiG) keine abweichenden Vorschriften enthält.

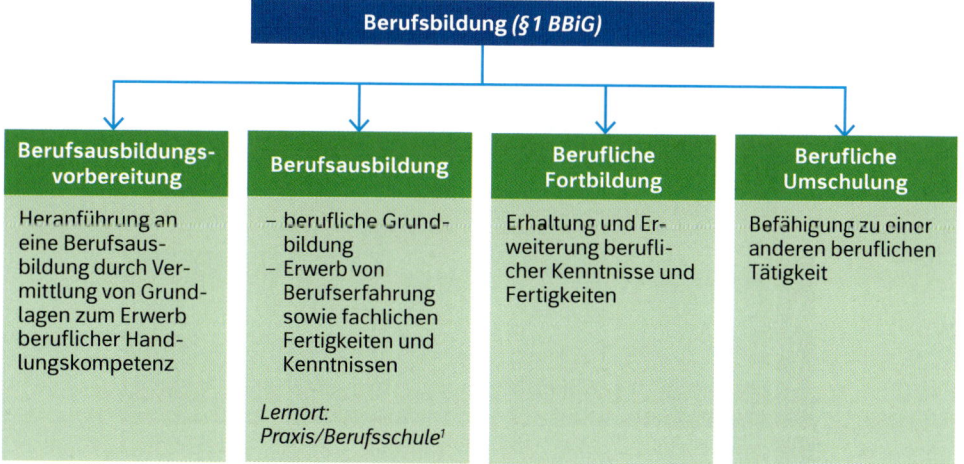

Die Berufsausbildung in Deutschland erfolgt im **dualen Ausbildungssystem**. Die praktische Ausbildung wird im Ausbildungsbetrieb durchgeführt. Parallel dazu erfolgt die Vermittlung der theoretischen Kenntnisse in der Berufsschule in Form des Teilzeit- oder Blockunterrichts.

---

[1] *Seit 1998 in NRW „Berufskolleg"; in den folgenden Ausführungen wird vereinfachend von „Berufsschule" gesprochen.*

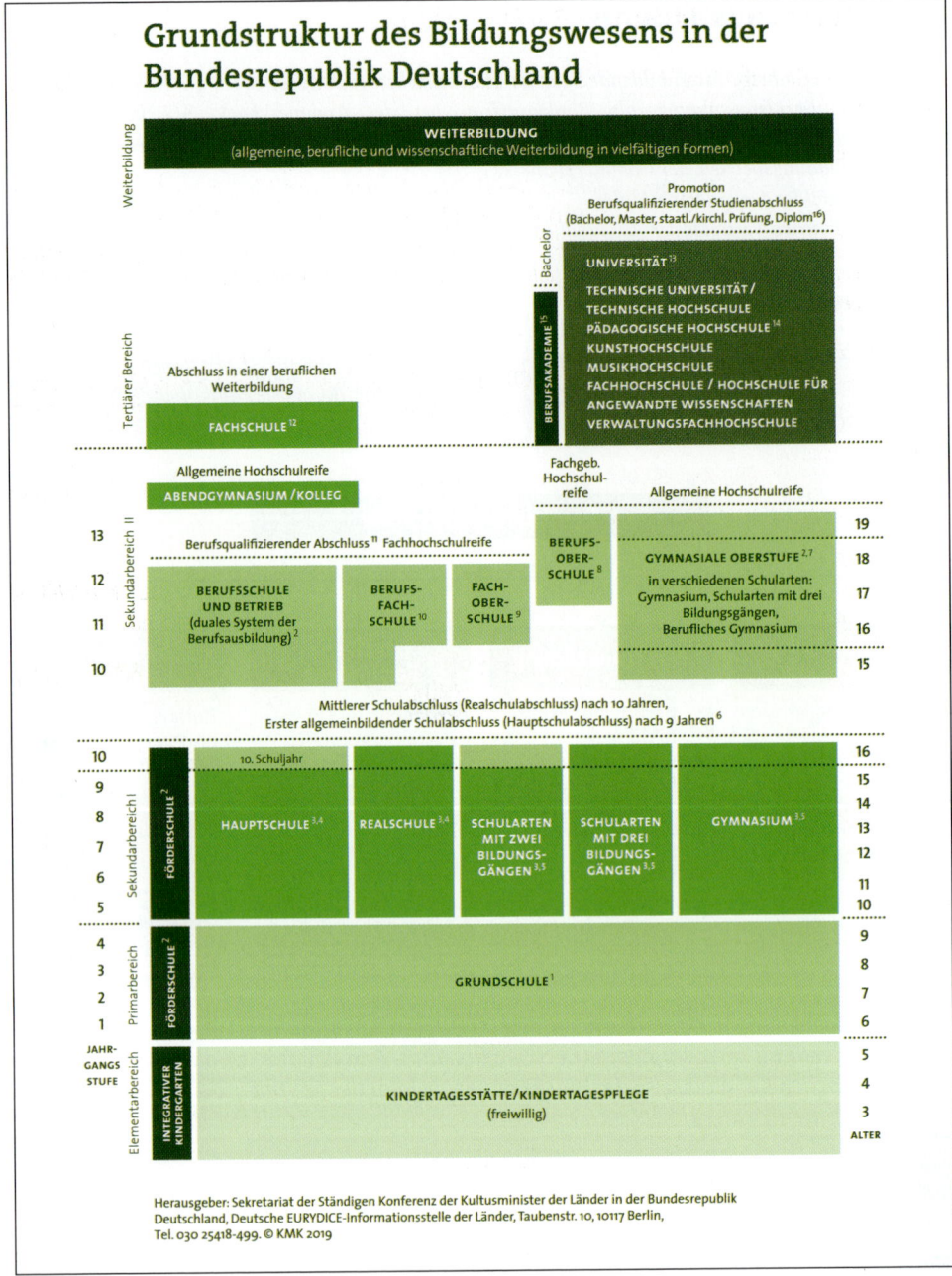

- Schematisierte Darstellung der typischen Struktur des Bildungssystems der Bundesrepublik Deutschland. In den einzelnen Bundesländern bestehen Abweichungen.
- Die Zurechnung des Lebensalters zu den Bildungseinrichtungen gilt für den jeweils frühestmöglichen typischen Eintritt und bei ununterbrochenem Gang durch das Bildungssystem.
- Die Größe der Rechtecke ist nicht proportional zu den Besuchszahlen.

1.1.2 Rechtsgrundlagen der Berufsausbildung

Auf die Berufsausbildung zur Bankkauffrau bzw. zum Bankkaufmann finden folgende Rechtsvorschriften Anwendung:

- **Gesetze**

  Beispiele: Berufsbildungsgesetz (BBiG), Bürgerliches Gesetzbuch (BGB), Jugendarbeitsschutzgesetz (JArbSchG), Arbeitszeitgesetz (ArbZG), Bundesurlaubsgesetz (BUrlG), Entgeltfortzahlungsgesetz (EntgFG), Mutterschutzgesetz (MuSchG), Bundeselterngeld- und Elternzeitgesetz (BEEG), Tarifvertragsgesetz (TVG), Arbeitsgerichtsgesetz (ArbGG), Betriebsverfassungsgesetz (BetrVG), Sozialgesetzbuch (SGB)

- **Rechtsverordnungen**

  Beispiele: Ausbildungsverordnungen (§ 4 BBiG), Erprobungsverordnungen (§ 6 BBiG), Ausbildereignungsverordnungen (§ 30 Abs. 5 BBiG), Rechtsverordnungen für Fortbildungsprüfungen (§ 53 BBiG)

- **Kammerrecht**

  Beispiele: Prüfungsordnungen (§ 47 BBiG), Rechtsvorschriften für die Prüfung von Zusatzqualifikationen für Auszubildende (§ 9 BBiG)

- **Sonstige Rechtsquellen**

  Beispiele: Berufsausbildungsverträge, Tarifverträge, Betriebsvereinbarungen, betriebliche Übungen, der Gleichbehandlungsgrundsatz, das Direktionsrecht, das Richterrecht

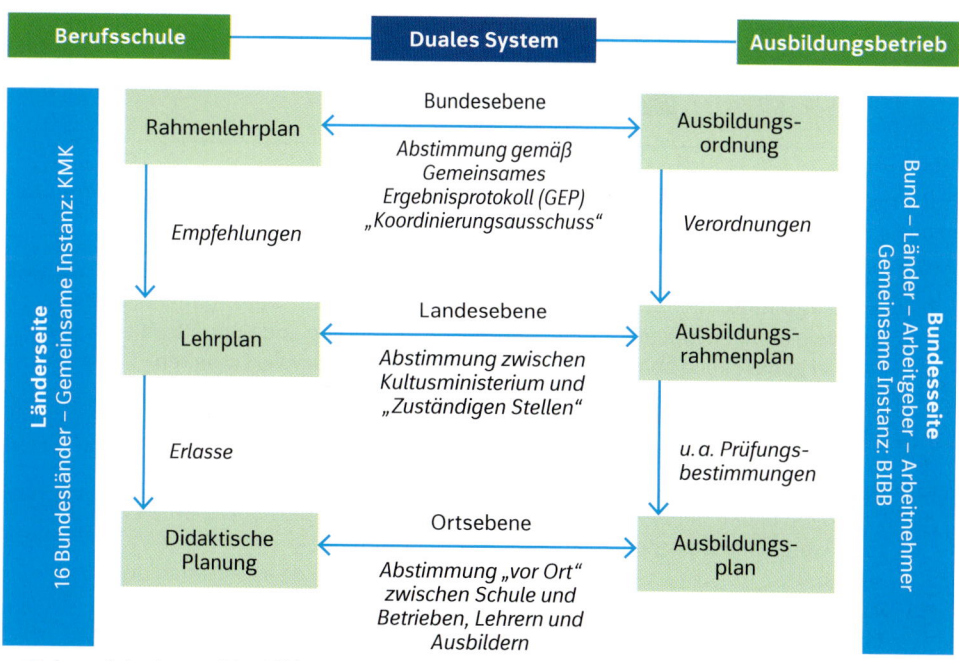

Rahmenlehrplan und Ausbildungsordnung werden gemeinsam im Bundesanzeiger veröffentlicht

Berufsbildungsgesetz

Das Berufsbildungsgesetz bildet die gesetzliche Grundlage für die Ausbildungsberufe im **dualen System**. Die Einzelvorschriften konkretisieren die Eignung der Ausbildungsstätte, die persönliche und fachliche Eignung der Ausbilder, die Entstehung und die Inhalte des Berufsausbildungsvertrages, die Ordnung der Berufsausbildung, das Prüfungswesen und die Regelung sowie die Überwachung der Berufsausbildung.

Insbesondere regelt das BBiG die Verpflichtung zur Lernortkooperation, die „gestreckte" Abschlussprüfung, die Antragsmöglichkeit zum zusätzlichen Ausweis der berufsschulischen Leistungsfeststellungen auf dem Zeugnis für die abgelegte Abschlussprüfung, einen Rechtsanspruch auf Zulassung zur Abschlussprüfung nach dem Besuch einer Vollzeitschule, Erleichterungen bei der Abnahme der Berufsabschlussprüfung sowie der Schaffung von Ausbildungsverbünden.

Ausbildungsverordnung

Die Ausbildungsverordnung regelt Dauer und Inhalt der Ausbildung sowie die Prüfungsanforderungen. Sie wird von Ministerien erlassen und durch die zuständigen Kammern überwacht.

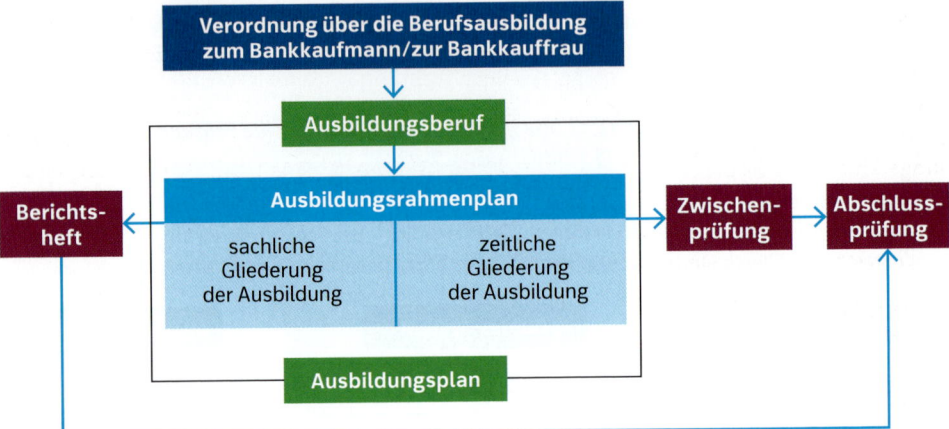

Nach dem **Ausbildungsberufsbild** sind für den Ausbildungsberuf Bankkaufmann/-frau folgende Kenntnisse und Fertigkeiten Gegenstand der Berufsausbildung:

Berufsprofilgebend
1   Serviceleistungen anbieten,
2   Kunden ganzheitlich beraten,
3   Kunden gewinnen und Kundenbeziehungen intensivieren,
4   Liquidität sicherstellen,
5   Vermögen bilden mit Sparformen,
6   Vermögen bilden mit Wertpapieren,
7   zu Vorsorge und Absicherung informieren,
8   Konsumentenkredite anbieten und Abschlüsse vorbereiten,
9   Baufinanzierungen vorbereiten und bearbeiten,
10 an gewerblichen Finanzierungen mitwirken,
11 Instrumente der kaufmännischen Steuerung und Kontrolle nutzen sowie
12 projektorientiert arbeiten

Integrativ
1   Prozesse und Wechselwirkungen einschätzen,
2   Berufsbildung sowie Arbeits- und Tarifrecht,
3   Aufbau und Organisation des Ausbildungsbetriebes,
4   Sicherheit und Gesundheitsschutz bei der Arbeit sowie
5   Umweltschutz

Der Ausbildende hat unter Zugrundelegung des Ausbildungsrahmenplans für den/die Auszubildende(n) einen Ausbildungsplan zu erstellen.

Außerdem ist vom Auszubildenden ein Berichtsheft in Form eines Ausbildungsnachweises oder digital[1] zu führen.

Die **Abschlussprüfung** besteht aus zwei Teilen.

Der **erste Teil** findet im vierten Ausbildungshalbjahr statt. Der **Prüfungsbereich** umfasst
* Konten führen
* Anschaffungen finanzieren.

Der Auszubildende hat nachzuweisen, dass er in der Lage ist, Kundensituationen zu analysieren, kundenorientierte Lösungen zu entwickeln, projektorientierte Arbeitsweisen aufzuzeigen und rechtliche Regelungen einzuhalten. Die Prüfungsaufgaben sind praxisbezogen und schriftlich in einer Prüfungszeit von 90 Minuten zu lösen.

Zum Ende der Ausbildungszeit legt der Auszubildende den **zweiten Teil** der Abschlussprüfung ab. Sie erstreckt sich auf die im Ausbildungsrahmenplan genannten Fertigkeiten, Kenntnisse und Fähigkeiten sowie den im Berufsschulunterricht zu vermittelnden Lehrstoff. Dabei sind die im ersten Teil der Abschlussprüfung genannten Fertigkeiten, Kenntnisse und Fähigkeiten nur soweit einbezogen worden, als es für die Feststellung der beruflichen Handlungsfähigkeit erforderlich war. Die Abschlussprüfung findet in folgenden **Prüfungsbereichen** statt:
* Vermögen aufbauen und Risiken absichern,
* Finanzierungsvorhaben begleiten,
* Kunden beraten sowie
* Wirtschafts- und Sozialkunde.

Die **schriftliche** Prüfung erstreckt sich auf die Bereiche
* Vermögen aufbauen und Risiken absichern   mit 90 Minuten
* Finanzierungsvorhaben begleiten   mit 90 Minuten
* Wirtschafts- und Sozialkunde   mit 60 Minuten

Im Prüfungsbereich „Kunden beraten" wird ein **Beratungsgespräch** als Gesprächssimulation geführt.
Der Prüfungsausschuss stellt dem Prüfling zwei praxisbezogene Aufgaben aus unterschiedlichen Tätigkeitsbereichen:
1. Konten führen,
2. Anschaffungen finanzieren,
3. Vermögen aufbauen,
4. Risiken absichern und
5. Baufinanzierungsvorhaben im Privatkundengeschäft begleiten.

Bei den zur Auswahl gestellten Aufgaben ist eine Kombination von Tätigkeiten aus Nr. 1 und 3 oder 2 und 5 nicht zulässig. Für die Auswahl der Aufgabe und die Vorbereitung stehen dem Prüfungskandidaten insgesamt 15 Minuten zur Verfügung. Die Gesprächssimulation dauert 30 Minuten.

Die **Teilnoten** gehen mit folgender **Gewichtung** in die Gesamtnote ein:

1.	Konten führen und Anschaffungen finanzieren	Teil 1	schriftlich	20 %
2.	Vermögen aufbauen und Risiken absichern	Teil 2	schriftlich	20 %
3.	Finanzierungsvorhaben begleiten	Teil 2	schriftlich	20 %
4.	Kunden beraten	Teil 2	mündlich	30 %
5.	Wirtschafts- und Sozialkunde	Teil 2	schriftlich	10 %

---

[1] *Ab dem 01. August 2021 wird das Digitale Berichtsheft kostenlos interessierten Mitgliedsunternehmen von einigen IHK's zur Verfügung gestellt.*

Wenn die Prüfungsbereiche 2., 3. und 5. schlechter als mit „ausreichend" bewertet wurden, kann der Prüfling einen Antrag stellen für einen Prüfungsbereich, wenn die mündliche **Ergänzungsprüfung** mit 15 Minuten Dauer für das Bestehen der Abschlussprüfung den Ausschlag geben kann. Die Gewichtung zwischen schriftlicher Leistung und mündlicher Ergänzungsprüfung ist 2:1.

Die Abschlussprüfung ist **bestanden**, wenn die Prüfungsleistungen unter Berücksichtigung einer möglichen Ergänzungsprüfung bewertet worden sind:
- das Gesamtergebnis aus Teil 1 und 2 mit mindestens „ausreichend",
- im Ergebnis von Teil 2 mit mindestens „ausreichend",
- in mindestens drei Prüfungsbereichen von Teil 2 mit mindestens „ausreichend" und
- in keinem Prüfungsbereich von Teil 2 mit „ungenügend".

Rahmenlehrplan
Der Rahmenlehrplan ist nach Ausbildungsjahren gegliedert. Er umfasst Lernfelder, Zeitrichtwerte, Zielformulierungen und Lerninhalte.

- **Lernfelder** sind thematische Einheiten, die sich an konkreten beruflichen Aufgabenstellungen und Handlungsabläufen orientieren, die mit dem Berufsbild verbunden sind.

- **Zeitrichtwerte** geben an, wie viele Unterrichtsstunden für die Behandlung der Lernfelder einschließlich der Leistungsfeststellung vorgesehen sind.

- **Zielformulierungen** beschreiben die angestrebten Ergebnisse, die von den Lernenden in einem Lernfeld erreicht werden sollen. Sie werden als Elemente der beruflichen Handlungskompetenz unter Beachtung des Ausbildungsberufsbildes und des Ausbildungsrahmenplanes beschrieben.

- **Lerninhalte** sind die Unterrichtsinhalte, durch deren Behandlung die für ein Lernfeld angegebenen Zielformulierungen zu erreichen sind.

Übersicht über die Lernfelder für den Ausbildungsberuf Bankkaufmann und Bankkauffrau				
Lernfelder		**Zeitrichtwerte in Unterrichtsstunden**		
Nr.		1. Jahr	2. Jahr	3. Jahr
1	Die eigene Rolle im Betrieb und im Wirtschaftsleben mitgestalten	80		
2	Konten für Privatkunden führen und den Zahlungsverkehr abwickeln	80		
3	Konten für Geschäfts- und Firmenkunden führen und den Zahlungsverkehr abwickeln	60		
4	Kunden über Anlagen auf Konten und staatlich gefördertes Sparen beraten	40		
5	Allgemein-Verbraucherdarlehensverträge abschließen	60		
6	Marktmodelle anwenden		40	
7	Werteströme und Geschäftsprozesse erfassen und dokumentieren		60	
8	Kunden über die Anlage in Finanzinstrumenten beraten		120	
9	Baufinanzierungen abschließen		60	
10	Gesamtwirtschaftliche Einflüsse analysieren und beurteilen			80

Übersicht über die Lernfelder für den Ausbildungsberuf Bankkaufmann und Bankkauffrau		Zeitrichtwerte in Unterrichtsstunden		
Lernfelder				
Nr.		1. Jahr	2. Jahr	3. Jahr
11	Wertschöpfungsprozesse erfolgsorientiert steuern			80
12	Kunden über Produkte der Vorsorge und Absicherung informieren			60
13	Finanzierungen für Geschäfts- und Firmenkunden abschließen			60
Summen: insgesamt 880 Stunden		**320**	**280**	**280**

1.1.3 Berufsausbildungsvertrag

Ein **Berufsausbildungsverhältnis** als privatrechtliches Verhältnis zwischen dem Auszubildenden (bei Minderjährigen dem gesetzlichen Vertreter: Vater, Mutter, Vormund) und dem Ausbildenden wird durch Vertrag begründet *(§ 10 Abs. 1 BBiG)*. Der **Berufsausbildungsvertrag** kommt durch die Einigung der Vertragsparteien zustande und ist in **schriftlicher** Form abzufassen *(§ 11 Abs. 1 BBiG)*.

Ausbildender ist derjenige, der einen anderen zur Berufsausbildung einstellt. Vom Ausbildenden ist derjenige zu unterscheiden, der die Ausbildung durchführt. Das kann der Ausbildende selbst oder ein von ihm beauftragter **Ausbilder** sein. Der **Auszubildende** ist derjenige, der ausgebildet wird.

Als **Mindestangaben** muss der Berufsausbildungsvertrag folgende Angaben enthalten *(§ 11 Abs. 1 S. 2 BBiG)*:

- Art, sachliche und zeitliche Gliederung sowie Ziel der Berufsausbildung, insbesondere die Berufstätigkeit, für die ausgebildet werden soll,

- Beginn und Dauer der Berufsausbildung,

- Ausbildungsmaßnahmen außerhalb der Ausbildungsstätte (Besuch der Berufsschule),

- Dauer der regelmäßigen täglichen Ausbildungszeit,

- Dauer der Probezeit (mindestens ein Monat, maximal vier Monate; *§ 20 BBiG*),

- Zahlung und Höhe der Vergütung *(§§ 17–19 BBiG)*,

- Dauer des Urlaubs,

- Voraussetzungen, unter denen der Berufsausbildungsvertrag gekündigt werden kann:
  - Kündigung in der Probezeit *(§ 22 Abs. 1 BBiG)*
  - Kündigung nach der Probezeit
    - aus wichtigem Grund *(§ 22 Abs. 2 Nr. 1 u. 4 BBiG)*
    - durch Aufgabe **dieser** Berufsausbildung mit einer Kündigungszeit von vier Wochen *(§ 22 Abs. 2 Nr. 2 BBiG)*,

- einen in allgemeiner Form gehaltenen Hinweis auf die Tarifverträge, Betriebs- und Dienstvereinbarungen, die auf das Berufsausbildungsverhältnis anzuwenden sind.

Die Beteiligten (Ausbildender, Auszubildender, Erziehungsberechtigte) übernehmen mit dem Abschluss des Berufsausbildungsvertrages **Pflichten**, die gleichzeitig die **Rechte** der anderen Vertragspartner sind *(§§ 13–19, 27–33 BBiG)*.

Pflichten der Vertragsparteien	
Auszubildender	Dienstleistungspflicht, Gehorsamspflicht, Sorgfaltspflicht, Schweige- und Treuepflicht, Berufsschulpflicht, Lernpflicht, Führung des Berichtsheftes, Teilnahmepflicht an Ausbildungsmaßnahmen, Folgeleisten von Weisungen, Beachtung der Betriebsordnung, Bewahrungspflicht, Haftungspflicht, Pflicht der Krankmeldung im Krankheitsfall
Ausbildender	ordnungsgemäße Ausbildung sowie kostenlose Bereitstellung der zur Ausbildung erforderlichen Arbeitsmittel, Zahlung einer angemessenen Vergütung, Pflicht der Entgeltfortzahlung (z. B. im Krankheitsfall), Fürsorgepflicht, Sorgfaltspflicht, Freistellung zum Besuch von Berufsschule/Berufskolleg sowie für Prüfungen, Gewährung von Urlaub, Ausstellung von Arbeitszeugnissen
Erziehungsberechtigte	Unterstützungspflicht, Haftpflicht

Die **Ausbildungsdauer** beträgt grundsätzlich drei Jahre.

Verkürzungsmöglichkeiten nach dem *BBiG* bleiben hiervon jedoch unberührt. Die Ausbildungszeit soll zwei Jahre nicht unterschreiten. Der Auszubildende kann nach Anhörung des Ausbildenden und der Berufsschule vor Ablauf seiner Ausbildungszeit zur Abschlussprüfung zugelassen werden, wenn seine Leistungen dies rechtfertigen.

Andererseits ist auf Antrag des Auszubildenden die Ausbildungsdauer zu **verlängern**, wenn die Verlängerung erforderlich ist, um das Ausbildungsziel zu erreichen.

Die **Ausbildungsdauer endet**
- mit Ablauf der vereinbarten Ausbildungszeit oder
- mit dem Tage der Feststellung des Prüfungsergebnisses (kann vor oder nach dem Ablauf der vereinbarten Ausbildungszeit liegen).

Besteht der Auszubildende die Abschlussprüfung nicht, **so verlängert** sich das Ausbildungsverhältnis auf sein Verlangen bis zur nächstmöglichen Wiederholungsprüfung, im Falle des Nichtbestehens der Wiederholungsprüfung bis zu einer evtl. zulässigen erneuten Wiederholungsprüfung, höchstens jedoch um ein Jahr.

1.1.4   Jugendarbeitsschutzgesetz

Beispiel: Der 17-jährige Auszubildende Gabriel Frey soll wegen des erhöhten Arbeitsanfalls ab dem 1. Oktober täglich zehn Stunden arbeiten.

Der Jugendliche ist wegen der noch nicht abgeschlossenen körperlich-geistig-seelischen Entwicklung nur begrenzt leistungsfähig. Deshalb gewährt ihm das **Jugendarbeitsschutzgesetz** *(JArbSchG)* einen besonderen Schutz und will den Einstieg in die Arbeitswelt erleichtern. Die Gewerbeaufsichtsämter und Kammern sind für die Überwachung der Einhaltung des *JArbSchG* zuständig.

Schutzbestimmungen des Jugendarbeitsschutzgesetzes *(JArbSchG)*	
Geltungsbereich *(§ 1 JArbSchG)*	– Das *JArbSchG* gilt für alle Arbeitgeber, die Jugendliche beschäftigen, soweit sie höchstens 15 Jahre, aber noch keine 18 Jahre alt sind (Auszubildende, Arbeiter, Angestellte). – Die Beschäftigung Jugendlicher im Familienhaushalt sowie geringfügige Hilfeleistungen fallen nicht unter das *JArbSchG*.

Schutzbestimmungen des Jugendarbeitsschutzgesetzes *(JArbSchG)*	
Arbeitszeit *(§§ 4, 8, 12 JArbSchG)*	– höchstens: acht Std. täglich, 40 Std. wöchentlich bei einer verbindlichen Fünftagewoche *Ausnahme:* 8,5 Std. täglich, wenn freitags nur sechs Stunden gearbeitet wird. Soweit Tarifverträge längere Arbeitszeiten vereinbaren, muss innerhalb von zwei Monaten ein Ausgleich erfolgen. – samstags: keine Beschäftigung *Ausnahme:* Betriebe mit Samstagsarbeit, jedoch Ausgleich an einem Wochentag; zwei Samstage im Monat sollen mindestens beschäftigungsfrei bleiben. – an Sonn- u. Feiertagen: grundsätzlich Beschäftigungsverbot *Ausnahme:* wie samstags, jedoch müssen mindestens zwei Sonntage im Monat beschäftigungsfrei bleiben.
Arbeitsbeginn/ -ende Freizeit, Ruhepausen *(§§ 4, 5, 8, 12 JArbSchG)*	– keine Beschäftigung vor 6:00 und nach 20:00 Uhr *Ausnahme:* über 16-Jährige in Bäckereien, Gastronomie-, Landwirtschafts-, Schichtbetrieben – mindestens zwölf Std. täglich Freizeit – bei 4,5 bis 6 Std. Arbeitszeit: mindestens 30 Minuten Pause nach 4,5 Std. Arbeitszeit – bei mehr als sechs Arbeitsstunden: mindestens 60 Minuten Pause – nach 4,5 Std. spätestens erste Pause – Mindestdauer je Pause: 15 Minuten
Bezahlter Urlaub *(§ 19 JArbSchG)*	Alter des Jugendlichen zu Beginn des Kalenderjahres: – unter 16 Jahre: 30 Werktage – unter 17 Jahre: 27 Werktage – unter 18 Jahre: 25 Werktage
Beschäftigungs- verbot *(§§ 2, 5, 7, 16, 17 JArbSchG)*	– Arbeiten, die objektiv die physische und psychische Leistungsfähigkeit übersteigen *(z. B. Akkord- und Fließbandarbeit mit vorgegebenem Arbeitstempo)* – gefährliche Arbeiten (Gefahrstoffe, biologische Arbeitsstoffe) *Ausnahme:* zulässig bei Jugendlichen über 16 Jahren zu Ausbildungszwecken – Beschäftigung Minderjähriger bis zur Vollendung des 15. Lebensjahres und Vollzeitschulpflichtige (Kinderarbeitsverbot) *Ausnahme:* die nicht mehr der Vollzeitschulpflicht unterliegenden Kinder sieben Std. pro Tag und 35 Std. in der Woche
Berufs- schulbesuch *(§ 9 Abs. 1–2 JArbSchG, § 15 BBiG)*	– Anrechnung der Berufsschulzeit auf Ausbildungs- und Arbeitszeit – Freistellung für den Berufsschulunterricht bei Fortzahlung der Vergütung Für **Jugendliche** (unter 18 Jahre) gilt *Beschäftigungsverbot:* - soweit der Unterricht vor 9:00 Uhr beginnt; dies gilt auch für Personen, die über 18 Jahre alt und noch berufsschulpflichtig sind, - an einem Berufsschultag pro Woche mit mehr als fünf Unterrichtsstunden von mindestens je 45 Minuten, - in Berufsschulwochen mit mindestens 25 Std. planmäßigem Unterricht an mindestens fünf Tagen. – Volljährige Berufsschulpflichtige[1] müssen **im Anschluss** an den Berufsschulunterricht – auch bei Blockunterricht – auf Verlangen des Arbeitgebers wieder in den Betrieb. Überschreitet die Dauer des Berufsschulunterrichts die an diesem Tag zu leistende Ausbildungszeit im Betrieb, so ist bei Volljährigen die darüber hinaus aufgewendete Zeit für den Berufsschulunterricht **nicht** auf die wöchentliche Ausbildungszeit anzurechnen *(vgl. BAG v. 13.02.2003).*

[1] *Die Berufsschulpflicht Volljähriger ist nicht bundeseinheitlich geregelt, sondern unterliegt höchst unterschiedlichen landesgesetzlichen Bestimmungen.*

Schutzbestimmungen des Jugendarbeitsschutzgesetzes *(JArbSchG)*	
Prüfung *(§ 10 JArbSchG,* *§ 15 BBiG)*	Der Ausbilder hat **jugendliche** Auszubildende - für die Teilnahme an Prüfungen und Ausbildungsmaßnahmen, - an dem Arbeitstag unmittelbar vor dem Tag der schriftlichen Abschlussprüfung freizustellen. Diese Zeiten gelten als Arbeitszeit und sind zu vergüten.
Ärztliche **Untersuchung** *(§§ 32–46 JArbSchG)*	– Erste Untersuchung frühestens 14 Monate vor Beginn der Beschäftigung, – Nachuntersuchung in den letzten drei Monaten des ersten Ausbildungs- jahres.

1.1.5   Berufsausübung

Die beruflichen **Tätigkeitsbereiche** von Bankkaufleuten umfassen im Wesentlichen die kaufmännischen Aufgabenbereiche der Kreditinstitute.

Beispiel: Der/die Bankkaufmann/-frau kann als Kundenberater, Kreditsachbearbeiter, Vermögensberater, Devisenhändler, Buchhalter, Controller, in der Personalabteilung oder der Informationswirtschaft/Datenverarbeitung tätig werden.

Die Aufgaben des/der Bankkaufmanns/-frau erfordern selbstständige Sachbearbeitung in Form funktionsübergreifender und zum Teil komplexer Fall- bzw. Vorgangsbearbeitung sowie Team- und Gruppenarbeit. Dabei werden die modernen Informations- und Kommunikationstechniken im Rahmen computergesteuerter und computergestützter Sachbearbeitung aufgabengerecht genutzt.

Traditionell wurde unter dem Begriff **Qualifikation** die Gesamtheit der Kenntnisse, Fähigkeiten, Fertigkeiten und Werthaltungen verstanden, über die Bankkaufleute für die Ausübung der beruflichen Tätigkeiten verfügen müssen. Heute wird Qualifikation sehr viel weiter definiert – nämlich als Voraussetzung für eine ausreichende Breite in der beruflichen Einsetzbarkeit. Die Akzentverschiebung geht dabei deutlich in Richtung Schlüsselqualifikationen (Soft Skills).

Schlüsselqualifikationen: Die Elemente	
Kenntnisse und Fertig-keiten	– Berufsübergreifende Kenntnisse und Fertigkeiten – wie Kulturtechniken, Fremdsprachen, technische, wirtschaftliche und soziale Allgemeinbildung – Neu aufkommende Kenntnisse und Fertigkeiten – wie Befähigung zum Umgang mit elektronischer Datenverarbeitung und neuen Technologien – Vertiefte Kenntnisse und Fertigkeiten, das heißt Ausbau von Grundlagen, die wenig veränderbar sind – wie Fachfremdsprachen – Berufsausweitende, das heißt über den Einzelberuf hinausgehende Kenntnisse und Fertigkeiten – wie Arbeitsschutz und Umweltschutz
Fähigkeiten	– Selbstständiges, logisches, kritisches, kreatives Denken – Gewinnen und Verarbeiten von Informationen – Selbstständiges Lernen, das Lernen lernen, sich etwas erarbeiten können – Anwendungsbezogenes Denken und Handeln, Einsatz der eigenen Sensibilität und Intelligenz – bei Umstellungen und Neuerungen, im Vorschlags- und Erfindungswesen – Entscheidungsfähigkeit, Führungsfähigkeit, Gestaltungsfähigkeit – wie Selbstständigkeit bei Planung, Durchführung und Kontrolle

Schlüsselqualifikationen: Die Elemente	
Verhaltens-weisen	– Verhaltensqualifikationen mit **einzelpersönlicher** Betonung – wie Selbstver-trauen, Optimismus, Wendigkeit, Anpassungsfähigkeit, Gestaltungskraft, Leistungsbereitschaft, Eigenständigkeit – Verhaltensqualifikationen mit **zwischenmenschlicher** Betonung – wie Ko-operationsbereitschaft, Fairness, Verbindlichkeit, Gerechtigkeit, Aufrichtig-keit, Dienstbereitschaft, Teamgeist, Solidarität – Verhaltensqualifikationen mit **gesellschaftlicher** Betonung – wie Fähigkeit und Bereitschaft zu wirtschaftlicher Vernunft, technologischer Akzeptanz und zum sozialen Konsens – Arbeitstugenden – wie Genauigkeit, Sauberkeit, Zuverlässigkeit, Exaktheit, Pünktlichkeit, Ehrlichkeit, Ordnungssinn, Konzentration, Ausdauer, Pflichtbe-wusstsein, Fleiß, Disziplin, Hilfsbereitschaft, Rücksichtnahme

In Anlehnung an: Klein, Wandel der Arbeitswelt – Wandel der Qualifikationen, in: Thema Wirtschaft (mit Aktualisierungen)

Die in der beruflichen Ausbildung erworbene **Handlungskompetenz** befähigt die Bankkauf-leute, das erworbene kaufmännische Wissen gemäß ihren Fähigkeiten und Einsichten ver-antwortungsbewusst in den jeweiligen Geschäftszweigen anzuwenden und die vielfältigen kaufmännischen Arbeitsaufgaben selbstständig zu planen, durchzuführen und zu kontrol-lieren.

Eignung und Bewährung sowie die überdurchschnittliche berufliche Bereitschaft zur Fortbil-dung erlauben es dem/der Bankkaufmann/-frau, Gruppen-, Abteilungs-, Hauptabteilungsleiter/-in, Mitglied der Geschäftsführung oder Mitglied des Vorstandes zu werden. Grundsätzlich obliegt ihm/ihr dann die Aufgabe, den reibungslosen Ablauf der kaufmännischen Aufgaben zu organisieren. Weitere Aufgabenübertragungen sind abhängig von der Größe des Kredit-instituts.

Bankkaufleute finden aber auch Beschäftigungsmöglichkeiten bei Bausparkassen, Versiche-rungsgesellschaften, Kreditkartengesellschaften, Kapitalanlagegesellschaften, Wirtschaftsbera-tungsfirmen, Unternehmen für Vermögens- und Anlageberatung sowie Unternehmen der Grundstücks- und Wohnungswirtschaft.

1.1.6 Fort- und Weiterbildungsmöglichkeiten

Ohne berufliche Fortbildung können Bankkaufleute ihren Beruf auf Dauer nicht mit Erfolg ausüben. Deshalb bieten viele Institutionen Fortbildungskurse für Bankkaufleute an. Dazu zählen die Verbände der Kreditinstitutsgruppen sowie die IHKs. Auskünfte erteilen zudem die jeweiligen Geschäftsstellen der IHKs.
Die Kreditwirtschaft bietet Fortbildungsprogramme zum Bank-/Sparkassenfachwirt und – darauf aufbauend – zum Bank-/Sparkassenbetriebswirt an. Darüber hinaus besteht die Mög-lichkeit zum Studium an einer staatlichen Fachschule mit dem Schwerpunkt Finanzdienst-leistungen oder das Studium an einer Fachhochschule oder Universität bzw. privaten Hochschule. Die IHKs bieten z. B. den Abschluss zum „Geprüfen Leasingfachwirt" an.

1.2   Aufgaben und Grundlagen des Arbeitsrechts

Das **Arbeitsrecht** regelt die Rechtsbeziehungen zwischen Arbeitnehmern und Arbeitgebern. **Arbeitnehmer** ist, wer aufgrund eines privatrechtlichen Vertrages (§ 611 ff. BGB) für einen **Arbeitgeber** weisungsgebunden und fremdbestimmt Dienste leistet.

Beispiel: Die 38-jährige Bankkauffrau Ellen Maurer bearbeitet seit vielen Jahren Zahlungsverkehrsaufträge. Nach Einführung der automatisierten Erfassung der Überweisungsaufträge sollen die verbleibenden Tätigkeiten durch eine halbtagsbeschäftigte Mitarbeiterin erledigt werden. Der Arbeitgeber kündigt das Arbeitsverhältnis und beabsichtigt, eine Bankkauffrau einzustellen, die gerade ihre Berufsausbildung abgeschlossen hat. Frau Maurer wehrt sich gegen die Kündigung und behauptet, die Kündigung sei sozial ungerechtfertigt, verstoße gegen das Kündigungsschutzgesetz und verletze die Grundprinzipien des Arbeitsrechts.

Das **Arbeitsrecht** ist in keinem umfassenden Arbeitsgesetzbuch geregelt, sondern ergibt sich aus einer **Vielzahl von Einzelgesetzen**.

Rechtliche Grundlagen des Arbeitsrechts

Arbeitsverträge
zwischen Arbeitnehmer und Arbeitgeber
(individualrechtliche Vereinbarungen)

Betriebsvereinbarungen
zwischen Betriebsrat und Arbeitgeber

Tarifverträge
zwischen Gewerkschaft und Arbeitgeber bzw. Arbeitgeberverband

Einzelgesetze
BGB, HGB, Gewerbeordnung, Kündigungs-, Mutter- und Jugendarbeitsschutzgesetz, Berufsbildungsgesetz, Schwerbehindertengesetz, Arbeitszeitgesetz, Bundesurlaubsgesetz, Tarifvertragsgesetz, Betriebsverfassungs-, Mitbestimmungs- und Montan-Mitbestimmungsgesetz

Verfassungsbestimmungen
Anspruch auf Unantastbarkeit der menschlichen Würde, freie Entfaltung, Gleichberechtigung von Mann und Frau, Meinungsfreiheit, Koalitionsfreiheit, freie Wahl von Beruf, Arbeitsplatz und Ausbildungsstätte

EU-Recht
EU-Vertrag, EU-Verordnungen, EU-Richtlinien

Arbeitgeber/-innen sind Personen, die
- Arbeitnehmer/-innen beschäftigen (einschließlich der zu ihrer Berufsbildung Beschäftigten),
- die Arbeitsleistung von Arbeitnehmer/-innen aufgrund des Arbeitsvertrages fordern,
- Arbeitnehmer/-innen das Arbeitsentgelt schulden,
- Arbeitgeber/-innen gleichgestellt sind und in sonstiger Weise selbstständig tätig werden.

Arbeitnehmer/-innen im arbeitsrechtlichen Sinn sind Personen, die aufgrund eines privatrechtlichen Vertrages verpflichtet sind, ihre Arbeitskraft weisungsgebunden und abhängig gegen Entgelt zur Verfügung zu stellen.

Steuerrechtlich und sozialversicherungsrechtlich sind zum Teil abweichende Definitionen möglich.

Als **arbeitnehmerähnlich** *(§ 12 a TVG)* gelten Personen, auf die Teile des Arbeitsrechts anzuwenden sind. Hierzu zählen insbesondere Heimarbeiter/-innen und ihnen Gleichgestellte. Die *Unterscheidung* in Arbeiter/-innen und Angestellte hat heute rechtlich kaum noch Bedeutung.

Die Einordnung als **leitende/r Angestellte/r** nach *§ 5 Abs. 3 BetrVG* erfolgt insbesondere
- nach der Befugnis der selbstständigen Einstellung und Entlassung von Arbeitnehmerinnen bzw. Arbeitnehmern,
- nach der Wahrnehmung unternehmerisch bedeutsamer Aufgaben in eigener Verantwortung,
- aufgrund weitgehender Vollmachten (z. B. Generalvollmacht, Prokura)

Für leitende Angestellte
- ist grundsätzlich das Betriebsverfassungsgesetz nicht anwendbar *(§ 5 Abs. 3 BetrVG)*,
- muss in Betrieben mit mindestens zehn leitenden Angestellten ein Sprecherausschuss errichtet werden *(§ 1 SprAuG)*,
- gilt nicht das Arbeitszeitgesetz *(§ 18 Abs. 1 Nr. 1 ArbZG)*,
- muss mindestens ein/e leitende/r Angestellte/r dem Aufsichtsrat einer mitbestimmten Gesellschaft angehören,
- gilt u. U. ein verminderter Kündigungsschutz *(§ 14 Abs. 2 KSchG)*.

Vom Arbeitnehmer sind zu unterscheiden
- Beamte, Richter, Soldaten,
- Familienangehörige gem. *§§ 1619, 1360 BGB*,
- Gesellschafter von Personengesellschaften,
- Organmitglieder von juristischen Personen,
- Strafgefangene.

Arbeitsrecht		
Individualarbeitsrecht	**Kollektivarbeitsrecht**	**Arbeitsschutzrecht**
Regelung der Beziehungen zwischen dem Arbeitgeber und dem einzelnen Arbeitnehmer: – Arbeitsvertragsrecht – Kündigungsschutzrecht	Regelung der Beziehungen zwischen dem Arbeitgeber und der Gesamtheit der Belegschaft bzw. den Arbeitgeberverbänden und Gewerkschaften: – Koalitionsrecht – Tarifvertragsrecht – Betriebsverfassungsrecht – Arbeitskampf-/Schlichtungsrecht – Unternehmensmitbestimmungsrecht – Arbeitsgerichtsbarkeit	Dient dem Schutz von Arbeitnehmern vor bestimmten Gefahren des Arbeitslebens. Es werden öffentlich-rechtliche Pflichten begründet, um die dem einzelnen Arbeitnehmer bei der Arbeit drohenden Gefahren zu verhindern oder zu beseitigen.

1.2.1 Individualarbeitsrecht

1.2.1.1 Arbeitsvertragsrecht

Der **Arbeitsvertrag** *(Einzelarbeitsvertrag) bildet die Rechtsgrundlage für ein individuell geschlossenes Arbeitsverhältnis zwischen dem einzelnen Arbeitnehmer und dem Arbeitgeber.*

Der **Arbeitsvertrag ist ein Dienstvertrag** im Sinne von *§ 611 ff. BGB*. Das Arbeitsverhältnis selbst stellt rechtlich gesehen ein auf Austausch von Arbeitsleistung und Vergütung gerichtetes Dauerschuldverhältnis zwischen Arbeitnehmer und Arbeitgeber dar.

Prinzipiell gilt für das Arbeitsvertragsrecht der **Grundsatz der Vertragsfreiheit** *(Art. 12 GG)* und die inhaltliche **Gestaltungsfreiheit**, die jedoch durch Arbeitsrechtsvorschriften eingeschränkt wird. Obwohl **Formfreiheit** (mündlich, schlüssiges Verhalten, schriftlich) für arbeitsrechtliche Vertragsabschlüsse besteht, war aus Beweisgründen allgemein die Schriftform üblich. Nach dem *„Gesetz über den Nachweis der für ein Arbeitsverhältnis geltenden wesentlichen Bedingungen – Nachweisgesetz"* haben grundsätzlich alle Arbeitnehmer einen Anspruch auf eine in Schriftform gehaltene Vertragsausfertigung.

Der Arbeitgeber hat spätestens einen Monat nach dem vereinbarten Beginn des Arbeitsverhältnisses die wesentlichen Vertragsbedingungen schriftlich niederzulegen, die Niederschrift zu unterzeichnen und dem Arbeitnehmer auszuhändigen *(§ 2 Abs. 1 S. 1 Nachweisgesetz)*. Verstößt der Arbeitgeber gegen dieses Schriftformerfordernis, wird der Arbeitsvertrag allerdings nicht unwirksam, er ist vielmehr auch ohne Einhaltung der Schriftform gültig. Der Arbeitnehmer kann allerdings seinen Arbeitgeber auf Fertigung und Herausgabe einer Niederschrift **verklagen**. Bei Arbeitsverträgen mit Minderjährigen ist die Zustimmung des gesetzlichen Vertreters notwendig. Durch Kenntnis ihrer Rechte und Pflichten aus dem Arbeitsverhältnis sollen Arbeitnehmer besser in ihren Rechten geschützt werden.

In die **Niederschrift** muss der Arbeitgeber mindestens aufnehmen:

Name und Anschrift der Vertragsparteien, Zeitpunkt des Beginns (bei befristeten Arbeitsverhältnissen die vorhersehbare Dauer), Arbeitsort, Bezeichnung der zu leistenden Tätigkeit, Zusammensetzung und Höhe des Arbeitsentgeltes einschließlich Zuschläge, Zulagen, Prämien und Sonderzahlungen und deren Fälligkeit, Arbeitszeit, jährlicher Erholungsurlaub, Kündigungsfristen, allgemeiner Hinweis auf die Tarifverträge, Betriebs- oder Dienstvereinbarung.

Das Fragerecht des Arbeitgebers bestimmt sich nach dem Umfang und den Grenzen des Aufgabenkreises, das dem Arbeitnehmer übertragen werden soll.

Beispiel: Die Frage nach einer bestehenden Schwangerschaft ist grundsätzlich nicht zulässig und braucht deswegen nicht beantwortet zu werden.

Als Gegenleistung kann der Arbeitnehmer umfassend Auskunft über Pflichten und Rechte seitens des Arbeitgebers erwarten. Der **Betriebsrat**[1] hat Mitwirkungs- und Mitbestimmungsrechte vor und bei der Begründung des Arbeitsverhältnisses.

1.2.1.2 Pflichten und Rechte aus dem Arbeitsverhältnis

Die Pflichten und Rechte des Arbeitnehmers und Arbeitgebers ergeben sich inhaltlich aus den Arbeitsrechtsbestimmungen, es sei denn, im Arbeitsvertrag werden zulässige Abweichungen vereinbart. Aus den Pflichten des Arbeitgebers ergeben sich einerseits die Rechte des Arbeitnehmers und aus den Rechten des Arbeitgebers die Pflichten des Arbeitnehmers.

---

[1] *vgl. S. 53 ff.*

Pflichten des Arbeitgebers = Rechte des Arbeitnehmers

Vergütungspflicht
(§§ 612, 614, 616 BGB, § 64 HGB)

– Pünktliche Zahlung des Lohnes bzw. Gehaltes unter der Voraussetzung, dass die Arbeitsleistung tatsächlich erbracht wurde.
– Unverschuldete Verhinderung berechtigt nicht zur Kürzung der Entgeltzahlung
(z. B. Lohnfortzahlung im Krankheitsfall bis 6 Wochen, Ladung als Zeuge vor Gericht).

Fürsorgepflicht
(§ 617 ff. BGB, § 62 HGB)

– Anmeldung des Arbeitnehmers bei der Krankenkasse und Abführung der Sozialversicherungsbeiträge.
– Schutz der Gesundheit des Arbeitnehmers sowie Beachtung der Unfallverhütungsvorschriften und der Arbeitsgesetze.
– Gleichbehandlungspflicht von Frauen und Männern, Teilzeit- und Vollzeitbeschäftigten.

Urlaub
(§ 19 JArbSchG, § 3 ff. BUrlG)

– Gewährung bezahlten Urlaubs unter Beachtung der Mindestbestimmungen des *JArbSchG*[1] und des Bundesurlaubsgesetzes, soweit der Arbeitnehmer dem Betrieb mindestens sechs Monate angehört.

Informations- und Anhörungspflicht
(§§ 81–85 BetrVG)

– Unterrichtung über Aufgaben und Gestaltung des Arbeitsplatzes.
– Unterrichtung über Gesundheits- und Unfallgefahren am Arbeitsplatz.
– Erörterung der Leistungsbeurteilung und Einsicht in die Personalakte.
  Beschwerderecht bei ungerechter Behandlung oder Benachteiligung.

Zeugnispflicht
(§ 630 Abs. 1 BGB, § 109 GewO, § 73 HGB)

– Ausstellung eines Zeugnisses über Art und Dauer der Beschäftigung; auf Wunsch des Arbeitnehmers sind Angaben über Führung und Leistung aufzunehmen.
– Inhaltlich muss das Zeugnis wahrheitsgemäß, aber wohlwollend sein. Gute Leistungen sind zu erwähnen, schlechte nur, wenn sie schwerwiegend und wesentlich für die Tätigkeit sind.

Pflichten des Arbeitnehmers = Rechte des Arbeitgebers

Pflicht zur Arbeitsleistung
(§ 611 Abs. 1 BGB)

– Verrichtung der nach dem Arbeitsvertrag vereinbarten Arbeiten.
  Die Arbeit ist nach bestem Wissen und Gewissen zu erbringen. Bei schuldhafter Pflichtverletzung ist der Arbeitnehmer schadenersatzpflichtig.

Gehorsamspflicht
(lt. BVerfG heute Bestandteil eines jeden Arbeitsvertrages)

– Der Arbeitnehmer hat die Weisungen des Arbeitgebers zu befolgen.
– Dem Arbeitgeber steht ein Weisungsrecht/Direktionsrecht zu.

Treue- und Verschwiegenheitspflicht
(lt. BVerfG heute Bestandteil eines jeden Arbeitsvertrages)

– Wahrnehmung und Vertretung der Interessen des Arbeitgebers.
– Verbot der Weitergabe von Geschäfts- und Firmengeheimnissen.
– Verbot der Annahme von Zahlungen zum eigenen Vorteil (Schmiergeldzahlungen).
– Schadenersatzpflicht bei Pflichtverletzung, Möglichkeit der fristlosen Kündigung oder ggf. strafrechtliche Verfolgung.

---

[1] *Vgl. S. 20 ff.*

> **Pflichten des Arbeitgebers = Rechte des Arbeitnehmers**
>
> **Wettbewerbsverbot**
> *(§§ 60, 61 HGB, § 133f. GewO)*
>
> – Verbot der Geschäfte auf eigene oder fremde Rechnung im gleichen Geschäftszweig des Arbeitgebers (*Ausnahme:* Der Arbeitgeber gibt die Einwilligung).
> – Verbot eigener Geschäfte durch kaufmännische Angestellte in einem beliebigen Geschäftszweig.
> – Die „Konkurrenzklausel" im Arbeitsvertrag erlaubt für eine gewisse Zeit nach dem Ausscheiden aus dem Arbeitsverhältnis ein Wettbewerbsverbot (bei kaufmännischen Angestellten maximal zwei Jahre). Pflichtverletzungen können Schadenersatzforderungen nach sich ziehen.

Seit dem 1. Januar 2015 gibt es in Deutschland einen flächendeckenden gesetzlichen Mindestlohn beginnend mit 8,50 €/Std. Bruttoarbeitslohn. Seit 1. Januar 2021 erhöht sich dieser stufenweise auf 9,50 €/Std., 1. Juli 2021 9,60 €/Std., 1. Januar 2022 9,82 €/Std. und 1. Juli 2022 10,45 €/Std. Weisen Tarifverträge oder als allgemeinverbindlich erklärte Tarifverträge höhe Vergütungen aus, bilden diese die unterste Vergütungshöhe.

Ein allgemeiner, gesetzlicher Mindestlohn schützt Arbeitnehmer über 18 Jahre vor unangemessen niedrigen Löhnen und trägt damit zu einem fairen und funktionierenden Wettbewerb bei. Gleichzeitig sorgt er für mehr Stabilität in den sozialen Sicherungssystemen.

Keine Arbeitnehmer im Sinne des **Mindestlohngesetzes** sind:

Auszubildende, ehrenamtlich Tätige, Personen im freiwilligen Dienst, Teilnehmer/-innen an einer Arbeitsförderungsmaßnahme, Selbstständige, Langzeitarbeitslose innerhalb der ersten sechs Monate nach Wiedereinstieg in den Arbeitsmarkt, Praktikanten unter bestimmten Bedingungen.

Arbeitsverträge müssen Beschäftigungszeiten (Wochenarbeitszeiten und insbesondere die Wochentage) bei Teilzeit-/Aushilfsbeschäftigungen **dokumentieren**. Abweichungen davon sind nur in eng begründeten Fällen möglich. Sozialversicherungsrechtlich droht bei **nicht schriftlich fixierten** und entsprechend durchgeführten Arbeitsverträgen seit dem 1. Januar 2019 eine fiktive Hinzurechnung auf eine 20-stündige Wochenarbeitszeit mit den dann folgenden zusätzlichen steuerlichen Konsequenzen. Insbesondere hat das erhebliche Auswirkungen auf Minijobverhältnisse, die in ein normales Arbeitsverhältnis auf eine Nettolohnvereinbarung hinauslaufen.

Zusätzlich hat der Arbeitgeber bei Minijobverhältnissen **Stundenaufzeichnungen** zu führen, die zwei Jahre aufzubewahren sind.

1.2.1.3 Besondere Formen des Arbeitsverhältnisses

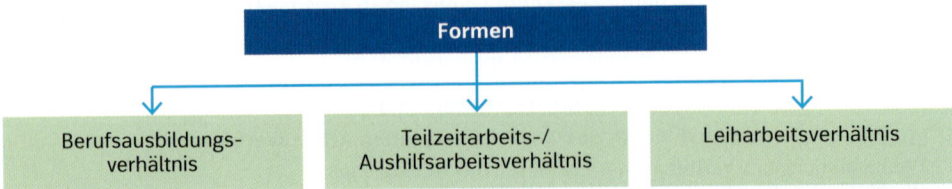

Formen

| Berufsausbildungs- verhältnis | Teilzeitarbeits-/ Aushilfsarbeitsverhältnis | Leiharbeitsverhältnis |

Berufsausbildung ist nach dem BBiG eine berufliche Erstausbildung in einem staatlich anerkannten Ausbildungsberuf.[1]

---

[1] *Vgl. S. 13 ff.*

Beim **Teilzeitarbeitsverhältnis** liegt in der Regel eine kürzere Arbeitszeit vor als bei einer vergleichbaren Vollbeschäftigung. Arbeitsrechtlich entspricht die Absicherung der einer Vollbeschäftigung. Der Arbeitnehmer hat einen Rechtsanspruch auf die Verringerung seiner vertraglich vereinbarten Arbeitszeit, soweit bei dem Arbeitgeber mehr als 15 Arbeitnehmer beschäftigt sind *(§ 8 TzBfG)*.

Liegt eine **Arbeitsplatzteilung** (Jobsharing) vor, wird die vorhandene Arbeitsaufgabe eines Arbeitsplatzes unter Abstimmung von zwei Arbeitnehmern gemeinschaftlich erfüllt.

Bei einem echten **Leiharbeitsverhältnis** wird der Arbeitnehmer mit seiner Zustimmung vorübergehend in dem Betrieb eines Dritten eingesetzt, während bei einem unechten Leiharbeitsverhältnis der Arbeitnehmer von vornherein zur Arbeitsleistung bei einem Dritten eingestellt wird. Die entsprechenden Vorschriften des Arbeitnehmerüberlassungsgesetzes sind zu beachten.

Eine **Aushilfsbeschäftigung** (Minijob) wird angenommen, wenn die Beschäftigung nur in regelmäßig geringem Umfang oder kurzfristig unregelmäßig stattfindet.

Der Niedriglohnsektor auf einen Blick		Arbeitnehmer	Arbeitgeber
Minijobs *(früher 400,00 €)* *auch als Nebenjob wieder möglich*	bis 450,00 €	– steuer- und abgabenfrei[1]	**Pauschalabgabe** **31,51 %** *davon 13 % Krankenversicherung, 15 % Rentenversicherung, 2 % Steuer, zzgl. ca. 1,51 % Umlage[2]*
haushaltsnahe Minijobs[3] *auch als Nebenjob wieder möglich*	bis 450,00 €	– steuer- und abgabenfrei[1]	**Pauschalabgabe** **15,11 %** *davon 5 % Krankenversicherung, 5 % Rentenversicherung, 2 % Steuer zzgl. 1,51 % Umlagen und 1,6% Unfallversicherung*
Übergangsbereich = früher Gleitzone	450,01 € bis 1300,00 €	– Sozialbeiträge steigen stufenweise von 12,5 % auf ca. 20,1 % – Steuer wie bisher	**Sozialbeiträge** **20,1 %** *inkl. Umlagen*
Dienstmädchen-Privileg	– Privathaushalte können Kosten eines sozialversicherungspflichtigen Angestellten bis 20 % der Aufwendungen, max. 4 000,00 € steuerlich von der tariflichen ESt absetzen *(§ 35 a Abs. 2 EStG)*.		

---

[1] *Vgl. §§ 8, 8 a SGB IV, § 249 b SGB V, § 168 Abs. 1 b SGB VI mit der Annahme einer generellen RV-Pflicht durch Aufstockung von 3,6 % durch den AN. Eine ausdrückliche Erklärung des AN zur Nichtteilnahme muss dem AG bei Aufnahme des Arbeitsverhältnisses vorgelegt werden.*

[2] *1,00 % Umlage 1 (U1), 0,39 % Umlage 2 (U2), 0,12 % Insolvenzgeldumlage (U3).*

[3] *Steuerlich absetzbar von der tariflichen ESt sind 20 % der in Privathaushalten entstandenen Kosten, maximal 510,00 € (§ 35 a Abs. 1 EStG). Privathaushalte mit sozialversicherungspflichtiger Beschäftigung 20 % der Aufwendungen, max. 4 000,00 € (§ 35 a Abs. 2 EStG).*

1.2.1.4 Beendigung des Arbeitsverhältnisses

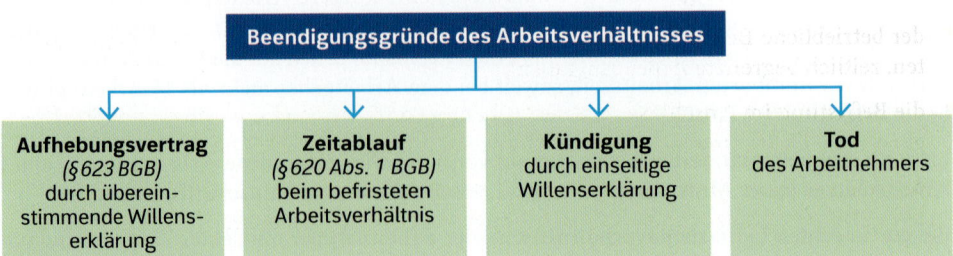

Aufhebungsvertrag

Arbeitgeber und Arbeitnehmer vereinbaren in einem Aufhebungsvertrag, dass das **auf unbestimmte Zeit** vereinbarte Arbeitsverhältnis zu einem bestimmten Zeitpunkt enden soll *(§§ 305, 623 BGB)*. Während eine Kündigung eine einseitige Erklärung ist und daher auch dann wirkt, wenn der Gekündigte mit ihr nicht einverstanden ist, ist ein Aufhebungsvertrag nur dann wirksam, wenn beide Vertragsparteien zustimmen.

Der Aufhebungsvertrag muss gemäß *§ 623 BGB* zwingend in **schriftlicher Form** erfolgen.

Bietet der Arbeitgeber dem Arbeitnehmer einen Aufhebungsvertrag an, muss er den Arbeitnehmer darauf **hinweisen**, dass möglicherweise eine Sperrfrist für den Bezug von Arbeitslosengeld besteht. Unterlässt der Arbeitgeber diese Aufklärung, könnte dieser dazu verpflichtet werden, dem Arbeitnehmer das dadurch entgangene Arbeitslosengeld zu ersetzen.

Aus steuerlichen und/oder sozialversicherungsrechtlichen Gründen sollte der vereinbarte Beendigungszeitpunkt und der Anlass für die Beendigung eindeutig im Vertrag genannt werden. Weiterhin sollten Vertragsbestandteile sein:

- Höhe und Fälligkeit der Abfindung für noch ausstehende Zahlungen (Provisionen, Überstundenausgleich, Reisekosten etc.),
- Abreden bezüglich des Resturlaubs,
- etwaige Freistellung von der Arbeit bis zum Ende des Arbeitsverhältnisses,
- Verschwiegenheitspflicht des Arbeitnehmers, insbesondere wenn dieser bereits eine neue Arbeitsstelle in Aussicht hat,
- die Rückgabe von Firmeneigentum (Firmenhandys, Notebooks, Firmenfahrzeug),
- Abreden über Erfindungen des Arbeitnehmers.

Das Widerrufsrecht der *§§ 312, 355 BGB* findet auf Aufhebungsverträge keine Anwendung.

Befristetes Arbeitsverhältnis

Ein befristeter Arbeitsvertrag muss schriftlich vereinbart werden. Fehlt die Schriftform, ist die Befristung unwirksam und der Arbeitsvertrag gilt als unbefristet abgeschlossen.
Die Zulässigkeit befristeter Arbeitsverträge ist im Teilzeit- und Befristungsgesetz *(TzBfG)* geregelt. Nach *§ 3 Abs. 1 TzBfG* ist ein Arbeitnehmer befristet beschäftigt, wenn ein Arbeitsvertrag auf bestimmte Zeit geschlossen wurde, d.h. die Dauer des Arbeitsvertrags ist kalendermäßig bestimmt (kalendermäßig befristeter Arbeitsvertrag) oder ergibt sich aus Art, Zweck oder Beschaffenheit der Arbeitsleistung (zweckbefristeter Arbeitsvertrag).

Die Befristung eines Arbeitsverhältnisses ist grundsätzlich nur dann zulässig, wenn es dafür eine sachliche Rechtfertigung nach *§ 14 Abs. 1 TzBfG* gibt.

Ein **sachlicher Grund** liegt insbesondere vor, wenn

- der betriebliche Bedarf an der Arbeitsleistung nur vorübergehend besteht (Saisonarbeiten, zeitlich begrenzte Arbeitsaufgaben),

- die Befristung im Anschluss an eine Ausbildung oder ein Studium erfolgt, um den Übergang des Arbeitnehmers in eine Anschlussbeschäftigung zu erleichtern,

- der Arbeitnehmer zur Vertretung eines anderen Arbeitnehmers beschäftigt wird,
  Beispiele: Vertretung bei Elternzeit, Mutterschutz, Krankheit von Arbeitnehmer/-in

- die Eigenart der Arbeitsleistung die Befristung rechtfertigt,

- die Befristung zur Erprobung erfolgt,

- in der Person des Arbeitnehmers liegende Gründe die Befristung rechtfertigen,

- der Arbeitnehmer aus Haushaltsmitteln vergütet wird, die haushaltsrechtlich für eine befristete Beschäftigung bestimmt sind, und er entsprechend beschäftigt wird, oder

- die Befristung auf einem gerichtlichen Vergleich beruht.

Ohne sachlichen Grund ist die Befristung eines Arbeitsvertrages nur bei einer Neueinstellung in zwei Fällen zulässig:

- Befristung bis zu einer Dauer von zwei Jahren *(§ 14 Abs. 2 TzBfG)*:

  - Während der Gesamtdauer von zwei Jahren kann die Befristung insgesamt dreimal verlängert werden.

  - Bei Existenzgründern vier Jahre *(§ 14 Abs. 2a TzBfG)*.

  - Auszubildende können nach Abschluss ihrer Ausbildung beim gleichen Arbeitgeber nur mit sachlichem Grund befristet weiterbeschäftigt werden, weil bereits ein befristetes Arbeitsverhältnis zu diesem Arbeitgeber bestanden hat.

- Befristung bis zu einer Dauer von fünf Jahren bei Arbeitnehmern, die das 52. Lebensjahr[1] vollendet haben *(§ 14 Abs. 3 TzBfG)*. Innerhalb der Gesamtdauer ist eine mehrfache Verlängerung des Arbeitsvertrages zulässig.

Kündigung

Die Kündigung ist eine einseitige empfangsbedürftige Willenserklärung eines Vertragspartners, dass er das Arbeitsverhältnis lösen will. Sie wird wirksam, wenn sie dem anderen Vertragspartner **zugegangen** ist, sie muss nicht angenommen werden. Zugang verlangt, dass die Willenserklärung so in den Empfangsbereich des Empfängers gelangt, dass dieser unter regelmäßigen Umständen davon hätte Kenntnis erlangen müssen.

Beispiele:
- *Einwurf in den Briefkasten*
- *persönliche Übergabe*
- *Übergabeeinschreiben (mit der Aushändigung durch den Postboten bzw. Abholung bei der Post)*

Die Kündigungserklärung muss eindeutig und unmissverständlich sein; sie braucht den Kündigungsgrund nicht unbedingt zu enthalten. Bei Kündigung von Berufsausbildungsverhältnissen nach der Probezeit ist der Kündigungsgrund jedoch stets anzugeben. Die Kündigung bedarf der **Schriftform** *(§ 623 BGB)* **und** der **eigenhändigen Unterschrift** (eine unter

---

[1] *Aus dem Lebensalter dürfen sich nach dem EuGH-Urteil vom 22.11.2005 keine Diskriminierungen für Arbeitnehmer ergeben.*

Beachtung des Signaturgesetzes gegebene *elektronische Unterschrift* ist *nicht zulässig*). Die Nichtbeachtung der Schriftform bedeutet die Unwirksamkeit der Kündigung *(§§ 123, 623 BGB)*.

Der **Zugangszeitpunkt** ist bedeutsam für den Lauf weiterer Fristen, wie z. B. für

- die Kündigungsfristen nach *§ 622 BGB*,
- die Frist nach *§ 4 KSchG* zur Klageerhebung,
- Mitteilungen, die eine besondere Kündigungsfrist zur Folge haben *(z. B. Schwerbehinderung, Schwangerschaft).*

Kündigungsfristen

Die Kündigungsfristen können sich bei einer ordentlichen Kündigung aus dem Gesetz, Tarifvertrag oder Arbeitsvertrag ergeben.

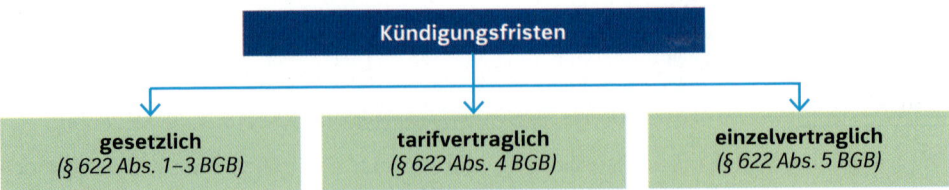

Gesetzliche Kündigungsfristen

Das Arbeitsverhältnis eines Arbeitnehmers kann mit einer Frist von vier Wochen zum 15. oder zum Ende eines Kalendermonats gekündigt werden. Für eine Kündigung durch den Arbeitgeber bestehen nach der Dauer der Betriebszugehörigkeit gestaffelte, längere Fristen (§ 622 BGB).

Beispiel: Die Bankkauffrau Thekla Breuer ist 34 Jahre alt und seit dem 21. Lebensjahr ununterbrochen bei der Deutschen Bank AG beschäftigt. Die gesetzliche Kündigungsfrist für das unbefristete Arbeitsverhältnis beträgt für den Arbeitgeber fünf Monate zum Monatsende, weil die Arbeitnehmerin mehr als zwölf Jahre beschäftigt war.

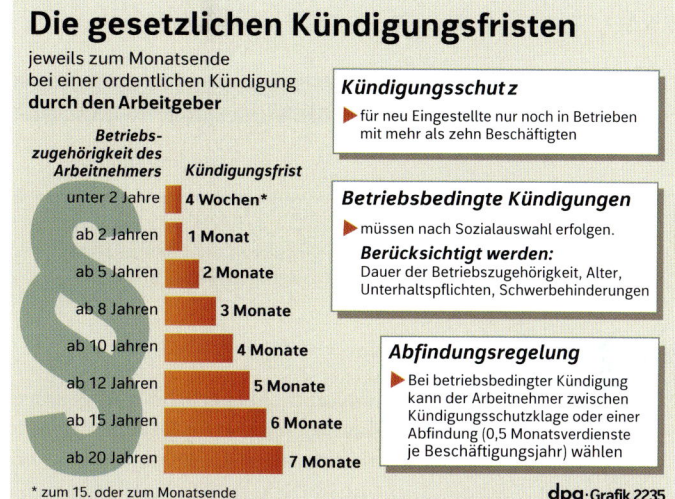

Während einer Probezeit von bis zu längstens sechs Monaten kann das Arbeitsverhältnis mit einer Frist von zwei Wochen gekündigt werden *(§ 622 Abs. 3 BGB)*. Bei einer längeren Probezeit gelten die gesetzlichen Kündigungsfristen aus *§ 622 BGB*.

Tarifvertragliche Kündigungsfristen

Tarifverträge können abweichende Regelungen vorsehen. Im Geltungsbereich eines solchen Tarifvertrages gelten die abweichenden tarifvertraglichen Bestimmungen zwischen nichttarifgebundenen Arbeitgebern und Arbeitnehmern, wenn ihre Anwendung zwischen ihnen vereinbart ist.

Einzelvertragliche Kündigungsfristen

Einzelvertraglich ist eine kürzere Kündigungsfrist nur vereinbar, wenn

- ein Arbeitnehmer zur vorübergehenden Aushilfe eingestellt ist; das gilt nicht, wenn das Arbeitsverhältnis über die Zeit von drei Monaten hinaus fortgesetzt wird;

- der Arbeitgeber in der Regel nicht mehr als 20 Arbeitnehmer (ohne Auszubildende) beschäftigt und die Kündigungsfrist vier Wochen nicht unterschreitet. Bei der Feststellung der Zahl der beschäftigten Arbeitnehmer sind nur Arbeitnehmer zu berücksichtigen, deren regelmäßige Arbeitszeit wöchentlich zehn Stunden oder monatlich 45 Stunden übersteigt.

Tarif- und einzelvertragliche Vereinbarungen, die längere Kündigungsfristen festlegen, bleiben von der Neufassung unberührt.

1.2.1.5 Kündigungsvorschriften

Allgemeiner Kündigungsschutz

*Die **Kündigung eines Arbeitnehmers ist rechtsunwirksam**, wenn das Arbeitsverhältnis in demselben Betrieb oder Unternehmen **länger als sechs Monate bestand und sozial unge-rechtfertigt** ist (§ 1 Abs. 1 KSchG). Das KSchG gilt erst in Betrieben ab elf Beschäftigten (§ 23 KSchG).[1]*

Zulässige Kündigungsgründe

- **Gründe in der Person**: mangelnde körperliche und geistige Leistung, mangelnde Aus-bildung, mangelnde Fähigkeit, sich die erforderlichen Kenntnisse anzueignen, lang dau-ernde Erkrankung ohne Erkennbarkeit der baldigen Genesung

- **Verhaltensbedingte Gründe**: wiederholte Unpünktlichkeit, Schlechtarbeit, Verstöße ge-gen Gehorsams- und Verschwiegenheitspflicht

- **Dringende betriebliche Erfordernisse**: Absatzschwierigkeiten, Produktionseinschrän-kungen, Stilllegung einzelner Abteilungen, Änderung von Produktionsmethoden

Soziale Auswahl
Verstößt die Kündigung gegen eine gerechtfertigte soziale Auswahl *(§ 95 BetrVG)* oder wird die Umsetzungsmöglichkeit innerhalb des Unternehmens oder Betriebsteiles nicht berück-sichtigt, steht dem Betriebsrat ein Widerspruchsrecht zu.

Abmahnung
Bevor eine ordentliche Kündigung ausgesprochen wird, verlangt die ständige Rechtspre-chung des Bundesarbeitsgerichts (keine gesetzliche Regelung) eine Abmahnung des Ar-beitgebers an den Arbeitnehmer.

Die Abmahnung

- ist eine Warnung des Arbeitgebers an den Arbeitnehmer; der Arbeitgeber weist den Ar-beitnehmer darauf hin, dass dieser seine arbeitsvertraglichen Pflichten nicht oder nicht vollständig erfüllt (genaue Beschreibung des einzelnen **Fehlverhaltens**, Nennung des konkreten Fehlverhaltens unter Angabe von Ort, Datum und Uhrzeit),

- muss den Hinweis enthalten, dass im Wiederholungsfall der Bestand des Arbeitsverhält-nisses gefährdet ist,

---

[1] *Teilzeitbeschäftigte Arbeitnehmer werden bis zu 30 Wochenstunden nur mit einem Faktor von 0,75; bis 20 Wochenstunden mit einem Faktor von 0,5 berücksichtigt.*

- fordert den Arbeitnehmer auf, sich in **Zukunft vertragsgetreu** zu verhalten und droht für den Fall der erneuten Pflichtverletzung mit arbeitsrechtlichen Konsequenzen,

- hat **keine gesetzliche Grundlage** (sie ist aus Richterrecht entstanden),

- kann **formlos** erteilt werden; sie sollte aber aus Beweisgründen schriftlich erfolgen und der **Zugang nachweisbar** sein,

- muss den abgemahnten **Lebenssachverhalt** detailliert **beschreiben**.

Beispiele:
- *„Sie sind im zurückliegenden Monat fünfmal zu spät am Arbeitsplatz erschienen."*
- *„Sie führten täglich während der Arbeitszeit private Telefongespräche."*
- *„Sie benutzten den PC an Ihrem Arbeitsplatz für Computerspiele."*
- *„Sie haben Dienstgeheimnisse weitergegeben."*
- *„Sie verletzten die Anzeigepflicht bei Krankheit."*

Voraussetzung für eine verhaltensbedingte Kündigung ist eine zuvor wirksam erteilte Abmahnung, weil dem Arbeitnehmer durch eine Abmahnung die Gelegenheit gegeben werden soll, die Arbeitsleistung bzw. sein Verhalten zu ändern.

Nach der **Rechtsprechung** des Bundesarbeitsgerichtes erfordern auch Störungen im Vertrauensbereich des Arbeitsverhältnisses eine Abmahnung, es sei denn, der Vertrauensbereich ist erheblich gestört. In diesen Fällen kann die Kündigung ohne den vorherigen Ausspruch einer Abmahnung erteilt werden. Die verhaltensbedingte Kündigung aufgrund von Störungen im betrieblichen Bereich, sowie die personen- und betriebsbedingten Kündigungsgründe erfordern keine Abmahnung.

Es gibt keine **zeitliche Grenze**, innerhalb derer die Abmahnung ausgesprochen werden muss. Eine längere Zeitspanne von einigen Monaten, in welcher der Arbeitgeber das Verhalten akzeptiert zu haben scheint, verwirkt allerdings das Recht zur Abmahnung.

Wenn der Arbeitnehmer sich nach einer berechtigten Abmahnung längere Zeit vertragstreu verhält, verwirkt das Recht aus der Abmahnung. Wann dieser Zeitpunkt gekommen ist, hängt von der Art und Schwere des Vorwurfs ab (OLG Hamm 2 Jahre, BVerfG 3–5 Jahre).

In Kleinbetrieben und während der ersten sechs Monate der Beschäftigung kann die Abmahnung entfallen.

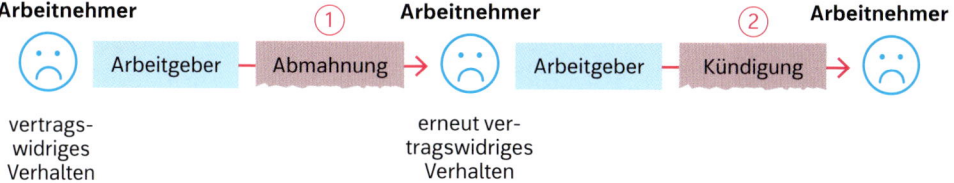

Besonderer Kündigungsschutz

Auszubildende	**– In der Probezeit:** Das Berufsausbildungsverhältnis kann innerhalb der vertraglich vereinbarten Probezeit (mindestens ein Monat, maximal vier Monate) jederzeit vom Arbeitgeber oder vom Auszubildenden ohne Einhaltung einer Frist zu jedem beliebigen Termin gekündigt werden *(§ 22 Abs. 1 BBiG)*. Die Kündigung muss schriftlich erfolgen *(§ 22 Abs. 3 BBiG)*. Kündigungsgründe müssen nicht angegeben werden. **– Nach der Probezeit:** Der **Arbeitgeber** kann nur kündigen, wenn er einen wichtigen Grund hat. Die Kündigung muss innerhalb von zwei Wochen nach Bekanntwerden des Kündigungsgrundes ohne Einhaltung einer Frist erfolgen *(§ 15 Abs. 2 u. 4 BBiG)*. Der **Auszubildende** kann kündigen, wenn er - einen wichtigen Grund hat. Die Kündigung muss innerhalb von zwei Wochen nach Eintritt des Kündigungsgrundes ohne Einhaltung einer Frist erfolgen *(§ 22 Abs. 2 u. 4 BBiG)*. - die Berufsausbildung beenden will oder sich für eine andere Berufstätigkeit ausbilden lassen will. In diesen Fällen hat der Auszubildende eine Kündigungsfrist von vier Wochen einzuhalten *(§ 22 Abs. 2 Nr. 2 BBiG)*.
Probearbeitsverhältnisse	Wurde einzelvertraglich eine Probezeit (max. sechs Monate) vereinbart, so verkürzt sich die Kündigungsfrist während dieser Probezeit auf zwei Wochen.
Aushilfen	Bei Aushilfsarbeitsverhältnissen, die bis zu drei Monate dauern, kann nach *§ 622 Abs. 5 BGB* durch Vereinbarung im Arbeitsvertrag die Kündigungsfrist verkürzt werden.
Betriebsratsmitglieder/Jugend- und Auszubildendenvertreter	Der Arbeitgeber kann nur aus wichtigem Grund kündigen. Die in Berufsausbildung stehenden BR-Mitglieder und Jugend- und Auszubildendenvertreter sind in ein unbefristetes Arbeitsverhältnis zu übernehmen, wenn der Ausbildungsbetrieb nicht drei Monate vor Ausbildungsabschluss schriftlich kündigt *(§ 78 a BetrVG)*.
Schwerbehinderte	Kündigung nur mit Zustimmung des Integrationsamtes, Kündigungsfrist mindestens vier Wochen; ab 20 Beschäftigten sind 5 % bzw. 6 % der Arbeitsplätze mit Schwerbehinderten zu besetzen, sonst hat der Arbeitgeber eine abnehmend gestaffelte Ausgleichsabgabe je nicht besetzter Stelle im Monat zu zahlen *(§ 71 ff. SGB IX)*.
Werdende Mütter	Kündigung während der Schwangerschaft und bis zum Ablauf von vier Monaten nach der Entbindung ist unzulässig, die Arbeitnehmerin kann jedoch während der Schwangerschaft zum Ende der Schutzfrist kündigen *(§ 9 MuSchG)*.
Freiwillig Wehrdienstleistende	Eine Kündigung während des freiwilligen Wehrdienstes ist nicht zulässig, das Beschäftigungsverhältnis ruht nur *(§ 2 ArbPlSchG)*. Der Kündigungsschutz gilt nicht für den Bundesfreiwilligendienst (früher Zivildienst).
Junge Mütter/ Väter	Eine Kündigung während der Elternzeit ist unzulässig *(§ 18 BEEG)*. Arbeitnehmer, die erziehungsberechtigt sind, können nach *§ 19 BEEG* das Arbeitsverhältnis zum Ende der Elternzeit mit einer Frist von drei Monaten kündigen.
Kleinunternehmen	Unternehmen mit nicht mehr als 20 Arbeitnehmern (ohne Azubis) können die Grundkündigungsfrist von vier Wochen einzelvertraglich auf jeden beliebigen Zeitpunkt vereinbaren (Abweichung von der Grundregel: Ende der Kündigungsfrist auf den 15. oder zum Monatsende).
Geltung des Kündigungsschutzgesetzes	Der gesetzliche Kündigungsschutz nach dem Kündigungsschutzgesetz gilt erst in Betrieben, die mehr als zehn Mitarbeiter beschäftigen *(§ 23 KSchG)*.

Das Kündigungsschutzgesetz gilt in Betrieben mit elf und mehr Beschäftigten. Es besagt, dass bei sogenannten betriebsbedingten Kündigungen (zum Beispiel wegen schlechter Auftragslage) eine Sozialauswahl getroffen werden muss. Dem Arbeitgeber ist es also nicht freigestellt, welchem Arbeitnehmer er kündigt.

Kündigungsschutzverfahren

Hält der Arbeitnehmer eine Kündigung für ungerechtfertigt, hat er folgende Möglichkeiten:

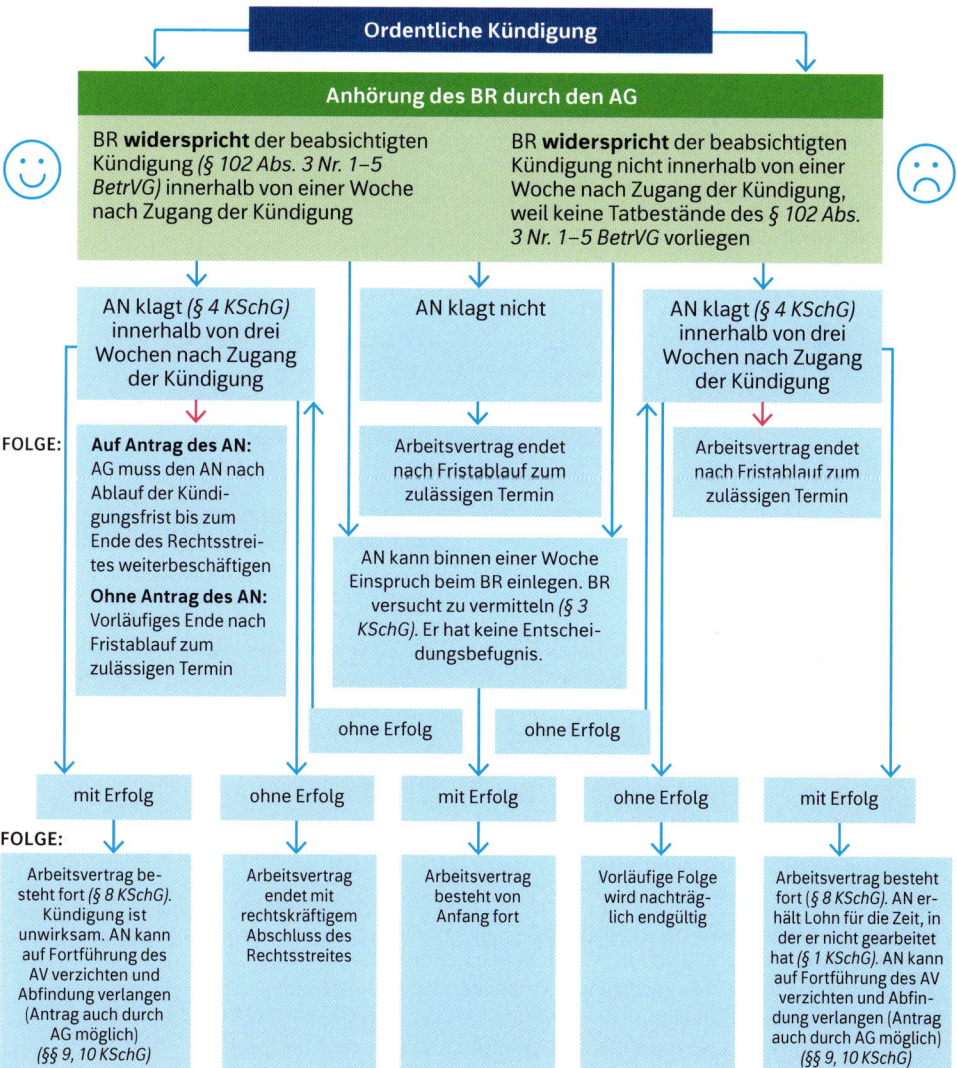

Das Kündigungsschutzverfahren ist bei einer **außerordentlichen Kündigung** bis auf die nicht bestehende Kündigungsfrist seitens des Arbeitgebers und der nur bestehenden dreitägigen Widerspruchsfrist des Betriebsrates identisch.

Arbeitszeugnis

Bei Beendigung des Arbeitsverhältnisses hat der Arbeitnehmer Anspruch auf Ausstellung eines Zeugnisses *(§ 630 BGB, § 109 GewO)*. Die elektronische Form ist nicht zulässig.

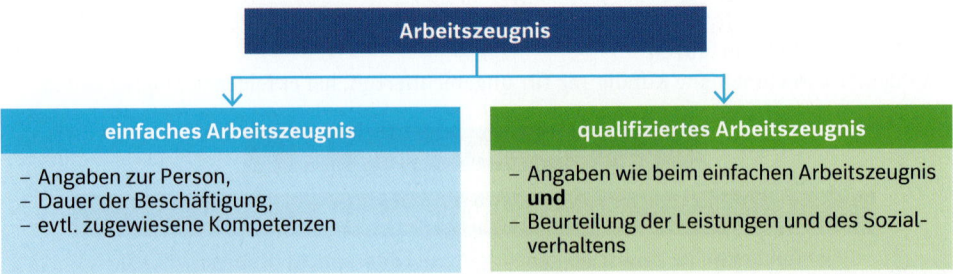

1.2.1.6 Arbeitsschutz

Jeder Arbeitgeber ist für den Arbeits- und Gesundheitsschutz der Mitarbeiter/-innen verantwortlich.

Der betriebliche Arbeitsschutz verfolgt das Ziel, Sicherheit und Gesundheitsschutz der Beschäftigten bei der Arbeit zu gewährleisten und zu verbessern.

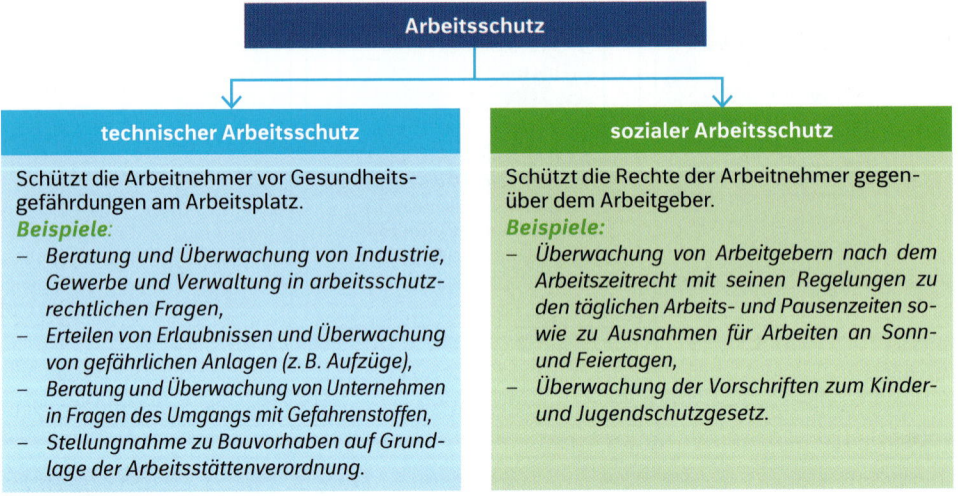

Arbeitsschutz beruht in Deutschland auf zwei Säulen:

- dem staatlichen Arbeitsschutz sowie EU-Normen zum Arbeitsschutz und
- dem Arbeitsschutz der gesetzlichen Unfallversicherungträger.

Zu unterscheiden sind deshalb

- nationalstaatliche und europäische Arbeitsschutzvorschriften und
- die Unfallverhütungsvorschriften der Berufsgenossenschaften als Träger der gesetzlichen Unfallversicherung.

Die Arbeitsschutzvorschriften beinhalten Gebote und Verbote, zu deren Beachtung der Arbeitgeber verpflichtet ist. Die wichtigsten Vorschriften sind den Mitarbeitern in den betroffenen Betrieben durch Auslegung oder Aushang zugänglich zu machen.

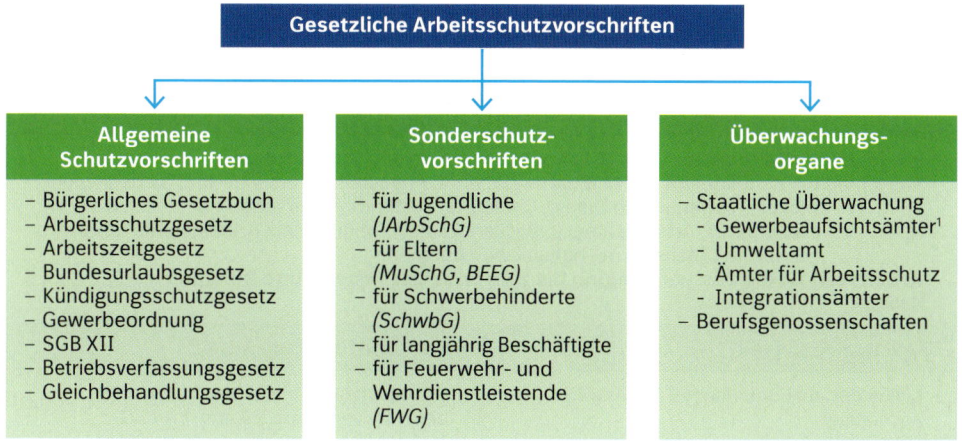

1.2.1.7 Arbeitszeitgesetz

Arbeitszeit ist die Zeitspanne, für die Arbeitnehmer/-innen die Arbeitskraft dem/der Arbeitgeber/-in zur Verfügung stellen. Im Arbeitszeitrecht ist zu unterscheiden zwischen

- öffentlich-rechtlichen Vorschriften (z.B. Arbeitszeitgesetz)
- zivilrechtlichen Regelungen (z.B. Arbeitsvertrag, Tarifvertrag)

Das Arbeitszeitgesetz *(ArbZG)* enthält Mindestregelungen

- zur Gewährleistung der Sicherheit und des Gesundheitsschutzes von Arbeitnehmern bei der Arbeitszeitgestaltung,
- zu Verbesserungen der Rahmenbedingungen für flexible Arbeitszeiten von Arbeitnehmern,
- zum Schutz der Sonntage und gesetzlichen Feiertage als Tage der Arbeitsruhe sowie
- Grunddefinitionen wie z.B. Arbeitszeit, Nachtarbeit, Überarbeit, Mehrarbeit, Ruhepausen.

Tarifvertragliche Vereinbarungen oder Betriebsvereinbarungen können die Regelungen zugunsten der Arbeitnehmer ändern.

Zum Schutz und zur Vorsorge bei gesundheitlichen Belastungen gelten die gesetzlich normierten Regelungen gleichermaßen für Frauen und Männer:

- arbeitsmedizinische Untersuchungen,
- Umsetzungsanspruch auf einen Tagesarbeitsplatz bei gesundheitlicher Gefährdung sowie bei Betreuung von Kindern unter zwölf Jahren und schwerpflegebedürftigen Angehörigen im Rahmen der betrieblichen Möglichkeiten.

---

[1] *Soweit regional das Staatliche Amt für Arbeitsschutz und das Staatliche Umweltamt als Nachfolgeinstitution für das Gewerbeaufsichtsamt eingerichtet sind, übernimmt als Überwachungsorgan das Staatliche Amt für Arbeitsschutz die Aufgaben.*

Weitere Arbeitszeitvorschriften sind zu finden im Ladenschlussgesetz *(LadSchlG)*, im Jugendarbeitsschutzgesetz *(JArbSchG)*, in Sozialvorschriften über den Straßenverkehr, dem Fahrpersonalgesetz *(FPersG)* und der Fahrpersonalverordnung *(FPersV)*.

Nach dem *ArbZG* sind Werktage alle Tage von Montag bis einschließlich Samstag (Sechstagewoche!).

Schutzbestimmungen nach dem Arbeitszeitgesetz *(ArbZG)*	
– **gilt für alle Arbeitnehmer über 18 Jahre in Betrieben und Verwaltungen** *Ausnahmen:* Auszubildende (unter 18 Jahre), leitende Angestellte, Personal- und Dienststellenleiter im öffentlichen Dienst, Chefärzte, bestimmtes Personal in der Luftfahrt und Schifffahrt, Arbeitnehmer in Bäckereien und Konditoreien, Arbeitnehmer des öffentlichen Dienstes mit hoheitlichen Aufgaben – **Arbeitszeit ist die Zeit vom Beginn bis zum Ende der Arbeit ohne Ruhepausen** *(§ 2 Abs. 1 ArbZG)*.	
Tägliche Arbeitszeit	**Sonn- und Feiertagsarbeit**

– höchstens acht Stunden *(§ 3 S. 1 ArbZG)*
  Ausnahme:
  Die tägliche Arbeitszeit kann auf bis zu zehn Stunden verlängert werden, wenn die Verlängerung innerhalb eines Ausgleichszeitraums von sechs Monaten auf durchschnittlich acht Stunden ausgeglichen wird *(§ 3 S. 2 ArbZG)*.
 – wöchentliche Arbeitzeit nicht über 48 Stunden
 – ununterbrochene Mindestruhezeit von elf Stunden nach Beendigung der täglichen Arbeitszeit *(§ 5 Abs. 1 ArbZG)*
  Ausnahme: Fälle des *§ 5 Abs. 2–4 ArbZG*
 – Ruhepausen:
  - mindestens 30 Minuten bei einer Arbeitszeit von über sechs bis neun Stunden *(§ 4 ArbZG)*
  - mindestens 45 Minuten bei einer Arbeitszeit über neun Stunden.
  Eine Aufteilung der Ruhezeiten in jeweils 15 Minuten ist möglich.
	– Grundsätzlich für alle Beschäftigungsbereiche verboten *(§ 9 Abs. 1 ArbZG)*
	 – 16 *Ausnahmetatbestände*; insbesondere in folgenden Fällen *(§§ 9, 10, 13, 14 ArbZG)*:
	  - technische Erfordernisse machen eine ununterbrochene Produktion erforderlich
	  - internationale Konkurrenz zwingt nachweislich zur Produktion auch an Sonn- und Feiertagen, damit die Arbeitsplätze gesichert bleiben
	  - im Dienstleistungsbereich wie Gaststätten, Hotels, Krankenhäusern, Pflegeeinrichtungen, Verkehrsbetrieben
	 – Für die betroffenen Arbeitnehmer gilt:
	  - mindestens 15 Sonntage im Jahr beschäftigungsfrei
	  - für jeden arbeitspflichtigen Sonn- und Feiertag zwingend einen Ersatzruhetag
	  - mindestens einmal wöchentlich zusammenhängend 35 Stunden Ruhezeit
	  - Arbeitszeit maximal acht Stunden (verlängerbar auf zehn Stunden, wenn innerhalb von sechs Monaten ein Ausgleich erfolgt)

1.2.1.8 Mutterschutzgesetz

Für **weibliche Arbeitnehmer** gelten bezüglich der Arbeitszeit und der Ausübung der Beschäftigung besondere Vorschriften, um einen höheren Schutz während der Schwangerschaft und für die Zeit nach der Geburt eines Kindes zu gewährleisten. *Art. 6 GG* garantiert jeder Mutter den Anspruch auf den Schutz und die Fürsorge der Gemeinschaft. Dem tragen das **Mutterschutzgesetz** *(MuSchG)* und das **Bundeselterngeld- und Elternzeitgesetz** *(BEEG)* Rechnung.

Schutzvorschriften				
Kündigungs-schutz	**Beschäftigungs-verbot**	**Gefahren-schutz**	**Mutterschafts-hilfe**	**Urlaubs-anspruch**
– keine Kündigung während der Schwangerschaft und vier Monate nach der Geburt oder Fehlgeburt *(§ 9 MuSchG)* – Kündigungsschutz während der Elternzeit *(§ 18 BEEG)*	– Beschäftigungsverbot[1] während der Mutterschutzfrist von insgesamt 14 Wochen: sechs Wochen vor und acht Wochen[2] (bei Früh- und Mehrlingsgeburten zwölf Wochen) nach der Geburt. Nicht beanspruchte Fristen vor der Geburt werden nach der Geburt hinzugerechnet. *(§ 3 Abs. 2, § 6 MuSchG)* – bei Gefahr von Berufskrankheiten *(§ 4 Abs. 2 MuSchG)* – Verbot schwerer körperlicher Arbeit *(§ 4 Abs. 1 MuSchG)* – Verbot der Mehrarbeit, Sonntags- und Nachtarbeit *(§ 8 Abs. 3, 4, 6 MuSchG)*[3]	– keine Arbeiten, die das Leben und die Gesundheit der Mutter und ihres Kindes gefährden *(§ 3 Abs. 1 MuSchG)* – Vorschriften für die Arbeitsplatzgestaltung von Schwangeren und stillenden Müttern *(§ 2 MuSchG)*	– Anspruch auf ärztliche Betreuung und Hebammenhilfe – Anspruch auf Mutterschaftsgeld während der Schutzfrist in Höhe des bisherigen Nettoeinkommens *(§ 11 MuSchG)* – Anspruch auf Elternzeit und Elterngeld	– Mutterschutzfristen und Zeiten mit Beschäftigungsverbot für schwangere Frauen und Mütter sind bei der Berechnung des Jahresurlaubes wie Beschäftigungszeiten zu berücksichtigen *(§ 17 MuSchG)* – ein Resturlaub kann auf das Jahr, in dem die Mutterschaftsfrist endet, oder auf das nächstfolgende Urlaubsjahr übertragen werden.

1.2.1.9 Förderung von Eltern mit Kindern

Im Rahmen der Förderung von Familien werden neben Kindergeld, Elterngeld, Kinderbetreuungskosten, Betreuungsgeld (nur in Bayern) gewährt.

Elternzeit

Elternzeit (§§ 15 ff. BEEG) ist ein arbeitsrechtlicher Anspruch gegenüber dem Arbeitgeber, nach der Geburt eines Kindes für einen Zeitraum unbezahlt von der Arbeit freigestellt zu werden. Anspruch auf Elternzeit haben nur Arbeitnehmer/-innen in Vollzeit- oder Teilzeitbeschäftigung, geringfügig Beschäftigte, Heimarbeiter/-innen, Auszubildende, wenn
- ein Arbeitsvertrag bzw. Ausbildungsvertrag nach deutschem Recht vorliegt,

---

[1] *Auf ausdrücklichen Wunsch der Mutter ist eine Beschäftigung möglich (§ 3 Abs. 2 MuSchG).*
[2] *In dieser Zeit soll es Schülerinnen und Studentinnen freistehen, trotz des Beschäftigungsverbotes an Klausuren, Unterricht und Vorlesungen teilzunehmen.*
[3] *In allen gängigen Branchen, in denen Sonntagsarbeit üblich ist, sollen Schwangere ihren Dienst auf freiwilliger Basis anbieten können.*

- Arbeitnehmer/-innen während der Elternzeit nicht mehr als 30 Wochenstunden im Durchschnitt des Monats erwerbstätig sind,
- sie mit dem Kind in den ersten drei Lebensjahren des Kindes in einem Haushalt leben und dieses Kind selbst betreuen und erziehen (§ 15 Abs. 1 BEEG).

Für Beamtinnen/Beamte und Soldatinnen/Soldaten wird § 15 BEEG analog angewendet.

Elternzeit kann beantragt werden von den leiblichen Eltern, den Stiefeltern, den Adoptiveltern (ab der Anmeldung, i.d.R. mit dem Zeitpunkt, zu dem das Kind in die Familie kommt), den Pflegeeltern (bei Vollzeitpflege), den Großeltern (z.B. bei minderjährigen Eltern oder Eltern in Ausbildung), Geschwistern, Tanten, Onkeln (z.B. bei Tod, Behinderung oder schwerer Krankheit der Eltern des Kindes).

Nach § 16 Abs. 1 BEEG ist der Antrag auf Elternzeit schriftlich (Textform nach § 126 BGB) und eigenhändig unterschrieben für den Zeitraum
- bis zum vollendeten dritten Lebensjahr des Kindes, spätestens sieben Wochen vor Beginn der Elternzeit zu stellen,
- zwischen dem dritten Geburtstag und dem vollendeten achten Lebensjahr des Kindes, spätestens 13 Wochen vor dem Beginn der Elternzeit dem Arbeitgeber vorzulegen.

Die Frist berechnet sich nach §§ 187 Abs. 1, 188 Abs. 2 BGB.

Jeder Elternteil kann seine Elternzeit auf drei Zeitabschnitte verteilen. Eine Verteilung auf weitere Zeitabschnitte ist nur mit der Zustimmung des Arbeitgebers möglich. Der Arbeitgeber kann die Inanspruchnahme eines dritten Abschnitts einer Elternzeit innerhalb von acht Wochen nach Zugang des Antrags aus dringenden betrieblichen Gründen ablehnen, wenn dieser Abschnitt im Zeitraum zwischen dem dritten Geburtstag und dem vollendeten achten Lebensjahr des Kindes liegen soll (§ 16 Abs. 1 S. 5, 6 BEEG).

Der gesetzlich krankenversicherte Elternteil bleibt während der Elternzeit beitragsfrei Mitglied der gesetzlichen KV und PV, wenn er keine beitragspflichtigen Einkünfte bezieht. Dies gilt nicht für freiwillig Versicherte in den gesetzlichen Krankenkassen. Privat krankenversicherte Eltern müssen den vollständigen Beitrag selbst zahlen, weil der AG-Zuschuss entfällt.

In der Rentenversicherung werden für jedes Kind bei dem Elternteil, bei dem das Kind erzogen wird, die ersten 36 Monate nach Ablauf des Monats der Geburt des Kindes als rentenbegründende und rentensteigernde Versicherungszeiten (= Erziehungszeiten) angerechnet. Erziehungszeiten werden auf die Rente angerechnet, wenn ein Elternteil während der Kindererziehung nicht arbeitet. Wenn beide Elternteile das Kind erziehen, können die Eltern entscheiden, wem die Erziehungszeit angerechnet werden soll.

Beispiel:
Die Mutter kann die Elternzeit nach Ablauf der achtwöchigen Mutterschutzfrist nach der Entbindung (§ 6 Abs. 1 MuSchG) antreten. Die Zeit der Mutterschutzfrist wird auf die Elternzeit angerechnet (§ 16 Abs. 2 BEEG). Dadurch verringert sich die Dauer der Elternzeit um acht Wochen.
Der Anspruch auf Elternzeit beginnt frühestens für den Vater am Tag der Geburt des Nachwuchses.

Elterngeld
Das Elterngeld will ein ausfallendes Einkommen ausgleichen, wenn Eltern ihr Kind nach der Geburt betreuen. Es steht den Eltern gemeinsam zu, wenn sich beide an der Betreuung beteiligen und den Eltern dadurch Einkommen wegfällt. Es wird zwölf Monate lang gezahlt. Müt-

tern werden zwei Monate Mutterschaftsgeld abgezogen. Sollten Väter sich zwei sog. Vätermonate nehmen, wird das Elterngeld insgesamt 14 Monate gezahlt.

Anspruch auf Elterngeld als staatliche Sozialleistung haben nach *§ 1 Abs. 1 BEEG* Mütter und Väter, die
- einen Wohnsitz oder ihren gewöhnlichen Aufenthalt in Deutschland haben,
- mit ihren Kindern in einem Haushalt leben,
- ihre Kinder nach der Geburt selbst betreuen oder erziehen,
- keine oder keine völlige Erwerbstätigkeit (nicht mehr als 30 Stunden in der Woche) ausüben.

Anspruchsberechtigt sind Arbeitnehmer/-innen, Selbstständige, Studierende und Auszubildende, Beamtinnen und Beamte, Erwerbslose und unter bestimmten Voraussetzungen Verwandte bis zum dritten Grad und Adoptiveltern.

Junge Familien und Alleinerziehende müssen entscheiden, welche Form des Elterngeldes beantragt werden soll: Basiselterngeld oder ElterngeldPlus.

Das Elterngeld steht nach *§ 4 Abs. 1 BEEG* erst mit dem Tag der Geburt zu.

Die Höhe des Elterngeldes vermindert sich um die sog. „anzurechnenden Leistungen". Hierzu gehören nach *§ 3 Abs. 1 BEEG*
- Mutterschaftsgeld während der Mutterschutzfrist
- in diesem Zeitraum gezahlte Dienst- und Anwärterbezüge nebst Zuschüssen bei Beamtinnen/Soldatinnen,
- Familienleistungen anderer Staaten,
- allgemeine Einkommensersatzleistungen (*z.B. Krankengeld, Arbeitslosengeld, Übergangs- und Verletzungsgeld, Kurzarbeitergeld, Entschädigungen nach dem Justizvergütungs- und Entschädigungsgesetz, Karenzentschädigungen, Insolvenzgeld*),
- Betreuungsgeld und vergleichbare Leistungen der Länder,
- BAföG.

	Basiselterngeld	ElterngeldPlus
Antrag *§ 7 BEEG*	Schriftlicher Antrag bei der zuständigen Elterngeldstelle Anlagen: – Geburtsbescheinigung, Verwendungszweck Elterngeld – Bescheinigung der KV über den Bezug von Mutterschaftsgeld – Arbeitgeberbescheinigung über Zuschuss zum Mutterschaftsgeld – Einkommensnachweise der letzten zwölf Monate vor dem Geburtsmonat – Angaben zur Arbeitszeit (Vollzeit, Teilzeit)	
Dauer der Zahlung *§ 4 BEEG*	Anspruch auf Elterngeld haben Mütter **oder** Väter für max. zwölf Monate abzüglich der Schutzfristen nach *MuSchG* für einen Partner + evtl. zwei „Partner"-Monate.	Väter und Mütter können vom Staat neben ihrem Gehalt ElterngeldPlus bis zu 32 Monate beziehen, wenn sie einer Teilzeitbeschäftigung nachgehen. – Maximal 24 Monate abzüglich der Schutzfristen nach *MuSchG* – + evtl. vier „Partner"-Monate – + evtl. vier Monate „Partnerschaftsbonus"

	Basiselterngeld	ElterngeldPlus
Höhe *§ 2 BEEG*	Bemessungsgrundlage vgl. *§§ 2 -3 BEEG*; bei einem Nettogehalt – bis 1 200,00 € 67% – bis 1 240,00 € Abbau von 0,1% je 2,00 € – ab 1 241,00 € 65 % Mindestbetrag: 300,00 € Höchstbetrag: 1 800,00 € + evtl. Geschwisterbonus *(§ 2a BEEG)*	Ein Betrag Elterngeld Plus wird **höchstens in der Hälfte** eines dem Antragsteller zustehenden Basiselterngeldes ohne anzurechnenden Zuverdienst gewährt. Für die Berechnung des ElterngeldPlus werden – das Mindestelterngeld, – der Mindestgeschwisterbonus und – der Mehrlingszuschlag halbiert. **Das ElterngeldPlus beträgt max. 50% des Elterngeldbetrages, der Eltern ohne Teilzeiteinkommen nach der Geburt zustünde.** Mindestbetrag: 150,00 € Höchstbetrag: 900,00 €
Gestaltungsmöglichkeiten	Basiselterngeld und ElterngeldPlus können miteinander kombiniert werden.	
Schutzfristen *§ 18 BEEG* *§ 19 BEEG*	Während der Gesamtdauer der Elternzeit besteht das Arbeitsverhältnis fort und es besteht Kündigungsschutz.	
Berechnung der Bemessungsgrundlage für das Elterngeld *§§ 2, 2a-f BEEG*	Bei Einkünften aus nichtselbstständiger Arbeit: Durchschnittliches Bruttoeinkommen je Monat – Einmalzahlungen *(z. B. Urlaubsgeld)* **= Bereinigtes Bruttoeinkommen**	Bei Gewinneinkünften: Durchschnittlicher monatlicher positiver Gewinn – 21 % Abzüge für Sozialversicherung **= (Netto-)Einkommen nach *BEEG***
	– (Lohnsteuer + Kirchensteuer + Soli) – 21 % Abzüge für Sozialversicherung **= Bereinigtes Einkommen** – 76,67 € Werbungskosten (= 920,00 € : 12 Monate) **= Einkommen aus nichtselbstständiger Arbeit nach *BEEG***	
Sozialversicherung, Steuer	Das Elterngeld ist befreit von Sozialabgaben und Steuern, aber es unterliegt dem Progressionsvorbehalt nach *§ 32 Abs. 1 EStG*.	

Kinderbetreuungskosten

Kinderbetreuungskosten sind Aufwendungen für Dienstleistungen, die Alleinerziehende oder berufstätige (angestellte und selbstständige) Eltern für die Betreuung ihres zum Haushalt gehörenden Kindes bezahlen.

Für die steuerliche Anerkennung der Betreuungskosten gilt folgende Regelung:

Es können 2/3 der Kinderbetreuungskosten, höchstens 4 000,00 € pro Kind und Jahr, als Sonderausgaben vom Gesamtbetrag der Einkünfte abgezogen werden (*§ 10 Abs. 1 EStG*), wenn das Kind das 14. Lebensjahr noch nicht vollendet hat oder wegen einer vor Vollendung des 25. Lebensjahres eingetretenen körperlichen oder seelischen Behinderung außerstande ist, sich selbst zu unterhalten.

Beispiele:
Kinderbetreuungskosten sind
- *die Unterbringung in Kindergärten, Kindertagesstätten, Kinderhorten und Kinderkrippen sowie bei Tagesmüttern,*
- *die Beschäftigung von Kinderpflegerinnen und Erzieherinnen, die Beschäftigung von Hilfen im Haushalt, soweit sie ein Kind betreuen,*
- *Kosten für die Beaufsichtigung des Kindes bei der Erledigung seiner häuslichen Schulaufgaben.*

Kinderbetreuungskosten werden steuerlich anerkannt, wenn sie auf Verlangen der Finanzbehörden nachgewiesen werden durch Vorlage einer Rechnung oder Nachweis der Überweisung an den Erbringer der Betreuungsleistung.

Betreuungsgeld

Allein die Länder können durch Gesetz entscheiden, ob im jeweiligen Bundesland ein Betreuungsgeld gezahlt wird. Nur Bayern macht von dieser Möglichkeit Gebrauch. Anträge sind bei den zuständigen Gemeinden oder Städten bzw. Kreisverwaltungen zu stellen.

1.2.2   Kollektivarbeitsrecht

Arbeitnehmer und Arbeitgeber haben das Recht, sich in Organisationen zusammenzuschließen, um einen sozialen Ausgleich zwischen den unterschiedlichen Interessenlagen der Vertragsparteien herbeizuführen. Dieses Recht auf **Koalitionsfreiheit** ist verfassungsrechtlich garantiert *(Art. 9 Abs. 3 GG).*

Die Arbeitnehmer organisieren sich in **Gewerkschaften**, die Arbeitgeber gleicher Wirtschaftszweige in **Arbeitgeberverbänden** (Fachverbänden) mit der Dachorganisation Bundesverband der Deutschen Arbeitgeberverbände (BDA als tarifrechtlicher Zusammenschluss). Sie werden als **Tarifvertragsparteien, Tarifpartner oder Sozialpartner** bezeichnet.

Aufgaben der Gewerkschaften

In Deutschland haben sich ab Mitte des 19. Jahrhunderts zahlreiche Gewerkschaften oder berufsständische Verbände als Arbeitnehmerorganisationen entwickelt. Alle diese Organisationen haben in den letzten Jahren auch auf europäischer Ebene ihre Aktivitäten und Kooperationen ausgebaut.

Allgemeine Aufgaben

- Verbesserung der sozialen und wirtschaftlichen Lage der Mitglieder durch Wochenarbeitszeitverkürzung, Verlängerung der Urlaubsdauer, Anhebung der Löhne und Gehälter
- Intensivierung der beruflichen Aus- und Weiterbildung
- Verstärkung des Schutzes vor Arbeitslosigkeit, bei Arbeitsunfällen, Insolvenz des Arbeitgebers

- Mitwirkung bei der Erstellung neuer Ausbildungsordnungen
- Mitwirkung bei der Besetzung von Prüfungsausschüssen

Rechtliche Aufgaben
- Tarifvertragsabschluss
- Durchführung von Arbeitskämpfen
- Mitgliedervertretung vor Arbeitsgerichten

Wirtschaftspolitische Aufgaben
- Einkommens- und Vermögensumverteilung zugunsten der Mitglieder
- Mitwirkung bei wirtschaftspolitischen Entscheidungen im Gesetzgebungsverfahren wie Wirtschafts- und Steuergesetze
- Mitbestimmungserweiterung in den Unternehmen

Aufgaben der Arbeitgebervereinigungen

1.2.2.1 Tarifverträge

Gewerkschaften und Arbeitgeberverbände bzw. die einzelnen Arbeitgeber haben nach dem **Tarifvertragsgesetz** *(TVG)* das Recht, **Tarifverträge** abzuschließen.

Tarifverträge sind für alle angeschlossenen Mitglieder verbindliche kollektive Arbeitsverträge, in denen Abmachungen über Löhne, Gehälter und andere arbeitsrechtliche Regelungen enthalten sind. Sie bedürfen der Schriftform und sind im vom Bundesminister für Arbeit und Soziales geführten Tarifregister einzutragen.

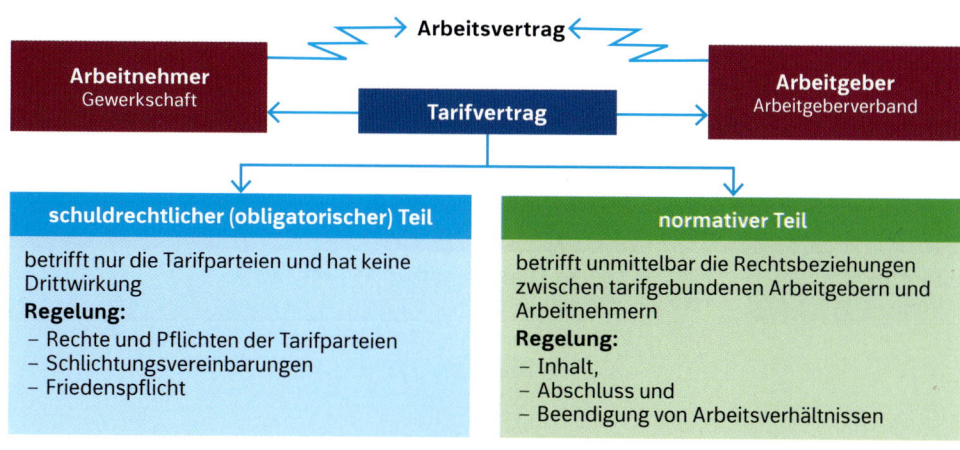

Bei **Haustarifverträgen** schließen einzelne Arbeitgeber den Tarifvertrag ab.

Weil die Tarifvertragsparteien die Tarifverträge in eigener Verantwortung schließen, spricht man von **Tarifautonomie**. Die Tarifautonomie ist das im Grundgesetz verankerte Recht, Tarifverträge frei von staatlichen Eingriffen abzuschließen.

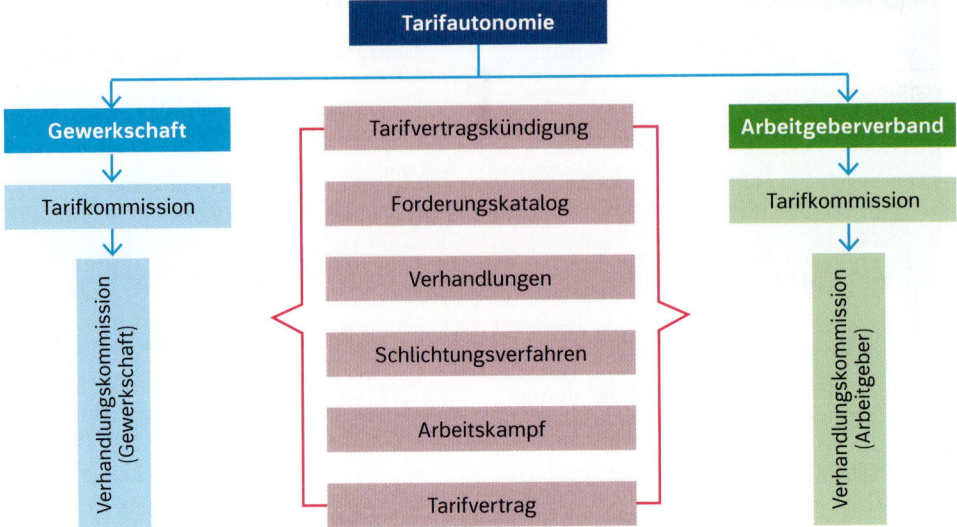

Tarifvertragsarten

Manteltarifverträge beinhalten grundlegende Vereinbarungen, die in der Regel über einen Zeitraum von mehreren Jahren gültig sind.

Der Manteltarif für das private Bankgewerbe regelt u. a.:

- Regelmäßige Arbeitszeit
- Bankfeiertage *(z. B. 24. und 31. Dezember)*
- Mehrarbeit/Mehrarbeitsvergütung
- Urlaub/Arbeitsbefreiungen
- Tarifgruppen
- Teilzeitarbeit
- Sonderzahlung *(z. B. „Weihnachtsgeld")*
- Entgeltfortzahlung/Krankengeldzuschuss
- Kündigung

Gehalts- bzw. Lohntarifverträge haben in der Regel eine Laufzeit von ein bis zu zwei Jahren und legen die Höhe der Vergütungen fest.

Weitere Unterteilung der Tarifverträge nach Geltungsbereichen:

Geltungsbereiche	
Tarifbereich	– Bundes-, Landes-, Bezirks- und Ortstarifverträge – Werktarifverträge

Geltungsbereiche	

Tarifpartner	– Verbandstarifvertrag (Normalfall)
	  - eine Gewerkschaft und ein Arbeitgeberverband
	
	– Haustarifvertrag (Firmentarif)
	  - eine Gewerkschaft und ein Arbeitgeber
	– Branchentarifvertrag (je Wirtschaftszweig)
	  - eine Gewerkschaft und die Vertreter einer Branche

Gültigkeit	– fachlich
	  - nach Produktionsgebieten eines Industriezweiges
	– personalbezogen
	  - nach Angestellten und Arbeitern
	– räumlich
	  - Bundes-/Landesebene oder -region
	– zeitlich
	  - ein-/zwei- oder mehrjährig

Bindung	– Normalfall:
	  - Mitglieder der tarifschließenden Gewerkschaft (in der Praxis: Anwendung meist auf alle Mitarbeiter)
	  - Arbeitgeber, die Mitglieder des tarifabschließenden Arbeitgeberverbandes sind
	  - Arbeitgeber mit Abschluss eines Firmentarifvertrages
	
	– Möglichkeit nach dem Tarifvertragsgesetz:
	  Allgemeinverbindlichkeitserklärung
	  Die Erklärung erfolgt nach dem im *TVG* geregelten Verfahren durch den Bundesminister für Arbeit und Soziales. Nach Eintragung im Tarifregister und Veröffentlichung im Bundesanzeiger gelten die Rechtsnormen des Tarifvertrages auch für bisher nicht tarifgebundene Arbeitgeber des Tarifbezirkes.

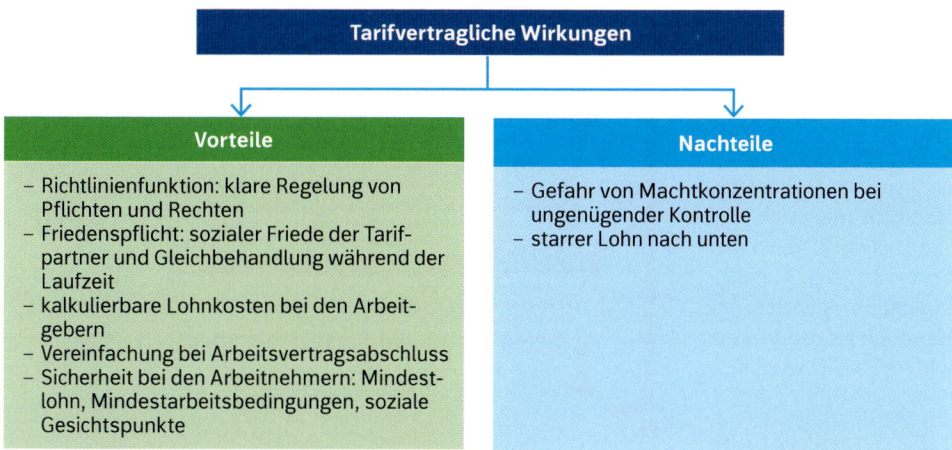

Vorteile	**Nachteile**
– Richtlinienfunktion: klare Regelung von Pflichten und Rechten – Friedenspflicht: sozialer Friede der Tarifpartner und Gleichbehandlung während der Laufzeit – kalkulierbare Lohnkosten bei den Arbeitgebern – Vereinfachung bei Arbeitsvertragsabschluss – Sicherheit bei den Arbeitnehmern: Mindestlohn, Mindestarbeitsbedingungen, soziale Gesichtspunkte	– Gefahr von Machtkonzentrationen bei ungenügender Kontrolle – starrer Lohn nach unten

1.2.2.2 Betriebsvereinbarungen

Eine Betriebsvereinbarung ist ein Vertrag nach BGB zwischen Arbeitgeber und Betriebsrat, der Rechte und Pflichten für alle Arbeitnehmer eines Unternehmens formuliert *(§ 77 Abs. 4 S. 2 BetrVG)*.

Regelung durch Betriebsvereinbarung

Bindungen

- Schriftform *(§ 77 Abs. 2 BetrVG)*
- Der Betriebsrat muss in einem ordentlichen Beschluss über den Inhalt und Abschluss der Betriebsvereinbarung, die das Ergebnis der Verhandlung darstellt, abstimmen. Dieser Beschluss ist die Willenserklärung des Betriebsrats, aus der dann zusammen mit der übereinstimmenden Willenserklärung des Arbeitgebers der Vertrag „Betriebsvereinbarung" entsteht.
- Der Betriebsrat muss einen Beschluss fassen, mit dem er den Betriebsratsvorsitzenden ermächtigt, stellvertretend für den Betriebsrat die Betriebsvereinbarung abzuschließen.
- Die Einigung zwischen Arbeitgeber und Betriebsrat muss jeweils von einer vertretungsberechtigten Person der beiden Parteien – beim Betriebsrat i. d. R. dem Betriebsratsvorsitzenden – unterschrieben werden.
- Offenlegung im Unternehmen
- keine Schlechterstellung als der Tarifvertrag; nur Ergänzung,
- keine Geltung für leitende Angestellte

Regelungsmöglichkeiten

Gegenstand einer Betriebsvereinbarung können alle Fragen sein, bei denen dem Betriebsrat ein gesetzliches Mitbestimmungsrecht zusteht.

Regelungsmöglichkeiten:
- soziale Angelegenheiten
  - Beginn und Ende der täglichen Arbeitszeit
  - Pausenregelungen
  - Zeit, Ort und Zahlung des Lohnes
  - Aufstellung allgemeiner Urlaubsgrundsätze
  - Fragen der betrieblichen Lohngestaltung
  - Förderung der Vermögensbildung
  - Sonderfall: Sozialplan
- personelle Angelegenheiten
  - Personalplanung
  - Vorschläge zur Sicherung und Förderung der Beschäftigung
  - Personalfragebögen
  - Beurteilungsgrundsätze
  - Förderung der Berufsbildung
- wirtschaftliche Angelegenheiten bei Betrieben mit mehr als 100 ständig Beschäftigten
- Unterrichtung über
  - die wirtschaftliche und finanzielle Lage des Unternehmens,
  - die Absatzlage,
  - Rationalisierungsmaßnahmen

Wurden durch Einzelvereinbarung für den Arbeitnehmer günstigere Regelungen vereinbart, gehen diese der Betriebsvereinbarung vor. Jeder Vertragspartner kann eine bestehende Betriebsvereinbarung nach *§ 77 Abs. 5 BetrVG* mit einer Frist von drei Monaten kündigen. Abweichende Kündigungsfristen können vereinbart werden.

1.2.2.3 Tarifkonflikte

Tarifverträge enden entweder durch Zeitablauf oder durch Kündigung

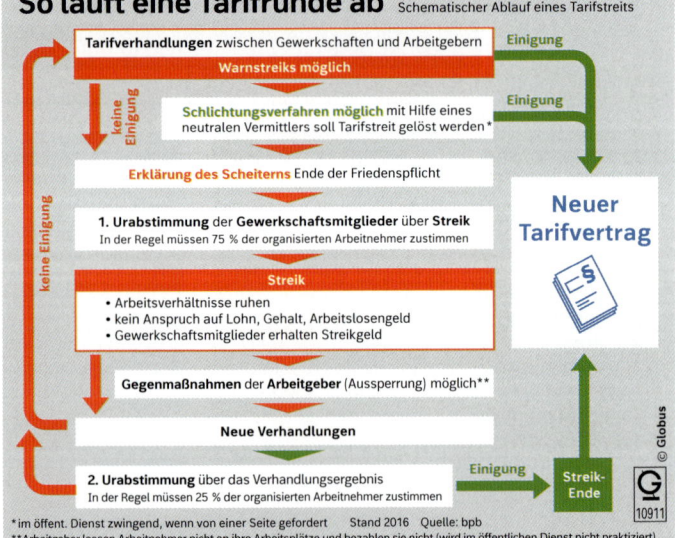

So läuft eine Tarifrunde ab Schematischer Ablauf eines Tarifstreits

Tarifverhandlungen zwischen Gewerkschaften und Arbeitgebern — Einigung

Warnstreiks möglich

keine Einigung

Schlichtungsverfahren möglich mit Hilfe eines neutralen Vermittlers soll Tarifstreit gelöst werden* — Einigung

Erklärung des Scheiterns Ende der Friedenspflicht

keine Einigung

1. Urabstimmung der **Gewerkschaftsmitglieder** über **Streik**
In der Regel müssen 75 % der organisierten Arbeitnehmer zustimmen

Streik
• Arbeitsverhältnisse ruhen
• kein Anspruch auf Lohn, Gehalt, Arbeitslosengeld
• Gewerkschaftsmitglieder erhalten Streikgeld

Gegenmaßnahmen der **Arbeitgeber** (Aussperrung) möglich**

Neue Verhandlungen

2. Urabstimmung über das Verhandlungsergebnis
In der Regel müssen 25 % der organisierten Arbeitnehmer zustimmen — Einigung — Streik-Ende

Neuer Tarifvertrag

*im öffentl. Dienst zwingend, wenn von einer Seite gefordert   Stand 2016   Quelle: bpb
**Arbeitgeber lassen Arbeitnehmer nicht an ihre Arbeitsplätze und bezahlen sie nicht (wird im öffentlichen Dienst nicht praktiziert)

© Globus
10911

eines Tarifpartners. Jeder Tarifpartner ernennt Vertreter für die Tarifkommission, in der die Forderungen vorgetragen und beraten werden. In den **Tarifverhandlungen** begründet jede Partei ihre wirtschaftliche Lage und erläutert, worauf es ihr bei dem Verhandlungsergebnis ankommt. Kommt keine Einigung zustande, versuchen die Gewerkschaften durch Demonstrationen, Streikdrohungen, Betriebsversammlungen und Warnstreiks Druck auf die Arbeitgeber auszuüben. In den meisten Wirtschaftsbereichen können die Tarifparteien frei vereinbaren, wie sie Tarifverhandlungen führen. Dabei beantragt oft nach Scheitern der Tarifverhandlungen eine Partei die **Schlichtung**, um den Arbeitsfrieden zu erhalten. Die aus Vertretern der Tarifparteien zu bildende Kommission kann einen unparteiischen Schlichter heranziehen, dem die schwierige Aufgabe zukommt, die gescheiterten Tarifverhandlungen zu einem guten Ende zu bringen. Gibt es keine Einigung, kommt es zum Arbeitskampf. Zulässige Kampfmittel sind **Streik** auf der Arbeitnehmerseite und **Aussperrung** auf der Arbeitgeberseite.

Streik

*Der **Streik** (Ausstand) ist eine kollektive Arbeitsniederlegung mit dem Ziel, Forderungen nach höheren Löhnen oder besseren Arbeitsbedingungen gegen Arbeitgeber durchzusetzen, um danach die Arbeit wieder aufzunehmen.*

Das **Streikrecht** ist ein aus *Art. 9 Abs. 3 GG* abgeleitetes erlaubtes Mittel des Arbeitskampfes. Ein Streik gilt nur als genehmigt, wenn mindestens 75%[1] der gewerkschaftlich organisierten Arbeitnehmer in der vom Gewerkschaftsvorstand eingeleiteten **Urabstimmung** dem Streik zustimmen. Die von der **Streikleitung** ernannten **Streikposten** sollen **Streikbrecher** beeinflussen und Streikende von strafbaren Handlungen abhalten.

Das Arbeitsverhältnis wird durch den Streik nicht gelöst. Jeder Arbeitnehmer (auch Nichtorganisierte) ist streikberechtigt. Streikgeldzahlungen erhalten nur Gewerkschaftsmitglieder. Ein **Streikende** ist dann beschlossen, wenn in einer erneuten Urabstimmung mindestens 25% der Gewerkschaftsmitglieder sich dafür aussprechen.

___

[1]   *Sofern die Gewerkschaftssatzung keine abweichende Regelung zulässt.*

Aussperrung

Im Arbeitskampf gilt der **Grundsatz der Verhältnismäßigkeit der Mittel**. Aus diesem Grund steht dem Arbeitgeber das Kampfmittel der Aussperrung zu.

> Die *Aussperrung* ist der Ausschluss der Arbeitnehmer von der Arbeit bei gleichzeitiger Verweigerung der Lohn- und Gehaltszahlung.

Auswirkungen von Arbeitskämpfen

Der Arbeitskampf sollte immer das letzte Mittel in einem Tarifkonflikt darstellen. Er erfordert von beiden Tarifparteien großen Einsatz und hohe Kosten,
- für den **Arbeitgeber**:
  – Produktionsausfall,
  – Gewinneinbußen;
- für die **Gewerkschaften**:
  – Streikgeldzahlungen,
  – Einkommenseinbußen bei den Arbeitnehmern,
  – Sympathieverlust bei der vom Streik mittelbar betroffenen Öffentlichkeit.

Für die **Bundesagentur für Arbeit** gilt das **Neutralitätsgebot** *(§ 146 SGB III)*. Arbeitskämpfe dürfen durch Arbeitslosen- und Kurzarbeitergeldzahlungen an unmittelbar am Arbeitskampf betroffene Arbeitnehmer nicht unterlaufen werden. Soweit eine mittelbare Beteiligung von Arbeitnehmern vorliegt, regelt das *„Gesetz zur Sicherung der Neutralität der Bundesanstalt für Arbeit bei Arbeitskämpfen"* den Leistungsanspruch. Mittelbar ist ein Arbeitnehmer eines Betriebes betroffen, wenn der Betrieb weder bestreikt noch er selbst ausgesperrt ist, aber wegen eines Arbeitskampfes seine Tätigkeit einstellen muss.

Beispiel: Zulieferungen bleiben wegen des Arbeitskampfes aus.

Ein **Leistungsanspruch** auf Arbeitslosen- und Kurzarbeitergeld liegt heute nur noch bei mittelbar vom Arbeitskampf betroffenen Arbeitnehmern vor, wenn der Betrieb außerhalb des räumlichen und fachlichen Geltungsbereichs des umkämpften Tarifbereichs liegt.

1.3   Mitwirkung und Mitbestimmung der Arbeitnehmer

1.3.1   Gesetzliche Grundlagen

Die Forderung nach Mitwirkung und Mitbestimmung der Arbeitnehmer beruht auf der Erkenntnis, dass die Produktionsfaktoren Arbeit und Kapital für die Erstellung der betrieblichen Leistungen erforderlich sind. Daraus wird abgeleitet, dass neben den Eigentümern des Unternehmens auch die **Arbeitnehmer Anspruch auf Mitwirkung und Mitbestimmung** bei betrieblichen Entscheidungsprozessen haben.

Mitwirkung und Mitbestimmung der Arbeitnehmer		
auf der Ebene des Arbeitsplatzes Beteiligungsrechte durch den Arbeitnehmer	**auf der Ebene des Betriebes** Beteiligungsrechte durch den Betriebsrat	**auf der Ebene der Unternehmensleitung** Kontrolle durch Sitze im Aufsichtsrat bei Kapitalgesellschaften

Mitwirkung und Mitbestimmung der Arbeitnehmer	
Rechtsgrundlagen	

– Gesetz über europäische Betriebsräte *(EBRG)*
– Betriebsverfassungsgesetz *(BetrVG)*
  von 1972 und 2001
	– Drittelbeteiligungsgesetz *(DrittelbG)*
	  von 2004
	– Mitbestimmungsgesetz *(MitbestG)*
	  von 1976
	– Montan-Mitbestimmungsgesetz
	  (Montan-MitbestG) von 1951

1.3.2   Beteiligungsrechte auf der Ebene des Arbeitsplatzes

Dem Arbeitnehmer stehen auf der Ebene des Arbeitsplatzes individuelle **Mitwirkungs- und Beschwerderechte** *(§§ 81–86 a BetrVG)* zu:

Recht
- auf Unterrichtung über Aufgaben (Tätigkeit, Verantwortung) seines Arbeitsbereiches,
- auf Unterrichtung über Gesundheits- und Unfallgefahren an seinem Arbeitsplatz,
- auf Anhörung, soweit er persönlich in betrieblichen Angelegenheiten betroffen ist,
- auf Erörterung seiner Leistungsbeurteilung,
- auf Einsicht in seine Personalakte,
- zur Beschwerde wegen Benachteiligung durch Arbeitgeber oder Arbeitskollegen,
- zum Vorschlag von Beratungsthemen an den Betriebsrat.

1.3.3   Beteiligungsrechte auf der Ebene des Betriebes

Das Betriebsverfassungsgesetz regelt auf der Betriebsebene die Zusammenarbeit zwischen Arbeitgeber und Arbeitnehmern. Zum Zwecke des gerechten Interessenausgleichs kann in Unternehmen mit mindestens fünf wahlberechtigten und mindestens drei wählbaren Arbeitnehmern ein Betriebsrat mit einer Amtszeit von vier Jahren gewählt werden.
Der Betriebsrat ist geschlechtsspezifisch im zahlenmäßigen Verhältnis der Belegschaft zu besetzen, wenn der Betriebsrat aus mehr als drei Personen besteht.
Auf einer ersten **Wahlversammlung** wird ein Wahlvorstand gewählt. Eine Woche später wird auf einer zweiten Wahlversammlung der Betriebsrat geheim und unmittelbar gewählt (zweistufiges Wahlverfahren). Wahlberechtigt sind alle volljährigen Arbeitnehmer und außerdem Leiharbeitnehmer, die länger als drei Monate im Betrieb eingesetzt werden. Wählbar sind alle Wahlberechtigten mit einer Betriebszugehörigkeit von mindestens sechs Monaten.

Der Betriebsrat übt als gesetzliche Vertretungsmacht im Rahmen der betrieblichen Mitbestimmung für die Arbeitnehmerschaft eines Betriebes Beteiligungsrechte aus.

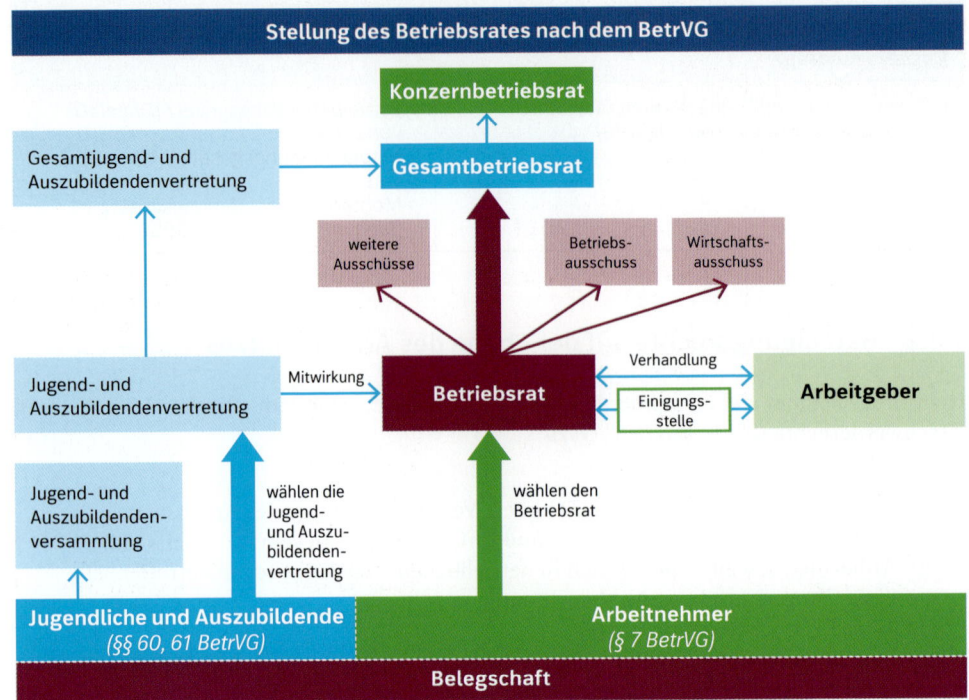

Zusammensetzung des Betriebsrates		
Wahlberechtigte	**Betriebsratsmitglieder**	
5 – 20	ein Betriebsobmann	Bei über 9000 Wahlberechtigten kommen je angefangene 3000 zwei Betriebsratsmitglieder hinzu. Der Betriebsrat bildet ab 9 Mitgliedern einen **Betriebsausschuss**, der die Geschäfte des Betriebsrates führt. Bei Betrieben mit mehr als 100 Arbeitnehmern können nach Maßgabe einer mit dem Arbeitgeber zu treffenden **Rahmenvereinbarung** Aufgaben auf **Arbeitsgruppen** übertragen werden.
21 – 50	3 Mitglieder	
51 – 100	5 Mitglieder	
101 – 200	7 Mitglieder	
201 – 400	9 Mitglieder	
401 – 700	11 Mitglieder	
701 – 1000	13 Mitglieder	
1000 – 1500	15 Mitglieder	
1501 – 2000	17 Mitglieder	
...	...	
...	...	
...	...	
5001 – 6000	31 Mitglieder	
6001 – 7000	33 Mitglieder	
7001 – 9000	35 Mitglieder	

Aufgaben des Betriebsrates				
Sozialer Bereich	**Personeller Bereich**	**Wirtschaftlicher Bereich**		
Mitbestimmung	**Mitwirkung**			
	Widerspruchsrecht		**Beratungsrecht**	**Informationsrecht**

– Soziale Angele-genheiten *(§ 87 BetrVG)*
  - Betriebsord-nung
  - Urlaubsrege-lung
  - Beginn und Ende der Arbeitszeit
  - Zeit, Ort, Art der Entgelt-zahlung
  - Entlohnungs-grundsätze
  - Akkord- und Prämiensätze
  - Vorschlags-wesen
  - Pausenrege-lung
  - Soziale Ein-richtungen, Kantine, Auf-enthaltsraum, sanitäre Anlagen, Überstunden
– betriebliche Bildungsmaß-nahmen *(§ 98 BetrVG)*
– Sozialplan bei Betriebsverän-derung *(§§ 112, 112 a BetrVG)*
– Arbeits- u. be-trieblicher Um-weltschutz *(§ 89 BetrVG)*
– Fremdenfeind-lichkeitsfragen *(§ 99 Abs. 2 Nr. 6 BetrVG)*
	– Personelle Einzelmaß-nahmen *(§ 99 BetrVG)*
	  - Versetzung
	  - Ein- und Umgruppie-rungen
	  - Kurzarbeit
	  - Fremdenfeindlich-keitsfragen
	  - Einstellungen (bei Be-trieben mit mehr als 20 Arbeitnehmern)
	– Kündigungen *(§ 102 BetrVG)*
			– Arbeitsplatz-gestaltung *(§ 90 BetrVG)*
			  - Baumaßnah-men
			  - technische Anlagen
			  - Arbeitsablauf
			– Personalpla-nung, Förderung betrieblicher Bil-dung *(§ 92 ff. BetrVG)*
			– Betriebsände-rungen, Stillle-gung *(§§ 106, 111–113 BetrVG)*
				– Einstellung lei-tender Ange-stellter *(§ 105 BetrVG)*
				– Einsichtnahme in die Personal-akte einzelner Mitarbeiter *(§ 83 BetrVG)*
				– Wirtschaftliche Angelegenheiten *(§ 106 BetrVG)*
				  - wirtschaftli-che und finan-zielle Lage,
				  - Produktions- und Absatz-lage
				  - Einführung neuer Arbeits- und Rationali-sierungsme-thoden

wenn der Betriebs-rat nicht zustimmt:	wenn der Betriebsrat nicht ange-hört wird:	der Be-triebsrat muss ange-hört wer-den, aber wenn er wi-derspricht:	mit Beratung, aber ohne Zustimmung des Betriebsrates:	ohne Zustimmung des Betriebsrates:
unwirksam			**wirksam**	

Zusammenarbeit

Betriebsversammlung (§ 42 ff. BetrVG)

- Einberufung jedes Quartal mit Einladung an die Arbeitgeberseite
- Gewerkschaft und Arbeitgeberverband können beratend teilnehmen
- einmal jährlich Bericht des Arbeitgebers über die wirtschaftliche Lage des Unternehmens

Einigungsstelle (§ 76 BetrVG)

- bei Bedarf oder auf Dauer eingerichtete Stelle mit einer vom Arbeitgeber und Betriebsrat bestellten gleichen Anzahl von Mitgliedern sowie einem unparteiischen Vorsitzenden zur Beilegung von Meinungsverschiedenheiten
- die Möglichkeit einer Klage vor dem Arbeitsgericht bleibt unberührt

Wirtschaftsausschuss (§ 106 BetrVG)

- Beratung von wirtschaftlichen Angelegenheiten zwischen Ausschuss und Arbeitgeber mit anschließender Unterrichtung des Betriebsrates
- Besetzung bei mehr als 100 Beschäftigten mit drei, maximal sieben sachverständigen Personen, von denen mindestens eine Person Betriebsratsmitglied sein muss

Jugend- und Auszubildendenvertretung

Zusammensetzung

- **aktives Wahlrecht:** Wahl alle zwei Jahre zwischen dem 1. Oktober und 30. November durch alle Jugendlichen, die das 18. Lebensjahr oder Auszubildende, die das 25. Lebensjahr noch nicht vollendet haben.
- **passives Wahlrecht:** wählbar sind alle Arbeitnehmer, die das 25. Lebensjahr noch nicht vollendet haben.
- **Besetzung:**
  - hängt ab von der Mitarbeiteranzahl dieser Personengruppe
  - mindestens ein Vertreter, höchstens 15 Vertreter

Mitwirkung über den Betriebsrat

- Maßnahmen, die den Jugendlichen und Auszubildenden dienen.
- Überwachung der Einhaltung der zum Schutz der Jugendlichen und Auszubildenden dienenden Gesetze.
- Weiterleitung der von Jugendlichen und Auszubildenden gegebenen Anregungen.
- Entsendung eines Jugend- und Auszubildendenvertreters zu Betriebsratssitzungen
  - vierteljährliche Jugend- und Auszubildendenversammlung
  - Abhaltung von Sprechstunden (Betriebsratsmitglied kann beratend teilnehmen)

Besonderer Schutz von Betriebsratsmitgliedern und Mitgliedern des Wahlvorstandes nach dem BetrVG:

- Unkündbarkeit bis einschließlich ein Jahr nach ihrer Tätigkeit als Betriebsratsmitglied oder als Mitglied des Wahlvorstandes (nur außerordentlich kündbar mit Zustimmung des Betriebsrates oder des Arbeitsgerichts – § 15 KSchG).

- Weiterzahlung des Arbeitsentgelts bei der Interessenvertretung.

- Betriebsratkosten trägt der Arbeitgeber.

  Beispiele:

  Wahlkosten (§ 20 Abs. 3 BetrVG), Kosten und Sachaufwand für Tätigkeit und Sprechstunden (§ 40 BetrVG), Kosten der Einigungsstelle (§ 76 a BetrVG)

- Recht der Betriebsratsmitglieder auf dreiwöchigen bezahlten Bildungsurlaub.

- Schutz vor Versetzung, wenn dies zum Verlust des Mandats oder der Wählbarkeit führen würde.

Gesamtbetriebsrat

Bestehen in einem Unternehmen mehrere Betriebsräte, so ist ein Gesamtbetriebsrat zu errichten, in den jeder Betriebsrat mit bis zu drei Mitgliedern eines seiner Mitglieder entsendet. Jeder Betriebsrat mit mehr als drei Mitgliedern entsendet zwei seiner Mitglieder *(§ 47 BetrVG)*. Der Gesamtbetriebsrat ist zuständig für die Behandlung von Angelegenheiten, die das Gesamtunternehmen oder mehrere Betriebe betreffen. Seine Zustän-digkeit erstreckt sich insoweit auch auf Betriebe ohne Betriebsrat *(§ 50 BetrVG)*.

Konzernbetriebsrat

In Konzernen kann durch Beschlüsse der einzelnen Gesamtbetriebsräte ein Konzernbetriebsrat gebildet werden *(§ 54 BetrVG)*. Er ist zuständig für die Behandlung von Angelegenheiten, die den Konzern oder mehrere Konzernunternehmen betreffen und nicht durch die einzelnen Gesamtbetriebsräte innerhalb ihres Unternehmens geregelt werden können *(§ 58 BetrVG)*.

Europäischer Betriebsrat

Nach dem Gesetz über Europäische Betriebsräte *(EBRG)* sind in größeren gemeinschaftsweit tätigen Unternehmen mit Sitz in Deutschland Europäische Betriebsräte zur Unterrichtung und Anhörung zu vereinbaren. Kommt es nicht zu einer Vereinbarung, wird ein Europäischer Betriebsrat kraft Gesetzes errichtet. Die Unterrichtung und Anhörung soll grundsätzlich bei Planungen, Entscheidungen oder sonstigen wichtigen Maßnahmen erfolgen, wenn die Arbeitnehmer in mindestens zwei Mitgliedstaaten betroffen sind oder wenn diese Maßnahmen in einem Mitgliedstaat getroffen werden und sich in einem anderen Mitgliedstaat auswirken. Ein Unternehmen ist **gemeinschaftsweit tätig**, wenn es mindestens 1 000 Arbeit nehmer in den Mitgliedstaaten der Europäischen Union und davon jeweils mindestens 150 Arbeitnehmer in mindestens zwei dieser Staaten beschäftigt *(§ 3 EBRG)*.

1.3.4   Beteiligungsrechte auf der Ebene der Unternehmensleitung

Die Arbeitnehmer haben nach dem Betriebsverfassungsgesetz **Mitbestimmungsrechte durch Beteiligung im Aufsichtsrat** (Unternehmensmitbestimmung). Die auch als **wirtschaftliche Mitbestimmung** bezeichnete Unternehmensmitbestimmung erfährt ihre Rechtfertigungsgründe in dem
- Schutz der Persönlichkeit der Mitarbeiter,
- Interessenausgleich zwischen „Arbeit und Kapital" und „der Kontrolle unternehmerischer Macht",
- Demokratisierungsprinzip im Unternehmensbereich.

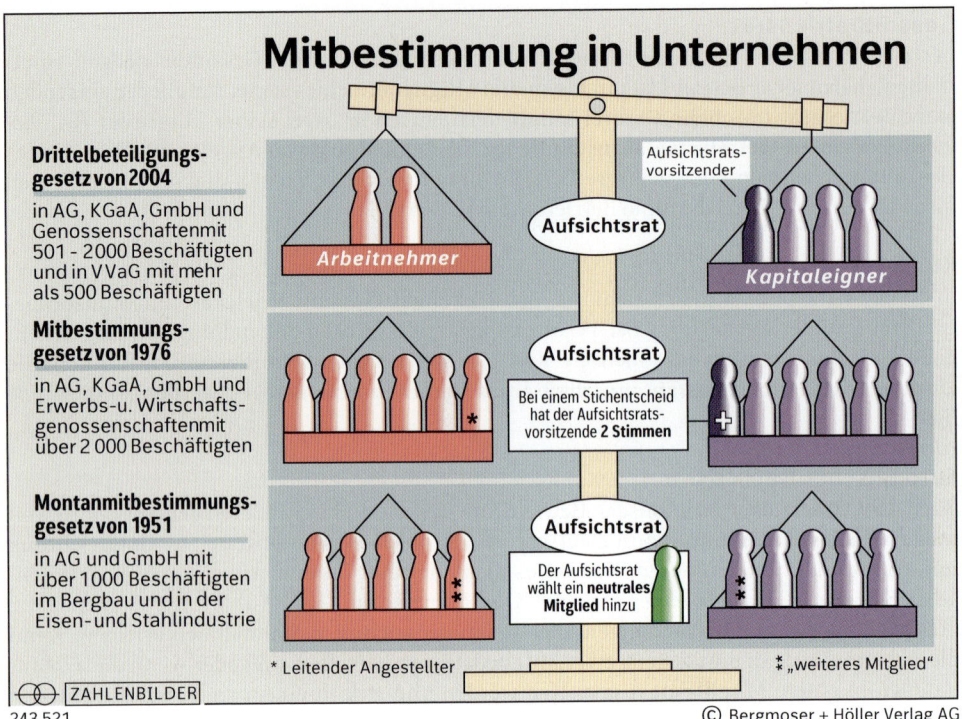

Mitbestimmung in Unternehmen

Drittelbeteiligungsgesetz von 2004

in AG, KGaA, GmbH und Genossenschaften mit 501 - 2000 Beschäftigten und in VVaG mit mehr als 500 Beschäftigten

Mitbestimmungsgesetz von 1976

in AG, KGaA, GmbH und Erwerbs-u. Wirtschaftsgenossenschaften mit über 2 000 Beschäftigten

Montanmitbestimmungsgesetz von 1951

in AG und GmbH mit über 1000 Beschäftigten im Bergbau und in der Eisen- und Stahlindustrie

Aufsichtsratsvorsitzender

Aufsichtsrat

Arbeitnehmer

Kapitaleigner

Aufsichtsrat

Bei einem Stichentscheid hat der Aufsichtsratsvorsitzende **2 Stimmen**

Aufsichtsrat

Der Aufsichtsrat wählt ein **neutrales Mitglied** hinzu

* Leitender Angestellter

** „weiteres Mitglied"

ZAHLENBILDER

243 521

© Bergmoser + Höller Verlag AG

1.4 Soziale Sicherung

1.4.1 Zweige der sozialen Sicherung

Gefahren vieler Art begegnen dem Menschen auf seinem ganzen Lebensweg.

Beispiele: Unfälle, Krankheit, Arbeitslosigkeit, Diebstahl, Pflegebedürftigkeit

Der Mensch wünscht Sicherheit nicht nur vor dem Eintritt der Gefahr, sondern Sicherheit auch vor den wirtschaftlichen Folgen nachteiliger Ereignisse, wie sie sich trotz aller vorbeugenden Maßnahmen unvermeidlich immer wieder ereignen. Eine solche Vorsorge ermöglicht die Versicherung. Ihr Grundgedanke liegt darin, dass viele, die von einer gleichartigen Gefahr bedroht sind, sich zu einer Gefahrengemeinschaft zusammenschließen.

Eine Versicherung ist der Zusammenschluss von Wirtschaftssubjekten, die selbst oder deren Eigentum einer gleichen Gefahr ausgesetzt sind, zur gemeinsamen Deckung des bei dem Einzelmitglied durch den zufälligen Gefahreneintritt verursachten Schadens.

Durch die Beitragszahlungen aller Versicherten wird ein Geldfonds geschaffen, aus dem diejenigen Versicherten, die der Eintritt einer solchen Gefahr (= Versicherungsfall) tatsächlich betroffen hat, Zahlungen zum Ausgleich des dadurch entstandenen finanziellen Schadens erhalten.

Versicherungsträger können sein:
- Versicherungs-Aktiengesellschaften,
- Versicherungsvereine auf Gegenseitigkeit (VVaG),
- Körperschaften des öffentlichen Rechts,
- Anstalten des öffentlichen Rechts.

Ein möglichst weitgehender Versicherungsschutz hat sich auf vielen Gebieten im Interesse der Allgemeinheit als notwendig erwiesen. Deshalb hat der Staat bestimmte Versicherungen zwingend vorgeschrieben.

Beispiel: Alle Kfz-Halter müssen Mitglied einer Kfz-Haftpflichtversicherung sein. Damit soll erreicht werden, dass bei selbstverschuldeten Unfällen die Schadenforderungen auf alle Fälle gedeckt sind. Das Einkommen der Autofahrer würde in der Regel nicht ausreichen, um die bei schweren Unfällen entstehenden finanziellen Verpflichtungen tragen zu können.

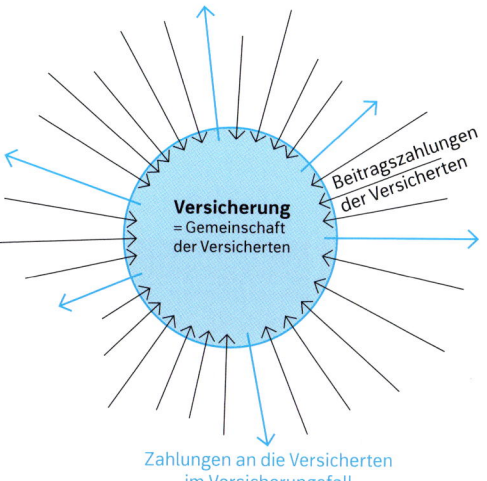

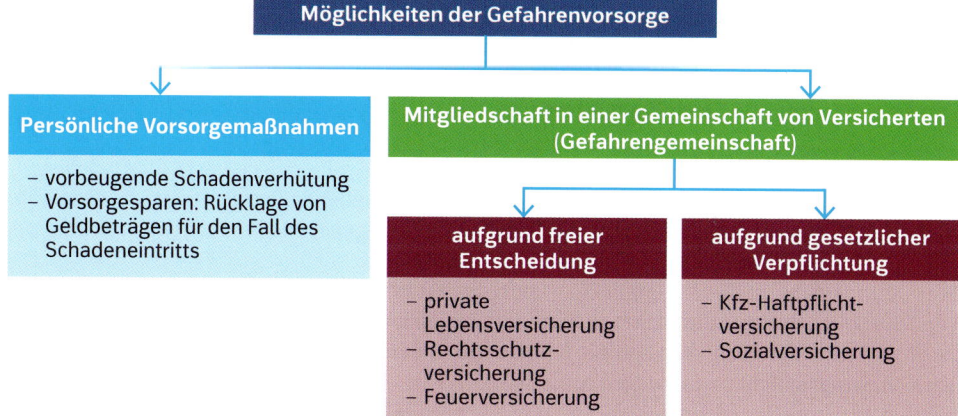

Überblick über das Versicherungswesen

Das Versicherungswesen unterscheidet die Bereiche **Individualversicherung** und **Sozialversicherung**. Beide Bereiche sind in mehrere Versicherungszweige untergliedert.

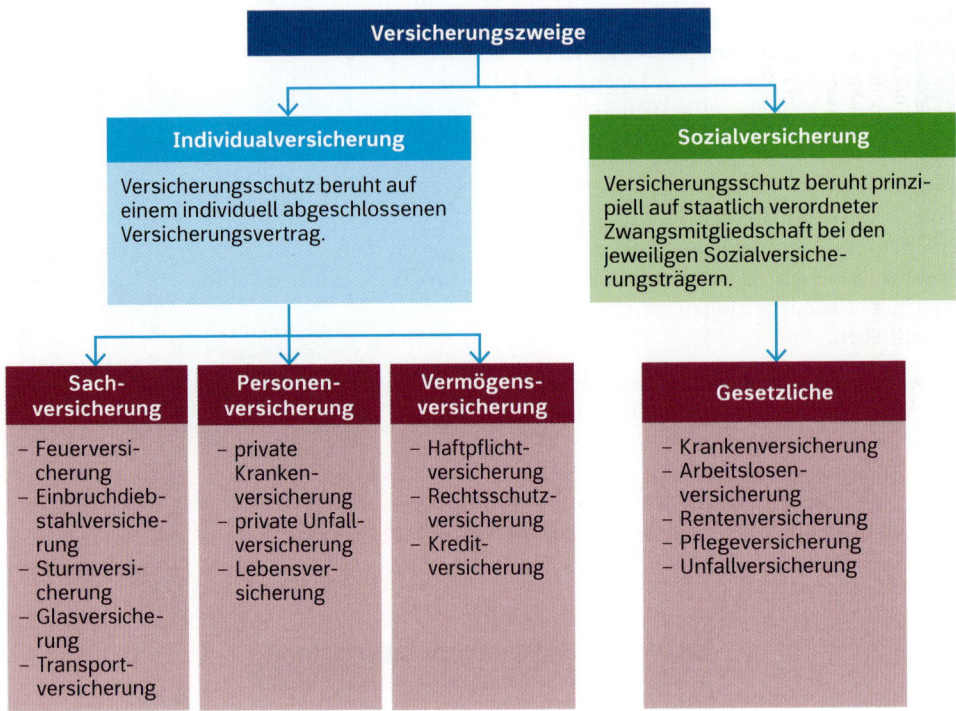

Die fünf Säulen der Sozialversicherung

Die Sozialversicherung ist eine gesetzliche Versicherung (Zwangsversicherung) für große Bevölkerungsgruppen zur Absicherung ihres Alters, ihrer Hinterbliebenen und der Lage in finanziellen Notsituationen wie Krankheit, Erwerbsminderung, Arbeitslosigkeit, Pflegebedürftigkeit und Unfall.

Freiwillig würden sich viele Menschen nicht gegen Krankheit, Unfall und Arbeitslosigkeit versichern. Auch wäre die Mehrzahl der Arbeitnehmer nicht in der Lage, für sich und ihre Angehörigen eine geeignete Alters- oder Pflegevorsorge aufzubauen. Das Bestehen einer **Versicherungspflicht** ist deswegen unumgänglich.

Gegenwärtig werden in der Bundesrepublik Deutschland jährlich weit über 1200 Mrd. € für den Bereich der sozialen Sicherung ausgegeben.

Die Einrichtung der Sozialversicherung gehört in Deutschland zu den unverzichtbaren Bestandteilen des Sozialstaats.[1]
In allen fünf Versicherungszweigen herrscht der Gedanke der Solidarität: Die Gemeinschaft der Versicherten hilft denjenigen, die sich in einer Notsituation befinden (die Gesunden zahlen für die Kranken, die Arbeitenden für die Arbeitslosen, Pflegebedürftigen und Rentner).

---

[1]   *Vgl. zur sozialen Marktwirtschaft S. 244 ff.*

	Krankenversicherung	Rentenversicherung	Arbeitslosenversicherung	Pflegeversicherung	Unfallversicherung
Versicherungsträger	– Allgemeine Ortskrankenkassen – Betriebskrankenkassen – Innungskrankenkassen – Bundesknappschaft – Ersatzkassen – Seekrankenkasse – Landwirtschaftliche Krankenkassen	– Deutsche Rentenversicherung Bund (Berlin) mit den jeweiligen regionalen Trägern (früher LVA) – Deutsche Rentenversicherung Knappschaft-Bahn-See (Bochum)	– Bundesagentur für Arbeit (BA)	– Pflegekassen bei den gesetzlichen Krankenkassen – Verband der privaten Krankenversicherung e. V. (§ 75 SGB XI)	– Gewerbliche Berufsgenossenschaften – Landwirtschaftliche Berufsgenossenschaften – Unfallversicherungsträger der öffentlichen Hand
Rechtsgrundlage	4. u. 5. Buch Sozialgesetzbuch	4. u. 6. Buch Sozialgesetzbuch	4. u. 3. Buch Sozialgesetzbuch	4. u. 11. Buch Sozialgesetzbuch	4. u. 7. Buch Sozialgesetzbuch

Aufgaben	Erhaltung und Wiederherstellung der Gesundheit des Einzelnen und seiner Familie
	– Krankenhilfe
	– Vorsorgeuntersuchungen
	– Mutterschaftshilfe
	– Familienhilfe
		Sicherung der Arbeitnehmer und ihrer Familien bei Erwerbsminderung, Alter und Tod
		– Rentenzahlungen
		– Rehabilitation
		– Zahlung von Beiträgen an die Krankenkasse für die Rentner
			Sicherung der Beschäftigung des Einzelnen und der Beschäftigungslage innerhalb der Wirtschaft sowie finanzieller Schutz bei Arbeitslosigkeit
			– Arbeitslosenunterstützung
			– Sicherung von Arbeitsplätzen
			– Arbeitsförderung
				Kostenübernahme für Pflegeleistungen an jene Menschen, die zu alltäglichen Verrichtungen ohne fremde Hilfe nicht mehr fähig sind und der regelmäßigen Hilfe bedürfen.
				– häusliche Pflege
				– stationäre Pflege in Form von
				  - Geldleistungen
				  - Sachleistungen
					Schutz weiter Bevölkerungskreise vor Unfallgefahren und den wirtschaftlichen Folgen bei Unfällen
					– Unfallverhütung
					– Milderung bzw. Beseitigung der Unfallfolgen

Beitragshöhe	14,6 % Beitragssatz des Bruttoarbeitsentgeltes, höchstens von der Beitragsbemessungsgrenze[1] für KV	18,6 % des Bruttoarbeitsentgeltes, höchstens von der Beitragsbemessungsgrenze[1] für RV	2,4 % des Bruttoarbeitsentgeltes, höchstens von der Beitragsbemessungsgrenze[1] für RV	3,05 % des Bruttoarbeitsentgeltes, höchstens von der Beitragsbemessungsgrenze[1,2,3] für KV	Beitragshöhe richtet sich nach der Gefahrenklasse für den jeweiligen Beruf
Beitragsaufbringung	AN 50 % vom Beitragssatz + 0,2–1,9 % Zusatzbeitrag[4] AG 50 % vom Beitragssatz	Arbeitgeber und Arbeitnehmer tragen den Beitrag je zur Hälfte; bei geringfügigen Beschäftigungsverhältnissen gelten Sonderregelungen			Beitrag wird in voller Höhe vom Arbeitgeber aufgebracht

[1] Die Beitragsbemessungsgrenze gibt den monatlichen Einkommenshöchstbetrag an, von dem Beiträge berechnet werden. In der Rentenversicherung und der Arbeitslosenversicherung beträgt die Beitragsbemessungsgrenze für 2021 7 100,00 € (neue Länder: 6 700,00 €), in der Krankenversicherung und in der Pflegeversicherung 4 837,50 €.

[2] Als Ausgleich für den Arbeitgeberanteil: Verzicht auf einen gesetzlichen Feiertag durch die Arbeitnehmer oder je nach Landesentscheidungen andere Kompensationsmöglichkeiten zur Arbeitgeberentlastung.

[3] Für Kinderlose erhöht sich der Beitragssatz auf 3,30 %, wobei der Versicherungsnehmer den Erhöhungsbetrag von 0,25 % allein zahlen muss.

[4] Individueller Zusatzbeitrag je Krankenkasse, den Arbeitnehmer und Arbeitgeber je zur Hälfte tragen. Der zusätzliche Durchschnittsbeitrag liegt 2021 bei 1,3 %.

1.4.1.1 Gesetzliche Krankenversicherung

Die Krankenversicherung tritt in erster Linie ein, wenn es darum geht, die Gesundheit des Einzelnen und seiner Familie zu erhalten und wiederherzustellen.

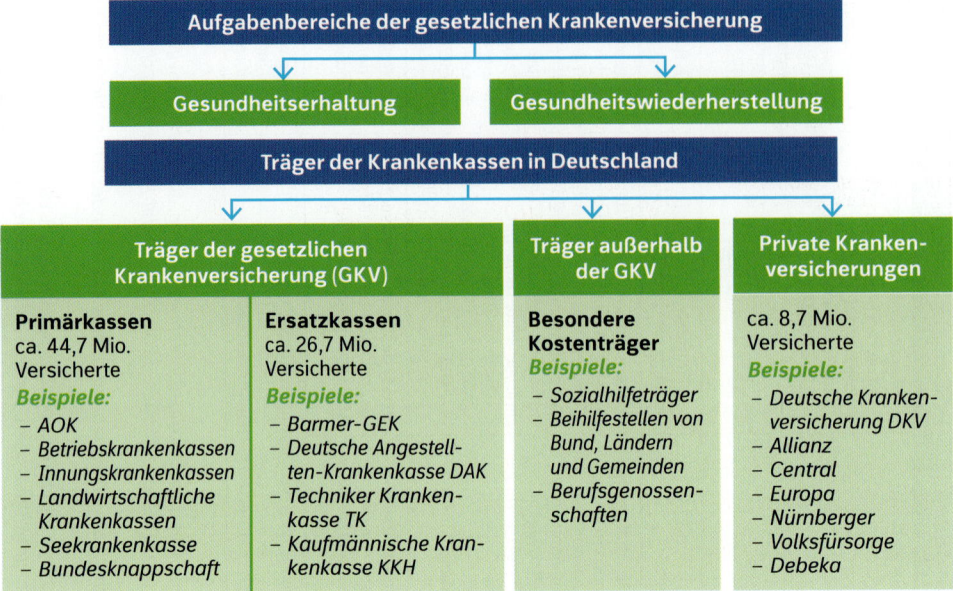

Versicherte

In der gesetzlichen Krankenversicherung unterscheidet man drei Arten der Mitgliedschaft:

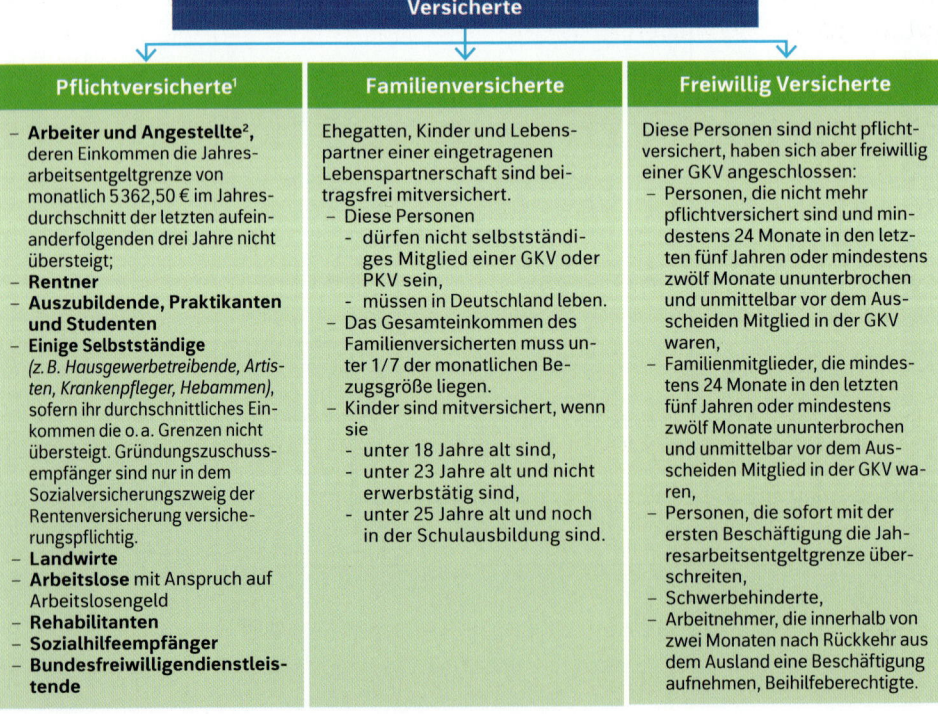

Die Versicherten dürfen ihre Krankenkasse frei wählen.

[1,2] Vgl. S. 63, Fußnote 2.

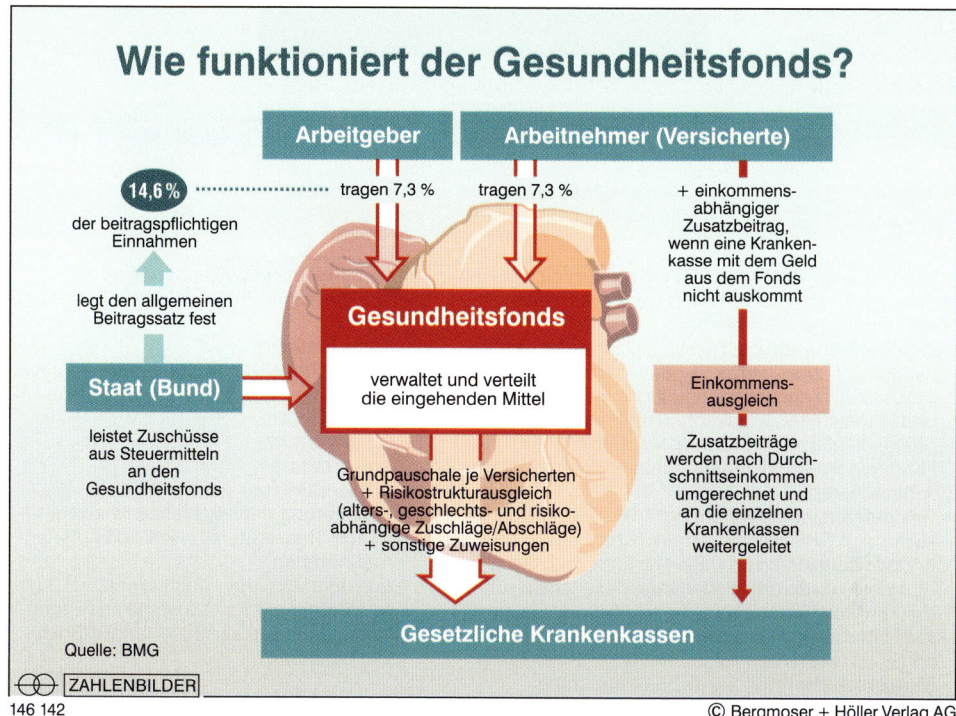

Wie funktioniert der Gesundheitsfonds?

Arbeitgeber — tragen 7,3 %
Arbeitnehmer (Versicherte) — tragen 7,3 %

+ einkommens-
abhängiger
Zusatzbeitrag,
wenn eine Kranken-
kasse mit dem Geld
aus dem Fonds
nicht auskommt

14,6 %
der beitragspflichtigen
Einnahmen

legt den allgemeinen
Beitragssatz fest

Staat (Bund)

leistet Zuschüsse
aus Steuermitteln
an den
Gesundheitsfonds

Gesundheitsfonds

verwaltet und verteilt
die eingehenden Mittel

Grundpauschale je Versicherten
+ Risikostrukturausgleich
(alters-, geschlechts- und risiko-
abhängige Zuschläge/Abschläge)
+ sonstige Zuweisungen

**Einkommens-
ausgleich**

Zusatzbeiträge
werden nach Durch-
schnittseinkommen
umgerechnet und
an die einzelnen
Krankenkassen
weitergeleitet

Gesetzliche Krankenkassen

Quelle: BMG

⊕⊕ ZAHLENBILDER

146 142

© Bergmoser + Höller Verlag AG

Leistungen

Nimmt der Versicherte eine ärztliche Behandlung in Anspruch, muss er seine **Krankenver-
sicherungskarte** oder zukünftige elektronische Gesundheitskarte vorlegen.

Zwischen den Ärzten, Krankenhäusern und
Krankenkassen bestehen Verträge, welche den
Umfang der ärztlichen Versorgung und somit
die Leistungserbringung regeln.

---

[1]   Ca. 87 % der Bevölkerung sind pflichtversichert; mtl. **Beitragsbemessungsgrenze** 4 837,50 € (2021).
[2]   Beschäftigte bis zu einer **Jahresarbeitsentgeltgrenze** von 64 350,00 € sind krankenversicherungs-
pflichtig. Wer dauerhaft mindestens ein Jahr lang mehr verdient, kann sich freiwillig in der gesetzlichen Krankenkasse oder privat krankenversichern. Versicherungspflichtgrenze oder Beitragsbemessungsgrenze fallen also auseinander. Wer älter als 55 Jahre und privat versichert ist, aber z. B. durch
Arbeitslosigkeit, Vorruhestand, Teilzeitarbeit nicht mehr als die Jahresentgeltgrenze verdient, kann in
die gesetzliche Krankenversicherung nur noch unter ganz besonderen Voraussetzungen wechseln.
Zur Kompensation müssen die privaten Krankenversicherungen seit 2009 diesem Personenkreis einen
Standardtarif – ohne gesundheitliche Vorprüfung – anbieten, der ungefähr dem Leistungsumfang der
gesetzlichen Krankenversicherungen entspricht (Kontrahierungszwang). Die Beiträge dürfen nicht die
Höchstsätze der gesetzlichen Versicherungen übersteigen.

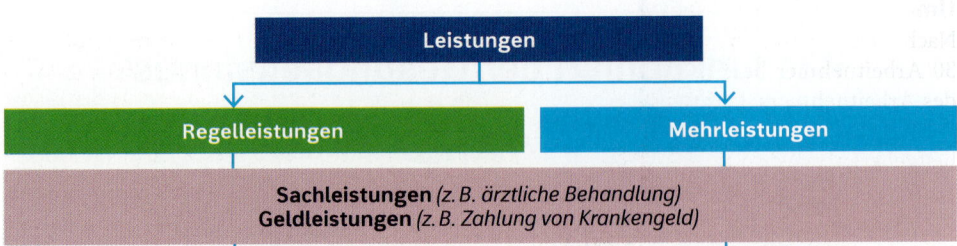

sind durch Gesetz vorgeschrieben; es handelt sich um Mindestleistungen, die von allen Krankenkassen in gleichem Umfang gewährt werden:

- **Krankenbehandlung[1]:** ärztliche/zahnärztliche Behandlung, Arznei-, Verband-, Heil-, Hilfsmittel, Zuschuss zum Zahnersatz, häusliche Krankenpflege und -Pflegehilfe[2], Krankenhausbehand-lung, Hauspflege, Kinderpflege, Krankengeld[3], Haushaltshilfe, Fahrtkosten, Rehabilitation, Belastungserprobung, Arbeitstherapie
- **Gesundheitsuntersuchungen:** Früherkennungsuntersuchungen für Kinder bis zum sechsten Lebensjahr, Krebsvorsorgeuntersuchungen für Frauen ab dem 20., für Männer ab dem 45. Lebensjahr, Gesundheits-Check-Up und Hautkrebsscreening für Männer und Frauen alle zwei Jahre ab dem 35. Lebensjahr, zweimal jährlich Vorsorgeuntersuchungen zur Erhaltung gesunder Zähne.
- **Mutterschaftshilfe:** Ärztliche Behandlung, Entbindungskostenbeitrag, Hebammenhilfe, Arzneimittel, Krankenhausbehandlung und -aufenthalt bei Schwangerschaft und Niederkunft; Arbeitnehmerinnen, Arbeitslose und andere Versicherte mit Krankengeldanspruch erhalten grundsätzlich für die Zeit der Mutterschutzfrist (sechs Wochen vor der Geburt bis acht Wochen nach der Geburt) ihr Arbeitsentgelt weiter (Familienversicherte erhalten einen einmaligen Festbetrag).
- **Familienhilfe:** Mitversichert sind ohne besonderen Beitrag die Familienangehörigen des Versicherten, soweit deren Einkommen eine bestimmte Grenze nicht überschreitet bzw. diese nicht anderweitig abgesichert sind.

gehen über die gesetzlichen Mindestleistungen hinaus (ca. 4 % der GKV-Leistungen):

- Kuraufenthalte[1]
- Härtefallregelungen durch volle oder teilweise Übernahme des Versicherteneigenanteils bei
  - Zahnersatz
  - Fahrtkosten
  - Rezeptkosten
- Erweiterung der häuslichen Krankenpflege, Haushaltshilfe, Rehabilitationsmaßnahmen
- sonstige Vorsorgemaßnahmen, z. B. Kostenübernahme zur Teilnahme an Gesundheitskursen von zertifizierten externen Dienstleistern

---

[1] Zum Teil sind Versicherteneigenanteile vorgeschrieben; Leistungskürzungen sind bis zum vollständigen Ausschluss bei nicht zwingender medizinischer Notwendigkeit möglich.

[2] Weitgehende Übernahme durch die gesetzliche Pflegeversicherung.

[3] Im Krankheitsfall ist der Arbeitgeber nach dem Entgeltfortzahlungsgesetz verpflichtet, nach einer Wartezeit von vier Wochen nach der Aufnahme einer neuen Beschäftigung mindestens sechs Wochen lang den vollen Lohn unter Berücksichtigung der regelmäßig geleisteten Überstunden und Sonderzahlungen für Arbeitnehmer (Arbeiter, Angestellte, Auszubildende) weiterzuzahlen; ab der siebten Krankheitswoche erfolgt die Zahlung des Krankengeldes an Pflichtversicherte für längstens 78 Wochen wegen derselben Krankheit in Höhe von ca. 70 % des Bruttoarbeitsverdienstes, max. jedoch in Höhe des 90-prozentigen Nettoarbeitsverdienstes abzüglich des Arbeitnehmeranteils zur Renten- und Arbeitslosenversicherung. Freiwillig Versicherte können gegen Zuschlag zum Beitragssatz bei der gesetzlichen Krankenkasse eine Absicherung im Krankheitsfall vereinbaren.

Umlageverfahren

Nach dem **Aufwendungsausleichsgesetz** *(AAG)* haben Arbeitgeber, die nicht mehr als 30 Arbeitnehmer beschäftigen, einen Ausgleichsanspruch an die jeweilige Krankenkasse des Arbeitnehmers. Dafür entrichtet der Arbeitgeber für alle Mitarbeiter eine Umlage (U1 = Arbeitgeberaufwendungen für Engeltfortzahlung im Krankheitsfall und U2 = Arbeitgeberaufwendungen für Mutterschaftsleistungen). Die Höhe des Beitragssatzes U1 richtet sich nach dem prozentualen Ausgleichsanspruch (zwischen 40–80 %) und wird von der jeweiligen Krankenkasse autonom festgesetzt. Der Beitragssatz U2 bezieht sich immer auf eine Erstattungsleistung von 100 % für Mutterschaftsleistungen. Die Erstattungsanträge sind vom Arbeitgeber **elektronisch** bei der jeweils zuständigen Krankenkasse des Arbeitnehmers anzufordern.

Alle Unternehmen nehmen unabhängig von der Anzahl der Mitarbeiter am Umlageverfahren U2 teil.

Die Insolvenzgeldumlage (U3 = Arbeitgeberaufwendungen) in Höhe von 0,09 % ist durch die monatlichen Beitragsnachweise an die jeweilige Krankenkasse, bei der der Arbeitnehmer versichert ist, mit aufzuführen und zu entrichten.

Meldewesen

Sozialversicherungsbeiträge und Insolvenzgeldumlage (ohne Berufsgenossenschaftsbeiträge) sind spätestens fünf Bankwerktage vor dem letzten des Kalendermonats an die Krankenkassen zu melden, damit die Zahlung drei Bankwerktage vor Monatsende durch Lastschriftverfahren/Überweisung/Scheck (valutagenau) sichergestellt ist.

Finanzierung

Die Ausgaben der gesetzlichen Krankenversicherung werden finanziert über die Beiträge der Mitglieder (Arbeitnehmer und -geber) und der Rentner. Wie in der gesetzlichen Renten-, Pflege- und Arbeitslosenversicherung zahlen alle Beitragszahler einen einheitlichen Beitragssatz.

Nicht häufigere oder länger andauernde Krankheiten sind Ursache der ausufernden Krankheitskosten, sondern
- das Leistungsangebot durch immer mehr Ärzte und Krankenhäuser,
- hochwertigere und teurere Ausstattungen der Arztpraxen und Krankenhäuser,
- die Ausweitung des Arzneimittelbedarfs,
- geringere Einnahmen durch Arbeitslose und Frührentner/Vorruheständler,
- Kostenexplosion durch Pandemien.

Um die Krankheitskosten auf ein vertretbares Maß zurückzuführen, sehen Gesetze des Gesundheitswesens Sach- und Geldleistungskürzungen der Krankenkassen, Zuzahlun-gen/Selbstbeteiligungen der Versicherten bis zu 2 % der beitragspflichtigen Einnahmen (Sozialausgleich), Eigenvorsorge durch Zusatzversicherungen, Deckelung der Krankenkassenausgaben und die Budgetierung der Arztpraxen und Krankenhäuser mittels Fallpauschalen vor, Kostenexplosion durch Pandemien.

1.4.1.2 Gesetzliche Rentenversicherung

*Aufgabe der **gesetzlichen Rentenversicherung** ist die finanzielle Sicherung der Arbeitnehmer und ihrer Familie bei Berufs- und Erwerbsunfähigkeit, Alter und Tod.*

Versicherte

Die gesetzliche Rentenversicherung unterscheidet ebenso wie die gesetzliche Krankenversicherung zwischen Pflichtversicherten und freiwillig Versicherten.

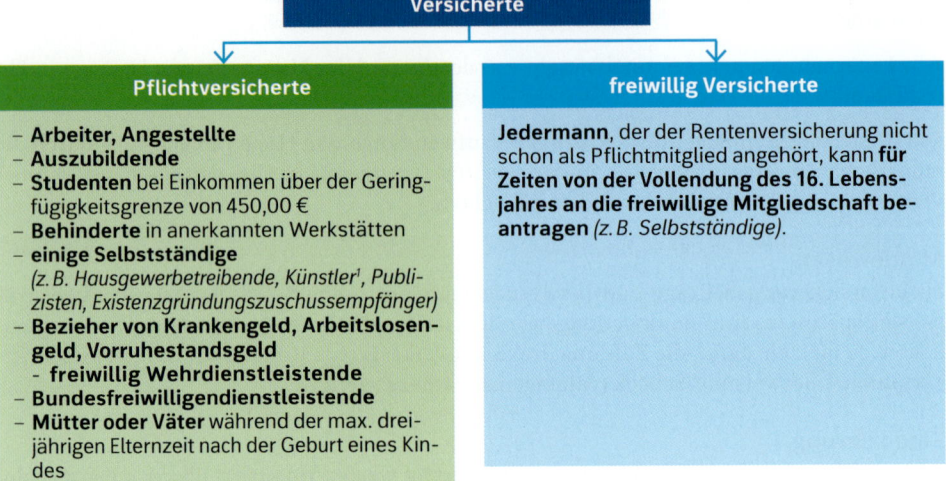

Versicherte	
Pflichtversicherte	**freiwillig Versicherte**

– **Arbeiter, Angestellte**
– **Auszubildende**
– **Studenten** bei Einkommen über der Geringfügigkeitsgrenze von 450,00 €
– **Behinderte** in anerkannten Werkstätten
– **einige Selbstständige**
  (z. B. Hausgewerbetreibende, Künstler[1], Publizisten, Existenzgründungszuschussempfänger)
– **Bezieher von Krankengeld, Arbeitslosengeld, Vorruhestandsgeld**
  – **freiwillig Wehrdienstleistende**
– **Bundesfreiwilligendienstleistende**
– **Mütter oder Väter** während der max. dreijährigen Elternzeit nach der Geburt eines Kindes
	Jedermann, der der Rentenversicherung nicht schon als Pflichtmitglied angehört, kann **für Zeiten von der Vollendung des 16. Lebensjahres an die freiwillige Mitgliedschaft beantragen** *(z. B. Selbstständige)*.

Leistungen

Leistungen aus der Rentenversicherung werden nur gewährt, wenn der Versicherte ihr eine Mindestanzahl von Versicherungsjahren angehört hat. Diese sogenannte Wartezeit schwankt je nach Art der beantragten Rente zwischen 5 und 15 Jahren.

Witwen und **Witwer** erhalten ohne Rücksicht auf Alter und Erwerbsfähigkeit 60 % des Gesamtrentenanspruchs des Versicherten. Die Höhe der Renten wird Jahr für Jahr der allgemeinen Einkommensentwicklung angepasst. Höhere Verdienste der Arbeitnehmer ziehen daher auch eine Erhöhung der Renten nach sich (Dynamisierung der Renten).

---

[1] *Die Träger der Deutschen Rentenversicherung haben die Befugnis, Abgabepflicht, Höhe und Vorauszahlungen nach dem Künstlersozialversicherungsgesetz (KSVG) festzustellen.*

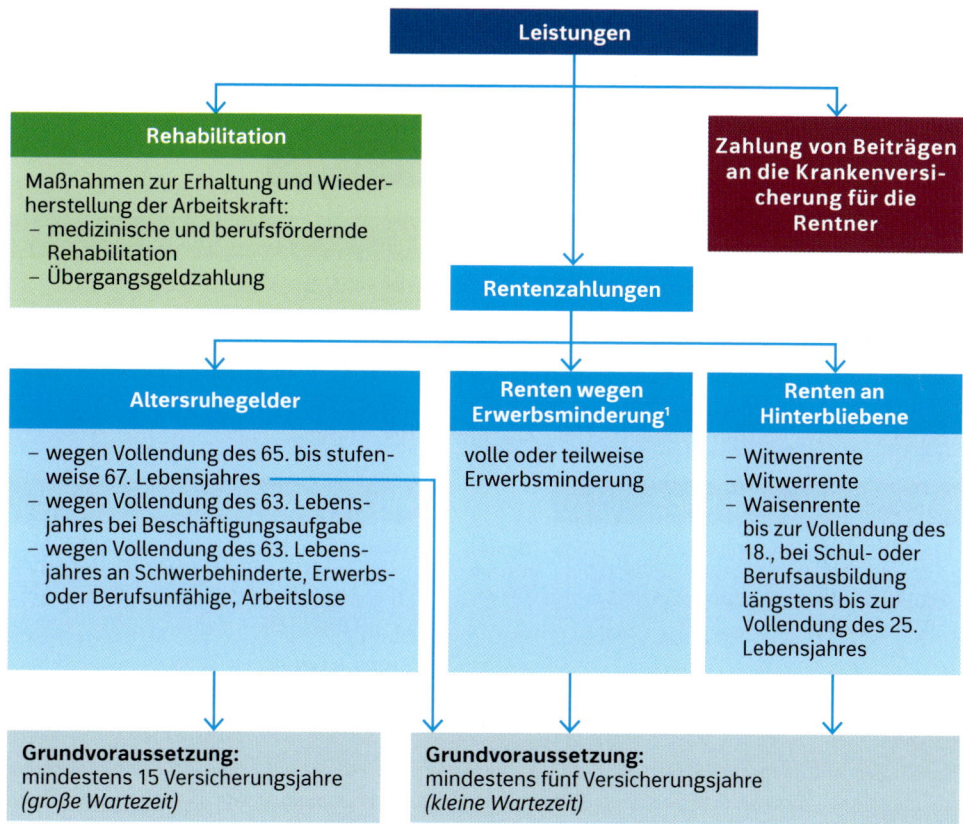

Die Regelaltersgrenze von 67 Jahren ist aber nicht bindend. Versicherte können bis zu drei Jahre vor der jeweils maßgebenden Altersgrenze in Rente gehen. Ihre Rente fällt dann für jedes vorzeitige Jahr des Rentenbezugs um 3,6% des jeweiligen Rentenanspruches geringer aus. Eine abschlagsfreie Rente mit 63 Jahren ist außerdem möglich, wenn 45 Versicherungsjahre einschließlich Arbeitslosenzeiten vorliegen.

Ab dem 60. Lebensjahr ist eine **Altersteilrente** von 1/3, 1/2 oder 2/3 der Vollrente möglich. Dadurch wird ein Hineingleiten in den Ruhestand ermöglicht, denn ein Hinzuverdienst ist in bestimmten Grenzen zulässig *(§ 42 SGB VI)*.

Ab 2021 gewährt die Rentenversicherung Rentnern, die nach mindestens 33 Jahren Einzahlung in die Rentenkasse eine so geringe Rente erhalten, einen **Zuschuss**, der eine bestimmte **Grundrente** erreichen soll, damit nicht der Grundsicherungsanspruch nach Hartz IV unterschritten wird. Der Grundrentenanspruch wird in der Höhe so begrenzt, dass die eigene Rente und das zusätzliche Einkommen bei einem Alleinstehenden 1.250,00 € bzw. bei Paaren 1.950,00 € nicht überschreitet. Das zuständige Finanzamt prüft anhand der Daten der Rentenversicherung, ob ein Zuschlag dem Rentner zusteht (automatisches Verfahren).

---

[1] *Es gibt nur noch Erwerbsminderungsrenten in zwei Stufen: abhängig davon, ob ein Erkrankter nicht mehr als drei Stunden täglich (dann volle Erwerbsminderungsrente) oder mehr als drei bis sechs Stunden täglich (dann halber Anspruch) arbeiten kann.*

Rentenberechnung

Zugangsrenten (neu festzusetzende Renten) werden unter Berücksichtigung der allgemeinen Einkommensentwicklung nach der neuen Rentenformel berechnet.

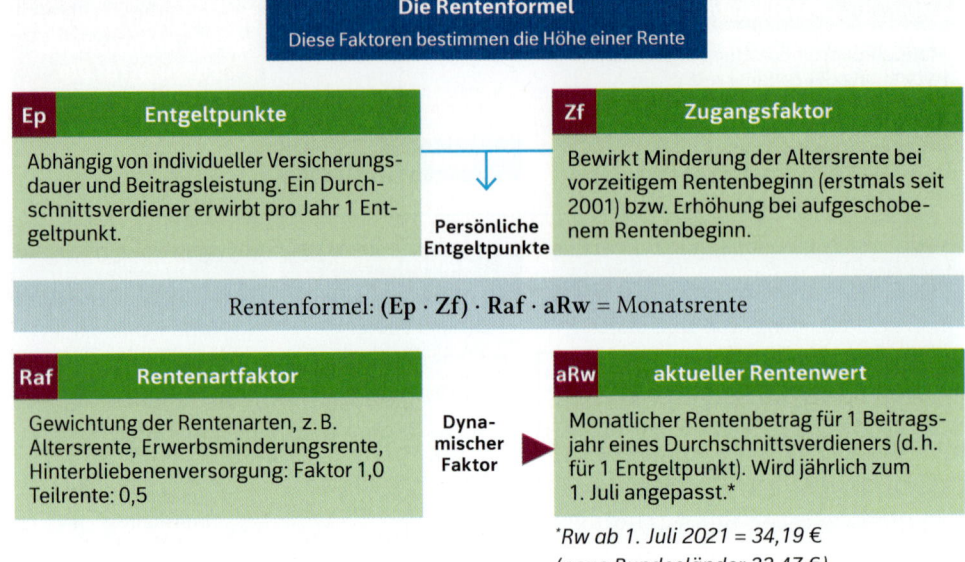

Die Rentenformel
Diese Faktoren bestimmen die Höhe einer Rente

Ep	Entgeltpunkte		Zf	Zugangsfaktor
Abhängig von individueller Versicherungsdauer und Beitragsleistung. Ein Durchschnittsverdiener erwirbt pro Jahr 1 Entgeltpunkt.		Persönliche Entgeltpunkte	Bewirkt Minderung der Altersrente bei vorzeitigem Rentenbeginn (erstmals seit 2001) bzw. Erhöhung bei aufgeschobenem Rentenbeginn.	

Rentenformel: **(Ep · Zf) · Raf · aRw** = Monatsrente

Raf	Rentenartfaktor		aRw	aktueller Rentenwert
Gewichtung der Rentenarten, z. B. Altersrente, Erwerbsminderungsrente, Hinterbliebenenversorgung: Faktor 1,0 Teilrente: 0,5		Dynamischer Faktor	Monatlicher Rentenbetrag für 1 Beitragsjahr eines Durchschnittsverdieners (d. h. für 1 Entgeltpunkt). Wird jährlich zum 1. Juli angepasst.*	

*Rw ab 1. Juli 2021 = 34,19 €
(neue Bundesländer 33,47 €)

Beispiel:

Herr Müsig vollendete am 28. Dez. 2021 sein 66. Lebensjahr und bezieht seit 1. Jan. 2022 eine Altersrente für langjährig Versicherte. Seine Rentenberechnung führt unter Annahme von 55 Entgeltpunkten zu folgendem Ergebnis:

Sowohl der maßgebliche Zugangsfaktor bei einer Altersrente mit 66 Jahren als auch der Rentenartfaktor für eine Altersrente betragen 1,0. Die Monatsrente ergibt sich mithin aus

(55,0000	·	1,0)	·	1,0	·	34,19	=	1 880,45 €
Ep		Zf		Raf		aRw		
Entgeltpunkte		Zugangsfaktor		Rentenartfaktor		aktueller Rentenwert		Monatsrente

Finanzierung

Die zur Hälfte von Arbeitnehmern und Arbeitgebern getragenen Beiträge zur gesetzlichen Rentenversicherung finanzieren ca. 80 % der Gesamtausgaben der Rentenversicherungsträger. Den restlichen Teil von ca. 20 % decken Zuschüsse des Bundes.

In Deutschland ist die gesetzliche Rentenversicherung im Umlageverfahren organisiert, das heißt:

- Erwerbstätige erlangen durch Beiträge einen Anspruch auf Alterssicherung, aber sie bauen keinen eigenen Kapitalstock auf.
- Die eingenommenen Beiträge der Erwerbstätigen werden an die derzeitigen Rentner ausgezahlt.

Damit dieses Modell des „Generationenvertrags" funktioniert, ist es von Bedeutung, wie viele Erwerbsfähige einen Job haben – und wie viele Menschen geboren werden (oder einwandern), die dann auf den Arbeitsmarkt treten.

Die Beitragsentrichtungen durch die jetzt arbeitende Generation führen zu Rentenzahlungen an die nicht mehr erwerbstätige Generation. Es gilt der **Generationenvertrag**. Durch die zunehmende **Überalterung** der Bevölkerung ergeben sich Probleme für den Vertrag zwischen den Generationen. Die Frührentner und das Lebensalter der Rentner nehmen ständig zu, die Erwerbstätigen aufgrund des Geburtenrückganges jedoch ab. Die so zunehmende Alterslast für die Erwerbstätigen führt automatisch zu sozialen Spannungen bei der Lösung der Finanzierung.

Auf lange Sicht wird die gesetzliche Rente in Deutschland den Bürgern nur noch eine Basisversorgung zwischen 38 und 40 % des Verdienstes[1] bieten können.

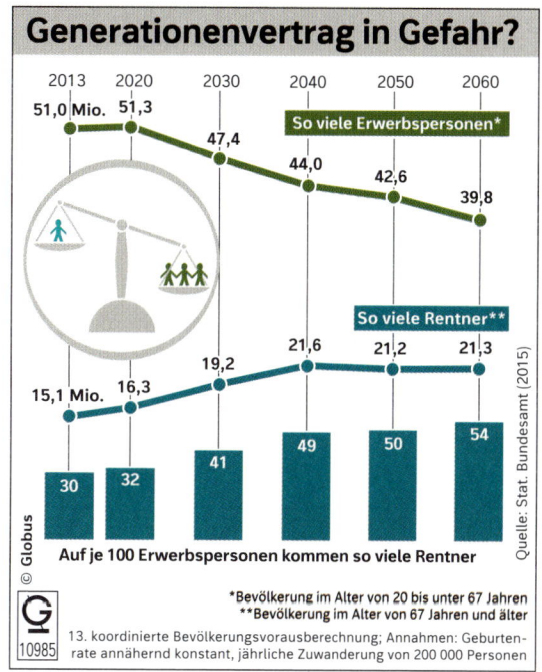

Maßnahmen und diskutierte **Vorschläge** zur Lösung:

- Langfristige Erhöhung der Versicherungsbeiträge mit Koppelung auf maximal 22% Gesamtbeitragssatz,
- Senkung des Rentenniveaus durch temporäre Abkoppelung von der Einkommensentwicklung und Gewährung eines reinen Inflationsausgleichs,
- Anhebung der Altersgrenze auf über 67 Jahre,
- Bundeszuschusserhöhung, -festschreibung, Kreditaufnahme, Vermögensveräußerungen,
- steuerfinanzierte anstatt beitragsfinanzierte Rente (z. B. „Riester-Rente"),
- Zahlung einer Grundrente nach Aufbau einer eigenveranlassten Vorsorge (Dreisäulen-System durch Grundrente, Betriebsrente, private Altersvorsorge durch Lebensversicherung, Sparguthaben, Immobilien etc.),
- private oder tariflich abgesicherte Vorsorge mit und ohne staatliche Zuschüsse oder Freibetragsgewährung.

1957 finanzierten drei Arbeitnehmer einen Rentner. 2035 wird ein Arbeitnehmer einen Rentner finanzieren. Durch diese Entwicklung wird die staatliche Rente an Bedeutung verlieren und die private Altersvorsorge an Bedeutung gewinnen. Die Altersvorsorge sollte in drei Schichten[1] aufgebaut werden.

1.4.1.3 Gesetzliche Arbeitslosenversicherung

Träger der Arbeitslosenversicherung ist die **Bundesagentur für Arbeit (Zentrale)** mit Sitz in Nürnberg. Sie befasst sich mit den Problemen des Arbeitsmarktes sowie der Beschäftigung

[1] Vgl. zum Drei-Schichten-Modell S. 81.

des Einzelnen und der allgemeinen Beschäftigungslage innerhalb der Wirtschaft. Neben der Zentrale gibt es 10 Regionaldirektionen, 156 **Agenturen für Arbeit** und ca. 600 Geschäftsstellen.

Leistungen der Bundesagentur für Arbeit

an Arbeitnehmer/-innen

- Ausbildungs- und Arbeitsvermittlung[1]
- Arbeitsberatung
- Arbeitsmarktbeobachtung
- Arbeitsmarkt- und Berufsforschung
- Bekämpfung der illegalen Beschäftigung
- Berufsberatung
- Entgeltsicherung für ältere Arbeitnehmer
- Erteilung von Arbeitserlaubnissen an Ausländer
- Förderung
  - der beruflichen Weiterbildung
    - Unterhaltsgeld
    - Bildungsgutscheine
    - Weiterbildungskosten
  - der Teilhabe behinderter Menschen am Arbeitsleben
- Leistungen der aktiven Arbeitsförderung
  - Arbeitsbeschaffungsmaßnahmen
  - Strukturanpassungsmaßnahmen
  - Personal Service Agenturen
  - Zahlung von Lohnkostenzuschüssen
  - Zuschüsse für Eingliederungen
  - Mobilitätshilfen
  - Existenzgründungszuschüsse
- Leistungen zur Förderung der ganzjährigen Beschäftigung in der Bauwirtschaft
- Rehabilitationsleistungen
- Verwaltung der Beiträge der Arbeitslosenversicherung
- Zahlung von Kindergeld (als Familienkasse)
- Zahlung von Lohnersatzleistungen
  - Arbeitslosengeld I (früher Arbeitslosenunterstützung)
  - Arbeitslosengeld II (früher Arbeitslosenhilfe)
  - Zahlung von Saisonkurzarbeiter-, Kurzarbeiter-, Insolvenzgeld

Über bestimmte Träger erfolgt zusätzlich die Förderung
- der Berufsausbildung durch z. B. ausbildungsbegleitende Maßnahmen,
- von Einrichtungen der beruflichen Aus- und Weiterbildung,
- von Jugendwohnheimen,
- von Eingliederungsmaßnahmen.

an Arbeitgeber/-innen

- Arbeitsberatung
- Einstellungszuschuss bei Neugründungen
- Eingliederungszuschüsse
- Förderung der beruflichen Weiterbildung durch Zuschüsse zum Arbeitsentgelt für Ungelernte, Zuschüsse zum Arbeitsentgelt für bedrohte Arbeitnehmer
- Förderung der Teilhabe behinderter Menschen am Arbeitsleben
- Leistungen zur beruflichen Eingliederung schwerbehinderter Personen
- Kurzarbeitergeld
- Förderung der ganzjährigen Beschäftigung in der Bauwirtschaft
- Leistungen nach dem Altersteilzeitgesetz
- Zuschüsse zu Sozialplanmaßnahmen
- Zuschüsse zu Infrastrukturmaßnahmen

Versicherte

Die Arbeitslosenversicherung kennt ausschließlich Pflichtversicherte.

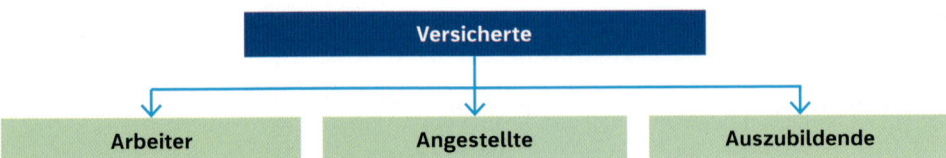

Versicherte

| Arbeiter | Angestellte | Auszubildende |

Nicht erfasst werden von der Arbeitslosenversicherung Selbstständige, Beamte, Studierende, Schüler und Beschäftige in einem geringfügigen Beschäftigungsverhältnis.

---

[1] *Nach dem Beschäftigungsförderungsgesetz werden auch private Arbeitsvermittler zugelassen.*

Finanzielle Leistungen an Arbeitslose

Die finanzielle Sicherung in Zeiten der Arbeitslosigkeit ist eine unabdingbare Voraussetzung, um den unverschuldet arbeitslos gewordenen Arbeitnehmer und seine Familie nicht in wirtschaftliche Not geraten zu lassen.

Arbeitslosengeld I ist eine Entgelt- oder Lohnersatzleistung, die über die Arbeitslosenversicherung abgedeckt wird *(SGB III)*. Sie sind kranken-, pflege- und rentenversichert. Die Beiträge zahlt i.d.R. der Bund pauschal.

Arbeitslosengeld II ist eine Grundsicherung für **erwerbsfähige**, **hilfsbedürftige** Arbeitssuchende *(SGB II)*. Träger des Arbeitslosengeldes II ist der Bund.

Die Leistungen umfassen für **erwerbsfähige Hilfsbedürftige**:
- Regelleistung

Regelleistung Arbeitslosengeld II/Sozialgeld			
– Alleinstehend – Alleinerziehend – Personen mit minderjährigem Partner	– Partner ab Beginn des 19. Lebensjahres	– Kinder ab Beginn des 15. Lebensjahres bis Vollendung des 18. Lebensjahres	– Kinder bis zur Vollendung des 14. Lebensjahres
100 %	90 %	80 %	60 %

- evtl. **Mehrbedarf** für z.B. werdende Mütter ab der 13. Schwangerschaftswoche, Behinderte,
- Leistungen für angemessenen Unterhalt und Heizung,
- Leistungen in Notfällen als Darlehen,
- einmalige Leistungen z.B. für mehrtägige Klassenfahrten.

Nicht erwerbsfähige Mitglieder der Bedarfsgemeinschaft von Arbeitslosengeld-II-Empfängern (z.B. minderjährige Kinder, Eltern) erhalten **Sozialgeld** von der Gemeinde/Stadt, wenn sie keinen Anspruch auf Leistungen nach dem *SGB XII* haben.
Es soll den Lebensunterhalt sichern, evtl. Mehrbedarf ausgleichen und angemessene Unterkunft und Heizung ermöglichen.

Arbeitslosengeld II-Empfänger erhalten bei der Suche nach einem Arbeitsplatz einen persönlichen Ansprechpartner bzw. einen „Fallmanager". Im Ermessen der Agentur für Arbeit können Arbeitssuchende folgende Leistungen erhalten:
- Erstattung von Bewerbungs- und Reisekosten für Vorstellungsgespräche,
- Kosten für Teilnahme an Trainingsseminaren,
- Umzugshilfen,
- Weiterbildung,
- Eingliederungszuschüsse,
- Vermittlungsgutscheine,
- Unterstützung bei Betreuung von Kindern und pflegebedürftigen Angehörigen.

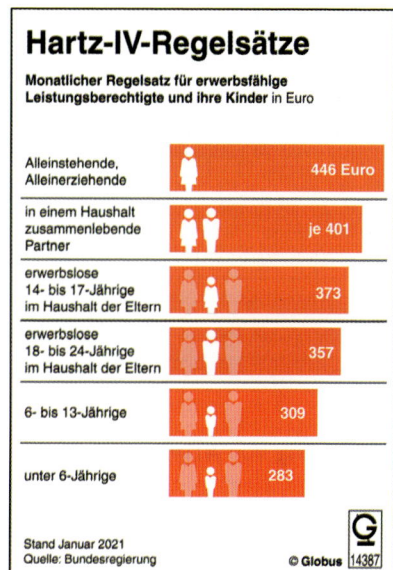

Hartz-IV-Regelsätze

Monatlicher Regelsatz für erwerbsfähige Leistungsberechtigte und ihre Kinder in Euro

Alleinstehende, Alleinerziehende	446 Euro
in einem Haushalt zusammenlebende Partner	je 401
erwerbslose 14- bis 17-Jährige im Haushalt der Eltern	373
erwerbslose 18- bis 24-Jährige im Haushalt der Eltern	357
6- bis 13-Jährige	309
unter 6-Jährige	283

Stand Januar 2021
Quelle: Bundesregierung
© Globus 14387

Empfänger von Arbeitslosengeld II (Hartz IV) müssen jede zumutbare Arbeitsstelle annehmen, die ihnen von der Agentur für Arbeit vermittelt wird. Angebotene Jobs können nur abgelehnt werden, wenn nachgewiesen wird, dass der Arbeitssuchende seelisch, körperlich und geistig nicht in der Lage ist, diese Tätigkeit auszuüben. Zumutbar sind auch sogenannte Arbeitsangelegenheiten der Gemeinden/Städte.

Es muss mit der Agentur für Arbeit eine Eingliederungsvereinbarung getroffen werden. Pflichtverletzungen führen zu Kürzungen des Arbeitslosengeldes II.

Beispiele:
- *wiederholte Weigerung, eine Arbeit anzunehmen*
- *Regelverstöße*

Arbeitslosengeld	
Arbeitslosengeld I (ALG I) (Versicherungsleistung)	**Arbeitslosengeld II** (ALG II = Hartz IV) + evtl. **Sozialgeld** (Fürsorgeleistung)
Anspruch auf **Arbeitslosengeld I** hat, wer … – unfreiwillig arbeitslos ist, eine neue Beschäftigung sucht und arbeitsbereit ist, – sich persönlich bei der Agentur für Arbeit arbeitssuchend gemeldet hat, – die Anwartschaftszeit erfüllt, – das 65. Lebensjahr noch nicht vollendet hat, – Arbeitslosengeld **beantragt** hat *(§§ 117–122 SGB III)*. **Anspruchsdauer** *(§ 127 SGB III)*: Die Anspruchsdauer auf Arbeitslosengeld richtet sich nach der vorhergehenden versicherungspflichtigen Beschäftigungsdauer, der Rahmenfrist, dem vollendeten Lebensjahr (12 bis max. 24 Monate). **Höhe** Die Höhe richtet sich nach dem versicherungspflichtigen Bruttoarbeitsentgelt, das in den letzten 52 Wochen vor der Arbeitslosigkeit erzielt wurde. Von diesem durchschnittlichen Bruttoarbeitsentgelt werden pauschaliert gesetzliche Abzüge (Steuern nach Steuerklasse, SV-Beiträge) abgezogen. Von dem ermittelten Nettobezug beträgt das Arbeitslosengeld 60 % bzw. 67 % für Arbeitslose mit mindestens einem Kind *(§§ 129–130 SGB III)*. Vorhandenes Vermögen hat keinen Einfluss auf die Höhe von Arbeitslosengeld I, weil es sich um eine versicherungsähnliche Leistung handelt, die aus den Beiträgen finanziert wird. **Pflichten von Arbeitslosengeldbeziehern** – Meldepflicht – Hinterlegung des Sozialversicherungsausweises – Mitwirkungspflicht – Erstattungspflicht für zu Unrecht erhaltene Leistungen Wer vom Arbeitslosengeld I zum Arbeitslosengeld II wechseln muss, kann für eine Übergangszeit einen Zuschlag beantragen.	**Anspruch** auf **Arbeitslosengeld II** hat, wer … – arbeitssuchend gemeldet ist, – bei Beantragung von Arbeitslosengeld II den Anspruch auf Arbeitslosengeld I ausgeschöpft hat, – hilfebedürftig ist, d.h., bestimmte Vermögens- und Einkommensgrenzen – auch des Ehegatten – dürfen nicht überschritten werden, – zwischen 15 und 65 Jahre alt ist, – erwerbsfähig ist und täglich mindestens drei Stunden arbeiten kann, – in Deutschland den gewöhnlichen Aufenthalt hat, – als ausländischer Arbeitnehmer eine Arbeitserlaubnis hat, – einen **Antrag** auf Arbeitslosengeld II gestellt hat, zusätzlich sind Formulare für Unterkunfts- und Heizungskosten, für Einkommenserklärungen, zur Vermögensfeststellung und für weitere Angehörige auszufüllen. **Sozialgeld** erhalten nicht erwerbsfähige Mitglieder, die in einer Bedarfsgemeinschaft mit dem Empfänger von Arbeitslosengeld II leben. Zu einer Bedarfsgemeinschaft rechnen – erwerbsfähige Hilfsbedürftige, – im Haushalt lebende Eltern, – Alleinerziehende von Minderjährigen, – Ehepartner, Partner in eheähnlicher Gemeinschaft, – minderjährige, unverheiratete bedürftige Kinder, die im Haushalt leben. **Anspruchsdauer** Das Arbeitslosengeld II wird zeitlich unbegrenzt gewährt, wenn die Anspruchsvoraussetzungen dauerhaft erfüllt sind. Die Leistungen werden für jeweils sechs Monate bewilligt. Die Hilfsbedürftigkeit wird fortlaufend überprüft. **Höhe** Die Höhe richtet sich nach dem Bedarf des Empfängers. Eigenes Vermögen und Einkommen der im Haushalt lebenden Angehörigen werden in die Berechnung einbezogen. Vermögensgegenstände zur Alterssicherung bleiben i.d.R. unberücksichtigt.

Sicherung von Arbeitsplätzen

Die Maßnahmen zur Arbeitsplatzsicherung sollen dazu dienen, bestehende Arbeitsverhältnisse auch in ungünstigen Wirtschaftslagen und während vorübergehender Arbeitsausfälle zu erhalten. Daneben können solche Unternehmen Zuschüsse erhalten, die für Arbeitslose und ältere Arbeitnehmer zusätzlich Arbeitsplätze schaffen.

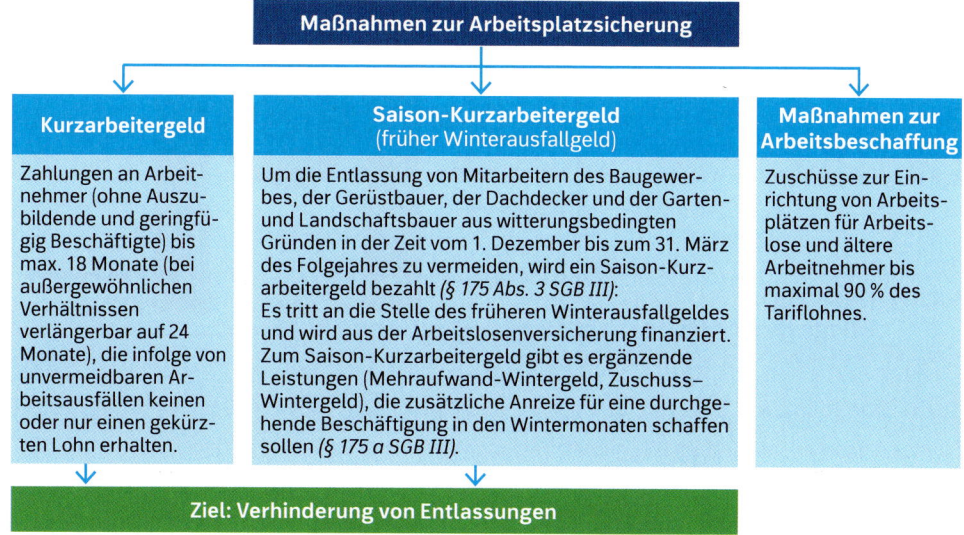

Maßnahmen zur Arbeitsplatzsicherung		
Kurzarbeitergeld	**Saison-Kurzarbeitergeld** (früher Winterausfallgeld)	**Maßnahmen zur Arbeitsbeschaffung**
Zahlungen an Arbeitnehmer (ohne Auszubildende und geringfügig Beschäftigte) bis max. 18 Monate (bei außergewöhnlichen Verhältnissen verlängerbar auf 24 Monate), die infolge von unvermeidbaren Arbeitsausfällen keinen oder nur einen gekürzten Lohn erhalten.	Um die Entlassung von Mitarbeitern des Baugewerbes, der Gerüstbauer, der Dachdecker und der Garten- und Landschaftsbauer aus witterungsbedingten Gründen in der Zeit vom 1. Dezember bis zum 31. März des Folgejahres zu vermeiden, wird ein Saison-Kurzarbeitergeld bezahlt *(§ 175 Abs. 3 SGB III)*: Es tritt an die Stelle des früheren Winterausfallgeldes und wird aus der Arbeitslosenversicherung finanziert. Zum Saison-Kurzarbeitergeld gibt es ergänzende Leistungen (Mehraufwand-Wintergeld, Zuschuss–Wintergeld), die zusätzliche Anreize für eine durchgehende Beschäftigung in den Wintermonaten schaffen sollen *(§ 175 a SGB III)*.	Zuschüsse zur Einrichtung von Arbeitsplätzen für Arbeitslose und ältere Arbeitnehmer bis maximal 90 % des Tariflohnes.

Ziel: Verhinderung von Entlassungen

Sofortmeldung für schwarzarbeitträchtige Branchen

Der Arbeitgeber ist verpflichtet, noch vor der Aufnahme eines Beschäftigungsverhältnisses der Datenstelle der Deutschen Rentenversicherung eine DEÜV- Meldung (Familien- und Vorname, Versicherungsnummer (soweit bekannt), Betriebsnummer des Arbeitgebers, Tag der Beschäftigungsaufnahme) zu erstatten, wenn die Beschäftigung in einer der folgenden neun besonders schwarzarbeitträchtigen Branchen stattfindet:

- Baugewerbe,
- Gaststätten- und Beherbergungsgewerbe,
- Personenbeförderungsgewerbe,
- Speditions-, Transport- und damit verbundenes Logistikgewerbe,
- Schaustellergewerbe,
- Unternehmen der Forstwirtschaft,
- Gebäudereinigungsgewerbe,
- Unternehmen, die sich am Auf- und Abbau von Messen und Ausstellungen beteiligen,
- Fleischwirtschaft.

Auf die gemeldeten Daten können neben den mit der Bekämpfung der Schwarzarbeit betrauten Ermittlungsbehörden und den Prüfdiensten der Rentenversicherungsträger auch die Unfallversicherungsträger zugreifen. Letztere können so überprüfen, ob ein Arbeitnehmer während des Bezugs von Leistungen aufgrund eines Arbeitsunfalls Schwarzarbeit leistet, und den Unternehmer in Regress nehmen.

Das Gesetz sieht weiter eine bußgeldbewährte Verpflichtung für Arbeitgeber in den genannten Branchen vor, Arbeitnehmer nachweislich und schriftlich darauf hinzuweisen, dass diese bei ihrer Tätigkeit auch einen Pass, Personalausweis, Pass- oder Ausweisersatz mitzuführen haben *(§ 2 a SchwarzArbG)*.

Finanzierung

Die Bundesagentur für Arbeit finanziert sich aus den Beiträgen aus der Arbeitslosenversicherung, aus Zahlungen des Bundes z. B. für Arbeitslosengeld II, Kindergeld und aus Steuermitteln. Der Bund garantiert die Zahlungsfähigkeit der Bundesagentur für Arbeit.

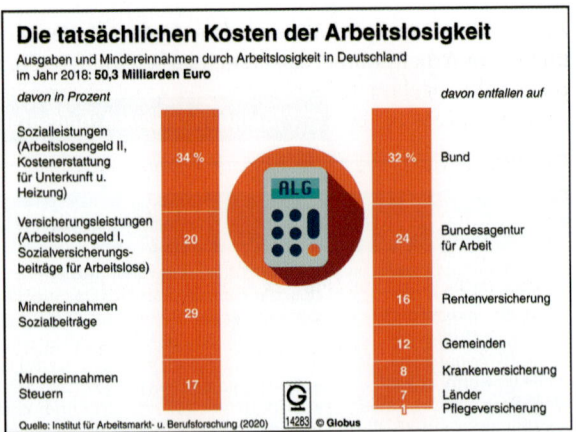

1.4.1.4 Gesetzliche Pflegeversicherung

> Aufgabe der *gesetzlichen Pflegeversicherung* ist die *finanzielle Sicherung der Pflegeleistungen* für jene Menschen, die bei den alltäglichen Verrichtungen der ständigen Hilfe bedürfen.

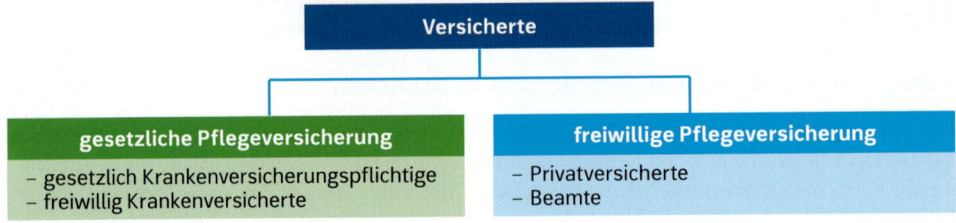

Pflegegrade

Es werden körperliche, geistige und psychische Einschränkungen gleichermaßen erfasst und in die Einstufung einbezogen. Mit der Begutachtung wird der Grad der Selbstständigkeit in sechs verschiedenen Bereichen gemessen und – mit unterschiedlicher Gewichtung – zu einer Gesamtbewertung zusammengeführt. Daraus ergibt sich die Einstufung in einen Pflegegrad. Die sechs Bereiche sind:

- Mobilität (z. B. Treppensteigen, Fortbewegung in der eigenen Wohnung)
- Kognitive und kommunikative Fähigkeiten (z. B. Verstehen, Reden, Risikoerkennung)
- Verhaltensweisen und psychische Problemlagen (z. B. Angst, Unruhe, Aggression)
- Selbstversorgung (z. B. Körperpflege, Ernährung)
- Bewältigung von und selbstständiger Umgang mit krankheits- oder therapiebedingten Anforderungen und Belastungen
- Gestaltung des Alltagslebens und sozialer Kontakte (z. B. Kontakte zu Menschen)

Bei der Festlegung des Pflegegrades fließen die zuvor genannten Module in unterschiedlicher Wertigkeit bzw. Prozentsätzen ein.

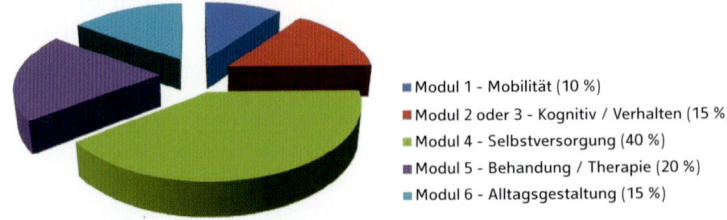

Zur Ermittlung eines **Pflegegrades** werden die bei der Begutachtung festgestellten Einzelpunkte in jedem Modul addiert und – unterschiedlich gewichtet – in Form einer Gesamtpunktzahl abgebildet. Diese Gesamtpunkte ergeben die Zuordnung zum maßgeblichen Pflegegrad *(§ 15 SGB XI)*.

Der Pflegegrad wird mithilfe eines pflegefachlich begründeten **Begutachtungsinstruments** ermittelt.
- Pflegegrad 1: geringe Beeinträchtigung der Selbstständigkeit (ab 12,5 bis unter 27 Gesamtpunkte)
- Pflegegrad 2: erhebliche Beeinträchtigung der Selbstständigkeit (ab 27 bis unter 47,5 Gesamtpunkte)
- Pflegegrad 3: schwere Beeinträchtigung der Selbstständigkeit (ab 47,5 bis unter 70 Gesamtpunkte)
- Pflegegrad 4: schwerste Beeinträchtigung der Selbstständigkeit (ab 70 bis unter 90 Gesamtpunkte)
- Pflegegrad 5: schwerste Beeinträchtigung der Selbstständigkeit mit besonderen Anforderungen an die pflegerische Versorgung (ab 90 bis 100 Gesamtpunkte)

Leistungen

Leistungen nach Pflegegrad (PG) in €	PG1*	PG2	PG3	PG4	PG5
Geldleistung ambulant		316,00	545,00	728,00	901,00
Sachleistung ambulant		689,00	1 298,00	1 612,00	1 995,00
Entlastungsbetrag ambulant (zweckgebunden)	125,00	125,00	125,00	125,00	125,00
Leistungsbetrag stationär	125,00	770,00	1 262,00	1 775,00	2 005,00
bundesdurchschnittlicher pflegebedingter Eigenanteil		580,00	580,00	580,00	580,00

Finanzierung
Die Finanzierung erfolgt durch anteilige Beiträge der Arbeitnehmer (AN) und der Arbeitgeber (AG). Bei Rentnern gilt der gleiche Prozentsatz wie bei Erwerbstätigen (Hälfte Rentner selbst, Hälfte RV). Leistungsbezieher der Agentur für Arbeit erhalten die kompletten Beiträge von der Bundesagentur für Arbeit. Der Beitragsanteil zur gesetzlichen PV beträgt bis zur Beitragsbemessungsgrenze der KV für:

				Sachsen
Arbeitnehmer, die ihre Elternschaft gegenüber dem Arbeitgeber nachweisen; Arbeitnehmer bis zum Ablauf des Monats, in dem sie das 23. Lebensjahr vollendet haben.		Anteil AN	1,525 %	2,025 %
	+	Anteil AG	1,525 %	1,025 %
	=	Gesamtanteil	3,050 %	3,050 %
Kinderlose Arbeitnehmer, die nicht unter die vorgenannten Gruppen fallen.		Anteil AN	1,775 %	2,275 %
	+	Anteil AG	1,525 %	1,025 %
	=	Gesamtanteil	3,300 %	3,300 %

Familienpflegezeitgesetz

Das Gesetz zur Vereinbarkeit von Job und Pflege von Angehörigen *(Gesetz zur besseren Vereinbarkeit von Familie, Pflege und Beruf)* gibt den pflegenden Angehörigen nun die Möglichkeit, in einem Zeitraum von bis zu zwei Jahren häusliche Pflege von nahen Angehörigen vorzunehmen, aber trotzdem mit reduzierter Stundenzahl im Beruf weiterzuarbeiten.

	Kurzzeitige pflegebedingte Arbeitsverhinderung	Pflegezeit (nach dem Pflegezeitgesetz)	Familienpflegezeit
Ankündigungsfrist	keine	zehn Arbeitstage	acht Wochen
Gilt für welche Unternehmen?	alle Unternehmen	Unternehmen mit mehr als **15** Beschäftigten	Unternehmen mit mehr als **25** Beschäftigten, Auszubildende zählen dabei nicht mit
Gilt für welche Arbeitnehmer?	alle Arbeitnehmer, auch befristet Beschäftigte und Minijobber		
Gilt für welche Angehörigen?	Ehegatten, Lebenspartner, Partner einer eheähnlichen Gemeinschaft, Großeltern, Eltern, Geschwister, Kinder, Adoptiv- und Pflegekinder, Enkelkinder sowie Schwiegereltern. Schwiegerkinder, Stiefeltern, Schwäger und Schwägerinnen und homosexuelle Partner, auch wenn keine eingetragene Lebenspartnerschaft besteht.		
Gilt für welche Grade von Pflegebedürftigkeit?	„voraussichtliche Pflegebedürftigkeit" (nach ärztlicher Bescheinigung)	mindestens Pflegestufe 1 (gilt nicht für Pflegestufe „Null")	
Dauer	bis zu zehn Arbeitstage	bis zu sechs Monate	bis zu 24 Monate (einschließlich der Pflegezeit)
Arbeitszeit	Auszeit vom Job	wahlweise Auszeit oder Teilzeit	nur Teilzeit mit mindestens 15 Wochenarbeitsstunden[1]
Finanzieller Ausgleich	ja, Pflegeunterstützungsgeld	rückzahlbares zinsloses Darlehen, durch das die Einkommensminderung teilweise ausgeglichen wird	
Kündigungsschutz	ja, von der Ankündigung bis zur Beendigung der Arbeitsverhinderung	ja, von der Ankündigung bis zur Beendigung der Pflegezeit	ja, von der Ankündigung bis zur Beendigung der Familienpflegezeit

---

[1] *Das FPfZG enthält keine Regelungen über die steuerliche Behandlung der einzelnen Phasen der Familienpflegezeit. Während der Familienpflegezeit erhalten Arbeitnehmer eine Entgeltaufstockung in Höhe der Hälfte der Differenz zwischen dem bisherigen Arbeitsentgelt und dem Arbeitsentgelt, das sich infolge der Reduzierung der Arbeitszeit ergibt (bspw. Entgeltaufstockung auf 75 % des letzten Bruttoeinkommens, wenn ein Vollzeitbeschäftigter seine Arbeitszeit auf 50 % reduziert). Zum Ausgleich wird dem Arbeitnehmer später bei voller Arbeitszeit weiterhin nur das reduzierte Gehalt (bspw. Entgelt in Höhe von 75 % des letzten Bruttoeinkommens bei 100 % Arbeitszeit) gewährt, bis ein Ausgleich des „negativen" Wertguthabens erfolgt ist. Die Summe aus dem verringerten (regulären) Arbeitsentgelt und der Entgeltaufstockung des Arbeitgebers nach § 3 Abs. 1 Nr. 1b FPfZG bildet den steuerpflichtigen Arbeitslohn (vgl. BMF vom 23.05.2012, Az: IV C 5 - S 1901/11/10005).*

1.4.1.5 Gesetzliche Unfallversicherung

Die gesetzliche Unfallversicherung umfasst zwei Aufgabenbereiche:

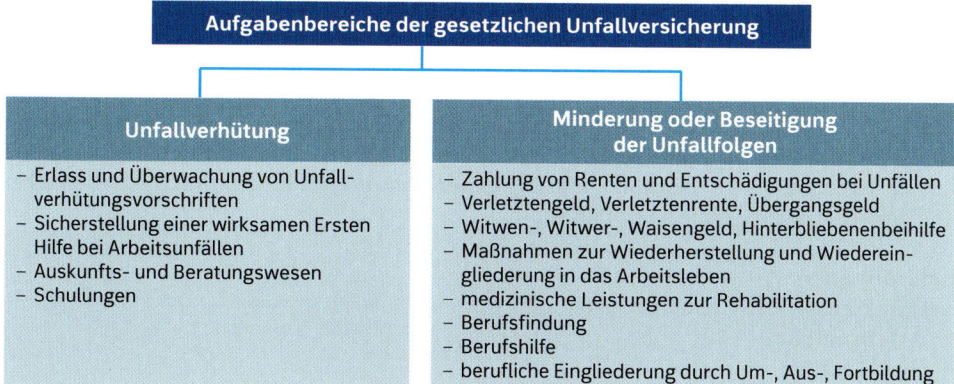

Aufgabenbereiche der gesetzlichen Unfallversicherung

Unfallverhütung	Minderung oder Beseitigung der Unfallfolgen
– Erlass und Überwachung von Unfallverhütungsvorschriften – Sicherstellung einer wirksamen Ersten Hilfe bei Arbeitsunfällen – Auskunfts- und Beratungswesen – Schulungen	– Zahlung von Renten und Entschädigungen bei Unfällen – Verletztengeld, Verletztenrente, Übergangsgeld – Witwen-, Witwer-, Waisengeld, Hinterbliebenenbeihilfe – Maßnahmen zur Wiederherstellung und Wiedereingliederung in das Arbeitsleben – medizinische Leistungen zur Rehabilitation – Berufsfindung – Berufshilfe – berufliche Eingliederung durch Um-, Aus-, Fortbildung

Versicherte

Die gesetzliche Unfallversicherung unterscheidet zwischen Pflichtversicherten und freiwillig Versicherten.

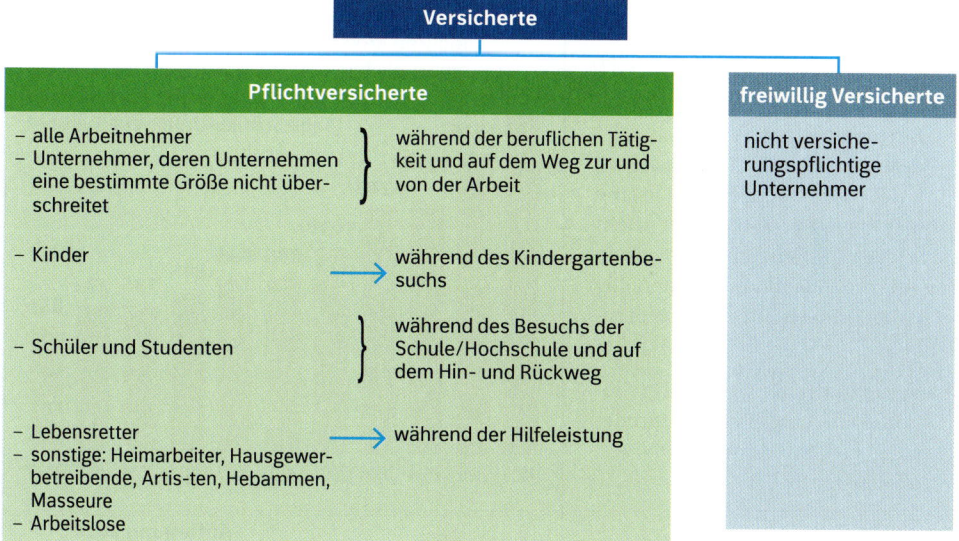

Versicherte

Pflichtversicherte		freiwillig Versicherte
– alle Arbeitnehmer – Unternehmer, deren Unternehmen eine bestimmte Größe nicht überschreitet	während der beruflichen Tätigkeit und auf dem Weg zur und von der Arbeit	nicht versicherungspflichtige Unternehmer
– Kinder	während des Kindergartenbesuchs	
– Schüler und Studenten	während des Besuchs der Schule/Hochschule und auf dem Hin- und Rückweg	
– Lebensretter – sonstige: Heimarbeiter, Hausgewerbetreibende, Artis-ten, Hebammen, Masseure – Arbeitslose	während der Hilfeleistung	

Nahezu die gesamte Bevölkerung ist in der gesetzlichen Unfallversicherung pflichtversichert. Nur einige Personengruppen, die anderweitig abgesichert sind (z. B. Beamte), fallen nicht unter die Zwangsmitgliedschaft.

Maßnahmen im Bereich der Unfallverhütung

Die Unfallverhütung ist ein Schwerpunkt der Unfallversicherung. Zu diesem Zweck werden von den **Berufsgenossenschaften** (Unfallversicherungträgern) Unfallverhütungsvorschriften erlassen, die für die betroffenen Unternehmen verbindlich und den Arbeitnehmern bekannt zu geben sind. Ziel der Vorschriften ist der Schutz der Arbeitnehmer vor Unfällen und Berufskrankheiten und die ordnungsgemäße Einrichtung und Erhaltung der Betriebsstätten, Maschinen und Gerätschaften. Die Berufsgenossenschaften überwachen die Einhaltung der Vorschriften. Bei Verstößen können hohe Bußgelder (bis 10 000,00 €) verhängt werden.

Maßnahmen zur Milderung und Beseitigung der Unfallfolgen

Der Unternehmer ist verpflichtet, jeden Unfall unverzüglich zu melden. In einem anschließenden Untersuchungsverfahren werden Art, Umfang und Ursache der Schädigung festgestellt. Gleichzeitig wird geklärt, ob und in welcher Form die Erwerbsfähigkeit des Versicherten wiederhergestellt werden kann bzw. in welcher Höhe bei bleibenden Unfallfolgen oder bei Tod des Versicherten Rente zu zahlen ist.

Leistungen

Leistungsansprüche entstehen durch:
- Arbeitsunfälle,
- Wegeunfälle,
- Berufskrankheiten.

Der Versicherte bzw. seine Hinterbliebenen können folgende **Leistungen** erhalten:

- **Heilbehandlung,**

- **Übergangsgeld** für die Dauer der unfallbedingten Arbeitsunfähigkeit, sofern der Versicherte keinen Arbeitsverdienst oder Krankengeld erhält,

- **Berufshilfe** zur Wiedereingliederung in das Arbeitsleben; kann der Versicherte seine bisherige Berufstätigkeit nicht wieder aufnehmen, so werden ggf. die Ausbildungskosten für einen anderen Beruf übernommen,

- **Verletztenrente**, wenn die Unfallfolgen eine Erwerbsminderung von mindestens 20% verursachen,

- **Sterbegeld,**

- **Hinterbliebenenrente**, wenn der Versicherte an den Unfallfolgen oder einer Berufskrankheit gestorben ist (Anspruchsberechtigte sind Witwer, Witwen, Eltern und Kinder),

- **Abfindungszahlungen** anstelle von Verletztenrenten bzw. Hinterbliebenenrenten.

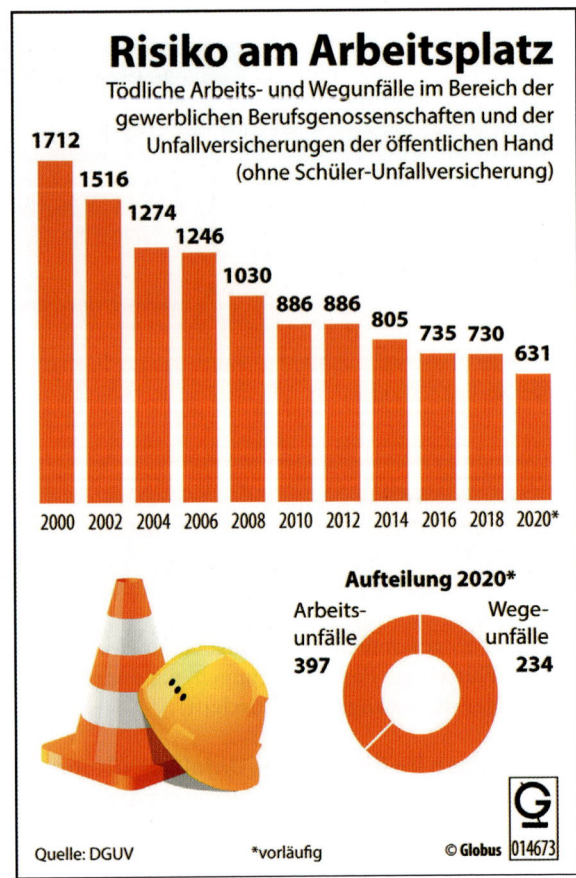

Risiko am Arbeitsplatz

Tödliche Arbeits- und Wegunfälle im Bereich der gewerblichen Berufsgenossenschaften und der Unfallversicherungen der öffentlichen Hand (ohne Schüler-Unfallversicherung)

1712 · 1516 · 1274 · 1246 · 1030 · 886 · 886 · 805 · 735 · 730 · 631

2000 2002 2004 2006 2008 2010 2012 2014 2016 2018 2020*

Aufteilung 2020*

Arbeits-unfälle 397 — Wege-unfälle 234

Quelle: DGUV   *vorläufig   © Globus 014673

Erweitertes Meldeverfahren

Der **Lohnnachweis** (abgeleitet aus der Lohn- und Gehaltsabrechnung), der am Jahresende elektronisch an die zuständige Berufsgenossenschaft übermittelt wird, dient als Berechnungsgrundlage für den vom Arbeitgeber zu tragenden Berufsgenossenschaftsbeitrag. Der Bescheid wird im April des Folgejahres an das Unternehmen versandt. Er gibt Auskunft über die Restzahlung/Erstattung und enthält Angaben zu den Vorauszahlungen des laufenden Jahres.

Bei kleinen und mittleren Unternehmen erfolgt die Beitragsüberwachung der Unfallversicherung zusammen mit der Prüfung des Gesamtsozialversicherungsbeitrages durch den Prüfdienst der Deutschen Rentenversicherung. Dabei soll jede Prüfung mit
- einer einheitlichen Informationsgrundlage über den Betrieb,
- gleichen Planungsdaten für die Prüfungsdauer,
- einheitlichen fachlichen und inhaltlichen Informationen und
- gleichartiger technischer Unterstützung

durchgeführt werden.

Der Prüfdienst der Rentenversicherung stellt u. a. fest, ob die Unternehmer die zur Berechnung der Beiträge zu berücksichtigenden Arbeitsentgelte der Beschäftigten ordnungsgemäß angegeben und den jeweiligen **Gefahrentarifstellen** richtig zugeordnet haben.

Finanzierung

Die gesetzliche Unfallversicherung wird über ein **Umlageverfahren** nach dem Prinzip der nachträglichen Bedarfsdeckung allein durch die **Beiträge der Unternehmen** finanziert. Die Lohnsumme, gestaffelt nach Gefahrenklassen, gilt als Bemessungsgrundlage für die Beitragshöhe. Unternehmen, die geringere Unfallquoten und -kosten als vergleichbare Betriebe aufweisen, werden Beitragsnachlässe oder auch Prämien für den Ausbau der betrieblichen Sicherheit gewährt.

Trotz der rückläufigen Zahl der Unfälle und Rentenempfänger steigen die Leistungen und damit die Ausgaben an und auch für die Zukunft ist mit einem weiteren Anstieg zu rechnen. Oft ergeben sich aus den persönlichen Schicksalen der Unfallopfer und der Hinterbliebenen Probleme, weil die Versorgung aus der gesetzlichen Unfallversicherung nicht mehr zur Aufrechterhaltung des früheren Lebensstandards ausreicht, auch wenn diese Leistungen vielfach über denen der übrigen gesetzlichen Sozialversicherungsträger liegen.

1.4.1.6 Sonstige Maßnahmen der sozialen Sicherung

Sozialhilfe

Sozialhilfe umfasst nach dem *SGB XII* alle Hilfen, die einem Menschen in einer individuellen Notlage von öffentlicher oder privater Seite für eine selbstbestimmte und menschenwürdige Lebensführung gewährt werden, soweit keine Hilfe für Arbeitsfähige nach dem *SGB XII* auf Arbeitslosengeld II besteht.

Die staatliche Sozialhilfe ist das letzte vom Staat gewährte Mittel, Notlagen eines Bedürftigen, der keine Hilfe mehr von anderen erhält, zu beheben.

Träger der Sozialhilfe	
öffentlich örtliche Träger	Kreisfreie Städte und Landkreise mit ihren Sozialämtern
öffentlich überörtliche Träger	Landschaftsverbände, Landeswohlfahrtsverbände
nichtstaatliche Träger	Freie Wohlfahrtsverbände in Kooperation mit den öffentlichen Trägern

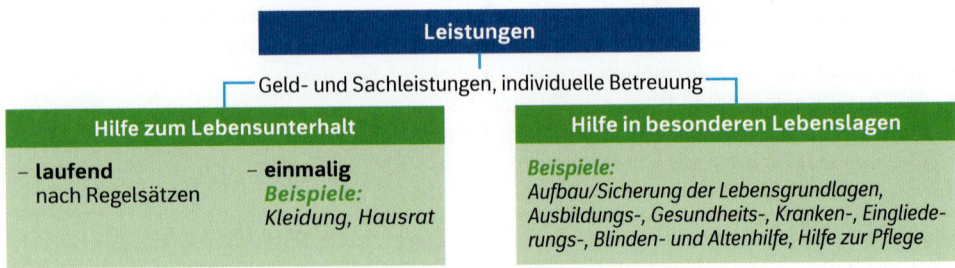

Grundsicherung

Die Grundsicherung ist eine *eigenständige, bedürftigkeitsabhängige Sozialleistung* (Grundsicherung geht vor Sozialhilfe).

Jedem, der durch Alter oder dauerhafte Erwerbsminderung endgültig aus dem Erwerbsleben ausgeschieden ist und dessen Einkommen oder Vermögen für den notwendigen Lebensunterhalt nicht ausreicht, soll es nach dem *SGB XII, Kap. 4* durch einen menschenwürdigen Unterhalt ermöglicht werden, keine Sozialhilfe beantragen zu müssen. **Anspruch** auf Grundsicherung besteht immer dann, wenn die Rente unter Berücksichtigung eines Rentenfreibetrags bis 223,00 € [1] bzw. das Gesamteinkommen einen nach der Sozialhilfe berechneten Leistungsanspruch (Regelsatz, angemessene Aufwendungen für Heizung und Unterkunft, Mehrbedarf, Kranken- und Pflegeversicherungsbeiträge) nicht übersteigt. Die Leistungen der Grundsicherung beginnen mit der Antragstellung und sind steuerfrei. Eigene Einkommens- und Vermögensbestandteile (außer geringem Barvermögen, Hausrat, angemessenem Grundstück mit Haus) werden angerechnet. Jährliche Einkommensgrößen von Kindern und Eltern des Bedürftigen über 100 000,00 € verhindern einen Anspruch auf Grundsicherung *(§ 16 SGB IV)*.

Wohngeld

Wohngeld wird auf Antrag als Zuschuss zu den Wohnraumaufwendungen zur Sicherung angemessenen und familiengerechten Wohnens gewährt.

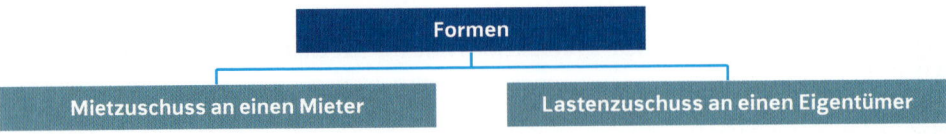

---

[1] *vgl. zur Grundrente S. 67*

Kindergeld

Kindergeldzahlungen sind eine familienpolitische Maßnahme des Staates, Lasten von Erziehungsberechtigten mit Kindern gegenüber denjenigen ohne Kinder auszugleichen oder zu mildern. Mit Kindergeld und Steuererleichterungen will der Staat dafür sorgen, dass niemand aus wirtschaftlichen Gründen auf Kinder verzichten muss. Kindergeld wird auf Antrag von der Familienkasse (organisatorisch der Bundesagentur für Arbeit zugeordnet) aus Mitteln des Bundes gezahlt.

Ausbildungsförderung

Ausbildungsförderung ist eine finanzielle staatliche Zuwendung für die in Ausbildung befindlichen Jugendlichen, wenn dem Auszubildenden die für seinen Lebensunterhalt und seine Ausbildung erforderlichen Mittel nicht zur Verfügung stehen. Das Berufsausbildungsförderungsgesetz *(BAföG)* gewährt Ausbildungsförderung für den Besuch von:

- weiterführenden allgemein bildenden Schulen und Fachoberschulen,
- Abendschulen und Berufsaufbauschulen,
- Berufsfachschulen,
- Höheren Fachschulen und Akademien,
- Hochschulen.

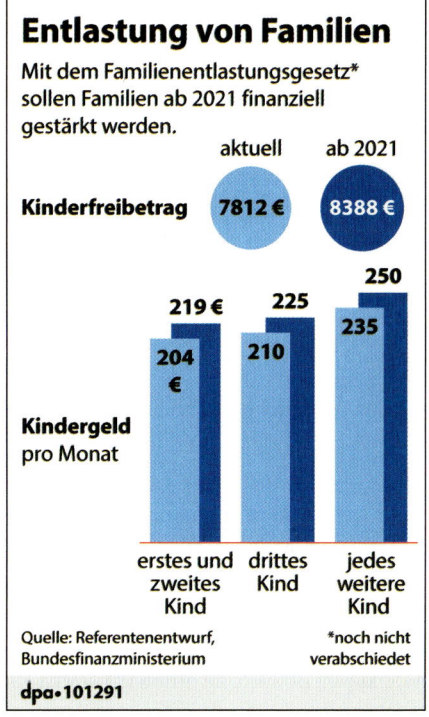

1.4.1.7 Altersvorsorge

Das gesetzliche Rentensystem funktioniert nach dem Umlagesystem auf der Grundlage des Generationenvertrages. Die Erwerbstätigen bezahlen mit ihren Beiträgen weitestgehend die Renten der Rentner.

Die **gesamte Altersvorsorge** nach dem *Altersvermögensgesetz (AVmG)* sollte neben der **gesetzlichen** Rentenversicherung auch die **private** und **betriebliche** Altersvorsorge umfassen.

Zur Sicherung des Lebensstandards im Alter fördert der Staat eine stärkere eigenständige Altersvorsorge nach dem sogenannten **Drei-Schichten-Modell**.

1. Schicht: Basisversorgung	Gesetzliche Rentenversicherung	Berufsständische Altersversorgung	Versorgung der Landwirtschaftlichen Alterskassen	Private kapitalgedeckte Leibrentenversicherung *(Rürup-Rente)*		Private kapitalgedeckte Altersversorgung *(Riester-Rente)*
2. Schicht: staatlich geförderte Zusatzversorgung	**Betriebliche Altersversorgung:**					
	Pensionszusage	Unterstützungskasse	Pensionskasse	Pensionsfonds	Direktversicherung	
3. Schicht: private Kapitalanlage	rein privat finanzierte Altersvorsorge durch private Kapitalansammlung *Beispiele:* Kapitallebensversicherungen, private Rentenversicherungen mit Kapitalwahlrecht, Anlage in Bundesschatzbriefen, Investmentfonds, Aktien, Ratensparverträge, Immobilien					

Private Altersvorsorge

Die private Vorsorge baut sich nach dem Prinzip der Kapitaldeckung auf, d.h., die Versicherten zahlen Beiträge ein und erhalten im Alter diese angesparten Kapitalerträge (vermehrt um Zinsen und vermindert um Verwaltungsaufwendungen) als Rente ausgezahlt. Die Bundesanstalt für Finanzdienstleistungsaufsicht **(BaFin)** kontrolliert und zertifiziert, ob die am Markt angebotenen Produkte den gesetzlichen Vorgaben entsprechen.

Die **Basis-Rente** (auch **Rürup-Rente** genannt) ist eine steuerlich geförderte Altersvorsorge im Rahmen einer freiwilligen, privaten kapitalgedeckten Rentenversicherung. Die Basis-Rente ist insbesondere für Freiberufler und Selbstständige interessant, die in der Regel nicht in die gesetzliche Rentenversicherung einzahlen. Die Beiträge zum Aufbau einer Basis-Rente sind im Rahmen der gesetzlichen Höchstbeträge als Sonderausgaben **absetzbar**, wenn

- der Versicherungsvertrag nur die Zahlung einer monatlichen lebenslangen Leibrente vorsieht,
- die Rente erst nach Vollendung des 60. Lebensjahres beginnt,
- die Ansprüche aus dem Versicherungsvertrag weder vererbt, beliehen, veräußert noch kapitalisiert werden können.

Steuerlich begünstigte zertifizierte Vertragstypen sind:
- Private Rentenversicherungsverträge
- Investmentfonds-Sparpläne
- Banksparpläne

Zu den Altersvorsorgebeiträgen gehören auch die aus dem individuell versteuerten Arbeitslohn eines Arbeitnehmers oder eines Rentners, der eine Erwerbsminderungsrente bezieht, geleisteten Beträge an einen Pensionsfonds, eine Pensionskasse oder eine Direktversicherung **(Riester-Rente)**. Nach *§ 82 Abs. 4 AVmG* scheiden solche Aufwendungen aus der zusätzlichen Förderung aus, wenn für die Aufwendungen
- eine Arbeitnehmersparzulage nach dem *5. VermBG* gewährt wird,
- eine Wohnungsbauprämie gezahlt wird oder
- ein Sonderausgabeabzug nach *§ 10 EStG* möglich ist.

Betriebliche Altersvorsorge

Man spricht von betrieblicher Altersversorgung nach dem *Betriebsrentengesetz (BetrAVG) (§ 1 BetrAVG)*, wenn der Arbeitgeber Arbeitnehmern aufgrund eines Arbeitsverhältnisses Versorgungsleistungen bei Alter, Invalidität oder Tod zusagt. Die Finanzierung kann durch den Arbeitgeber und/oder den Arbeitnehmer **(Entgeltumwandlung)** erfolgen.

Für die Abwicklung stehen mehrere Möglichkeiten zur Verfügung:
- Direktversicherung, berufsständische Versorgungswerke, öffentliche rechtliche Versorgungswerke *(§ 3 Nr. 62 EStG)*,
- Pensionsfonds, Pensionskassen und Direktversicherungen *(§ 3 Nr. 63 EStG)*,
- Unterstützungskassen *(§ 4 d EStG)*,
- Pensionsfonds *(§ 4 e EStG)*,
- Direktzusagen *(§ 6 a EStG)*,
- bestimmte Pensionsfonds, Pensionskassen und Direktversicherungen *(§ 10 a EStG)*,
- Pensionskassen *(§ 40 b EStG)*

Steuer- und sozialversicherungsrechtliche Auswirkungen

In diesem Zusammenhang sind neben den finanziellen und verwaltungsmäßigen Belastungen der einzelnen Durchführungswege auch deren steuer- und sozialversicherungsrechtliche Behandlung von Bedeutung.

Begünstigte Arbeitnehmer sind alle Arbeitnehmer in einem abhängigen Beschäftigungs-verhältnis, Versicherte während einer anzurechnenden Kindererziehungszeit bis 3 Jahre, freiwillig Wehrdienstleistende, Bundesfreiwilligendienstleistende, geringfügig Beschäftigte (soweit sie auf die Rentenversicherungsfreiheit verzichtet haben), Bezieher von Lohnersatz-leistungen *(z. B. Kranken- und Arbeitslosengeldbezieher)* sowie rentenversicherungspflichtige Selbstständige.

Direkt-versicherung	Pensions-kasse	Pensions-fonds	Unterstüt-zungskasse	Direktzusage/Pensionszusage
Das Unternehmen lagert die Verpflichtung zur Erfüllung der Versorgungszusage auf einen externen Versorgungsträger – z. B. Versicherungsunternehmen – aus.				Die Pensionszusage zahlt das Unternehmen selbst an die Rentenempfänger aus.
Bis zu 4 % der jährlichen BBG[1] der gesetzlichen RV kann jeder Beschäftigte von seinem Bruttolohn durch eine Entgeltumwandlung in einer Pensionskasse, einem Pensionsfonds oder einer Direktversicherung anlegen (*§ 1a BetrAVG*), auf weitere 1 800,00 € Einzahlungen des AN in die bAV fallen keine Steuern, aber Sozialabgaben an. Folgen: – Bei Entgeltumwandlung „sparen" AN und AG bis zu 4 % der BBG der gesetzlichen RV Sozialversicherungsabgaben (AN-Teil; AG-Anteil). – Die Entgeltumwandlung mindert damit den zukünftigen Rentenanspruch des AN; dies kann sich auf die Höhe von Kranken- und Arbeitslosengeld sowie die Erwerbsminderungsrente auswirken.				Es gelten nicht die nebenstehenden Einzahlungsobergrenzen; es können steuersparend auch höhere Beträge eingezahlt werden. **Problem:** Je geringer der rechnerische Zins ist, desto mehr Geld muss das Unternehmen zurücklegen, um für die Zukunft bereits zugesagte Pensionsansprüche erfüllen zu können.
Ansparphase: – Alle Beitragsanteile bis zu 4 % der BBG der gesetzlichen RV sind während der Einzahlungsphase nicht lohnsteuer- und nicht sozialversicherungspflichtig (*§ 3 Nr. 63 und 56 EStG*). – Die Entgeltumwandlung führt beim AG zur Senkung von Lohnnebenkosten durch Einsparung von SV-Beiträgen. – Nach *§ 5 LStDV* sind besondere Aufzeichnungs-, Mitteilungs- und Aufbewahrungspflichten zu beachten.			**Ansparphase:** – Während der Anwartschaftsphase sind die eingezahlten Beiträge in unbegrenzter Höhe lohnsteuerfrei (*§ 3 Nr. 66 EStG*). – Für Unternehmen sind die Einzahlungen als Betriebsausgaben steuerlich absetzbar. – Die Bildung von innerbetrieblichen Rückstellungen wirkt sich aufgrund der bilanziellen Betrachtung als Fremdkapital gewinnmindernd aus.	
Auszahlungsphase: – Die bAV ist als „sonstige Einkünfte" (*§ 22 Nr. 5 S. 1 EStG*) lohnsteuerpflichtig[1]. Das gilt für laufende Rentenleistungen und einmalige Kapitalauszahlungen. – Der Altersentlastungsbetrag wird stufenweise bis 2040 abgebaut (*§ 24a EStG*). – Werbungskosten-Pauschalbetrag (*§ 9a S. 1 Nr. 3 EStG*). – Auch Zinserträge gelten als sonstige Einkünfte (kein Sparerfreibetrag). – Personen, die gesetzlich krankenversichert sind, müssen auf die im Alter ausgezahlte bAV die vollen KV- und PV-Beiträge zahlen. – Personen, die privat krankenversichert sind, zahlen von der bAV **keine** KV- und PV-Beiträge.			**Auszahlungsphase:** – Leistungen aus einer Direktzusage oder einer Unterstützungskasse an AN bzw. Hinterbliebene sind Versorgungsbezüge, die nach *§ 19 Abs. 2 EStG* als Einkünfte aus nichtselbstständiger Arbeit voll lohnsteuerpflichtig sind. – Kein Arbeitnehmerpauschbetrag. – Der Versorgungsfreibetrag wird schrittweise bis 2040 abgebaut (*§ 19 Abs. 2 Nr. 2 EStG*). – Ein Zuschlag zum Versorgungsfreibetrag als Ausgleich für Arbeitnehmerpauschbetrag wurde absinkend bis 2040 eingeführt. – Der Werbungskosten-Pauschalbetrag (*§ 9a S. 1 Nr. 3 EStG*) wird eingeführt.	

---

[1] *BBG = Beitragsbemessungsgrenze*

Direkt-versicherung	Pensions-kasse	Pensions-fonds	Unterstüt-zungskasse	Direktzusage/ Pensionszusage
Nach **§ 4 Abs. 3** BetrAVG haben **Beschäftigte** einen Rechtsanspruch gegenüber dem bisherigen Arbeitgeber auf **Anwartschaftsübertragung**. Der Anspruch aus *§ 4 Abs. 3 BetrAVG* besteht nur, wenn: – die Altersvorsorgezusage aus einer Direktversicherung, einem Pensionsfonds oder einer Pensionskasse stammt, – der Übertragungswert die BBG der gesetzlichen RV nicht überschreitet, – der Übertragungsanspruch innerhalb eines Jahres nach dem Ausscheiden aus dem Betrieb geltend gemacht wird.				
Bei einem Wechsel des Arbeitgebers kann es zu erheblichen Abschlägen bei der bAV kommen; weiterhin kann der Vertrag auf ruhend gesetzt werden, d. h. es fallen keine weiteren Beiträge mehr an und die unverfallbaren Anwartschaften bleiben erhalten.				
Unverfallbar sind nach § 1b BetrAVG: – alle vom Arbeitnehmer selbst eingezahlten Beiträge, – vom Arbeitgeber geleistete Zuwendungen nach einer Betriebszugehörigkeit von mindestens fünf Jahren und nach Vollendung des 25. Lebensjahres des Arbeitnehmers/der Arbeitnehmerin.				
Läuft die betriebliche Altersvorsorge über eine Pensionszusage, eine Unterstützungskasse oder einen Pensionsfonds, dann muss der Arbeitgeber nach *§ 7 BetrAVG* Mitglied im Pensions-Sicherungs-Verein (PSV) werden und hierfür Beiträge entrichten. Dieser Verein leistet im Falle der Insolvenz den Zahlungsausgleich an die Rentenberechtigten.				

Die Einzahlungen erfolgen auf der Grundlage eines betrieblichen **Altersvorsorgevertrages** *(§ 10 a Abs. 1, § 82 EStG)*, der von der Bundesanstalt für Finanzdienstleistungsaufsicht nach dem **Altersvorsorgeverträge-Zertifizierungsgesetz** genehmigt ist.

Eine **betriebliche** Altersversorgung **eignet** sich für Arbeiter, Angestellte, Geschäftsführer, Vorstände; sie gilt nicht für Beamte, Selbstständige und Freiberufler.

Bei der betrieblichen Altersversorgung (bAV) gilt zu beachten:

- der Arbeitgeber übernimmt für seine Mitarbeiter die Zahlung der Beiträge in Versorgungseinrichtungen, aus denen die Mitarbeiter/Hinterbliebenen später eine Rente erhalten,

- Teile des Bruttolohnes des Mitarbeiters werden in Vorsorgebeiträge umgewandelt.

Direktversicherung, Pensionskasse, Unterstützungskasse und Pensionsfonds werden nicht in der Unternehmensbilanz berücksichtigt. Die Direktzusage führt zur Bildung von Pensionsrückstellungen.

Bei **Insolvenz** des Arbeitgebers

- kann bei betrieblicher Altersversorgung in Form der Direktversicherung oder Pensionskasse der Arbeitnehmer die Versicherung privat weiterführen,

- erfolgt bei betrieblicher Altersversorgung in Form der Unterstützungskasse, der Direktzusage und des Pensionsfonds eine Absicherung über den Pensionsversicherungsverein.

---

[1] *Bei einem Vertragsabschluss vor dem 01.01.2005 gelten andere steuerliche Regelungen.*

1.4.2   Risiken im Netz der sozialen Sicherheit

Alle sozialen Leistungen des Staates zusammen bilden das „Netz der sozialen Sicherheit".

Zunehmend wird diskutiert, ob das System der sozialen Sicherung hinreichend an die wirtschaftlichen und gesellschaftlichen Veränderungen anpassungsfähig ist und ob die Übersichtlichkeit des Systems noch gegeben ist.

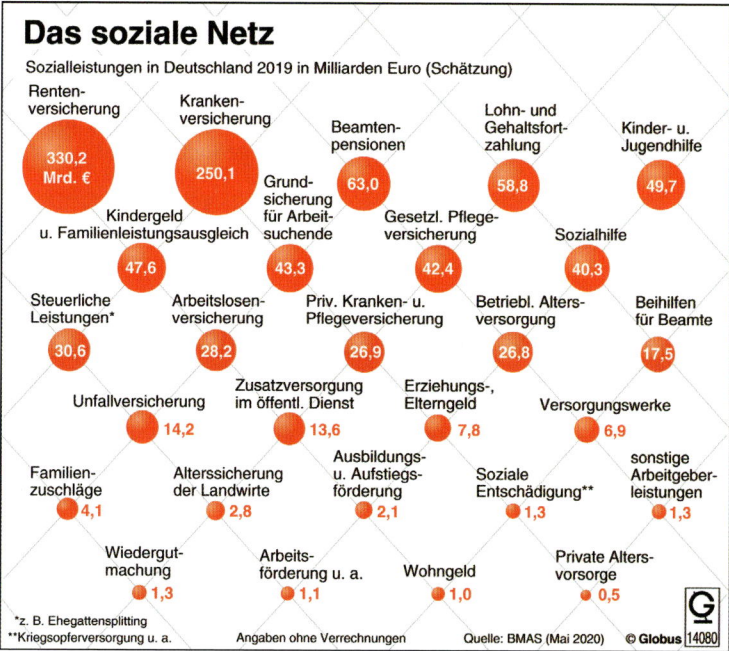

Das soziale Netz

Sozialleistungen in Deutschland 2019 in Milliarden Euro (Schätzung)

Rentenversicherung **330,2 Mrd. €**	Krankenversicherung **250,1**	Beamtenpensionen **63,0**	Lohn- und Gehaltsfortzahlung **58,8** — Kinder- u. Jugendhilfe **49,7**

Kindergeld u. Familienleistungsausgleich **47,6** — Grundsicherung für Arbeitsuchende **43,3** — Gesetzl. Pflegeversicherung **42,4** — Sozialhilfe **40,3**

Steuerliche Leistungen* **30,6** — Arbeitslosenversicherung **28,2** — Priv. Kranken- u. Pflegeversicherung **26,9** — Betriebl. Altersversorgung **26,8** — Beihilfen für Beamte **17,5**

Unfallversicherung **14,2** — Zusatzversorgung im öffentl. Dienst **13,6** — Erziehungs-, Elterngeld **7,8** — Versorgungswerke **6,9**

Familienzuschläge **4,1** — Alterssicherung der Landwirte **2,8** — Ausbildungs- u. Aufstiegsförderung **2,1** — Soziale Entschädigung** **1,3** — sonstige Arbeitgeberleistungen **1,3**

Wiedergutmachung **1,3** — Arbeitsförderung u. a. **1,1** — Wohngeld **1,0** — Private Altersvorsorge **0,5**

*z. B. Ehegattensplitting
**Kriegsopferversorgung u. a.   Angaben ohne Verrechnungen   Quelle: BMAS (Mai 2020)   © Globus 14080

Abhängigkeit der Sozialleistungen von veränderten Wachstumsbedingungen	
Ursachen	Verlangsamtes wirtschaftliches Wachstum führt zu geringerem Zuwachs bei den Arbeitsentgelten, Einkommenseinbußen, erhöhter Arbeitslosigkeit und damit zur Verringerung der Beiträge und Einnahmen der Träger der sozialen Einrichtungen unter gleichzeitiger Zunahme der Sozialausgaben an die Leistungsempfänger
Maßnahmen	– Überprüfung der sozialen Leistungen – Absicherung einer notwendigen Grundversorgung – Förderung der privaten Altersvorsorge – Ausweitung des Beitragspotenzials – Einschränkung der Sozialausgaben

Obwohl von einer ausgezeichneten wirtschaftlichen Entwicklung seit dem Zweiten Weltkrieg für die Bundesrepublik Deutschland gesprochen werden kann, ist die Beschäftigungspolitik nicht immer in der Lage, Arbeitslosigkeit und ihre Folgen zu verhindern.

Betroffen von den veränderten Arbeitsmarktbedingungen sind insbesondere die Arbeitnehmer mit keinen oder geringen Ausbildungsqualifikationen, gesundheitlichen Einschränkungen und ältere Arbeitnehmer. Der Sozialpolitik obliegt dabei die Aufgabe, abgestimmt auf die jeweilige Situation, die **Defizite der Beschäftigungspolitik** auszugleichen.

1.5   Grundzüge des Einkommensteuerrechts

Der soziale Rechtsstaat, der nicht nur die rechtliche Ordnung garantieren, sondern auch die soziale Ordnung durch Fürsorge, Vorsorge und Umverteilung gestalten will, ist zur Erfüllung seiner Aufgaben darauf angewiesen, seinen Bürgern einen erheblichen Anteil des von ihnen erwirtschafteten Einkommens einzubehalten. Das geschieht durch die **Besteuerung**, indem Teile des Wirtschaftsergebnisses von *Privatpersonen* und *privaten Unternehmern* auf die steuerberechtigten Körperschaften (Bund, Länder und Gemeinden) übertragen werden.

Je weniger sich ein Staat auf die Selbsthilfe seiner Bürger verlässt und zu einem sogar für die Freizeit seiner Bürger sorgenden Sozialstaat wird, umso mehr muss er durch **Steuern** nehmen. Der Staat kann nur geben, was er vorher genommen hat.

1.5.1 Einkommensteuer

Die **Einkommensteuer (ESt)** *ist die Steuer auf das Einkommen steuerpflichtiger natürlicher Personen.*

Die Einkommensteuer ist damit gleichzeitig:

- **Besitzsteuer**
  die Besteuerungsgrundlage bildet das Einkommen der natürlichen Personen **Gegensatz:** die Einkommensteuer der juristischen Personen ist die Körperschaftssteuer
- **Personensteuer**
  die wirtschaftliche Leistungsfähigkeit der natürlichen Personen wird aufgrund persönlicher Verhältnisse berücksichtigt
- **direkte Steuer**
  als Steuerschuldner ist die natürliche Person gleichzeitig auch Steuerzahler und Steuerträger der Einkommensteuer
- **Gemeinschaftsteuer**
  das Steueraufkommen steht dem Bund und den Ländern jeweils in Höhe von 50 % zu, davon erhalten die Gemeinden einen Anteil von 15 %

Die Einkommensteuer stellt die wesentlichste Einnahmequelle des Staates dar und bietet im Rahmen der konjunktur- und sozialpolitischen Maßnahmen durch Steuerent- und belastungen ein geeignetes **Instrument wirtschaftspolitischer Feinsteuerung**.

Rechtsgrundlagen	
Gesetze	Einkommensteuergesetz *(EStG)* und Nebengesetze
Rechtsverordnungen	Einkommensteuerdurchführungsverordnung *(EStDV)*, Lohnsteuerdurchführungsverordnung *(LStDV)*
Verwaltungsvorschriften	Einkommensteuerrichtlinien *(EStR)*, Lohnsteuerrichtlinien *(LStR)*

Dabei ist zu beachten, dass die **Lohnsteuer** und die **Abgeltungssteuer** nur besondere Erhebungsformen der Einkommensteuer, also ein besonderes **Steuerabzugsverfahren** (= Quellenabzug), darstellen.

1.5.1.1 Steuerpflicht

Die Einkommensteuer entsteht nur, soweit die persönliche Steuerpflicht gegeben ist und eine sachliche Steuerpflicht in Form des Einkommens vorliegt.

Persönliche Steuerpflicht

Sachliche Steuerpflicht

Die sachliche Steuerpflicht knüpft an das tatsächliche Einkommen des Steuerpflichtigen an. **Einkommen** ist nach dem *EStG* der

- Gesamtbetrag „nur" (abschließende Aufzählung) der Einkünfte aus den folgenden sieben Einkunftsarten:

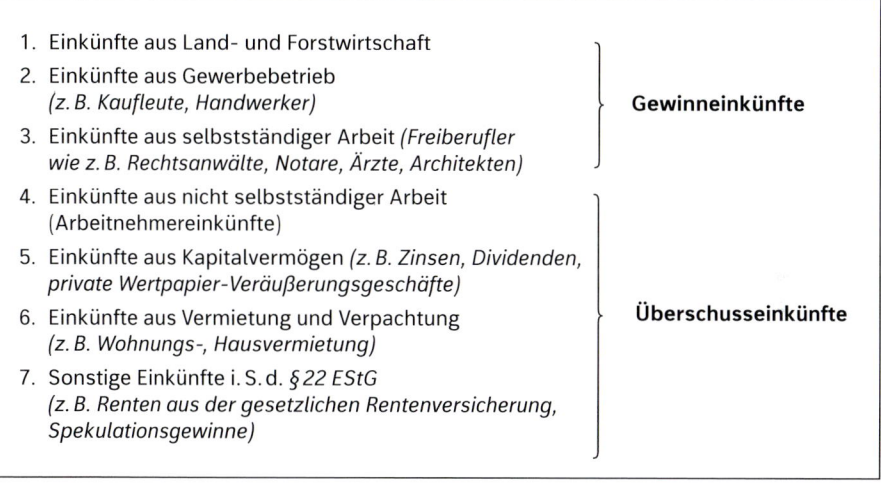

- nach Ausgleich der Verluste[1], die sich aus einzelnen Einkunftsarten ergeben,
- nach Abzug der Sonderausgaben,
- nach Abzug der außergewöhnlichen Belastungen.

1.5.1.2 Einkunftsermittlung

Einkünfte sind **Reineinkünfte** (Gewinn oder Überschuss aus der Gegenüberstellung von [Roh-]Einnahmen über die Ausgaben/Werbungskosten). Die Ermittlung folgt also dem sogenannten **Nettoprinzip**.

---

[1] *Soweit kein grundsätzliches Verlustverrechnungsverbot bzw. keine Verlustverrechnungsbeschränkung entsteht.*

Ermittlung der Einkünfte

Gewinneinkünfte	Überschusseinkünfte
Betriebseinnahmen	Einnahmen
– Betriebsausgaben	– Werbungskosten
= Einkunft	= Einkunft

Ergibt sich ein positiver Betrag, spricht man von **Gewinn** oder **Überschuss**, liegt ein negativer Betrag vor, von **Verlust**. Einkünfte liegen jedoch nur vor, sofern das wirtschaftliche Ziel dahin geht, auf längere Sicht Gewinn oder Überschuss zu erzielen. Trifft das nicht zu, liegt steuerlich „Liebhaberei" (Hobby) vor.

Beispiel: Rennställe, Privatjagd, Kunstmalerei

1.5.1.3 Ermittlung des zu versteuernden Einkommens

Die Einkommensteuer bemisst sich nach dem Einkommen des Kalenderjahres *(§ 2 Abs. 1 EStG)*. Diese Formulierung ist irreführend. *§ 2 Abs. 1 EStG* will nur ausdrücken, dass die sachliche Steuerpflicht an das Einkommen anknüpft. Die **Steuerbemessungsgrundlage** (das zu versteuernde Einkommen) ist vielmehr das um Kinderfreibetrag (-beträge)[1] und Haushaltsfreibetrag verminderte Einkommen.

Die Besonderheiten des Einflusses der **ehelichen Lebensgemeinschaft** auf die steuerliche Leistungsfähigkeit will das sogenannte **Splitting** berücksichtigen. Dabei werden der Gesamtbetrag der Einkünfte, das Einkommen, das zu versteuernde Einkommen und die tarifliche Einkommensteuer für beide Ehegatten gemeinschaftlich ermittelt.

	Einkünfte aus Land- und Forstwirtschaft
+	Einkünfte aus Gewerbebetrieb
+	Einkünfte aus selbstständiger Arbeit
+	Einkünfte aus nicht selbstständiger Arbeit
+	Einkünfte aus Kapitalvermögen
+	Einkünfte aus Vermietung und Verpachtung
+	Sonstige Einkünfte
=	**Summe der Einkünfte**
–	Altersentlastungsbetrag
–	Entlastungsbetrag für Alleinerziehende
=	**Gesamtbetrag der Einkünfte**
–	Verlustabzug nach § 10 d EStG
–	Sonderausgaben
–	außergewöhnliche Belastungen
=	**Einkommen**
–	Kinder-/Betreuungsfreibetrag (-beträge)
=	zu versteuerndes Einkommen *(§ 2 Abs. 5 EStG)*

---

[1] *Von Amts wegen muss das Finanzamt bei der Veranlagung prüfen, ob das Kindergeld oder die Kinder-/ Betreuungsfreibeträge für den Steuerpflichtigen günstiger sind (vgl. S. 93 f.)*

Berechnung des Gesamtbetrages der Einkünfte

Bei näherer Betrachtung der Einkunftsarten lässt sich feststellen, dass Einkünfte nur durch Arbeit oder Kapitaleinsatz oder durch kombinierten Einsatz von Arbeit und Kapital erzielt werden. Die Einkunftsarten 1–4 setzen voraus, dass der wirtschaftliche Erfolg wesentlich auf einer **Arbeitstätigkeit** beruht. Bei den Einkunftsarten 5 und 6 dominiert hingegen der Kapitaleinsatz.

§ 2 Abs. 4 EStG unterscheidet im Gegensatz dazu zwischen:

- **unternehmerischen Einkünften:**   Einkünfte aus:
  - Land- und Forstwirtschaft,
  - Gewerbebetrieb,
  - selbstständiger Tätigkeit.

  Ergebnis ist ein: ⟶ **Gewinn**

- **nichtunternehmerischen Einkünften:**   Einkünfte aus:
  - nicht selbstständiger Arbeit,
  - Kapitalvermögen,
  - Vermietung und Verpachtung,
  - sonstige Einkünfte.

  Ergebnis ist ein: ⟶ **Überschuss**

Bei der Ermittlung der unternehmerischen Einkünfte sind die **Betriebseinnahmen um die Betriebsausgaben** zu kürzen.

> *Betriebseinnahmen* sind dabei alle Güter in Geld oder Geldeswert, die dem Steuerpflichtigen im Rahmen der 1.–3. Einkunftsart zufließen.
> Betriebsausgaben sind alle durch den Betrieb veranlassten Aufwendungen. Sie sind grundsätzlich abziehbar, soweit das EStG keine genau umschriebenen Einschränkungen vorsieht.

Bei der Ermittlung der nichtunternehmerischen Einkünfte sind die **Einnahmen um die Werbungskosten zu kürzen**.

> *Einnahmen* sind wiederum alle Güter in Geld oder Geldeswert, die dem Steuerpflichtigen im Rahmen der 4.–7. Einkunftsart zufließen.
> Werbungskosten sind Aufwendungen, die zur Erzielung, Sicherung und Erhalt der Einnahmen notwendig sind.

Beispiele:

- *Werbungskosten im Zusammenhang mit Einkünften aus **nicht selbstständiger Arbeit**:*
  - *Fahrtkosten für ein Bewerbungsgespräch*
  - *Aufwendungen für Wege zwischen Wohnung und Arbeitsstätte mit je 0,30 € je Entfernungskilometer, ab dem 21. Kilometer 0,35 €, höchstens jedoch 4 500,00 € im Kalenderjahr. Ein höherer Betrag ist zulässig, wenn ein eigener oder zur Nutzung überlassener Kraftwagen benutzt wird.*
  - *Aufwendungen für Fachliteratur und Fachzeitschriften*
  - *Aufwendungen für Fortbildung im ausgeübten Beruf*
  - *Beiträge zu Arbeitnehmerorganisationen (Gewerkschafts- oder Verbandsbeiträge)*
  - *Aufwendungen für beruflich verursachte Reisen, soweit diese Aufwendungen nicht erstattet werden*

  - *Aufwendungen für doppelte Haushaltsführung*
  - *Kosten eines ausschließlich beruflich genutzten Arbeitszimmers bis max. 1250,00 €*
  - *Steuerberatungskosten*
  - *Homeoffice-Pauschale pro Tag 5,00 €, max. 600,00 €*
- *Werbungskosten im Zusammenhang mit Einkünften aus **Kapitalvermögen**:*
  Die Abgeltungsteuer hat abgeltende Wirkung für die Einkommensteuer und schließt damit den Werbungskostenabzug aus. Ist der individuelle Steuersatz niedriger als die 25%ige Abgeltungsteuer, ist auf Antrag die normale Einkommensbesteuerung unter Anrechnung der Abgeltungsteuer auf die ESt durchzuführen.
- *Einkünfte aus **Vermietung und Verpachtung**:*
  - *Schuldzinsen, Renten, dauernde Lasten*
  - *Absetzung für Abnutzung*
  - *Aufwendungen für kleinere und größere Instandhaltungen*
  - *Grundsteuer, Gebühren für Müllabfuhr, Wasser, Kanalbenutzung, Straßenreinigung, Schornsteinfeger, Hausbeleuchtung*
  - *Kosten für Heizung und Warmwasser, Hausversicherungen, Hausverwaltung*

- ***Sonstige** Einkünfte:*
  - *Honorar für Rentenberatung*
  - *Prozesskosten bei Sozialgerichtsstreitigkeiten*
  - *Steuerberatungskosten*

Stehen dagegen die Ausgaben mit der **privaten Lebensführung** in Verbindung, sind diese **grundsätzlich nicht abzugsfähig**, es sei denn, sie stellen **abziehbare Sonderausgaben** oder **außergewöhnliche Belastungen** dar. Bei keinem oder geringem Nachweis werden Werbungskosten **pauschal** anerkannt. Bei Einkünften

- aus **nicht selbstständiger Arbeit:** Arbeitnehmer-Pauschbetrag 1 000,00 €
- aus **Kapitalvermögen:** Sparerfreibetrag 801,00/1 602,00 €

Älteren Steuerpflichtigen, die ihre Alterssicherung aus nicht begünstigten Einkunftsarten bestreiten müssen, gewährt das EStG einen zusätzlichen in absoluter Höhe begrenzten **Altersentlastungsbetrag**, der von der Summe der Einkünfte abzuziehen ist. Desweiteren ist an dieser Stelle der Entlastungbetrag für Alleinerziehende in Höhe von 1 908,00 € (coronabedingt 4 008,00 € in 2020 und 2021) und für jedes weitere Kind zusätzlich 240,00 € im Kalenderjahr abzusetzen, wenn zum Haushalt des alleinerziehenden Steuerpflichtigen mindestens ein Kind gehört und Kindergeld bzw. ein Kinderfreibetrag zusteht. Das Ergebnis nach Abzug der möglichen Freibeträge stellt den **Gesamtbetrag der Einkünfte** dar.

Berechnung des Einkommens

§ 12 EStG stellt klar, dass über die im Gesetz bestimmten Ausnahmen hinaus private Aufwendungen (Aufwendungen für die Lebensführung) nicht abgezogen werden dürfen. Dieser Grundsatz wird durchbrochen durch die Möglichkeit des Abzuges von **Sonderausgaben** und **außergewöhnlichen Belastungen**. Die genannten Größen stellen nicht Einkommen dar, sondern betreffen die Einkommensverwendung.

Sonderausgaben

Der Begriff der Sonderausgaben wird im EStG nicht definiert. Nur die im *§§ 10–10 i EStG* abschließend aufgezählten Aufwendungen sind als Sonderausgaben abzugsfähig:

Sonderausgaben

Sonderausgaben, die keine Vorsorgeaufwendungen sind	Vorsorgeaufwendungen
unbegrenzt abzugsfähig: – Versorgungsleistungen im Zusammenhang mit der Übertragung von Anteilen an Betrieben, Teilbetrieben oder Wohneinheiten bei Land- und Forstwirtschaft – Kirchensteuer **begrenzt abzugsfähig:** – Unterhaltsleistungen (Realsplitting) – Berufsausbildungskosten – Spenden – Kinderbetreuungskosten	**begrenzt abzugsfähig:** – Altersvorsorgeaufwendungen (gesetzliche Rentenversicherungen, landwirtschaftliche Alterskassen, kapitalgedeckte private Leibrentenversicherungen, berufsständische Versorgungseinrichtungen wie Versorgungswerke für Steuerberater, Rechtsanwälte, Ärzte) – sonstige Vorsorgeaufwendungen wie Erwerbs- und Berufsunfähigkeitsversicherungen, Kranken-, Pflege-, Unfall- und Haftpflichtversicherungen, Risikoversicherungen, abgeschlossene Kapital-LV bis 2004, die nur eine Leistung für den Todesfall vorsehen (88 % abzugsfähig), Versicherung gegen Arbeitslosigkeit

Ermittlungsschema bei **Vorsorgeaufwendungen:**

Zeile			
1	Rentenversicherungen 92 %	.... €	
2	Sozialversicherung (AG + AN-Anteil) RV · 92	.... €	
3	– steuerfreier AG-Anteil gesetzliche RV	.... €	
4	Summe:		.... €
5	Krankenversicherung	.... €	
6	– 4 % für Anspruch auf Krankengeld	.... €	
7	Pflegeversicherung	.... €	
8	übrige Vorsorgeaufwendungen (Kapitallebensversicherungen bis 2004 88 %)	.... €	
9	Summe:		.... €
10	max.	1 900,00 €	
11	niedrigerer Betrag aus Zeile 9 + 10, mindestens jedoch Zeile 5–7		.... €
12	**= Vorsorgeaufwendungen ab 2021**		.... €

Beispiel:

Ein lediger Angestellter ohne Kinder erzielte im Jahr 2021 einen Bruttoarbeitslohn in Höhe von 30 000,00 €. Folgende Vorsorgeaufwendungen werden geltend gemacht:

– *AN-Anteil zur KV 7,95 % (14,6 % + 1,3 % = 15,90 · 1/2)*	2 385,00 €
– *AN-Anteil zur RV 9,30 %*	2 790,00 €
– *AN-Anteil zur ALV 1,20 %*	360,00 €
– *AN-Anteil zur PV 1,775 % (3,05 % · 0,5 + 0,25 %)*	532,00 €
– *zusätzliche private Krankenversicherung (12 · 70,00 €)*	840,00 €
– *Pkw-Haftpflichtversicherung*	621,00 €
– *Kapitallebensversicherung (Vertragsabschluss im Dezember 2004); 300,00 · 12 =*	3 600,00 €
	11 128,00 €

Wie hoch sind die abzugsfähigen Vorsorgeaufwendungen für 2021?

Abzugsfähige Vorsorgeaufwendungen:

Zum AN-Anteil zur gesetzlichen Rentenversicherung (2 790,00 €) ist der steuerfreie Arbeitgeberanteil (2 790,00 €) hinzuzurechnen, sodass 5 580,00 € dem Grunde nach berücksichtigungsfähig sind. Dieser Betrag ist mit 92 % anzusetzen. Das sind (92 % von 5 580,00 €) = 5 133,60 €.

Von diesem Betrag ist der steuerfreie Arbeitgeberanteil zur gesetzlichen Rentenversicherung abzuziehen. Der verbleibende Rest (5 133,60 € – 2 790,00 €) = 2 343,60 € ist als Sonderausgabe abziehbar.
Für die Krankenversicherungsbeiträge (abzüglich eines 4 %igen Abschlages für einen Krankengeldanspruch) und die Pflegeversicherung sind mindestens abzugsfähig (2 385,00 € · 0,96 % + 532,00 € = 2 821,60 €).
Für die sonstigen Vorsorgeaufwendungen (außer Rentenversicherungsbeiträgen) ist ein Höchstbetrag von 1 900,00 € ansetzbar, soweit die Krankenversicherungsbeiträge mit der Pflegeversicherung keinen höheren Betrag ergeben.
Der Angestellte kann demnach (2 343,60 € + 2 821,60 €) = 5 165,20 € als Vorsorgeaufwendungen geltend machen.

Außergewöhnliche Belastungen

Eine außergewöhnliche Belastung liegt vor, wenn einem Steuerpflichtigen **zwangsläufig größere Aufwendungen** als der überwiegenden Mehrzahl der Steuerpflichtigen gleicher Einkommensverhältnisse, gleicher Vermögensverhältnisse und gleichen Familienstandes erwachsen *(§ 33 Abs. 1 EStG).*

Beispiele:
– *Kosten für eine teure Krankenhausbehandlung, die nicht von einem Dritten erstattet werden*
– *Kosten für eine Kur, soweit nicht Sozialversicherungsträger Kostenanteile übernehmen*
– *Kosten infolge eines Todesfalles, soweit die Aufwendungen nicht durch eine Versicherung abgedeckt sind*
– *nicht versicherte Unwetterschäden*
– *Ehescheidungskosten*
– *Prozesskosten bei hinreichender Erfolgsaussicht*

Rechenschema zur Feststellung der **abziehbaren außergewöhnlichen Belastungen**:

Aufwendungen im Sinne des § 33 EStG
–   erhaltene Erstattungen
_____
=   außergewöhnliche Belastung
–   zumutbare Belastung
_____
=   ansetzbare außergewöhnliche Belastung

Die zumutbare Belastung beträgt bei einem Gesamtbetrag der Einkünfte	bis 15 340,00 €	über 15 340,00 bis 31 130,00 €	über 51 130,00 €
I. Steuerpflichtige ohne Kinder			
a) Alleinstehende	5 %	6 %	7 %
b) Ehegatten	5 %	5 %	6 %
II. Steuerpflichtige mit			
a) ein oder zwei Kindern	2 %	3 %	4 %
b) drei und mehr Kindern	1 %	1 %	2 %
	vom Gesamtbetrag der Einkünfte		

Die Höhe der **zumutbaren Belastung** richtet sich im Wesentlichen nach dem Gesamtbetrag der Einkünfte, dem Familienstand und der Anzahl der Kinder.

Beispiele:
Eheleute, zwei Kinder, mit einem Gesamtbetrag der Einkünfte von 25 000,00 €
Aufwendungen für eine Kur lt. Belege 6 000,00 €, die Rentenversicherung erstattet 4 000,00 €.

Aufwendungen		*6 000,00 €*
– Erstattungen		*4 000,00 €*
= außergewöhnliche Belastung		*2 000,00 €*
– zumutbare Belastung (2% von 15340,00 €)	*306,80*	
– zumutbare Belastung (3 % von 25 000,00 € – 15 340,00 €)	*289,80*	*596,60 €*
= ansetzbare außergewöhnliche Belastung		**1 403,40 €**

Bei den außergewöhnlichen Belastungen werden in besonderen Fällen die Aufwendungen nur bis zu einem bestimmten **Höchstbetrag** oder als Pauschbetrag anerkannt. Als Ausgleich entfällt jedoch die Kürzung der zumutbaren Belastung *(§§ 33 a–33 b EStG)*.

Beispiele:
– *Unterhaltsaufwendungen*
– *Freibeträge für den Sonderbedarf von in Berufsausbildung befindlichen Volljährigen und auswärtig untergebrachten Kindern*
– *Pauschbetrag für Körperbehinderte und Hinterbliebene*

Berechnung des zu versteuernden Einkommens

Das ermittelte Einkommen wird noch gekürzt um mögliche Kinder - und Sonderfreibeträge. Soweit das gezahlte Kindergeld für den Steuerpflichtigen nicht günstiger ist, wird für jedes berücksichtigungsfähige Kind der volle Kinderfreibetrag in Höhe von mtl. 455,00 € und ein Betreuungsfreibetrag von mtl. 244,00 € gewährt. Bei dauernd getrennt lebenden oder geschiedenen Eltern oder Eltern nicht ehelicher Kinder halbiert sich der jeweilige Kinderfreibetrag, sodass jedem Elternteil ein halber Kinderfreibetrag in Höhe von mtl. 227,50 € bzw. Betreuungsfreibetrag von 122,00 € zusteht.

Beispiel:
Der Inhaber der chemischen Fabrik Dr. Frenzius, Bielefeld, 54 Jahre, verwitwet, erzielt in 2019 einen Gewinn aus der betrieblichen Tätigkeit von 141 908,00 €. Aus der Vermietung eines Mehrfamilienhauses weist Dr. Frenzius Mieteinnahmen von 25 000,00 € und Werbungskosten von 23 000,00 € nach. Außerdem sind zu berücksichtigen abzugsfähige Sonderausgaben von 4 500,00 € und eine berücksichtigungsfähige außergewöhnliche Belastung von 3 500,00 €. Dr. Frenzius hat zwei Kinder im Alter von 15 und 16 Jahren.

Einkünfte aus Gewerbebetrieb		*141 908,00 €*
Einkünfte aus Vermietung und Verpachtung		
Einnahmen	*25 000,00 €*	
– Werbungskosten	*23 000,00 €*	
= Überschuss		*2 000,00 €*
Summe der Einkünfte		**143 908,00 €**
– Altersentlastungsbetrag		*0,00 €*
– Entlastungsbetrag für Alleinerziehende		*1 908,00 €*
Gesamtbetrag der Einkünfte		**142 000,00 €**
– Sonderausgaben (abzugsfähig)	*4 500,00 €*	
– außergewöhnliche Belastung (abzugsfähig)	*3 500,00 €*	*8 000,00 €*
Einkommen		**134 000,00 €**
– Kinderfreibetrag (2 Kinder je 5 460,00 €)	*10 920,00 €*	
– Betreuungsfreibetrag (2 Kinder je 2 928,00 €)	*5 856,00 €*	*16 776,00 €*
zu versteuerndes Einkommen		**117 224,00 €**

1.5.1.4 Ermittlung der Einkommensteuerschuld

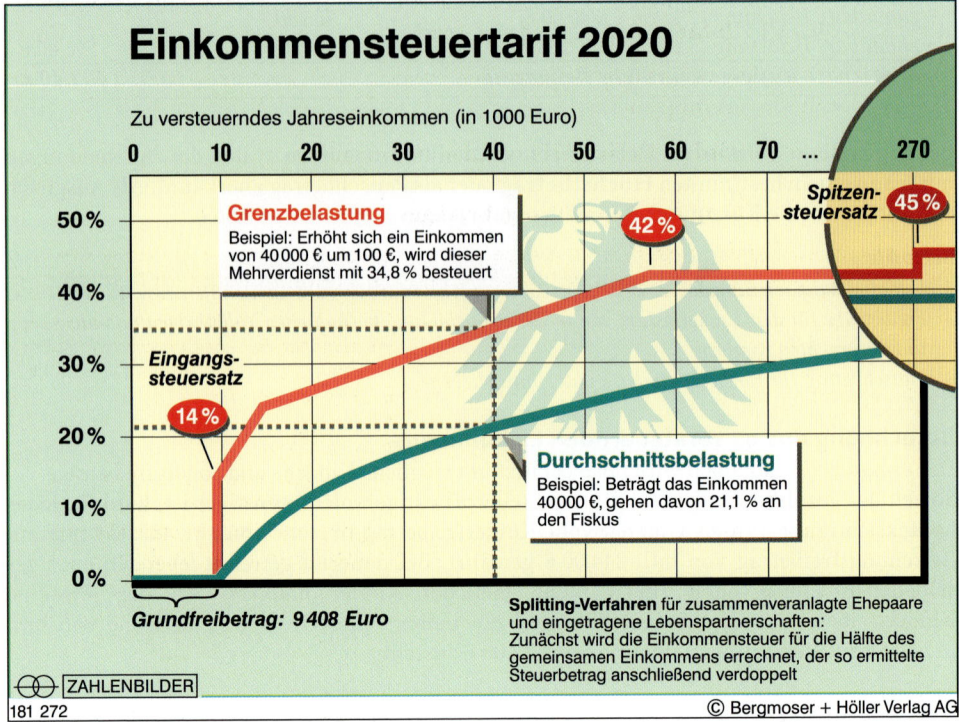

Auf das zu versteuernde Einkommen wird der **Einkommensteuertarif** des jeweiligen Kalenderjahres angewendet.

Der daraus errechnete Betrag ergibt die tarifliche **Einkommensteuerschuld**.

Sie vermindert sich um etwaige prozentuale, in der Höhe begrenzte Abzugsbeträge für haushaltsnahe Beschäftigungsverhältnisse: Dienstleistungen, Pflege- und Betreuungsleistungen, Heimunterbringungsaufwendungen sowie Handwerksleistungen.

Wenn die Einkommensteuerschuld höher ist als etwaige **Vorauszahlungen**, so ist der Restbetrag innerhalb eines Monats nach Bekanntgabe des Einkommensteuerbescheides an das Finanzamt zu zahlen. Sind die Vorauszahlungen höher als die Einkommensteuerschuld, erstattet das Finanzamt den Differenzbetrag.

1.5.2   Abrechnung der Arbeitsleistung

1.5.2.1 Entlohnung der Arbeit

Weil es objektive Kriterien für eine absolute Lohngerechtigkeit nicht gibt, ist die Frage nach einer möglichst **gerechten Entlohnung** seit jeher das zentrale Thema der Tarifpolitik und der betrieblichen Lohngestaltung. Für Arbeitnehmer ist entscheidend, dass sie einen Lohn bekommen, der den Anforderungen und Leistungen an ihrem Arbeitsplatz entspricht. Dazu gehört auch, dass sie ihr eigenes Einkommen im Verhältnis als angemessen empfinden.

Der Lohn wird im Regelfall als **Geldlohn** gewährt, in Ausnahmefällen als **Naturallohn** (*z. B. Sachbezüge, Verteilungszuwendungen*). Der Geldlohn ist ein **Nominallohn** und wird im Idealfall durch Lohnerhöhungen der Inflationsrate einschließlich Produktionsfortschritt angepasst, um den **Reallohn** nicht absinken zu lassen.

Neben der eigentlichen Grundvergütung werden Zulagen und Zuschläge gewährt sowie Abzüge und Zuzahlungen vorgenommen.

Der Bruttoverdienst wird in der Regel für einen Monat ermittelt.

Schema zur Ermittlung des Auszahlungsbetrages

Berechnungsschema	Beispiele
Arbeitslohn	– Gehalt, Lohn, Gratifikationen, Tantiemen, Wartegelder, Ruhegelder, Witwen- und Waisengelder
+ Bezüge und Vorteile	– freie Warenlieferungen – freie Kost – freies Wohnen
+ geldwerte Vorteile	– unentgeltliche oder verbilligte Überlassung von Sachleistungen oder Dienstleistungen wie z. B. billige Werkswohnung, Dienstwagennutzung, Neuwagenkauf mit Personalrabatten
+ Zulagen + Zuschläge nach § 3 b EStG	– Zulage für lange Betriebszugehörigkeit – Sonntags-, Feiertags-, Nachtarbeit – Prämien – Mehrarbeit
+ sonstige Bezüge	– Erschwernisse wie Hitze-, Schmutz-, Gefahrenzuschläge (vgl. R 70 LStR) – Abfindungen und Entschädigungen – Geburtsbeihilfen (§ 3 Nr. 15 EStG) – Heiratsbeihilfen (§ 3 Nr. 15 EStG) – Jubiläumszuwendungen (§ 3 LStDV)
+ vermögenswirksame Leistungen des AG + Nachzahlungen	– Urlaubsgeld – Weihnachtsgeld
= Entgelt → **Gesamt-Bruttogehalt** – LSt-freie Bezüge – SV-freie Bezüge = **SV-Brutto** – Steuerfreibeträge laut Steuerkarte	⇒ **Bemessungsgrundlage für die Sozialversicherung bis zur Beitragsbemessungsgrenze**
= **steuerpflichtiges Entgelt** – LSt, KiSt, SolZ – 50 % Anteil der Beiträge zur KV, RV, AV, PV[1]	⇒ *Bemessungsgrundlage für die Lohnsteuer* *Besonderheit: Sachsen PV*
= Nettoentgelt – Abzüge für verrechnete Kosten/Vorteile – Gesamtbetrag der vermögenswirksamen Leistungen + Erstattungen/Auslagen	*z. B. Miete, Zinsen, Tilgung, Sachbezüge* *z. B. Reisekosten*
= Auszahlungsbetrag	

1.5.2.2 Lohnsteuer

Bei Einkünften aus **nicht selbstständiger Arbeit** wird die Einkommensteuer durch Abzug vom Arbeitslohn erhoben. Diese im **Steuerabzugsverfahren** einbehaltene ESt wird als **Lohnsteuer** *(LSt)* bezeichnet. Der Arbeitgeber hat die Lohnsteuer, die keine eigene Steuerart, sondern nur eine besondere Erhebungsform der ESt darstellt, **für Rechnung des Arbeitnehmers** bei jeder Lohnzahlung vom Arbeitslohn einzubehalten und an das Finanzamt abzuführen.

Lohnsteuerklassen

Alle Arbeitnehmer werden nach sozialen Gesichtspunkten in verschiedene Steuerklassen eingruppiert; die Steuerklasse richtet sich nach dem Familienstand, der Anzahl der Kinder und dem Alter des Arbeitnehmers. Die Steuerklasse entscheidet unter anderem, wie viel Lohnsteuer zu zahlen ist. Der Arbeitgeber fragt über das ELStAM-Verfahren elektronisch die beim Finanzamt gespeicherte Steuerklasse des Arbeitnehmers ab.

Rechtsgrundlage: *§ 38 b EStG*

StK	Personenkreis
I	– nicht verheiratete Arbeitnehmer, – verheiratete, verwitwete oder geschiedene Arbeitnehmer, bei denen die Voraussetzungen für Steuerklasse III und IV nicht erfüllt sind.
II	Arbeitnehmer wie Steuerklasse I, soweit mindestens ein Kind im gleichen Haushalt gemeldet ist.

III	Verheiratete Arbeitnehmer, die nicht dauernd getrennt leben:
	 – ein Ehegatte ist Arbeitnehmer in der Steuerklasse III, der andere Ehegatte bezieht keinen Arbeitslohn;
	 – beide Ehegatten sind Arbeitnehmer;
	    – der wesentlich höher Verdienende wählt Steuerklasse III und
	    – der andere Ehegatte mit der niedrigeren Vergütung erhält die Steuerklasse V.

IV	Verheiratete, die nicht dauernd getrennt leben; beide Ehegatten sind Arbeitnehmer. Empfehlenswert, wenn die Vergütungsunterschiede gering sind.
V	Verheiratete Ehepartner, aber ein Ehepartner erhält auf Antrag beider Ehepartner die Steuerklasse V.
VI	Arbeitnehmer, die nebeneinander von mehreren Arbeitgebern Vergütung beziehen.

Die Lohnsteuerklasse wird in Worten angegeben, an diese wird die Zahl der Kinderfreibeträge angehängt.

Beispiel:

zwei/0,5 = Arbeitnehmer mit der Steuerklasse 2, im Haushalt des Steuerpflichtigen lebt ein Kind.

Berechnung

Entsprechend der Steuerklasse wird die Lohnsteuer (LSt) für eine bestimmte steuerpflichtige Vergütung mittels Lohnprogramm rechnergestützt nach dem ESt-Tarif des *§ 32 a EStG* unter Berücksichtigung der an die jeweilige Steuerklasse anknüpfenden Freibeträge des *§ 38 c EStG* berechnet.

---

[1] *Kinderlose: Aufschlag von 0,25 %, den der Versicherungsnehmer selber tragen muss.*

Der Arbeitgeber hat spätestens am zehnten Tag nach Ablauf des LSt-Anmeldezeitraumes eine **LSt-Anmeldung** beim zuständigen Finanzamt (Betriebsstättenfinanzamt) abzugeben und die LSt zu entrichten *(§ 41 a Abs. 1 EStG)*.

1.5.2.3 Sozialversicherung[1]

Die Sozialversicherungsbeiträge sind vom Arbeitnehmer und Arbeitgeber bis zur Höhe der Beitragsbemessungsgrenze je zur Hälfte zu tragen (die Besonderheiten in der KV und PV sind zu beachten). Sie sind abhängig
- vom sozialversicherungspflichtigen Bruttoentgelt,
- von der Beitragsgruppe in der Sozialversicherung (G, K/L, M, P).

Beitragssätze	
Krankenversicherung	
G (allgemein)[2]	14,6 %
F (ermäßigt)[2]	14,0 %
Pflegeversicherung	
P	3,05 % bzw. 3,30 %
Rentenversicherung	
K/L	18,6 %
Arbeitslosenversicherung	
M	2,4 %

Umlage 1 für Aufwendungen bei Krankheit[3]	
Erstattung	Umlagesatz
50 %	1,7 %
60 %	2,1 %
70 % (Regelsatz)	2,4 %
80 %	3,9 %

Umlage 2 für Aufwendungen bei Mutterschaft[3]	
Erstattung	Umlagesatz
100 %	0,47 %

Durch einen monatlichen **Beitragsnachweis** meldet der Arbeitgeber bei den jeweiligen Krankenkassen, bei denen die Arbeitnehmer versichert sind, die Gesamtbeiträge (Arbeitnehmer- und Arbeitgeberanteil) für alle Beitragsgruppen inkl. 0,06 % Insolvenzgeldumlage mindestens fünf Tage vor Monatsende elektronisch an, sodass die Zahlungen spätestens bis zum drittletzten Bankwerktag des jeweiligen Monats den Krankenkassen zur Verfügung stehen.

---

[1]   *Vgl. Kap. 1.4 zur Sozialen Sicherung, S. 58 ff.*
[2]   *Der Beitragssatz erhöht sich um den von AN und AG zur Hälfte getragenen Beitrag (individueller Zusatzbeitrag).*
[3]   *Abhängig von der jeweiligen Krankenkasse*

1.5.2.4 Lohn- und Gehaltsabrechnung

Lohn- und Gehaltsausdruck									**Januar 2021**	

Pers.-Nr.	3	St.Kl.	3	Eintritt	01.05.2000	Steuerfrei	mon.	0,00	Jhr.	0,00	Kont.	2 /	Tarif.	
SV-Nr.	50150470A512	Kinder	2,0	Ersteintritt	01.05.2000	Tätigkeit	72112 3211	Soll wö.	40,00	MFB	Nein	Kost.	0	
Familie	weiblich verheiratet	PV-K	Nein	Austritt		Tätigkeit	Bankkaufmann/-frau		GV	Nein	PGR	101	
Krk.	DAK-Gesundheit	16,10 %	Geb.Dat.	15.04.1970	Ident.Nr.	87344392134			GZ	Nein	Abt.		

Tage/Gruppe: St 30 / 3 KV 30 / 1 RV 30 / 1 AV 30 / 1 PV 30 / 1

Hydrobank, In den Grabengärten 1, 33607 Bielefeld

Frau
Marga Anlich
Transitweg 25
32052 Herford

Urlaubsanspruch	30,00
Resturlaub Vorjahr	0,00
Sonderurlaub	0,00
Schwerbehinderten Urlaub	0,00
bis Vormonat	0,00
gen. akt. Monat	0,00
Resturlaub	30,00

Lohnart	Bezeichnung	Einheit	Satz	Faktor	Zuschlag	Art	St	SV	Betrag
100	Gehalt	1,00	4.100,00			L	1	1	4.100,00 €
9921	VWL Zuschuss	1,00	40,00			L	1	1	40,00 €

Gesamtbrutto (L,D,G,Z,S) = laufendes Entgelt (E) = einmaliges Entgelt (P) = pauschal besteuertes Entgelt

Gesamtbrutto	**4.140,00 €**

St (1,3,16) = steuerpflichtig (2) = steuerfrei (4-15) = pauschal   SV (1,4,5,6,8-12,18) = svpflichtig (2,3,7,13-17,19) = svfrei

	Steuerbrutto	Lohnsteuer	Kirchensteuer	Solidaritätszuschlag		Steuerrechtl. Abzüge
	4.140,00 €	381,00 €	4,63 €	0,00 €		385,63 €
EZ	0,00 €	0,00 €	0,00 €	0,00 €		
	KV-/PV-Brutto	RV-/AV-Brutto	KV-Beitrag	RV-Beitrag	AV-Beitrag	PV-Beitrag	SV-rechtl. Abzüge
	4.140,00 €	4.140,00 €	333,27 €	385,02 €	49,68 €	63,14 €	
EZ	0,00 €	0,00 €	0,00 €	0,00 €	0,00 €	0,00 €	831,11 €

Netto-Bezüge/-Abzüge

		Nettoverdienst	**2.923,26 €**

Lohnart	Bezeichnung	Einheit	Satz	Faktor	Zuschlag	Betrag
9971	VWL(Überweisung)	-1,00	40,00			-40,00 €

Inhaber:	Marga Anlich	BLZ:	49450120	**Summe Netto-Bezüge/-Abzüge**	**-40,00 €**
Bank:	Sparkasse Herford	Kto-Nr:	22001345		
IBAN:	DE44 4945 0120 0022 0013 45	BIC:	WLAHDE44XXX	**Auszahlung**	**2.883,26 €**

Entgeltbescheinigung nach § 108 Absatz 3 Satz 1 der Gewerbeordnung

Jahresabrechnung

Gesamtbrutto	VWL	DV/Vorsorge	KUG / WAG	Kammerbeitrag	Nettobezüge		
4.140,00 €	40,00 €	0,00 €	0,00 €	0,00 €	0,00 €		
Steuerbrutto	Lohnsteuer	Solidaritätszuschlag	Kirchensteuer	Kirchensteuer	Nettoabzüge		Nettoverdienst
4.140,00 €	381,00 €	0,00 €	4,63 €	0,00 €	40,00 €		2.923,26 €
RV-/AV-Brutto	KV-/PV-Brutto	KV-Beitrag	RV-Beitrag	AV-Beitrag	PV-Beitrag		Auszahlung
4.140,00 €	4.140,00 €	333,27 €	385,02 €	49,68 €	63,14 €		2.883,26 €

GDI - Lohn und Gehalt 8.19.2.2919

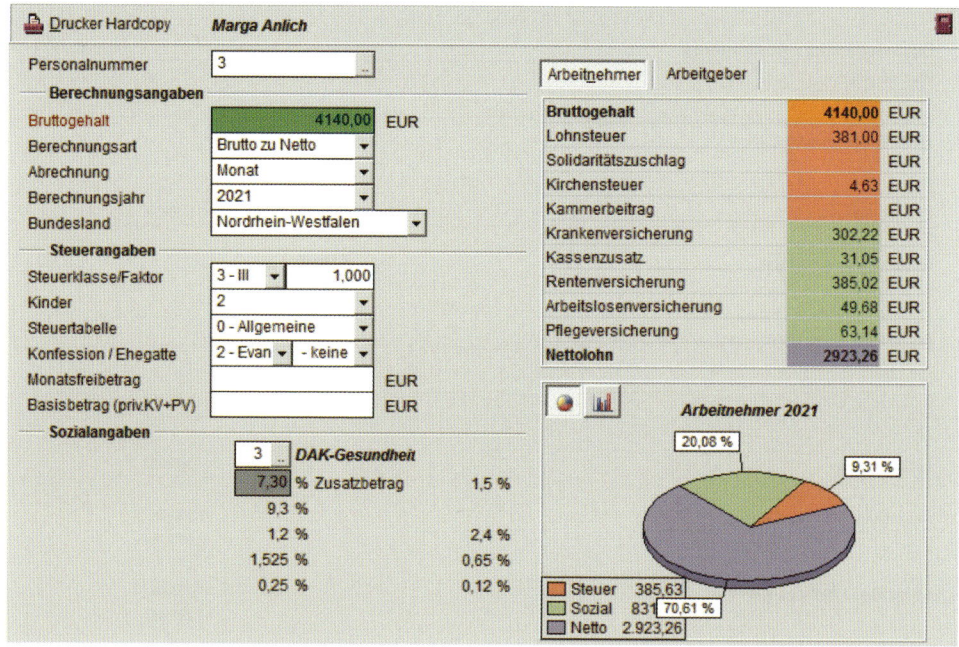

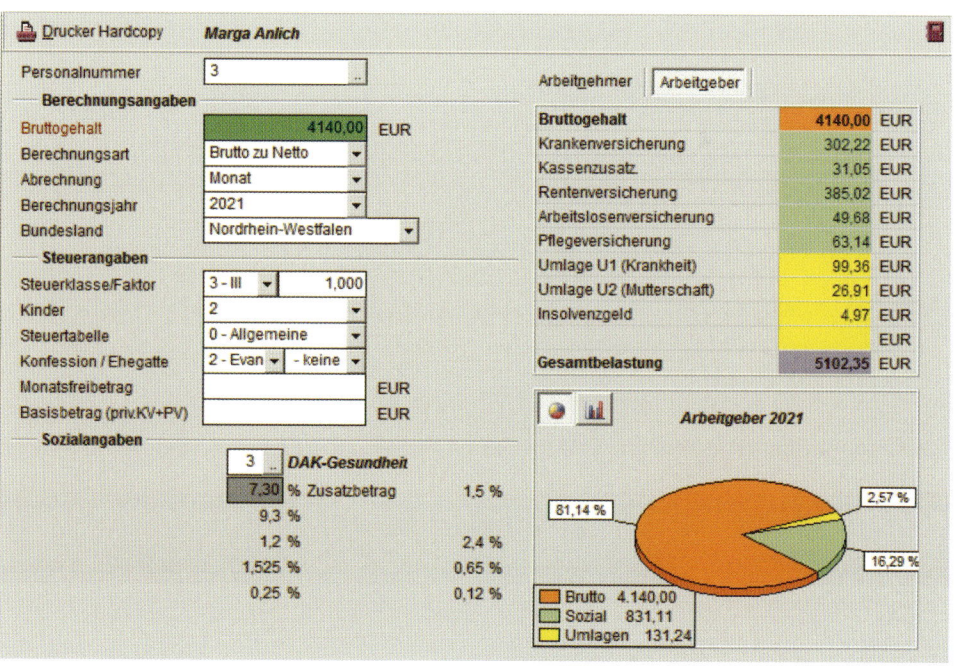

Buchungsbeleg - Abstimmung   **Januar 2021**

Mand-Nr.: 003
Mandant: Hydrobank

Betriebsnr.: 12345671

PERSONALNR zwischen "3" und "3"

Bezeichnung	Soll	Haben
Gesamtbrutto Angestellter	4.140,00	
	4.140,00	
AG-Anteil SV Angestellter	962,35	
	962,35	
Lst-Anmeldung		385,63
Auszahlung 1 Deutsche Bank		2.923,26
		2.923,26
SV-Beiträge 3 DAK-Gesundheit		1.793,46
		1.793,46
Gesamtsumme	5.102,35	5.102,35

GDI - Lohn und Gehalt
Version : 8.19.2.2919 (1)

Datum: 08.06.2021
Seite: 1 von 1

1.6   Datenschutz und Datensicherheit

Kaum ein anderer Dienstleister verfügt über so detaillierte und umfassende Informationen über die wirtschaftlichen und persönlichen Verhältnisse von natürlichen und juristischen Personen wie die Kreditinstitute. Aufgrund des außergewöhnlich stark ausgeprägten Vertrauensverhältnisses zwischen Kreditinstitut und Kunden sowie aus gesetzlichen Anforderungen heraus ist bei Kreditinstituten eine besonders hohe Sensibilität im Umgang mit Daten erforderlich. Die einzelnen Geschäftsabläufe im Kreditinstitut sind durch den intensiven Einsatz von Systemen der Informationstechnik geprägt.

Die Kunden erwarten bei den Dienstleistungen der Kreditinstitute ein hohes Maß an Qualität, um eine hohe „Kundenzufriedenheit" herzustellen. Qualitätsmerkmale sind vor allem der vertrauliche Umgang mit ihren Informationen, die korrekte Abwicklung ihrer Einlagen- und Kreditgeschäfte sowie die pünktliche Dienstleistungserbringung. Dies hat die Folge, dass die Kreditinstitute ihre Kunden langfristig an sich binden können.

Außerdem müssen die Kreditinstitute die ordnungsmäßige Dienstleistungserbringung gewährleisten. Dies ergibt sich aus gesetzlichen Anforderungen *(EU-DSGVO, BDSG, TKG, TMG, StGB, KWG, HGB, WpHG, GoB, GoBS).*

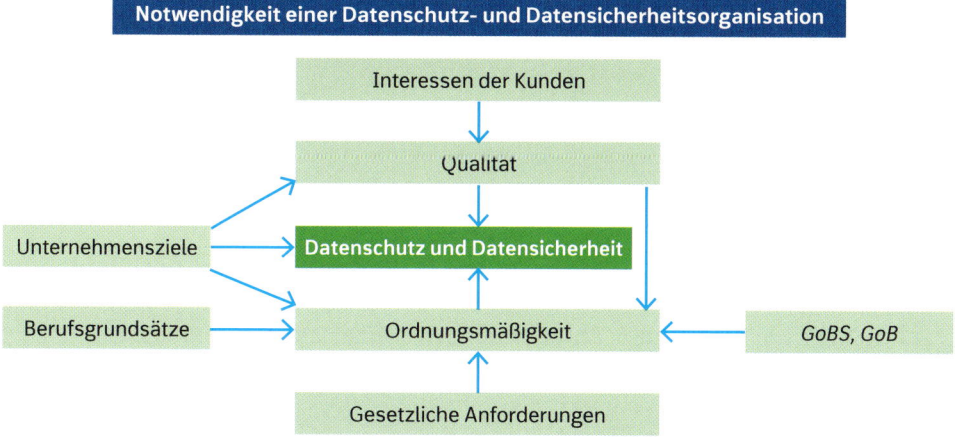

Datenschutz und Datensicherheit sind voneinander abzugrenzen:

Datenschutz dient ...	Datensicherheit bedeutet ...
– ... dem Schutz des Menschen und seiner persönlichen Daten vor Missbrauch durch andere, – ... nicht dem Schutz der Daten, sondern dem Schutz der Personen, über die diese Daten etwas aussagen.	– ... den Schutz aller Daten eines Unternehmens vor unbefugten und unberechtigten Zugriffen, – ... Sicherheit der Daten, also beispielsweise Schutz vor - nachträglichen Manipulationen (etwa durch Signaturen), - Datenverlust (Back-up-Strategien), - unberechtigtem Zugriff oder Kenntnisnahme (Verschlüsselung).

1.6.1   Datenschutz

Die **EU-Datenschutz-Grundverordnung** *(EU-DSGVO)* ist eine europaweit einheitliche Rechtsgrundlage für die Verarbeitung gespeicherter personenbezogener Daten, d.h., sie ist verpflichtend für alle Gerichte, Behörden sowie Unternehmen, die nach *Art. 3 DSGVO* ihren Sitz in der EU haben und ihre Dienstleistungen und/oder Produkte auf dem EU-Markt unabhängig vom Sitz anbieten.

Ausgenommen ist nur die Verarbeitung von Daten durch Polizei, Justiz und Behörden für Inneres.

Gegenstand und Ziele der *EU-DSGVO*		
Schutz natürlicher Personen bei der Verarbeitung personenbezogener Daten sowie beim Verkehr mit diesen Daten	Schutz der Grundrechte und Grundfreiheiten natürlicher Personen, insbesondere das Recht auf Schutz der personenbezogenen Daten *(Art. 4 Nr. 1 DSGVO)*	Recht einer Person auf informationelle Selbstbestimmung, d.h., jeder hat das Recht zu erfahren, welche Daten über ihn gesammelt werden, und hat Anspruch auf klare und leicht verständliche Informationen darüber, wer seine Daten zu welchem Zweck wie und wo verarbeitet *(Art. 12–23 DSGVO)*

Die *EU-DSGVO* gilt nicht für die Anwendung personenbezogener Datenverarbeitung, welche

- vom EU-Recht ausgenommen ist (Geheimdienste),
- der gemeinsamen Außen- und Sicherheitspolitik zuzurechnen sind,
- der Datenverarbeitung durch natürliche Personen zur rein persönlichen oder familiären Tätigkeiten dienen,
- durch zuständige Behörden zur Verhütung, Aufdeckung, Untersuchung oder Verfolgung von Straftaten, zur Vollstreckung strafrechtlicher Sanktionen oder zum Schutz vor und zur Abwehr von Bedrohungen der öffentlichen Sicherheit angewendet werden,
- unter die Datenschutzrichtlinie für elektronische Kommunikation *(Richtlinie 2002/58/EG)* fallen.

Erklärung von Begriffen laut *EU-DSGVO*	
personenbezogene Daten *(Art. 4 Nr. 1 DSGVO)*	Allgemeine personenbezogenen Daten sind alle Informationen, die sich auf eine **identifizierte oder identifizierbare natürliche Person** beziehen. Als identifizierbar wird eine natürliche Person angesehen, die direkt oder indirekt, insbesondere mittels Zuordnung zu einer Kennung wie einem Namen, zu einer Kennnummer, zu Standortdaten, zu einer Online-Kennung oder zu einem oder mehreren besonderen Merkmalen identifiziert werden kann, die Ausdruck der physischen, physiologischen, genetischen, psychischen, wirtschaftlichen, kulturellen oder sozialen Identität dieser natürlichen Person sind. *Beispiele:* *Name, Adresse, Geburtsdatum, Bankdaten, Alter, Familienstand, Konfession, Staatsangehörigkeit, Beruf, Telefonnummer, E-Mail Adresse, Konto- und Kreditkartennummer, Vereinszugehörigkeit, Krankheiten, Gesundheitszustand, Kraftfahrzeugnummer, Kfz-Kennzeichen, Personalausweisnummer, Sozialversicherungsnummer, Vorstrafen, Werturteile wie z.B. Zeugnisse, arbeitsrechtliche Beurteilungen, Namen von Gesellschaftern in Jahresabschlüssen, Personendaten in der Lohnbuchhaltung, Bewerbungsunterlagen von Personen*

Erklärung von Begriffen laut *EU-DSGVO*	
	Besondere Kategorien personenbezogener Daten (sensible Daten) sind nach *Art. 9 DSGVO* Daten zur rassischen oder ethnischen Herkunft, Daten zu politischen Meinungen, Daten zu religiösen oder weltanschaulichen Überzeugungen, Daten zur Gewerkschaftszugehörigkeit, Gesundheitsdaten, Daten zum Sexualleben oder zur sexuellen Orientierung, genetische Daten, biometrische Daten. *Beispiele:* *Fingerabdruck, Iris-Scan, genetische Daten und Krankendaten*
Verarbeiten *(Art. 4 Nr. 2 DSGVO)*	Dies umfasst jeden mit oder ohne Hilfe automatisierter Verfahren ausgeführten Vorgang oder jeden Vorgang im Zusammenhang mit personenbezogenen Daten wie das Erheben, das Erfassen, die Organisation, das Ordnen, die Speicherung, die Anpassung, die Veränderung, das Auslesen, das Abfragen, die Verwendung, die Offenlegung durch Übermittlung, Verbreitung oder jede andere Form der Bereitstellung, den Abgleich oder die Verknüpfung, die Einschränkung, das Löschen oder die Vernichtung. *Beispiele:* *Erstellung einer Kundendatei, Aufnahme der Daten zur Erstellung einer Rechnung, Mitarbeiterdatenbank, Buchen und Überweisen von Löhnen*
Verantwortlicher *(Art. 4 Nr. 7 DSGVO)*	Verantwortliche Stelle/Verantwortlicher ist die natürliche oder juristische Person, Kanzlei, Behörde, Einrichtung oder andere Stelle, die über Zwecke und Mittel zur Verarbeitung von personenbezogenen Daten entscheidet. *Beispiele:* *Kanzleiinhaber, Unternehmer, Vorstand, Geschäftsführer*
Erlaubnistatbestände *(Art. 6 Abs. 1 DSGVO)*	Eine personenbezogene Datenverarbeitung ist nur erlaubt, wenn eine gesetzliche Erlaubnisregelung diese gestattet oder eine ausdrückliche Einwilligung der betroffenen Person zur Verarbeitung ihrer Daten vorliegt. *Beispiele für Erlaubnistatbestände:* – *Einwilligung (Art. 4 Abs. 1 S. 1a DSGVO)* – *Verarbeitung zur Erfüllung eines Vertrages oder zur Durchführung vorvertraglicher Maßnahmen (Art. 6 Abs. 1 S. 1b DSGVO)* – *Verarbeitung aufgrund rechtlicher Verpflichtungen (Art. 6 Abs. 1 S. 1c DSGVO)* – *Verarbeitung zur Wahrung berechtigter Interessen (Art. 6 Abs. 1 S. 1f DSGVO)* *Jede Verarbeitung personenbezogener Daten <u>ohne</u> Erlaubnistatbestand laut DSGVO ist ein Verstoß gegen die DSGVO, der Schadensersatz, Haftung und Geldbußen zur Folge haben kann.*

Rechenschafts- und Dokumentationspflichten *(Art. 5 Abs. 2, Art. 24 Abs. 1 DSGVO)*	– Verantwortliche sind zuständig für
	  - die Einhaltung der Grundsätze für die Verarbeitung personenbezogenen Daten *(Art. 5 Abs. 1 DSGVO)*,
	  - den Nachweis der Einhaltung der Grundsätze (Rechenschaftspflicht).
	– **Rechenschaftspflicht:** Die verarbeitende Stelle muss jederzeit nachweisen können, dass sie bei der Verarbeitung personenbezogener Daten
	  - die technischen und organisatorischen Anforderungen und
	  - die Datenschutzgrundsätze der DSGVO einhält.
	  Sie muss bei Streitigkeiten und gegenüber der Aufsichtsbehörde nachgewiesen werden.
	– **Dokumentationspflichten** *(Art. 30 Abs. 1 S. 1 DSGVO)*
	  Der Verantwortliche **muss** ein **schriftliches oder elektronisches Verzeichnis aller innerbetrieblichen Datenverarbeitungstätigkeiten (Verfahrensverzeichnis)** führen.
	  Diese Dokumentation sollte insbesondere beinhalten
	  - die innerbetrieblichen Grundsätze zur Verarbeitung personenbezogener Daten,
	  - Risiko- und Datenschutzfolgeabschätzungen in allen Verarbeitungsschritten,

Erklärung von Begriffen laut *EU-DSGVO*	
	- evtl. erkannte/identifizierte Datenschutzrisiken, - hausinterne Datenschutz- und Sicherheitsrichtlinien, - Nachweis über durchgeführte Datenschutzschulungen von Mitarbeitern und die Dokumentation derselben, - aufgestellte Regeln zur Überprüfung, Kontrolle, Verbesserung, und Anpassung an Datenschutzmaßnahmen Pflichtangaben des **Verfahrensverzeichnisses** sind insbesondere - die vollständige Personaldatenverwaltung *(z. B. Lohnbuchhaltung)* - die Mandaten-Datenbanken, - Verschlüsselung der E-Mails, E-Mail-System, - Kontaktdaten mit Namen des Verantwortlichen und des Datenschutzbeauftragten, - Zwecke der Verarbeitung, - Kategorien von betroffenen Personen *(z. B. Mandanten)*, von Empfängern von betrieblichen personenbezogenen Daten *(z. B. Datev)*, - Fristen für die Löschung personenbezogener Daten, - Beschreibung technisch organisatorischer Maßnahmen nach *Art. 32 DS-GVO*. – **Datensicherungspflichten** *(Art. 32 DSGVO)* Datenverarbeitende Unternehmen müssen ab dem Zeitpunkt der Entwicklung (design) und Erstellung von Apps, Websites usw. die Datenschutzgrundsätze *(z. B. Minimierung der Daten)* beachten und die Einhaltung dieser durch entsprechende technische und organisatorische Maßnahmen sicherstellen. Weiterhin sind Voreinstellungen (default) so vorzunehmen, *dass nur personenbezogene Daten, deren Verarbeitung für den jeweiligen bestimmten Verarbeitungszweck notwendig sind, verarbeitet werden.* – **Meldepflichten** *(Art. 33, 34 DSGVO)* Jeder Fall rechtswidriger Datenverarbeitung muss unverzüglich der Aufsichtsbehörde gemeldet werden, wenn die Datenschutzverletzung voraussichtlich zu einem Risiko für die Rechte und Freiheiten natürlicher Personen führt. Zusätzlich besteht eine Dokumentationspflicht für Datenschutzverletzungen. – **Informationspflichten** *(Art. 12, 13, 14 DSGVO)* Die von einer Datenverarbeitung betroffenen Personen müssen genau, transparent, verständlich und in leicht zugänglicher Form in einer klaren, einfachen Sprache über die in *Art. 13, 14 DSGVO* genannten Informationen unterrichtet werden. Informationspflichten dienen der Wahrung der informationellen Selbstbestimmung, dem Schutz des Einzelnen gegen eine unbegrenzte Erhebung, Speicherung, Verwendung und Weitergabe persönlicher Daten. Ziel ist deshalb, eine Transparenz zu schaffen, die es für den Einzelnen erkennbar macht, wer was wann und bei welcher Gelegenheit über ihn erhebt, verarbeitet oder speichert. Es muss über die Dauer, Betroffenenrechte, Beschwerderecht informiert werden. Bei der Information des Betroffenen sind Fristen und Formvorschriften zu beachten. Informationspflichten sind schon bei der Erhebung der Daten zu erfüllen. Werden die Informationen aus dritter Quelle erhoben, muss die Informationenpflicht innerhalb einer angemessenen Frist nach Erlangung der Daten, längstens jedoch innerhalb eines Monats erfolgen. Die Information muss unentgeltlich und schriftlich oder in anderer Form (in elektronischer Form) erfolgen. – **Auskunftsrecht** *(Art. 15 DSGVO)* Betroffene Personen können vom Verantwortlichen eine Bestätigung verlangen, ob, wie lange, wie oft und welche personenbezogenen Daten verarbeitet werden. Es kann vom Verantwortlichen eine kostenlose Kopie aller verarbeiteten Daten verlangt werden *(Art. 15 Abs. 3 DSGVO)*, unrichtige Daten sind zu berichtigen *(Art. 35 Abs. 1 S. 1 DSGVO)*.
Verstöße	Verstöße gegen Vorschriften der *DSGVO* durch Unternehmen können mit hohen Bußgeldern belegt werden *(Art. 84 Abs. 4–5 DSGVO)*.

Das *Bundesdatenschutzgesetz* sowie die entsprechenden *Landesdatenschutzgesetze* bilden den nationalen gesetzlichen Rahmen. Diese gesetzlichen Vorschriften treten aber bei vorhandenen bereichsspezifischen Regelungen zurück, z.B. gegenüber dem Telekommunikationsgesetz *(TKG)* oder dem Telemediengesetz *(TMG)*. Datenschutzregelungen finden sich auch in zahlreichen anderen Gesetzen und Verordnungen, z.B. im Betriebsverfassungsgesetz *(BetrVG)*, im Strafgesetzbuch *(StGB)* oder in den Sozialgesetzbüchern *(SGB)*.

Beispiele:
Telebanking, E-Mail und Datendienste
Bei der Erledigung von Bankgeschäften über den PC, mit der Einwahl in soziale Netzwerke, bei der Nutzung von Smartcards im öffentlichen Nahverkehr, bei der Verwendung von Navigationssystemen, beim Einchecken im Flughafen, bei der Nutzung von Bonuskarten usw. werden immer digitale Spuren hinterlassen, aus denen Datenprofile zusammengestellt werden können.

Das *BDSG* und die **berufsständischen Verschwiegenheitspflichten** erstrecken sich damit auf alles, was den Mitarbeitern des Kreditinstitutes hinsichtlich ihrer Berufstätigkeit anvertraut worden oder sonst bekannt geworden ist. Hierzu zählen auch solche Tatsachen bezüglich eines Kunden, die keine unmittelbare Verbindung zur Berufstätigkeit haben, z.B. *private Äußerungen anlässlich eines Gespräches mit dem Kunden.*

Daneben gilt für die mit der Verarbeitung geschützter personenbezogener Daten beschäftigten Mitarbeiter das **Datengeheimnis** nach *§ 53 BDSG*. Hiernach ist den mit der Datenverarbeitung beschäftigten Mitarbeitern untersagt, geschützte personenbezogene Daten unbefugt zu verarbeiten oder zu nutzen. Sie dürfen z.B. nicht Unbefugten bekannt gegeben oder zugänglich gemacht werden – auch nicht innerhalb des Kreditinstitutes.

Die „Befugnis" des Mitarbeiters zur Verarbeitung von Daten ergibt sich zunächst aus den Regelungen des *BDSG* bzw. spezieller Datenschutzvorschriften *(z.B. bei der Bearbeitung von Verbraucherkrediten, Bonitätsauskünften und Scoring nach §§ 30-31 BDSG, sowie für Zwecke von Beschäftigungsverhältnissen nach § 28 BDSG).* Für den einzelnen Mitarbeiter ergibt sie sich ferner aus seiner Aufgabenstellung im Kreditinstitut und den zur Wahrung des Datenschutzes und der Datensicherheit bestehenden **internen Richtlinien**. Ein Missbrauch von Daten liegt daher auch vor, wenn beruflich bekannt gewordene Angaben zu privaten Zwecken verwandt werden.

Gemäß gesetzlicher Bestimmung muss der mit der Verarbeitung personenbezogener Daten beschäftigte Mitarbeiter ausdrücklich formell auf das Datengeheimnis hingewiesen werden. Die Verpflichtung zur Wahrung des Datengeheimnisses besteht auch nach Beendigung der jeweiligen Tätigkeit, d.h. auch nach Ausscheiden aus dem Kreditinstitut, weiter.

Verstöße gegen das Datengeheimnis können gemäß *§ 41–43 BDSG* und anderen einschlägigen Rechtsvorschriften, z.B. *§ 203 StGB*, mit Freiheits- oder Geldstrafen geahndet werden. Ferner können Schadenersatzverpflichtungen des Mitarbeiters sowie arbeitsrechtliche Konsequenzen entstehen.

Grundgesetz: Artikel 1 und 2 GG		EU-Datenschutz Grundverordnung
Bund: Bundesdatenschutzgesetz (BDSG) ↓ bereichsspezifische Datenschutzregelungen des Bundes	**Länder/Stadtstaaten:** Datenschutzgesetze der Länder/Stadtstaaten ↓ bereichsspezifische Datenschutzregelungen der Länder/Stadtstaaten	**EU**
Die Anwendung der Gesetze bestimmt sich danach, ob die Datenverarbeitung im öffentlichen oder im privaten Bereich stattfindet.		
Das *BDSG* regelt – die Datenverarbeitung durch Bundesbehörden und andere öffentliche Stellen des Bundes, – allgemeine Datenschutzanforderungen der nicht-öffentlichen Stellen, wie z.B. *Banken, Wirtschaftsunternehmen, Rechtsanwälte oder Privatkliniken.*		Schutz natürlicher Personen bei der Verarbeitung personenbezogener Daten durch private Unternehmen und öffentliche Stellen.
Bereichsspezifische Datenschutzregelungen sind in Spezialgesetzen enthalten. Diese sind vorrangig zu berücksichtigen. Spezialgesetze sind z.B. – das Kreditwesengesetz, – das Geldwäschegesetz, – das Telekommunikationsgesetz, – die Telekommunikationsüberwachungsverordnung, – das Betriebsverfassungsgesetz, – das Teledienstedatenschutzgesetz.	Bereichsspezifische Datenschutzregelungen sind in Spezialgesetzen der Länder und Stadtstaaten zu finden, z.B. – im Polizeigesetz, – in Schulgesetzen.	– Die Mitgliedstaaten gewährleisten nach den Bestimmungen dieser Richtlinie den Schutz der Grundrechte und Grundfreiheiten und insbesondere den Schutz der Privatsphäre natürlicher Personen bei der Verarbeitung personenbezogener Daten *(Art. 1 DSGVO)*. – Die Mitgliedstaaten beschränken oder untersagen nicht den freien Verkehr personenbezogener Daten zwischen Mitgliedstaaten aus Gründen des gemäß *Art. 1 DSGVO* gewährleisteten Schutzes.

1.6.2   Datenschutzbeauftragter

Privatunternehmen sind zur Bestellung eines internen oder externen gewerblichen **Datenschutzbeauftragten** verpflichtet, wenn i.d.R. mindestens 20 Personen mit der automatisierten Verarbeitung personenbezogener Daten beschäftigt sind *(Art. 37–38 DSGVO)*.

Nach *Art. 37 DSGVO* und *§ 38 BDSG* umfassen die **Aufgaben** und **Pflichten** des Datenschutzbeauftragten

- Unterrichtung und Beratung der Verantwortlichen, der Auftragsverarbeiter und der Beschäftigten,
- Überwachung der Einhaltung der *DSGVO* und nationalen Regelungen,

- Sensibilisierung und Schulung,
- Beratung und Überwachung im Zusammenhang mit der Datenschutz-Folgeabschätzung,
- Zusammenarbeit mit der Aufsichtsbehörde.

Für die Einhaltung der datenschutzrechtlichen Vorschriften ist das Unternehmen selbst verantwortlich.

1.6.3   Datensicherheit

Die Datensicherheit erfordert alle **Sicherheitsmaßnahmen technischer und organisatorischer Art zum Schutz von digitalen und analogen Daten gegen Missbrauch und Beschädigung** (Art. 5 Abs. 1 f, Art. 24, 25, 36 DSGVO). *Hierbei steht insbesondere die Sicherstellung der Verfügbarkeit, Integrität sowie Verbindlichkeit der Daten im Vordergrund.*

Sicherheitsmaßnahmen *(z. B. die Pseudonymisierung und die Verschlüsselung)* müssen dem Stand der Technik entsprechen und deshalb ständig überprüft werden. Sie sollen drohende Risiken und deren Eintrittswahrscheinlichkeit berücksichtigen, allerdings soll der Aufwand je nach der Art der zu schützenden personenbezogenen Daten oder Datenkategorien in einem angemessenen Verhältnis zu dem angestrebten Schutzzweck stehen. Datenverarbeiter müssen die Sicherheit von Daten wahren, die ihnen durch einen Datenverantwortlichen übertragen wurden.

Die **Vorgaben** zur Datensicherheit sind in *Art. 32 DSGVO* geregelt.

Weitere Vorgaben finden sich in *Art. 25 DSGVO*
- Der Grundsatz der **privacy by design** besagt, dass Datenschutz und Privatsphäre schon in der Entwicklung beachtet werden. IT-Systeme sollen grundsätzlich so ausgestaltet sein, dass sie die Datenschutzgrundsätze des *Art. 5 DSGVO* wirksam umsetzen, insbesondere das Gebot der Datenminimierung.
- Die Anforderung **privacy by default** soll dem Konzept der datenschutzfreundlichen Voreinstellungen entsprechen. Verstöße gegen diese Vorschrift werden mit hohen Bußgeldern geahndet.

Maßnahmen zur Sicherheit und zum Schutz vor Datenverlusten sind insbesondere
- Kernmaßnahmen wie *z. B. regelmäßige Sicherheitsupdates, Einsatz von Virenschutzprogrammen, Personal Firewalls, Nutzung von Benutzerkonten mit eingeschränkten Rechten,*
- Nutzung moderner Internet-Browser mit fortschrittlichen Sicherheitsmechanismen
- Verwendung sicherer Passwörter,
- Nutzung verschlüsselter Verbindungen bei Online Banking und bei Online Shopping
- Erstellen von regelmäßigen Sicherheitskopien (Backups),
- Schutz des Energieübertragungsnetzes durch technische Vorkehrungen (Kurzschluss, Überspannung),
- Nutzung von Cloud-Computing-Diensten durch Auslagerung von Daten und Services in fremde Rechenzentren, die aber über das Internet jederzeit erreichbar sind,
- Abschluss einer Betriebsunterbrechungsversicherung.

Datensicherheit nach Art. 32 Abs.1b DSGVO ist der **Zustand**, in dem die Vertraulichkeit, die Verfügbarkeit und die Integrität der Informationen und aller Komponenten eines Informationssystems gewährleistet sind. Bei der Kommunikation kommt die Verbindlichkeit als viertes Datensicherheitsziel hinzu.

- Die **Vertraulichkeit** ist gewahrt, wenn Informationen nur von Berechtigten zur Kenntnis genommen werden können. Hierdurch soll ein Informationsabfluss ausgeschlossen werden.
- Die **Verfügbarkeit** ist gewahrt, wenn Informationen und IT-Komponenten von Berechtigten bei Bedarf genutzt werden können.
- Die **Integrität** ist gewahrt, wenn Daten und Programme nur bestimmungsgemäß erzeugt und verändert werden können.
- **Belastbarkeit** (Widerstandsfähigkeit) verlangt, dass Systeme und Dienste einer gewissen Beanspruchung standhalten müssen.

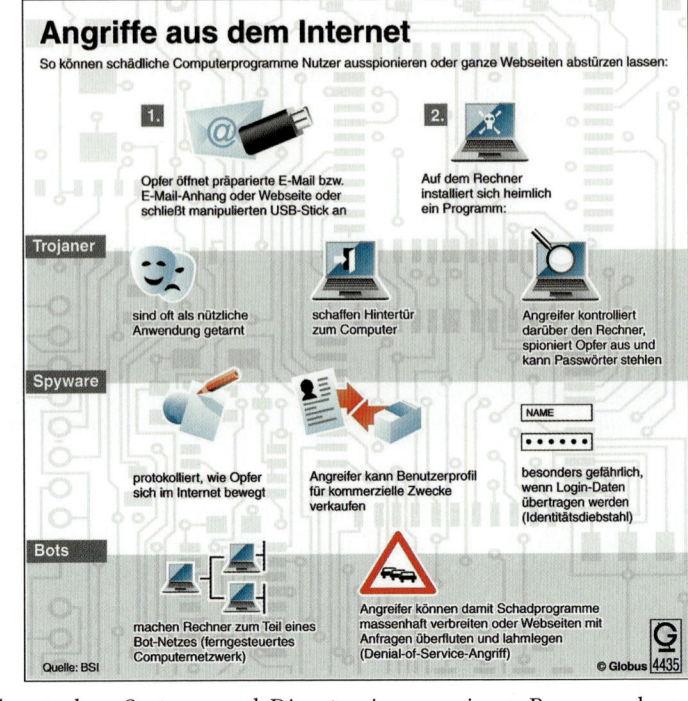

1.6.4 Zusammenhang zwischen Datenschutz und Datensicherheit

Datenschutz und Datensicherheit stehen in keinem konkurrierenden Verhältnis zueinander, sondern **nebeneinander**. Sie verfügen über eine **gemeinsame Schnittmenge**. Falls personenbezogene Daten verarbeitet werden, muss in Bezug auf die Sicherheitsziele vor allem die Vertraulichkeit gewährleistet sein. Wenn IT-Systeme eingesetzt werden, sind entsprechende Datensicherheitsaspekte zu berücksichtigen. Letztendlich hat dies zur Folge, dass jedes Kreditinstitut für sich eine **individuelle Datensicherheitskonzeption** erstellen muss, um sich vor Schadenereignissen zu schützen oder die Folgen eines Schadenereignisses verkraftbar zu machen.

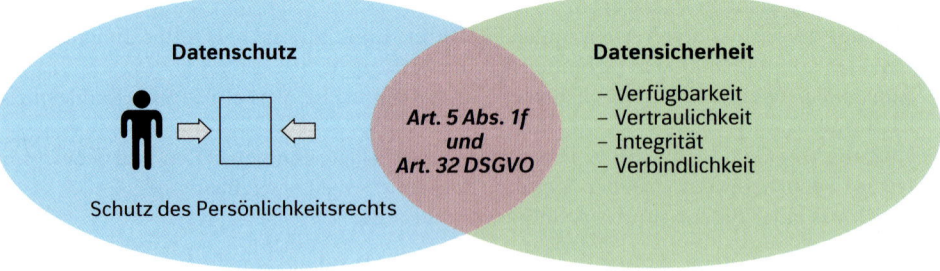

2 Rechtliche Rahmenbedingungen des Wirtschaftens

2.1 Rechtsgrundlagen

2.1.1 Die Rechtsordnung als Bestandteil der Gesellschaftsordnung

Jede „lebensfähige" menschliche Gemeinschaft ist nur auf der Grundlage einer allgemeinen Ordnung möglich, welche die „Spielregeln" für das Zusammenleben festlegt. Dies gilt für sämtliche Bereiche des Zusammenlebens, ob innerhalb der Familie, des Betriebes oder der Gesellschaft. Werden diese Spielregeln auf die Dauer nicht eingehalten, so wird die Gemeinschaft zwangsläufig auseinanderbrechen.

Immer wenn Menschen in einer Gemeinschaft zusammenleben, stoßen unvermeidlich gegensätzliche Interessen aufeinander. Es entstehen Interessenkonflikte. Um die Gemeinschaft aufrechtzuerhalten und ein geordnetes Zusammenleben überhaupt erst zu ermöglichen, muss daher geklärt werden,

- auf welche Weise verschiedenartige Interessen miteinander in Einklang gebracht werden sollen,

- wann sich der Einzelne mit seinen Interessen dem Interesse der Gemeinschaft unterzuordnen hat,

- in welchen Fällen das persönliche Interesse des Einzelnen Vorrang vor den Interessen anderer hat.

> *Die Gesamtheit aller Verhaltensregeln, denen der Einzelne unterworfen ist, bezeichnet man als* **Gesellschaftsordnung***.*

Diese Ordnung ist keineswegs ausschließlich durch Verfassung, Gesetzesvorschriften und vertragliche Vereinbarungen festgelegt. Vielmehr bestimmen auch *Sitten, Brauchtümer* und *kulturelles Erbe* die Ordnung, innerhalb derer sich das gesellschaftliche Leben vollzieht. Allerdings sind die wichtigsten Grundsätze der Gesellschaftsordnung in Form von **Rechtsnormen** allgemein verbindlich geregelt.

Insgesamt stellt die Gesellschaftsordnung die Zusammenfassung vielfältig verflochtener, ineinandergreifender Regeln dar. Gedanklich lassen sich innerhalb der Gesellschaftsordnung vier verschiedene Teilbereiche unterscheiden:

- Die **Rechtsordnung** beinhaltet die Gesamtheit sämtlicher Rechtsvorschriften innerhalb der Gesellschaft.

- Die **politische Ordnung** spiegelt die politischen Herrschafts- und Machtverhältnisse innerhalb der Gesellschaft wider.

- Die **Sozialordnung** regelt den Schutz der sozial Schwachen und Benachteiligten sowie den Schutz vor wirtschaftlichen Folgen von Krankheit, Arbeitslosigkeit und Erwerbsunfähigkeit.

- Die **Wirtschaftsordnung** legt die Rahmenbedingungen fest, die für das wirtschaftliche Handeln der Wirtschaftssubjekte gelten.

Alle vier Bereiche sind voneinander abhängig. Sie bedingen sich teilweise gegenseitig: Geänderte Auffassungen innerhalb der politischen Führung über die Sozialordnung schlagen sich in einer entsprechenden Sozialgesetzgebung nieder. Hieraus können wiederum Rückwirkungen auf die Wirtschaftsordnung entstehen. Umgekehrt bleibt der wirtschaftliche Wandel nicht ohne Auswirkungen auf die Wirtschafts- und Sozialordnung.

- **Rechtsnormen** regeln verbindlich die Beziehungen der Menschen zueinander und begrenzen die Rechte des Einzelnen innerhalb der Gesellschaft.

- Die **Rechtsordnung** als Gesamtheit aller Rechtsnormen ist Bestandteil sämtlicher Verhaltensregeln, denen der Einzelne unterworfen ist.

2.1.2   Rechtsquellen

Rechtsnormen können

- sich durch ständige allgemeine Praxis und Rechtsanschauungen entwickeln (= *Gewohnheitsrecht*),

- durch individuelle Vereinbarungen zwischen einzelnen Personen entstehen (= *Vertragsrecht*),

- ausdrücklich vom Gesetzgeber (Legislative) geschaffen werden (= *Gesetzesrecht, „kodifiziertes Recht"*).

Während Gewohnheitsrecht und Gesetzesrecht für die Allgemeinheit verbindlich sind, gelten vertragliche Vereinbarungen nur für die beteiligten Parteien.

Gewohn-heitsrecht	Ungeschriebene Rechtsnormen, die sich durch langjährige, stetige Gewohnheiten und Rechtsanschauungen innerhalb einer Gesellschaft entwickelt haben. Sie sind mit dem Gesetzesrecht gleichrangig. Gegenüber dem Gesetzesrecht bestehen heute nur noch wenige Rechtsnormen, die ausschließlich gewohnheitsrechtlich abgesichert sind. *Beispiel: Nicht im Grundbuch eingetragene, aber aufgrund langjähriger Gewöhnung bestehende Wegerechte.*
Gesetzes-recht	Geschriebene Rechtsnormen, die in einem förmlichen Verfahren von den dafür zuständigen staatlichen Organen erlassen werden. – **Gesetze** werden von den Trägern der gesetzgebenden Gewalt, den Parlamenten (Legislative), erlassen. – **Rechtsverordnungen** werden von einer Behörde, die der Gesetzgeber eigens ermächtigt hat, erlassen. Sie sind an ein bestimmtes Gesetz gebunden und dienen zur Ergänzung des Gesetzes. Inhalt, Zweck und Ausmaß der Ermächtigung zum Erlass einer Rechtsverordnung sind im betreffenden Gesetz festgelegt. *Beispiele:* *– Verordnung über die Rechnungslegung der Kreditinstitute* *– Börsenzulassungsverordnung* Die **autonome Satzung** ist eine Sonderart des Gesetzesrechts; sie beruht auf der Rechtsetzungsbefugnis, die u. a. den Anstalten und Körperschaften des öffentlichen Rechts zusteht. *Beispiel: Sparkassensatzung*

Vertrags-recht	Geschriebene und ungeschriebene Rechtsnormen, die aufgrund individueller Absprachen zwischen den Rechtssubjekten entstehen. – Der **Grundsatz der Vertragsfreiheit** bedeutet Abschluss- und Inhaltsfreiheit: Es steht den Beteiligten frei, Verträge mit wem auch immer und beliebigen Inhalts zu schließen. Die Vertragsfreiheit findet dort ihre Grenzen, wo gegen bestehende Gesetze und die Rechte Dritter verstoßen wird. – Der **Grundsatz von „Treu und Glauben"** bedeutet, dass Verträge so auszulegen und zu erfüllen sind, wie es den allgemeinen Verkehrssitten entspricht *(§§ 157, 242 BGB).* – Der **Grundsatz der Vertragstreue** verpflichtet die Vertragspartner zur Erfüllung der eingegangenen Verpflichtungen. Eine schuldhafte Verletzung der Vertragspflichten löst ggf. eine Schadenersatzpflicht aus.

2.1.3 Rechtsprechung

Die **Rechtsprechung** (Judikative) geschieht durch die Gerichte. Die Richter sind unabhängig und nur dem Gesetz unterworfen *(Art. 97 GG).* Sie haben die Aufgabe, in einem geregelten Verfahren (Prozess) das vorhandene Recht auf den Einzelfall anzuwenden und darüber zu entscheiden, wie in Streitfällen Gesetze bzw. Verträge auszulegen sind, d. h. was bei konkreten Sachverhalten rechtens ist.

Beispiel: Die Finanzgerichte (FG) als spezielle Verwaltungsgerichte sind zuständig für abgabenrechtliche Streitigkeiten zwischen Steuerpflichtigen und Finanzbehörden.

Ständige Rechtsprechung liegt vor, wenn die Gerichte in einer bestimmten Rechtsfrage wiederholt im gleichen Sinn entscheiden. Eine bestimmte Rechtsanschauung kann auf diese Weise zum Gewohnheitsrecht erstarken.

Höchstrichterliche Rechtsprechung erfolgt durch die höchsten Gerichte.

Beispiele: Es sind zuständig:
- *der **Europäische Gerichtshof** (EuGH) für europäische und überstaatliche Angelegenheiten der Gemeinschaftsmitglieder*
- *das **Bundesverfassungsgericht** (BVerfG) für Verfassungsstreitigkeiten*
- *der **Bundesgerichtshof** (BGH) für Zivil- und Strafsachen*
- *der **Bundesfinanzhof** (BFH) für Streitigkeiten über Zoll- und Steuerangelegenheiten*
- *das **Bundesarbeitsgericht** (BAG) für arbeits- und tarifrechtliche Angelegenheiten*

Die Endurteile der höchsten deutschen Gerichte schließen den betreffenden Fall zwar endgültig ab, binden aber in einem neuen Fall weder die höchsten Gerichte selbst noch die untergeordneten Gerichte.
Hiervon ausgenommen sind nur die Entscheidungen des Bundesverfassungsgerichts: Sie binden die Verfassungsorgane des Bundes und der Länder und haben grundsätzlich Gesetzeskraft.

Exkurs: Gewaltenteilung

Seit der klassischen Gewaltenteilungslehre, die vor allem auf John Locke (1632–1704) und Charles de Montesquieu (1689–1755) zurückgeht, wird unter Gewaltenteilung die Aufteilung der staatlichen Gewalt in mehre-

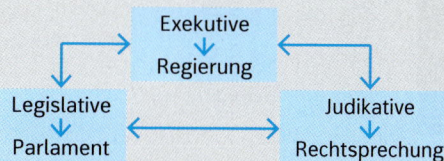

re, sich gegenseitig kontrollierende und beschränkende Gewalten, die von verschiedenen Personen ausgeübt werden, verstanden. Herkömmlich wird dabei zwischen legislativer, exekutiver und judikativer Gewalt unterschieden.

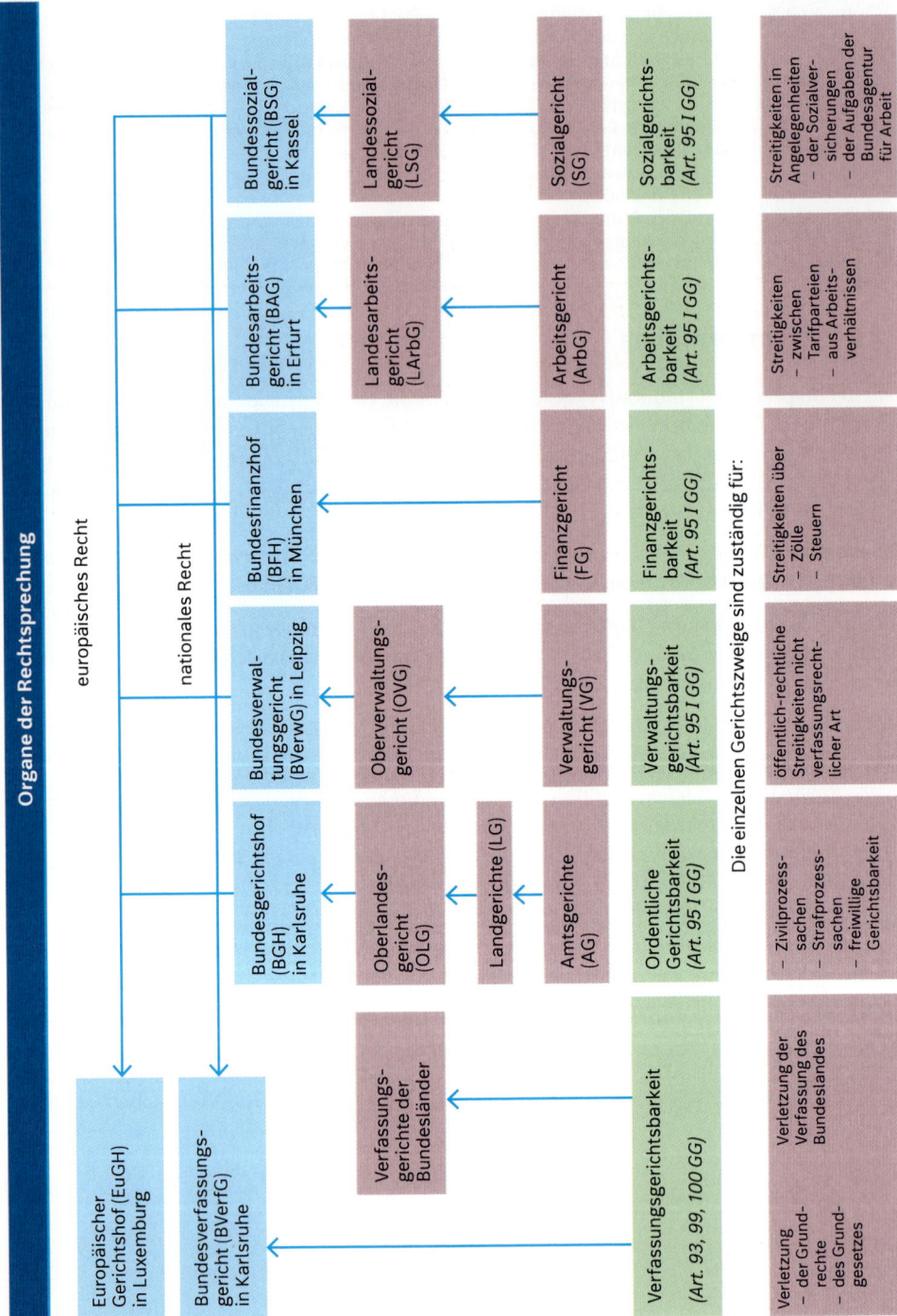

2.1.4 Privatrecht und öffentliches Recht

Rechtsnormen können privatrechtlicher oder öffentlich-rechtlicher Natur sein.

> Das **Privatrecht** regelt auf der Basis der Gleichberechtigung die rechtlichen Beziehungen der Privatpersonen und privaten Einrichtungen untereinander.
> Wichtigste Gesetzesgrundlage ist das **Bürgerliche Gesetzbuch** (BGB).

Privatrechtliche Beziehungen werden in erster Linie durch **Verträge** gestaltet. Niemand kann zum Abschluss eines Vertrages gezwungen werden. Die Vertragspartner können im Rahmen der bestehenden Gesetze ihre Verträge beliebig ausgestalten (dispositives Recht). Auch öffentlich-rechtliche Institutionen können privatrechtliche Beziehungen eingehen.

Beispiel: Die Stadt Köln kauft von einem Möbelhersteller Computertische.

> Das **öffentliche Recht** regelt auf der Basis der Über-/Unterordnung die rechtlichen Beziehungen zwischen dem Staat und den übrigen Trägern der öffentlichen Gewalt auf der einen Seite und den Privatpersonen und privaten Einrichtungen auf der anderen Seite.

Öffentlich-rechtliches Handeln vollzieht sich durch Verwaltungsakte.
Verwaltungsakte sind hoheitliche Maßnahmen, die eine Behörde zur Regelung eines Einzelfalles trifft und denen eine betroffene Person, wenn kein Rechtsbehelf mehr möglich ist, sich nicht entziehen kann.

Beispiele:
- *Steuerbescheid des Finanzamtes*
- *Bußgeldbescheid des Amtes für öffentliche Ordnung wegen Falschparkens*

Privatrecht (Zivilrecht)	Öffentliches Recht
– regelt die Rechtsbeziehungen der Privatpersonen und privaten Einrichtungen untereinander – dient dem Individualinteresse	– regelt die Rechtsbeziehungen der Privatpersonen und privaten Einrichtungen zu den öffentlichen Einrichtungen (Staat, Gemeinden usw.) und der öffentlichen Einrichtungen untereinander – dient dem öffentlichen Interesse
Die im Gesetz stehenden Rechtsnormen können durch individuelle vertragliche Abmachungen geändert werden. Die gesetzlichen Regelungen gelten nur insoweit, als keine anderweitigen vertraglichen Vereinbarungen getroffen wurden.	Die im Gesetz stehenden Rechtsnormen sind für die Bürger bzw. die betroffenen öffentlichen Einrichtungen zwingend. Bei Straftatbeständen muss der Staat – vertreten durch den Staatsanwalt – Klage bei Gericht erheben.
Grundsätze: – Gleichberechtigung der Beteiligten – Vertragsfreiheit – Vertragstreue	**Grundsatz:** Über- bzw. Unterordnung
Rechtsgebiete: – *Bürgerliches Recht* – *Eherecht* – *Handelsrecht* – *Scheckrecht* – *Wertpapierrecht* – *Urheberrecht*	**Rechtsgebiete:** – *Verfassungsrecht* – *Prozessrecht* – *Verwaltungsrecht* – *Steuerrecht* – *Strafrecht* – *Schulrecht*

2.1.5   Objektives und subjektives Recht

Das **objektive Recht** umfasst die Gesamtheit der durch **Gesetze** oder **Gewohnheitsrecht** verankerten Rechtsnormen.

Beispiele:
- *Grundgesetz* (GG)
- *Bürgerliches Gesetzbuch* (BGB)
- *Handelsgesetzbuch* (HGB)
- *Strafgesetzbuch* (StGB)
- *Straßenverkehrsordnung* (StVO)

Im Gegensatz zum objektiven Recht versteht man unter dem **subjektiven Recht** eine Befugnis oder einen Anspruch, der sich für den Berechtigten aus dem objektiven Recht unmittelbar ergibt oder aufgrund eines objektiven Rechts erworben wird.

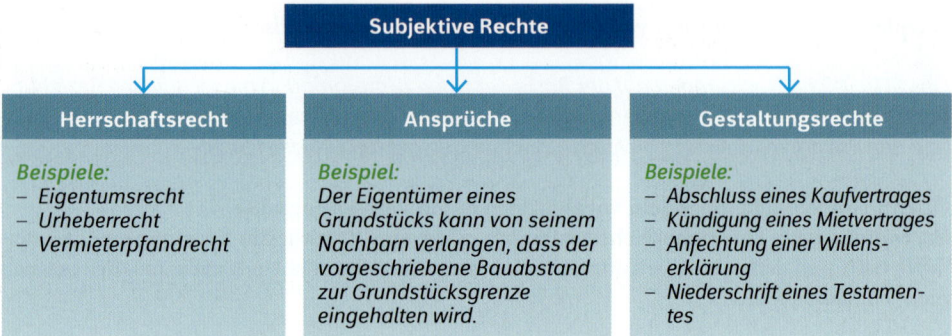

2.1.6   Dispositives und zwingendes Recht

Dispositives Recht (nachgiebiges Recht) erlaubt, dass geltende allgemeine Rechtsvorschriften durch die Beteiligten abgeändert oder ausgeschlossen werden.
Unter **zwingendem Recht** sind Rechtsvorschriften zu verstehen, deren Abänderung oder Ausschluss gesetzlich verboten (= unabdingbar) ist.

Beispiele:
- *Dispositives Recht:*   *Beim Kauf eines Pkw wird die gesetzliche Gewährleistungsfrist von 24 Monaten (§ 438 BGB) vertraglich auf 36 Monate verlängert.*
- *Zwingendes Recht:*   *Verbraucherdarlehensverträge bedürfen der Schriftform (§ 492 BGB).*

2.1.7   Aufbau des Bürgerlichen Gesetzbuches

Das Bürgerliche Gesetzbuch ist in fünf Bücher aufgeteilt. Diese Bücher sind wiederum in Abschnitte untergliedert.

Erstes Buch: **Allgemeiner** **Teil**	Allgemeine Rechtsbegriffe werden geklärt.
	– Personen – Verjährung – Sachen – Selbstverteidigung, Selbsthilfe – Rechtsgeschäfte – Sicherheitsleistung – Fristen, Termine
Zweites **Buch:** **Schuldrecht**	Das Recht der Schuldverhältnisse behandelt die schuldrechtlichen Beziehungen zwischen Schuldner und Gläubiger. – Inhalt der Schuldverhältnisse – Schuldübernahme – Schuldverhältnisse aus Verträgen – Mehrheit von Schuldnern und Gläu- – Erlöschen der Schuldverhältnisse bigern – Übertragung der Forderung – einzelne Schuldverhältnisse
Drittes Buch: **Sachenrecht**	Im Sachenrecht werden Besitz, Eigentum an Sachen, Erwerb und Verlust von Eigentum an Sachen, Eigentumbeschränkungen und Belastungen behandelt. – Besitz – Vorkaufsrecht – allgemeine Vorschriften über Rech- – Reallasten te an Grundstücken – Hypothek, Grund- und Renten- – Eigentum schuld – Erbbaurecht – Pfandrecht an beweglichen Sachen – Dienstbarkeiten und an Rechten
Viertes Buch: **Familien-** **recht**	Im Familienrecht sind die familienrechtlichen Beziehungen einer Person geregelt. – bürgerliche Ehe – Vormundschaft – Verwandtschaft – Betreuung
Fünftes **Buch:** **Erbrecht**	Im Erbrecht wird der Übergang von Vermögen eines Verstorbenen auf die Erben festgeschrieben Erbfolge – Erbunwürdigkeit – Rechtliche Stellung der Erben – Erbverzicht – Testament – Erbschein – Erbvertrag – Erbschaftskauf – Pflichtteil

2.2   Rechtssubjekte und Rechtsobjekte

2.2.1   Rechtssubjekte

Rechtssubjekte *sind die natürlichen und juristischen Personen.*

Rechtsfähigkeit *ist die Fähigkeit der Rechtssubjekte, Träger von Rechten und Pflichten zu sein.*

Natürliche Personen sind die Menschen. Die Rechtsfähigkeit natürlicher Personen beginnt mit Vollendung der Geburt und endet mit Eintritt des Todes *(§ 1 BGB)*.

Juristische Personen sind Personenvereinigungen oder Vermögensmassen mit eigener Rechtspersönlichkeit. Man unterscheidet zwischen juristischen Personen des privaten Rechts und juristischen Personen öffentlichen Rechts. Juristische Personen brauchen Menschen als „Organe" zum rechtsgeschäftlichen Handeln (nach außen), d.h. ein **Vertretungsorgan**. Die Rechtsfähigkeit juristischer Personen beginnt und endet mit einem Rechtsakt.

natürliche Personen	juristische Personen des privaten Rechts	juristische Personen des öffentlichen Rechts
– Menschen – Rechtsfähigkeit beginnt mit der Geburt	– Personenvereinigungen und Vermögensmassen mit eigener Rechtspersönlichkeit – Rechtsfähigkeit beginnt mit einem Rechtsakt (z. B. durch Eintragung in ein Register beim zuständigen Amtsgericht)	– Personenvereinigungen zur Wahrnehmung eines öffentlichen Auftrags – Erlangung der Rechtsfähigkeit durch ein Gesetz oder einen staatlichen Hoheitsakt
Beispiele *Ein Säugling kann Eigentum an einer Sache haben.*	*Beispiele* *– eingetragener Verein (e.V.)* *– Aktiengesellschaft (AG)* *– Gesellschaft mit beschränkter Haftung (GmbH)*	*Beispiele* *– öffentliche Sparkassen* *– Bund, Länder, Gemeinden* *– Religionsgemeinschaften*

Natürliche und juristische Personen sind **parteifähig**, d.h., sie können in einem Zivilprozess klagen oder beklagt werden.

Verbraucher ist jede natürliche Person, die ein Rechtsgeschäft zu einem Zweck abschließt, der weder ihrer gewerblichen noch ihrer selbstständigen beruflichen Tätigkeit zugeordnet werden kann (§ 13 BGB).

Unternehmer ist jede natürliche oder juristische Person oder eine Personengesellschaft, die bei Abschluss eines Rechtsgeschäftes in Ausübung ihrer gewerblichen oder selbstständigen beruflichen Tätigkeit handelt (§ 14 BGB).

Nicht rechtsfähige Personenvereinigungen sind:
- nicht eingetragene Vereine *(§ 54 BGB)*
- Erbengemeinschaften *(§ 2032 ff. BGB)*

Träger der Rechte und Pflichten ist in diesem Fall nicht die Personenvereinigung selbst, sondern vielmehr die Gesamtheit ihrer Mitglieder.

Quasi juristische Personen sind die Personenhandelsgesellschaften OHG und KG sowie die Partnerschaftsgesellschaft. Sie besitzen keine Rechtsfähigkeit, werden aber weitgehend wie juristische Personen behandelt.

Beispiele:
– Personenhandelsgesellschaften führen eine Firma.
– Personenhandelsgesellschaften können unter ihrer Firma klagen und beklagt werden.

Von der Rechtsfähigkeit ist die **Handlungsfähigkeit** zu unterscheiden.

Handlungsfähigkeit ist die Fähigkeit, durch eigenes verantwortliches Handeln Rechtswirkungen hervorzurufen.

Sie ist Voraussetzung für die **Geschäftsfähigkeit** und **Deliktsfähigkeit**.

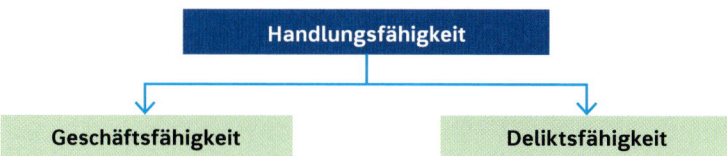

2.2.1.1 Geschäftsfähigkeit

Geschäftsfähigkeit ist die Fähigkeit, durch eigenes Handeln wirksam Rechtsgeschäfte abzuschließen.

Geschäftsfähigkeit natürlicher Personen

Bei natürlichen Personen richtet sich die Geschäftsfähigkeit grundsätzlich nach dem Lebensalter:

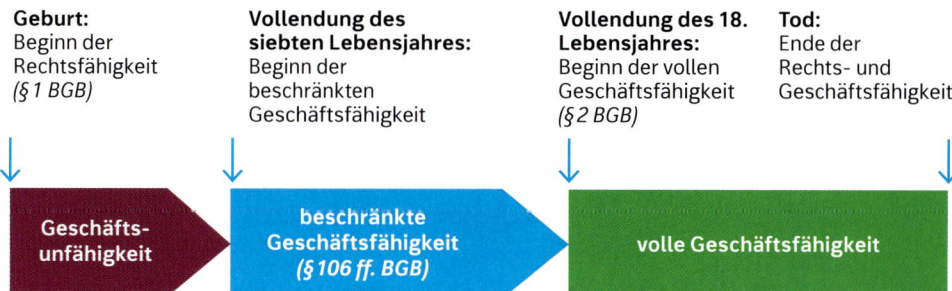

Allerdings können auch Volljährige geschäftsunfähig sein, wenn bei ihnen eine dauerhafte Störung der Geistestätigkeit vorliegt *(§ 104 Nr. 2 BGB)*. Für diese Personen gelten zusätzlich die Regelungen zur Betreuung.[1]

Geschäftsunfähigkeit

Willenserklärungen von Geschäftsunfähigen sind grundsätzlich **nichtig** *(§ 105 BGB). Eine Ausnahme gilt gemäß § 105 a BGB für Geschäfte des täglichen Lebens (z. B. Kauf von Lebensmitteln), die ein volljähriger Geschäftsunfähiger Zug um Zug (Ware gegen Zahlung) tätigt.*

Willenserklärungen, die eine geschäftsunfähige Person binden, können nur durch den gesetzlichen Vertreter erfolgen.

Gesetzlicher Vertreter für Minderjährige sind grundsätzlich die Eltern gemeinsam.

Beispiel: Der fünfjährige Florian soll von seinem Onkel Max ein Skateboard geschenkt bekommen. Die Schenkung wird erst wirksam, wenn Florians Eltern stellvertretend für ihren Sohn das Geschenk annehmen.

---

[1] *Vgl. hierzu S. 120*

Die **elterliche Sorge** umfasst die Sorge für die Person und das Vermögen des Kindes sowie die Vertretung des Kindes. Die Eltern vertreten das Kind **gemeinschaftlich** *(§§ 1626, 1629 BGB)*.

Ein Elternteil kann vom anderen Elternteil bevollmächtigt werden, bei Willenserklärungen für das Kind im Namen beider Elternteile zu handeln.

Ein Elternteil vertritt das Kind allein, wenn
- der andere Elternteil gestorben, beschränkt geschäftsfähig oder geschäftsunfähig ist,
- der andere Elternteil verhindert ist, die elterliche Sorge wahrzunehmen,
- das Vormundschaftsgericht die elterliche Sorge einem Elternteil allein übertragen hat.

Kreditinstitute verlangen bei der Eröffnung von Konten und Depots die Unterschrift beider Elternteile.

Sind die Eltern verstorben, so wird für das Kind *(Mündel)* vom *Familiengericht* eine andere Person zum **Vormund** bestellt. Der Vormund hat das Recht und die Pflicht, für die Person und das Vermögen des Mündels zu sorgen, insbesondere das Mündel zu vertreten *(§§ 1773, 1793 BGB)*. Vermögensanlagen für das Mündel müssen verzinslich und mündelsicher erfolgen *(§§ 1806, 1807 BGB)*.

Willenserklärungen gegenüber einem Geschäftsunfähigen sind erst wirksam, wenn sie dem gesetzlichen Vertreter zugehen *(§ 131 BGB)*.

Beispiel: Der fünfjährige Florian hat ein Mehrfamilienhaus geerbt. Die Kündigung durch einen Mieter ist nur wirksam, wenn sie Florians Eltern übermittelt wird.

Beachten Sie jedoch:
Für die Erledigung von Botengängen spielt die Frage der Geschäftsfähigkeit keine Rolle. Der **Bote** gibt keine eigene Willenserklärung ab, sondern übermittelt nur die bereits fertige Willenserklärung seines Auftraggebers. Der Bote kann somit auch geschäftsunfähig sein.

Beispiel: Der fünfjährige Florian wird von seinem Vater zum Einkaufen geschickt. Florian gibt selber keine Willenserklärung ab, sondern übermittelt nur die Willenserklärung seines Vaters.

Nicht in allen Fällen können die Eltern bzw. der Vormund allein Rechtsgeschäfte im Namen des Kindes abschließen. Zum Schutz des Kindes bedürfen vielmehr bestimmte „gefährliche" Rechtsgeschäfte zusätzlich der Genehmigung des Familiengerichts *(§§ 1643, 1821 BGB)*.

Beispiele:
- *Kreditaufnahmen auf den Namen des Mündels*
- *Grundstücksgeschäfte*
- *Eingehung von Scheckverbindlichkeiten*
- *Übernahme einer fremden Verbindlichkeit, insbesondere Übernahme einer Bürgschaft*

Beschränkte Geschäftsfähigkeit

Willenserklärungen beschränkt geschäftsfähiger Personen sind **schwebend unwirksam**. *Sie sind wirksam, wenn der gesetzliche Vertreter seine* **Zustimmung** *(vorherige Zustimmung = Einwilligung oder nachträgliche Zustimmung = Genehmigung) erteilt (§§ 107, 108, 182ff. BGB).*

Beispiel: Der 16-jährige Yannick kauft mit Erlaubnis seiner Eltern ein Mountainbike zum Preis von 600,00 €.

Wird die Zustimmung erteilt, ist die Willenserklärung von Anfang an wirksam, wird sie verweigert, ist die Willenserklärung von Anfang an unwirksam.

In vier Ausnahmefällen können beschränkt geschäftsfähige Personen auch ohne Zustimmung ihres gesetzlichen Vertreters wirksam Rechtsgeschäfte abschließen:

1. Ausnahme: Rechtliche Vorteilsgeschäfte

Rechtsgeschäfte, die dem beschränkt Geschäftsfähigen lediglich einen rechtlichen Vorteil bringen *(§ 107 BGB)*.

Beispiel: Die elfjährige Marie bekommt von ihrer Tante ein Armband geschenkt. Weil die Eltern das Armband geschmacklos finden und darüber hinaus die Tante nicht leiden können, sind sie gegen das Geschenk. Marie freut sich jedoch darüber. Die Schenkung ist wirksam, wenn sie das Armband annimmt.

2. Ausnahme: Taschengeldgeschäfte

Rechtsgeschäfte, die der beschränkt Geschäftsfähige mit Mitteln bewirkt, die ihm von seinem gesetzlichen Vertreter oder mit dessen Zustimmung von einem Dritten zur freien Verfügung überlassen worden sind (Taschengeldparagraf, *§ 110 BGB*).

Beispiel: Der elfjährige Philipp kauft sich von seinem Taschengeld ein Piratenschiff.

3. Ausnahme: Selbstständiger Geschäftsbetrieb

Rechtsgeschäfte, die der beschränkt Geschäftsfähige im Rahmen eines Geschäftsbetriebes abschließt, zu dessen selbstständiger Leitung er von seinem gesetzlichen Vertreter mit Genehmigung des Familiengerichts ermächtigt worden ist *(§ 112 BGB)*.

Beispiel: Der 17-jährige Maurice soll die Leitung des elterlichen Betriebes übernehmen, da sein Vater krank geworden ist. Nachdem die Genehmigung des Vormundschaftsgerichts vorliegt, kann er alle Rechtsgeschäfte selbstständig abschließen, die den Betrieb betreffen.

4. Ausnahme: Dienst-/Arbeitsverhältnis

Rechtsgeschäfte im Rahmen eines Dienst- oder Arbeitsverhältnisses, das der beschränkt Geschäftsfähige mit Einwilligung seines gesetzlichen Vertreters eingegangen ist *(§ 113 BGB)*.

Beispiel: Die 16-jährige Anna wird in den Sommerferien mit Zustimmung ihrer Eltern als Verkäuferin in einer Boutique arbeiten. Sie kann aufgrund dieser Erlaubnis den Arbeitsvertrag selbstständig unterschreiben und außerdem, wenn ihr die Arbeit dort nicht gefällt, den Arbeitsvertrag kündigen und sich auch ggf. eine Stelle in einer anderen Boutique suchen.

Beachten Sie: Ein **Ausbildungsverhältnis** ist nach herrschender Meinung kein Dienst-/Arbeitsverhältnis im Sinne des *§ 113 BGB*.

Beispiel: Zur Kontoeröffnung für minderjährige Auszubildende ist die Zustimmung des gesetzlichen Vertreters notwendig.

Geistesstörung

Eine Willenserklärung ist stets *nichtig*, wenn diese in einem Zustand abgegeben wird, der eine freie Willensbildung ausschließt (dauerhafte oder vorübergehende Störung der Geistestätigkeit; „Blackout", §§ 104, 105 BGB).

Beispiel: Der 21-jährige Oliver hat seine Prüfung zum Bankkaufmann erfolgreich abgelegt. Als er am anderen Morgen einem Staubsaugervertreter die Tür öffnet, ist er noch vom übermäßigen Alkoholgenuss beduselt und kauft einen Staubsauger zum Preis von 250,00 €.

Betreuung

Kann ein **Volljähriger** aufgrund einer psychischen Krankheit oder einer körperlichen, geistigen oder seelischen Behinderung seine Angelegenheiten ganz oder teilweise nicht besorgen, kommt auf seinen Antrag oder von Amts wegen die Bestellung eines **Betreuers** durch das **Betreuungsgericht** in Betracht.

▪ Die Geschäftsfähigkeit des Betroffenen wird dadurch nicht aufgehoben. Im Einzelfall kann das Gericht aber die Teilnahme des Betreuten am Rechtsverkehr einschränken *(§ 1896 BGB)*.

▪ Ein Betreuer darf nur für Aufgabenkreise bestellt werden, in denen eine Betreuung erforderlich ist.

▪ Soweit eine Betreuung für Geld- und Vermögensangelegenheiten bestellt wurde, können sowohl der Betreute als auch der Betreuer über Konten und Depots des Betreuten verfügen. Bei widersprechenden Verfügungen ist grundsätzlich die Verfügung rechtswirksam, die zeitlich zuerst abgegeben wurde.

▪ Das Vormundschaftsgericht ordnet einen **Einwilligungsvorbehalt** an, soweit dies zur Abwendung einer erheblichen Gefahr für die Person oder das Vermögen des Betreuten erforderlich ist. Willenserklärungen des Betreuten sind in diesem Fall schwebend unwirksam. Die Einwilligung ist bei geringfügigen Angelegenheiten des täglichen Lebens nicht erforderlich *(§ 1903 BGB)*.

Geschäftsfähigkeit juristischer Personen

Juristische Personen erlangen mit dem Erwerb der Rechtsfähigkeit gleichzeitig auch die unbeschränkte Geschäftsfähigkeit.

Sie werden Dritten gegenüber vertreten durch:
▪ das **kraft Gesetz** hierzu bestimmte Organ (= gesetzlicher Vertreter)
Beispiele:
  – *Vorstand des eingetragenen Vereins*
  – *Geschäftsführer der GmbH*

oder

▪ **kraft Vollmacht** hierzu bestimmte Personen (= rechtsgeschäftliche Vertreter)
Beispiele:
  – *Handlungsbevollmächtigte*
  – *Prokuristen*
  – *Generalbevollmächtigte*

2.2.1.2 Deliktsfähigkeit

Deliktsfähig ist, wer für einen von ihm durch eine unerlaubte Handlung angerichteten Schaden zur Haftung herangezogen werden kann.

Beispiel: Ein Kunde stößt in einem Porzellangeschäft durch eigene Unachtsamkeit eine Vase vom Regal.

Nicht deliktsfähig ist,
- wer das siebte Lebensjahr noch nicht vollendet hat,
- wer im Zustand der nicht selbst verschuldeten Bewusstlosigkeit (Alkoholrausch ist in der Regel selbst verschuldet!) handelt,
- wer aufgrund einer krankhaften Störung der Geistestätigkeit zu einer freien Willensbestimmung nicht in der Lage ist.

Wer das siebte, aber noch nicht das 18. Lebensjahr vollendet hat, ist für eine unerlaubte Handlung nicht verantwortlich, wenn er bei deren Begehung nicht die zur Erkenntnis der Verantwortlichkeit erforderliche Einsicht hatte *(§§ 827, 828 BGB)*.

Juristische Personen (gewohnheitsrechtlich analog auch **quasi juristische Personen**: OHG, KG) sind durch ihre **Organe** und **Vertreter** deliktsfähig *(§§ 31, 89 BGB)*.

Beispiele:
- *Vorstand der Aktiengesellschaft*
- *Geschäftsführer der GmbH*
- *Gesellschafter der OHG*

2.2.1.3 Personenvereinigungen nach dem BGB

Verfolgen mehrere Personen ein gemeinschaftliches Ziel, so können sie sich zu einer Gesellschaft zusammenschließen oder einem Verein beitreten.

Gesellschaft bürgerlichen Rechts[1] *(§§ 705–740 BGB)*	Eingetragener Verein *(§§ 21–79 BGB)*
– **Rechtsgrundlage:** *formfreier Gesellschaftsvertrag*	– **Rechtsgrundlage:** *schriftliche Satzung*
– dient der Erreichung ökonomischer oder außerökonomischer Ziele	– dient der Erreichung außerökonomischer („ideeller") Ziele
– ist an die Person der Gesellschafter gebunden; Auflösung grundsätzlich bei Tod, Insolvenz, Kündigung eines Gesellschafters oder automatisch nach Erreichung des vereinbarten Zieles („Gelegenheitsgesellschaft")	– ist auf längere Dauer angelegt und vom Wechsel seiner Mitglieder (Mindestzahl bei der Gründung: sieben) unabhängig; Auflösung: Mitgliederzahl sinkt unter drei Personen
– ist keine juristische Person; ist nicht eintragungsfähig	– ist eine juristische Person; sie entsteht durch Eintragung ins Vereinsregister
– führt keinen eigenen Namen; Verträge werden im Namen der Gesellschafter abgeschlossen	– führt einen Vereinsnamen; Verträge werden im Namen des Vereins abgeschlossen
– Gesellschaftsvermögen gehört den Gesellschaftern zur gesamten Hand; diese haften gegenüber den Gläubigern der Gesellschaft persönlich und gesamtschuldnerisch	– Vereinsvermögen gehört dem Verein; nur dieses haftet gegenüber den Gläubigern des Vereins (keine persönliche Haftung der Vereinsmitglieder)
– Geschäftsführung und Vertretung der Gesellschaft gegenüber Dritten geschieht durch die Gesellschafter gemeinschaftlich, soweit nichts anderes vertraglich vereinbart wurde	– Geschäftsführung und Vertretung des Vereins gegenüber Dritten geschieht durch den Vorstand (= gesetzlicher Vertreter); die Mitgliederversammlung wählt den Vorstand, überwacht ihn und entscheidet nur über Fragen besonderer Wichtigkeit

---

[1] *Vgl. ausführlich hierzu S. 177 ff.*

2.2.2 Rechtsobjekte

Rechtsobjekte sind Gegenstände, die der Rechtsmacht der Rechtssubjekte unterliegen.

Beispiel: Michaela (= Rechtssubjekt) verleiht eine CD (= Rechtsobjekt) an ihre Freundin Sabine.

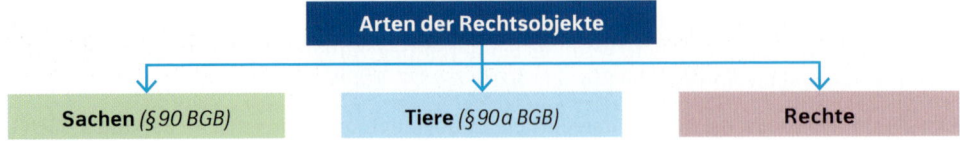

2.2.2.1 Sachen

Sachen sind nur körperliche Gegenstände *(§ 90 BGB)*.

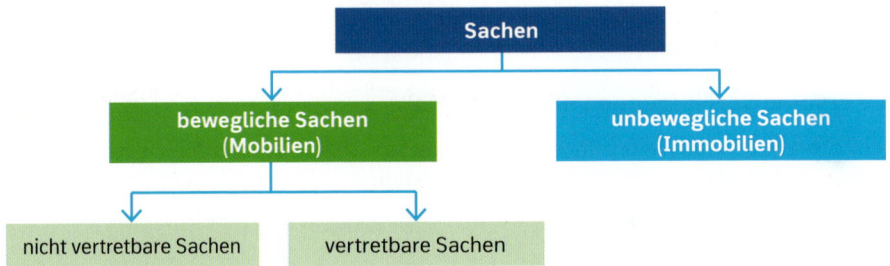

Nicht vertretbare Sachen sind Einzelstücke mit individueller Prägung. Sie existieren in dieser Form nur einmal.

Beispiele: ein selbstgestrickter Pullover, ein Gemälde, eine Stradivari-Geige

Vertretbare Sachen sind bewegliche Gegenstände, die im Geschäftsleben nach Maß, Zahl oder Gewicht bestimmt werden *(§ 91 BGB)*. Sie sind untereinander austauschbar (fungibel).

Beispiele: industrielle Massenprodukte, Aktien der Bayer AG

Unbewegliche Sachen sind die Grundstücke.

Ein **Grundstück** ist ein abgegrenzter Teil der Erdoberfläche.
Für jedes Grundstück ist im **Grundbuch** des zuständigen Grundbuchamtes eine besondere Akte, ein **Grundbuchblatt**, angelegt, aus dem die rechtlichen Verhältnisse des Grundstücks hervorgehen.
Wohnungseigentum und **Erbbaurechte**[1] sind grundstücksgleiche Rechte. Sie werden wie Grundstücke behandelt.

Wesentliche Bestandteile sind solche Teile einer Sache, die voneinander nicht getrennt werden können, ohne dass der eine oder andere zerstört oder in seinem Wesen verändert wird *(§ 93 BGB)*.

---

[1] *Der Erbbauberechtigte hat eine für bestimmte Zeit (i. d. R. 99 Jahre) das vererbliche und veräußerbare Recht, auf einem Grundstück ein Gebäude zu errichten und zu unterhalten.*

Beispiele:
– *der Einband eines Buches*
– *ein Gebäude auf einem Grundstück*

Wesentliche Bestandteile einer Sache können nicht Gegenstand besonderer Rechte sein.

Beispiel: Der Eigentümer eines Grundstücks ist auch Eigentümer der darauf wachsenden Bäume.

Zubehör sind selbstständige bewegliche Sachen, die – ohne Bestandteil der Hauptsache zu sein – dem wirtschaftlichen Zweck der Hauptsache zu dienen bestimmt sind und zu ihr in einem dieser Bestimmung entsprechenden räumlichen Verhältnis stehen (§ 97 BGB).

Für Hauptsache und Zubehör existiert in der Regel die gleiche Rechtslage, insbesondere besteht einheitliches Eigentum.

Beispiele:
– *Landwirtschaftsmaschinen, die zu einem Bauernhof gehören*
– *Inventar, das zu einer Gaststätte gehört*
– *der zu einem Auto gehörende Ersatzreifen*

Bei einer Veräußerung oder Belastung der Sache erstreckt sich die Verpflichtung im Zweifel auch auf das Zubehör der Sache *(§§ 311 c, 926, 1120 BGB).*

2.2.2.2 Rechte

Rechte sind unkörperliche (immaterielle) Gegenstände.

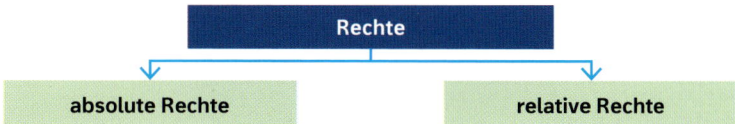

Absolute Rechte bestehen gegenüber jedermann.
Sie betreffen die Beziehungen einer Person zu einer Sache. Man spricht daher auch von **dinglichen** Rechten (Sachenrechten).

Beispiele: Eigentumsrecht an einer Sache, Urheberrecht an einem Buch

Relative Rechte bestehen nur zwischen bestimmten Personen. Sie resultieren aus Schuldverhältnissen. Man spricht daher auch von **schuldrechtlichen** Ansprüchen.

Beispiele: Ansprüche aus einem Kaufvertrag, Mietvertrag, Ausbildungsvertrag

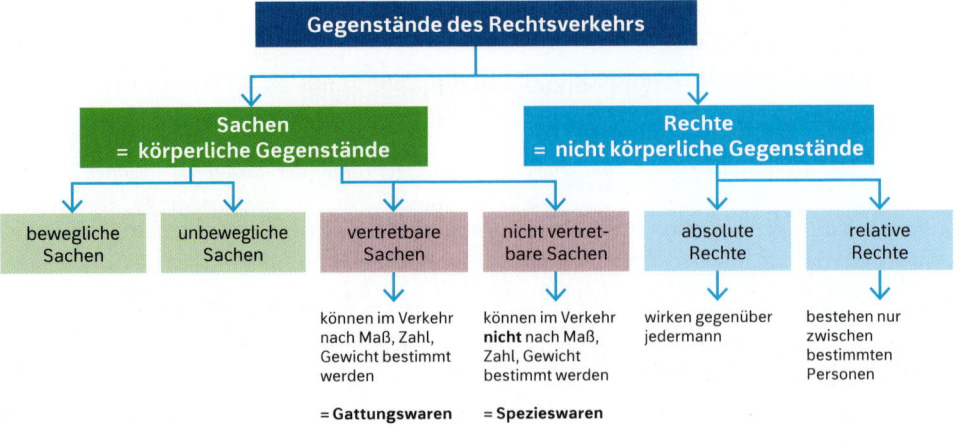

Körperliche Gegenstände (Sachen)

= unpersönliche, körperliche, für sich bestehende
Stücke der beherrschbaren Natur

bestehen meist aus deutlich
unterscheidbaren
Bestandteilen
(§§ 93–95 BGB)

wesentliche Bestandteile

– Eine Trennung würde zur
Zerstörung der wirtschaftlichen Werte führen.

– Können **nicht** Gegenstand
besonderer (dinglicher)
Rechte sein.

Beispiele:
– *Gebäude auf Grundstück*
– *Eisenträger in Gebäuden*
– *Pflanzen im Boden*

unwesentliche Bestandteile

– Eine Trennung ist leicht
möglich, wobei ihre wirt-
schaftliche Verwertbarkeit
erhalten bleibt.
– Können Gegenstand
besonderer Rechte sein.

Beispiel:
– *Räder und Motor eines
Serienautos*

Sachinbegriffe

– Zusammenfassung
von Sachen zu einer
Sachgesamtheit
– belastbar ist nur jede
Einzelsache für sich
(Bestimmtheit der
Sachen)

Beispiele:
– *Inventar*
– *Warenlager*
– *Schafherde*
– *Briefmarkensammlung*

Beachten Sie:
Zubehör ist nicht Bestandteil einer Sache, aber dazu bestimmt, dem
wirtschaftlichen Zweck der Hauptsache zu dienen. Ein räumlicher
Zusammenhang zur herrschenden Sache muss gegeben sein *(§§ 97,
98 BGB)*.
Beispiel:
Gabelstapler auf einem Firmengrundstück, landwirtschaftliche Geräte

2.2.2.3 Eigentum und Besitz

Eigentum

Eigentum ist die rechtliche Herrschaft über eine Sache.

Der Eigentümer kann, soweit nicht das Gesetz oder Rechte Dritter entgegenstehen, mit der Sache nach Belieben verfahren *(§ 903 BGB)*.

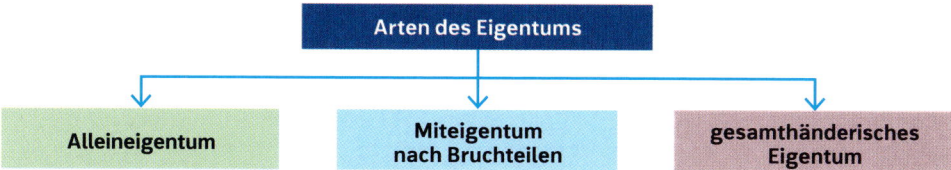

Beim **Alleineigentum** ist nur eine Person Eigentümer einer Sache.
Beim **Miteigentum** steht das Eigentum mehreren Personen gemeinschaftlich zu.
Jeder Miteigentümer hat einen bestimmten ideellen Anteil an der Sache und kann über seinen Anteil allein verfügen (Bruchteilseigentum).

Beispiel: Miteigentum an einem Bestand gleichartiger Wertpapiere (Wertpapiersammelbestand, § 6 Depotgesetz)

Beim **Gesamthandseigentum** besteht ein ungeteiltes Eigentumsrecht mehrerer Personen an der Sache. Verfügungen über das Eigentum können grundsätzlich nur gemeinschaftlich von den Miteigentümern *(Gesamthändern)* vorgenommen werden.

Beispiel: Die Geschwister Rolf und Ines haben gemeinsam ein Grundstück geerbt. Mit jeder Verfügung über das Grundstück müssen beide einverstanden sein.

Gesamthandsgemeinschaften sind:
- Erbengemeinschaften *(§§ 2032–2063 BGB)*
- BGB-Gesellschaften *(§§ 705–740 BGB)*
- Partnerschaftsgesellschaften *(§§ 1–11 Partnerschaftsgesellschaftsgesetz)*
- Offene Handelsgesellschaften *(§§ 105–160 HGB)*
- Kommanditgesellschaften *(§§ 161–177 a HGB)*
- eheliche Gütergemeinschaften *(§ 1416 BGB)*

Besitz

Besitz ist die tatsächliche Herrschaft über eine Sache (§ 854 BGB).

Eigentümer und Besitzer können identische oder verschiedene Personen sein.
Der Besitz wird durch Erlangung der tatsächlichen Gewalt über eine Sache erworben, einerlei, ob dies auf rechtmäßige Weise *(z. B. durch Leihe)* oder unrechtmäßige Weise *(z. B. durch Diebstahl)* geschieht.

Beispiel: Markus verliert seinen USB-Stick, der später von Jana gefunden wird. Markus verliert den Besitz, behält aber das Eigentum an dem USB-Stick. Bis zur Besitzergreifung durch Jana ist der USB-Stick ohne Besitzer.

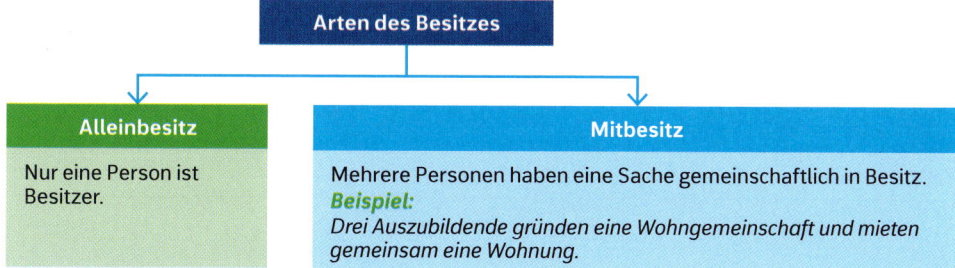

Mittelbarer Besitzer ist, wer einem anderen auf Zeit den unmittelbaren Besitz so überlassen hat, dass dieser Entleiher, Mieter, Pächter, Verwahrer, Nießbraucher oder Pfandgläubiger ist *(§ 868 BGB)*.

Beispiel: Michael hat seinem Freund Klaus sein Fahrrad geliehen. Michael ist mittelbarer Besitzer, Klaus ist unmittelbarer Besitzer.

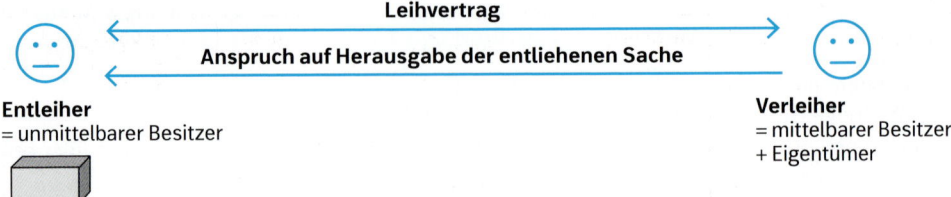

Entleiher
= unmittelbarer Besitzer

Verleiher
= mittelbarer Besitzer
+ Eigentümer

2.2.2.4 Eigentumserwerb an beweglichen Sachen

Das Eigentum an beweglichen Sachen wird übertragen durch:

- **Einigung über den Eigentumsübergang und Übergabe der Sache**
  Beispiel: Peter möchte seiner Freundin Clara ein Buch schenken. Mit der Übergabe des Buches erwirbt Clara das Eigentum.

- **bloße Einigung über den Eigentumsübergang**, wenn sich die Sache bereits im Besitz des Erwerbers befindet.
  Beispiel: Peter schenkt seiner Freundin Clara eine CD, die diese sich vorher schon von ihm geliehen hatte.

- **Einigung über den Eigentumsübergang und Vereinbarung eines Besitzkonstitutes** *(z. B. Leih-, Miet-, Verwahrvertrag)*, wenn die Sache weiterhin im Besitz des Veräußerers bleiben soll.
  Beispiel: Peter veräußert sein Fahrrad an seinen Freund Michael. Die beiden vereinbaren, dass Peter das Fahrrad noch ein halbes Jahr weiterbenutzen darf.

- **Einigung über den Eigentumsübergang und Abtretung des Herausgabeanspruchs**, wenn sich die Sache im Besitz eines Dritten befindet.
  Beispiel: Peter hat seinen alten Motorroller in der Garage seines Freundes Michael abgestellt. Er möchte ihn an seine Freundin Clara veräußern. Die beiden werden sich einig, und Peter teilt seinem Freund Michael mit, dass er den Motorroller an Clara herausgeben soll.

Situation	Abwicklung der Eigentumsübertragung	Rechtsgrundlage
1. Fall Der Gegenstand befindet sich beim Veräußerer (Normalfall).	Veräußerer ← Einigung → Erwerber + Übergabe →	*§ 929 BGB*
2. Fall Der Gegenstand befindet sich bereits beim Erwerber.	← Einigung →	*§ 929 BGB*

Situation	Abwicklung der Eigentumsübertragung	Rechtsgrundlage
3. Fall Der Gegenstand soll weiterhin im Besitz des Veräußerers bleiben.	Einigung + Besitzkonstitut *(z. B. Leihvertrag)*	§ 930 BGB
4. Fall Der Gegenstand befindet sich im Besitz eines Dritten.	**Veräußerer** Einigung + Abtretung des Herausgabeanspruchs **Erwerber** — **Dritter** Herausgabe-anspruch / Herausgabe-anspruch	§ 931 BGB

2.2.2.5 Sonderformen des Eigentumserwerbs an beweglichen Sachen

▪ **Eigentumserwerb durch Verbindung oder Vermischung** *(§§ 947, 948 BGB)*
Werden bewegliche Sachen so miteinander verbunden oder vermischt, dass sie wesentliche Bestandteile einer einheitlichen Sache werden, so werden die bisherigen Eigentümer Miteigentümer dieser Sache (z. B. bei einem Gemisch mehrerer Rebsorten von verschiedenen Lieferanten zu einem Wein). Ist eine der Sachen als die Hauptsache anzusehen, so erwirbt ihr Eigentümer das Alleineigentum (z. B. in eine Maschine eingebaute Schraube).

▪ **Eigentumserwerb durch Verarbeitung** *(§ 950 BGB)*
Wer durch Verarbeitung eines Gegenstandes eine neue bewegliche Sache herstellt, erwirbt das Eigentum an dieser Sache, sofern der Wert der Verarbeitung den Wert des Ausgangsmaterials übertrifft (z. B. Dosen aus Blech).

▪ **Gutgläubiger Eigentumserwerb** *(§§ 932, 935 BGB)*
Veräußert jemand eine Sache, die ihm nicht gehört, so wird der Erwerber unter folgenden drei Voraussetzungen dennoch Eigentümer:
  – Die Sache darf nicht gestohlen, verloren oder sonst abhanden gekommen sein, d. h., der Veräußerer war rechtmäßiger Besitzer *(z. B. infolge Leihe, Miete)*.
    Ausnahme: Es handelt sich um Geld, Inhaberpapiere oder in einer öffentlichen Versteigerung erworbene Sachen.
  – Der Erwerber muss den Veräußerer für den Eigentümer halten.
  – Die Sache muss dem Erwerber vom Veräußerer übergeben werden *(§ 933 BGB)*.

Ist ein **Wertpapier** dem Eigentümer abhanden gekommen, so kann dieser durch Einleitung des Oppositionsverfahrens (öffentliche Verlustanzeige), im zweiten Schritt durch Einleitung des gerichtlichen Aufgebotsverfahrens (Kraftloserklärung) seine Rechte zu wahren versuchen.
Ein **Kreditinstitut** kann an mit Opposition belegten Wertpapieren kein Eigentum erwerben, wenn der Verlust im Bundesanzeiger veröffentlicht worden ist und seit dem Ablauf des Jahres, in dem die Veröffentlichung erfolgt ist, nicht mehr als ein Jahr verstrichen ist *(§ 367 HGB)*.

2.3 Rechtsgeschäfte

2.3.1 Arten und Zustandekommen von Rechtsgeschäften

Rechtsgeschäfte entstehen aufgrund von Willenserklärungen, die in der Absicht abgegeben werden, eine bestimmte Rechtswirkung herbeizuführen.

Willensäußerung
Rechtswirkung:
Begründung,
Aufhebung,
Veränderung
einer Rechtslage

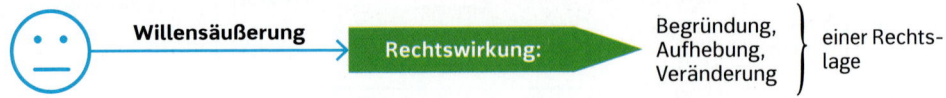

Rechtsgeschäfte können unter verschiedenen Gesichtspunkten eingeteilt werden.

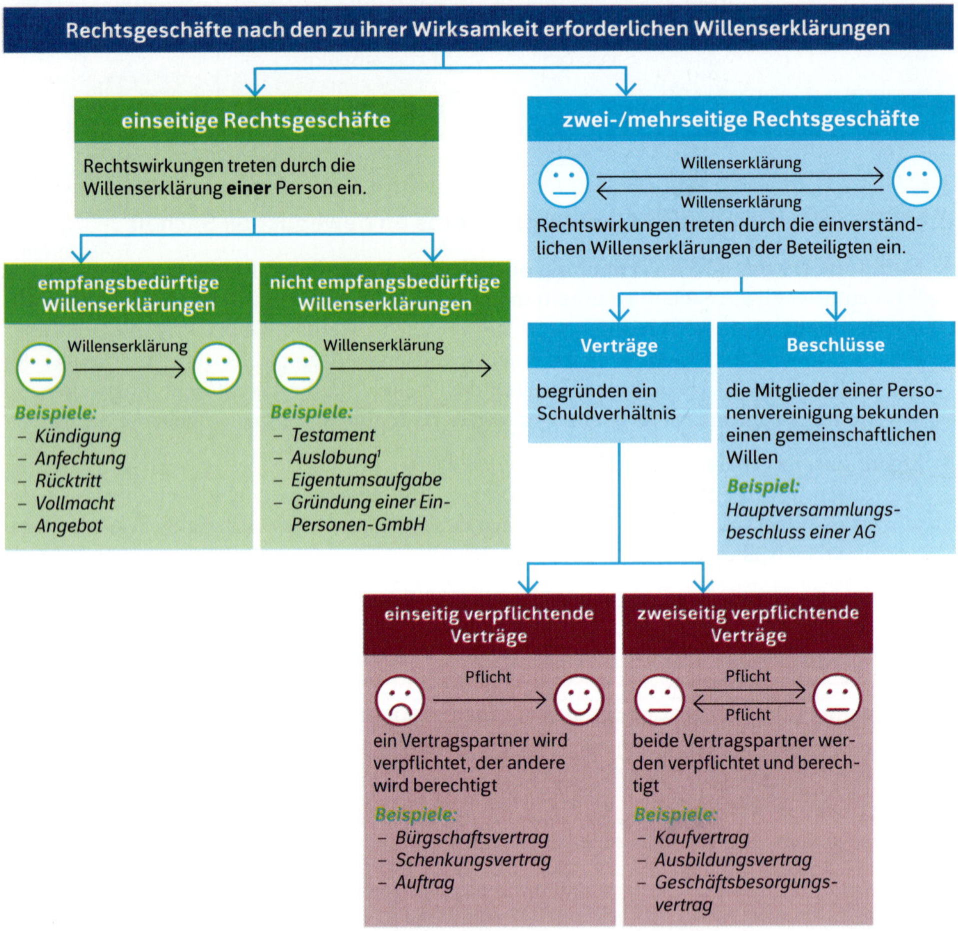
Rechtsgeschäfte nach den zu ihrer Wirksamkeit erforderlichen Willenserklärungen
einseitige Rechtsgeschäfte
Rechtswirkungen treten durch die Willenserklärung einer Person ein.
zwei-/mehrseitige Rechtsgeschäfte
Willenserklärung
Willenserklärung
Rechtswirkungen treten durch die einverständlichen Willenserklärungen der Beteiligten ein.
empfangsbedürftige Willenserklärungen
Willenserklärung
Beispiele:
- Kündigung
- Anfechtung
- Rücktritt
- Vollmacht
- Angebot
nicht empfangsbedürftige Willenserklärungen
Willenserklärung
Beispiele:
- Testament
- Auslobung[1]
- Eigentumsaufgabe
- Gründung einer Ein-Personen-GmbH
Verträge
begründen ein Schuldverhältnis
Beschlüsse
die Mitglieder einer Personenvereinigung bekunden einen gemeinschaftlichen Willen
Beispiel:
Hauptversammlungsbeschluss einer AG
einseitig verpflichtende Verträge
Pflicht
ein Vertragspartner wird verpflichtet, der andere wird berechtigt
Beispiele:
- Bürgschaftsvertrag
- Schenkungsvertrag
- Auftrag
zweiseitig verpflichtende Verträge
Pflicht
Pflicht
beide Vertragspartner werden verpflichtet und berechtigt
Beispiele:
- Kaufvertrag
- Ausbildungsvertrag
- Geschäftsbesorgungsvertrag

Empfangsbedürftige Willenserklärungen

Willenserklärungen gegenüber **Anwesenden** werden sofort mit der Abgabe der Willenserklärung wirksam.

---

[1] *z. B. ein öffentlicher Aushang: „50,00 € Belohnung für denjenigen, der meine Katze ‚Sally' zurückbringt" oder der Hinweis bei einer Tombola: „1. Preis: Eine Waschmaschine".*

Willenserklärungen gegenüber **Abwesenden** werden zu dem Zeitpunkt wirksam, zu dem sie dem Empfänger zugehen *(§ 130 BGB)*.

Beispiel: Die schriftliche Kündigung eines Zeitschriftenabonnements wird wirksam, sobald das Kündigungsschreiben in den Machtbereich des Empfängers (z. B. Einwurf in seinen Briefkasten) gelangt.

Nicht empfangsbedürftige Willenserklärungen

Sie werden zu dem Zeitpunkt wirksam, zu dem sie abgegeben werden.

Beispiel: Das handschriftliche Testament wird mit seiner Niederschrift und nachfolgender Unterschrift wirksam.

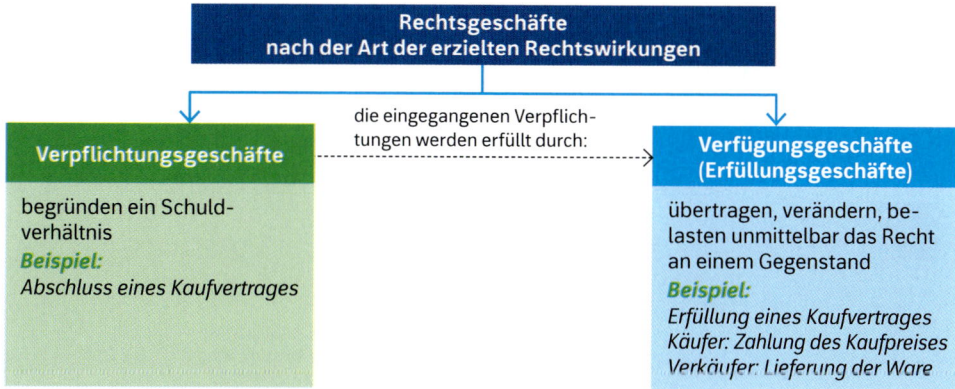

Bei den meisten Käufen des täglichen Lebens erfolgen Verpflichtungs- und Verfügungsgeschäft in unmittelbarem zeitlichen Zusammenhang.

Beispiel: Ein Kunde entnimmt in einem Supermarkt einem Verkaufsregal eine Tüte Milch und bezahlt den Kaufpreis anschließend an der Kasse.

2.3.2 Form der Rechtsgeschäfte

Die Abgabe einer Willenserklärung kann grundsätzlich formlos erfolgen. Entscheidend ist nur, dass der Erklärende seinen Willen deutlich zum Ausdruck bringt.
Die Abgabe einer Willenserklärung kann erfolgen:
- **mündlich** (unter Anwesenden)
- **schriftlich**
- durch **konkludentes** (schlüssiges) Verhalten

Viele alltägliche Rechtsgeschäfte kommen durch konkludentes Verhalten zustande.

Beispiele: Die Vorlage der Milch an der Kasse, das Eintippen des Kaufpreises, das Bezahlen und die Aushändigung der Ware an den Kunden sind konkludent für das Zustandekommen eines Kaufvertrages und die Erfüllung der daraus resultierenden Vertragspflichten.

Aus Beweissicherungsgründen empfiehlt sich häufig eine schriftliche Form.

Beispiele:
- *Kauf eines Gebrauchtwagens*
- *Darlehensgewährung an einen Freund*

Formvorschriften

In einigen Fällen schreibt der Gesetzgeber die Einhaltung einer bestimmten äußeren Form vor. Er will damit erreichen, dass sich die Erklärenden über die Tragweite ihrer Willenserklärungen bewusst werden. Die Nichtbeachtung einer Formvorschrift hat grundsätzlich die Nichtigkeit des Rechtsgeschäfts zur Folge *(§ 125 BGB)*.

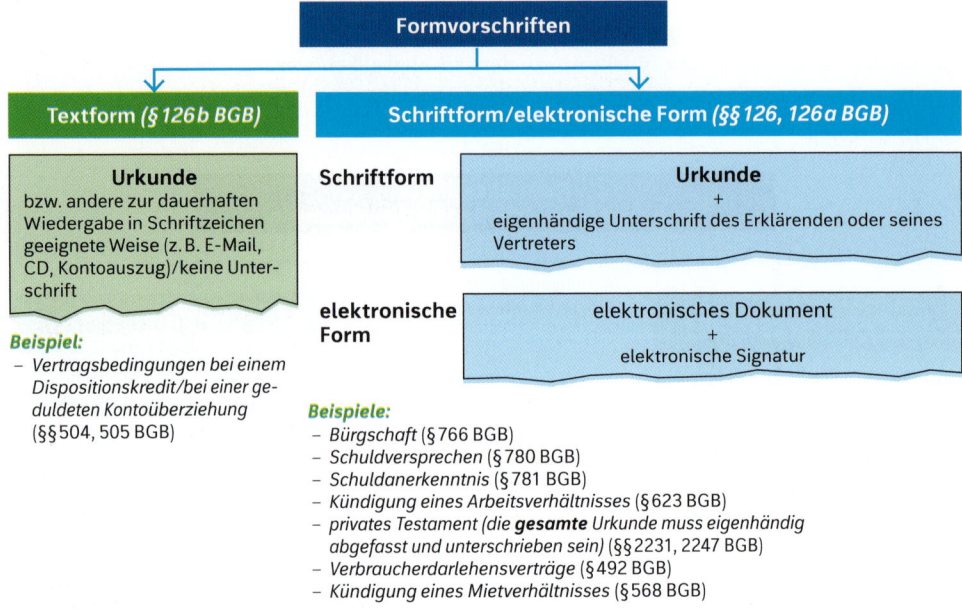

Formvorschriften

Textform *(§ 126 b BGB)*

Urkunde
bzw. andere zur dauerhaften Wiedergabe in Schriftzeichen geeignete Weise (z. B. E-Mail, CD, Kontoauszug)/keine Unterschrift

Beispiel:
– *Vertragsbedingungen bei einem Dispositionskredit/bei einer geduldeten Kontoüberziehung (§§ 504, 505 BGB)*

Schriftform/elektronische Form *(§§ 126, 126 a BGB)*

Schriftform

Urkunde
+
eigenhändige Unterschrift des Erklärenden oder seines Vertreters

elektronische Form

elektronisches Dokument
+
elektronische Signatur

Beispiele:
– *Bürgschaft (§ 766 BGB)*
– *Schuldversprechen (§ 780 BGB)*
– *Schuldanerkenntnis (§ 781 BGB)*
– *Kündigung eines Arbeitsverhältnisses (§ 623 BGB)*
– *privates Testament (die **gesamte** Urkunde muss eigenhändig abgefasst und unterschrieben sein) (§§ 2231, 2247 BGB)*
– *Verbraucherdarlehensverträge (§ 492 BGB)*
– *Kündigung eines Mietverhältnisses (§ 568 BGB)*

Öffentliche Beglaubigung *(§ 129 BGB)*

Urkunde
+
eigenhändige Unterschrift des Erklärenden oder seines Vertreters
+
Beglaubigung der Echtheit der Unterschrift durch einen Notar
Es wird bestätigt, dass die Unterschrift des Erklärenden tatsächlich von diesem stammt (Identitätsnachweis).

Nicht ausreichend ist die „amtliche" Beglaubigung durch eine siegelführende Stelle (Gemeindebehörde, Polizei, Pfarramt u. ä. öffentliche Dienststelle).
Beispiele:
– *Anmeldungen zur Eintragung ins Handels-, Vereins-, Güterrechtsregister (§ 12 HGB)*
– *Ausschlagung einer Erbschaft (§ 1945 BGB)*
– *Bewilligung von Grundbucheintragungen (§ 29 GBO)*

Notarielle Beurkundung *(§ 128 BGB)*

Urkunde
+
eigenhändige Unterschrift des Erklärenden oder seines Vertreters
+
Beurkundung des gesamten Inhalts durch einen Notar
Es wird bestätigt, dass
– die Beteiligten an einem bestimmten Tag vor dem Notar erschienen sind,
– die in der Urkunde niedergelegten Erklärungen abgegeben haben,
– der Inhalt ihnen vorgelesen wurde,
– und sie ihn durch ihre Unterschrift genehmigt haben.

Beispiele:
– *Erbvertrag (§ 2276 BGB)*
– *Ehevertrag (§ 1410 BGB)*
– *Schenkungsversprechen (§ 518 BGB)*
– *Grundstückskaufvertrag und -belastung (§§ 311 b, 873, 925 BGB)*
– *Feststellung der Satzung einer AG (§ 23 AktG)*
– *Gründungsverträge von juristischen Personen des privaten Rechts (GmbH, e. V.)*

*Eine **Urkunde** ist die schriftliche Festlegung eines rechtlich bedeutsamen Sachverhalts.*

Die Schriftform kann durch eine öffentliche Beglaubigung oder eine notarielle Beurkundung ersetzt werden *(§ 126 BGB)*. Die öffentliche Beglaubigung kann durch eine notarielle Beurkundung ersetzt werden *(§ 129 BGB)*. Die schriftliche Form kann durch die elektronische Form ersetzt werden, wenn sich nicht aus dem Gesetz etwas anderes ergibt *(§ 126 Abs. 3 BGB)*.

2.3.3   Nichtigkeit und Anfechtbarkeit von Rechtsgeschäften

Nichtigkeit

*Ein Rechtsgeschäft ist **nichtig**, wenn es so schwere Mängel aufweist, dass das Gesetz ihm von Anfang an keinerlei Rechtskraft zubilligt.*

Nichtigkeit von Rechtsgeschäften	
Geschäftsunfähigkeit *(§ 105 BGB)*	Die Willenserklärung eines Geschäftsunfähigen ist nichtig. Nichtig ist auch eine Willenserklärung, die im Zustand der Bewusstlosigkeit oder der vorübergehenden Störung der Geistestätigkeit abgegeben wird.
Scherzgeschäft *(§ 118 BGB)*	Das Rechtsgeschäft wurde nur zum Scherz abgeschlossen. *Beispiel:* *Nach glücklich bestandener Abschlussprüfung ruft Thomas in einer Gastwirtschaft dem Kellner zu: „Ein Chappi, ein Bier". Wenn der Kellner nicht erkennt, dass Thomas nur scherzen wollte, und eine geöffnete Dose Hundefutter bringt, muss Thomas für den Schaden einstehen.*
Scheingeschäft *(§ 117 BGB)*	Das Rechtsgeschäft wurde nur zum Schein abgeschlossen. *Beispiel:* *Um gegenüber dem Finanzamt höhere Werbungskosten nachzuweisen, schließt ein vermögender Kapitalanleger „nur auf dem Papier" mit seinem Freund einen kostspieligen Beratervertrag ab.*
Formmangel *(§ 125 BGB)*	Die für das Rechtsgeschäft gesetzlich vorgeschriebene oder vertraglich vereinbarte Form wurde nicht beachtet.
Gesetzliches Verbot *(§ 134 BGB)*	Das Rechtsgeschäft verstößt gegen ein gesetzliches Verbot. *Beispiel:* *Mehrere Unternehmen derselben Branche treffen eine Absprache über die Höhe ihrer Verkaufspreise. Es liegt in diesem Fall ein verbotenes Preiskartell vor (§ 1 GWB).*
Sittenwidrigkeit *(§ 138 BGB)*	Nichtig ist insbesondere ein Rechtsgeschäft, das jemand unter Ausnutzung der Zwangslage, der Unerfahrenheit, des Mangels an Urteilsvermögen oder der erheblichen Willensschwäche eines anderen sich Vermögensvorteile versprechen lässt, die in einem auffälligen Missverhältnis zu der Leistung stehen. *Beispiel:* *Ein privater Kreditvermittler vereinbart mit seinem Kunden für die Gewährung eines Ratenkredites 5 % Zinsen pro Monat.*

Anfechtbarkeit

Eine Willenserklärung ist anfechtbar, wenn der Erklärende eine Erklärung dieses Inhalts nicht abgeben wollte, d. h. sein wirklicher Wille ein anderer war.

Die abgegebene Willenserklärung ist bis zur Anfechtung gültig und wird durch die Anfechtung von Anfang an ungültig. Eine Anfechtung ist ausgeschlossen, wenn seit der Abgabe der Willenserklärung zehn Jahre verstrichen sind.

Anfechtbarkeit von Rechtsgeschäften	
Inhalts-, Erklärungs-, Eigenschafts-, Übermittlungsirrtum *(§§ 119, 120 BGB)*	Wer bei der Abgabe einer Willenserklärung über deren Inhalt im Irrtum war oder eine Erklärung dieses Inhalts überhaupt nicht abgeben wollte, kann die Erklärung anfechten, wenn anzunehmen ist, dass er sie bei Kenntnis der Sachlage nicht abgegeben haben würde. Die Anfechtung muss unverzüglich nach Erkennen des Irrtums erfolgen. Der Anfechtungsberechtigte ist schadenersatzpflichtig zugunsten desjenigen, der auf die Gültigkeit der Willenserklärung vertraut hat. *Beispiele:* *– Stefan will für seinen bevorstehenden Urlaub in Kanada 500,00 € in Can-Dollar umtauschen. Versehentlich tauscht er die 500,00 € jedoch in US-Dollar um.* *– Eine Bürokraft schreibt 1 000 statt 100 Flaschen Wein in eine Bestellung.*
Arglistige Täuschung, widerrechtliche Drohung *(§§ 123, 124 BGB)*	Wer durch arglistige Täuschung oder widerrechtliche Drohung zur Abgabe einer Willenserklärung gebracht worden ist, kann die Willenserklärung anfechten. Die Anfechtung muss binnen Jahresfrist nach Erkennen der Täuschung bzw. Wegfall der Zwangslage erfolgen. *Beispiele:* *– Marco kauft einen Gebrauchtwagen, der laut Aussage des Verkäufers unfallfrei sein soll. Später stellt sich heraus, dass der Wagen einen Totalschaden hatte und der Käufer vom Verkäufer belogen worden war.* *– Carla wird von einem Erpresser zum Unterschreiben eines Schuldscheins gezwungen.*

Motivirrtum

Nicht anfechtbar sind Willenserklärungen, bei denen ein *Irrtum im Motiv* vorliegt.

Beispiel: Stefan hat für seine Freundin Clara ein Goldkettchen gekauft. Als er erfährt, dass Clara sich heimlich mit seinem Freund Oliver getroffen hat, will er seinen Kauf rückgängig machen. Stefan befand sich hier nur über seine Freundin Clara im Irrtum, nicht jedoch über den Inhalt seiner Willenserklärung beim Kauf des Goldkettchens.

2.3.4 Stellvertretung

Bei der Vornahme von Rechtsgeschäften kann eine Person durch eine andere Person vertreten werden. Der Stellvertreter kann einem Dritten gegenüber Rechtshandlungen vornehmen, die den Vertretenen rechtlich binden.

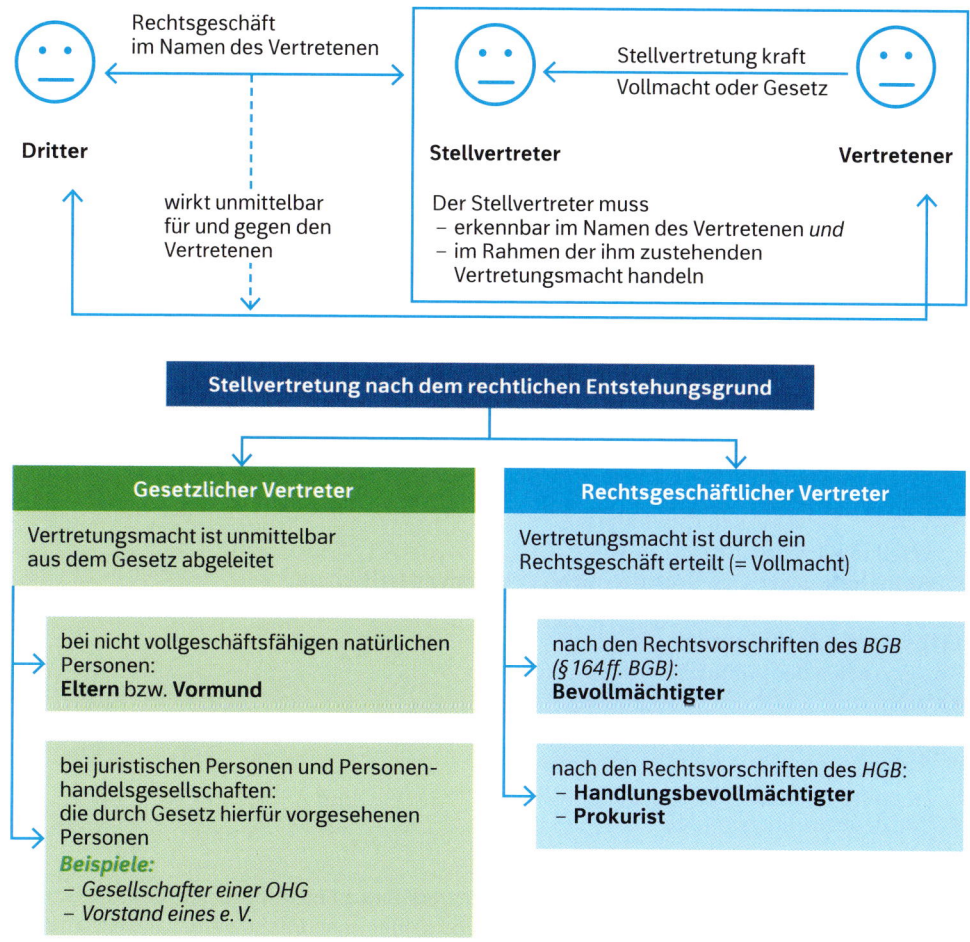

Beschränkt geschäftsfähiger Vertreter: Die Wirksamkeit einer von oder gegenüber einem Vertreter abgegebenen Willenserklärung wird nicht dadurch beeinträchtigt, dass der Vertreter nur beschränkt geschäftsfähig ist *(§ 165 BGB)*.

Bote: Anders als der Vertreter gibt der Bote keine eigene Willenserklärung im Namen des Vertreters ab, sondern übermittelt nur die bereits fertige Willenserklärung des Vertretenen. Der Bote kann somit auch geschäftsunfähig *(z. B. ein fünfjähriges Kind)* sein.

Umfang der Vertretungsmacht
Der Umfang der Vertretungsmacht kann vom Vollmachtgeber beliebig bestimmt werden. In der Praxis kommen vor:
- **Spezialvollmacht**: gilt nur für ein einzelnes Rechtsgeschäft
- **Artvollmacht**: gilt für einen bestimmten Geschäftsbereich
- **Generalvollmacht**: gilt für alle Geschäftsbereiche

Vollmachterteilung
Die Vollmachterteilung ist ein einseitiges, empfangsbedürftiges Rechtsgeschäft. Sie erfolgt:
- ausdrücklich oder stillschweigend (konkludentes Verhalten)

- durch Erklärung gegenüber dem zu Bevollmächtigenden oder dem Dritten, dem gegenüber die Vertretung stattfinden soll.

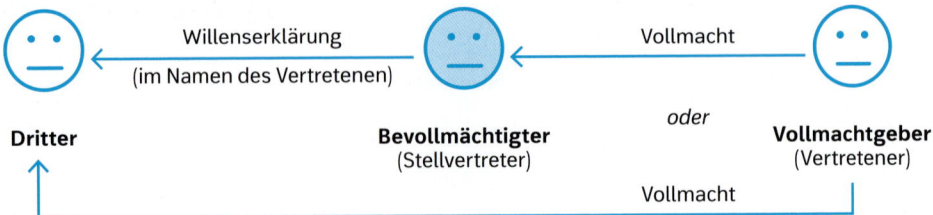

Grenzen der Vollmacht

Bei bestimmten Rechtsgeschäften ist eine rechtsgeschäftliche Vertretung nicht zulässig:

- Testament,
- Unterschreiben der Bilanz, der GuV-Rechnung und der Steuererklärung,
- Anmeldung von Handelsregistereintragungen,
- Insolvenzanmeldung,
- Verkauf des gesamten Geschäftes,
- Erteilung der Prokura,
- Aufnahme neuer Gesellschafter in eine Personengesellschaft.

Erlöschen der Vollmacht

Das Erlöschen der Vollmacht erfolgt durch:

- Widerruf,
- Zeitablauf,
- Auftragserledigung (bei Einzelvollmacht),
- Beendigung des Dienstverhältnisses, in dessen Rahmen die Vollmacht erteilt wurde,
- Tod des Bevollmächtigten.

AGB der Kreditinstitute:

Zur ordnungsgemäßen Abwicklung des Geschäftsverkehrs ist es erforderlich, dass der Kunde dem Kreditinstitut Änderungen seines Namens und seiner Anschrift sowie das Erlöschen oder die Änderung einer gegenüber dem Kreditinstitut erteilten Vertretungsmacht (insbesondere einer Vollmacht) unverzüglich mitteilt. Diese Mitteilungspflicht besteht auch dann, wenn die Vertretungsmacht in ein öffentliches Register (zum Beispiel in das Handelsregister) eingetragen ist und ihr Erlöschen oder ihre Änderung in dieses Register eingetragen wird.

2.3.5   Zustandekommen eines Vertrages

*Ein **Vertrag** kommt zustande durch **zwei übereinstimmende Willenserklärungen** (= Einigung), die in der Absicht abgegeben werden, einen bestimmten rechtlichen Erfolg zu erzielen.*

– Der **Antrag** muss an eine bestimmte Person gerichtet sein.

– Der Antrag muss so formuliert sein, dass die Annahme durch ein bloßes "Ja" zustande kommen kann.

– Ein rechtlicher Bindungswille des Antragstellers muss gegeben sein *(§ 145 ff. BGB)*.

– Die **Annahme** muss sofort bzw. in angemessener Zeit erfolgen. Befristete Anträge gelten bis zum Ablauf der Frist *(§§ 147, 148 BGB)*.

– Bei einem Kaufmann, dessen Gewerbebetrieb die Besorgung von Geschäften für andere mit sich bringt, gilt das Schweigen auf einen solchen Antrag als Annahme *(§ 362 HGB)*.

– Eine abgeänderte oder verspätete Annahme gilt als neuer Antrag *(§ 150 BGB)*.

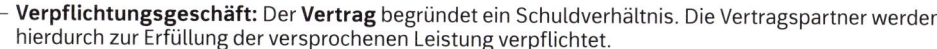

– **Verpflichtungsgeschäft:** Der **Vertrag** begründet ein Schuldverhältnis. Die Vertragspartner werden hierdurch zur Erfüllung der versprochenen Leistung verpflichtet.

– **Erfüllungsgeschäft:** Das Schuldverhältnis erlischt, indem die Vertragspartner die jeweils geschuldete Leistung erbringen.

2.3.6 Vertragstypen des BGB

Verträge des BGB lassen sich in Veräußerungs-, Überlassungs- und Bestätigungsverträge unterteilen.

Vertragstyp	Vertragspartner	Vertragsinhalt	Rechtsgrundlage	Beispiele
Veräußerungsverträge				
Kauf- vertrag	Käufer – Verkäufer	*Entgeltliche* Veräußerung von Sachen oder Rechten	*§§ 433–479 BGB*	*Verkauf von Goldbarren*
Ver- brauchs- güterkauf- vertrag	Verbraucher – Unternehmer	*Entgeltliche* Veräußerung von beweglichen Sachen an einen Verbraucher	*§§ 474–479 BGB*	*Verkauf eines Tisches durch ein Möbelhaus an einen Studenten*
Schen- kungs- vertrag	Schenker – Beschenkter	*Unentgeltliche* Veräußerung von Sachen oder Rechten	*§§ 516–534 BGB*	*Schenkung einer Arm- banduhr*
Überlassungsverträge				
Miet- vertrag	Mieter – Vermieter	*Entgeltliche* Überlassung von Sachen zum Gebrauch	*§§ 535–580 BGB*	*Vermietung eines Banksafes*
Pacht- vertrag	Pächter – Verpächter	*Entgeltliche* Überlassung von Sachen zum Gebrauch und Überlassung der bei ordnungsgemäßer Bewirtschaftung anfallenden Erträge	*§§ 581–597 BGB*	*Verpachtung einer Gaststätte*
Leihvertrag	Entleiher – Verleiher	*Unentgeltliche* Überlassung von Sachen zum Gebrauch	*§§ 598–606 BGB*	*Entleihung von Büchern aus einer Bücherei*

Vertragstyp	Vertragspartner	Vertragsinhalt	Rechtsgrundlage	Beispiele
Darlehens- vertrag	Darlehensgeber – Darlehens- nehmer	Überlassung von Geld gegen Zinszahlung und Rückzahlungsver- pflichtung	§§ 488–505 BGB	*Gewährung eines Kredites; Leistung einer Spareinlage*
Sachdarle- hens- vertrag	Darlehensgeber – Darlehens- nehmer	*Entgeltliche* Überlas- sung von vertretbaren Sachen gegen die Ver- pflichtung zur Rücker- stattung in Sachen von gleicher Art, Güte und Menge	§§ 607–609 BGB	*Wertpapier- leihe: zeitlich befristete Überlassung von Wertpa- pieren gegen Entgelt*
Bestätigungsverträge				
Dienst- vertrag	Dienstverpflich- teter – Dienstberech- tigter	*Entgeltliche* Leistung von Diensten (*ohne* Erfolgsgarantie); ver- spricht jemand, unentgeltliche Dienste zu leisten, so liegt ein Auftragsverhältnis ge- mäß *§§ 662–674 BGB* vor	§§ 611–630 BGB	*Anstellung eines Mitar- beiters*
Werk- vertrag	Unternehmer – Besteller	*Entgeltliche* Leistung von Diensten (*mit* Erfolgsgarantie)	§§ 631–651 BGB	*Anfertigung ei- nes Maßanzu- ges, zu dem der Besteller den Stoff liefert*
Geschäfts- besor- gungs- vertrag	Auftraggeber – Beauftragter	Besorgung eines Ge- schäftes gegen Ent- gelt und Auf- wendungsersatz	§§ 675–675 b BGB	*Erledigung ei- nes Inkasso- auftrages*
Zahlungs- dienste- vertrag	Zahlungsdienst- leister – Zahlungs- dienstnutzer	Ausführung eines Zahlungsvorgangs	§§ 675 f–675 i BGB	*Bezahlung einer Rech- nung durch Banküberwei- sung*
Verwah- rungs- vertrag	Verwahrer – Hinterleger	Aufbewahrung einer beweglichen Sache ggf. gegen Entgelt	§§ 688–700 BGB	*Verwahrung von Wertpa- pieren*
Gesell- schafts- vertrag	Gesellschafter	Gegenseitige Verpflich- tung der Gesellschaf- ter, die Erreichung eines gemeinsamen Zwecks in der durch den Vertrag bestim- mten Weise zu fördern	§§ 705–740 BGB	*Gründung einer Steuerberater- sozietät* *Gründung ei- nes Kreditkon- sortiums*

2.4 Kaufvertrag

Der **Kaufvertrag** ist ein zweiseitig verpflichtender Vertrag:
Der **Verkäufer** einer Sache wird verpflichtet,
- dem Käufer die Sache zu übergeben und
- das Eigentum an der Sache zu verschaffen, welche frei von Sach- und Rechtsmängeln sein muss.

Der **Käufer** ist verpflichtet,
- dem Verkäufer den vereinbarten Kaufpreis zu zahlen und
- die gekaufte Sache abzunehmen (§ 433 BGB).

Gegenstand des Kaufvertrages kann auch ein Recht sein.

2.4.1 Zustandekommen eines Kaufvertrages – Verpflichtungsgeschäft

1. Fall: Der Antrag zum Abschluss des Kaufvertrages geht vom Verkäufer aus.

Der **Verkäufer** macht ein **Angebot** (= Vertragsantrag), der **Käufer** nimmt eine **Bestellung** vor (= Vertragsannahme).
Dem Angebot des Verkäufers kann eine rechtlich unverbindliche Anfrage des Käufers vorausgehen, der Bestellung des Käufers kann eine Auftragsbestätigung des Verkäufers folgen.
Durch das Angebot erklärt der Verkäufer, unter welchen Bedingungen er bereit ist, einen Kaufvertrag abzuschließen.
Seine Willenserklärung ist rechtlich bindend, wenn sie an eine bestimmte Person gerichtet ist und alle wesentlichen Vertragspunkte enthält:
- Art, Güte und Beschaffenheit der Ware,
- Menge der Ware,
- Preis der Ware.

Das Angebot muss so formuliert sein, dass es durch ein bloßes „Ja" des Käufers angenommen werden kann.

2. Fall: Der Antrag zum Abschluss des Kaufvertrages geht vom Käufer aus.

Der **Käufer** macht eine **Bestellung** (= Vertragsantrag), der **Verkäufer** erteilt eine **Auftragsbestätigung** (= Vertragsannahme).
Der Bestellung des Käufers kann ein rechtlich unverbindliches *Angebot* des Verkäufers (z.B. *durch Katalogangebot, Schaufensterauslage, Zeitungsinserat, Internetangebot*) oder eine rechtlich unverbindliche Anfrage beim Verkäufer vorausgehen.
Antrag und Annahme begründen das Verpflichtungsgeschäft, durch das sich die Vertragspartner zur Erfüllung der geschuldeten Leistungen verpflichten.

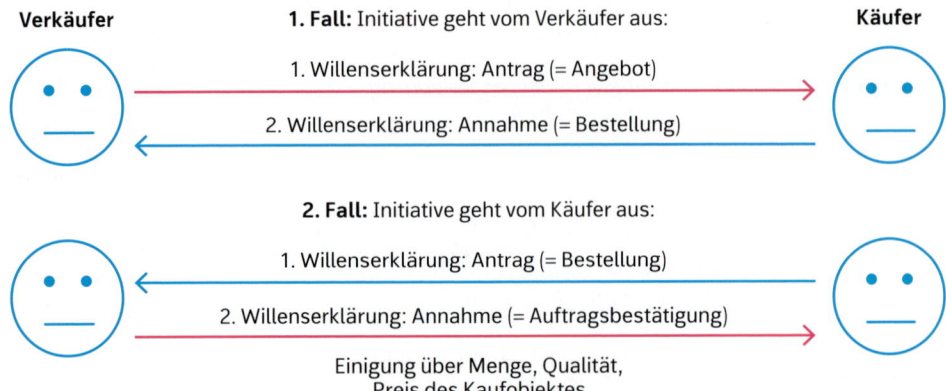

Verkäufer   **1. Fall:** Initiative geht vom Verkäufer aus: **Käufer**

1. Willenserklärung: Antrag (= Angebot)

2. Willenserklärung: Annahme (= Bestellung)

2. Fall: Initiative geht vom Käufer aus:

1. Willenserklärung: Antrag (= Bestellung)

2. Willenserklärung: Annahme (= Auftragsbestätigung)

Einigung über Menge, Qualität,
Preis des Kaufobjektes

Wer einem anderen die Schließung eines Vertrages anbietet, ist an den Antrag gebunden
(§ 145 BGB).
Es besteht **keine rechtliche Bindung** an den Vertragsantrag, wenn
- die Annahmeerklärung des Vertragspartners nicht rechtzeitig erfolgt,
- ein rechtzeitiger Widerruf vonseiten des Antragstellers erfolgt,
- das im Antrag enthaltene Angebot zeitlich befristet war und die Frist abgelaufen ist,
- der rechtliche Bindungswille vom Antragsteller durch eine Freizeichnungsklausel ausdrücklich eingeschränkt worden ist

Beispiele:
- *„unverbindliches Angebot"*
- *„freibleibend"*
- *„solange der Vorrat reicht"*

Ein **mündlicher oder telefonischer Antrag** muss sofort angenommen werden. **Schweigen**
gilt als Ablehnung.
Ein **schriftlicher Antrag** gilt so lange, wie der Eingang einer Antwort unter gewöhnlichen
Umständen erwartet werden darf.
Die **verspätete Annahme** eines Antrags gilt als neuer Antrag. Eine Annahme unter Erweiterungen, Einschränkungen oder sonstigen Änderungen gilt als Ablehnung des alten Antrags,
verbunden mit einem neuen Antrag *(§ 150 BGB)*.
Die **Zusendung unbestellter Ware** gilt als Antrag, Schweigen als Ablehnung des Antrags, die
Bezahlung des Kaufpreises als Annahme.
Aus der Lieferung unbestellter Sachen wird ein Anspruch gegen den Verbraucher nicht begründet *(§ 241 a BGB)*. Der Anspruchsausschluss umfasst insbesondere Ansprüche auf Gegenleistung und Rücksendung. Der Gesetzgeber nimmt in Kauf, dass auf diese Weise Eigentum
und Besitz auf Dauer auseinanderfallen können. Der Empfänger kann die Ware in Besitz
nehmen oder vernichten, ohne dass ihm daraus ein Nachteil entsteht.

2.4.2 Erfüllungsgeschäft

*Das durch den Abschluss des Kaufvertrages entstandene Schuldverhältnis erlischt, indem die
Vertragspartner die jeweils eingegangenen Verpflichtungen erfüllen (§ 362 BGB).*

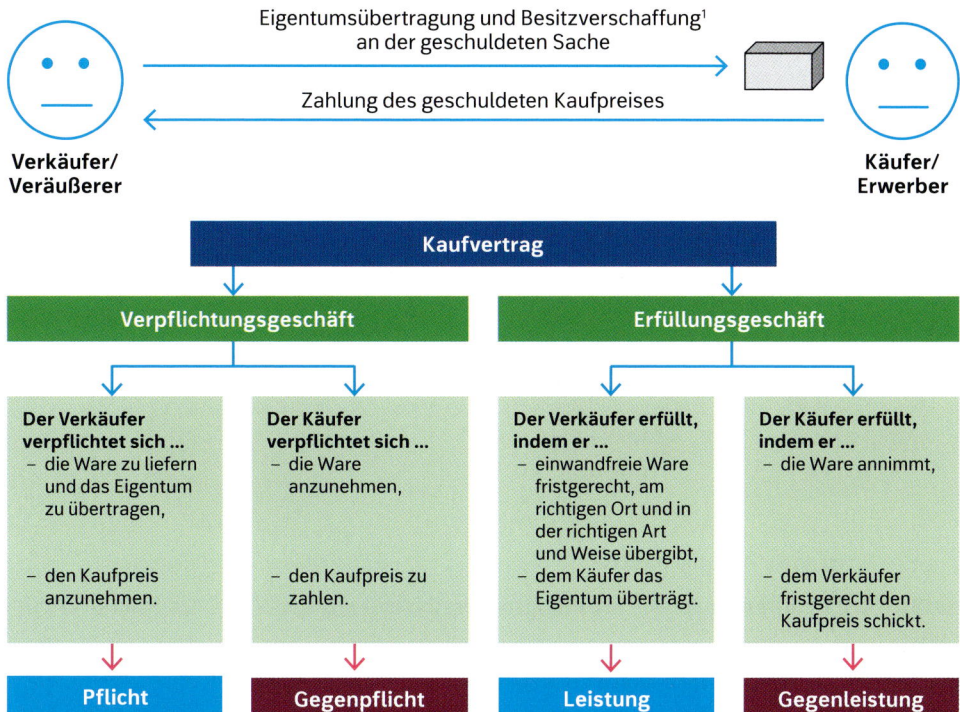

Durch den Kaufvertrag werden beide Vertragspartner zu gegenseitigen Schuldnern. Durch ihre Leistung am Erfüllungsort werden sie von ihren jeweiligen Verpflichtungen befreit.

Erfüllungsort

Erfüllungsort ist grundsätzlich der Sitz des Schuldners zum Zeitpunkt des Vertragsabschlusses *(§ 269 BGB)*:

Warenschulden sind „Holschulden": Der Verkäufer hat lediglich die Kosten der Übergabe zu tragen. Die Kosten und Gefahren der Abnahme und der Versendung der Sache an einen anderen Ort als den Erfüllungsort trägt der Käufer *(§ 448 BGB)*.

Gefahrenübergang: Mit der Übergabe der verkauften Sache am Erfüllungsort geht die Gefahr des zufälligen Untergangs und der zufälligen Verschlechterung der Ware auf den Käufer über *(§ 446 BGB)*.

Beispiele:
- *Sebastian hat bei einem Gebrauchtwagenhändler einen Pkw gekauft. Als er zu seiner Freundin fährt, um den Wagen vorzuführen, gerät er in einen Hagelschauer, der auf dem Dach seines Autos einige Dellen hinterlässt. Den dadurch verursachten Schaden trägt Sebastian, da Erfüllungsort der Sitz des Kfz-Händlers war.*
- *Die Roth AG bestellt bei der Maschinenbau GmbH eine Drehbank, die von einem Angestellten der Roth AG per Lkw abgeholt wird. Auf dem Transportweg löst sich eine Halterung und die Maschine wird schwer beschädigt. Der Kaufpreis für die Maschine ist trotzdem zu entrichten, da der Gefahrenübergang bereits bei der Abholung der Maschine erfolgte.*

---

[1] *Zum Begriff „Besitz" vgl. S. 125 f.*

Durch vertragliche Vereinbarung kann jeder beliebige Ort als Erfüllungsort vereinbart werden. Der Vertragspartner mit der wirtschaftlich stärkeren Position wird versuchen, seinen Sitz als Erfüllungsort durchzusetzen.

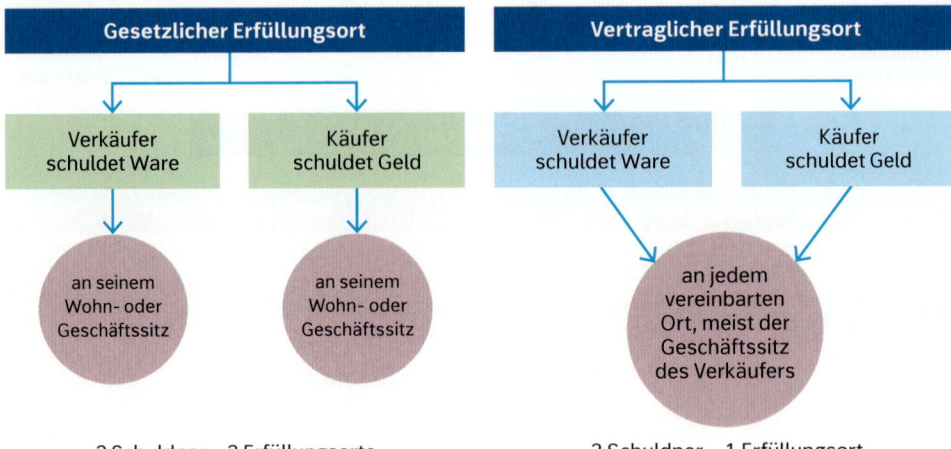

Gesetzlicher Erfüllungsort		Vertraglicher Erfüllungsort	
Verkäufer schuldet Ware	Käufer schuldet Geld	Verkäufer schuldet Ware	Käufer schuldet Geld
an seinem Wohn- oder Geschäftssitz	an seinem Wohn- oder Geschäftssitz	an jedem vereinbarten Ort, meist der Geschäftssitz des Verkäufers	

2 Schuldner – 2 Erfüllungsorte   2 Schuldner – 1 Erfüllungsort

Natürlicher Erfüllungsort: Der Erfüllungsort ergibt sich aus der Natur des Schuldverhältnisses.

Beispiel: Lieferung von Heizöl in den Tank des Käufers

Versendungskauf (§ 447 BGB): Bei einer Ware, die auf Verlangen des Käufers an einen anderen Ort als den Erfüllungsort verschickt wird, erfolgt der Gefahrenübergang mit der Übergabe der Ware an die mit dem Versand beauftragte Person *(z. B. Frachtführer, Spediteur)*.

Zahlungsort ist grundsätzlich der Sitz des Gläubigers (§ 270 BGB):
Geldschulden sind „Schickschulden“: Der Käufer hat, obwohl sein Sitz für die Geldschuld gesetzlicher Erfüllungsort ist, seine Zahlung auf eigene Kosten und Gefahren dem Verkäufer zu übermitteln. Außerdem muss der Käufer nach einem Urteil des Europäischen Gerichtshofs dafür Sorge tragen, dass das Geld dem Gläubiger rechtzeitig zur Verfügung steht, also frühzeitig gutgeschrieben wird. Dabei haftet der Käufer natürlich nicht in den Fällen, in denen die nicht rechtzeitige Gutschrift auf einen Fehler seiner Bank zurückzuführen ist.

„Der Käufer schickt das Geld und holt die Ware.“

Gerichtsstand
Ergeben sich zwischen den Vertragspartnern Streitigkeiten über die Auslegung und die Erfüllung der Vertragspflichten, so können sie die Hilfe des zuständigen Gerichts in Anspruch nehmen.

*Der **gesetzliche Erfüllungsort** ist gleichzeitig **gesetzlicher Gerichtsstand**, sodass eine Warenklage am Sitz des Verkäufers, eine Zahlungsklage am Sitz des Käufers erfolgen muss.*

Gesetzlicher Gerichtsstand ist damit der Sitz des Gerichts, in dessen Bezirk der Beklagte seinen Sitz hat.

Beispiel: Zwischen der Volksbank Olpe eG und der WEKO-Büroausstattung GmbH, Düsseldorf, ist ein Kaufvertrag über die Lieferung von diversen Büromöbeln abgeschlossen worden.

Kaufleute *können einen Gerichtsstand frei vereinbaren.*

Für Streitigkeiten ist das Gericht zuständig, in dessen Bezirk der Erfüllungsort liegt. Durch Vereinbarung eines Erfüllungsortes kann daher zugleich indirekt auch der Gerichtsstand bestimmt sein.

Beispiel: Zwischen der Treuhand AG, Berlin, und der Electronic GmbH, Ulm, ist ein Kaufvertrag über die Lieferung und Installierung eines EDV-Systems geschlossen worden.
Laut Vertrag (AGB der Electronic GmbH) ist Erfüllungsort für beide Teile Ulm.

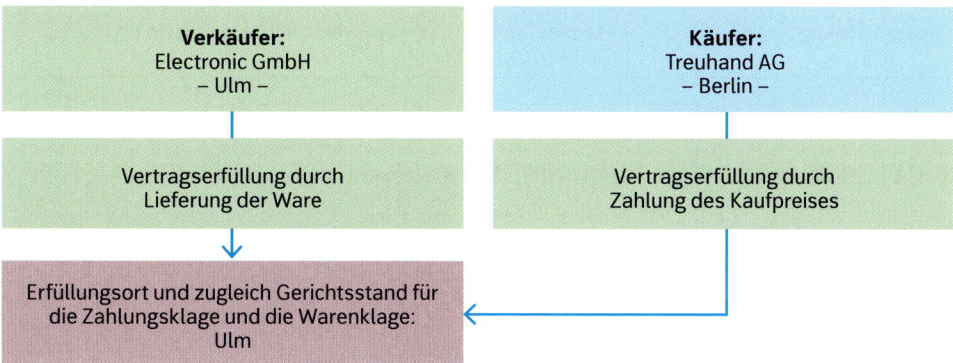

2.4.3   Besondere Lieferungs- und Zahlungsbedingungen

Abweichend von den gesetzlichen Regelungen können zwischen Käufer und Verkäufer besondere Lieferungs- und Zahlungsbedingungen vereinbart werden.

Die Lieferungsbedingung *regelt den Zeitpunkt der Lieferung und die Übernahme der Transportkosten.*

Bei einem **Fixkauf** ist die Lieferung zu einem kalendermäßig genau bestimmten Zeitpunkt ausdrücklich vereinbart und der Kaufvertrag steht und fällt mit der Einhaltung des Termins.

Beispiel: Lieferung der als Weihnachtspräsent vorgesehenen Taschenkalender am 15. November.

Bei einem **Terminkauf** ist eine bestimmte Lieferfrist vereinbart.

Beispiel: Lieferung der bestellten Büromöbel innerhalb einer Frist von 6 Wochen.

Besondere Lieferungsbedingungen	
ab Werk **ab Lager**	Der Käufer trägt sämtliche Beförderungskosten.
frei .... **(benannte Bahnstation)**	Der Verkäufer trägt die Beförderungskosten bis zur benannten Bahnstation.
frei Haus	Der Verkäufer trägt sämtliche Beförderungskosten.

*Die **Zahlungsbedingung** regelt Zeitpunkt und Art der Zahlung.*

Besondere Zahlungsbedingungen	
Vorauszahlung/Anzahlung	Der Käufer muss bereits vor der Lieferung den Kaufpreis ganz oder teilweise zahlen.
Zahlungsziel (Zielkauf)	Der Käufer braucht erst nach Ablauf einer bestimmten Zeit nach Lieferung den Kaufpreis zu zahlen. Falls der Käufer in einem solchen Fall sofort zahlen möchte, wird ihm in der Regel vom Verkäufer ein Preisnachlass (Skonto) gewährt.
Ratenzahlung	Der Käufer kann den Kaufpreis nach und nach in mehreren Teilbeträgen zahlen.

2.4.4 Störungen bei der Erfüllung des Kaufvertrages

Eine Störung der Vertragserfüllung liegt vor, wenn ein Partner seinen Vertragspflichten nicht nachkommt.

2.4.4.1 Schlechtleistung (mangelhafte Lieferung)

*Der Verkäufer ist verpflichtet, die verkaufte Ware mangelfrei zu liefern. Falls die Ware Mängel aufweist, hat der Käufer gegenüber dem Verkäufer einen **Gewährleistungsanspruch.***

Durch Prüfung können Mängel in der *Art, Menge* oder *Qualität* festgestellt werden.
Voraussetzung für die Geltendmachung eines Gewährleistungsanspruchs ist, dass der Käufer innerhalb der gesetzlich vorgeschriebenen Fristen eine **Mängelrüge** vornimmt.
Die Rüge sollte aus Beweissicherungsgründen schriftlich unter Beschreibung aller festgestellten Mängel erteilt werden.

Eine Sache ist mangelfrei, wenn sie bei Gefahrenübergang die vereinbarte Eigenschaft hat bzw. wenn sie sich für die nach dem Vertrag vorausgesetzte Verwendung eignet. Zu den zu erwartenden Eigenschaften gehören auch die Eigenschaften, die der Käufer nach den öffentlichen Äußerungen des Verkäufers bzw. des Herstellers (z.B. Werbung, Prospektmaterial) erwarten kann.

Ein **Sachmangel** liegt auch dann vor, wenn
- der Verkäufer eine andere Sache oder eine zu geringe Menge liefert,
- die vereinbarte Montage durch den Verkäufer unsachgemäß durchgeführt worden ist oder die Montageanleitung mangelhaft ist *(§ 434 BGB)*.

Ein **Rechtsmangel** *(§ 435 BGB)* liegt z.B. vor, wenn die Sache mit einem Pfandrecht belastet ist, von dem der Käufer nichts weiß.

Die gesetzliche Gewährleistungsfrist beträgt
- ***zwei Jahre bei einer beweglichen Sache,***
- ***fünf Jahre bei einem Bauwerk und für Baumaterialien****, die üblicherweise für ein Bauwerk verwendet werden.*
Die Verjährungsfrist beginnt mit der Lieferung der Sache (§ 438 BGB).

Nicht zulässig ist bei einem Verbrauchsgüterkauf[1] die vertragliche Abkürzung der Gewährleistungsfrist unter zwei Jahre, bei **gebrauchten Sachen** unter einem Jahr *(§ 475 BGB)*.

Beachten Sie:
Bei einem zweiseitigen Handelskauf hat der Käufer abweichend von den BGB-Bestimmungen die Ware unverzüglich nach der Ablieferung durch den Verkäufer auf Ordnungsmäßigkeit zu untersuchen und, wenn sich ein Sachmangel zeigt, den Verkäufer unverzüglich zu informieren. Unterlässt der Käufer die Anzeige, so gilt die Ware als genehmigt, es sei denn, dass es sich um einen Mangel handelt, der bei der Untersuchung nicht erkennbar war (§ 377 HGB).

Beweislastumkehr: Zeigt sich bei einem Verbrauchsgüterkauf[1] innerhalb von sechs Monaten seit Gefahrübergang ein Sachmangel, so wird vermutet, dass die Sache bereits bei Gefahrübergang mangelhaft war, es sei denn, diese Vermutung ist mit der Art der Sache oder des Mangels unvereinbar *(§ 476 BGB)*.

Beispiel: Bei einer Reklamation innerhalb von sechs Monaten nach dem Verkauf muss der Verkäufer nachweisen, dass die Sache beim Verkauf keine Mängel hatte. Wenn er diesen Nachweis nicht erbringen kann, ist davon auszugehen, dass diese bereits zum Zeitpunkt des Kaufs vorhanden waren.

Bei einem **arglistigen Verschweigen** des Mangels gilt die regelmäßige Verjährungsfrist von drei Jahren *(§ 438 BGB)*. Hat der Verkäufer eine **Garantie** für die Sache bzw. für das Vorhandensein einer Eigenschaft übernommen, haftet er auch ohne eigenes Verschulden *(§ 276 BGB)*.

Bei einem Sachmangel hat der Käufer folgende Rechtsansprüche:

Nacherfüllung
Der Käufer kann als Nacherfüllung nach seiner Wahl die **Nachbesserung** (Beseitigung des Mangels) oder die **Neulieferung** (Lieferung einer mangelfreien Sache) verlangen. Der Verkäufer hat die hierbei erforderlichen Aufwendungen *(z.B. Transport-, Materialkosten)* zu tragen *(§ 439 BGB)*. Eine Nachbesserung gilt nach dem erfolglosen zweiten Versuch als fehlgeschlagen.

---

[1] *Vgl. S. 135*

Der Verkäufer kann die vom Käufer gewählte Art der Nacherfüllung verweigern, wenn sie nur mit unverhältnismäßigen Kosten möglich ist. Der Anspruch des Käufers beschränkt sich in diesem Fall auf die andere Art der Nacherfüllung.

Rücktritt vom Vertrag und Schadenersatz
Der Käufer kann vom Vertrag zurücktreten, wenn er dem Verkäufer zuvor erfolglos eine angemessene Frist zur Nacherfüllung eingeräumt hat *(§§ 440, 325, 281 BGB)*. Die gekaufte Sache wird zurückgegeben, der ggf. schon bezahlte Kaufpreis wird zurückerstattet *(§ 346 BGB)*. Der Verkäufer ist dem Käufer darüber hinaus zum Ersatz des ggf. entstandenen Schadens verpflichtet.
Eine Fristsetzung ist nicht notwendig, wenn der Schuldner die Leistung verweigert oder die Nacherfüllung fehlgeschlagen bzw. unzumutbar ist.

Minderung des Kaufpreises
Unter einer Minderung versteht man die Herabsetzung des Kaufpreises.
Statt des Rücktritts kann der Käufer den Kaufpreis durch eine Erklärung gegenüber dem Verkäufer mindern, wenn er dem Verkäufer erfolglos zuvor eine angemessene Frist zur Nacherfüllung eingeräumt hat. Der Verkäufer ist dem Käufer darüber hinaus zum Ersatz des ggf. entstandenen Schadens verpflichtet *(§§ 441, 281 BGB)*.

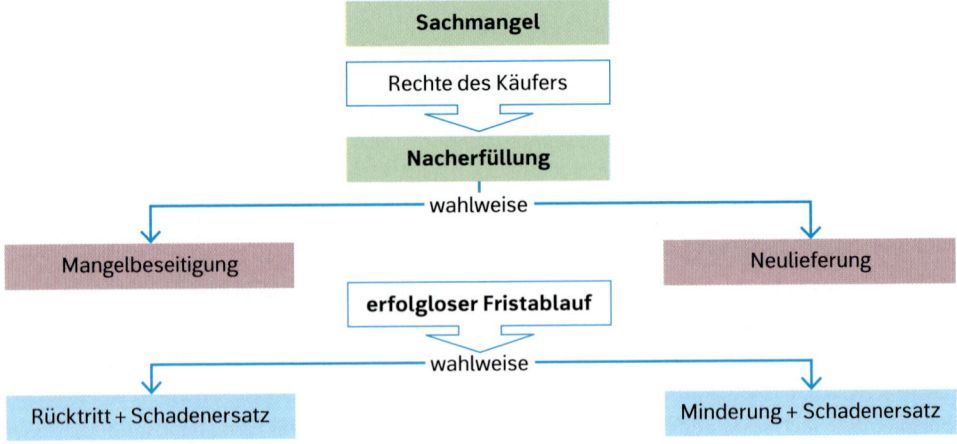

2.4.4.2 Nicht-Rechtzeitig-Zahlung (Zahlungsverzug)

Zahlt der Käufer auf eine Mahnung des Verkäufers nicht, die nach Fälligkeit erfolgt, so kommt er durch die Mahnung in Zahlungsverzug.
Der Mahnung bedarf es nicht, wenn ein bestimmter Zahlungszeitpunkt vereinbart worden ist. Unabhängig davon gerät der Käufer in Zahlungsverzug, wenn er nicht innerhalb von 30 Tagen nach Fälligkeit und Zugang der Rechnung zahlt. Ist der Schuldner ein Verbraucher, muss er darauf in der Rechnung besonders hingewiesen worden sein (§ 286 BGB).

Der Verkäufer kann dem Käufer zusätzlich zum Verkaufspreis Verzugszinsen in Rechnung stellen. Der **Verzugszinssatz** beträgt bei Kaufverträgen, an denen ein Verbraucher beteiligt ist, 5 Prozentpunkte über dem Basiszinssatz[1], ansonsten 9 Prozentpunkte über dem Basiszinssatz *(§ 288 BGB).*

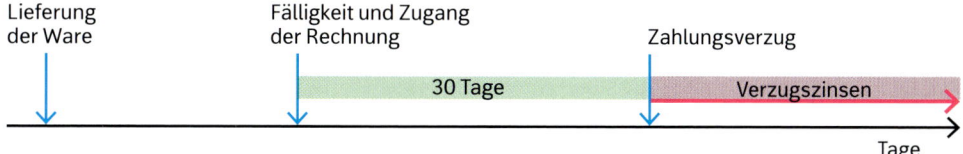

Beispiel: Das Kreditinstitut hat einen abgeschriebenen Firmen-Pkw an einen Gebrauchtwagenhändler verkauft. Die Übergabe des Fahrzeugs erfolgt am 20. Juni, die Rechnung über 6 250,00 € geht bei dem Händler am 22. Juni ein. Das Geld wird erst am 17. August dem Zahlungsempfänger gutgeschrieben. Ab dem 23. Juli befindet sich der Gebrauchtwagenhändler im Zahlungsverzug. Das Kreditinstitut kann ab diesem Tag Verzugszinsen für die Zeit vom 23. Juli (einschließlich) bis einschließlich zum 16. August in Rechnung stellen. Der Basiszinssatz ist seit Januar 2013 ein Minuszinssatz. Bei einem Basiszinssatz in Höhe von −0,88 % ergibt sich ein Verzugszinssatz von 4,12 %.

$$Verzugszinsen = \frac{6\,250,00 \cdot 4,12 \cdot 25}{100 \cdot 365} = \underline{\underline{17,64\ €}}$$

Zusammenfassung

Erfüllungsstörungen beim Kaufvertrag	
Pflichtverletzung des Verkäufers	**Pflichtverletzung des Käufers**
Schlechtleistung (mangelhafte Lieferung; Mängel in Art, Menge, Qualität)	**Nicht-rechtzeitig-Zahlung (Zahlungsverzug)**
Voraussetzungen für die Geltendmachung von Rechtsansprüchen durch den Käufer	**Voraussetzungen für die Geltendmachung von Rechtsansprüchen durch den Verkäufer**
Auftreten eines **Sachmangels** innerhalb der gesetzlichen Gewährleistungsfrist von zwei Jahren *(§§ 434, 438 BGB)*	**Nichtzahlung** trotz Mahnung bzw. Nichtzahlung am vereinbarten Zahlungstermin bzw. Nichtzahlung des Kaufpreises innerhalb von 30 Tagen nach Fälligkeit und Zugang der Rechnung *(§ 286 BGB)*
– **Nacherfüllung** (= **Mangelbeseitigung oder Neulieferung)** oder nach angemessener Fristsetzung und Fristablauf bzw. ohne Frist, wenn der Verkäufer die Nacherfüllung verweigert oder die Nacherfüllung fehlgeschlagen bzw. unzumutbar ist: – **Rücktritt vom Vertrag und Schadenersatz** oder – **Minderung (= Herabsetzung des Kaufpreises) und Schadenersatz** *(§§ 437, 439, 440, 441, 281, 325 BGB)*	**Forderung der Zahlung zuzüglich Mahnkosten und Verzugszinsen** – Käufer ist ein Verbraucher: Basiszinssatz plus 5 % p. a. – Käufer ist kein Verbraucher: Basiszinssatz plus 8 % p. a. *(§ 288 BGB)*

---

[1] *Vgl. S. 343*

2.4.5 Eigentumsvorbehalt

Für den Fall der Nichtzahlung kann der Anspruch des Verkäufers auf Rückgabe der Ware durch die ausdrückliche **Vereinbarung eines Eigentumsvorbehalts** abgesichert werden. Der Käufer erlangt in diesem Fall das Eigentum an der Ware erst mit der vollständigen Bezahlung des Kaufpreises *(§ 449 BGB)*.

Einfacher Eigentumsvorbehalt

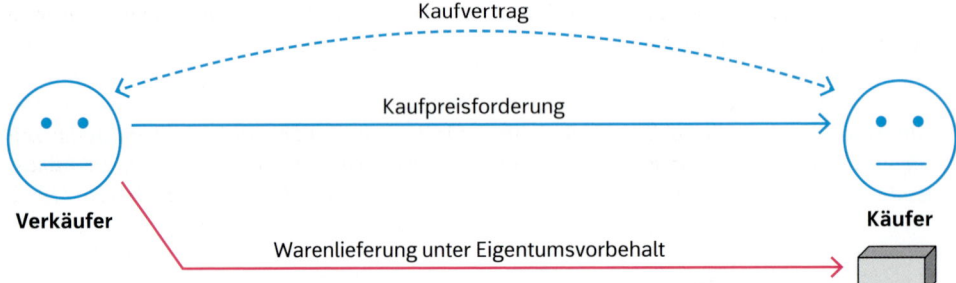

Der **Verkäufer** behält sich das Eigentum an der gelieferten Ware bis zur vollständigen Bezahlung des Kaufpreises vor.

Der **Käufer** ist berechtigt, die Ware in Besitz zu nehmen. Mit der Bezahlung das Kaufpreises geht das Eigentum automatisch auf ihn über.

2.4.6 Kaufverträge im Internet (Electronic Commerce) und Haustürgeschäfte

2.4.6.1 Electronic Commerce

*Unter **Electronic Commerce** (E-Commerce) versteht man den elektronischen Handel mit Waren und Dienstleistungen über das Internet.*

Zustandekommen des Kaufvertrages

Ein Internetangebot ist einem Katalog- bzw. Schaufensterangebot gleichzusetzen. Es handelt sich hier also nur um die rechtlich unverbindliche Aufforderung zur Abgabe eines Vertragsantrages. Die erste verbindliche Willenserklärung gibt der Kunde ab. Häufig ergibt sich dabei das Problem, dass wichtige Informationen, vor allem Angaben zu den entstehenden Gesamtkosten, auf den Internetseiten des Anbieters schlecht zu finden bzw. manchmal gar nicht erst vorhanden oder wenig transparent sind. Zur Vermeidung unliebsamer Überraschungen wurde in *§ 312j BGB* die sogenannte Buttonlösung eingefügt. Danach soll ein Vertrag im elektronischen Geschäftsverkehr nur wirksam werden, wenn der Verbraucher vor Abgabe seiner Bestellung vom Unternehmen durch einen hervorgehobenen und deutlich gestalteten Hinweis über die Gesamtkosten informiert worden ist und wenn er vor Aufgabe seiner Bestellung diesen Hinweis durch eine gesonderte Erklärung bestätigt hat.

Weitere Hilfen im Umgang mit Onlinebestellungen bieten die Vorschriften der deutschen Verbraucherschutzgesetzgebung. Doch diese stoßen beim Onlineshopping buchstäblich an die Grenzen. Hat der Anbieter seinen Geschäftssitz nämlich im Ausland, gelten die dortigen Bestimmungen. Eine Klage *(z. B. aufgrund mangelhafter Lieferung)* muss im jeweiligen Land geführt werden. Man sollte vor dem Kauf auf jeden Fall auch Name, Adresse und Telefonnummer des Anbieters ausfindig machen. Treten hier Unklarheiten auf: Hände weg von einem solchen Anbieter.

Preisvergleich

Das Internet ist nicht unbedingt günstiger als der klassische Einkauf. Nicht immer sind die Endpreise angegeben. Bei Warenbestellung zahlt der Käufer meist zusätzlich die Versandkosten.

Möglicherweise entstehen weitere Kosten in Form einer Nachnahmegebühr oder es ist, wenn die Sendung aus dem Ausland kommt, unter Umständen Zoll zu entrichten. Wer vorschnell bestellt, kauft teurer als kalkuliert. Beim Preisvergleich sollte man auch die Kosten berücksichtigen, die durch Internetgebühren und – im Falle von Rückfragen und Reklamationen – Telefongebühren entstehen. Nicht berücksichtigt sind Stress und Zeitaufwand, den die Inanspruchnahme einer meist überlasteten Hotline mit sich bringt.

Erfüllung des Kaufvertrages

Erst die Ware, dann das Geld, so lautet die klassische Regel. Wenn man die Zuverlässigkeit seines Vertragspartners nicht einschätzen kann, bietet ebenfalls die Zug-um-Zug-Abwicklung die gewünschte Sicherheit. Anders im Internet. Meist gilt hier die umgekehrte Regel: Erst das Geld, dann die Ware. Bei Vorkasse hat der Kunde jedoch nur eine geringe Chance, sein Geld bei einer Reklamation zurückzubekommen. Der Onlinekäufer ist nur bei einer Lieferung gegen Rechnung auf der sicheren Seite. Selbst die Zahlung per Nachnahme weist ihre Tücken auf: Eine Prüfung der Ware vor Bezahlung ist hier nicht möglich. Vorausscheck oder Vorausüberweisung ist unbedingt zu vermeiden. Auch das Bezahlen mit der Kreditkarte kann kritisch sein. Man sollte auf den Kauf verzichten, wenn der Anbieter unbekannt ist oder die Daten der Kreditkarte nicht ausreichend verschlüsselt und damit gesichert sind. Es empfiehlt sich, im Zweifelsfall die Sicherheit der Übertragungswege zu prüfen. Günstiger ist die Erteilung einer Lastschrifteinzugsermächtigung. Hier kann der Käufer bei einer Reklamation einer Belastung widersprechen und erhält somit sein Geld zurück.

Datenschutz

Der Käufer sollte bei einem Kauf so wenig persönliche Angaben wie möglich preisgeben. Informationen, die über die unerlässlichen Mindestangaben hinausgehen, dienen nur dazu, ein Kundenprofil zu erstellen. Unerwünschte Werbesendungen können die Folge sein. Zudem sind im Netz übermittelte Informationen selten ausreichend geschützt und somit auch Dritten zugänglich.

Fernabsatzverträge

Für Kaufverträge, die über das Internet abgeschlossen werden, gelten die besonderen BGB-Bestimmungen über Fernabsatzverträge *(§ 312 c BGB)*. Sie schützen den Verbraucher vor unseriösen Anbietern und übereilten Vertragsabschlüssen.

Fernabsatzverträge sind Verträge über die Lieferung von Waren oder über die Erbringung von Dienstleistungen (einschließlich Finanzdienstleistungen), die zwischen einem Unternehmer und einem Verbraucher unter ausschließlicher Verwendung von Fernkommunikationsmitteln abgeschlossen werden, es sei denn, dass der Vertragsabschluss nicht im Rahmen eines für den Fernabsatz organisierten Vertriebs- oder Dienstleistungssystems erfolgt.

Fernkommunikationsmittel sind Kommunikationsmittel, die zur Anbahnung oder zum Abschluss eines Vertrages zwischen dem Verbraucher und einem Unternehmer ohne gleichzeitige körperliche Anwesenheit der Vertragsparteien eingesetzt werden können.

Beispiele: Briefe, E-Mails, Kataloge, Telefonanrufe, Telefax, Tele- und Mediendienste

Es liegt kein Fernabsatzvertrag vor, wenn der Vertragsabschluss nur gelegentlich oder ausnahmsweise unter Einschaltung eines Fernkommunikationsmittels erfolgt.

Außerdem werden in *§ 312 Abs. 2 BGB* zahlreiche Ausnahmeregelungen aufgeführt. Demnach gelten z. B. folgende Verträge nicht als Fernabsatzverträge:

- notariell beurkundete Verträge über Finanzdienstleistungen, die außerhalb von Geschäftsräumen geschlossen werden,

- Verträge über die Begründung, den Erwerb oder die Übertragung von Eigentum oder anderen Rechten an Grundstücken,

- Verträge über den Bau von neuen Gebäuden oder erhebliche Umbaumaßnahmen an bestehenden Gebäuden,

- Verträge über Reiseleistungen nach *§ 651a BGB,* wenn diese im Fernabsatzgeschlossen werden,

- Verträge über die Beförderung von Personen,

- Verträge über Teilzeit-Wohnrechte, langfristige Urlaubsprodukte, Vermittlungen und Tauschsysteme nach den *§§ 481 bis 481b BGB,*

- Verträge über die Lieferung von Lebensmitteln, Getränken oder sonstigen Haushaltsgegenständen des täglichen Bedarfs, die am Wohnsitz, am Aufenthaltsort oder am Arbeitsplatz eines Verbrauchers von einem Unternehmer im Rahmen häufiger und regelmäßiger Fahrten geliefert werden,

- Verträge, die unter Verwendung von Warenautomaten und automatisierten Geschäftsräumen geschlossen werden,

- Verträge, die mit Betreibern von Telekommunikationsmitteln mithilfe öffentlicher Münz- und Kartentelefone zu deren Nutzung geschlossen werden,

- Verträge zur Nutzung einer einzelnen von einem Verbraucher hergestellten Telefon-, Internet- oder Telefaxverbindung,

- außerhalb von Geschäftsräumen geschlossene Verträge, bei denen die Leistung bei Abschluss der Verhandlungen sofort erbracht und bezahlt wird und das vom Verbraucher zu zahlende Entgelt 40,00 € nicht überschreitet.

Informationspflichten des Unternehmers
Ein Unternehmer, der zur Anbahnung von Fernabsatzverträgen Fernkommunikationsmittel einsetzt, hat gegenüber dem Verbraucher umfassende Informationspflichten.

Informationspflichten vor Vertragsabschluss
Der Unternehmer muss den Verbraucher bereits vor Abschluss eines Fernabsatzvertrages mittels Katalog, E-Mail oder während eines Telefongespräches klar und verständlich über diverse Umstände informieren *(§ 312d Abs. 1 BGB).* Zu diesen Umständen gehören z. B.

- wesentliche Eigenschaften der Waren oder Dienstleistungen,

- genaue Angaben zum Unternehmen (Firma, Niederlassungsort, Telefonnummer etc.),

- der Gesamtpreis der Waren oder Dienstleistungen einschließlich aller Steuern und Abgaben, die Art der Preisberechnung sowie gegebenenfalls alle zusätzlichen Fracht-, Liefer-

oder Versandkosten und alle sonstigen Kosten, oder in den Fällen, in denen diese Kosten vernünftigerweise nicht im Voraus berechnet werden können, die Tatsache, dass solche zusätzlichen Kosten anfallen können,

- bei unbefristeten Verträgen oder Abonnement-Verträgen die monatlichen Gesamtkosten und den Gesamtpreis,

- die Kosten für den Einsatz des für den Vertragsabschluss genutzten Fernkommunikationsmittels, sofern dem Verbraucher Kosten berechnet werden, die über die Kosten für die bloße Nutzung des Fernkommunikationsmittels hinausgehen,

- die Zahlungs-, Liefer- und Leistungsbedingungen,

- Informationen über das Bestehen eines gesetzlichen Mängelhaftungsrechts für die Waren.

Informationspflichten bei Zustandekommen eines Vertrags
Wenn ein Vertrag zustande kommt, ist der Unternehmer verpflichtet, dem Verbraucher eine Bestätigung des Vertrages zur Verfügung zu stellen. Die Bestätigung muss den vollständigen Vertragsinhalt wiedergeben; sie ist auf einem dauerhaften Datenträger (*z. B. Brief, E-Mail etc.*) zur Verfügung zu stellen (*§ 312f Abs. 2 BGB*).

2.4.6.2 Haustürgeschäfte

Unter den Begriff „Haustürgeschäfte" fallen Verträge, die in bestimmten Situationen **außerhalb der Geschäftsräume eines Unternehmens** *geschlossen werden, zum Beispiel bei Vertreterbesuchen, bei sogenannten Kaffeefahrten oder nach gezieltem Ansprechen in Fußgängerzonen.*

Die Besonderheit bei Haustürgeschäften besteht darin, dass sie „zwischen Tür und Angel" und im Rahmen von entspannten Freizeitsituationen oder nach einer überraschenden Ansprache zustande kommen. Aufgrund dieser Besonderheiten gilt nach EU-Recht auch für Haustürgeschäfte ein strenger Verbraucherschutz.

Dieser besondere Schutz erstreckt sich nach einem Urteil des Europäischen Gerichtshofes auch auf alle Kredite.

2.4.6.3 Widerrufsrecht bei Kaufverträgen im Internet und Haustürgeschäften

Gemäß *§ 312g BGB* hat der Verbraucher bei Fernabsatzverträgen und Haustürgeschäften ein Widerrufsrecht nach *§ 355 BGB*. Der Unternehmer ist verpflichtet, den Verbraucher über das Widerrufsrechts in Form einer sogenannten Widerrufsbelehrung ausdrücklich zu informieren. Neben dieser Belehrung muss der Unternehmer dem Verbraucher auch ein Muster-Widerrufsformular zur Verfügung stellen, welches am besten direkt an die Vertragsbestätigung angefügt werden sollte.

Muster-Widerrufsformular

(Wenn Sie den Vertrag widerrufen wollen, dann füllen Sie bitte dieses Formular aus und senden Sie es zurück.)

– An [hier ist der Name, die Anschrift und gegebenenfalls die Telefaxnummer und E-Mail-Adresse des Unternehmers durch den Unternehmer einzufügen]:

– Hiermit widerrufe(n) ich/wir (*) den von mir/uns (*) abgeschlossenen Vertrag über den Kauf der folgenden Waren (*)/die Erbringung der folgenden Dienstleistung (*)

– Bestellt am (*)/erhalten am (*)
– Name des/der Verbraucher(s)
– Anschrift des/der Verbraucher(s)
– Unterschrift des/der Verbraucher(s) (nur bei Mitteilung auf Papier)
– Datum

(*) Unzutreffendes streichen

Quelle: Bundesministerium der Justiz und für Verbraucherschutz: Bundesgesetzblatt 2013 Teil I Nr. 58 vom 27.09.2013, Bonn, Seite 24

Widerruft der Verbraucher frist- und formgerecht den Vertrag, ist er nicht mehr an ihn gebunden.

Dabei sind folgende Bedingungen zu beachten:

- Die Widerrufserklärung muss ausdrücklich erklärt werden. Eine schriftliche Erklärung ist nicht zwingend, allerdings muss aus der Erklärung des Verbrauchers eindeutig der Entschluss zum Widerruf hervorgehen. **Die bloße Rücksendung der Ware reicht deshalb nicht aus.**

- Der Verbraucher muss die Widerrufsfrist einhalten. Sie beträgt grundsätzlich 14 Tage, soweit nichts anderes bestimmt ist. Zur Fristwahrung genügt dabei die rechtzeitige Absendung des Widerrufs. Die Frist beginnt gemäß *§ 356 Abs. 2, 3 BGB* mit dem tatsächlichen Erhalt der Ware beim Empfänger persönlich. Bei der Bestellung mehrerer Waren und einer getrennten Lieferung beginnt die Frist, sobald der Verbraucher die letzte Ware erhalten hat. Bei Dienstleistungen beginnt die Frist nicht vor dem Tag des Vertragsabschlusses.

Im Falle einer unterbliebenen oder nicht ordnungsgemäßen Widerrufsbelehrung beginnt die Widerrufsfrist nicht zu laufen. Das Widerrufsrecht erlischt jedoch spätestens zwölf Monate und 14 Tage ab Vertragsschluss, soweit nicht etwas anderes bestimmt ist.

Nimmt der Verbraucher sein Widerrufsrecht wahr, sind die Parteien verpflichtet, die empfangenen Leistungen unverzüglich, spätestens jedoch nach 14 Tagen zurück zu gewähren. Der Unternehmer kann die Rückzahlung des Kaufpreises bis zum Rückerhalt der Ware oder einem Nachweis des Verbrauchers über die Absendung der Ware verweigern. Die Rückzahlung des Kaufpreises durch den Unternehmer hat grundsätzlich mit demselben Zahlungsmittel zu erfolgen, das auch vom Verbraucher zur Bezahlung verwendet worden ist.

Der Verbraucher kann **unabhängig vom Wert der Ware**, verpflichtet werden, die Kosten der Rücksendung der Ware zu übernehmen, sofern er im Rahmen der Widerrufsbelehrung auf diese Pflicht hingewiesen wurde.

Ausnahmen zum Widerrufsrecht werden in *§ 312g BGB* dargelegt. Demnach sind z. B. folgende Waren bzw. Dienstleistungen vom Widerruf ausgenommen:

- verderbliche Waren,

- Waren, die aus Gründen des Gesundheitsschutzes versiegelt wurden und deren Versiegelung entfernt wurde,

- Waren, die auf die persönlichen Bedürfnisse des Verbrauchers zugeschnitten sind,

- Finanzdienstleistungen, deren Preis von Schwankungen auf dem Finanzmarkt abhängt, auf die der Unternehmer keinen Einfluss hat (*z. B. die Vermittlung von Aktientransaktionen*).

Finanzierte Verträge *(§ 358 BGB)*
Wird der Preis, den der Verbraucher zu zahlen hat, ganz oder teilweise durch einen Kredit des Unternehmers finanziert, so ist der Verbraucher an seine auf Abschluss des Kreditvertrages gerichtete Willenserklärung nicht gebunden, wenn er von einem Widerrufsrecht frist- und formgerecht Gebrauch gemacht hat. Dies gilt auch, wenn der Preis ganz oder teilweise von einem Dritten finanziert wird und der Fernabsatzvertrag und der Kreditvertrag als wirtschaftliche Einheit anzusehen sind.

2.5   Mahn- und Klageverfahren

2.5.1   Außergerichtliches Mahnverfahren

*Durch die **Mahnung** erinnert der Gläubiger den Schuldner an die Fälligkeit seiner Verbindlichkeit.*

Grund für die Zahlungsverzögerung kann Vergesslichkeit bzw. Nachlässigkeit, Zahlungsunwilligkeit oder Zahlungsunfähigkeit des Schuldners sein.

2.5.2   Gerichtliches Mahnverfahren

*Wenn der Schuldner seine Zahlungspflicht nicht erfüllt, kann der Gläubiger versuchen, im Wege des **gerichtlichen Mahnverfahrens** seine Forderung geltend zu machen.*

Das gerichtliche Mahnverfahren wird durch einen Antrag auf Erlass eines Mahnbescheides eingeleitet. Zuständig ist grundsätzlich das Amtsgericht, bei dem der Antragsteller seinen Sitz hat *(§ 689 ZPO)*. Die Höhe der Forderung spielt dabei keine Rolle.
In einigen Bundesländern werden Mahnsachen aus Rationalisierungsgründen bei *zentralen Amtsgerichten* digital bearbeitet. Anträge auf Erlass eines Mahnbescheides können hier im im Onlineverfahren (Webformular) eingereicht werden.

*Der **Mahnbescheid** enthält die Aufforderung an den Schuldner,*
- *innerhalb von 2 Wochen seit Zustellung des Mahnbescheides die behauptete Verbindlichkeit zu begleichen*
  oder
- *dem Gericht mitzuteilen, ob und in welchem Umfang dem Anspruch des Gläubigers widersprochen wird.*

Ablauf des Verfahrens

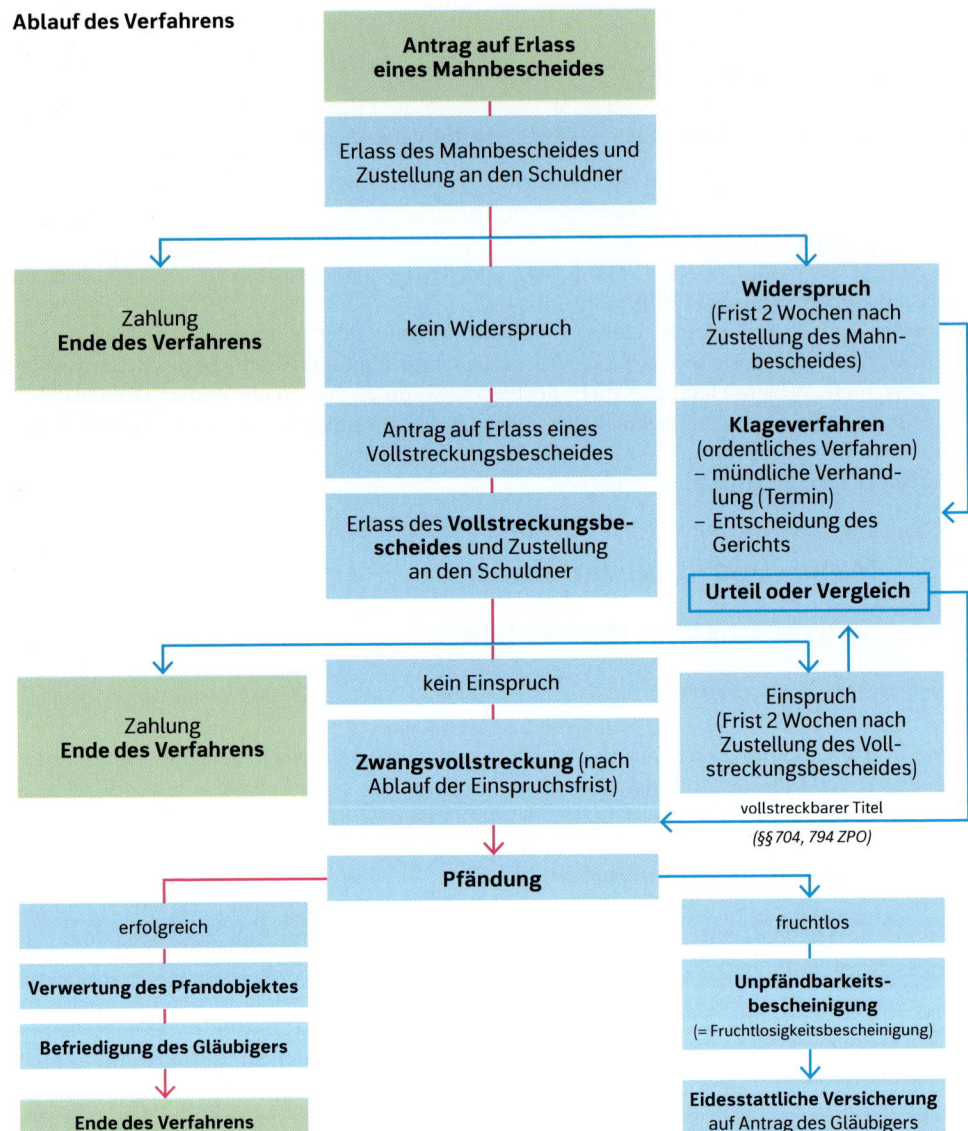

Der Mahnbescheid wird dem Antragsgegner zugestellt, ohne dass vom Gericht geprüft wird, ob der Anspruch tatsächlich berechtigt ist.

Das Mahnverfahren soll für einen möglicherweise nicht bestrittenen Anspruch rasch und ohne mündliche Verhandlung zu einem Vollstreckungstitel führen.

Der **Vollstreckungstitel** berechtigt den Gläubiger (= Antragsteller) zur Zwangsvollstreckung in das Vermögen des Schuldners (= Antragsgegner).

Die **Zwangsvollstreckung** geschieht durch **Pfändung** von Sachen *(z. B. Betriebsmittel, Schmuck)*, die dem Schuldner gehören, oder Forderungen *(z. B. Sparguthaben)*, die der Schuldner an Dritte hat. Bewegliche Sachen werden vom Gerichtsvollzieher, Forderungen vom Vollstreckungsgericht gepfändet.

Nicht pfändbar sind bestimmte Teile des Arbeitseinkommens, die dem Lebensunterhalt des Schuldners dienen sollen, sowie Gegenstände, die zur Aufrechterhaltung eines angemessenen Existenzminimums notwendig sind.

Bei einer ergebnislosen Zwangsvollstreckung kann der Gläubiger beim Amtsgericht beantragen, dass der Schuldner eine **Versicherung an Eides statt** abgeben muss. Der Schuldner wird gezwungen, ein genaues Verzeichnis seiner Vermögenswerte aufzustellen und dessen Richtigkeit an Eides statt zu versichern. Verweigert der Schuldner die Abgabe der eidesstattlichen Versicherung, kann der Gläubiger gegen den Schuldner einen Haftbefehl beantragen.

Bei einem streitigen Verfahren (Widerspruch, Einspruch) ist das Gericht zuständig, bei dem der Antragsgegner seinen allgemeinen Gerichtsstand hat. Dies ist in der Regel das Gericht, in dessen Bezirk der Antragsgegner wohnt oder seinen Sitz hat.

Rechnet der Gläubiger von vornherein mit einem Widerspruch oder Einspruch des Schuldners, wird er zur Durchsetzung seiner Forderung sofort das Klageverfahren einleiten.

2.5.3 Klageverfahren

Das Klageverfahren ist das ordentliche Verfahren der Gerichte zur Klärung von zivilen Rechtsstreitigkeiten und zur Durchsetzung von Rechtsansprüchen.

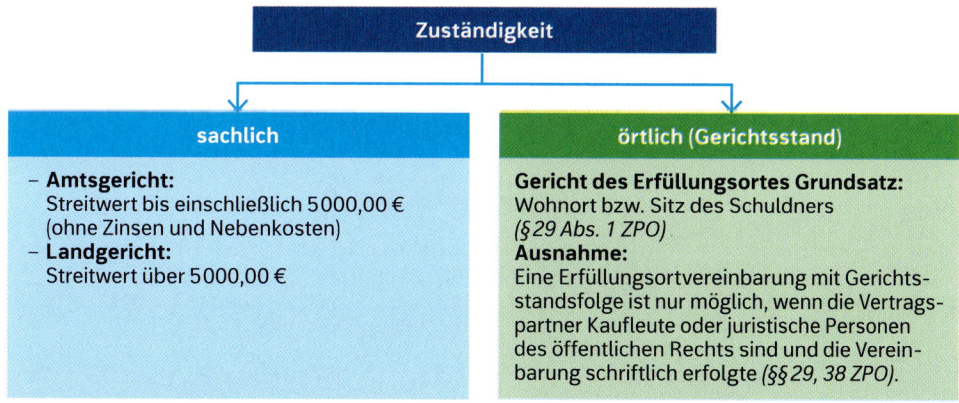

Zuständigkeit	
sachlich	**örtlich (Gerichtsstand)**
– **Amtsgericht:** Streitwert bis einschließlich 5 000,00 € (ohne Zinsen und Nebenkosten) – **Landgericht:** Streitwert über 5 000,00 €	**Gericht des Erfüllungsortes Grundsatz:** Wohnort bzw. Sitz des Schuldners *(§ 29 Abs. 1 ZPO)* **Ausnahme:** Eine Erfüllungsortvereinbarung mit Gerichtsstandsfolge ist nur möglich, wenn die Vertragspartner Kaufleute oder juristische Personen des öffentlichen Rechts sind und die Vereinbarung schriftlich erfolgte *(§§ 29, 38 ZPO)*.

Klageschrift

Die **Klageschrift** muss enthalten:

- Bezeichnung der Parteien (wer gegen wen?)

- Klageantrag

  Beispiel: „... den Beklagten zu verurteilen, an den Kläger 15 000,00 € nebst 6 % p. a. Zinsen seit dem 15. Januar 20.. zu zahlen."

- Klagegrund

  Beispiel: „... wegen einer Forderung in Höhe von 15 000,00 € aus dem Kaufvertrag zwischen Kläger und Beklagten ..."

- Unterschrift des Klägers bzw. seines Rechtsanwalts

  In Zivilprozessen vor dem Landgericht, dem Oberlandesgericht und dem Bundesgerichtshof herrscht *Anwaltszwang*, d. h., die Parteien müssen sich durch einen beim betreffenden Gericht zugelassenen Rechtsanwalt vertreten lassen. In Zivilprozessen vor dem Amtsgericht besteht kein Anwaltszwang.

Ablauf des Verfahrens

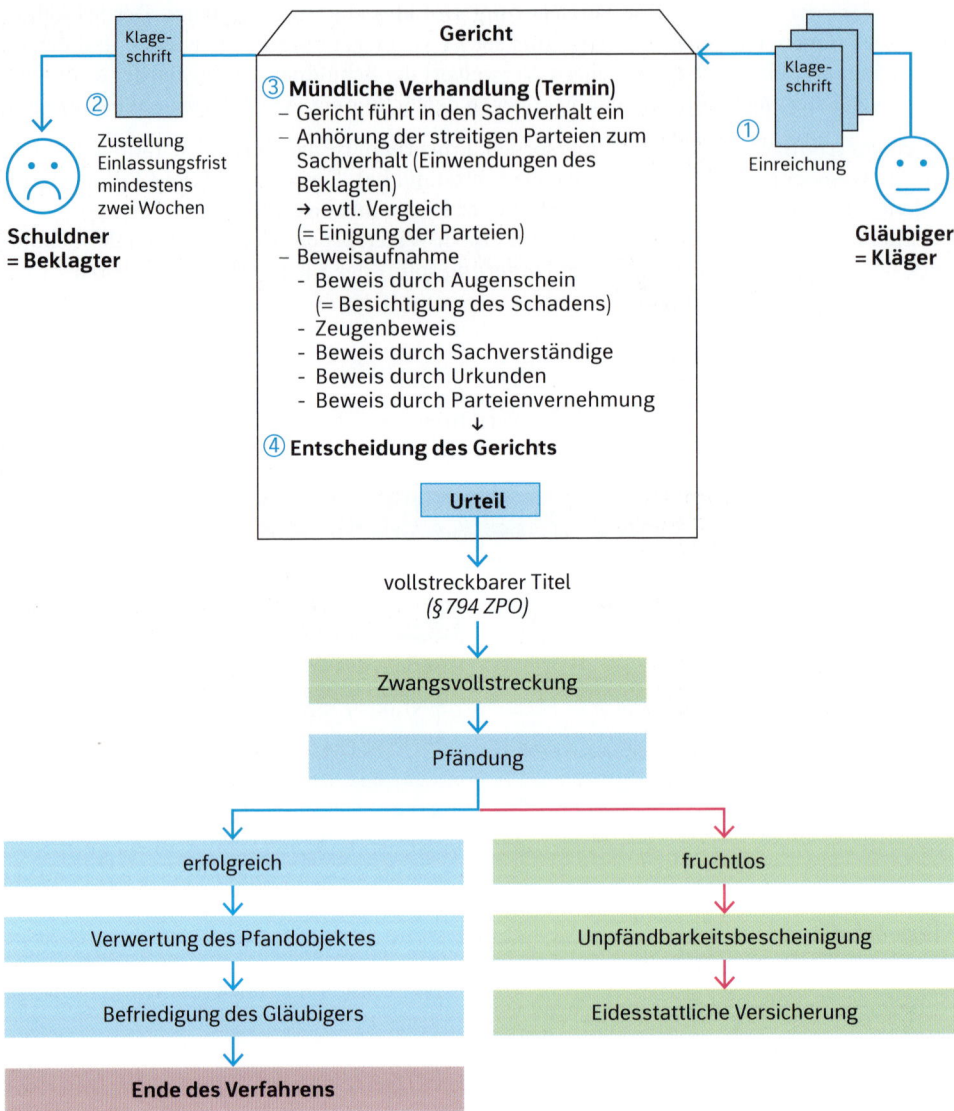

Rechtsmittel

Falls die unterlegene Partei mit dem Urteil nicht einverstanden ist, kann sie beim jeweils übergeordneten Gericht Rechtsmittel einlegen. Das übergeordnete Gericht muss dann das Urteil überprüfen.

Rechtsmittel	
Berufung	**Revision**
Die angeforderte Entscheidung wird in **tatsächlicher** und **rechtlicher Hinsicht** neu beurteilt.	Die angefochtene Entscheidung wird in **rechtlicher Hinsicht** überprüft (= korrekte Anwendung der Gesetze). Die tatsächlichen Feststellungen werden von der Vorinstanz übernommen.

1. Instanz

2. Instanz (Berufungsgericht)

3. Instanz (Revisionsgericht)

Amtsgericht — Urteil → Landgericht — „Endurteil"

Urteile, die ein Landgericht als Berufungsgericht in zweiter Instanz erlassen hat, können nicht mehr angefochten werden.

Landgericht — Urteil → Oberlandesgericht — Urteil → Bundesgerichtshof — „Endurteil"

Ein Urteil ist rechtskräftig und vollstreckbar, wenn es nicht durch Rechtsmittel angefochten werden kann. Ein noch nicht rechtskräftiges Urteil kann jedoch im Urteilsspruch für vorläufig vollstreckbar erklärt werden. Es soll damit verhindert werden, dass der Schuldner durch Einlegung von Rechtsmitteln die Vollstreckung verzögert. Das Gericht kann die vorläufige Vollstreckbarkeit des Urteils gegen Sicherheitsleistung des Gläubigers anordnen. Im Urteilsspruch kann bestimmt werden, dass die Sicherheitsleistung durch Stellung einer selbstschuldnerischen Bürgschaft eines Kreditinstituts erbracht werden kann.

2.6 Verjährung

*Der Schuldner muss nicht mehr zahlen, wenn die im Gesetz vorgeschriebene **Verjährungsfrist** abgelaufen ist. Er hat ein Leistungsverweigerungsrecht, indem er die **Einrede der Verjährung** geltend macht.*

2.6.1   Verjährungsfristen

Regelmäßige Verjährungsfrist	Besondere Verjährungsfrist	
3 Jahre *(§ 195 BGB)*	2 Jahre *(§§ 438, 634 a BGB)*	30 Jahre *(§ 197 BGB)*
Ansprüche		
Alle Ansprüche, die nicht ausdrücklich anderen Verjährungsfristen unterliegen. ***Beispiele:*** *Darlehensforderungen, Zinsforderungen, Mietforderungen, Kaufpreisforderungen*	Mängel bei – Kaufverträgen – Werkverträgen – Reiseverträgen	– Herausgabeansprüche aus dinglichen Rechten *(z. B. Eigentum)* – Familien- und erbrechtliche Ansprüche – Vollstreckbare Ansprüche aus Vergleichen, Urkunden und Insolvenzverfahren
Beginn der Verjährungsfrist		
– am Schluss des Jahres, – in dem der Anspruch entstanden ist, und – der Kenntnisnahme des Gläubigers von der Person und den Umständen des Anspruchs	mit – Fälligkeit des Anspruchs – Lieferung der Sache – Abnahme des Werkes	– mit Entstehung (Fälligkeit) des Anspruchs – Rechtskraft der Entscheidung – Zustellung des vollstreckbaren Titels – Feststellung des Insolvenzverfahrens
Beispiel: *Fälligkeit einer Darlehensforderung: 20.05.2020 Ende der Verjährungsfrist: 31.12.2023, 24:00 Uhr*	***Beispiel:*** *Lieferung einer mangelhaften Ware am 16.11.2020 Ende der Verjährungsfrist: 16.11.2022, 24:00 Uhr*	***Beispiel:*** *Fälligkeit eines Anspruchs aus einer Urteilsverkündung: 12.06.2020 Ende der Verjährungsfrist: 12.06.2050, 24:00 Uhr*

Nach Eintritt der Verjährung ist der Schuldner berechtigt, die Leistung zu verweigern.

2.6.2   Neubeginn der Verjährung

Neubeginn der Verjährung *(§ 212 BGB)*
– Der Schuldner erkennt die Schuld an.   ***Beispiele:*** *Förmliches Schuldanerkenntnis, Sicherheitsleistung, Abschlagszahlung, Zinszahlung, Stundungsgesuch* – Vornahme oder Beantragung einer gerichtlichen oder behördlichen Vollstreckungshandlung

**Die bis zum Neubeginn der Verjährung verstrichene Zeit bleibt unberücksichtigt.
Die Verjährungsfrist beginnt von Neuem zu laufen.**

Beispiel: *Eine am 16. April 2020 fällige Kaufpreisforderung mit dreijähriger Verjährungsfrist wurde am 10. Juli 2021 durch eine Abschlagszahlung unterbrochen.*

Beginn der Verjährungsfrist   Tatsächliches Ende der Verjährungsfrist

Neubeginn der Verjährungsfrist   „Normales" Ende der Verjährungsfrist

. . . Zeit zählt nicht! . . .

31.12.2020   10.07.2021   31.12.2023   10.07.2024

2.7 Verbraucherschutz

Zahlreiche Gesetze und Verordnungen sollen die Anbieter an einem wettbewerbswidrigen Verhalten hindern und die Stellung der Verbraucher auf dem Markt verbessern. Auch das BGB enthält viele Schutzbestimmungen für Verbraucher.

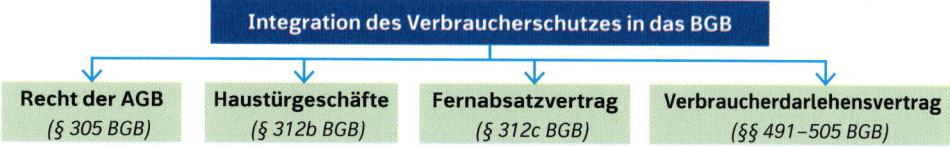

Integration des Verbraucherschutzes in das BGB			
Recht der AGB *(§ 305 BGB)*	**Haustürgeschäfte** *(§ 312b BGB)*	**Fernabsatzvertrag** *(§ 312c BGB)*	**Verbraucherdarlehensvertrag** *(§§ 491–505 BGB)*

Das **BGB** schützt den Verbraucher vor unangemessenen Benachteiligungen aufgrund **Allgemeiner Geschäftsbedingungen**, indem es bestimmte Klauseln verbietet. Vorschriften des **BGB**, die den Verbraucher schützen, können **nicht** durch Bestimmungen der AGB umgangen werden.

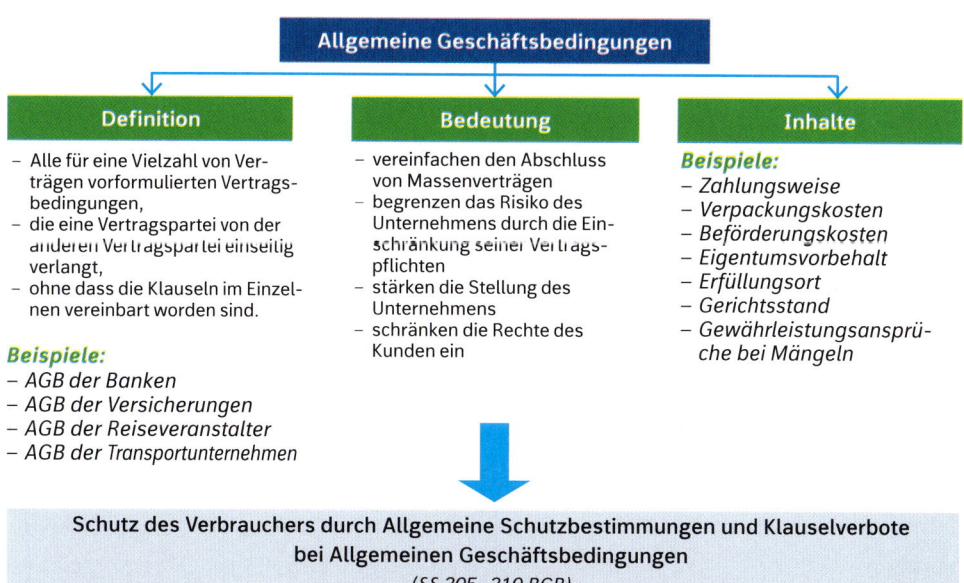

Allgemeine Geschäftsbedingungen

Definition

– Alle für eine Vielzahl von Verträgen vorformulierten Vertragsbedingungen,
– die eine Vertragspartei von der anderen Vertragspartei einseitig verlangt,
– ohne dass die Klauseln im Einzelnen vereinbart worden sind.

Beispiele:
– *AGB der Banken*
– *AGB der Versicherungen*
– *AGB der Reiseveranstalter*
– *AGB der Transportunternehmen*

Bedeutung

– vereinfachen den Abschluss von Massenverträgen
– begrenzen das Risiko des Unternehmens durch die Einschränkung seiner Vertragspflichten
– stärken die Stellung des Unternehmens
– schränken die Rechte des Kunden ein

Inhalte

Beispiele:
– *Zahlungsweise*
– *Verpackungskosten*
– *Beförderungskosten*
– *Eigentumsvorbehalt*
– *Erfüllungsort*
– *Gerichtsstand*
– *Gewährleistungsansprüche bei Mängeln*

Schutz des Verbrauchers durch Allgemeine Schutzbestimmungen und Klauselverbote bei Allgemeinen Geschäftsbedingungen
(§§ 305–310 BGB)

Allgemeine Schutzbestimmungen

– Das Unternehmen („der Verwender") muss ausdrücklich auf die Einbeziehung der AGB in den Vertrag hinweisen.
– Der Kunde („die andere Vertragspartei") muss die AGB leicht erreichen und mühelos lesen können.
– Der Kunde muss den AGB zustimmen.
– Individuelle Absprachen haben Vorrang vor abweichenden AGB.
– Überraschende und mehrdeutige Klauseln werden nicht Vertragsbestandteil.

Klauselverbote bei Verbraucherverträgen

Unwirksam sind insbesondere …
– Bestimmungen, durch die sich der Unternehmer eine unangemessen lange Frist für die Annahme oder Ablehnung eines Angebotes oder die Erbringung einer Leistung vorbehält,
– eine Bestimmung, welche kurzfristige Preiserhöhungen für Waren oder Dienstleistungen vorsehen, die innerhalb von vier Monaten nach Vertragsschluss geliefert oder erbracht werden sollen,
– eine Bestimmung, die vorsieht, dass eine Erklärung des Unternehmers von besonderer Bedeutung dem Verbraucher als zugegangen gilt,

- Bestimmungen, durch die ein Leistungsverweigerungsrecht des Verbrauchers ausgeschlossen oder eingeschränkt wird,
- eine Bestimmung, durch die dem Verbraucher für den Fall der Nichtabnahme oder verspäteten Abnahme der Leistung, des Zahlungsverzugs oder für den Fall, dass er sich vom Vertrag löst, die Zahlung einer Vertragsstrafe auferlegt wird,
- Bestimmungen, durch die dem Verbraucher die Befugnis einer Aufrechnung genommen wird,
- Bestimmungen, durch die der Unternehmer von der gesetzlichen Verpflichtung freigestellt wird, den Verbraucher zu mahnen oder ihm eine Frist für die Leistung oder Nacherfüllung zu setzen,
- der Ausschluss oder die Begrenzung der Haftung für Schäden aus der Verletzung des Lebens, des Körpers oder der Gesundheit und für sonstige Schäden, die auf einer grob fahrlässigen Pflichtverletzung des Unternehmers beruhen,
- eine Bestimmung, durch die bei Verträgen über Lieferungen neu hergestellter Sachen oder Werkleistungen die Ansprüche des Verbrauchers wegen eines Mangels insgesamt oder bezüglich einzelner Teile ausgeschlossen wird oder von der vorherigen gerichtlichen Inanspruchnahme Dritter abhängig gemacht wird,
- Dauerschuldverhältnisse, die die regelmäßige Lieferung von Waren oder die regelmäßige Erbringung von Dienst- oder Werkleistungen zum Gegenstand haben oder eine länger als zwei Jahre bindende Laufzeit.

GRUNDSATZ
Der Verbraucher darf durch Allgemeine Geschäftsbedingungen nicht unangemessen benachteiligt werden.

Das **Produkthaftungsgesetz** gibt dem Verbraucher bei Schäden, die aufgrund eines fehlerhaften Produktes entstehen, einen Schadenersatzanspruch gegenüber dem Hersteller. Ein Produkt gilt nach dem Gesetz als fehlerhaft, wenn es nicht die Sicherheit bietet, die unter Berücksichtigung aller Umstände berechtigterweise erwartet werden kann.

Beispiel
- *nicht tragfähige Haushaltsleiter aus Leichtmetall*
- *defekte Skibindung*
- *mangelhafter Kontaktkleber*

Der Hersteller eines Produktes innerhalb der EU haftet für die Folgeschäden aus einem Produktfehler, unabhängig davon, ob ein Verschulden vorliegt *(Gefährdungshaftung)*. Der Hersteller muss selbst den Beweis führen, dass der Schaden nicht durch das Produkt entstanden ist *(umgekehrte Beweislast)*.
Sachschäden bis zu einer Höhe von 500,00 € muss der Geschädigte selbst tragen. Die Haftungshöchstgrenze für *Personenschäden* ist auf max. 85 Mio. € begrenzt (EU-weit tätige Unternehmen überschreiten bei Serienschäden schnell diese Grenze).

Beispiel
Frau Mai bricht sich bei der Benutzung einer kürzlich gekauften Haushaltsleiter einen Arm, weil eine Leitersprosse sich aus der Verankerung löst. Frau Mai entstehen 3 500,00 € Verdienstausfall und Arztkosten. Der Farbeimer, der auf der Plattform der Leiter stand, ergießt seinen Inhalt über Teppichboden und Wohnzimmerschrank. Der Sachschaden beträgt 4 500,00 €. Frau Mai hat einen Schadenersatzanspruch in Höhe von 8 000,00 € abzüglich 500,00 € Selbstbeteiligung.

Eine vertragliche Einschränkung oder ein Ausschluss der Haftung ist nicht möglich.
Anstelle des Herstellers haftet auch:
- ein **Handelshaus**, das unter eigenem Markennamen Produkte vertreibt,
- ein **Drittlandsimporteur**, der Waren aus Nichtührt.

Der Schaden aus Produkthaftung ist spätestens binnen drei Jahre nach seinem Eintritt geltend zu machen (Verjährungsfrist). Sobald ein Produkt zehn Jahre auf dem Markt war, sind sämtliche Ansprüche ausgeschlossen.

2.8 Grundlagen des Handelsrechts

2.8.1 Überblick über das Handelsrecht

Für Unternehmungen hat der Gesetzgeber ein spezielles Wirtschaftsrecht geschaffen. Es baut auf den allgemeinen Rechtsnormen des Bürgerlichen Gesetzbuches *(BGB)* auf und dient der **Sicherheit**, **Vereinfachung** und **Beschleunigung** des Geschäftsverkehrs innerhalb der Wirtschaft.

Wichtigste Gesetzesgrundlage ist das **Handelsgesetzbuch** *(HGB)*.

Statt von der Unternehmung wird im *HGB* vom Kaufmann gesprochen.

Handelsrecht ist nur anzuwenden, wenn die Kaufmannseigenschaft gegeben ist.

Kaufleute können sein:
- natürliche Personen,
- Personenhandelsgesellschaften,
- juristische Personen.

Das *HGB* wird durch eine Vielzahl von Spezialgesetzen ergänzt. Das Spezialrecht für Unternehmungen kann sich auf bestimmte Unternehmensrechtsformen oder auf bestimmte kaufmännische Geschäfte beziehen.

Hierbei gilt stets der Grundsatz:

Spezialrecht („lex specialis") hat Vorrang vor dem allgemeinen Recht („lex generalis").

Die **Bedeutung des Handelsrechts für das Steuerrecht** zeigt sich u. a. darin, dass die steuerliche Gewinnermittlung von Kaufleuten nach den handelsrechtlichen Grundsätzen ordnungsgemäßer Buchführung erfolgen muss (Grundsatz der Maßgeblichkeit der Handelsbilanz für die Steuerbilanz, *§ 5 Abs. 1 S. 2 EStG*).

*Das **Maßgeblichkeitsprinzip** bedeutet, dass*
- *bei buchführenden Gewerbetreibenden*
- *für den Schluss des Wirtschaftsjahres*
- *das Betriebsvermögen anzusetzen ist,*
- *das sich nach den handelsrechtlichen Grundsätzen ordnungsgemäßer Buchführung ermittelt (§ 5 Abs. 1 EStG).*

Handelsrechtliche Bilanzierungs- und Bewertungsvorschriften sind somit für die Steuerbilanz verbindlich, sofern nicht besondere steuerliche Vorschriften eine andere Behandlung erfordern.

2.8.2 Gründung und Anmeldung der Unternehmung

In einer Marktwirtschaft kann grundsätzlich jedermann eine Unternehmung gründen *(§ 1 GewO, Art. 12 GG)*. Die **Gewerbefreiheit** ist Voraussetzung für den Wettbewerb innerhalb der Wirtschaft. Die Unternehmungen müssen bei ihrer Geschäftstätigkeit jedoch die gesetzlichen Rahmenbedingungen beachten, die der Gesetzgeber im Interesse der Allgemeinheit festgelegt hat.

Die Unternehmensgründung setzt umfangreiche wirtschaftliche und rechtliche Überlegungen voraus. Aus übergeordneten Interessen und zum Schutz der Allgemeinheit ist in besonderen Fällen die Aufnahme des Geschäftsbetriebs von der Erfüllung bestimmter Voraussetzungen abhängig und nur aufgrund einer staatlichen Konzession zulässig.

Beispiele: Kreditinstitute, Versicherungsgesellschaften, Spielhallen

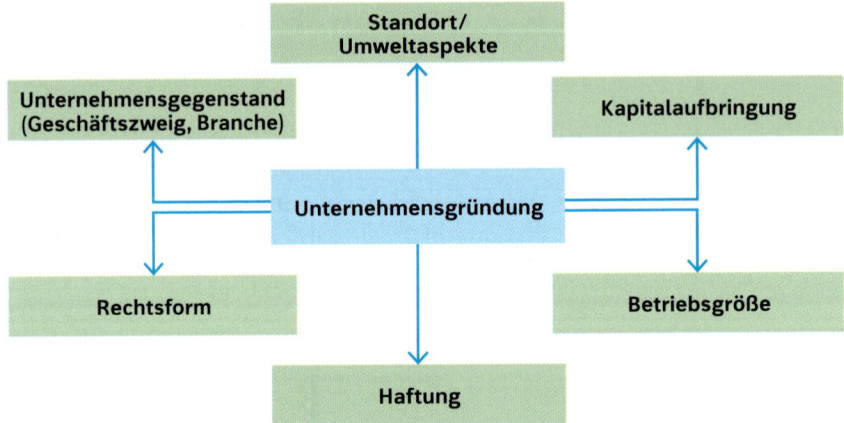

Die Unternehmensgründung muss bei der zuständigen Ordnungsbehörde durch eine **Gewerbeanmeldung** angezeigt werden *(§ 14 GewO)*.
Über die Gewerbeanmeldung werden anschließend die nachfolgenden Institutionen informiert:
- die zuständige **Kammer**,
  Beispiele: Industrie- und Handelskammer, Handwerkskammer
- das zuständige **Finanzamt**,
- die zuständige **Berufsgenossenschaft**,
- die gesetzliche **Krankenkassen**, wenn Arbeitnehmer eingestellt werden,

- das **Gewerbeaufsichtsamt**,
- **Agentur für Arbeit** (Betriebsnamen, Schlüsselverzeichnis),
- das **Statistische Landesamt**,
- das zuständige **Amtsgericht** zur Eintragung ins Handelsregister, sofern es sich bei der zu gründenden Unternehmung um einen Kaufmann handelt,
- **Versorgungsbetriebe** (Stadtwerke, Elektrizitätswerke),
- **Bauamt** bei evtl. Nutzungsänderungen des Gebäudes.

2.8.3 Kaufmannseigenschaft

- Istkaufmann

Kaufmann ist, wer ein Handelsgewerbe betreibt. Als *Handelsgewerbe* gilt *jeder Gewerbebetrieb*, es sei denn, dass das Unternehmen nach Art und Umfang einen in kaufmännischer Weise eingerichteten Geschäftsbetrieb nicht erfordert (§ 1 HGB).

Typische Merkmale eines Handelsgewerbes sind:
- eine selbstständige,
- auf **Dauer** angelegte,
- nach **außen** in Erscheinung tretende Tätigkeit
- in der Absicht, **Gewinn** zu erzielen.

Die Entscheidung, ob ein in kaufmännischer Weise eingerichteter Geschäftsbetrieb notwendig ist, trifft das zuständige Amtsgericht mit Unterstützung der IHK oder Handwerkskammer.

Die *pflichtgemäße* Eintragung ins Handelsregister hat lediglich **rechtsbekundende** (= deklaratorische) Wirkung.

Gelegentliche Erwerbsgeschäfte begründen kein Handelsgewerbe.

Nicht als Gewerbe gilt die Tätigkeit der **Freien Berufe**: Steuerberater, Wirtschaftsprüfer, Rechtsanwälte, Notare, Ärzte, Architekten, Künstler usw.
Diese Personen sind keine Kaufleute, obwohl sie am Wirtschaftsleben in der Regel wie Kaufleute teilnehmen. Ihnen wird nicht die Gewinnerzielungsabsicht als primäres Motiv ihrer Tätigkeit unterstellt.
Wenn Angehörige eines Freien Berufs ihre Tätigkeit in der Rechtsform einer GmbH oder AG ausüben, so ist die Gesellschaft Kaufmann kraft Rechtsform (Formkaufmann).

Kannkaufmann

Kannkaufleute sind Kaufleute kraft freiwilliger Eintragung ins Handelsregister (§§ 2, 3 HGB).

Kannkaufleute können zum Beispiel **Kleingewerbetreibende** sein. Als Kleingewerbetreibende bezeichnet man Unternehmen, die aufgrund der Art und des Umfangs ihrer Geschäfte einen in kaufmännischer Weise eingerichteten Geschäftsbetrieb nicht benötigen. Sie haben jedoch die Möglichkeit zum Erwerb der Kaufmannseigenschaft, indem sie sich freiwillig als Kaufmann ins Handelsregister eintragen lassen *(§ 2 HGB)*.

Beispiele: kleine Gaststätten, kleine Ladengeschäfte, kleine Bäckereien

Auch **land- und forstwirtschaftliche Unternehmen** oder damit verbundene Nebengewerbe, die nach Art und Umfang einen in kaufmännischer Weise eingerichteten Geschäftsbetrieb erfordern, sind berechtigt, aber nicht verpflichtet, sich ins Handelsregister eintragen zu lassen *(§ 3 HGB)*.

Beispiele:
– *land- und forstwirtschaftliche Unternehmen: Gutshöfe, Weingüter, Baumschulen*
– *land- und forstwirtschaftliche Nebengewerbe: Molkereien, Mühlen, Sägewerke*

Scheinkaufmann: Wer mit seiner Firma im Handelsregister eingetragen ist, oder sich im Wirtschaftsleben den Anschein eines Kaufmanns gibt, muss sich wie ein Kaufmann behandeln lassen *(§ 5 HGB)*.

Die *freiwillige* Eintragung ins Handelsregister hat **rechtserzeugende** Wirkung und begründet die Kaufmannseigenschaft.

Formkaufmann

Formkaufleute sind Unternehmen, die bereits aufgrund der von ihnen gewählten Rechtsform die Kaufmannseigenschaft erlangen (§ 6 HGB).

Alle **Kapitalgesellschaften** und **Genossenschaften** sind Formkaufleute, unabhängig davon, ob sie eine gewerbliche Tätigkeit ausüben oder nicht:
- im Handelsregister eingetragene *OHG* und *KG (§ 6 Abs. 1 HGB)*
- Gesellschaften mit beschränkter Haftung *(§ 6 Abs. 2 HGB i. V. m. § 13 Abs. 3 GmbHG)*
- Aktiengesellschaften *(§ 6 Abs. 2 HGB i. V. m. § 3 AktG)*,
- eingetragene Genossenschaften *(§ 6 Abs. 2 HGB i. V. m. § 17 Abs. 2 GenG)*.

Personenhandelsgesellschaften, also offene Handelsgesellschaften und Kommanditgesellschaften, sind dagegen Kaufleute kraft ihres Gewerbes: Sie erlangen die Kaufmannseigenschaft entweder mit Aufnahme des Geschäftsbetriebes oder kraft Eintragung ins Handelsregister *(§§ 105, 123 HGB)*.

Alle Kaufleute haben die Pflicht
- *zur Führung einer Firma unter Hinzufügung eines die Rechtsform der Unternehmung kennzeichnenden Zusatzes,*
- *zur Angabe der Firma, des Ortes ihrer Niederlassung, des Registergerichts und der Nummer, unter der sie im Handelsregister eingetragen sind, in allen Geschäftsbriefen, die an einen bestimmten Empfänger gerichtet sind,*
- *zur Führung der Handelsbücher entsprechend den Grundsätzen ordnungsgemäßer Buchführung,*
- *zur selbstschuldnerischen Bürgschaft bei Übernahme einer Bürgschaftserklärung.*

Alle Kaufleute haben die Möglichkeit
- *zur Abgabe einer mündlichen Bürgschaftserklärung,*
- *zur Festsetzung eines vom Kalenderjahr abweichenden Geschäftsjahres,*
- *zur Erteilung von Handlungsvollmacht und Prokura.*

Die Kaufmannseigenschaft entsteht bereits mit Aufnahme des Geschäftsbetriebs. Die notwendige Eintragung ins Handelsregister hat daher **deklaratorische Wirkung**.

Die Kaufmannseigenschaft wird erst mit der Eintragung in das Handelsregister erworben. Die Eintragung hat daher **konstitutive Wirkung**.

2.8.4 Firmenrecht

*Die **Firma** ist der geschäftliche Name (Unternehmensname) eines Kaufmanns, unter dem er seine Geschäfte betreibt, unterschreibt, klagen und verklagt werden kann (§ 17 HGB).*

Die Firma muss zur Kennzeichnung des Kaufmanns geeignet sein und Unterscheidungskraft besitzen.

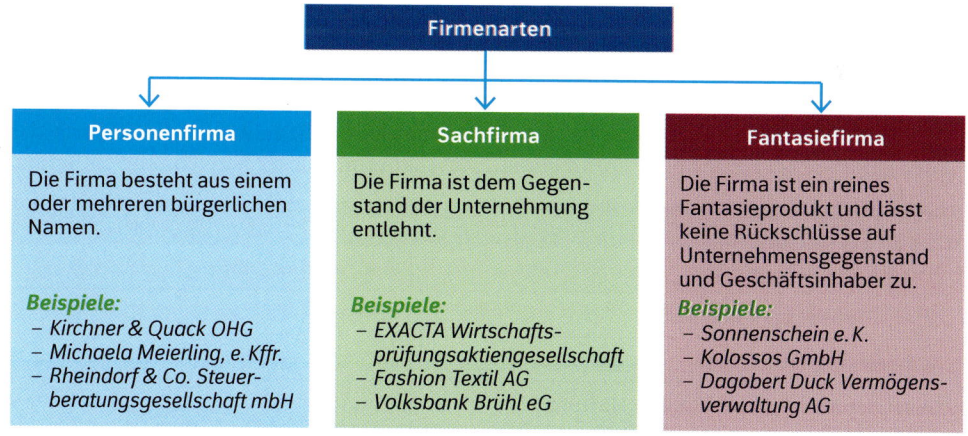

Firmengrundsätze	
Firmenöffentlichkeit *(§ 29 HGB)*	Die Firma muss zum Handelsregister angemeldet, eingetragen und bekannt gemacht werden.
Firmenwahrheit und -klarheit *(§§ 18, 19 HGB)*	Die Firma darf keine Angaben enthalten, die geeignet sind, über geschäftliche Verhältnisse, die für die angesprochenen Verkehrskreise wesentlich sind, irrezuführen. *Beispiel: Eine kleine Steuerberatungsgesellschaft darf sich nicht Deutsche Treuhand GmbH nennen.*
Firmenbeständigkeit *(§§ 21, 22, 24 HGB)*	Eine einmal existierende Firma darf bei einem Inhaberwechsel, ggf. unter Beifügung eines Zusatzes, der auf das Nachfolgeverhältnis hinweist, weitergeführt werden. Voraussetzung hierfür ist die ausdrückliche Einwilligung des bisherigen Inhabers bzw. seiner Erben. Firmenbeständigkeit hat Vorrang vor Firmenwahrheit. *Beispiel:* *Eisenwaren Wilhelm Keuser e. K.* *Inh. Bernd Hopp*
Firmen- ausschließlichkeit *(§ 30 HGB)*	Die gewählte Firma muss sich von allen anderen Firmen am selben Ort deutlich unterscheiden. *Beispiele:* *– Peter Schmitz, Sanitäranlagen GmbH* *– Sanitäre Installationen Peter Schmitz e. K.*

Firmenschutz

Die Eintragung begründet den *Schutz der Firma.* Das Recht auf die Firma ist ein absolutes Recht und wirkt gegenüber jedermann. Wer eine ihm nicht zustehende Firma führt, kann von der bereits existierenden Firma auf Unterlassung ggf. Schadenersatz verklagt und vom Registergericht mit einem Ordnungsgeld belegt werden *(§ 37 HGB, § 16 UWG).*

Notwendige Bestandteile der Firma

Die Firma kann nicht ohne das Handelsgeschäft, für welches sie geführt wird, veräußert werden. Die notwendigen Bestandteile der Firma richten sich nach der jeweiligen Rechtsform der Unternehmung.

Die Firma eines Kaufmanns muss bei der Gründung die Bezeichnung der Rechtsform der Unternehmung oder eine allgemein verständliche Abkürzung dieser Bezeichnung enthalten.

Rechtsform	Abkürzung
eingetragener Kaufmann	e. K., e. Kfm., e. Kffr.
offene Handelsgesellschaft	OHG
Kommanditgesellschaft	KG
Gesellschaft mit beschränkter Haftung	GmbH
Aktiengesellschaft	AG
Kommanditgesellschaft auf Aktien	KGaA
eingetragene Genossenschaft	eG
haftungsbeschränkte Unternehmergesellschaft	UG (haftungsbeschränkt)

Auf allen **Geschäftsbriefen** des Kaufmanns, die an einen bestimmten Empfänger gerichtet werden, müssen seine Firma, der Ort seiner Handelsniederlassung und die Nummer, unter der die Firma in das Handelsregister eingetragen ist, angegeben werden *(§ 37 a HGB)*.

Firmenwert

Für renommierte Unternehmen mit großem Bekanntheitsgrad bedeutet die Firma oft einen erheblichen Wert; insoweit handelt es sich um ein **immaterielles Wirtschaftsgut**. Ihr Wert ist vor allem bestimmt durch den guten Ruf *(Goodwill)*, über den die Unternehmung bei ihren Kunden verfügt.

Der Firmenwert kann betragsmäßig bestimmt werden: Es ist der Betrag, den ein Käufer im Rahmen der Übernahme einer Unternehmung als Ganzes über den Wert der einzelnen Vermögensgegenstände hinaus zu zahlen bereit ist. Beim Kauf einer Unternehmung ist der Firmenwert in der Steuerbilanz *aktivierungspflichtig*, in der Handelsbilanz aktivierungsfähig *(§ 255 Abs. 4 HGB)*.

2.8.5   Öffentliche Register

2.8.5.1 Handelsregister

Das Handelsregister (HR) ist das amtliche Verzeichnis der Kaufleute eines Amtsgerichtsbezirks (Beweis-, Kontroll-, Publizitäts-, Publikationsfunktion).

Das Handelsregister bezweckt die Information des Rechtsverkehrs durch vollständigen und zuverlässigen Nachweis der tatsächlichen und rechtlichen Verhältnisse von Kaufleuten, d. h., das Handelsregister bietet die Möglichkeit, sich über wichtige Rechtsverhältnisse eines Geschäftspartners wie z. B. Firma, Sitz, Vertretungsverhältnisse zu informieren.

Zuständigkeit

Die Landesregierungen können für mehrere Amtsgerichtsbezirke die Führung des Registers durch Rechtsverordnung einem Amtsgericht übertragen.
Örtlich zuständig ist das Amtsgericht, in dessen Bezirk der Sitz des Unternehmens liegt *(§ 36 AktG, § 7 GmbHG, §§ 19, 106, 161 HGB)*.

Verfahren

Handels-, Genossen- und Partnerschaftsregister werden seit 2007 elektronisch bei den zuständigen Amtsgerichten geführt. Die Register sind über eine einheitliche vernetzte Internetseite **www.handelsregister.de** zugänglich. Die Registereintragung läuft nach den Vorschriften der Handelsregisterverordnung *(HRV)* und des *HGB* in folgender Weise ab:

- Anmeldungen zur Eintragung in das Handelsregister sind in öffentlich beglaubigter Form zwingend als elektronische Dokumente einzureichen *(§ 12 HGB)*. Notwendige Unterzeichnungen müssen in qualifizierter elektronischer Form nach § 126 a BGB erfolgen.
  Die Eintragung im HR wird wirksam, sobald sie gespeichert und inhaltlich unverändert in lesbarer Form wiedergegeben werden kann *(§ 8 a HGB)*.

- Das Registergericht fordert in Zweifelsfällen ein Gutachten von der Industrie- und Handelskammer bei einem Handelsgewerbe[1], von der Handwerkskammer bei einem Hand-

---

[1] *Geprüft wird insbesondere die Buchführungspflicht.*

werksbetrieb, von der Landwirtschaftskammer bei einem land- und forstwirtschaftlichem Betrieb an *(§ 23 HRV).*

- Das Registergericht prüft alle Eintragungsvoraussetzungen, evtl. müssen Genehmigungsbehörden gehört werden.

- In einer Eintragungsverfügung stellt das Gericht den Wortlaut der Eintragung fest *(§ 27 HRV).*

- Die Eintragungen und Änderungen werden veröffentlicht *(§§ 10, 11 HGB)*
  - unter **www.handelsregister.de**
  - im elektronischen Bundesanzeiger (**www.bundesanzeiger.de**),
  - im elektronischen Unternehmensregister (**www.unternehmensregister.de**). Über den elektronischen Bundesanzeiger als Internet-Publikationsplattform werden Unternehmensmeldungen weltweit zugänglich.

Bereits seit 2002 sind aktienrechtliche Mitteilungen (z.B. Jahresabschlüsse aller publizitätspflichtigen Unternehmen) im elektronischen Bundesanzeiger bekannt zu machen.

Öffentlichkeit des Handelsregisters

Das Handelsregister wird beim Amtsgericht (Registergericht) geführt und unterrichtet die Öffentlichkeit über die grundlegenden Rechtsverhältnisse der Unternehmungen.
Jedermann – nicht nur der Kaufmann – hat das Recht auf Einsichtnahme und kann gegen eine Gebühr eine Kopie der Eintragungen und der eingereichten Schriftstücke verlangen *(§ 9 HGB).*

Öffentlicher Glaube der Eintragungen

Jede Eintragung erzeugt die Vermutung der Richtigkeit und rechtlichen Zulässigkeit (§ 15 HGB).

- **Positive Publizität:** Eingetragene und bekanntgemachte Tatsachen muss ein Dritter gegen sich gelten lassen. Dies gilt nicht bei Rechtshandlungen, die innerhalb von 15 Tagen nach der Bekanntmachung vorgenommen werden, sofern der Dritte beweist, dass er die Tatsache weder kannte noch kennen musste.
  Beispiel: Aufgrund häufiger Fehler wird einem Mitarbeiter die Prokura entzogen. Der Widerruf wird ordnungsgemäß eingetragen und bekannt gemacht. Drei Wochen nach der Bekanntmachung verkauft der Ex-Prokurist aus Enttäuschung über den Prokuraentzug die gesamte EDV-Einrichtung der Unternehmung.
  Das Rechtsgeschäft ist für die Unternehmung nicht bindend.

- **Negative Publizität:** Solange eine einzutragende Tatsache nicht eingetragen und bekannt gemacht worden ist, kann sie einem Dritten nicht entgegengesetzt werden, es sei denn, dass sie diesem bekannt war.
  Beispiel: Einem Prokuristen wird gekündigt, das Erlöschen der Prokura wird jedoch versehentlich nicht zur Eintragung angemeldet. Aus Verärgerung über die Entlassung verkauft der Ex-Prokurist unberechtigterweise seinen Dienstwagen zu einem günstigen Preis an einen Geschäftsfreund, der von dem Entzug der Prokura nichts wusste.
  Das Rechtsgeschäft ist für die Unternehmung bindend.

- Ist eine einzutragende Tatsache **unrichtig** bekannt gemacht, so kann sich ein gutgläubiger Dritter auf den Inhalt der Bekanntmachung berufen.

Eine Eintragung kann **rechtserzeugend** *(konstitutiv)* oder **rechtsbekundend** *(deklaratorisch)* wirken.

Konstitutive Eintragungen	Deklaratorische Eintragungen
Die Eintragung erzeugt den beabsichtigten Rechtszustand.	Die Eintragung bekundet einen bereits bestehenden Rechtszustand.
Beispiele: – *Entstehung einer GmbH bzw. AG und Erlangung der Rechtsfähigkeit (§ 7 GmbHG, § 36 AktG)* – *Herabsetzung oder Haftungsbeschränkung der Einlage eines Kommanditisten (§§ 174, 176 Abs. 1 S. 1 HGB)* – *Eintragung eines Kleingewerbetreibenden oder eines land- oder forstwirtschaftlichen Betriebes (§§ 2, 3 HGB)*	*Beispiele:* – *Erteilung und Widerruf einer Prokura (§ 48 HGB)* – *Eintritt eines neuen Gesellschafters in eine OHG (§ 107 HGB)* – *Gesamtvertretung der Gesellschafter einer OHG (§ 125 Abs. 3 und 4 HGB)*

Aufbau des Handelsregisters	
Abteilung A (HRA)	**Abteilung B (HRB)**
Einzelunternehmungen **Personenhandelsgesellschaften** – offene Handelsgesellschaften – Kommanditgesellschaften	**Kapitalgesellschaften** – Aktiengesellschaften – Gesellschaften mit beschränkter Haftung
Inhalt der Eintragungen	
Firma und Sitz der Unternehmung *bei der KG:* die Einlagen der Kommanditisten *bei der Einzelunternehmung:* der Geschäftsinhaber *bei der OHG und KG:* die Gesellschafter ggf. Prokuristen Art der Vertretung (Einzel-/Gesamtvertretung)	Firma, Sitz und Gegenstand der Unternehmung *bei der GmbH:* das Stammkapital *bei der AG:* das Grundkapital *bei der GmbH:* der/die Geschäftsführer *bei der AG:* der Vorstand ggf. Prokuristen Art der Vertretung (Einzel-/Gesamtvertretung)
– Eintragungsfähig und -pflichtig sind nur die gesetzlich zulässigen und vorgesehenen Tatbestände. – Eintragungen erfolgen auf Antrag, ggf. von Amts wegen. Die Anmeldung zur Eintragung ist in öffentlich (notariell) beglaubigter Form einzureichen *(§ 12 HGB)*. Sie kann ggf. durch Ordnungsgeld erzwungen werden. – Die Eintragungen werden vom Amtsgericht durch Veröffentlichung im elektronischen Bundesanzeiger und in mindestens einem weiteren Blatt im Amtsgerichtsbezirk bekanntgemacht *(§§ 10, 11 HGB)*. – Gelöschte Eintragungen sind unterstrichen.	

Handelsregister A des Amtsgerichts Neustadt	Abteilung A Wiedergabe des aktuellen Registerinhalts – Abruf vom 11.09.2020 12:10 –	Nummer der Firma HRA 675
– Ausdruck –	Seite 1 von 1	

1. Anzahl der bisherigen Eintragungen:
4
2. a) Firma:
   Heller und Co. KG
  b) Sitz, Niederlassung, Zweigniederlassungen:
   Neustadt
3. a) Allgemeine Vertretungsregelung:
   -----
  b) Inhaber, persönlich haftende Gesellschafter, Geschäftsführer, Vorstand (...):
   Persönlich haftende Gesellschafter: Josef Heller, Neustadt, * 23.03.1960, Peter Lauer,
   Wiesingen, * 01.07.1958
4. Prokura:
   Einzelprokura für Hans Berger, Neustadt, * 04.05.1970
5. a) Rechtsform, Beginn und Satzung:
   Kommanditgesellschaft; Beginn 28.08.2005
  b) Sonstige Rechtsverhältnisse:
   -----
  c) Kommanditisten:
   Kaufmann Egon Laupichler, Neustadt. * 19.11.1950, Einlage 20000,00 €
   Notar Karl Sendburg, Neustadt, * 20.01.1955, Einlage 60000,00 €
6. Tag der letzten Eintragung:
   07.05.2017

Handelsregister B des Amtsgerichts Neustadt	Abteilung B Wiedergabe des aktuellen Registerinhalts – Abruf vom 26.10.2020 14:15 –	Nummer der Firma HRB 6877
– Ausdruck –	Seite 1 von 1	

1. Anzahl der bisherigen Eintragungen:
0
2. a) Firma:
   Schuette Schleifmaschinen GmbH
  b) Sitz, Niederlassung, Zweigniederlassungen:
   Neustadt
  c) Gegenstand des Unternehmens:
   Herstellung und Vertrieb von Werkzeugschleifmaschinen sowie entsprechendem Zubehör
3. Grund- oder Stammkapital:
   25000,00 €
4. a) Allgemeine Vertretungsregelung:
   Ist nur ein Geschäftsführer bestellt, so vertritt er die Gesellschaft allein. Sind mehrere
   Geschäftsführer bestellt, so wird die Gesellschaft durch zwei Geschäftsführer sowie durch
   einen Geschäftsführer gemeinsam mit einem Prokuristen vertreten.
  **b) Vorstand, Leitungsorgan, geschäftsführende Direktoren, persönlich haftende Gesell-
     schafter, Geschäftsführer, Vertretungsberechtigte und besondere Vertretungsbefugnis:**
   Einzelvertretungsbefugnis mit der Befugnis im Namen der Gesellschaft mit sich im eigenen
   Namen oder als Vertreter eines Dritten Geschäfte abzuschließen: Geschäftsführer Karl
   Schuette, Neustadt, * 06.05.1968
5. Prokura:
   Gesamtprokura gemeinsam mit einem anderen Geschäftsführer oder einem anderen Prokuristen:
   Paul Weber, Neustadt, * 04.05.1970, Martina Kruschnik, Neustadt, * 25.12.1969
6. a) Rechtsform, Beginn, Satzung oder Gesellschaftsvertrag:
   Gesellschaft mit beschränkter Haftung; Gesellschaftsvertrag vom 20.09.2007
  b) Sonstige Rechtsverhältnisse:

2.8.5.2 Andere öffentliche Register

Andere beim Amtsgericht geführte öffentliche Register sind das:

Partnerschaftsregister	www.handelsregister.de
– Inhalt: – Eintragungstatbestände: – öffentlicher Glaube: – Einsichtnahme:	Rechtsverhältnisse der Partnerschaftsgesellschaften (PG) Name und Sitz der Partnerschaft, Name und Vorname sowie der in der Partnerschaft ausgeübte Beruf und der Wohnort jedes Partners *(§§ 3, 4, 5 PartGG)* positive und negative Publizität *(§ 5 PartGG i. V. m. § 15 HGB)* jedermann
Genossenschaftsregister	**www.handelsregister.de**
– Inhalt: – Eintragungstatbestände: – öffentlicher Glaube: – Einsichtnahme:	Rechtsverhältnisse der eingetragenen Genossenschaften (eG) Firma, Sitz, Statut, Vorstand positive Publizität (eingetragene Tatsachen gelten gutgläubigen Dritten gegenüber als richtig) und negative Publizität (nicht eingetragene Tatsachen geltend als nicht bestehend) jedermann
Vereinsregister	**www.handelsregister.de**
– Inhalt: – Eintragungstatbestände: – öffentlicher Glaube: – Einsichtnahme:	Rechtsverhältnisse der eingetragenen Vereine (e. V.) Name, Sitz, Satzung, Vorstand nur negative Publizität *(§ 68 BGB)* jedermann
Güterstands(rechts)register	
– Eintragungstatbestände: – öffentlicher Glaube: – Einsichtnahme:	Abweichungen vom gesetzlichen Güterstand der Ehe und Eheverträge (nur auf Antrag) nur negative Publizität *(§ 1412 BGB)* jedermann
Grundbuch	
– Inhalt: – Eintragungstatbestände: – öffentlicher Glaube: – Einsichtnahme:	Rechtsverhältnisse der im Amtsgerichtsbezirk gelegenen Grundstücke u. a. Eigentumsverhältnisse, Lasten und Beschränkungen, Grundpfandrechte positive und negative Publizität *(§ 892 BGB)* berechtigtes Interesse muss nachgewiesen werden bzw. Einwilligung des Grundstückseigentümers

2.8.6   HGB-Vollmachten

2.8.6.1 Handlungsvollmacht

Die allgemeine Handlungsvollmacht berechtigt zu allen Geschäften und Rechtshandlungen, die der Betrieb dieses Handelsgewerbes gewöhnlich mit sich bringt (§ 54 HGB).

Nicht ermächtigt ist der Handlungsbevollmächtigte folglich zu allen für dieses Handelsgewerbe *außergewöhnlichen* Geschäften und Rechtshandlungen.

Eine ausdrückliche Sondervollmacht ist notwendig für die:
- Veräußerung und Belastung von Grundstücken,
- Eingehung von Wechselverbindlichkeiten,
- Aufnahme von Darlehen,
- Prozessführung.

Der Umfang der Handlungsvollmacht kann vom Vollmachtgeber auf einzelne oder eine bestimmte Art von Geschäften und Rechtshandlungen beschränkt werden.

Spezialvollmacht	Artvollmacht
einmalige Vollmacht zur Erledigung eines besonderen Geschäftes	*auf Dauer* erteilte Vollmacht zur Erledigung einer bestimmten Art wiederkehrender Geschäfte
Beispiel: *einmalige Vollmacht zum Kauf eines Fahrzeuges*	*Beispiele:* *– Kontovollmacht* *– Einkaufsvollmacht*

Die Vertretungsvollmacht kann darüber hinaus in der Weise beschränkt werden, dass der Handlungsbevollmächtigte nur im Zusammenwirken mit einer anderen Person *(z. B. mit einem Prokuristen)* zeichnungsberechtigt ist.

Einzelvertretungsvollmacht	Gesamtvertretungsvollmacht
Vollmachtausübung *ohne* Zusammenwirken mit einer anderen Person	Vollmachtausübung nur im Zusammenwirken *mit* einer anderen vertretungsberechtigten Person

Erteilung	Die Erteilung kann nach *§ 167 BGB* erfolgen durch – Kaufleute, Handlungsbevollmächtigte, Kleingewerbetreibende, – den Vorstand einer AG bzw. eG, – den/die Gesellschafter einer GmbH, – Prokuristen, und zwar – schriftlich, – mündlich, – stillschweigend (konkludentes = schlüssiges Verhalten).
Eintragung ins Handelsregister	nicht eintragungsfähig
Unterschrift (Zeichnung) *(§ 57 HGB)*	Der Handlungsbevollmächtigte muss unter der Firma mit einem das Vollmachtverhältnis andeutenden Zusatz unterschreiben. *Beispiele:* *Firmenbezeichnung:* Modeboutique Elvira Ellis GmbH *i. A. (im Auftrag) Name:* i. A. Thöler *i. V. (in Vertretung) Name:* i. V. Meier
Erlöschen	Die Handlungsvollmacht erlischt – durch Widerruf, – mit Beendigung des Dienstvertrages, – mit Erledigung des Auftrages (bei Spezialvollmacht), – bei Befristung nach Ablauf der Frist, – bei bedingter Vollmacht bei Wegfall der Bedingung, – mit Auflösung der Unternehmung.

2.8.6.2 Prokura

*Die **Prokura** ermächtigt eine natürliche Person zu allen Arten von gerichtlichen und außergerichtlichen Geschäften und Rechtshandlungen, die der Betrieb (irgend)eines Handelsgewerbes mit sich bringt (§§ 48–53 HGB).*

Eine ausdrückliche Spezialvollmacht ist notwendig für die Veräußerung und Belastung von Grundstücken.

Nicht ermächtigt ist der Prokurist
- zur Erteilung und zum Entzug einer Prokura,
- zu Handlungen außerhalb des Geschäftsbetriebes (*z. B. Verkauf, Schließung, Branchenänderung*),
- zu Handlungen, die sich der Kaufmann persönlich vorbehalten hat,
- zur Veräußerung und Belastung von Grundstücken,
- zur Anmeldung von Eintragungen ins Handelsregister,
- zur Unterzeichnung der Bilanz und der Steuererklärungen,
- zur Aufnahme neuer Gesellschafter,
- zum Verkauf der Unternehmung,
- zum Antrag auf Eröffnung des Insolvenzverfahrens.

Die Prokura ist nicht übertragbar.
Sie erlischt nicht durch den Tod des Inhabers des Handelsgeschäfts.

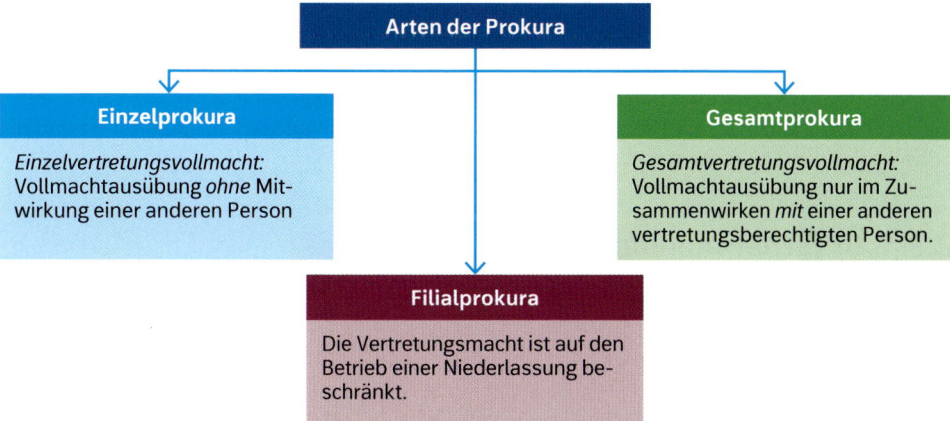

Im **Außenverhältnis**, d. h. im Verhältnis zwischen dem Prokuristen und den Geschäftspartnern des Arbeitgebers, ist die Vertretungsmacht des Prokuristen darüber hinaus nicht weiter beschränkbar *(§ 50 HGB)*.
Anders verhält es sich im **Innenverhältnis**, d. h. im Verhältnis zwischen dem Prokuristen und seinem Arbeitgeber. Hier ist in der Regel dem Prokuristen ein bestimmtes Ressort zugeteilt, für das er als leitender Angestellter zuständig ist. Den ihm zugewiesenen Kompetenzrahmen darf er nicht überschreiten.

Beispiel: Frau Simone Brühl ist Personalchefin der Fashion Textil AG. Ihr ist Einzelprokura erteilt worden. Im Innenverhältnis darf sie ihren Arbeitgeber nur in Personalangelegenheiten vertreten. Im Außenverhältnis gilt diese Beschränkung nicht, d. h., sie könnte ihren Arbeitgeber auch in allen anderen Geschäften (mit Ausnahme der ihr gesetzlich nicht erlaubten) rechtswirksam vertreten.

Erteilung *(§ 48 HGB)*	Die Prokura kann nur erteilt werden von – einem Kaufmann (Inhaber eines Handelsgewerbes, dem gesetzlichen Vertreter oder Erben) – dem Geschäftsführer einer GmbH, und zwar – persönlich und ausdrücklich – schriftlich oder mündlich. Bei der GmbH erfolgt die Bestellung von Prokuristen (ebenso wie von Handlungsbevollmächtigten) durch Gesellschafterbeschluss.
Eintragung ins Handelsregister *(§ 53 HGB)*	eintragungspflichtig (deklaratorische Wirkung)
Unterschrift (Zeichnung) *(§ 51 HGB)*	Der Prokurist muss unter der Firma mit einem die Prokura andeutenden Zusatz unterschreiben. **Beispiel:** *Firmenbezeichnung:* Fashion Textil AG *pp. oder ppa. (per procura) Name:* pp. Simone Brühl
Erlöschen	Die Prokura erlischt durch – Widerruf *(§ 52 Abs. 1 HGB)*, – Beendigung des Dienstvertrages, – Tod des Prokuristen (aber nicht durch Tod des Vertretenen), – Einstellung, Veräußerung oder Auflösung der Unternehmung.

AGB der Kreditinstitute:

Zur ordnungsgemäßen Abwicklung des Geschäftsverkehrs ist es erforderlich, dass der Kunde dem Kreditinstitut Änderungen seines Namens und seiner Anschrift sowie das Erlöschen oder die Änderung einer gegenüber dem Kreditinstitut erteilten Vertretungsmacht (insbesondere einer Vollmacht) unverzüglich mitteilt. Diese Mitteilungspflicht besteht auch dann, wenn die Vertretungsmacht in ein öffentliches Register (zum Beispiel in das Handelsregister) eingetragen ist und ihr Erlöschen oder ihre Änderung in dieses Register eingetragen wird.

2.9   Unternehmensformen

Das **Gesellschaftsrecht** regelt das Innen- und Außenverhältnis von privatrechtlichen Unternehmensformen. Zur Auswahl stehen Personenunternehmen/-gesellschaften und Kapitalgesellschaften.

Unternehmen können von natürlichen und/oder juristischen Personen gegründet werden.

Beispiele:
- *Volkswagen AG: An diesem privatrechtlichen Unternehmen sind natürliche Personen, juristische Personen des Privatrechts (z. B. eine Privatbank) und juristische Personen des öffentlichen Rechts (z. B. das Land Niedersachsen) beteiligt.*
- *Stadtwerke Bonn GmbH: Alleinige Eigentümerin dieses privatrechtlichen Unternehmens ist die Gebietskörperschaft Stadt Bonn.*

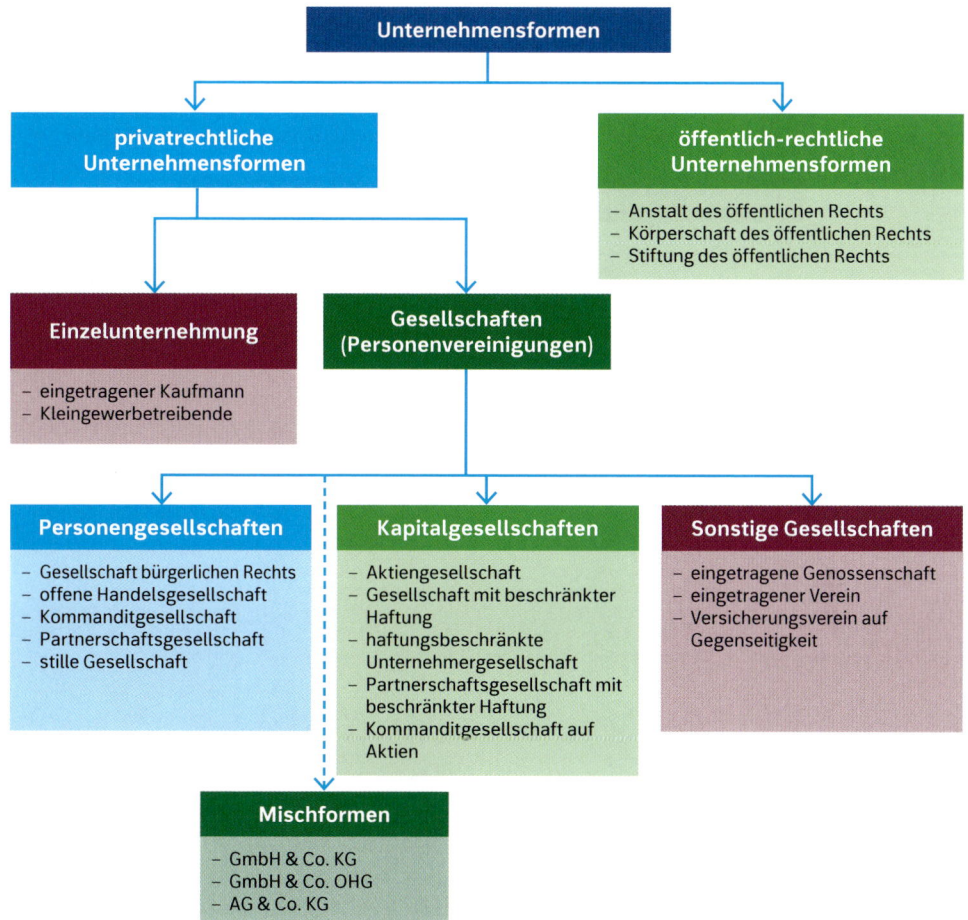

2.9.1 Gründe für die Wahl der Unternehmensform

Die Frage, welche Rechtsform für ein privatwirtschaftliches Unternehmen sinnvoll erscheint, stellt sich, wenn
- ein Unternehmen gegründet wird,
- sich für das Unternehmen wesentliche persönliche, rechtliche, wirtschaftliche oder steuerliche Faktoren ändern.

Beispiele:
- *persönliche Faktoren: die Geschäftsführung soll Angestellten übertragen werden,*
- *rechtliche Faktoren: die Haftung der Gesellschafter soll beschränkt werden,*
- *wirtschaftliche Faktoren: die Kapitalbeschaffung soll erleichtert werden,*
- *steuerliche Faktoren: eine GmbH soll in eine KG umgewandelt werden, um Erbschaftsteuer zu sparen oder um gewerbesteuerliche Freibeträge auszunutzen.*

Um im Einzelfall die richtige Wahl der Unternehmensform zu treffen, sollte ein Katalog von Entscheidungskriterien zusammengestellt, vergleichend gegenübergestellt und gewertet werden. Eine Reihe von Entscheidungsfaktoren beeinflussen sich gegenseitig.

Beispiel: Je stärker die Haftungsbeschränkung, desto schwieriger ist die Fremdkapitalbeschaffung.

Entscheidungskriterien für die Wahl der Unternehmensform

betriebswirtschaftliche Gründe	zivilrechtliche Gründe	handels- und steuer-rechtliche Gründe	persönliche Gründe
Businessplan – Geschäftsidee/-konzept – persönliche Rahmen-bedingungen – Markteinschätzung – Wettbewerbssituation – Zukunftsaussichten – Genehmigungen – Marketing, Werbung – Versicherungen **Finanzierung des Unternehmens** – Kapitalbeschaffungs-möglichkeiten – Höhe des Eigenkapitals – Entnahme- und Einlagerechte – Beteiligung am Ver-mögen, insbesondere an den stillen Reserven und am Firmenwert – Gewinn- und Verlust-beteiligung – Anzahl der Gesell-schafter – Gründungsaufwand **Führung des Unternehmens** – Leitungsbefugnis – Willensbildung – Mitbestimmung – Prüfungspflichten – Publizität – Art, Umfang und Kosten der Rechnungslegung **Standort des Unternehmens** – Rohstoffe, Grundstücke – Energie, Verkehr, Absatz – Arbeitskräfte – Steuerbelastung	– Rechtsform – Geschäftsführung – Vertretungsbefugnis – Kapitalausstattung – Haftungsbeschränkung – Änderungen der Beteili-gungsverhältnisse – Unternehmens-nachfolge, Nachlassre-gelung – Art und Umfang des Handelsgewerbes – Form und Inhalt des Gesellschaftsvertrages – Anzahl der Gesell-schafter	– lokale, regionale und nationale Steuern und Steuertarife – Unterschiede in der Be-steuerung der Personen- und Kapitalgesellschaften bei ertragsabhängigen Steuern *(ESt, KSt, KiSt, GewSt)* – steuerliche Belastungen bei Umwandlungen – Unterschiede in der Belastung durch Erbschaft- und Schenkungsteuer – Kosten der Abschluss-prüfer, evtl. des Notars, Gerichtskosten – Publizitätspflichten und -kosten – steuerliche Gesamt-belastung – Fördermaßnahmen (Investitionszulagen, Sonderabschreibungen) – Ertragsteuerbelastung auf der Ebene der Gesellschaft und der Gesellschafter	– persönliche Präferenzen – Anzahl, Qualifikation, Einsatzfähigkeit und -willigkeit der Gründer – Erbfolge – persönliche Steuer-belastung – Image der Rechtsform – Publizität – Rechnungslegung – Offenlegung der Rechnungslegung – Umfang, Form und Kos-ten der Gründung – Registerkosten – Beurkundungskosten – Sicherung des Unternehmens – Sicherung der Unter-nehmernachfolge – Alterssicherung der Gesellschafter – Haftungsverhältnisse – ehelicher Güterstand – Scheidungsfolgen – Leitungsbefugnisse – Beratungsfähigkeit/-willigkeit

2.9.2 Einzelunternehmung

Rechtsgrundlagen: *§§ 1–104 HGB, BGB, GewO*

Kennzeichen und Bedeutung

Bei der Einzelunternehmung ist eine einzelne natürliche Person – der (die) Einzelunternehmer/-in – selbstständig
- *gewerblich,*
- *land- bzw. forstwirtschaftlich oder*
- *freiberuflich tätig.*

Eine einzelne Person ist **Eigentümer** und **Inhaber**, trägt allein das unternehmerische Risiko und übernimmt allein die Verantwortung und Entscheidungsbefugnis. Träger von Rechten und Pflichten ist nur der Einzelunternehmer.
Die Rechtsform ist besonders geeignet für kleine und mittlere Unternehmen.
Der Einzelunternehmer kann Kaufmann oder Kleingewerbetreibender sein.
Die Einzelunternehmung ist die häufigste Unternehmensrechtsform in Deutschland.

Firma
Ist der Einzelunternehmer als eingetragener Kaufmann tätig, ist er verpflichtet, eine Firma anzunehmen.
Die Firma muss die Bezeichnung „**eingetragener Kaufmann**", „**eingetragene Kauffrau**" oder eine allgemein verständliche Abkürzung dieser Bezeichnung, insbesondere „**e. K.**", „**e. Kfm.**" oder „**e. Kffr.**" enthalten *(§ 18 HGB)*.

Beispiele: Clara Rheindorf e. Kffr., Sunshine Studio e. K., Klaus Leesten Gebrauchtfahrzeuge e. Kfm.

Nicht eingetragene Kleingewerbetreibende führen **keine** Firma.

Kapital

Ein Mindestkapital ist nicht vorgeschrieben. Einlagen und Entnahmen werden über das Privatkonto, ein Unterkonto des Eigenkapitalkontos, gebucht.

Geschäftsführung und Vertretung

Geschäftsführung und Vertretung liegen allein beim Einzelunternehmer. Kaufleute können Prokura und Handlungsvollmacht erteilen *(§§ 48–58 HGB)*.

Haftung

Der Einzelunternehmer haftet für alle Verbindlichkeiten des Unternehmens

- **alleine,**
- **persönlich** und
- **unbeschränkt**

mit seinem Geschäfts- und Privatvermögen.

Beim Verkauf des Unternehmens unter Fortführung der Firma haftet er für Verbindlichkeiten im Zeitpunkt des Ausscheidens, wenn die bis dahin begründeten Verbindlichkeiten vor Ablauf von 5 Jahren nach Ausscheiden fällig und daraus Ansprüche gegen ihn gerichtlich geltend gemacht worden sind. Bei öffentlich-rechtlichen Verbindlichkeiten genügt der Erlass eines Verwaltungsaktes. Die Frist beginnt mit dem Ende des Tages, an dem das Ausscheiden in das Handelsregister eingetragen worden ist *(§§ 25, 26 HGB)*. Die Verjährungsfrist von fünf Jahren gilt allerdings nur, soweit nicht nach den allgemeinen gesetzlichen Bestimmungen kürzere Verjährungsfristen gelten *(§ 196 ff. BGB)*.

---

*Bei einer **Einzelunternehmung** …*

- *ist eine einzelne natürliche Person alleiniger Inhaber,*
- *übernimmt der Einzelunternehmer Geschäftsführung und Vertretung,*
- *haftet der Einzelunternehmer persönlich und unbeschränkt,*
- *muss – sofern kein Kleingewerbe vorliegt – eine Eintragung ins Handelsregister, Abteilung A, erfolgen,*
- *muss – sofern eine Handelsregistereintragung erfolgt – eine Firma mit dem Zusatz „e. K.", „e. Kfm." oder „e. Kffr." geführt werden,*
- *gelten die Vorschriften des HGB in vollem Umfang.*

Vorteile	Nachteile
– Entscheidungskompetenz und Verantwortung liegen alleine in der Hand der Inhaberin/des Inhabers – Vertretungs- und Geschäftsführungsbefugnis obliegt der Einzelunternehmerin/dem Einzelunternehmer – dadurch schnelle Entscheidungs- und Reaktionsmöglichkeiten – Gründung ist billig und unkompliziert, – der Gewinn steht alleine dem Unternehmer zu – kein Mindestkapital erforderlich – Einzelunternehmer kann jederzeit Eigenkapital aus Privatvermögen oder durch Aufnahme stiller Gesellschafter erhöhen – vorhandenes Eigenkapital kann jederzeit durch die Einzelunternehmerin/den Einzelunternehmer entnommen werden	– begrenzte Erweiterungsmöglichkeiten – persönliche Haftung des Unternehmers mit seinem Geschäfts- und Privatvermögen – Gefahr von Fehlentscheidungen, – Existenz ist an die Person des Unternehmers gebunden – begrenzte Erweiterungsmöglichkeiten, sie sind abhängig von der Vermögenslage des Unternehmers – alleinige Übernahme des Verlustrisikos – begrenzte, vom Vermögen und der Kreditwürdigkeit des Unternehmers abhängige Kapitalaufbringungsmöglichkeit – Abhängigkeit von der Persönlichkeit der/des Einzelunternehmer/in

Vorteile	Nachteile
– anzuwenden sind nur die Vorschriften des Betriebsverfassungsgesetzes (bei mind. fünf ständig Beschäftigten) und das Gesetz über Sprecher-Ausschüsse für leitende Angestellte (mind. zehn leitende Angestellte) – gute Akzeptanz als Geschäftspartner	– Unternehmerlohn, Miet- und Pachtzinsen für vom Einzelunternehmer überlassene Wirtschaftsgüter dürfen nicht als Betriebsausgaben ausgewiesen werden

2.9.3 Personengesellschaften

Personengesellschaften entstehen durch Vertrag zwischen mindestens zwei Personen, die sich zur Erfüllung eines gemeinsamen Zwecks zusammenschließen.

Die beteiligten Personen sind zugleich die Gesellschafter und die Eigentümer des Unternehmens. Ihre Einlagen bilden das Gesellschaftsvermögen.

Anlässe zur Gründung einer Gesellschaft können sein:
- Verbreiterung der Eigenkapitalbasis,
- Ausweitung der Kreditaufnahmemöglichkeiten infolge der Erhöhung des Eigenkapitals und der Aufnahme neuer Gesellschafter,
- Verteilung des unternehmerischen Risikos und des Arbeitsanfalls auf mehrere Personen,
- Bindung von Führungspersönlichkeiten und Fachleuten an das Unternehmen,
- Ausnutzung steuerlicher Vorteile *(z. B. durch Gründung von Familiengesellschaften)*,
- Absicherung der Existenz des Unternehmens über den Tod des Einzelunternehmers hinaus,
- persönliche Gründe des einzelnen Unternehmers *(z. B. Altersabsicherung, Alter, Krankheit, Tod)*,
- Erhöhung der Wettbewerbsfähigkeit durch Zusammenschluss mit anderen Unternehmen,
- Beteiligung von Mitarbeitern.

2.9.3.1 Gesellschaft bürgerlichen Rechts

Rechtsgrundlagen: *§§ 705–740 BGB*

Kennzeichen und Bedeutung

*Durch den **Gesellschaftsvertrag** schließen sich **mindestens zwei oder mehr Personen** zu einer **GbR** zusammen. Die Gesellschafter verpflichten sich gegenseitig, die Erreichung eines gemeinsamen Zwecks in der im Vertrag bestimmten Weise zu fördern, insbesondere die vereinbarten Beiträge zu leisten (§ 705 BGB).*

Die GbR (auch: **BGB-Gesellschaft**) kann zu jedem beliebigen Zweck gegründet werden. Dieser darf nicht gegen ein Gesetz verstoßen *(§ 134 BGB)* und nicht sittenwidrig sein *(§ 138 BGB)*. Der **Gesellschaftszweck** kann auf Dauer oder auf eine vorübergehende Zeit gerichtet sein.

Der Zweck muss
- gemeinsam erreicht werden, d. h. Förderung eines von **allen** Gesellschaftern gemeinsam angestrebten Zweckes,
- durch Zusammenwirken **aller** Gesellschafter zustande kommen.

Der Zweck kann erwerbswirtschaftlicher, religiöser, wissenschaftlicher, sportlicher oder politischer Art sein.

Die GbR kommt in der Praxis häufig vor. Die Gesellschafter wissen oft gar nicht, dass eine Gesellschaft vorliegt.

Beispiele:

Fahrgemeinschaften zum Arbeitsplatz, nicht eheliche Gemeinschaften, Tippgemeinschaft beim Lotto und Toto.

Auch Kaufleute benutzen bei Gelegenheitsgeschäften, Arbeitsgemeinschaften, erlaubten Kartellen und sonstigen Interessengemeinschaften diese Rechtsform.

Beispiele:

Kreditkonsortium zur Gewährung eines Großkredits, Arbeitsgemeinschaft (ARGE) in der Bauwirtschaft, Bauherrengemeinschaft, Investment-Club, Vorgründungsgesellschaft einer GmbH (Gründerzusammenschluss vor Erstellung des notariellen Vertrages), Ehepartner besitzen und bewirtschaften eine gewerbliche Immobilie.

Die GbR kann eine reine **Innengesellschaft** sein.

Beispiele:

Der Tiefbauunternehmer Brock schließt mit der Gemeinde Rondorf einen Vertrag zur Erstellung einer Altentagesstätte. Danach führt er gemeinsam mit den beiden Bauunternehmern Maurer und Hölzer die Arbeiten durch. Zwischen der Gemeinde Rondorf und den Unternehmern Maurer und Hölzer besteht keine vertragliche Beziehung.

Die GbR kann eine **Außengesellschaft** sein.

Beispiel:

Die Bauunternehmer Marx, Probst und Winter bilden eine Arbeitsgemeinschaft, die mit der Gemeinde Rondorf einen Vertrag zur Erstellung einer Altentagesstätte schließt.

Gründung

Die GbR entsteht durch einen **Gesellschaftsvertrag**, d.h. durch einander entsprechende Willenserklärungen der Gesellschafter. Der Gesellschaftsvertrag ist **formfrei**. Er kann schriftlich, mündlich oder durch konkludentes Handeln wirksam werden. Es erfolgt i.d.R. **keine** Eintragung in ein Register. Der Abschluss bzw. die Änderung des Gesellschaftsvertrages erfordert Einstimmigkeit unter den Gesellschaftern. Wegen steuerlicher Mitwirkungs- und Nachweispflichten *(§ 90 AO)*, aus Beweissicherungsgründen und aus Gründen der langfristigen Erhaltung der Gesellschaft erscheint ein schriftlicher Gesellschaftsvertrag zweckmäßig.

Gesellschafter

Es müssen mindestens zwei Personen Gesellschafter sein. Dies können natürliche Personen, juristische Personen, eine andere GbR, eine OHG oder eine KG sein.

Rechtsverhältnis[1]

Die GbR ist

- **rechtsfähig**, d.h. Träger der in ihrem Namen begründeten Rechte und Pflichten *(BGH-Urteil)*,
- **parteifähig**, d.h., sie kann in einem Zivilprozess als Gesellschaft klagen und verklagt werden *(BGH-Urteil)*,
- **keine** juristische Person,
- **keine** Handelsgesellschaft im Sinne des HGB.

---

[1] *Soweit eine Eintragung ins HR erfolgte, vgl. zur rechtlichen Stellung S. 181*

Die Rechtsfähigkeit erlangt die GbR ohne jede **Eintragung** in ein Register. Die GbR kann durch konstitutive Eintragung in das elektronische Handelsregister bzw. Unternehmensregister die Kaufmannseigenschaft erwerben; es gelten dann die Vorschriften für die OHG bzw. die KG.

Firma

Die GbR ist **keine** Handelsgesellschaft und darf deshalb **keine** Firma führen. Sie hat den Eindruck einer Firma zu vermeiden. Die GbR ist nur berechtigt, eine Geschäftsbezeichnung zu führen. Sie kann aber unter gemeinschaftlichem Namen auftreten und unter ihrem Namen Rechte erwerben und Pflichten eingehen.

Beispiel: Heiner Hofman und Karin Hauer GbR

Kapital

- Es ist kein Mindestkapital vorgeschrieben.
- Das Vermögen der GbR ist Gesamthandsvermögen, über das die Gesellschafter nur gemeinsam verfügen können *(§§ 718, 719 BGB)*.
- Die Gesellschafter sind am Gesellschaftsvermögen anteilig beteiligt.
- Das Gesamthandsvermögen wird bei der Besteuerung den einzelnen Gesellschaftern anteilig zugerechnet *(§ 39 Abs. 2 Nr. 2 AO)*.

Geschäftsführung

Die Geschäftsführung der GbR steht gesetzlich allen Gesellschaftern grundsätzlich gemeinschaftlich zu *(§ 709 BGB)* und wirkt im **Innenverhältnis**.
Die Geschäftsführung kann vertraglich im Gesellschaftsvertrag einem oder mehreren Gesellschaftern übertragen werden. Dadurch sind die übrigen Gesellschafter von der Geschäftsführung ausgeschlossen *(§ 710 BGB)*.
Ein von der Geschäftsführung ausgeschlossener Gesellschafter kann der Vornahme eines Geschäfts **widersprechen**; in diesem Fall muss das Geschäft unterbleiben *(§ 711 BGB)*.
Die **Vertretungsmacht** wirkt im **Außenverhältnis**, d.h. im rechtsgeschäftlichen Verkehr mit Dritten.
Das Recht zur **Vertretung** steht grundsätzlich **allen** Gesellschaftern **gemeinsam** zu. Rechtsgeschäfte mit Dritten sind somit nur wirksam, wenn alle Gesellschafter zugestimmt haben. Steht einem Gesellschafter nach dem Gesellschaftsvertrag die Geschäftsführung zu, so ist im Zweifel anzunehmen, dass dieser Gesellschafter auch die Vertretungsmacht besitzt *(§ 714 BGB)*.
Die Gesellschafter **haften** für die **Gesellschaftsschulden** *(§ 733 Abs. 1, § 735 Abs. 1 BGB)*. Sie haften für Schulden der Gesellschaft gegenüber Dritten als **Gesamtschuldner** mit ihrem **Gesellschafts- und Privatvermögen** *(§§ 421, 427, 705 BGB)*.
Vertragliche Ansprüche lassen sich jedoch bei entsprechenden Gestaltungsvoraussetzungen wirksam durch **Haftungsausschluss** begrenzen. Die Rechtsprechung lässt den Haftungsausschluss zu bei der Festlegung im Gesellschaftsvertrag und soweit die Haftungsbeschränkung für Dritte erkennbar ist *(z.B. Hinweis auf den Geschäftsbriefen und bei vertraglichen Vereinbarungen: „Die Haftung ist auf das Gesellschaftsvermögen begrenzt.")*.

Wer als Gesellschafter in eine bestehende GbR eintritt, haftet für bereits bestehende Verbindlichkeiten persönlich, d.h. mit dem eingebrachten Kapital sowie mit dem Privatvermögen.

Beschlüsse

Beschlüsse verlangen Einstimmigkeit nach Köpfen, wenn keine vertragliche Regelung vorhanden ist. Mehrheitsbeschlüsse sind möglich, wenn dies im Gesellschaftsvertrag bestimmt ist.

Auflösung der Gesellschaft

Auflösungsgründe können sein:

- *Beschluss aller Gesellschafter,*
- *Zeitablauf,*
- *Erreichung bzw. Nichterreichung des Gesellschaftszwecks,*
- *Kündigung eines Gesellschafters,*
- *Tod eines Gesellschafters (§ 727 BGB), wenn der Gesellschaftsvertrag keine andere Regelung vorsieht,*
- *Vereinigung der Gesellschaftsanteile in einer Hand (§§ 723–729 BGB).*

Die GbR ...
- *entsteht durch einen Gesellschaftsvertrag, der formlos von mindestens zwei Personen geschlossen werden kann,*
- *ist rechts- und parteifähig; d.h. sie kann unter ihrem Namen Rechte erwerben, Pflichten eingehen, klagen und verklagt werden,*
- *verpflichtet ihre Gesellschafter zur gemeinschaftlichen Geschäftsführung und Vertretung; Einzelgeschäftsführung und -vertretung können vereinbart werden,*
- *führt keine Firma und wird nicht ins Handelsregister eingetragen,*
- *verpflichtet ihre Gesellschafter zur unbeschränkten, unmittelbaren und gesamtschuldnerischen Haftung.*

Vorteile	Nachteile
– einfache Gründung, geringe Gründungskosten, keine Handelsregister-Eintragung, keine notarielle Beurkundung – kein Mindestkapital – viel Spielraum bei der Vertragsgestaltung – Verantwortung wird auf mehrere Schultern verteilt – das Risiko und die Haftung werden geteilt – Erhöhung der Eigenkapitalbasis – Erweiterung der Kreditbasis – der Verlust wird von mehreren getragen	– Einschränkung der Selbstständigkeit – der Gewinn ist zu teilen – Gefahr von Unstimmigkeiten – unbeschränkte Haftung jedes einzelnen Gesellschafters auch bei Verschulden von Mitgesellschaftern – fehlende oder unvollständige Gesellschaftsverträge sind oft existenzbedrohend

2.9.3.2 Offene Handelsgesellschaft

Rechtsgrundlagen: *§§ 105–160 HGB, §§ 705–740 BGB*

Kennzeichen und Bedeutung

Die OHG ist eine Personenhandelsgesellschaft (§ 105 Abs. 1 HGB):
- *ihr Zweck ist auf den Betrieb eines Handelsgewerbes unter gemeinschaftlicher Firma gerichtet,*
- *ihre Gesellschafter haften unbeschränkt mit ihrem Geschäfts- und Privatvermögen gegenüber den Gesellschaftsgläubigern,*
- *die Gesellschafter der OHG sind Kaufleute.*

Die Gesellschafter der OHG sind gleichberechtigte, gleichverpflichtete, risikofreudige Personen, die sich gegenseitig vertrauen müssen. Die OHG ist für jeden Geschäftszweig vorstellbar. Infolge der unbegrenzten Haftung der Gesellschafter gilt sie als besonders kreditwürdig.

Gründung

Innenverhältnis

Die OHG entsteht durch einen **Gesellschaftsvertrag** zwischen mindestens zwei Personen. Gesellschafter können natürliche und/oder juristische Personen, eine OHG oder KG sein. Die Vorschriften der GbR finden auf die OHG Anwendung, soweit das *HGB* nichts anderes vorschreibt *(§ 105 Abs. 2 HGB, § 705 BGB)*.

Der Gesellschaftsvertrag
- führt die Rechte und Pflichten der Gesellschafter auf,
- ist formfrei, d.h. kann schriftlich, mündlich oder durch konkludentes Handeln wirksam werden.

Beispiel: Vier Erben eines Einzelunternehmers führen den Großhandel für Kfz-Zubehör weiter. Die stillschweigende Fortführung des Handelsgewerbes unter gemeinschaftlicher Firma ist als stillschweigende Errichtung einer OHG anzusehen.

Im Geschäftsleben ist für den Gesellschaftsvertrag die Schriftform üblich. Alle grundlegenden Vereinbarungen der Gesellschafter sollten klar, eindeutig und zweifelsfrei formuliert werden, um Streitigkeiten zu vermeiden.
Eine notarielle Beurkundung des Gesellschaftsvertrages ist erforderlich, wenn ein Gesellschafter ein Grundstück als Einlage einbringt *(§ 311 b BGB)*.

Außenverhältnis

Die OHG entsteht nach außen bereits mit **Aufnahme** der Geschäftstätigkeit. Die nachfolgende, pflichtgemäße **Eintragung** ins elektronische Handelsregister bzw. Unternehmensregister hat nur noch *deklaratorische* Wirkung. Auch **Kleingewerbetreibende** können sich zu einer OHG zusammenschließen. Die Kaufmannseigenschaft entsteht in diesem Fall erst mit der Eintragung ins Handelsregister.

Rechtliche Stellung

Die OHG ist
- **quasi juristische Person**, d.h., sie hat zwar keine eigene Rechtspersönlichkeit, sie ist ihr aber angenähert *(§ 124 HGB)*. Das hat zur Folge, dass die OHG unter ihrer Firma
  - Rechte erwerben und veräußern,
  - Verträge abschließen,
  - Verbindlichkeiten eingehen,
  - Eigentum erwerben und übertragen kann,
  - klagen und verklagt werden kann.
- **grundbuchfähig**,
- **scheck-** und **wechselfähig**.

Handelsregister

Die OHG ist unverzüglich bei dem Amtsgericht, in dessen Bezirk sie ihren Sitz hat, zur Eintragung ins elektronische Handelsregister, Abteilung A, anzumelden *(§ 106 HGB)*.

Die Anmeldung muss enthalten:
- Namen, Vornamen, Geburtsdatum und Wohnort jedes Gesellschafters,
- die Namensunterschriften,
- evtl. staatliche Genehmigungen,
- die Firma der Gesellschaft und den Ort, wo sie ihren Sitz hat,
- den Zeitpunkt, an welchem die Gesellschaft begonnen hat *(§ 106 HGB)*,

- ggf. Abweichungen von der Einzelvertretungsbefugnis eines jeden Gesellschafters,
- den Geschäftszweig.

Wer seiner Pflicht zur Anmeldung nicht nachkommt, kann vom Registergericht durch Festsetzung von Zwangsgeld dazu angehalten werden *(§ 14 HGB)*.

Firma

Die Firma muss die Bezeichnung **„offene Handelsgesellschaft"** oder eine allgemein verständliche Abkürzung dieser Bezeichnung, insbesondere **„OHG"** enthalten *(§ 19 Abs. 1 HGB)*.
Der Zusatz **„und Partner"** ist unzulässig *(§ 11 PartGG)*.

Beispiele: Kölnbank OHG, Gebrüder Schneider OHG, Schulze & Ludwig OHG, Siegfried Neu OHG, Tele Entertainment OHG.

Wenn in einer OHG keine natürliche Person persönlich haftet, muss die Firma eine Bezeichnung enthalten, welche die Haftungsbeschränkung kennzeichnet *(§ 19 Abs. 2 HGB)*.

Kapital

Für jeden Gesellschafter ist mindestens ein **Kapitalkonto** zu führen. Eine Mindesteinlage ist dabei nicht vorgeschrieben.
Kapitalerhöhungen sind möglich durch Erhöhung der Kapitaleinlagen der Gesellschafter, Aufnahme neuer Gesellschafter oder durch Gewinnthesaurierung, d. h. Ansammlung von Gewinnen auf den Kapitalkonten.
Das Gesellschaftsvermögen der OHG ist **Gesamthandsvermögen** aller Gesellschafter, d. h., die Gesellschafter sind anteilig am Vermögen der OHG beteiligt und können nur gemeinschaftlich über das Vermögen verfügen.

Geschäftsführung

Die Geschäftsführung bezieht sich auf das **Innenverhältnis** der Gesellschafter. Dieses Verhältnis kann durch Vertrag individuell vereinbart werden *(§ 109 ff. HGB)*.
Zur Geschäftsführung der OHG sind gesetzlich **alle Gesellschafter** berechtigt und verpflichtet *(§ 114 Abs. 1 HGB)*. Jeder einzelne Gesellschafter kann alleine tätig werden *(§ 115 Abs. 1 HGB)*, wenn es um Handlungen geht, die der gewöhnliche Betrieb des Handelsgewerbes mit sich bringt *(§ 116 Abs. 1 HGB)*. Durch diese Regelung wird die OHG im täglichen Geschäftsleben beweglich, es kann schnell entschieden und gehandelt werden. Geschäfte, die ungewöhnlich sind und die Grundlage und den Kernbereich der Gesellschaft betreffen, können nur von allen Gesellschaftern gemeinsam beschlossen werden *(§ 116 Abs. 2, § 119 Abs. 1 HGB)*.

Beispiele:
Der Kauf eines neuen Grundstücks verlangt die Mitwirkung aller Gesellschafter. Die Errichtung einer neuen Filiale bedarf der Zustimmung aller Gesellschafter. Der Einkauf von üblichen Waren kann von einem Gesellschafter allein entschieden werden. Der Reparaturauftrag für den Lieferwagen kann von einem Gesellschafter allein erteilt werden.

Wettbewerbsrechtlich darf ein Gesellschafter ohne Einwilligung der anderen Gesellschafter
- weder sich als persönlich haftender Gesellschafter an einer anderen OHG beteiligen
- noch in der Branche der OHG Geschäfte auf eigene Rechnung tätigen *(§ 112 Abs. 1 HGB)*.

Art und Umfang der Geschäftsführung sind vertraglich im Gesellschaftsvertrag **beliebig** vereinbar. *Abweichend* von der gesetzlichen Regelung kann die Geschäftsführung von
- allen/mehreren Gesellschaftern gemeinschaftlich oder
- nur einem einzelnen Gesellschafter ausgeübt werden *(§ 114 Abs. 2 HGB)*.

Der **Gesellschaftsvertrag** kann bestimmen, dass
- die Geschäftsführungsbefugnis des einzelnen Gesellschafters auf ein bestimmtes Ressort *(z. B. Personal, Beschaffung, Fertigung, Marketing)* beschränkt ist,
- bei grundlegenden und ungewöhnlichen Geschäften Mehrheitsbeschlüsse notwendig sind *(§ 119 HGB)*,
- Gesellschafter von der Geschäftsführung ausgeschlossen werden. Diesen steht dann das Recht zu, zur Kontrolle Einsicht in die Handelsbücher und Unterlagen zu nehmen. Eine Einschränkung des Kontrollrechts ist möglich, es darf aber nicht Grund zu der Annahme unredlicher Geschäftsführung bestehen *(§ 118 Abs. 1, 2 HGB)*.

Der **Bestellung eines Prokuristen** müssen alle geschäftsführenden Gesellschafter zustimmen. Der Widerruf der Prokura kann dagegen durch einen der geschäftsführenden Gesellschafter erfolgen *(§ 116 Abs. 3 HGB)*.

Die **Vertretung** der OHG gegenüber Dritten erfolgt durch die Gesellschafter oder durch bevollmächtigte Personen wie Prokuristen und Handlungsbevollmächtigte *(§ 123 ff. HGB)*.

Jede **Änderung** der Vertretungsbefugnisse ist von allen Gesellschaftern zur Eintragung ins Handelsregister anzumelden. Bei Vorliegen eines wichtigen Grundes kann einem Gesellschafter die Vertretungsmacht nur durch einen gerichtlichen Beschluss **entzogen** werden *(§ 127 HGB)*.

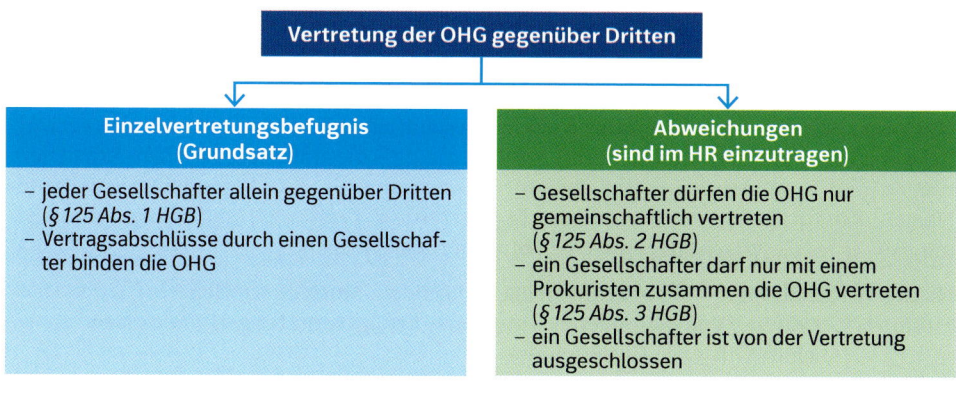

Vertretung der OHG gegenüber Dritten

Einzelvertretungsbefugnis (Grundsatz)	Abweichungen (sind im HR einzutragen)
– jeder Gesellschafter allein gegenüber Dritten *(§ 125 Abs. 1 HGB)* – Vertragsabschlüsse durch einen Gesellschafter binden die OHG	– Gesellschafter dürfen die OHG nur gemeinschaftlich vertreten *(§ 125 Abs. 2 HGB)* – ein Gesellschafter darf nur mit einem Prokuristen zusammen die OHG vertreten *(§ 125 Abs. 3 HGB)* – ein Gesellschafter ist von der Vertretung ausgeschlossen

*Der **Umfang der Vertretungsmacht** kann zum Schutz unternehmensfremder Personen (Dritter) **nicht eingeschränkt** werden* (§ 126 Abs. 2 HGB).

Die Vertretungsmacht der Gesellschafter erstreckt sich auf alle gerichtlichen und außergerichtlichen Geschäfte und Rechtshandlungen *(§ 126 Abs. 1 HGB)*, d.h. auf alle gewöhnlichen und ungewöhnlichen Geschäfte einschließlich der Veräußerung und Belastung von Grundstücken sowie der Erteilung und des Widerrufs einer Prokura.

Die Vertretungsmacht kann auf eine oder mehrere Niederlassungen vertraglich beschränkt werden *(§ 126 Abs. 3 i. V. m. § 50 Abs. 3 HGB)*.

Beachte:

- Die Vertretungsmacht beinhaltet nicht das Recht, Änderungen des Gesellschaftsvertrages vorzunehmen. Deshalb umfasst die Vertretungsmacht nicht das Recht, neue Gesellschafter aufzunehmen oder die Kündigung eines Gesellschafters zu bestätigen.

- Die Vertretungsmacht berechtigt aber dazu, einen stillen Gesellschafter aufzunehmen, weil dieser nicht die vollen Rechte eines Gesellschafters hat.

- Die Vertretungsmacht umfasst nie den Kernbereich des Unternehmens.

  Beispiel: Verkauf des gesamten Unternehmens

Gewinnverteilung

Vom Jahresgewinn erhält jeder Gesellschafter **gesetzlich** 4% auf seinen Kapitalanteil. Der Rest wird nach Köpfen auf die Gesellschafter verteilt. Reicht der Jahresgewinn hierzu nicht aus, so bestimmt sich der Anteil nach einem entsprechend niedrigeren Satz *(§ 121 Satz 1 HGB)*.

Beispiel:
Gesellschafter der Gebrüder Löfferth OHG sind Heinz und Paul Löfferth. Der Jahresgewinn beträgt 264000,00 €. Heinz Löfferth hat monatlich 7000,00 € und Paul Löfferth hat monatlich 10500,00 € Gewinn vorab entnommen.

Gesell-schafter	Kapital-anteile (alt) €	4% Zinsen €	Rest-gewinn €	Gesamt-gewinn €	Privat-entnah-men €	Kapitalan-teile (neu) €
Heinz Löfferth	300000,00	12000,00	120600,00	132600,00	84000,00	348600,00
Paul Löfferth	270000,00	10800,00	120600,00	131400,00	126000,00	275400,00
	570000,00	22800,00	241200,00	264000,00	210000,00	624000,00

Die gesetzliche Gewinnverteilung wird im Geschäftsleben überwiegend durch **vertragliche** Regelungen (dispositives Recht) ersetzt, um ggf. die unterschiedlichen Arbeitsleistungen und Kapitaleinlagen der einzelnen Gesellschafter, den besonders angesehenen Namen, Kreditwürdigkeit, persönliche Eigenschaften, Leistungs- und Führungsqualitäten usw. eines Gesellschafters *angemessen* zu berücksichtigen.

Häufig werden deshalb Vereinbarungen nach folgendem Muster getroffen:

1. Schritt: Zahlung von besonderen Tätigkeits-/Erfolgsvergütungen *(Tantiemen)* an geschäftsführende Gesellschafter

2. Schritt: Verzinsung des eingesetzten Kapitals

3. Schritt: Verteilung des Restgewinns

Recht auf Entnahme

Jeder Gesellschafter kann bis zu 4% des Kapitalanteils des Vorjahres und – soweit dies nicht der Gesellschaft schadet – die übrigen Gewinnanteile entnehmen. Den Kapitalanteil kann ein Gesellschafter nur mit Einwilligung der anderen Gesellschafter vermindern *(§ 122 HGB)*. Das Entnahmerecht wird i. d. R. im Gesellschaftsvertrag gesondert geregelt.

Beschlüsse

Beschlüsse bedürfen der Zustimmung aller zur Mitwirkung bei der Beschlussfassung berufenen Gesellschafter, d. h., es wird Einstimmigkeit gefordert. Mehrheitsbeschlüsse sind zulässig, wenn dies im Gesellschaftsvertrag bestimmt ist *(§ 119 HGB)*.

Haftung

Die Gesellschafter haften den Gläubigern für alle Verbindlichkeiten der Gesellschaft als Gesamtschuldner persönlich. Eine entgegenstehende Vereinbarung ist Dritten gegenüber unwirksam (§ 128 HGB).

Auswirkungen der Haftung:

Jeder Gesellschafter haftet **persönlich** und **unbeschränkt** mit seinem Gesamtvermögen.
Ein Gläubiger kann **unmittelbar** von jedem Gesellschafter die Befriedigung seiner gesamten Ansprüche verlangen. Er kann gleichzeitig gegen die OHG klagen und eine Zwangsvollstreckung in das Privatvermögen eines Gesellschafters erwirken.

Alle Gesellschafter haften **gesamtschuldnerisch** *(solidarisch)*, d. h., ein Gläubiger kann die Schuld nach seinem Belieben von jedem Gesellschafter ganz oder zu einem Teil fordern. Die Gesellschafter sind im Verhältnis zueinander zu gleichen Teilen verpflichtet, wenn nicht etwas anderes vereinbart ist *(§§ 421, 426 BGB)*.

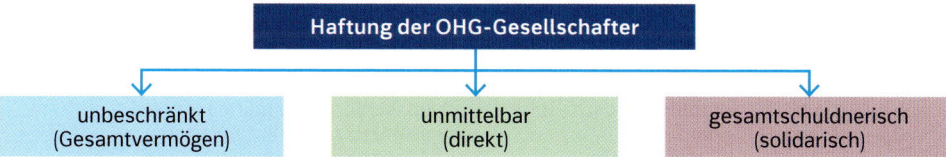

Auflösung der Gesellschaft

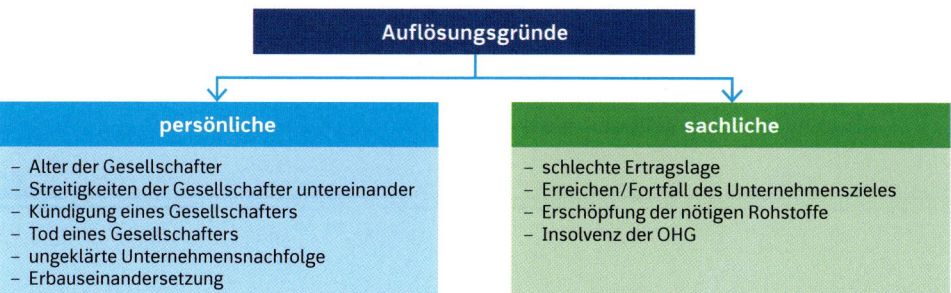

Gesetzliche Auflösungsgründe sind *(§ 131 Abs. 1 HGB)* Zeitablauf, Beschluss der Gesellschafter, Eröffnung des Insolvenzverfahrens über die OHG.

Folgende Gründe führen mangels abweichender vertraglicher Bestimmung zum **Ausscheiden** eines **Gesellschafters** *(§ 131 Abs. 3 HGB)*:

- Tod des Gesellschafters,
- Eröffnung des Insolvenzverfahrens über das Vermögen des Gesellschafters,
- Kündigung des Gesellschafters.

---

*Die **OHG** ...*

- *ist eine Personenhandelsgesellschaft mit mindestens zwei Gesellschaftern,*
- *ist stets Kaufmann,*
- *ist ins Handelsregister Abteilung A einzutragen; alle Gesellschafter sind zur Anmeldung verpflichtet,*
- *führt eine Firma mit dem Zusatz „OHG",*
- *erfordert weder Mindesteinlagen noch Mindestkapital.*

Weitere Merkmale der OHG sind:

- *Das Vermögen der OHG ist Gesamthandsvermögen der Gesellschafter.*
- *Die Gesellschafter haften für Verbindlichkeiten der OHG unbeschränkt, unmittelbar und gesamtschuldnerisch.*
- *Die Geschäftsführung steht bei gewöhnlichen Geschäften allen Gesellschaftern grundsätzlich einzeln zu.*
- *Die Vertretung der OHG geschieht grundsätzlich durch die Gesellschafter einzeln.*
- *Wenn keine andere vertragliche Regelung getroffen wurde, wird zur Gewinnverteilung zuerst die Kapitaleinlage jedes Gesellschafters mit 4 % verzinst, der verbleibende Gewinn wird nach Köpfen verteilt. Ein Verlust wird nach Köpfen verteilt.*

Vorteile	Nachteile
– Gründung ohne Mindestkapital – differenzierte Kenntnisse der Gesellschafter verbessern die Geschäftsführung – erhöhte Kreditwürdigkeit durch die Vollhaftung der Gesellschafter – großes Interesse der Gesellschafter an der Geschäftsführung und dem Unternehmensbestand durch die gesamthänderische Haftung und Kapitalbildung – Verteilung des Unternehmensrisikos – leichte Umwandlung von einer Einzelunternehmung in eine OHG durch Aufnahme von Gesellschaftern – Eignung für kleinere und mittlere Unternehmungen	– Meinungsverschiedenheiten der Gesellschafter (Kündigung, Abfindungsansprüche) – zu geringe Kapitalausstattung – finanzielle Grenzen bei Unternehmenswachstum (Kreditsicherheiten betrieblicher und privater Art reichen für weitere Kreditzusagen nicht aus) – unbeschränkte, unmittelbare und gesamtschuldnerische Haftung – fehlende Kontrollorgane – Aushöhlung des Haftungsvolumens durch aufwendige Lebensführung der Gesellschafter – Handelsregistereintragung ist zwingend – Gewinnteilung

2.9.3.3 Kommanditgesellschaft

Rechtsgrundlagen: *§§ 161–177 a HGB, 105–160 HGB, § 705–740 BGB*

Kennzeichen und Bedeutung

*Die **KG** ist eine **Personenhandelsgesellschaft**,*
- *deren Zweck auf den Betrieb eines Handelsgewerbes unter gemeinschaftlicher Firma gerichtet ist,*
- *wobei bei einem oder mehreren Gesellschaftern, den **Kommanditisten**, die Haftung gegenüber den Gesellschaftsgläubigern auf eine bestimmte Vermögenseinlage beschränkt ist,*
- *während bei dem anderen Teil der Gesellschafter, den **Komplementären**, die Haftung unbeschränkt ist (§ 161 HGB).*

Die KG ist sehr beliebt und bei kleineren und mittleren Unternehmen verbreitet. Die KG bietet die Möglichkeit, die Eigenkapitalbasis zu erweitern, ohne gleichzeitig Geschäftsführung und Vertretung erweitern zu müssen. Das Publizitätsgesetz gilt für die KG nicht, soweit nicht zwei Grenzen für Großunternehmen nach dem Publizitätsgesetz überschritten sind.

Soweit in den *§§ 161–177 a HGB* nichts anderes bestimmt ist, gelten für die KG die Rechtsvorschriften der OHG.

Gründung	**Innenverhältnis** Die KG entsteht **formfrei** durch **Gesellschaftsvertrag** zwischen mindestens zwei Personen (natürliche und/oder juristische Personen, eine OHG oder KG). Die Schriftform ist üblich. **Außenverhältnis** Betreibt die KG ein Handelsgewerbe, so existiert die Gesellschaft ab Aufnahme der Tätigkeit. Wird die Geschäftstätigkeit bereits vor der Eintragung ins Handelsregister mit Zustimmung der Kommanditisten (Teilhafter) aufgenommen, so haften diese für alle Verbindlichkeiten bis zur Eintragung ins Handelsregister wie Gesellschafter der OHG, es sei denn, dem Gläubiger ist die Beteiligung als Kommanditist bekannt *(§ 176 HGB)*. Es gelten bis zur Eintragung die Vorschriften für die GbR.

rechtliche Stellung	Die KG ist
	– wie die OHG **quasi juristische Person**, d. h. sie hat zwar keine eigene Rechtspersönlichkeit, ist ihr aber angenähert. Dies hat zur Folge, dass die KG unter ihrer Firma
	  – Rechte erwerben und veräußern,
	  – Verbindlichkeiten eingehen,
	  – Verträge abschließen,
	  – Eigentum erwerben und übertragen kann.
	– **grundbuchfähig**, d. h. sie kann unter ihrer Firma Eigentum an Grundstücken erwerben.
	– **insolvenzfähig** *(§ 11 InsO)*

Handelsregister	Die KG ist unverzüglich, i. d. R. über einen Notar bei dem Amtsgericht, in dessen Bezirk sie ihren Sitz hat, zur Eintragung ins elektronische Handelsregister, Abteilung A, anzumelden *(§ 162 HGB)*. Die Anmeldung muss enthalten: – den Namen, Vornamen, das Geburtsdatum und den Wohnort jedes Gesellschafters *(§ 162 HGB)*, – die Firma der Gesellschaft und den Ort, in dem sie ihren Sitz hat, – den Zeitpunkt, mit welchem die Gesellschaft begonnen hat, – die Bezeichnung der Kommanditisten, – den Betrag der Einlage eines jeden Kommanditisten. Bei der Bekanntmachung der Gesellschaftseintragung sind keine Angaben zu den Kommanditisten zu machen *(§ 162 Abs. 2 HGB)*.
Firma	Die Firma der KG besteht aus – Personennamen, Sach- und Fantasiebezeichnungen **und** – der Rechtsformbezeichnung „Kommanditgesellschaft" oder einer verständlichen Abkürzung wie z. B. „KG". *Beispiel:* *Frau Bild und Herr Schön sind Komplementäre, Frau Klausen ist Kommanditistin. Unternehmenszweck: Karosseriebau* *Mögliche Firmenbezeichnungen sind:* *Personenfirma: Bild & Schön KG, Schön KG,* * Bild & Co. KG, Schön & Co. KG, Bild & Klausen KG* * (die Angabe eines Kommanditisten im Firmennamen ist* * ebenfalls möglich)* *Sachfirma: Karosseriebau KG* *Fantasiefirma: Fiakeraufbau KG* Auf allen Geschäftsbriefen gleich welcher Art müssen nach *§§ 37 a, 125 a HGB* angegeben werden: – die Firma, – die Bezeichnung nach *§ 19 Abs. 1 Nr. 2 HGB* (z. B. KG), – der Ort der Handelsniederlassung, – das Registriergericht, – die Handelsregisternummer, – die Firmen der Gesellschafter, wenn kein Gesellschafter eine natürliche Person ist.
Kapital	*Komplementäre* → siehe OHG Die *Kommanditisten* haben die Pflicht, die vereinbarte Einlage zu leisten; sie haben kein Entnahmerecht.
Geschäftsführung	Zur Geschäftsführung der KG sind nur die *Komplementäre* berechtigt und verpflichtet *(§ 164 i. V. m. 114 Abs. 1 HGB)*. Der Gesetzgeber unterstellt, dass diese Gesellschafter ihre Arbeitskraft der KG voll zur Verfügung stellen. Die *Kommanditisten* sind von der Geschäftsführung ausgeschlossen. Geschäfte jedoch, die ungewöhnlich sind und die Grundlage und den Kernbereich der Gesellschaft betreffen, bedürfen der Zustimmung der Kommanditisten *(§ 164 HGB)*. Einem *Kommanditisten* kann – abweichend von der gesetzlichen Regelung – zwar vertraglich Geschäftsführungsbefugnis *(§§ 115, 116 HGB)*, nicht jedoch Vertretungsmacht *(§ 170 HGB)* erteilt werden.
Vertretung	*Komplementäre* → wie OHG *(§ 170 HGB)* *Kommanditisten* können durch Gesellschaftsvertrag jede Art von Vollmacht – auch Prokura – erhalten. Die Prokura kann jederzeit aus wichtigem Grund entzogen werden *(§ 52 Abs. 1 HGB)*.

Pflichten der Gesellschafter	Aufgrund fehlender gesetzlicher Vorschriften gelten die Pflichten der Gesellschafter der OHG weitgehend auch für die Gesellschafter der KG. Besonderheiten ergeben sich nur für die Kommanditisten. Kommanditisten unterliegen nicht dem Wettbewerbsverbot *(§ 165 HGB)*, weil davon auszugehen ist, dass diese von der Geschäftsführung ausgeschlossen sind und somit keine betriebsinternen Daten weiterverwerten können.
Rechte der Gesellschafter	Vom **Jahresgewinn** erhält jeder Gesellschafter zunächst 4 % Zinsen auf seinen Kapitalanteil, der Restgewinn bzw. ein **Verlust** wird in angemessenem Verhältnis auf die Gesellschafter verteilt *(§ 168 HGB)*.

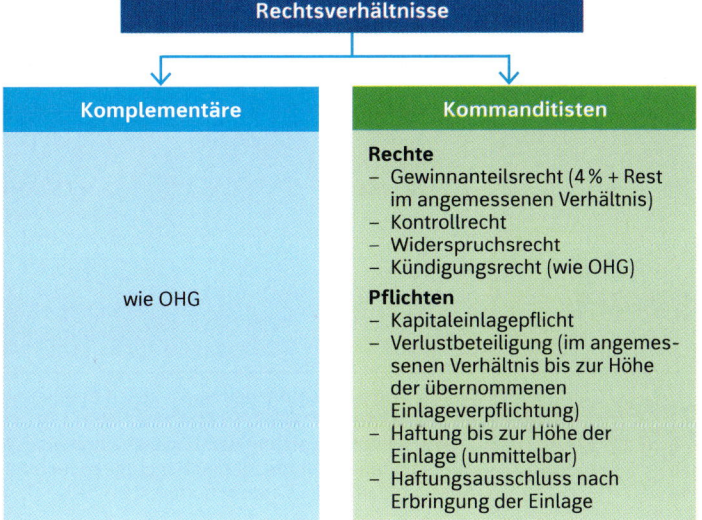

Beispiel:

Der Jahresgewinn der Horst Wenz KG beträgt 64 000,00 €.
Komplementär ist Horst Wenz, Kommanditistin ist Ute Kohl.

Gesellschafter	Kapitalanteile	4 % Zinsen	Anteil Restgewinn	Gesamtgewinn
Horst Wenz	90 000,00 €	3 600,00 €	54 000,00 €	57 600,00 €
Ute Kohl	10 000,00 €	400,00 €	6 000,00 €	6 400,00 €
	100 000,00 €	**4 000,00 €**	**60 000,00 €**	**64 000,00 €**

Die Verteilung des Restgewinns im Verhältnis der Kapitalanteile erscheint angemessen, da der Komplementär einer unbeschränkten Haftung unterliegt und persönlich mitarbeitet.

Im Geschäftsleben wird die gesetzliche Gewinnverteilung überwiegend durch vertragliche Regelungen ersetzt (dispositives Recht), um möglicherweise unterschiedliche Arbeitsleistungen und Kapitaleinlagen der einzelnen Gesellschafter, den Namen, die Kreditwürdigkeit, persönliche Eigenschaften und Führungsqualitäten eines Gesellschafters angemessen zu berücksichtigen.

Haftung	Der *Kommanditist* haftet bis zur Höhe der im Gesellschaftsvertrag vereinbarten und in das Handelsregister eingetragenen Kapitalanlage (*§§ 171, 172 HGB*). Änderungen des Haftungskapitals gelten erst ab Eintragung ins Handelsregister für die Zukunft (*§§ 174, 175 HGB*). Ist der neu eingetragene Kommanditist noch nicht in das Handelsregister eingetragen, so haftet er wie ein Vollhafter (*§ 176 Abs. 1 HGB*). Eine Haftung, die über die Kommanditeinlage hinausgeht, ist ausgeschlossen (*§ 171 Abs. 1 HGB*).
	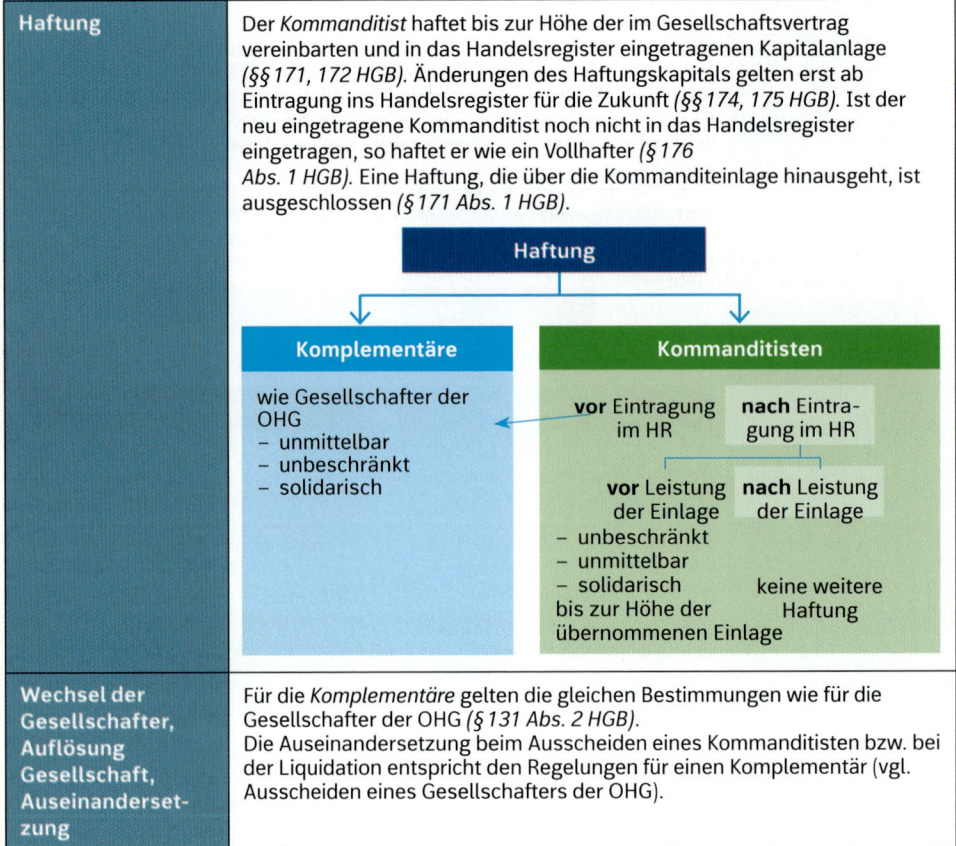
Wechsel der Gesellschafter, Auflösung Gesellschaft, Auseinandersetzung	Für die *Komplementäre* gelten die gleichen Bestimmungen wie für die Gesellschafter der OHG (*§ 131 Abs. 2 HGB*). Die Auseinandersetzung beim Ausscheiden eines Kommanditisten bzw. bei der Liquidation entspricht den Regelungen für einen Komplementär (vgl. Ausscheiden eines Gesellschafters der OHG).

Die KG
- *ist eine Personenhandelsgesellschaft mit mindestens zwei Gesellschaftern, von denen einer Komplementär (Vollhafter) und einer Kommanditist (Teilhafter) ist.*
- *entsteht durch formlosen Gesellschaftsvertrag,*
- *ist stets Kaufmann und muss ins Handelsregister – Abteilung A – eingetragen werden,*
- *führt eine Personen-, Sach- oder Fantasiebezeichnung mit mindestens dem Zusatz „KG",*
- *erfordert keine Mindesteinlagen und kein Mindestkapital.*
- *Die Rechte und Pflichten der Komplementäre entsprechen denen der Gesellschafter der OHG.*
- *Die Komplementäre haften unbeschränkt, unmittelbar und gesamtschuldnerisch. Die Haftung der Kommanditisten ist auf die im Gesellschaftsvertrag vereinbarten und im Handelsregister eingetragenen Einlagen beschränkt.*
- *Das Vermögen der Gesellschaft ist Gesamthandsvermögen der Gesellschafter.*
- *Geschäftsführung und Vertretung erfolgen grundsätzlich einzeln durch die Komplementäre.*
- *Die Kommanditisten sind von der Geschäftsführung und Vertretung ausgeschlossen. Sie haben jedoch ein*
  - *Kontrollrecht,*   – *Gewinnanteilsrecht,*
  - *Widerspruchsrecht,*   – *Kündigungsrecht.*
- *Zur Gewinnverteilung werden, falls nicht wie üblich vertraglich anders geregelt, zuerst die Kapitaleinlagen der Gesellschafter mit 4 % verzinst; der verbleibende Gewinn wird – ebenso wie ein eventueller Verlust – in angemessenem Verhältnis aufgeteilt.*

Vorteile	Nachteile
zusätzlich zu den Vorteilen wie bei der OHG: – Beteiligungsmöglichkeit ohne Mitarbeitsverpflichtung (Teilhafter) – Haftungsbegrenzung auf die Höhe der Einlage (Teilhafter) – Erweiterung der Kapitalbasis durch Kommanditeinlagen, ohne die Herrschaftsrechte der Komplementäre einzuschränken – besonders geeignet für Familienunternehmen, die ihre Geschäftsführungs- und Vertretungsbefugnisse nicht aufteilen wollen	zusätzlich zu den Nachteilen wie bei der OHG: – je geringer die Haftungssubstanz der Komplementäre bei Volleinzahlung der Kommanditisteneinlagen, desto weniger kreditwürdig die KG – nur Kontrollrecht und eingeschränktes Widerspruchsrecht (Teilhafter)

2.9.3.4 Partnerschaftsgesellschaft

Rechtsgrundlagen: *Gesetz über Partnerschaftsgesellschaften Angehöriger Freier Berufe (PartGG), §§ 105–160 HGB, §§ 705–740 BGB*

Kennzeichen und Bedeutung

*Die **Partnerschaft** ist eine Gesellschaft, in der sich Angehörige Freier Berufe zur Ausübung ihrer Berufe zusammenschließen. Sie übt kein Handelsgewerbe aus (§ 1 PartGG).*

Beispiele:
- *Die OHG ist als Kaufmann mit den Wesensmerkmalen des Freien Berufes nicht vereinbar.*
- *Häufig schließen sich Freiberufler zu einer GbR zusammen. Diese ist aber in ihrer Struktur rechtlich wenig verfestigt und normalerweise nicht auf Dauer angelegt.*

Gründung

Angehörige der Freien Berufe schließen einen schriftlichen **Partnerschaftsvertrag**. Partner können nur natürliche Personen sein *(§§ 1, 3 PartGG)*.

Die Partnerschaftsgesellschaft wird im Verhältnis zu Dritten mit ihrer Eintragung in das beim Amtsgericht geführte **Partnerschaftsregister** wirksam. In der Anmeldung müssen die einzelnen Partner die Zugehörigkeit zu dem Freien Beruf, den sie in der Partnerschaft ausüben, nachweisen *(§§ 1, 4 Abs. 2, 7 PartGG)*.

Die Partner erbringen ihre beruflichen Leistungen unter Beachtung des für sie geltenden Berufsrechts. Darüber hinaus richtet sich das Rechtsverhältnis der Partner untereinander nach dem Partnerschaftsvertrag. Fehlen hierüber Vereinbarungen, so gelten die gesetzlichen Regelungen für die Gesellschafter der OHG *(§ 6 PartGG, §§ 110–116 Abs. 2 HGB, §§ 117–119 HGB)*.

Rechtsverhältnis

Die Partnerschaftsgesellschaft ist
- **keine** Handelsgesellschaft im Sinne des *HGB*,
- zwar namensrechtsfähig, führt aber **keine** Firma,
- **parteifähig**,
- **grundbuchfähig**,
- **scheck-** und **wechselfähig**.

Die Partnerschaftsgesellschaft führt **keine Firma**, sondern **einen Namen**. Der Name der Partnerschaftsgesellschaft muss enthalten:
- den Nachnamen mindestens eines Partners,
- den Zusatz *„und Partner"* oder *„Partnerschaft"* und
- die Berufsbezeichnung aller in der Partnerschaftsgesellschaft vertretenen Berufe *(§ 2 PartGG).*

Der Partnerschaftsname darf bei Tod und Ausscheiden eines Partners fortgeführt werden. Ein Namensschutz für die Partnerschaftsgesellschaft gilt analog dem Firmenschutz *(§ 2 Abs. 2 PartGG i. V. m. § 37 HGB).*

Kapital
Es wird **keine Mindesteinlage** und **kein Mindestkapital** gefordert. Die Partnerschaft ist Trägerin des Gesellschaftsvermögens.

Geschäftsführung und Vertretung
Jeder Partner ist im Rahmen seiner berufsrechtlichen Möglichkeiten zur Geschäftsführung berechtigt und kann die Partnerschaftsgesellschaft allein vertreten. Im Übrigen gelten die Vorschriften der OHG *(§§ 124, 125 Abs. 1, 2 u. 4; §§ 126, 127 HGB i. V. m. § 7 PartGG).*

Haftung
Für Verbindlichkeiten der Gesellschaft haften **gesetzlich**
- das Vermögen der Partnerschaftsgesellschaft und
- die Partner als Gesamtschuldner *(§ 8 Abs. 1 PartGG).*

Durch Gesetz kann für einzelne Berufe die Haftung wegen fehlerhafter Berufsausübung auf einen bestimmten Höchstbetrag beschränkt werden, wenn die Pflicht zum Abschluss einer Berufshaftpflichtversicherung der Partner oder der PG begründet wird *(§ 8 Abs. 3 PartGG).*

Die Partner können **vertraglich** durch Einzelvertrag oder mittels vorformulierter Vertragsbedingungen die **Haftung** auf den Partner **beschränken**, der die berufliche Leistung zu erbringen hat oder verantwortlich leitet und überwacht *(§ 8 Abs. 2 PartGG).* Diese in der Praxis übliche Norm besagt, dass der benannte Partner neben dem Vermögen der Partnerschaftsgesellschaft persönlich haftet.

Ausscheiden eines Partners/Auflösung der Partnerschaft
Für das Ausscheiden eines Partners sind die *§§ 131–144 HGB* entsprechend anzuwenden. Tod, Kündigung, Insolvenz eines Partners bewirken nur das Ausscheiden dieses Partners. Verliert ein Partner die Zulassung zu dem Freien Beruf, so muss er aus der Partnerschaft ausscheiden. Die Beteiligung an einer Partnerschaftsgesellschaft ist nicht vererblich, es sei denn, die Erben sind Angehörige des Freien Berufes *(§ 9 PartGG).*

Die *Partnerschaftsgesellschaft* ...
- *kann nur von natürlichen Personen gegründet werden, die einen Freien Beruf ausüben.*
- *wird in das beim Amtsgericht geführte Partnerschaftsregister eingetragen.*
- *tritt nach außen unter dem Nachnamen eines Partners mit dem Zusatz „und Partner" bzw. „Partnerschaft" auf.*

Weitere Merkmale der *Partnerschaftsgesellschaft* sind:
- *Es gelten Einzelgeschäftsführung und Einzelvertretung.*
- *Für die Verbindlichkeiten der Partnerschaftsgesellschaft haften neben dem Gesellschaftsvermögen die Partner persönlich und gesamtschuldnerisch, soweit keine andere vertragliche Regelung vorliegt.*

2.9.3.5 Stille Gesellschaft

Rechtsgrundlage: §§ 230–237 HGB

Kennzeichen der stillen Gesellschaft sind:

- Beteiligung eines Kapitalgebers (natürliche oder juristische Person) am Handelsgewerbe eines Kaufmannes (Einzelunternehmung oder Handelsgesellschaft)

- Gesellschaftsverhältnis zwischen dem stillen Gesellschafter („Stiller") und Kaufmann tritt nach außen nicht in Erscheinung. Es erfolgt **keine Eintragung ins Handelsregister**.

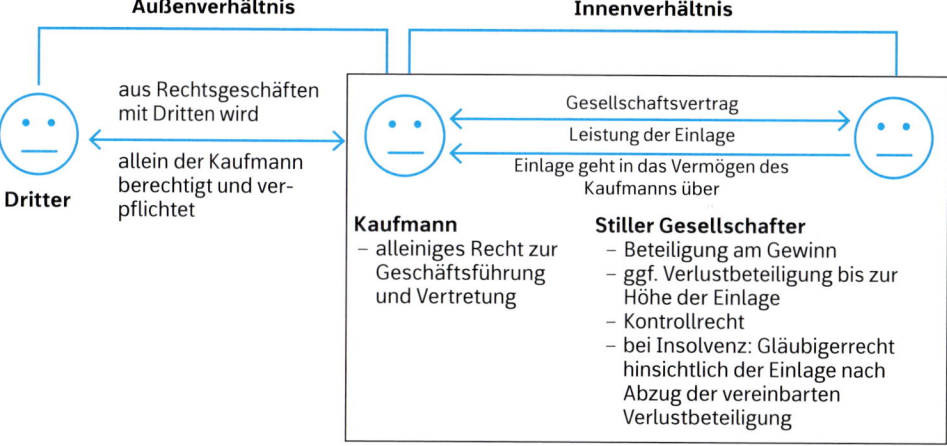

Bedeutung:
Möglichkeit eines Kaufmanns, das Eigenkapital seiner Unternehmung zu erhöhen, ohne dass die Aufnahme des stillen Gesellschafters für Außenstehende erkennbar ist und die Herrschaftsverhältnisse in der Unternehmung verändert werden. Durch den Tod des stillen Gesellschafters wird die stille Gesellschaft nicht aufgelöst.

2.9.4   Kapitalgesellschaften

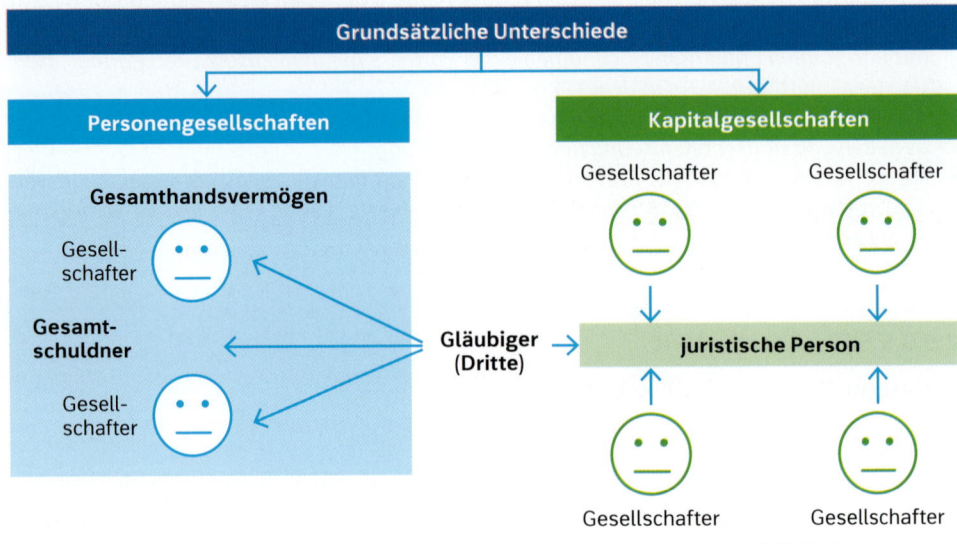

Personengesellschaften	Kapitalgesellschaften

– keine eigene Rechtspersönlichkeit
– Gründung durch mindestens zwei Personen
– üblicherweise natürliche Personen
– Gesamthandsvermögen der Gesellschafter
– Haftung
  - Gesamthandsvermögen
  - Privatvermögen der Vollhafter
  - Privatvermögen der Teilhafter bis zur Höhe der noch nicht eingezahlten Einlageverpflichtung
	– eigene Rechtspersönlichkeit
	– Gründung durch eine oder mehrere Personen
	– juristische Personen
	– Vermögen der juristischen Personen
	– Haftung
	  - Gesamtvermögen der juristischen Person

– Gesellschafter haben Geschäftsführungsbefugnis und Vertretungsmacht	– Leitungsorgane nehmen Geschäftsführungsbefugnis und Vertretungsmacht wahr

– Unternehmungsexistenz ist vom Gesellschafterbestand abhängig
– einkommensteuerpflichtig sind die einzelnen Gesellschafter
– Anrechnung des 3,8-fachen anteiligen GewSt-Messbetrages auf die tarifliche ESt der Mitunternehmer
	– Unternehmungsexistenz ist vom Gesellschafterbestand unabhängig
	– körperschaftsteuerpflichtig ist die Unternehmung
	– Tarifbelastung auf der Ebene der KapGes 15 % KSt und 5,5 % SolZ
	– Steuerbelastung auf der Ebene der Gesellschafter bei Ausschüttung versteuerter Gewinne seit 2009
	  - Anteilsbesitz im Betriebsvermögen: 40 % der Einnahmen bleiben steuerfrei (Teileinkünfteverfahren), der Rest wird mit dem individuellen Steuersatz versteuert *(§ 3 Nr. 40 EStG)*
	  - Anteilsbesitz im Privatvermögen: 25 % Abgeltungsteuer *(§ 32 d EStG)*

Beispiel:

Dividendenzahlung	*1 000,00 €*
darauf 25 % Abgeltungsteuer[1]	*250,00 €*
zzgl. Solidaritätszuschlag i. H. v. 5,5 %	*13,75 €*
ergibt Gesamtsteuer	*263,75 €*

---

[1] *Zzgl. Kirchensteuer auf der Ebene des Gesellschafters, soweit Kirchenzugehörigkeit vorliegt. Aufgrund der Ermäßigungen der Abgeltungsteuer (KapESt) durch die KiSt in Höhe von 9 % (Bayern und Baden-Württemberg 8 %) beträgt die KapESt 24,449878 % (=1/4,09*100 %) vom Kapitalertrag (§ 32d Abs. 1 EStG).*

Alle Kapitalgesellschaften[1] haben sämtliche Unterlagen spätestens vor Ablauf von zwölf Monaten nach Abschluss des Geschäftsjahres im elektronischen Bundesanzeiger zu veröffentlichen. Umfang und Art der Offenlegung richten sich nach den Größenklassen.[2]

Nach ihrer Größe werden Kapitalgesellschaften in **drei Gruppen** eingeteilt *(§ 267 HGB)*:

	Größenmerkmale	Publizitätspflichten	Quellen nach *HGB*
Kleine Kapitalgesellschaft § 267 Abs. 1 HGB			
Bilanzsumme abzüglich Fehlbetrag Umsatzerlöse (in den letzten zwölf Monaten vor dem Abschlussstichtag) Anzahl der Arbeitnehmer im Jahresdurchschnitt	bis 6 Mill. € bis 12 Mill. € bis 50 Arbeitnehmer	– Aufstellung des Jahresabschlusses spätestens sechs Monate nach dem Bilanzstichtag – Offenlegung[2] des Jahresabschlusses durch Einreichung und Bekanntmachung im elektronischen Bundesanzeiger innerhalb von zwölf Monaten nach Bilanzstichtag – Bekanntmachung der Einreichung im Bundesanzeiger – Bilanz, ggf. Kurzform – G + V: keine Veröffentlichung – Anhang: Kurzform, keine Erläuterung[2] – kein Anlagespiegel/Anlagegitter – kein Ausweis von Damnum, Disagio als aktive RAP – keine Veröffentlichung eines Lageberichts – kein Bestätigungsvermerk – nicht erforderlich sind Angaben zum Jahresergebnis und seiner Verwendung – kein Gewinnverwendungsbeschluss – kein Bericht des Aufsichtsrates	§ 264 §§ 325, 326 § 266 § 326 § 326 § 274 a § 274 a Nr. 4 § 325 Abs. 1 S. 1
Mittelgroße Kapitalgesellschaft § 267 Abs. 2 HGB			
Bilanzsumme abzüglich Fehlbetrag Umsatzerlöse (in den letzten zwölf Monaten vor dem Abschlussstichtag) Anzahl der Arbeitnehmer im Jahresdurchschnitt	bis 20 Mill. € bis 40 Mill. € bis 250 Arbeitnehmer	– Aufstellung des Jahresabschlusses spätestens drei Monate nach dem Bilanzstichtag – Offenlegung des Jahresabschlusses durch Einreichung und Bekanntmachung im elektronischen Bundesanzeiger innerhalb von zwölf Monaten nach Bilanzstichtag – Bekanntmachung der Einreichung im Bundesanzeiger – Prüfung durch einen Wirtschaftsprüfer/-gesellschaften oder vereidigten Buchprüfer/-gesellschaften – Bilanz: ggf. Kurzform unter Angabe der Posten nach § 327 HGB – G + V: ggf. in Kurzform – Anhang: ggf. Kurzform, keine Aufgliederung der Umsätze nach Tätigkeitsbereichen – Anlagespiegel/Anlagegitter – vollständige Veröffentlichung eines Lageberichts – Bestätigungsvermerk – Gewinnverwendungsbeschluss – Bericht des Aufsichtsrates	§ 264 §§ 325, 327 § 266 § 327 § 276 § 327

---

[1] *Kapitalmarktorientierte Kapitalgesellschaften des EU-Raumes spätestens vor Ablauf von vier Monaten veröffentlichungspflichtig.*

[2] *Kapitalgesellschaften mit durchschnittlich nicht mehr als zehn Arbeitnehmern, deren Umsatzerlöse 700 T€ und deren Bilanzsumme 350 T€ nicht überschreiten, brauchen nach § 267a Abs. 1 HGB nur noch die **Bilanz** mit verringerter Gliederungstiefe **ohne Anhang** beim Betreiber des Bundesanzeigers zu **hinterlegen.***

	Größenmerkmale	Publizitätspflichten	Quellen nach *HGB*
Große Kapitalgesellschaft *§ 267 Abs. 3 HGB*			
Bilanzsumme abzüglich Fehlbetrag Umsatzerlöse (in den letzten zwölf Monaten vor dem Abschlussstichtag) Anzahl der Arbeitnehmer im Jahresdurchschnitt	über 20 Mill. € über 40 Mill. € über 250 Arbeitnehmer	– Aufstellung des Jahresabschlusses spätestens drei Monate nach dem Bilanzstichtag – Offenlegung des Jahresabschlusses durch Einreichung und Bekanntmachung im elektronischen Bundesanzeiger innerhalb von zwölf Monaten nach Bilanzstichtag – Prüfung durch einen Wirtschaftsprüfer/-gesellschaften – Bilanz: Vollständige Fassung – G + V: Vollständige Fassung – Anhang: Vollständige Fassung – Anlagespiegel/Anlagegitter – vollständige Veröffentlichung eines Lageberichts – Bestätigungsvermerk – Gewinnverwendungsbeschluss – Bericht des Aufsichtsrates	*§ 264* *§ 325* *§ 266 Abs. 2* *§ 275 Abs. 2*

Diese Größenmerkmale gelten auch für Personengesellschaften i.S.d. *§ 264 HGB (z.B. bestimmte GmbH & Co. KGs)*.

Der Einzelabschluss großer Kapitalgesellschaften i.S.d. *§ 267 Abs. 3 HGB* kann für die Pflichtveröffentlichung wählen zwischen entweder

- dem traditionellen HGB-Abschluss oder
- dem testierten IFRS-Abschluss *(§ 325 Abs. 2a HGB)*

Für die **Einordnung** ist zu beachten:

- Es müssen mindestens zwei der drei genannten Größenmerkmale über- oder unterschritten worden sein,

- die Rechtsfolgen treten nur ein, wenn die Merkmale an den Abschlussstichtagen von zwei aufeinanderfolgenden Geschäftsjahren über- oder unterschritten werden *(§ 267 HGB)*.

Bei Nichtbeachtung der Publizitätspflichten kann ein Zwangsgeld/Ordnungsgeld gegen die vertretungsberechtigten Mitglieder der Kapitalgesellschaft festgesetzt werden *(§§ 334, 335, 335a HGB, § 140a FGG)*.

Das Bilanzrechtsmodernisierungsgesetz (BilMoG) übernimmt für das national geltende Handelsrecht Elemente der IFRS[1] in abgemilderter Form und entkoppelt aus Sicht des Steuerrechts die umgekehrte Maßgeblichkeit des Steuerrechts für das Handelsrecht.

In verschiedenen EU-Richtlinien zum Gesellschaftsrecht sind verbindlich Grundlagen für die nationalen Gesetze zur *„Gesellschaft mit beschränkter Haftung"* und zur *„Aktiengesellschaft"* festgelegt, um bereits bei Kapitalgesellschaften eine teilweise Koordinierung der Rechts- und Verwaltungsvorschriften zu erzielen.

---

[1] *Sammlung von international anerkannten Rechnungslegungsstandards und Interpretationen.*

2.9.4.1 Gesellschaft mit beschränkter Haftung

Rechtsgrundlagen: *GmbHG, HGB, PublG, EU-Richtlinien zum Gesellschaftsrecht*

Kennzeichen und Bedeutung

*Die **GmbH** ist eine Gesellschaft mit **eigener Rechtspersönlichkeit**:*
- *Die Haftung der Gesellschafter ist auf die Höhe der vertraglich vereinbarten Stammeinlage begrenzt.*
- *Für die Verbindlichkeiten der Gesellschaft haftet den Gläubigern nur das Gesellschaftsvermögen (§ 13 GmbHG).*
- *Sie gilt als Handelsgesellschaft und kann zu jedem gesetzlich zulässigen Zweck durch eine oder mehrere Personen gegründet werden (§§ 1, 13 GmbHG).*
  Beispiele: wirtschaftliche, wissenschaftliche, kulturelle, sportliche, gemeinnützige Zwecke
Die GmbH ist Formkaufmann (§ 6 HGB).

Die Rechtsform der GmbH ist aus folgenden Gründen **vorteilhaft**:
- Die Gründung der GmbH erfordert einen geringen Kapital- und Gründungsaufwand.
- Die Haftung der Gesellschafter ist auf die Stammeinlage beschränkt.
- Die GmbH eignet sich zur Ausgliederung bestimmter Funktionen *(z. B. Vertrieb, Forschung, EDV)* aus mehreren Unternehmen und Zusammenfassung in einer Unternehmung.
- Die Gesellschafter können steuerliche Vorteile in Anspruch nehmen *(z. B. bei der Gewerbesteuer durch Erfassung der Geschäftsführergehälter als Betriebsausgabe).*
- Als juristische Person sichert sie die Fortführung der Unternehmung.

Aber:
Die Haftungsbeschränkung beeinträchtigt die Kreditwürdigkeit der GmbH. Dieser **Nachteil** kann beseitigt werden, indem einzelne Gesellschafter Kredite an die GmbH durch ihr Privatvermögen *(z. B. Grundpfandrechte, persönliche Bürgschaftserklärungen)* absichern.

Gründung
Die Gründung der GmbH erfolgt in drei Stufen:

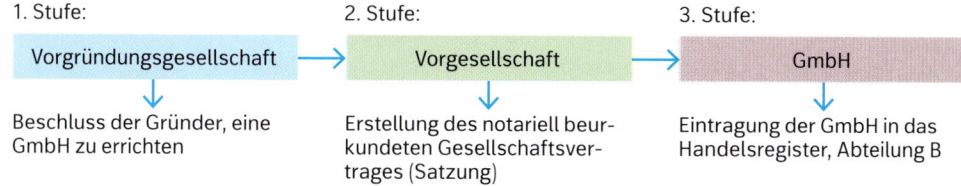

1. Stufe:	2. Stufe:	3. Stufe:
Vorgründungsgesellschaft	Vorgesellschaft	GmbH
Beschluss der Gründer, eine GmbH zu errichten	Erstellung des notariell beurkundeten Gesellschaftsvertrages (Satzung)	Eintragung der GmbH in das Handelsregister, Abteilung B

1. Vorgründungsgesellschaft
Die Gesellschaft befindet sich in der ersten Phase der Gründung. Die Gründer verpflichten sich, für die künftige GmbH tätig zu werden. Es werden nur interne Regelungen getroffen oder vorbereitet; Außenkontakte fehlen noch. Die Vorgründungsgesellschaft besteht vor der notariellen Beurkundung und wird als GbR geführt.

2. Vorgesellschaft
Sie betrifft die Zeit ab Abschluss des Notarvertrages bis zur Eintragung ins Handelsregister. Der **GmbH-Vertrag** ist von einem Notar zu beurkunden. Die Gesellschaft ist errichtet, aber noch nicht eingetragen. Die Vorgesellschaft wird ebenfalls grundsätzlich als GbR geführt. Sie wird wie eine OHG behandelt, wenn sie geschäftlich nach außen in Erscheinung tritt und ein Handelsgewerbe betreibt. Ist vor der Eintragung im Namen der Gesellschaft gehandelt worden, so haften die Handelnden persönlich und gesamtschuldnerisch *(§ 11 GmbHG).*

GmbH-Vertrag	
Der GmbH-Vertrag **muss** beinhalten	Der GmbH-Vertrag **sollte** weiterhin beinhalten Regelungen über
– Firma, – Inländische Geschäftsanschrift sowie eine inländische Anschrift einer für Willens-erklärungen und Zustellungen empfangs-berechtigten natürlichen Person wie z. B. Gesellschafter, Steuerberater, Wirtschafts-prüfer oder Notar, – Gegenstand des Unternehmens, – Höhe des Stammkapitals, – Stammeinlage eines jeden Gesellschafters, – Art und Umfang der Vertretungsbefugnis der Geschäftsführer.	– die Berufung von Geschäftsführern, – die Zeichnung der Namensunterschriften der Geschäftsführer, – die Versicherung der Geschäftsführer über das Nichtvorliegen von Umständen, die die Untauglichkeit als Geschäftsführer zur Folge haben, – den Umfang der Vertretungsbefugnis, – die Beschlussfassung der Gesellschafter, – die Einberufung der Gesellschafter-versammlung, – die Verteilung der Gewinne und Verluste, – die Verfügung der Geschäftsanteile, – die Vererbung von Geschäftsanteilen, – die Erstellung des Jahresabschlusses, – das Ausscheiden von Gesellschaftern und – eine Schiedsklausel.

3. Entstehung der GmbH

Die juristische Person, die Körperschaft „GmbH", entsteht mit dem Tag der **Eintragung** ins Handelsregister, Abteilung B *(§ 11 Abs. 1 GmbHG, § 8 a HGB)*.

Der **Anmeldung zum elektronischen Handelsregister bzw. Unternehmensregister** müssen beigefügt werden:

- der Gesellschaftsvertrag,
- die Legitimation der Geschäftsführer, wenn diese nicht im Gesellschaftsvertrag bestellt sind,
- eine Namensliste aller Gesellschafter mit ihren Unterschriften und Angabe ihres Geburts-datums und Wohnortes sowie die von den Gesellschaftern jeweils übernommene Stamm-einlage, bei Sacheinlagen:
  - die Verträge über die Sacheinlage sowie der Sachgründungsbericht,
  - Unterlagen darüber, dass der Wert der Sacheinlage dem Betrag der übernommenen Stammeinlage entspricht *(§ 8 Abs. 1 Nr. 1–6 GmbHG)*,
- die Versicherung, dass die vorgeschriebenen Stammeinlagen *(§ 7 Abs. 2 und Abs. 3 GmbHG)* bewirkt worden sind *(§ 8 Abs. 2 GmbHG)*. Die Vorlage von Einzahlungsnachweisen ist nur bei erheblichen Zweifeln an der ordnungsmäßigen Kapitalaufbringung *(§ 8 Abs. 2 S. 2 GmbHG)* oder dem Verdacht der „nicht unwesentlichen" Überbewertung der Sacheinlagen *(§ 9 c Abs. 1 S. 2 GmbHG)* zu verlangen.
- eine Versicherung der Geschäftsführer, dass sie seit Rechtskraft des Urteils in den letzten fünf Jahren nicht wegen Insolvenzstraftaten *(§§ 283–283 d StGB)* verurteilt worden sind *(§ 8 Abs. 3 GmbHG)*,
- die Angabe der Vertretungsbefugnis der Geschäftsführer und ihre Unterschriftsprobe *(§ 8 Abs. 4, 5 GmbHG)*.

Pflichtangaben auf Geschäftsbriefen

Die GmbH muss auf ihren Geschäftsbriefen und E-Mails *(§ 35 a GmbHG)* folgende Angaben machen:

- vollständiger Firmenname in Übereinstimmung mit dem im Handelsregister eingetrage-nen Wortlaut,

- Rechtsform der Gesellschaft,
- Sitz der Gesellschaft,
- Registergericht des Sitzes der Gesellschaft und die Nummer, unter der die Gesellschaft in das Handelsregister eingetragen ist,
- alle Geschäftsführer und – sofern die Gesellschaft einen Aufsichtsrat gebildet und dieser einen Vorsitzenden hat – der Vorsitzende des Aufsichtsrates mit Familiennamen und mindestens einem ausgeschriebenen Vornamen.

Rechtsverhältnis
Die GmbH ist
- **Kapitalgesellschaft,**
- **juristische Person,**
- stets **Formkaufmann** und sie gilt auch dann als Handelsgesellschaft, wenn sie kein Handelsgewerbe betreibt *(§ 13 GmbHG, § 6 HGB)*,
- **parteifähig,**
- **deliktsfähig,**
- **grundbuchfähig,**
- **scheck-** und **wechselfähig.**

Firma
Die Firma muss die Bezeichnung „**Gesellschaft mit beschränkter Haftung**" oder eine allgemein verständliche Abkürzung dieser Bezeichnung, insbesondere „**GmbH**" enthalten.

Beispiel:
Frau Zilke, Herr Kelz und Herr Lins betreiben in Neuss eine Brotfabrik.
Mögliche Firmenbezeichnungen sind u. a.:
Personenfirma: Zilke, Kelz & Lins GmbH
Sachfirma: Backwaren Neuss GmbH
Fantasiefirma: Leckerland GmbH

Kapital
Die Kapitaleinlage eines jeden Gesellschafters wird **Stammeinlage** genannt. Die Summe der Stammeinlagen bildet das **Stammkapital**. Es müssen im Gesellschaftsvertrag mindestens übernommen werden als
- Stammkapital: 25 000,00 €,
- Mindest-Stammeinlage eines Gesellschafters: 1,00 €.

Jeder Gesellschafter kann nur eine Stammeinlage leisten *(§ 5 Abs. 2 GmbHG)*, die immer auf volle Euro lauten muss. Die einzelnen Stammeinlagen können unterschiedlich hoch sein.
Vor Anmeldung der Gesellschaft beim Handelsregister muss ein Viertel jeder Stammeinlage an die Gesellschaft geleistet worden sein. Der Gesamtbetrag der geleisteten Stammeinlagen muss mindestens 12 500,00 € betragen *(§ 7 Abs. 2 GmbHG)*. Die Einlagen werden Vermögen der GmbH. Eine Nachschusspflicht der Gesellschafter kann vertraglich vereinbart werden *(§ 26 GmbHG)*.

Einmann-GmbH: Wird die GmbH nur durch eine Person errichtet, muss der alleinige Gesellschafter mindestens 12 500,00 € einzahlen.

Die **Einlagen** können in verschiedenen **Formen** erbracht werden:
- durch Bareinlagen. Dies sind Einlagen, die in Geld erbracht werden.
- durch Sacheinlagen. Hier werden Sachen oder Rechte eingebracht, so z. B. Wertgegenstände, Maschinen, Forderungen usw.

- durch gemischte Einlagen. Unter einer gemischten Einlage versteht man die Verbindung von Bar- und Sacheinlagen. Der Gesellschafter kann also z.B. einen Teil der Einlage in Maschinen oder anderen Sachen leisten und einen Teil in bar.

Die *Einlagen* müssen zum Zeitpunkt der Anmeldung der Eintragung der GmbH in das Handelsregister in folgendem *Umfang* erbracht sein:
- Bareinlagen brauchen nicht in voller Höhe erbracht, sondern nur zu einem Viertel eingezahlt sein.
- Sacheinlagen sind immer in voller Höhe zu erbringen. Darüber hinaus muss der Wert der Sacheinlage in einem Sachgründungsbericht nachgewiesen werden. Werden gebrauchte Gegenstände eingebracht, wird zum Nachweis der Werthaltigkeit in aller Regel ein Sachverständigengutachten verlangt.
- Bei der gemischten Einlage sind die Sachen vollständig zu erbringen, die Bareinlagen zu einem Viertel.

Das Stammkapital ist in der Bilanz als **gezeichnetes Kapital** aufzuführen. Ausstehende Stammeinlagen sind auf der Aktivseite der Bilanz gesondert als ausstehende Einlagen auf das gezeichnete Kapital auszuweisen. **GmbH-Anteile** sind nicht teilbar, nicht wertpapierrechtlich verbrieft und damit **nicht börsenfähig**. Die Übertragung von GmbH-Anteilen erfordert notarielle Beurkundung. Ein gutgläubiger Erwerb ist möglich, soweit die Gesellschafterliste mindestens drei Jahre unrichtig ist.

Organe der GmbH

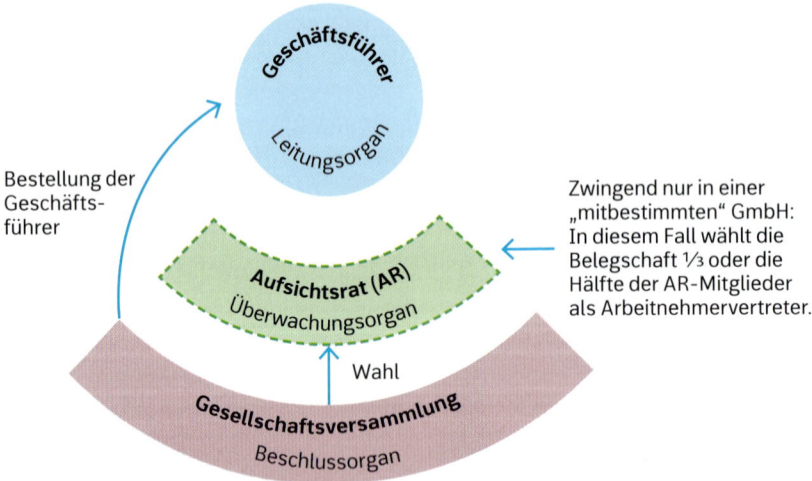

Die **Gesellschafterversammlung** ist oberstes Gesellschaftsorgan.
Ihr Aufgabenkreis umfasst *(§ 46 GmbHG)*:
- Grundsatzentscheidungen,
- Beschluss über die Festsetzung des Jahresabschlusses und die Verwendung des Ergebnisses,
- Bestellung und Abberufung von Geschäftsführern,
- Änderungen des Gesellschafter-Geschäftsführer-Dienstvertrages,
- Aufstellung von Regeln zur Prüfung und Überwachung der Geschäftsführung,
- Beschluss über die Einforderung von Einzahlungen auf die Stammeinlagen,
- Bestellung von Prokuristen und Handlungsbevollmächtigten.

Beschlüsse erfordern die **einfache** Mehrheit der abgegebenen Stimmen. Jeder volle Euro-Betrag eines Geschäftsanteils gewährt eine Stimme *(§ 47 GmbHG)*. Beschlüsse, die zur **Änderung des Gesellschaftsvertrages** führen *(z. B. Erhöhung der Stammeinlagen)*, erfordern eine $3/4$-Mehrheit (= **qualifizierte**) und notarielle Beurkundung *(§§ 53, 60 GmbHG)*.

Die Einladung zur Gesellschafterversammlung muss durch einen eingeschriebenen Brief mit einer Frist von mindestens einer Woche erfolgen *(§ 51 Abs. 1 GmbHG)*.

Ein **Aufsichtsrat**
- **kann** bei bis zu 500 Arbeitnehmern unter Beachtung aktienrechtlicher Vorschriften bestellt werden *(§ 52 GmbHG)*,
- **muss** bei mehr als 500 Arbeitnehmern bestellt werden und zu $1/3$ aus Arbeitnehmervertretern bestehen *(§ 129 BetrVG i. V. m. §§ 1 und 4 DrittelbG)*,
- **muss** bei mehr als 2000 Arbeitnehmern bestellt werden und zur Hälfte aus Arbeitnehmervertretern bestehen *(§ 1 MitbestG)*.

Geschäftsführung

Die **Geschäftsführung** betrifft das **Innenverhältnis** der GmbH und umfasst das Recht zum Handeln für die Gesellschaft. Die Geschäftsführung wird vom **Geschäftsführer** der GmbH ausgeübt. Es können auch mehrere Geschäftsführer bestellt werden. Der Geschäftsführer handelt mit Wirkung für und gegen die GmbH. Durch ihn wird die GmbH handlungsfähig.

Möglich sind
- angestellte Geschäftsführer, die nicht gleichzeitig Gesellschafter sind,
- Geschäftsführer, die gleichzeitig Gesellschafter sind (Gesellschafter-Geschäftsführer).

Der Geschäftsführer wird **bestellt**
- im Gesellschaftsvertrag *(§ 6 Abs. 2 GmbHG)* oder
- durch Beschluss der Gesellschafter *(§ 35 ff. GmbHG)*.
Jede Bestellung oder Abberufung eines Geschäftsführers ist zur Eintragung ins Handelsregister anzumelden.

Die Geschäftsführung kann ausgeübt werden
- bei Einzelgeschäftsführung durch einen Geschäftsführer allein,
- bei Gesamtgeschäftsführung durch mehrere Geschäftsführer gemeinsam.
Fehlen Vereinbarungen über die Geschäftsführung, so gilt Gesamtgeschäftsführung.

Die Geschäftsführung kann im Innenverhältnis beschränkt werden.
Die **Aufgaben** der Geschäftsführer werden festgelegt durch Dienstvertrag, *GmbHG* und Gesellschafterbeschlüsse. Der Geschäftsführer ist Angestellter der GmbH und erhält ein Gehalt, das als Betriebsausgabe absetzbar ist.

Die Geschäftsführer haben insbesondere die **Pflicht**,
- die Geschäftsführung entsprechend den Weisungen der Gesellschafter und unter Beachtung des Gesellschaftsvertrages auszuüben,
- die Gesellschaft nach außen zu vertreten und im Innenverhältnis die Unternehmensleitung auszuüben,
- die Mitarbeiter auszuwählen und zu überwachen,
- sich loyal gegenüber der GmbH zu verhalten (Treuepflicht, Wettbewerbsverbot),
- für eine ordnungsgemäße Buchführung und Bilanzierung zu sorgen *(§§ 41, 42 GmbHG)*; dies umfasst die Inventarpflicht, die Pflicht zur Aufstellung des Jahresabschlusses und des Lageberichtes, die Erteilung des Prüfungsauftrages an die Abschlussprüfer, die Mitwirkung an der Abschlussprüfung durch Auskunfts- und Vorlagepflichten, die Pflicht zur Offenlegung des Jahresabschlusses sowie die Aufbewahrung dieser Unterlagen,

- die Steuererklärungen der GmbH abzugeben *(§§ 34, 69 AO)*,
- das Stammkapital vor verbotenen Auszahlungen zu bewahren *(§§ 30, 43 Abs. 3 GmbHG)*,
- den verbotenen Erwerb eigener Anteile zu verhindern *(§§ 33, 43 Abs. 3 GmbHG)*,
- die Gesellschafterversammlung einzuberufen *(§ 49 GmbHG)*,
- bei Zahlungsunfähigkeit oder Überschuldung den Insolvenzeröffnungsantrag zu stellen *(§ 64 GmbHG)*.

Für Geschäftsführer besteht ein **Wettbewerbsverbot**, das aber vertraglich aufgehoben werden kann. In Angelegenheiten der Gesellschaft hat der Geschäftsführer die Sorgfalt eines ordentlichen Kaufmanns anzuwenden *(§ 43 Abs. 1 GmbHG)*.

In **Missbrauchsfällen haften** die **Geschäftsführer** bei Vorsatz oder grober Fahrlässigkeit, Zahlungsvornahme nach Insolvenzreife, Zahlungsvornahme an Gesellschafter, die erkennbar zur Zahlungsunfähigkeit der Gesellschaft führen.

Aufgaben des/der Geschäftsführer als Leitungsorgan der GmbH	
Geschäftsführung im **Innenverhältnis**	Vertretung im **Außenverhältnis**
– Geschäftsleitung: Wahrnehmung der Managementfunktion, Organisation und Überwachung des Geschäftsbetriebes – Verantwortung für die Buchführung, Vorbereitung und Aufstellung des Jahresabschlusses und des Lageberichts – Einberufung der Gesellschafterversammlung – Durchführung der Gesellschafterbeschlüsse – Auskunftserteilung gegenüber Gesellschaftern	– Anmeldung zum Handelsregister – Einreichung einer veränderten Gesellschafterliste zum Handelsregister – Vertretung der GmbH gegenüber Dritten in allen gerichtlichen und außergerichtlichen Angelegenheiten *(§ 35 Abs. 1 GmbHG)* – Der Umfang der Vertretungsmacht ist unbeschränkt und unbeschränkbar. – Stellung des Antrags auf Eröffnung eines Insolvenzverfahrens bei Zahlungsunfähigkeit oder Überschuldung

Vertretung

Die **Vertretung** betrifft das Außenverhältnis der GmbH. Sie geschieht
- bei Einzelvertretungsmacht durch einen Geschäftsführer allein,
- bei Gesamtvertretungsmacht durch alle Geschäftsführer gemeinsam,
- bei unechter Gesamtvertretungsmacht durch mindestens zwei Geschäftsführer oder einen Geschäftsführer zusammen mit einem Prokuristen.

Fehlen Vereinbarungen über die Vertretung der Gesellschaft, so gilt **gesetzlich** die Gesamtvertretungsmacht.

Haftung

Gegenüber Dritten haftet grundsätzlich nur das Vermögen der GmbH *(§ 13 Abs. 2 GmbHG)*, d. h., die Haftung der GmbH umfasst nur das Gesellschaftsvermögen. Die Haftungsbeschränkung auf das Gesellschaftsvermögen gilt erst ab Eintragung der GmbH in das Handelsregister *(zuvor haften die Gründungsmitglieder auch mit ihrem Privatvermögen)*.

Beachte:
- Die Haftungsbeschränkung hat zwar rechtliche, aber im Normalfall keine tatsächlichen Folgen, weil Gläubiger *(z. B. Banken)* verlangen, dass die Haftungsbeschränkungen durch persönliche Bürgschaften oder Kreditsicherheiten aus dem Privatvermögen der Gesellschafter indirekt wieder aufgehoben werden.
- Es empfiehlt sich, bei Eheleuten den Güterstand zu überdenken. Im Rahmen eines notariellen Ehevertrages *(§§ 1408, 1410 BGB)* sollte der gesetzliche Güterstand der Zugewinnge-

meinschaft derart abgeändert werden, dass ein Zugewinnausgleich aus dem betrieblichen Bereich für den Fall der Scheidung der Ehe ausgeschlossen oder gemindert wird *(§ 1372 ff. BGB)*.

Rechte der Gesellschafter
- Teilnahme an der Gesellschafterversammlung und Stimmrecht *(§ 45 ff. GmbHG)*
- Auskunfts- und Einsichtsrecht *(§ 51 a GmbHG)*
- Anfechtung von Gesellschafterbeschlüssen
- Anspruch auf Gewinnanteil *(§ 29 GmbHG)*
- Anspruch auf Anteil am Liquidationserlös *(§ 72 GmbHG)*

Pflichten der Gesellschafter
- Leistung der vereinbarten Stammeinlage *(§ 19 GmbHG)*
- Zahlung von Verzugszinsen bei verspäteter Einzahlung *(§ 20 ff. GmbHG)*
- Nachschusspflicht bei vertraglicher Vereinbarung *(§ 26 GmbHG)*
- Weitere Pflichten können vertraglich begründet werden, z.B.
  - Gewährung eines Darlehens an die GmbH,
  - Nutzungsüberlassung von Rechten und Sachen,
  - Übernahme von Geschäftsführertätigkeiten,
  - Wettbewerbsverbot.
- Haftungserweiterung bei Führungslosigkeit der Gesellschaft

Gewinnverteilung
Der **Jahresüberschuss** ist im Verhältnis der Gesellschaftsanteile zu verteilen *(§ 29 Abs. 1 und 3 GmbHG)*. Im Gesellschaftsvertrag können andere Regelungen vereinbart werden.

Beispiele:
- *Verwendung des Jahresüberschusses zur Bildung von Gewinnrücklagen oder eines Gewinnvortrages* (§ 21 Abs. 2 GmbHG)
- *Erfassung der Gewinnanteile der Gesellschafter auf Kontokorrentkonten mit Verbindlichkeitscharakter*

Der/Die Geschäftsführer der GmbH haben den Jahresabschluss und den Lagebericht für die GmbH zu erstellen und der Gesellschafterversammlung vorzulegen.

Jahresabschluss und Lagebericht
Der Jahresabschluss *(Bilanz, GuV, Anhang § 284 HGB)* und der Lagebericht *(§ 289 i.V.m § 264 HGB)*
- sind von allen Geschäftsführern unter Beachtung der GoB aufzustellen *(§ 264 HGB)*,
- haben ein den tatsächlichen Verhältnissen entsprechendes Bild der Vermögens-, Finanz- und Ertragslage der GmbH zu vermitteln,
- müssen nach Erstellung unverzüglich den Gesellschaftern vorgelegt werden *(§ 42 a GmbHG)*, unterliegen bei mittel und großen Gesellschaften der Prüfungspflicht und soweit ein Aufsichtsrat vorhanden ist, der Jahresabschluss von diesem ebenfalls zu prüfen ist

	kleine GmbH[1]	mittelgroße GmbH	große GmbH
zu erstellen sind	– Jahresabschluss	– Jahresabschluss – Lagebericht	– Jahresabschluss – Lagebericht
Frist zur Aufstellung	sechs Monate	drei Monate	drei Monate
Pflicht zur Prüfung durch ...	entfällt	vereidigten Buch-prüfer oder Wirt-schaftsprüfer	Wirtschaftsprüfer
Frist zur Feststellung	elf Monate	acht Monate	acht Monate
Offenlegung	zwölf Monate	zwölf Monate	zwölf Monate
Offenzulegen sind ...	Bilanz und Anhang	Jahresabschluss und Lagebericht	Jahresabschluss und Lagebericht

Auflösung der Gesellschaft

Gesetzliche Auflösungsgründe sind *(§ 60 GmbHG)*:

- Ablauf der vereinbarten Dauer,
- Gesellschafterbeschluss mit $^3/_4$-Mehrheit der abgegebenen Stimmen, sofern der Gesellschaftsvertrag nichts anderes bestimmt,
- gerichtliches Urteil oder gerichtliche Beschlüsse,
- Verfügungen des Registergerichtes,
- Insolvenzeröffnung.

Die GmbH ...

- *ist eine juristische Person des Privatrechts,*
- *gilt unabhängig von ihrem Gegenstand als Handelsgesellschaft,*
- *kann von nur einer Person gegründet werden (Einmann-GmbH),*
- *entsteht durch Eintragung ins Handelsregister, Abteilung B,*
- *führt eine Firma mit dem Zusatz „GmbH",*
- *ist selbstständiges Steuersubjekt,*
- *hat zwei, ggf. drei Organe:*
  - *die Gesellschafterversammlung als Beschlussorgan,*
  - *der/die Geschäftsführer als Leitungsorgan,*
  - *ggf. der Aufsichtsrat als Überwachungsorgan (nur zwingend in einer mitbestimmten GmbH).*

Weitere Merkmale der GmbH sind:

- *Der Gesellschaftsvertrag bedarf notarieller Beurkundung.*
- *Das gezeichnete Kapital heißt Stammkapital, die Einlagen der Gesellschafter heißen Stammeinlagen.*
- *Für die Verbindlichkeiten der GmbH haftet nur das Gesellschaftsvermögen.*
- *Die Haftung der Gesellschafter ist auf die Höhe ihrer Stammeinlagen beschränkt.*
- *Geschäftsführung und die Vertretung obliegen dem/den Geschäftsführer(n).*
- *Für die GmbH gilt die abgestufte Publizitätspflicht.*

---

[1] *Vgl. Fußnote 2 auf S. 195*

Vorteile	Nachteile
– Gründung mit geringem oder keinem Kapital und geringen Gründungskosten als Kapitalgesellschaft – Beschränkung des Verlustrisikos auf Stammeinlage (Firmenkapital, mindestens Stammkapital) – keine persönliche Haftung – Anteile können veräußert und vererbt werden – Möglichkeit der Eigenkapitalerweiterung durch Aufnahme neuer Gesellschafter – Gesellschafter haben weitgehendes Mitverwaltungsrecht – abgestufte Publizitäts- und Rechnungslegungspflichten – geeignet für kleinere und mittlere Unternehmungen sowie Familiengesellschaften oder als Ein-Mann-GmbH zur Begrenzung des Haftungsrisikos – Vergütungen an Geschäftsführer (i. d. R. gleichzeitig Gesellschafter) sind steuerlich abziehbare Betriebsausgaben – Die GmbH kann auch als Handwerksbetrieb gegründet werden, wenn weder Gesellschafter noch Geschäftsführer Handwerksmeister sind, wenn ein Handwerksmeister oder Ingenieur mit mindestens dreijähriger Praxis eingestellt wird	– geringe Kreditwürdigkeit (Banken verlangen i. d. R. die persönliche Haftungsübernahme durch die Gesellschafter bei Kreditzusagen) – ggf. Nachschusspflicht – Gesellschaftsanteile sind nicht über die Börse handelbar – fehlendes Kontrollorgan bei nicht zwingend mitbestimmungspflichtigen Gesellschaftern – strenge formale Anforderungen und umständliche Übertragung von Anteilen wegen notarieller Beurkundung – kein Zwang zur Bildung gesetzlicher Rücklagen – kein Freibetrag bei der Gewerbesteuer – Aufwendige formelle Erfordernisse bei der Gründung. Ausnahme: UG (haftungsbeschränkt) – Die steuerliche Abwicklung ist komplizierter als bei Personengesellschaften – Der Freibetrag bei der Gewerbesteuer nach dem Gewerbeertrag gilt nicht für die GmbH, – Höhere Anforderungen an Bilanzierung und Offenlegung

Unternehmergesellschaft (haftungsbeschränkt)

Rechtsgrundlagen: *§ 5 a GmbHG*

Die Unternehmergesellschaft/UG (haftungsbeschränkt) ist keine eigene Rechtsform. Sie ist eine Unterform der „klassischen" GmbH, bei der das Stammkapital weniger als 25 000,00 € beträgt.

Für die UG (haftungsbeschränkt) gelten – soweit keine Spezialregelungen zutreffen – ansonsten alle gesetzlichen Regelungen der GmbH.

Gründung	– Es ist ein notariell beurkundeter Gesellschaftsvertrag notwendig. Möglich sind
	  - ein individueller Gesellschaftsvertrag oder
	  - das Musterprotokoll nach *§ 2 Abs. 1 a S. 2 und 3 GmbHG* mit der Anlage *1 a und 1 b*, soweit die Gesellschaft höchstens drei Gesellschafter und nur einen Geschäftsführer hat.
	– Nur Bargründungen sind erlaubt *(§ 5 a Abs. 2 GmbHG)*.

Handelsregister	Die UG (haftungsbeschränkt) entsteht erst mit Eintragung in das Handelsregister, Abteilung B.

Firma	– Name oder Sachbezeichnung mit dem Zusatz
	  - „Unternehmergesellschaft (haftungsbeschränkt)" oder
	  - „UG (haftungsbeschränkt)".
	– Der Zusatz „mbH" darf nicht geführt werden *(§ 5 a Abs. 1 GmbHG)*.
	– Es gelten die Vorschriften nach *§ 4 GmbHG und § 17 ff. HGB*.

Rechtsverhältnis	Die UG (haftungsbeschränkt) – tritt – vertreten durch die Geschäftsführung – selbstständig im Geschäftsverkehr auf, – kann selbst klagen und verklagt werden, – kann Eigentum erwerben und eigenes Vermögen besitzen, – ist eigenständig steuerpflichtig.
Kapital	– Das Stammkapital kann auf jeden vollen Euro-Betrag lauten, der das Mindeststammkapital nach *§ 5 Abs. 1 GmbHG* unterschreitet *(§ 5 a Abs. 1 GmbHG)*. – Mindeststammkapital im Zeitpunkt der Gründung: 1,00 €. – Maximales Stammkapital: 24 999,00 €. – Bei mehreren Gesellschaftern muss jeder Gesellschafter mindestens 1,00 € Einlage leisten. – Das vereinbarte Stammkapital muss immer in voller Höhe eingezahlt werden (Pflicht zur Volleinzahlung).

Rücklage	– Die UG (haftungsbeschränkt) muss eine gesetzliche Rücklage bilden *(§ 5 Abs. 3 GmbHG)*.
	– Jedes Jahr muss ein Viertel des Jahresüberschusses in die Rücklage eingestellt werden.
	– Die Rücklage darf nur verwendet werden
	  - zur Erhöhung des Stammkapitals,
	  - zum Ausgleich eines Jahresfehlbetrages oder
	  - zum Ausgleich eines Verlustvortrages.
	– Die Verpflichtung zur Bildung der Rücklage entfällt erst, wenn die Gesellschafterversammlung eine Erhöhung des Stammkapitals auf mindestens 25 000,00 € beschließt.

Umwandlung von UG (haftungsbe-schränkt) in GmbH	Die Bezeichnung UG (haftungsbeschränkt) kann weiterhin geführt werden, auch dann, wenn das Stammkapital die Grenze von 25 000,00 € überschritten hat.
Organe	– Bei der Gründung der UG (haftungsbeschränkt) muss mindestens ein Geschäftsführer bestellt werden. – Wird das Musterprotokoll verwendet, muss zwingend ein Geschäftsführer bestellt werden. Er vertritt die Gesellschaft.
Haftung	Mit der Eintragung der UG (haftungsbeschränkt) in das Handelsregister entsteht die Haftungsbeschränkung, d. h., für Verbindlichkeiten der UG (haftungsbeschränkt) haftet allein das Gesellschaftsvermögen.
Steuerrecht	– Steuerrechtlich ist die UG (haftungsbeschränkt) wie eine GmbH zu behandeln. – Werden die Gesellschaftsanteile im Betriebsvermögen gehalten, gilt das Teileinkünfteverfahren. – Ist das Gesellschaftsvermögen Privatvermögen, so ist die Abgeltungsteuer anzuwenden.

2.9.4.2 Aktiengesellschaft (nach deutschem Recht)

Rechtsgrundlagen: *AktG, HGB, EU-Richtlinien zum Gesellschaftsrecht*

Kennzeichen und Bedeutung

*Die **Aktiengesellschaft** ist eine Gesellschaft mit eigener Rechtspersönlichkeit.*
- *Für die Verbindlichkeiten der AG haftet den Gläubigern nur das Gesellschaftsvermögen.*
- *Die Gesellschafter (= Aktionäre) sind mit Einlagen auf das in Aktien zerlegte Grundkapital beteiligt, ohne für die Verbindlichkeiten der AG zu haften (§ 1 AktG).*

Bei der AG erfolgt eine Trennung zwischen Kapitalgebern, den Aktionären (Eigentümern), und der Unternehmensleitung. Die Zerlegung des Grundkapitals in kleine Beträge ermöglicht es der AG, sich über den Kapitalmarkt große Geldbeträge zu beschaffen. Daher ist die AG besonders für Großunternehmen mit einem hohen Kapitalbedarf geeignet.

Zu unterscheiden sind
- börsennotierte und
- nicht börsennotierte Aktiengesellschaften.

Von den zurzeit etwa 7 800 Aktiengesellschaften einschließlich KGaA in Deutschland sind rund 800 börsennotiert. Von den gesamten Unternehmen werden nur 0,25 % in der Rechtsform der AG geführt, in ihnen sind aber ca. 20 % der Arbeitnehmer beschäftigt. Rund 20 % der Gesamtumsätze aller Unternehmen werden von Aktiengesellschaften erwirtschaftet.

Gründung
Zum Schutz der Kapitalanleger gibt es für die Gründung der AG genaue Rechtsvorschriften *(§§ 23–53 AktG)*.
Die Gründung erfolgt in zwei Stufen.

1. Stufe: Vorgesellschaft
- An der Feststellung des Gesellschaftsvertrages, der Satzung, müssen sich eine oder mehrere Personen beteiligen, welche die Aktien gegen Einlagen übernehmen *(§ 2 AktG)*.
- Die Satzung muss mindestens enthalten *(§ 23 Abs. 3 AktG)*:
  - die Firma, den Gegenstand und den Sitz der AG,
  - die Höhe des Grundkapitals,
  - den Nennbetrag, die Anzahl und die Art der Aktien,
  - die Zahl der Mitglieder des Vorstandes.
- Die Satzung muss durch notarielle Beurkundung festgestellt werden *(§ 23 AktG)*.
- Die Satzung legt fest, ob eine Bar-, Sachgründung oder gemischte Gründung erfolgen soll *(§§ 54, 27 AktG)*.
- Mit der Übernahme aller Aktien durch die Gründer ist die Gesellschaft errichtet *(§ 29 AktG)*.
- Die Gründer bestellen den ersten Aufsichtsrat und den Abschlussprüfer für das erste Geschäftsjahr. Der Aufsichtsrat bestellt sodann den ersten Vorstand *(§ 30 AktG)*.
- Die Vorgesellschaft wird als GbR handlungsfähig. Die Gründer haften persönlich und gesamtschuldnerisch *(§ 41 AktG)*.

2. Stufe: Entstehung der AG
Die AG ist bei dem Amtsgericht, in dessen Bezirk sie ihren Sitz hat, von allen Gründern und Mitgliedern des Vorstandes und des Aufsichtsrates zur Eintragung in das elektronische Handelsregister, Abteilung B, anzumelden *(§ 36 Abs. 1 AktG)*. Die Eintragung wirkt konstitutiv, d. h. rechtsbegründend *(§ 41 Abs. 1 S. 1 AktG)*.

Die AG tritt in die Rechte der Vorgesellschaft ein. Sie übernimmt nur die Verbindlichkeiten der Vorgesellschaft, die in der Satzung oder im Gesetz vorgesehen sind.

Für die **Anmeldung** zur Eintragung ins elektronische Handelsregister bzw. Unternehmensregister ist erforderlich *(§ 37 AktG)*:
- Bestellung der Organe und des Abschlussprüfers *(§ 30 AktG)*,
- Einzahlung der eingeforderten Einlagen *(§§ 36, 36 a AktG)* – eine Vorlage von Einzelnachweisen ist nur bei erheblichen Zweifeln an der ordnungsmäßigen Kapitalaufbringung

oder dem Verdacht der „nicht unwesentlichen" Überbewertung der Sachanlagen zu verlangen,
- Vorlage eines schriftlichen Gründungsberichts *(§ 32 AktG)*,
- Prüfung der Gründung durch Vorstand, Aufsichtsrat und die Gründungsprüfer *(§ 33 AktG)*,
- Anmeldung der Gesellschaft durch alle Gründer, den Vorstand und den Aufsichtsrat *(§ 36 AktG)*,
- eine fehlende verwaltungsrechtliche Genehmigung bei einem genehmigungspflichtigen Unternehmungsgegenstand hindert nicht an der Eintragung ins Handelsregister.

Pflichtangaben auf Geschäftsbriefen
Die AG muss nach *§ 80 AktG* auf ihren Geschäftsbriefen und E-Mails folgende Angaben machen:
- Vollständiger Firmenname in Übereinstimmung mit dem im Handelsregister eingetragenen Wortlaut,
- Rechtsform der Gesellschaft,
- Sitz der Gesellschaft,
- Registergericht des Sitzes der Gesellschaft und die Nummer, unter der die Gesellschaft in das Handelsregister eingetragen ist.
- alle Vorstandsmitglieder sowie der Vorsitzende des Aufsichtsrats mit dem Familiennamen und mindestens einem ausgeschriebenen Vornamen. Der Vorsitzende des Vorstands muss als Vorstandsvorsitzender bezeichnet werden.
- Falls die Gesellschaft abgewickelt wird, ist ein entsprechender Hinweis notwendig.

Es sind keine Angaben über das Kapital der Gesellschaft zu machen.

Rechtsverhältnis
Die AG ist
- eine **juristische Person**, d.h. Träger von Rechten und Pflichten,
- eine **Kapitalgesellschaft**,
- **partei-**, aber nicht **prozessfähig**, d.h., sie muss im Prozess durch den Vorstand vertreten werden,
- **deliktsfähig, grundbuchfähig, insolvenzfähig**,
- **scheck- und wechselfähig**,
- **buchführungspflichtig** nach *§ 238 ff. HGB*,
- **publizitätspflichtig**, der Umfang richtet sich nach der Größenklasse *(§ 267 Abs. 1 HGB)*.

Firma
Die Firma muss die Bezeichnung „**Aktiengesellschaft**" oder eine allgemein verständliche Abkürzung dieser Bezeichnung, insbesondere „**AG**" enthalten *(§ 4 AktG)*.

Beispiele:
- *Lukas Mollidor möchte eine AG gründen. Zweck der Gesellschaft ist der Vertrieb von Neu- und Gebrauchtwagen. Mögliche Firmenbezeichnungen u. a.: Mollidor Autohaus AG, Lukas Auto AG, Molli Fahrzeug AG*
- *Die Müller KG soll in der Rechtsform der AG weitergeführt werden. Firma: Müller AG*

Kapital
Die Höhe des **Grundkapitals** *(= gezeichnetes Kapital)* wird in der Satzung festgelegt.

- Die **Aktie** ist – im Gegensatz zum Geschäftsanteil der GmbH – ein Wertpapier.

- Eine Aktie verbrieft das Mitgliedsrecht an der AG. Aus diesem Recht werden abgeleitet:
  - ein Vermögensrecht, d.h. ein Recht auf Anteil am Bilanzgewinn (Dividende), ggf. Anteil am Liquidationserlös, Bezugsrecht bei Ausgabe neuer Aktien,
  - ein Organschaftsrecht, d.h. Recht auf Teilnahme an der Hauptversammlung, Stimmrecht, Mitverwaltungsrecht, Auskunftsrecht *(§§ 12, 60 Abs. 1, 134 Abs. 1, 271 Abs. 2 AktG)*.
- Der Nennbetrag je Aktie beträgt mindestens 1,00 € *(§ 8 Abs. 1 AktG)*.
- Das Grundkapital muss mindestens 50 000,00 € betragen *(§ 7 AktG)*.
- Eine AG kann immer nur eine Aktienform laut Satzung festlegen.
- Aktien sind börsennotiert *(§ 3 Abs. 2 AktG)*, wenn sie an einem Markt gehandelt werden, der von staatlich anerkannten Stellen geregelt und überwacht wird. An diesem Markt müssen regelmäßig Aktien gehandelt werden und für das Publikum muss der Markt unmittelbar oder mittelbar zugänglich sein (→ „Notierung im geregelten Markt und im amtlichen Handel").
- Die Aktionäre haben die Pflicht, ihre Einlageleistung so zu erbringen, dass entweder der Nennbetrag oder ein höherer Ausgabewert gezahlt wird *(§ 54 AktG)*; Unterpari-Emissionen sind somit unzulässig. Das bei der Emission erzielte Aufgeld (Agio) ist in die Kapitalrücklage einzustellen.
- Die Aktie ist ein Wertpapier (security) und kann nach den sachenrechtlichen Vorschriften übertragen werden *(§ 929 ff. BGB)*.

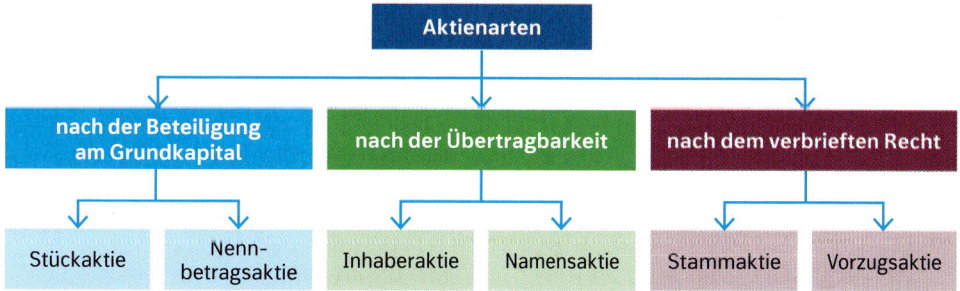

Stückaktie	Nennbetragsaktie
– Die Gesellschaft verfügt über ein nennbetragsmäßig festgesetztes Grundkapital, das in Aktien zerlegt wurde. – Der Aktionär ist zu einem Bruchteil am Grundkapital der AG beteiligt. – Die Gesamtzahl der ausgegebenen Aktien ist in der Satzung angegeben. Durch Division des Grundkapitals durch die Zahl der ausgegebenen Aktien kann rechnerisch der Anteil einer Aktie am Grundkapital ermittelt werden. Er muss mindestens 1,00 € betragen.	– Der Aktionär ist mit dem Nennwert am Grundkapital der AG beteiligt. – Die Summe der Nennwerte aller ausgegebenen Aktien entsprechen dem Grundkapital der AG. – Der Mindestnennwert je Aktie beträgt 1,00 €.
Beispiel: *Das Grundkapital der DETA AG beträgt 5 755 000,00 €. Es wurden 1 825 000 Stückaktien ausgegeben. Julia Schmücker besitzt 30 000 Aktien.* $\frac{5\,755\,000}{1\,825\,000} = 3{,}15342$ *gerundet:* <u>3,15 €</u>	*Beispiel:* *Das Grundkapital der GenTec 2000 AG beträgt 47 500 000,00 €. Der Nennwert der Aktie beträgt 1,00 €. Paul Decker besitzt 12 000 Aktien.* $\frac{12\,000 \cdot 100}{47\,500\,000} = \underline{0{,}025\,\%}$

Stückaktie	Nennbetragsaktie
Der rechnerische Anteil einer Aktie am Grundkapital beträgt 3,15 € (= rechnerischer Nennwert). *30 000 · 3,15342 = 94 602,60 €* *Die Aktionärin ist rechnerisch mit 94 602,60 € am Grundkapital der AG beteiligt.* $\dfrac{30\,000 \cdot 100}{1\,825\,000} = \underline{1,644\,\%}$ *Die Aktionärin besitzt eine Beteiligung von 1,64 % an der AG.*	*Der Aktionär besitzt eine Beteiligung von 0,025 % an der AG.*

Stammaktie	Vorzugsaktie
Die Aktie gewährt alle satzungsmäßigen und gesetzlichen Aktionärsrechte: – Recht auf Dividende (Gewinnbeteiligung) – Teilnahme an der Hauptversammlung – Stimmrecht in der Hauptversammlung – Bezugsrecht bei der Ausgabe junger Aktien – Anspruch auf Auskunft durch den Vorstand – Anspruch auf Anteil am Liquidationserlös	Die Aktie ist mit einem besonderen Vorrecht ausgestattet. Von Bedeutung ist in Deutschland die kumulative, stimmrechtslose Vorzugsaktie. Die AG beschafft sich hierdurch neues Eigenkapital, ohne dass sich die Stimmrechtsverhältnisse in der Hauptversammlung ändern. – Es wird ein Vorrecht in Form eines nachzuzahlenden Dividendenvorzugs (Mehr- oder Mindestdividende) gewährt. – Bevor die Stammaktionäre eine Dividende erhalten, muss zunächst die Zahlung des Dividendenvorzugs gesichert sein. – Wenn die Ertragsverhältnisse der AG eine Ausschüttung in der versprochenen Höhe nicht zulassen, ist der Dividendenvorzug im nächsten Jahr nachzuzahlen. – Falls die Nachzahlung nicht möglich ist, haben die Aktionäre das Stimmrecht, bis alle Rückstände der vergangenen Jahre nachgezahlt sind.

Namensaktie	Inhaberaktie
Die Übertragung der Aktie (Orderpapier) erfolgt durch Einigung und Übergabe der **indossierten** Aktie. Zusätzlich muss der Aktionär mit Namen, Anschrift und Geburtsdatum in das **Aktienregister** der Gesellschaft eingetragen werden. **Vorteile:** – Verbesserung der Investor Relations durch namentliche Kenntnis der Aktionäre – Stärkung der Bindung des Aktionärs an die Gesellschaft – Frühzeitiges Erkennen feindlicher Übernahmen durch die Gesellschaft – Leichte Identifizierbarkeit von Insidergeschäften durch die Börsenaufsicht – International übliche Aktienart	Die Übertragung der Aktie erfolgt durch Einigung und Übergabe der Aktie. **Vorteile**: – leichte Übertragbarkeit der Aktie – Anonymität des Aktionärs gegenüber der Gesellschaft

In den meisten Fällen existieren heute Aktien nicht mehr in physischen Einzelurkunden. Stattdessen sind die Rechte der Aktionäre in einer **Globalurkunde** zusammengefasst, die bei einer Wertpapiersammelbank hinterlegt ist. Der einzelne Aktionär erlangt ein Miteigentumsrecht nach Bruchteilen an dem auf diese Weise zusammengefassten Wertpapiersammelbestand. Bei einer Eigentumsübertragung tritt anstelle der Übergabe der Aktie die Umschreibung im Depotbuch der Wertpapiersammelbank.

Organe der AG

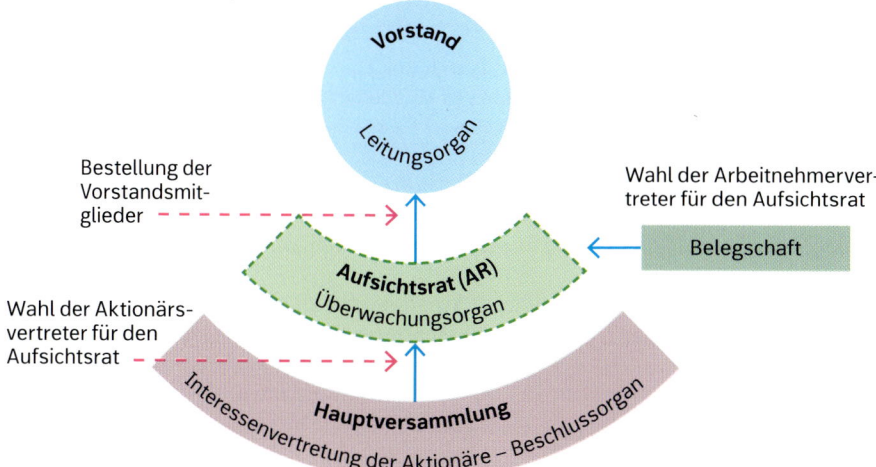

Vorstand

Bestellung der Vorstandsmitglieder

Leitungsorgan

Wahl der Arbeitnehmervertreter für den Aufsichtsrat

Belegschaft

Aufsichtsrat (AR)
Überwachungsorgan

Wahl der Aktionärsvertreter für den Aufsichtsrat

Interessenvertretung der Aktionäre – Beschlussorgan
Hauptversammlung

Vorstand

Der Vorstand leitet die AG aus eigener Verantwortung. Er muss aus mindestens einer natürlichen Person, bei einer AG mit einem Grundkapital von mehr als 3 000 000,00 € aus mindestens zwei natürlichen Personen bestehen *(§ 76 AktG)*. Der Vorstand wird vom Aufsichtsrat für fünf Jahre bestellt. Weitere Bestellungen für jeweils höchstens fünf Jahre sind zulässig *(§ 84 Abs. 1 AktG)*. Werden mehrere Personen zum Vorstand berufen, so kann der Aufsichtsrat eine Person zum Vorstandsvorsitzenden ernennen *(§ 84 Abs. 2 AktG)*.

Pflichten des Vorstandes

- Geschäftsführung und Vertretung *(§§ 76–78 AktG)*,
- regelmäßige, mindestens vierteljährliche Berichterstattung an den Aufsichtsrat über die geschäftliche Lage der AG *(§ 90 AktG)*,
- Aufstellung des Jahresabschlusses und Lageberichtes,
- Vorlage des Jahresabschlusses, Lageberichtes und Prüfungsberichtes sowie eines Vorschlages für die Verwendung des Bilanzgewinns, über den die Hauptversammlung beschließen soll, an den Aufsichtsrat *(§ 170 AktG)*,
- Offenlegung des Jahresabschlusses mit Bestätigungsvermerk durch Einreichung beim Handelsregister innerhalb von neun Monaten nach Ende des Geschäftsjahres *(§ 325 ff. HGB)*,
- Einberufung der ordentlichen Hauptversammlung in den ersten acht Monaten des Geschäftsjahres *(§ 175 AktG)*,
- Sorgfaltspflicht und Wettbewerbsverbot *(§§ 93, 88 AktG)*.

Die Vorstandsmitglieder sind regelmäßig Angestellte der AG. Ihre Bezüge, in der Regel Festgehalt und Beteiligung am Gewinn (Tantieme), sind Einkünfte aus nicht selbstständiger Arbeit *(§ 19 EStG)*.

Aufsichtsrat

Der Aufsichtsrat besteht aus mindestens drei, höchstens 21 Mitgliedern *(§ 95 AktG)*.

bei einem Grundkapital			
bis zu	1 500 000,00 €	→	höchstens 9 Mitglieder,
bis zu	10 000 000,00 €	→	höchstens 15 Mitglieder,
mehr als	10 000 000,00 €	→	höchstens 21 Mitglieder.

Die Anzahl der Aufsichtsratsmitglieder muss durch drei teilbar sein. Der Aufsichtsrat wird von der Hauptversammlung für vier Jahre gewählt, soweit diese nicht als Aufsichtsratsmitglieder der Arbeitnehmer *(§ 101 AktG, § 76 BetrVerfG, MitbestG, MontanMitbestG)* zu wählen sind.

Ein Aufsichtsratsmitglied kann nicht zugleich Vorstandsmitglied, Stellvertreter eines Vorstandsmitgliedes, Prokurist oder Generalbevollmächtigter der AG sein *(§ 105 AktG)*.

Aufgaben des Aufsichtsrates

- Bestellung des Vorstandes *(§ 84 AktG)*,
- Überwachung der Geschäftsführung des Vorstandes *(§ 111 Abs. 1 AktG)*,
- Abberufung des Vorstandes aus wichtigem Grund *(§ 84 Abs. 3 AktG)*,
- Einsichtnahme und Prüfung der Bücher, Schriften und Vermögensgegenstände *(§ 111 Abs. 2 AktG)*,
- Prüfung des Jahresabschlusses, des Lageberichtes und des Vorschlages zur Verwendung des Bilanzgewinns und der Berichterstattung über das Ergebnis der Prüfung an die Hauptversammlung *(§ 171 AktG)*,
- Einberufung einer außerordentlichen Hauptversammlung, wenn es das Wohl der Gesellschaft erfordert *(§ 111 Abs. 3 AktG)*,
- Vertretung der Gesellschaft in gerichtlichen und außergerichtlichen Angelegenheiten gegen die Vorstandsmitglieder *(§ 112 AktG)*.
- Insolvenzantragspflicht bei Führungslosigkeit der Gesellschaft.

Die Anzahl der Aufsichtsratsmandate, die eine Person innehaben kann, ist auf zehn begrenzt *(§ 100 Abs. 2 AktG)*.

Hauptversammlung

Die Hauptversammlung ist die Interessenvertretung der Aktionäre der AG und zugleich das oberste Beschlussorgan der Gesellschaft.

Die Hauptversammlung **beschließt** über *(§ 119 AktG)*:
- die Bestellung der Aktionärsvertreter für den Aufsichtsrat,
- die Verwendung des Bilanzgewinns,
- die Entlastung des Vorstandes und des Aufsichtsrates,
- Satzungsänderungen,
- Kapitalerhöhungen bzw. -herabsetzungen,
- Auflösung der Gesellschaft.

Die **ordentliche Hauptversammlung** wird vom Vorstand einberufen *(§§ 120, 121 AktG)* und vom Aufsichtsratsvorsitzenden geleitet. Sie hat jährlich in den ersten acht Monaten des Geschäftsjahres stattzufinden. Eine **außerordentliche Hauptversammlung** kann auf Verlangen einer Minderheit von Aktionären, deren Anteile 5 % des Grundkapitals erreichen, einberufen werden *(§§ 111, 122 AktG)*.

Die Aktionäre üben ihr Stimmrecht nach Stückzahlen oder Aktiennennbeträgen des in der Hauptversammlung vertretenen (anwesenden) Kapitals aus. Es ist ein Verzeichnis aller erschienenen und vertretenen Aktionäre zu erstellen *(§ 129 AktG)*. Gewöhnliche Beschlüsse der Hauptversammlung bedürfen der **einfachen Mehrheit** *(§ 133 Abs. 1 AktG)*, satzungsändernde Beschlüsse einer **qualifizierten Mehrheit** *(§ 179 AktG)*. Eine mehr als 25-prozentige Beteiligung in der Hand eines Aktionärs bezeichnet man als **Sperrminorität**.

Jeder Beschluss der Hauptversammlung ist durch eine notariell aufgenommene Niederschrift zu beurkunden *(§ 130 AktG)*.

Rechte und Pflichten der Aktionäre	
Rechte	**Pflichten**
– Mitwirkungsrechte: - Teilnahme an der Hauptversammlung § 118 Abs. 1 AktG - Stimmrecht §§ 12, 134 AktG - Auskunftsrecht §§ 131, 132 AktG - Anfechtung von HV-Beschlüssen § 245 AktG – Vermögensrechte: - Anspruch auf Dividende §§ 58 Abs. 4, 60, 174 Abs. 2 Nr. 2 AktG - Bezugsrecht bei Kapitalerhöhungen - Anspruch auf Liquidationserlös § 271 AktG – Minderheitenrechte: - Ersatzansprüche §§ 50, 93 Abs. 4, 3, 116, 117 Abs. 4, 147 AktG - Einberufung der Hauptversammlung § 122 AktG - Bestellung von Sonderprüfungen §§ 142 Abs. 2, 256 Abs. 2 AktG	– Leistung der übernommenen Kapitaleinlage § 54 Abs. 2 AktG – Treuepflicht – Haftung mit dem Wert der Aktien

Weil der Gesamtbetrag des Grundkapitals in eine Vielzahl von Aktien zerlegt ist, die jeweils nur einen Bruchteil des gesamten Grundkapitals ausmachen, ist eine breite Streuung der Aktien innerhalb der Bevölkerung möglich. An einer Reihe von Aktiengesellschaften sind mehr als 100 000 Aktionäre beteiligt. Diese sog. Publikumsgesellschaften zählen zu den größten deutschen Unternehmungen überhaupt.

Beispiele:
Daimler AG, Siemens AG, VW AG, Bayer AG, E.ON AG, Telekom AG

Verwaltungstätigkeiten der Kreditinstitute bei depotverwahrten Aktien

Die meisten Aktionäre geben ihre Aktienbestände ihrem Kreditinstitut in ein **offenes Depot**.

Aufgrund eines zwischen Kreditinstitut (= Verwahrer) und Kunde (= Hinterleger) abgeschlossenen Depotvertrages übernimmt das Kreditinstitut die Verwahrung (§ 688 BGB) und Verwaltung (§ 675 BGB) der Aktien.

Im Zusammenhang mit den im Kundendepot befindlichen Aktien führt das Kreditinstitut die erforderlichen Verwaltungstätigkeiten durch:

- **Dividendeninkasso:** Inkasso und Gutschrift fälliger Gewinnanteilscheine,
- Benachrichtigung des Kunden bei Kapitalerhöhungen und daraus resultierenden **Bezugsangeboten** sowie Ausführung der entsprechenden Bezugsrechtsdispositionen des Aktionärs,
- bei Inhaberaktien sowie bei Namensaktien, wenn die Depotbank als „Legitimationsaktionär" im Aktienregister eingetragen ist: Weiterleitung von **Zwischen- und Geschäftsberichten** der AG an die Aktionäre,

- Weiterleitung der **Einladung zur Hauptversammlung** und der vom Vorstand der AG hierzu ergehenden Mitteilungen (Tagesordnung, Vorschläge der Verwaltung, Gegenanträge),
- Besorgung einer **Eintrittskarte** zur Hauptversammlung einschließlich der erforderlichen **Stimmkarten** für den Fall, dass der Aktionär an der Hauptversammlung teilnehmen möchte,
- **Stimmrechtsausübung** für den Fall, dass der Aktionär an der Hauptversammlung nicht teilnehmen möchte (Vollmachtstimmrecht, *§§ 128, 135 AktG*).

Vom **Vollmachtstimmrecht** macht das Kreditinstitut grundsätzlich nur bei **inländischen Inhaberaktien** Gebrauch, wenn

- es sich zur Ausübung des Stimmrechts anbietet,
- dem Aktionär einen Vorschlag zur Ausübung des Stimmrechts mitteilt und ihm vor der jeweiligen Hauptversammlung die Unterlagen der Gesellschaft (Tagesordnung, Gegenanträge von Aktionären) übermittelt.

Voraussetzung für das Vollmachtstimmrecht ist *eine* **schriftliche Stimmrechtsvollmacht** *des Aktionärs*. Zwei Möglichkeiten sind zu unterscheiden:

- die allgemeine, jederzeit widerrufliche Vollmacht für alle im Depot des Kunden befindlichen inländischen Aktien,
- die Einzelvollmacht, gültig für eine Hauptversammlung.

Die Stimmrechtsausübung erfolgt ohne Offenlegung des Namens des Aktionärs, d.h. *„im Namen dessen, den es angeht"*.

Das Kreditinstitut muss den Kunden um Weisungen für die Ausübung des Stimmrechts zu den einzelnen Tagesordnungspunkten (TOP) bitten und ihm eigene Vorschläge für die Ausübung des Stimmrechts hierzu unterbreiten, wobei es sich vom Interesse des Aktionärs leiten lassen muss. Der Kunde ist darauf hinzuweisen, dass das Kreditinstitut entsprechend diesen Vorschlägen stimmen wird, wenn er keine Weisungen erteilt. Erteilt der Kunde Weisungen, muss das Kreditinstitut diese befolgen.

In der eigenen Hauptversammlung darf das bevollmächtigte Kreditinstitut das Stimmrecht aufgrund der Vollmacht nur ausüben, soweit der Aktionär eine ausdrückliche Weisung zu den einzelnen Tagesordnungspunkten erteilt hat.

Geschäftsführung

Der **Vorstand** führt die Geschäfte der AG in eigener Verantwortung. Zur Geschäftsführung sind alle Vorstandsmitglieder nur gemeinschaftlich befugt, wenn die Satzung oder die Geschäftsordnung des Vorstandes keine abweichende Regelung bestimmt *(§ 77 Abs. 1, § 82 Abs. 2 AktG)*.

Die Vorstandsmitglieder haben bei ihrer Geschäftsführung die Sorgfalt eines ordentlichen und gewissenhaften Geschäftsleiters anzuwenden. Bei Verletzung dieser Pflicht können sie zum Ersatz des entstandenen Schadens als Gesamtschuldner verpflichtet werden *(§ 93 AktG)*.

Vertretung

Der **Vorstand** vertritt die Aktiengesellschaft in allen gerichtlichen und außergerichtlichen Angelegenheiten. Wenn die Satzung nichts anderes bestimmt, so erfolgt die Vertretung gemeinschaftlich *(§ 78 AktG)*.

Die Vertretungsbefugnis des Vorstandes kann nicht beschränkt werden *(§ 82 Abs. 1 AktG)*.

Gewinnverwendung

Der Vorstand hat dem Aufsichtsrat den Jahresabschluss und den Lagebericht vorzulegen. Zugleich hat der Vorstand dem Aufsichtsrat den Vorschlag vorzulegen, den er der Hauptversammlung für die Verwendung des Bilanzgewinns machen will (*§ 170 AktG*).

Der Bilanzgewinn ist der nach Abzug eines etwaigen Verlustvortrages und nach Dotierung der gesetzlichen Rücklage und anderer Rücklagen verbleibende Teil des **Jahresüberschusses**.

Gesetzliche Rücklagen

5 % des um einen etwaigen Verlustvortrag geminderten Jahresüberschusses müssen so lange der gesetzlichen Rücklage zugeführt werden, bis die gesetzliche Rücklage und die Kapitalrücklagen zusammen 10 % des Grundkapitals erreichen (*§ 150 Abs. 2 AktG*).

Freiwillige Rücklage

Vorstand und Aufsichtsrat können bis zur Hälfte des Jahresüberschusses in die freiwilligen Rücklagen einstellen, wenn die Satzung es vorsieht (*§ 58 Abs. 2 AktG*). Beträge, die in die gesetzliche Rücklage einzustellen sind, sowie ein Verlustvortrag sind vorab vom Jahresüberschuss abzuziehen.

Bilanzgewinn

Der verbleibende Restgewinn wird gemäß des Beschlusses der Hauptversammlung in weitere freiwillige Rücklagen eingestellt, an die Aktionäre als Dividende ausgeschüttet und/oder als Gewinn auf das nächste Jahr vorgetragen (*§ 58 Abs. 3 AktG*).

Billigt der Aufsichtsrat den Jahresabschluss, so ist er **festgestellt**, sofern nicht Vorstand und Aufsichtsrat beschließen, die Feststellung des Jahresabschlusses der Hauptversammlung zu überlassen (*§ 172 AktG*).

Die Hauptversammlung beschließt über die Verwendung des Bilanzgewinns (*§ 174 AktG*). Die Anteile der Aktionäre am Bilanzgewinn bestimmen sich nach der Anzahl ihrer Aktien bzw. dem Verhältnis der Aktiennennbeträge. Den auf die einzelne Aktie entfallenden Gewinnteil bezeichnet man als **Dividende**.

Rechnerische Ermittlung des bilanziellen Eigenkapitals	
<u>vor</u> erfolgter Gewinnverwendung	<u>nach</u> erfolgter Gewinnverwendung

Gezeichnetes Kapital
− nicht eingeforderte Einlagen
+ Kapitalrücklage
+ Gewinnrücklagen
− eigene Anteile
+ Eigenkapitalanteil
   der „Sonderposten mit Rücklageanteil"
+ Jahresüberschuss
− Jahresfehlbetrag
+ Gewinnvortrag (alt)
− Verlustvortrag (alt)
− auszuschüttender Betrag
= Bilanzielles Eigenkapital
	Gezeichnetes Kapital
	− nicht eingeforderte Einlagen
	+ Kapitalrücklage
	+ Gewinnrücklagen
	− eigene Anteile
	+ Eigenkapitalanteil
	   der „Sonderposten mit Rücklageanteil"
	+ Bilanzgewinn
	− Bilanzverlust
	− auszuschüttender Betrag
	= Bilanzielles Eigenkapital

Die AG unterliegt wie die GmbH der abgestuften **Publizitätspflicht**.[1]

Die AG ...
- *ist eine Gesellschaft mit eigener Rechtspersönlichkeit,*
- *hat ein in Aktien zerlegtes Grundkapital,*
- *entsteht mit der Eintragung ins Handelsregister, Abteilung B,*
- *gilt unabhängig von ihrem Gegenstand als Handelsgesellschaft,*
- *führt eine Firma mit dem Zusatz „AG",*
- *ist als juristische Person selbstständiges Steuersubjekt,*
- *haftet ihren Gläubigern nur mit ihrem Gesellschaftsvermögen.*

Weitere Merkmale der AG sind:
- *Aktionäre können natürliche Personen, Personengesellschaften und juristische Personen sein.*
- *Das Risiko der Aktionäre ist auf die Höhe ihrer Einlagen begrenzt.*
- *Der Gesellschaftsvertrag wird Satzung genannt.*
- *Eine bestehende Firma kann unter Hinzufügung des Zusatzes „AG" fortgeführt werden.*
- *Inhaberaktien können frei übertragen werden.*
- *Organe der AG sind:*
  - *der Vorstand als Leitungsorgan,*
  - *der Aufsichtsrat als Überwachungsorgan,*
  - *die Hauptversammlung als Interessenvertretung der Aktionäre.*
- *Geschäftsführung und Vertretung der AG obliegen dem Vorstand.*
- *Für die AG gelten erweiterte Vorschriften für die Rechnungslegung, Prüfung und Offenlegung.*
- *Für kleinere Aktiengesellschaften gelten Erleichterungen.*

Vorteile	Nachteile
– große Risikostreuung – hohe formale und sachliche Anforderungen – geringes Haftungsrisiko für Aktionäre – leichter Erwerb und einfache Veräußerbarkeit der Kapitalbeteiligung (Aktie) – einfache Kapitalbeschaffung durch Ausgabe „junger Aktien" oder Fremdkapitalaufnahme als emissionsfähiges Unternehmen über die Börse – keine persönliche Bindung zwischen Teilhabern (Aktionären) und Gesellschaft – der Bestand des Unternehmens ist unabhängig von der Zusammensetzung der Aktionäre – die Leitung kann gut von außen kommenden Personen übertragen werden – Trennung von Unternehmensleitung und Kapital – breite Streuung des Eigentums an Produktionsmitteln durch Stückelung des Kapitals in viele kleine Kapitalanteile – starke Marktstellung ermöglicht hohe soziale Leistungen und überdurchschnittliche Investitionen in Forschung und Entwicklung – geeignet für große Unternehmen mit hohem Kapitalbedarf	– umfangreiche Gründungsmodalitäten – hohe Gründungskosten – bei der Gründung der Unternehmung hohe Publizitätspflichten – teure und umfangreiche Auflagen, z. B. Abhaltung der Hauptversammlung, Börsenauflagen – hohe laufende Kosten für umfangreiche Prüfungs- und Publizitätspflichten – ausgeweitete Rechnungslegungs- und Prüfungsvorschriften – Machtkonzentration durch Unternehmenszusammenschlüsse (Konzernbildung) – weitreichende Mitbestimmungsmöglichkeiten der Arbeitnehmer

---

[1] *Vgl. hierzu S. 195 und Fußnote dort.*

2.9.4.3 Europäische Aktiengesellschaft – Societas Europaea

Rechtsgrundlagen: *Verordnung über das Statut der Europäischen Aktiengesellschaft*
Richtlinie über die Stellung der Arbeitnehmer in der
Europäischen Aktiengesellschaft
Nationales Recht, d. h. in Deutschland insbesondere HGB und AktG

Kennzeichen und Bedeutung

Die SE ist eine Rechtsform für Unternehmen, die in verschiedenen Mitgliedsstaaten der Europäischen Union tätig sind oder tätig werden wollen. Sie ist eine Option für bestehende, grenzüberschreitend tätige Gesellschaften.

Gründung

Die SE kann nur von bestehenden AGs und GmbHs gegründet werden.
Es gibt vier **Möglichkeiten** der Gründung:
- Gründung einer Holdinggesellschaft,
- Gründung einer gemeinsamen Tochtergesellschaft,
- Verschmelzung von Aktiengesellschaften aus mindestens zwei Mitgliedsstaaten,
- Umwandlung einer nationalen AG, die seit mindestens zwei Jahren eine Tochtergesellschaft in einem EU-Mitgliedsland hat, in eine SE.

Eine Bar- oder Sachgründung durch natürliche Personen ist nicht möglich.

Register

Die SE wird in das Register des Mitgliedsstaates eingetragen, in dem sie satzungsmäßig den Sitz hat. Der Sitz muss der Ort der Hauptverwaltung sein. Die Eintragung wird im Amtsblatt der Europäischen Gemeinschaft veröffentlicht.

Rechtsverhältnis

Die Verordnung über das Statut regelt Gründung und Organisation der SE; sie verweist immer wieder auf das Recht des Staates, in dem die SE ihren Sitz hat.

Kapital

Das Mindestkapital der SE beträgt 120 000,00 €.

Leitungsorgane

Zwei verschiedene Leitungssysteme sind zulässig:
- das **dualistische System** (z. B. in Deutschland)
  Dieses System ist gekennzeichnet durch ein Leitungsorgan (= Vorstand) und ein Aufsichtsorgan (= Aufsichtsrat).
- das **monoistische System** (z. B. in Großbritannien)
  Dieses System kennt nur ein Verwaltungsorgan (= Verwaltungsrat).

Im dualistischen System sind die Arbeitnehmervertreter im Aufsichtsrat vertreten.
Beim monoistischen System ist in Deutschland ebenfalls die Mitbestimmung zu beachten, d. h., Arbeitnehmervertreter sind in das Leitungsorgan einzubauen.

Rechnungslegung

Die SE muss einen Jahresabschluss erstellen, der aus der Bilanz, Gewinn- und Verlustrechnung, dem Anhang zum Jahresabschluss, dem Bericht zum Geschäftsablauf und zur Lage der Gesellschaft besteht.
Das hierzu gültige Recht ist europaweit zu vereinheitlichen.

2.9.4.4 Kommanditgesellschaft auf Aktien

Rechtsgrundlagen: *AktG, HGB*

*Die **Kommanditgesellschaft auf Aktien** (§§ 278–290 AktG) ist eine Gesellschaft mit eigener Rechtspersönlichkeit (Sonderform einer AG), bei der*
- *mindestens ein Gesellschafter den Gesellschaftsgläubigern unbeschränkt haftet,*
- *die übrigen Gesellschafter (= Kommanditaktionäre) an dem in Aktien zerlegten Grundkapital beteiligt sind, ohne persönlich für die Verbindlichkeiten der Gesellschaft zu haften.*

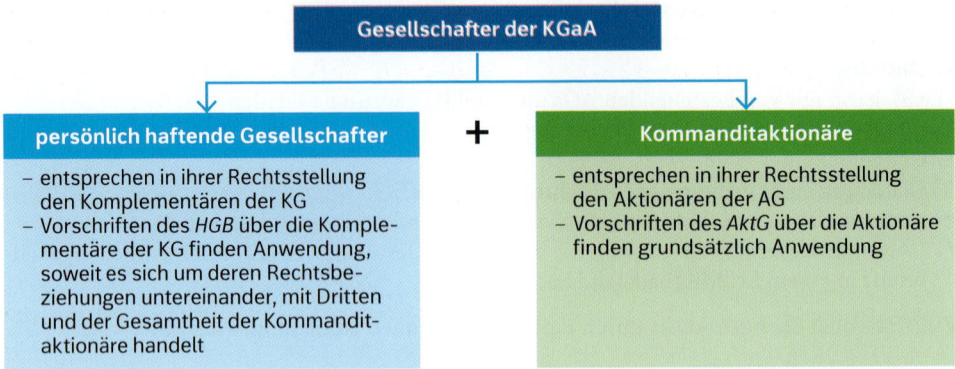

Gesellschafter der KGaA

persönlich haftende Gesellschafter **+** **Kommanditaktionäre**

persönlich haftende Gesellschafter	Kommanditaktionäre
– entsprechen in ihrer Rechtsstellung den Komplementären der KG – Vorschriften des *HGB* über die Komplementäre der KG finden Anwendung, soweit es sich um deren Rechtsbeziehungen untereinander, mit Dritten und der Gesamtheit der Kommanditaktionäre handelt	– entsprechen in ihrer Rechtsstellung den Aktionären der AG – Vorschriften des *AktG* über die Aktionäre finden grundsätzlich Anwendung

Bedeutung

Die KGaA hat nur geringe Verbreitung gefunden. Sie entwickelt sich in der Regel aus einer Personenhandelsgesellschaft, die infolge Eigenkapitalknappheit auf Wachstumsgrenzen stößt. Die persönliche Haftung der Komplementäre verleiht der KGaA ein hohes Maß an Kreditwürdigkeit. Die Fähigkeiten der grundsätzlich unabsetzbaren Komplementäre entscheiden letztlich über die Unternehmensentwicklung.

2.9.5   GmbH & Co. KG

Rechtsgrundlagen: *§§ 161 – 177 a, 238 – 263, 264 a – 335 b HGB, GmbHG, KapCoRiLiG*

Kennzeichen und Bedeutung

*Die GmbH & Co. KG ist eine **Personenhandelsgesellschaft**. Komplementär (Vollhafter) dieser KG ist eine GmbH.*

Gründe für die Wahl dieser Rechtsform können sein:
- Haftungsbeschränkung der Gesellschafter,
- Verbindung der steuerlichen Vorteile von Personen- und Kapitalgesellschaften,
- Sicherung des Bestandes des Unternehmens für den Fall des Todes des Unternehmers unter weitgehender Erhaltung der Firma,
- Ausnutzung der Möglichkeit, einen fachlich kompetenten Geschäftsführer als leitenden Angestellten einzustellen,
- Erleichterung der Kapitalbeschaffung, wenn die Gesellschafter bereit sind, weitere Einlagen in Form von Kommanditeinlagen zu leisten.

In der Rechtsprechung wird die GmbH & Co. KG immer mehr den Kapitalgesellschaften angenähert, weil einerseits die persönliche Haftung fehlt und andererseits die Haftungsmasse begrenzt wird.

Beispiele:
– *Die Firma muss einen auf die Haftungsbeschränkung hinweisenden Vermerk beinhalten, wenn keine natürliche Person unbeschränkt haftet (§ 19 Abs. 5 HGB).*
– *Überschuldung ist, anders als bei Personengesellschaften, Insolvenzgrund.*
– *In den Geschäftsbriefen müssen alle Angaben wie bei Kapitalgesellschaften enthalten sein (§ 177 a i. V. m. §§ 125 a HGB, 35 a HGB, 35 a GmbHG).*
– *Gewährt die Komplementär-GmbH der GmbH & Co. KG ein Darlehen, so kann sie ihre Forderung im Insolvenzfall nicht als Insolvenzforderung anmelden (§ 172 a HGB i. V. m. § 32 a GmbHG).*
– *Einbeziehung in die Publizitätspflicht nach den Regelungen für Kapitalgesellschaften mit geringen Ausnahmen*

Gründung

Die GmbH & Co. KG ist eine **Kommanditgesellschaft**. Aus diesem Grund sind zu ihrer Gründung zwei Gesellschafter notwendig: der Komplementär und der Kommanditist.

1. Modell: Eine einzelne Person gründet eine GmbH & Co. KG

Eine Person gründet zuerst eine GmbH. Nach Eintragung der GmbH in das elektronische Handelsregister gründet dieselbe Person, die alleinige Inhaberin der GmbH ist, zusammen mit der bereits gegründeten GmbH eine Kommanditgesellschaft, d.h., der alleinige Gesellschafter der GmbH (= hier Komplementär) ist gleichzeitig auch Kommanditist

2. Modell: Zwei oder mehr Personen gründen eine GmbH & Co. KG

Zwei oder mehr Personen gründen zuerst eine GmbH. Nach Eintragung in das elektronische Handelsregister gründet die GmbH zusammen mit denselben Personen und ggf. weiteren Personen eine Kommanditgesellschaft.

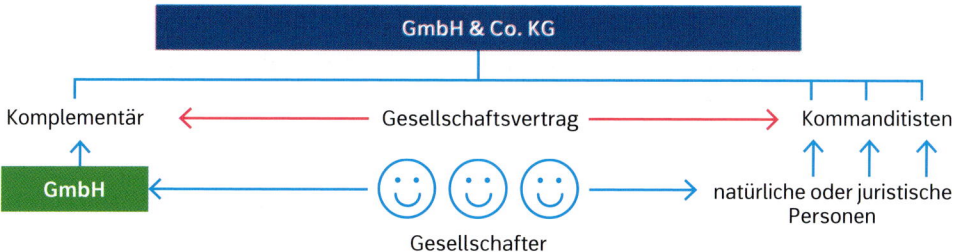

Für die Gründung der GmbH gelten die Vorschriften des *GmbHG*, für die Gründung der KG die Vorschriften des HGB *(§§ 161–177 a HGB).*

Gesellschafter

Gesellschafter der GmbH & Co. KG sind
- die juristische Person „GmbH" als Komplementär und
- andere Personen als Kommanditisten.

Kommanditisten können natürliche Personen oder juristische Personen sein. Kommanditisten und Gesellschafter der Komplementär-GmbH können verschiedene Personen sein oder es kann Personenidentität bestehen.

Zur Gründung ist mindestens eine natürliche oder juristische Person notwendig.

Gesellschaftsvertrag

Es ist zu erstellen
- der Gesellschaftsvertrag der GmbH-Gesellschafter,
- der Gesellschaftsvertrag der KG-Gesellschafter.

Der Gesellschaftsvertrag der GmbH muss notariell beurkundet werden *(§ 2 GmbHG)*, der Gesellschaftsvertrag der KG ist dagegen formfrei.

Handelsregister

- Die **GmbH** ist ins Handelsregister *Abteilung B* einzutragen.
- Die Personenhandelsgesellschaft **GmbH & Co. KG** ist ins Handelsregister *Abteilung A* einzutragen.

Rechtsverhältnis

Die GmbH & Co. KG ist
- eine **Personenhandelsgesellschaft,**
- **quasi juristische Person**, besitzt also keine eigene Rechtspersönlichkeit,
- **deliktsfähig,**
- **grundbuchfähig,**
- **scheck- und wechselfähig.**

Firma

Wenn in einer KG keine natürliche Person (persönlich) haftet, muss die Firma eine Bezeichnung enthalten, welche die Haftungsbeschränkung kennzeichnet *(§ 19 Abs. 2 HGB)*.

Beispiel:
- *Komplementär:*   *Dach GmbH*
- *Kommanditist:*   *Herr Manfred Meise*
- *mögliche Firma:*   *Dach GmbH & Co. KG*

Geschäftsführung

Das Recht zur Geschäftsführung steht nur den persönlich haftenden Gesellschaftern zu *(§§ 114, 161 Abs. 2, 164 HGB)*, in diesem Fall den **Komplementären**. Komplementär ist die GmbH, die Geschäftsführung übt innerhalb der GmbH deren Geschäftsführer aus, demnach muss dieser die Geschäfte der KG führen *(§§ 6, 35 GmbHG)*. Es können mehrere Geschäftsführer bestellt werden. Möglich ist auch die Bestellung eines Kommanditisten zum Geschäftsführer.

Geschäftsbriefe

Aus den *§§ 125 a, 177 a HGB* und *34 a GmbHG* ergibt sich, dass auf allen Geschäftsbriefen einer Gesellschaft, bei der keine natürliche Person als persönlich haftender Gesellschafter, sondern eine GmbH oder eine Aktiengesellschaft beteiligt ist, folgende **Angaben** zu machen sind:

- der vollständige Firmenname in Übereinstimmung mit dem im Handelsregister eingetragenen Wortlaut,
- die Rechtsform der Gesellschaft (GmbH & Co. KG, GmbH & Co., OHG, AG & Co. KG, AG & Co. oHG),
- Sitz der Gesellschaft,
- Registergericht des Sitzes der Gesellschaft und die Nummer, unter der die Gesellschaft in das Handelsregister eingetragen ist.

Zusätzlich muss die persönlich haftende Gesellschaft mit Rechtsformzusatz, Sitz, Registergericht des Sitzes und der Nummer, unter der die Gesellschaft eingetragen ist, sowie allen Geschäftsführern und, sofern die Gesellschaft einen Aufsichtsrat gebildet und dieser einen Vorsitzenden hat, der Vorsitzende des Aufsichtsrates mit dem Familiennamen und mindestens einem ausgeschriebenen Vornamen bezeichnet werden.

Vertretung

Allein dem/den Geschäftsführer/n steht unmittelbar für die GmbH Dritten gegenüber die unbeschränkbare Vertretung *(§ 37 Abs. 2 GmbHG)* zu, mittelbar auch für die KG.

Haftung

Die Komplementäre haften unbeschränkt für die Verbindlichkeiten der GmbH sowie der KG. Für die Komplementär-GmbH als juristische Person bedeutet dies, dass die Haftung der GmbH auf das Gesellschaftsvermögen der GmbH beschränkt ist. Somit haftet die **Komplementär-GmbH** umfangmäßig unbegrenzt bis zur Höhe ihres Vermögens *(§§ 128, 161 Abs. 2 HGB)*.

Hat der **Kommanditist** seine Einlage in vollem Umfang erbracht, so ist die Haftung auf die Kommanditeinlage begrenzt, die im Handelsregister eingetragen ist.

Sollte die vereinbarte Einlage noch nicht in voller Höhe vom Kommanditisten geleistet worden sein, haftet dieser Dritten gegenüber unmittelbar und unbeschränkt bis zur Höhe der im Handelsregister eingetragenen Kapitaleinlage, d. h. auch mit seinem Privatvermögen *(§ 171 Abs. 2 HGB)*.

Gewinnverteilung

Sie erfolgt entsprechend den im Gesellschaftsvertrag getroffenen **Vereinbarungen**. Im Zweifel gelten die Vorschriften der KG *(§ 168 HGB)*.

2.9.6 Partnerschaftsgesellschaft mit beschränkter Haftung

Rechtsgrundlagen: *Partnerschaftsgesellschaftsgesetz (PartGG)*

Gründung

Die Partnerschaftsgesellschaft mit beschränkter Berufshaftung[1] ist eine Personengesellschaft für freie Berufe wie *z. B. für Steuerberater, Wirtschaftsprüfer, Rechtsanwälte und Patentanwälte.*

---

[1] *Mustervertrag auf der Internetseite der Wirtschaftsprüferkammer: Vgl. www.wpk.de/neu-aufwpk-de/alle/2014/sv/mustervertrag-zur-errichtung-einer-partgmbb.*

Die PartmbB entsteht mit Abschluss des Partnerschaftsvertrages. Gegenüber Dritten wird die PartmbB nach *§ 7 Abs. 1 PartGG* erst mit Eintragung in das Partnerschaftsregister (Voraussetzung ist der Nachweis durch eine Versicherungsbescheinigung nach *§ 113 Abs. 2 VVG i. V. m. § 4 Abs. 3 PartGG*) wirksam.

Rechtsverhältnis

Die PartG mbB ist

- **namensrechtsfähig** (keine Firma!),
- **rechtsfähig,** d. h., sie hat eine eigene Rechtspersönlichkeit,
- **klageberechtigt und verklagbar,**
- **deliktsfähig** *(§ 31 BGB),*
- **insolvenzfähig** *(§ 11 InsO),*
- **grundbuchfähig,** d. h., sie kann unter ihrem Namen Eigentum an Grundstücken erwerben,
- **keine Handelsgesellschaft** i. S. d. HGB.

Berufshaftpflichtversicherung

Je Partner muss entsprechend den Berufsgesetzen[1] eine Berufshaftpflichtversicherung von der PartG mbB abgeschlossen und nachgewiesen werden gegenüber

- der zuständigen Berufskammer und
- dem Partnerschaftsregister *(§ 4 Abs. 3 PartGG).*

Name der Partnerschaft

Die PartG mbB führt **keine Firma**, sondern **einen Namen**. Der Name der PartG mbB muss enthalten:

Name von mindestens einem Partner

+ Zusatz „und Partner" oder „Partnerschaft"

+ Berufsbezeichnungen aller Partner der Partnerschaft

+ Zusatz „mit beschränkter Berufshaftung" (mbB, *§ 2 PartGG)*

Beispiele:

Susi Steuer Part mbB

Für die Angaben auf den Geschäftsbriefen der Partnerschaftsgesellschaft ist *§ 125a Abs. 1 S. 1 und Abs. 2 HGB* entsprechend anzuwenden *(§ 7 Abs. 4 PartGG).*

Handelsgesellschaft

Die PartG mbB ist **keine** Handelsgesellschaft. Es besteht keine Bilanzierungspflicht.

Die **„Freiberufler"-GmbH/AG** muss als Handelsgesellschaft *(§ 6 Abs. 1 HGB)* Handelsbücher führen *(§ 238 HGB)*, jährlich einen Abschluss mit Bilanz sowie Gewinn- und Verlustrechnung aufstellen *(§§ 242, 266, 275 HGB)* und ihn, wenn sie nicht als „kleine" Kapitalgesellschaft gilt *(§ 267 HGB)*, prüfen lassen *(§ 316 HGB).*

---

[1] *Vgl. für RA § 51a Abs. 2 S. 1 BRAO, für WP § 54 Abs. 1 WPO, für StB § 67 StBerG, § 52 DVStB. Die Mindestversicherungssumme vervielfacht sich entsprechend der Anzahl der Partner. Bei fehlender Versicherung entfällt die Haftungsbeschränkung; es gilt § 8 Abs. 2 PartGG.*

Geschäftsbriefe
Für die Angabe auf Geschäftsbriefen der PartG mbB ist *§ 125a Abs. 1 S. 1, Abs. 2 HGB* entsprechend anzuwenden, d.h., die Haftungsbeschränkung muss auf Geschäftspapieren angegeben werden.

Kapital
Es wird keine Mindesteinlage und kein Mindestkapital gefordert. Die Partnerschaft ist Trägerin des Gesellschaftsvermögens.

Geschäftsführung und Vertretung
Die Partner einer PartG mbB sind selbst mit der Geschäftsführung betraut.

Haftung der Partner
Voraussetzung für die Haftungsbeschränkung auf das Gesellschaftsvermögen ist der Abschluss einer Berufshaftpflichtversicherung entsprechend den Berufsgesetzen je Partner.

In einer PartG mbB
- ist die Haftung nur für Verbindlichkeiten aus Schäden „wegen fehlerhafter Berufsausübung" und auf Schadensfälle aus „Aufträgen der PartG mbB" auf das Gesellschaftsvermögen beschränkt, d.h., die **Handelndenhaftung** wird ausgeschlossen, wenn die durch Gesetz vorgegebene Berufshaftpflichtversicherung entsprechend den Berufsgesetzen nachgewiesen werden kann. Diese soll die fehlende persönliche Haftung im Interesse der Gläubiger ausgleichen.
- ist die Haftung für alle anderen Verbindlichkeiten, *z.B. aus Miet-, Pacht-, Leasing-, Arbeitsverträgen, unerlaubter Handlung*, eine gesamtschuldnerische Haftung, d.h., es haften
  – die Partner persönlich und gesamtschuldnerisch,
  – die Partnerschaftsgesellschaft.

Deliktische Ansprüche gegen einzelne Partner unterliegen nicht der Haftungsbeschränkung. Übersteigt die Höhe des Schadensersatzanspruchs die vorgeschriebene Mindestversicherungssumme für die PartG mbB, so lebt nicht die persönliche Haftung des Partners wieder auf. Allerdings ist zu prüfen, ob u.U. die persönliche Inanspruchnahme der Partner nach allgemeinem Deliktsrecht greift.

Gewinn und Verlust
Im Partnerschaftsvertrag sollte geregelt werden,
- wie der Gewinn/Verlust zu ermitteln ist (*§ 4 Abs. 3 EStG oder § 4 Abs. 1 EStG*),
- wie der Gewinn/Verlust zu verteilen ist.

Gewerbesteuer
Die PartG mbB ist weder körperschafts- noch gewerbesteuerpflichtig.
Eine **„Freiberufler"-GmbH/AG** ist allein wegen ihrer Rechtsform gewerbesteuerpflichtig (*§ 8 Abs. 2 KStG, § 2 Abs. 2 S. 1 GewStG*).

2.9.7   Vergleichende Übersicht der Unternehmesformen

	Einzelunternehmung	Gesellschaft bürgerlichen Rechts (BGB-Gesellschaft/GbR)	Offene Handelsgesellschaft (OHG)
Rechtsgrundlagen	Allgemeine Vorschriften im BGB, § 1 ff. HGB	§§ 705–740 BGB	§§ 105–160 HGB

Allgemeine Merkmale	– Einzelkaufmann
	– Kleingewerbe-
	  treibender
		– Personengesellschaft
		  nach BGB
		– zu jedem beliebigen
		  Zweck errichtbar
			– Personenhandels-
			  gesellschaft
			– Betrieb eines Handels-
			  gewerbes

	unbeschränkte Haftung	unbeschränkte Haftung aller Gesellschafter oder Haftung auf das Gesell-schaftsvermögen be-schränkt	unbeschränkte Haftung aller Gesellschafter
	natürliche Person	–	quasi juristische Person
Gründung	formfrei	formfreier Gesellschafts-vertrag	formfreier Gesellschaftsvertrag
	eine Person	zwei und mehr Personen	zwei und mehr Personen
	Entstehung mit der Auf-nahme der werbenden Tätigkeit nach außen		Entstehung nach außen mit dem Zeitpunkt der Geschäfts-aufnahme, spätestens mit der Eintragung ins Handelsregister
Mindestkapital	keine Vorschriften	keine Vorschriften	keine Vorschriften

Firma (Mindestinhalt)	Soweit im Handelsregis-ter eingetragen mit
	Zusatz: e. K.
	        e. Kfm.
	        e. Kffr.
		keine, soweit im Handels-register eingetragen mit Zusatz: GbR	Zusatz: OHG

Gesetzliche Regelung der Geschäftsführer-befugnis (betrifft das Innenverhältnis und ist vertraglich änderbar)	Inhaber zur Geschäfts-führung berechtigt und verpflichtet	– alle Gesellschafter ge-
		  meinschaftlich
		– Widerspruchsrecht des
		  einzelnen Gesellschaf-
		  ters
			– jeder Geschäftsführer allein
			  (Einzelgeschäftsführer-
			  befugnis)
			– Widerspruchsrecht des
			  einzelnen Gesellschafters
			– bei außergewöhnlichen
			  Geschäften: Zustimmung
			  aller Gesellschafter

Kommanditgesellschaft (KG)	Gesellschaft mit beschränkter Haftung (GmbH)	Aktiengesellschaft (AG)	eingetragene Genossenschaft (eG)
§§ 161–177 HGB	GmbH-Gesetz (GmbHG)	Aktiengesetz (AktG)	Genossenschaftsgesetz (GenG)
– Personenhandelsgesellschaft – Betrieb eines Handelsgewerbes	– Kapitalgesellschaft – zu jedem beliebigen Zweck errichtbar	– Kapitalgesellschaft – zu jedem beliebigen Zweck errichtbar	Gesellschaft zum Zweck der Förderung des Erwerbs und der Wirtschaft ihrer Mitglieder (= Genossen) mittels gemeinschaftlichen Geschäftsbetriebs (soziale und kulturelle Zwecke möglich)
– unbeschränkte Haftung bei mindestens einem Gesellschafter (= Komplementär) – beschränkte Haftung bei mindestens einem Gesellschafter (= Kommanditist)	GmbH-Gesellschafter sind entsprechend ihren Geschäftsanteilen (= Stammeinlagen) an der GmbH beteiligt; ihre Haftung ist auf die Höhe ihrer Stammeinlagen beschränkt.	Aktionäre sind entsprechend ihren Aktienanteilen an der AG beteiligt; ihre Haftung ist auf die Höhe ihrer Aktieneinlagen beschränkt.	Mitglieder sind entsprechend ihren Geschäftsguthaben an der eG beteiligt; ihre Haftung ist auf die Höhe ihrer Geschäftsguthaben, ggf. zusätzlich auf die Höhe der festgelegten Haftsumme beschränkt.
quasi juristische Person	juristische Person	juristische Person	juristische Person
formfreier Gesellschaftsvertrag	notarielle Beurkundung des Gesellschaftsvertrages oder Mustervertrages	notarielle Beurkundung der Satzung	schriftliche Festlegung der Satzung
zwei und mehr Personen	eine und mehr Personen	eine und mehr Personen	drei und mehr Personen
wie bei OHG	Entstehung mit der Eintragung ins Handelsregister	Entstehung mit der Eintragung ins Handelsregister	Entstehung mit der Eintragung ins Genossenschaftsregister
keine Vorschriften	– Stammkapital (Gezeichnetes Kapital) mind. 25000,00 € – Mindeststammeinlage je Gesellschafter: 1,00 €; höhere Geschäftsanteile müssen durch volle € teilbar sein – Mindesteinzahlung auf jede Stammeinlage 25%, insgesamt mind. 12500,00 € – bei UG (haftungsbeschränkt) 1,00 € + 1/4 des JÜ in die gesetzliche Rücklage bis zur Höhe der Mindesteinzahlung	– Grundkapital (Gezeichnetes Kapital) mind. 50000,00 € – Mindestnennwert je Aktie: 1,00 €	– keine Vorschriften – Geschäftsguthaben muss mindestens 10% des Geschäftsanteils betragen – die Satzung kann ein Mindestkapital bestimmen (Bar-, Sachgründung oder rein investierende Mitglieder)
Zusatz: KG	Zusatz: GmbH	Zusatz: AG	Zusatz: eG
– jeder Komplementär allein (Einzelgeschäftsführungsbefugnis) – Kontrollrecht des Kommanditisten – Widerspruchsrecht des einzelnen Komplementärs – bei außergewöhnlichen Geschäften: Zustimmung aller Komplementäre, Widerspruchsrecht der Kommanditisten	der Geschäftsführer bzw. die Geschäftsführer gemeinsam (Gesamtgeschäftsführungsbefugnis)	alle Vorstandsmitglieder gemeinsam (Gesamtgeschäftsführungsbefugnis)	alle Vorstandsmitglieder gemeinsam (Gesamtgeschäftsführungsbefugnis)

	Einzelunter-nehmung	Gesellschaft bürgerlichen Rechts (BGB-Gesellschaft/GbR)	Offene Handelsgesell-schaft (OHG)
Gesetzliche Regelung der Vertretungsbe-fugnis (betrifft das Außenverhältnis und ist vertraglich änder-bar; in diesem Fall eintragungspflichtig; ihr Umfang ist jedoch unbeschränkt und unbeschränkbar)	Inhaber zur Vertre-tung berechtigt und verpflichtet	alle Gesellschafter gemein-schaftlich	jeder Gesellschafter allein
Haftung	– Betriebs- und Privatvermögen – unbeschränkt	– Gesellschaftsvermögen und Privatvermögen der Gesell-schafter – Gesellschafter haften unbe-schränkt, unmittelbar und solidarisch – Gesellschaftsvermögen, wenn die Haftung be-schränkt wird	– Gesellschaftsvermögen und Privatvermögen der Gesellschafter – Gesellschafter haften un-beschränkt, unmittelbar und solidarisch
Gesetzliche Regelung der Gewinnverteilung (vertraglich änderbar)	insgesamt	gleiche Anteile am Gewinn und Verlust	– 4 % auf die Kapitaleinlage – Rest nach Köpfen – Verlust nach Köpfen
Auflösungsgründe	– Entscheidung des Inhabers – Insolvenz-eröffnung	– Gesellschafterbeschluss – Vertragsablauf – Erreichung/Nichterreichung des Gesellschaftszweckes – Insolvenzeröffnung über das Vermögen eines Gesellschaf-ters, Tod oder Kündigung eines Gesellschafters (soweit nichts anderes vereinbart ist)	– Gesellschafterbeschluss – Vertragsablauf – Insolvenzeröffnung über das Vermögen der OHG
Organe	keine	keine	keine

Kommanditgesell-schaft (KG)	Gesellschaft mit be-schränkter Haftung (GmbH)	Aktiengesellschaft (AG)	eingetragene Genossenschaft (eG)
– jeder Komplementär allein – Prokuraerteilung an Kommanditisten möglich	der Geschäftsführer bzw. die Geschäftsführer ge-meinsam	alle Vorstandsmitglieder gemeinsam	alle Vorstandsmitglieder gemeinsam (Gesamt-vertretungsbefugnis)
– Gesellschaftsver-mögen und Privat-vermögen der Kom-plementäre – Komplementäre haf-ten wie OHG-Gesell-schafter (Komman-ditisten haften in Höhe ihrer Komman-diteinlage)	Gesellschaftsvermögen (Gesellschafter haften in Höhe ihrer Stammeinlage)	Gesellschaftsvermögen (Aktionäre haften in Höhe ihrer Aktieneinlage)	Gesellschaftsvermögen ggf. zusätzlich Haftung der Mitglieder bis zur Höhe der in der Satzung fest-gelegten Haftungssumme; diese muss mindestens der Höhe des Geschäfts-anteils entsprechen
– 4% auf die Kapital-einlage – Rest in angemesse-nem Verhältnis – Verlust in angemes-senem Verhältnis	im Verhältnis der Geschäftsanteile	im Verhältnis der Aktiennennbeträge	im Verhältnis der Geschäftsguthaben
– wie bei OHG	– Gesellschafterbeschluss (75% Stimmenmehrheit der abgegebenen Stim-men) – Vertragsablauf lt. Gesell-schaftsvertrag – Insolvenzeröffnung über das Vermögen der Ge-sellschaft	– Hauptversammlungs-beschluss (75% Stim-menmehrheit der ab-gegebenen Stimmen) – Vertragsablauf lt. Satzung – Insolvenzeröffnung über das Vermögen der Gesellschaft	– Generalversammlungs-beschluss (75% Stim-menmehrheit der er-schienenen Mitglieder) – Vertragsablauf lt. Satzung – Insolvenzeröffnung über das Vermögen der Gesellschaft
keine	Geschäftsführer – geschäftsführendes Or-gan (= gesetzl. Vertreter) – einer oder mehrere Geschäftsführer – Bestellung durch die Ge-sellschafter	Vorstand – geschäftsführendes Organ (= gesetzl. Ver-treter) – eins oder mehrere Mit-glieder – Bestellung durch den Aufsichtsrat	Vorstand – geschäftsführendes Organ (= gesetzl. Vertreter) – mind. zwei Mitglieder – Wahl durch die Gene-ralversammlung
	Aufsichtsrat (bei mehr als 500 Arbeitnehmern zwin-gend) – überwachendes Organ – mind. drei Mitglieder	Aufsichtsrat – überwachendes Organ – mind. drei Mitglieder	Aufsichtsrat bei mehr als 20 Mitgliedern – überwachendes Organ – mind. drei Mitglieder
	Für die Wahl und Zusammensetzung des Aufsichtsrates gelten ergänzend die Be-stimmungen des Drittelbeteiligungsgesetzes, des Mitbestimmungsgesetzes von 1976 und bei Kapitalgesellschaften das Montan-Mitbestimmungsgesetz von 1951		
	Gesellschafterversammlung – beschlussfassendes Organ (Interessenvertre-tung der Gesellschafter) – 1,00 € Geschäftsanteil = eine Stimme	Hauptversammlung – beschlussfassendes Organ (Interessenver-tretung der Aktionäre) – eine Aktie = eine Stim-me	Generalversammlung – beschlussfassendes Organ (Interessenver-tretung der Mitglieder) – ein Mitglied = eine Stimme; bei mehr als 3000 Mitgliedern be-steht die Generalver-sammlung aus Vertre-tern der Mitglieder (= Vertreterversamm-lung)

1.1 Bedürfnisse, Bedarf, Nachfrage

Bedürfnisse

Jeder Mensch empfindet eine Vielzahl von Wünschen, die in der Sprache der Wirtschaft Bedürfnisse genannt werden. Bedürfnisse entstehen gefühlsmäßig. Sie sind zwar individueller Natur, werden aber in hohem Maße durch die Umwelt beeinflusst, in der der einzelne Mensch lebt.

*Ein **Bedürfnis** ist das Gefühl des Mangels, verbunden mit dem Bestreben, diesen Mangel zu beseitigen.*

Beispiel: Das Bedürfnis nach Nahrungsaufnahme entsteht aus dem Empfinden eines Mangels, den wir als Hunger bezeichnen. Dieses Mangelempfinden löst Handlungen des Menschen aus, um den Hunger zu stillen, d. h. den Mangel zu beseitigen.

Bedürfnis (Mangelempfinden)	löst Handlungen aus →	Bedürfnisbefriedigung (Mangelbeseitigung)

Bedürfnisarten

Die Bedürfnisse des Menschen unterscheiden sich in ihrer Dringlichkeit. Da der Mensch mit den begrenzt vorhandenen Mitteln nicht alle seine Bedürfnisse zugleich befriedigen kann, wird er die Bedürfnisse entsprechend ihrer Dringlichkeit zu befriedigen suchen.

Nach der Dringlichkeit der Bedürfnisse unterscheidet man zwischen Existenz- und Wahlbedürfnissen.

__Existenzbedürfnisse__ (Grundbedürfnisse) sind Bedürfnisse, deren Befriedigung zur Sicherung der Lebensgrundlagen des Menschen notwendig ist.

Beispiel: Niemand kann auf Dauer ohne Unterkunft, Kleidung und ohne Grundnahrungsmittel wie Brot, Gemüse, Fett, Milch usw. leben.

__Wahlbedürfnisse__ sind die Kultur- und Luxusbedürfnisse.

Beispiele: Verfügt der Einzelne über mehr Geldmittel, als zum „nackten" Leben erforderlich sind, so kann er wählen, welche Bedürfnisse er darüber hinaus befriedigen will. Der eine legt besonderen Wert auf modische Kleidung, der andere besucht gerne Feinschmeckerlokale, ein Dritter erfüllt sich den Wunsch nach einer Videokamera.

Mit zunehmendem Wohlstand und fortschreitender kultureller und technischer Entwicklung treten die Wahlbedürfnisse in den Vordergrund.

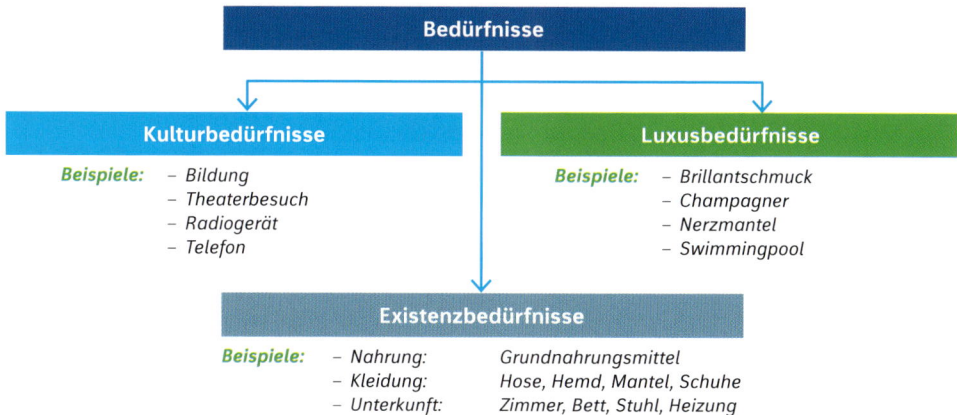

Es ist nicht immer leicht, Existenz-, Kultur- und Luxusbedürfnisse voneinander abzugrenzen.

Beispiele:
- *Die unterschiedlichen Lebens- und Umweltbedingungen führen dazu, dass das Verlangen nach Pelzkleidung von den Eskimos als Existenzbedürfnis, in unseren Breitengraden dagegen als Luxusbedürfnis empfunden wird.*
- *Auch wird der Wunsch nach einem zuverlässigen Auto in seiner Dringlichkeit von einem Taxifahrer höher eingestuft werden als von jemandem, der das Auto nur zu Ausflugsfahrten benutzt.*

Vielfach richtet sich das Streben der Menschen auf die Erlangung von Statussymbolen, um den eigenen Wohlstand und gesellschaftlichen Rang zu demonstrieren.

Eine differenzierte Rangordnung hat der amerikanische Psychologe **Maslow** aufgestellt. Es entspricht der Natur des Menschen, zunächst die niedrigen, existentiell jedoch wichtigsten Bedürfnisse zu befriedigen. Erst danach wird der Mensch seine Kräfte einsetzen, die höheren Bedürfnisse Stufe für Stufe zu befriedigen.

In der sich daraus ergebenden **Bedürfnishierarchie** sind **ökonomische** (wirtschaftliche) und **außerökonomische** (nicht wirtschaftliche) Bedürfnisse enthalten.

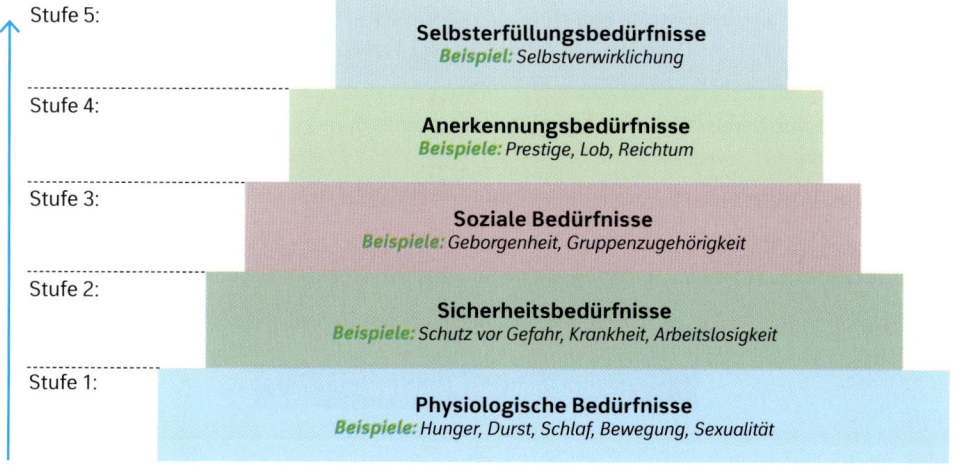

Die Erforschung der Kundenbedürfnisse ist Voraussetzung für ein zielgruppenorientiertes Bankmarketing.

Aufgrund von Marktuntersuchungen lassen sich verschiedene „Geldtypen" mit jeweils spezifischen finanziellen Zielen und Wünschen unterscheiden.

Beispiele:
– *sicherheitsbedachter Spartyp*
– *zukunftsorientierter Vorsorgetyp*
– *ausgabefreudiger Kredittyp*

Die Überlegungen zur Bedürfnishierarchie der Menschen können somit bankspezifisch angewendet werden.

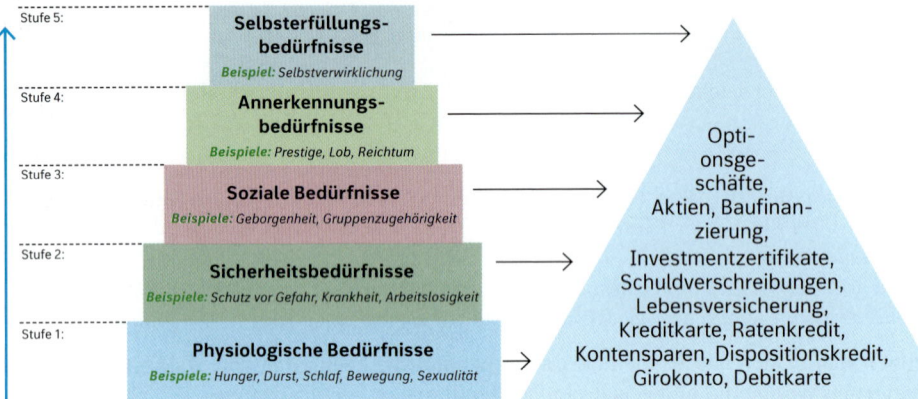

Nach der **Bewusstheit der Bedürfnisse** unterscheidet man zwischen offenen und latenten Bedürfnissen:

▪ **Offene Bedürfnisse** sind dem Menschen bewusst.

▪ **Latente Bedürfnisse** sind Wünsche, die erst durch die Umwelt geweckt werden müssen, bevor sie als Bedürfnis empfunden werden.

Beispiel: Die Werbung versucht, die Bedürfnisse der Menschen zu beeinflussen. Andererseits erforschen die Unternehmen die offenen und latenten Bedürfnisse der Verbraucher, um die gewünschten Produkte herzustellen und für sie einen Absatzmarkt zu finden.

Nach der **Art der Bedürfnisbefriedigung** unterscheidet man zwischen Individual- und Kollektivbedürfnissen:

▪ **Individualbedürfnisse** kann der Einzelne im Rahmen seiner finanziellen Möglichkeiten allein befriedigen.

▪ **Kollektivbedürfnisse** kann der Einzelne nur mithilfe der Gesellschaft decken.

Beispiele: Straßen, Schulen, geordnete Rechtsprechung, saubere Umwelt

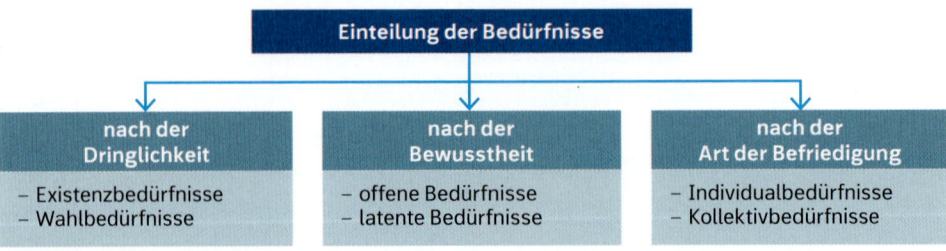

Art und Zahl der Bedürfnisse unterliegen im Verlauf der wirtschaftlichen, technischen und kulturellen Entwicklung einem ständigen Wandel.

Beispiel: Galt vor 50 Jahren ein Schwarzweißfernsehgerät als ausgesprochener Luxusartikel, den sich nur Besserverdienende „leisten" konnten, so ist heute der Besitz eines Fernsehgerätes oder eines DVD-Players für viele bereits zur Selbstverständlichkeit geworden.

Die Bedürfnisse des Menschen sind unbegrenzt. Sie bilden den Ausgangspunkt wirtschaftlichen Handelns.

Bedarf

Nur ein Teil der Bedürfnisse kann befriedigt werden, denn das Ausmaß der Bedürfnisbefriedigung hängt davon ab, ob die hierzu notwendigen Geldmittel zur Verfügung stehen. Angesichts der begrenzten finanziellen Möglichkeiten des Einzelnen bleiben deshalb viele Bedürfnisse unerfüllt.

Zur sinnvollen Verwendung seiner Mittel wird der Mensch seine Bedürfnisse zunächst ihrer Dringlichkeit nach ordnen und sodann entscheiden, mit welchen Gütern er diese Bedürfnisse befriedigen will.

*Der **Bedarf** ist die Summe aller Bedürfnisse, die mit den vorhandenen Geldmitteln befriedigt werden sollen.*

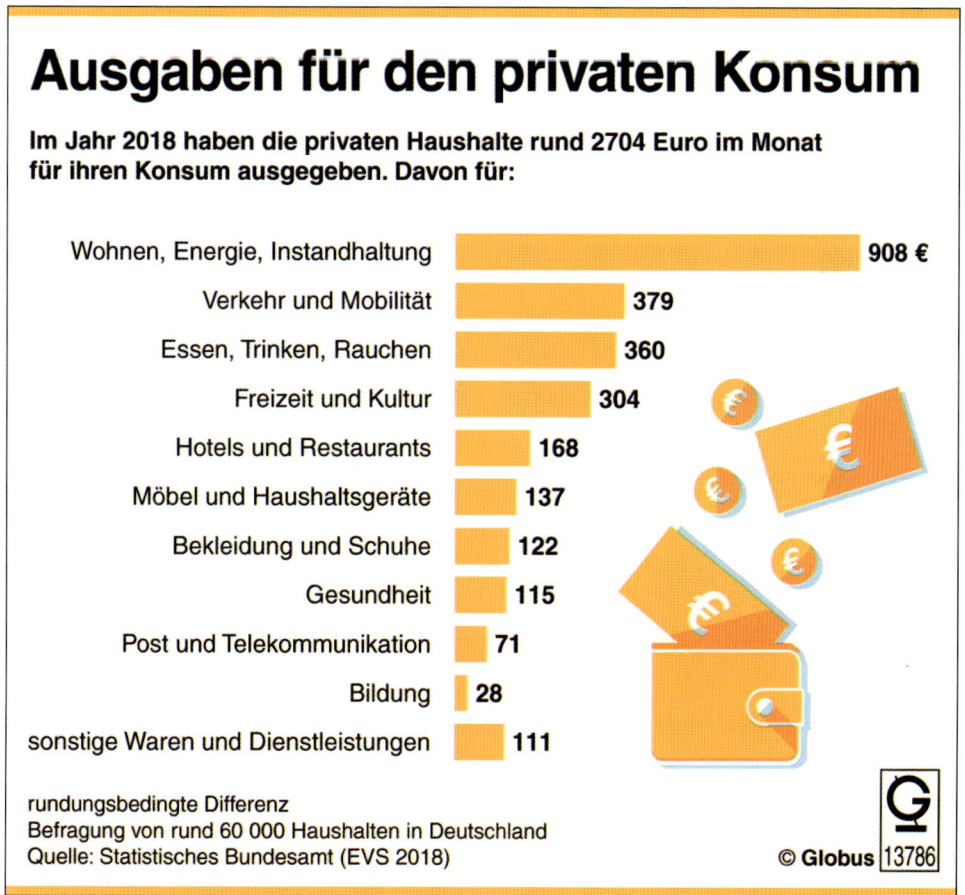

Ausgaben für den privaten Konsum

Im Jahr 2018 haben die privaten Haushalte rund 2704 Euro im Monat für ihren Konsum ausgegeben. Davon für:

Wohnen, Energie, Instandhaltung	908 €
Verkehr und Mobilität	379
Essen, Trinken, Rauchen	360
Freizeit und Kultur	304
Hotels und Restaurants	168
Möbel und Haushaltsgeräte	137
Bekleidung und Schuhe	122
Gesundheit	115
Post und Telekommunikation	71
Bildung	28
sonstige Waren und Dienstleistungen	111

rundungsbedingte Differenz
Befragung von rund 60 000 Haushalten in Deutschland
Quelle: Statistisches Bundesamt (EVS 2018)

© Globus 13786

Nachfrage

Der individuelle Bedarf tritt auf dem **Markt** als **Nachfrage** in Form von Kaufwünschen in Erscheinung.

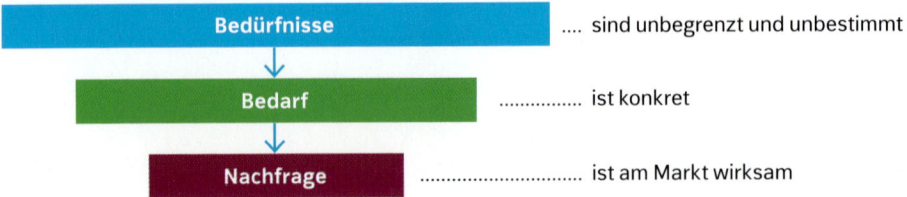

Beispiele:
- *Nach einem anstrengenden Berufsschultag hat die Bankauszubildende Julia Schmücker Lust, ins Kino oder Theater zu gehen.*
- *Sie informiert sich über das Angebot, prüft, ob sie genügend Geld hat, und entscheidet sich für einen Kinobesuch.*
- *Sie löst an der Kinokasse eine Eintrittskarte zum Preis von 10,00 €.*

1.2   Güterangebot

Als *Güter* bezeichnet man die Mittel, die der Bedürfnisbefriedigung des Menschen dienen. Sie stiften einen Nutzen, indem sie helfen, die vorhandenen Bedürfnisse zu befriedigen.

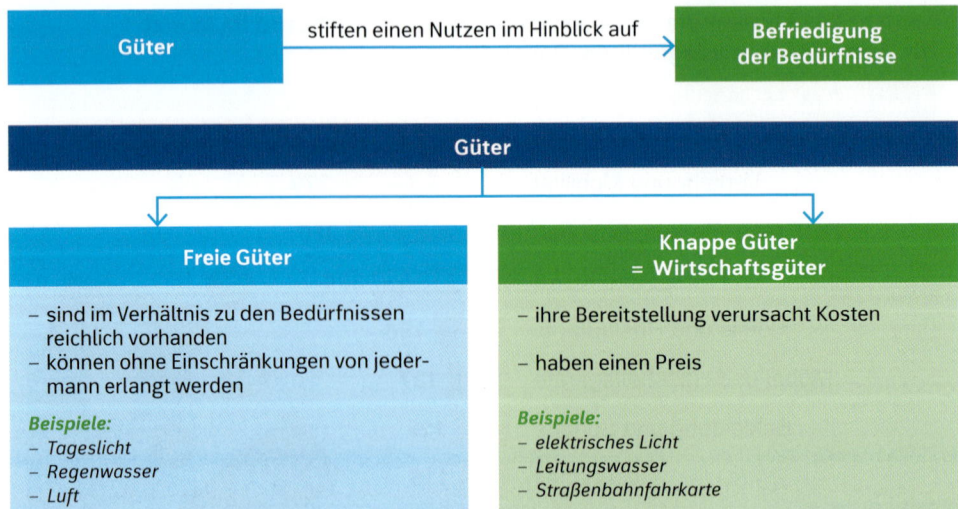

Freie Güter

Es gibt nur wenige Güter, zu deren Beschaffung der Mensch keine Arbeit leisten muss und die von der Natur im Überfluss bereitgestellt werden. Mit diesen sogenannten freien Gütern braucht nicht gewirtschaftet zu werden. Niemand ist bereit, für sie einen Preis zu zahlen.

Knappe Güter

Nahezu alle Güter, die der Mensch benötigt, stellt die Natur entweder nicht in ausreichender Menge oder nicht in sofort verwertbarem Zustand zur Verfügung. Die Knappheit dieser Güter zwingt den Menschen, mit ihnen zu wirtschaften. Er muss versuchen, seine unbegrenzten Bedürfnisse mit den nur in begrenzter Menge vorhandenen Gütern durch sparsames und planvolles Handeln in Einklang zu bringen.

Nur die knappen Güter sind Gegenstand des Wirtschaftslebens; man bezeichnet sie daher auch als **Wirtschaftsgüter**. Gradmesser für die Knappheit bzw. den Wert der Wirtschaftsgüter ist die Höhe des Preises, den man bezahlen muss, um in ihren Besitz zu gelangen.

Nach der **Beschaffenheit der Güter** lassen sich materielle und immaterielle Güter unterscheiden:

- **Materielle** (stoffliche) Güter sind Sachgüter.
- **Immaterielle** (stofflose) Güter sind Dienstleistungen und Rechte.

Beispiele:

- *Dienstleistungen sind der Haarschnitt durch einen Friseur, ebenso wie die Geschäfte der Kreditinstitute und Versicherungen. Auch die Leistungen, die von den Angehörigen der Freien Berufe (Ärzte, Rechtsanwälte, Steuerberater usw.) erbracht werden, sind Dienstleistungen.*
  Charakteristisch für die Dienstleistungen ist, dass sie im Gegensatz zu den Sachgütern nicht auf Vorrat produziert werden können. Ihre Bereitstellung und Inanspruchnahme erfolgen deshalb gleichzeitig.
- *Zu den Rechten zählen Patente, Lizenzen, Geldforderungen, Wegerechte usw.*

Nach der wirtschaftlichen **Verwendung der Güter** unterscheidet man zwischen Konsumgütern und Produktionsgütern:

- **Konsumgüter** dienen unmittelbar der Bedürfnisbefriedigung des Menschen.

Beispiele: Lebensmittel, Haushaltsgeräte, Kinobesuch

- **Produktionsgüter** (Investitionsgüter) dienen dagegen nur mittelbar der Bedürfnisbefriedigung. Sie werden hergestellt und eingesetzt, um damit andere Güter zu produzieren und gegen Entgelt zu verkaufen.

Beispiele: Maschinen, Rohstoffe, automatischer Kassentresor (AKT) im Kreditinstitut

Ein Gut kann sowohl als Produktions- als auch als Konsumgut verwendet werden.

Beispiel: Das Auto, das ein Steuerberater zum Besuch von Mandanten benötigt, ist Produktionsgut. Benutzt der Steuerberater das Auto zu einer Urlaubsreise, so ist es Konsumgut.

Nach der **Nutzungsdauer der Güter** unterscheidet man schließlich zwischen Gebrauchs- und Verbrauchsgütern:

- **Gebrauchsgüter** können über einen längeren Zeitraum genutzt werden.
- **Verbrauchsgüter** können nur einmal verwendet werden.

Beispiele:

- *Zur Herstellung von Schreibtischen werden in einer Möbelfabrik laufend Kreissägen, Fräs- und Schleifmaschinen, Werkzeuge usw. **gebraucht**, dabei werden Holz, Leim, Lack, Strom usw. **verbraucht**.*
- *Zur Datenverarbeitung wird der PC **gebraucht**, dabei werden Papier und Tonermaterial für den Drucker **verbraucht**.*

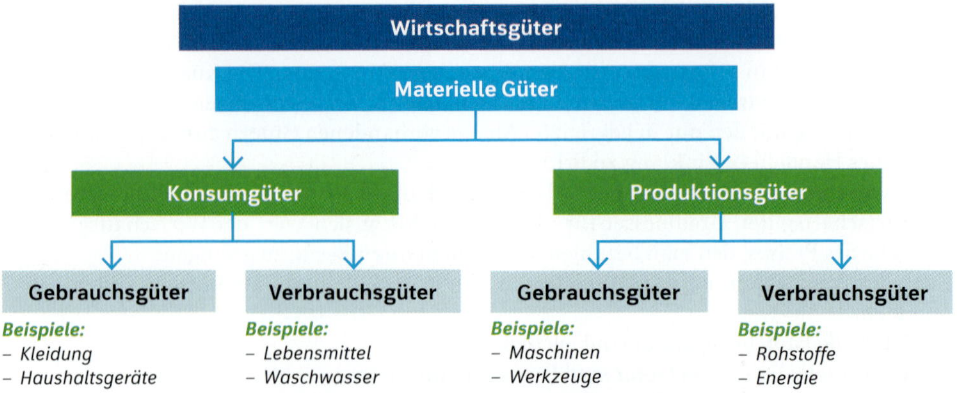

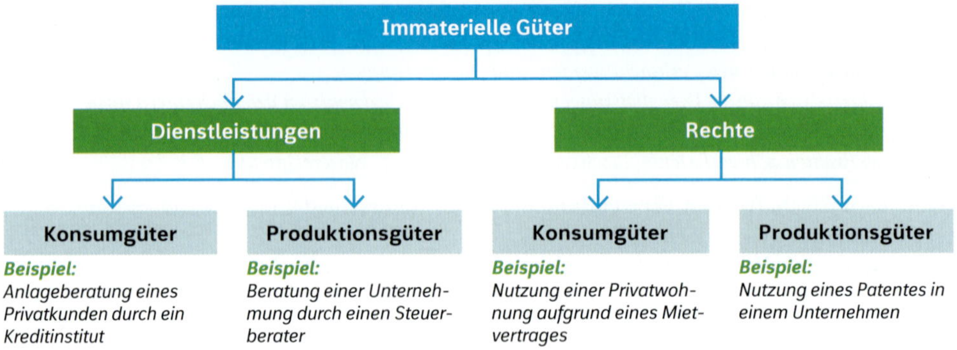

Wirtschaftsgüter
Materielle Güter
Konsumgüter
Produktionsgüter
Gebrauchsgüter
Beispiele:
– Kleidung
– Haushaltsgeräte
Verbrauchsgüter
Beispiele:
– Lebensmittel
– Waschwasser
Gebrauchsgüter
Beispiele:
– Maschinen
– Werkzeuge
Verbrauchsgüter
Beispiele:
– Rohstoffe
– Energie

Immaterielle Güter
Dienstleistungen
Rechte
Konsumgüter
Beispiel:
Anlageberatung eines Privatkunden durch ein Kreditinstitut
Produktionsgüter
Beispiel:
Beratung einer Unternehmung durch einen Steuerberater
Konsumgüter
Beispiel:
Nutzung einer Privatwohnung aufgrund eines Mietvertrages
Produktionsgüter
Beispiel:
Nutzung eines Patentes in einem Unternehmen

1.3 Wirtschaftliches Handeln im Spannungsfeld von Markt, Nachhaltigkeit und sozialer Verantwortung

Zwischen der Knappheit der Güter auf der einen Seite und der tendenziellen Unbegrenztheit der menschlichen Bedürfnisse auf der anderen Seite besteht ein naturgegebenes Spannungsverhältnis, das die Menschen zwingt, mit den vorhandenen Mitteln zu wirtschaften.

Wirtschaften *ist die planvolle Beschaffung und Verwendung knapper Güter zur bestmöglichen Befriedigung menschlicher Bedürfnisse.*

Knappheit der Güter
Spannungsverhältnis
Unbegrenztheit der Bedürfnisse
Wirtschaftliches Verhalten mit dem Ziel der bestmöglichen Bedürfnisbefriedigung
Ökonomisches Prinzip

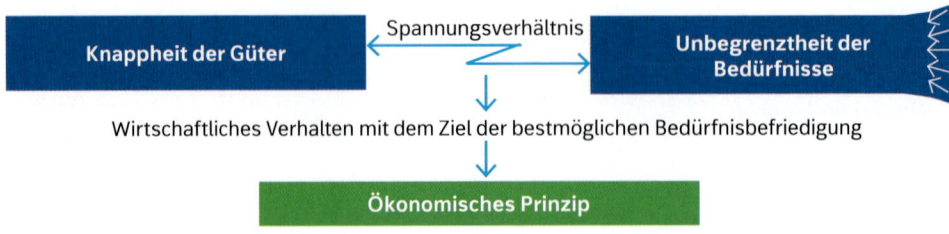

1.3.1 Ökonomisches Prinzip

Wirtschaftliches Verhalten vollzieht sich nach dem ökonomischen Prinzip, welches das menschliche Verhalten in vielen alltäglichen Verrichtungen bestimmt.

Das ökonomische Prinzip kann als **Maximum-** oder **Minimumprinzip** formuliert werden: Es entspricht vernunftgemäßem Verhalten, wenn der Mensch versucht, mit den ihm gegebenen Mitteln einen möglichst großen Erfolg zu erzielen oder aber einen bestimmten Zweck mit einem möglichst geringen Einsatz von Mitteln zu erreichen.

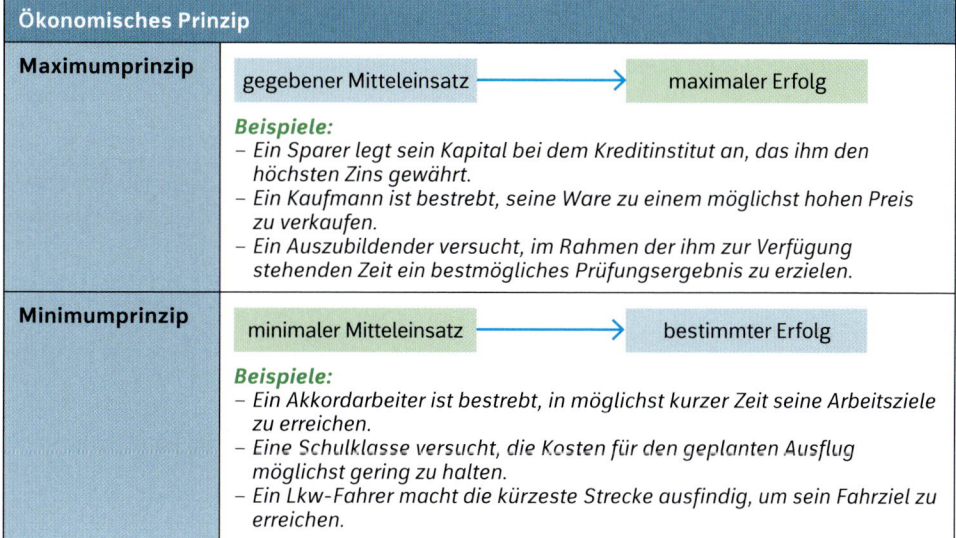

Ökonomisches Prinzip	
Maximumprinzip	gegebener Mitteleinsatz ⟶ maximaler Erfolg
	Beispiele: – *Ein Sparer legt sein Kapital bei dem Kreditinstitut an, das ihm den höchsten Zins gewährt.* – *Ein Kaufmann ist bestrebt, seine Ware zu einem möglichst hohen Preis zu verkaufen.* – *Ein Auszubildender versucht, im Rahmen der ihm zur Verfügung stehenden Zeit ein bestmögliches Prüfungsergebnis zu erzielen.*
Minimumprinzip	minimaler Mitteleinsatz ⟶ bestimmter Erfolg
	Beispiele: – *Ein Akkordarbeiter ist bestrebt, in möglichst kurzer Zeit seine Arbeitsziele zu erreichen.* – *Eine Schulklasse versucht, die Kosten für den geplanten Ausflug möglichst gering zu halten.* – *Ein Lkw-Fahrer macht die kürzeste Strecke ausfindig, um sein Fahrziel zu erreichen.*

Die Beachtung des ökonomischen Prinzips trägt dazu bei, das Spannungsverhältnis zwischen der Knappheit der Güter und der Unbegrenztheit der Bedürfnisse zu mildern.

1.3.2 Nachhaltiges Wirtschaften – ökologische Ziele

Nach den beiden verheerenden Weltkriegen, der Weltwirtschaftskrise und der Phase des Wiederaufbaus in Europa hat das westliche Wirtschaftssystem mit seinen Prinzipien des Freihandels, des Wachstums und der sozialen Sicherheit beispiellose Erfolge erzielt. Währungsstabilität, Kranken- und Arbeitslosenversicherung, Rentensystem sowie staatlich geförderte Ausbildungsgänge haben vor allem in der Bundesrepublik Deutschland für einen gesellschaftlichen Konsens und Wohlstand gesorgt, der die soziale Marktwirtschaft als gerade vorbildhaftes und alternativloses Modell erscheinen lässt.

Doch ist der **wirtschaftliche Wohlstand** mit einem ebenso beispiellosen Raubbau an der Natur, einer Verschwendung der Ressourcen und einer Ökonomisierung nahezu sämtlicher Lebensbereiche erkauft worden. Noch niemals sind so viele Waren produziert, umgesetzt und verbraucht worden wie heute. Noch kein Jahrhundert ist so leichtfertig mit Rohstoffen, Energien und ererbten Naturwerten umgegangen wie unseres.

Wirtschaft und Gesellschaft sind vor die Aufgabe gestellt, Ökonomie und Ökologie in Einklang zu bringen und gleichzeitig den sozialen Grundkonsens innerhalb der Gesellschaft zu erhalten. Im Einzelnen geht es darum, das Spannungsverhältnis zwischen

- *traditionellem ökonomischen Wachstums- und ökologischem Nachhaltigkeitsdenken,*
- *sozialstaatlicher Sicherung und individueller Verantwortung,*
- *ökologischer Regionalität und Globalisierung der Märkte und Umweltprobleme*

auszugleichen.

Um zu einer Konfliktlösung zwischen den Zielen der Wohlstandsmehrung und Umwelterhaltung zu gelangen, ist 1987 von der Weltkommission für Umwelt und Entwicklung in dem Abschlussbericht „Unsere gemeinsame Zukunft" (Brundland-Bericht) erstmals das Prinzip der Nachhaltigkeit als Leitvorstellung formuliert worden. Nachhaltige Entwicklung wird von dieser Kommission als „Sustainable Development" bezeichnet.

Unter nachhaltigem Wirtschaften – Sustainable Development – versteht man eine wirtschaftliche Entwicklung, die die Bedürfnisse der Gegenwart befriedigt, ohne zu riskieren, dass künftige Generationen ihre eigenen Bedürfnisse nicht befriedigen können. Es ist der Versuch, wegzukommen von einer ausschließlich wachstumsorientierten Wirtschaft, die zumindest teilweise auf einem unwiederbringlichen Ressourcenabbau und einer starken Ungleichverteilung der verfügbaren Ressourcen basiert.

Diese Definition wird inzwischen allgemein verwendet. Gemeint ist ein Wirtschaftsprozess, der langfristig aufrechterhalten werden kann, ohne das „Ökosystem Erde" zu überlasten.

Beispiel: Das Prinzip der Nachhaltigkeit stammt ursprünglich aus der Forstwirtschaft, wo es bereits seit Hunderten von Jahren praktiziert wird. Dort gilt die Regel, dass der jährliche Holzeinschlag nicht größer sein darf als die nachwachsende Holzmenge.

Umweltkonflikte entstehen immer dann, wenn Wirtschaftssubjekte zwischen alternativen Verhaltensweisen entscheiden können und ein ökologisch sinnvolles Verhalten zu individuellen Nachteilen führt.

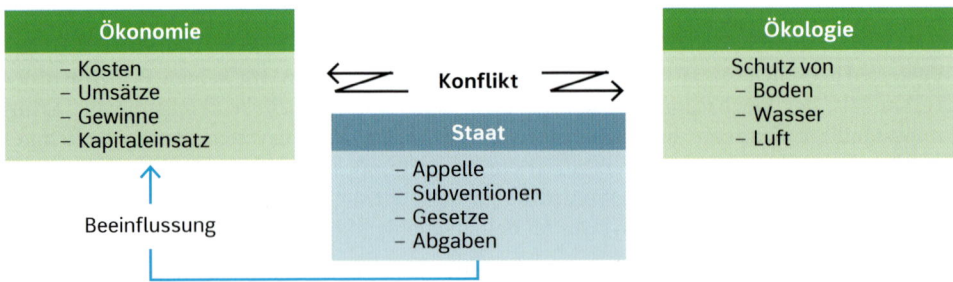

Es besteht die vorrangige Aufgabe darin, Wege eines ökologisch verträglichen Wirtschaftens zu finden. Das bedeutet zunächst, ganzheitlich statt wachstumsorientiert zu denken und den effektiven Naturverbrauch und die erforderlichen Reparaturkosten des Ökosystems in die **wirtschaftliche Gesamtrechnung** einzubeziehen. Ein kurzfristiges Gewinn- und Erfolgsstreben verhindert langfristiges „nachhaltiges Wachstum" unter Einschluss vertretbarer **ökologischer Kosten**. Um nachhaltiges Wachstum zu erreichen, sind tiefgreifende Reformen des Energie-, Verkehrs- und Steuersystems und die Verbesserung der Umweltverträglichkeit der Güterproduktion und des Konsums vonnöten.

Die **Vernachlässigung der Umwelt** kann – vordergründig betrachtet – oftmals den wirtschaftlichen Interessen der Wirtschaftsteilnehmer durchaus entsprechen:

- Umweltverträgliche Güter sind oft teurer.

- Umweltverträgliche Güter genügen vielfach nicht den Qualitätsansprüchen (z. B. Recyclingpapier).

- Umweltverträgliche Fertigungsverfahren erfordern einen höheren Kapitaleinsatz.

- Umweltverträgliche Produktionsmengen führen zu geringeren Absatzmengen und damit zu höheren Kosten pro Stück.

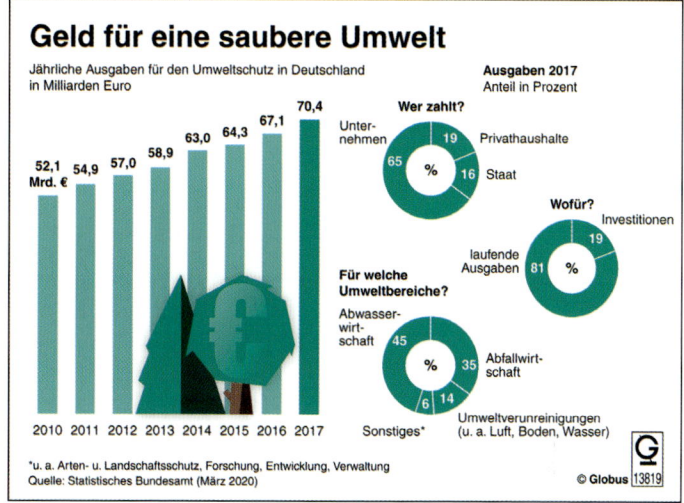

Mit der Lösung dieser Konflikte im Sinne der Umwelt sind die privaten Wirtschaftssubjekte oft überfordert. Hier greift der Staat mit mehr oder weniger scharfen Maßnahmen ein.

1.3.3 Ökologische Anforderungen an Kreditinstitute

Die Herausforderungen, die mit einer zunehmend notwendigen Umsetzung des Prinzips nachhaltigen Wirtschaftens einhergehen, haben erhebliche Auswirkungen auf die Geschäftstätigkeit der Kreditinstitute.

Berücksichtigung interner und externer umweltbezogener Wirkungen

Interne umweltbezogene Wirkungen	Externe umweltbezogene Wirkungen
– eigener Ressourcenverbrauch – Umweltbelastungen	– Umweltwirkungen durch das Leistungsprogramm des Kreditinstitutes – Umweltwirkungen durch die Geschäftspolitik des Kreditinstitutes
Beispiele: – *Papierverbrauch* – *Abfallbelastung* – *Dienstfahrten*	*Beispiele:* – *Verhältnis der Kredite an ressourcenintensive Branchen zu den Krediten an ressourcenschonende Branchen* – *Volumen der nachhaltigen Geldanlagen im Vergleich zum Volumen konventioneller Geldanlagen*

Viele Kreditinstitute veröffentlichen eine Umweltbilanz, in der sie ihre Schadstoffemissionen (z. B. CO_2-Ausstoß) veröffentlichen. Sie beschreiben dort auch ihre Ziele und Maßnahmen zu einer Reduzierung der Umweltbelastung.

Beispiel
CO₂-Footprint der DZ BANK AG im Jahr 2020

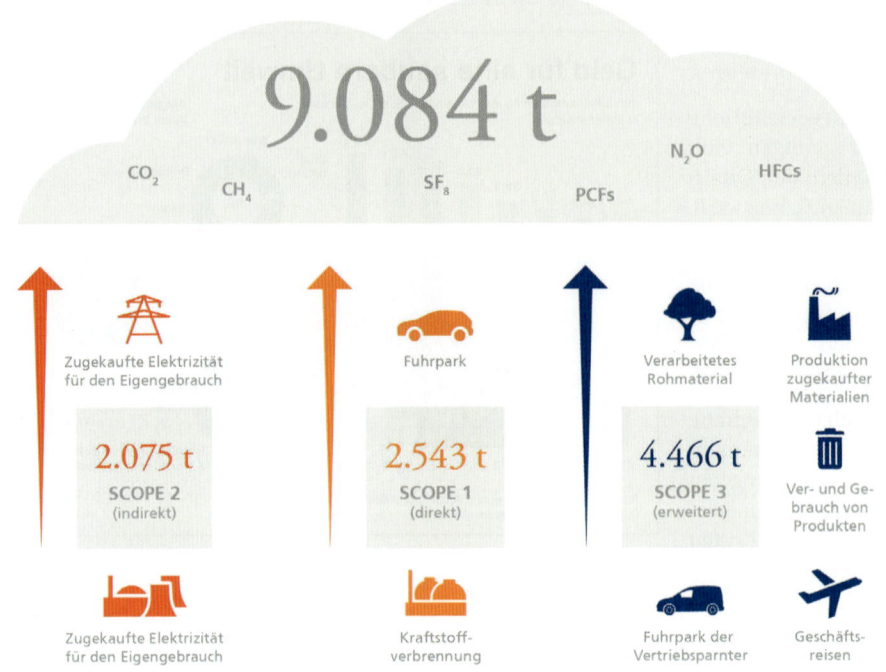

Auswirkungen auf das Angebot an Finanzdienstleistungen

Bei Angeboten zur **Geldanlage** spielen nachhaltige Produkte eine immer größere Rolle.

Nachhaltige Geldanlagen
Bei einer Anlageberatung werden Finanzinstrumente normalerweise nach drei Kriterien ausgewählt: – Rentabilität (Verzinsung des eingesetzten Kapitals unter Berücksichtigung von Kosten und Steuern)   – Risiko (Gefahr, das eingesetzte Kapital teilweise oder ganz zu verlieren)   – Liquidität (Möglichkeit, die Anlage durch Veräußerung oder Kündigung aufzulösen)
Bei nachhaltigen Geldanlagen tritt ein weiteres Merkmal hinzu – die Frage, inwieweit Unternehmen und Staaten, in die Anleger investieren, umwelt- und sozialverträglich handeln. Dabei spielt eine Vielzahl von Indikatoren eine Rolle, die unter folgenden Oberbegriffen zusammengefasst werden: – Ökologie (**E**nvironment)   – Soziales (**S**ocial)   – (Ethische) Unternehmensführung (**G**overnance)
Nach den ersten Buchstaben der englischen Bezeichnungen spricht man bei nachhaltigen Geldanlagen auch von ESG, um deutlich zu machen, dass ein Finanzinstrument nicht nur unter dem Blickwinkel von Rentabilität, Risiko und Liquidität betrachtet wird, sondern ökologische, soziale und ethische Grundsätze berücksichtigt.

Beispiele für nachhaltige Geldanlagen
- *Aktienanlage in nachhaltige Unternehmen*
- *Fondsprodukte mit Nachhaltigkeitsstandards*

Im **Kreditgeschäft** können ökologische Standards durch eine Überprüfung umweltrelevanter Kriterien im Rahmen der Kreditwürdigkeitsprüfung gesetzt werden.

Beispiele für umweltrelevante Kriterien
- *Umweltschutzmaßnahmen des kreditsuchenden Unternehmens*
- *Vorhandensein einer Ökobilanz*
- *Anwendung umweltfreundlicher Produktionsverfahren*
- *Verwendung recyclingfähiger Materialien*

1.3.4 Produktionsfaktoren Arbeit, Boden und Kapital

So wie die Güter in der Natur vorgefunden werden, stehen sie noch nicht für den Konsum bereit. Der Einsatz von Arbeit und Geräten ist notwendig, um die Güter konsumreif zu machen.

Beispiel: Das Obst muss geerntet werden. Die Bäume müssen gefällt und zu Möbelstücken verarbeitet werden.

Grundlage der Gütererzeugung sind die Produktionsfaktoren: *Arbeit*, *Boden* und *Kapital*.

Produktionsfaktor Arbeit[1]
Arbeit im volkswirtschaftlichen Sinn ist jede auf Entgelterzielung gerichtet Tätigkeit.

Quantität und Qualität des Arbeitspotenzials einer Volkswirtschaft werden bestimmt durch:
- die Bevölkerungszahl,
- die Bevölkerungsstruktur hinsichtlich Alter und Geschlecht,
- die Erwerbsquote,
- die Qualifikation,
- die Arbeitsmentalität,
- die Mobilität der Erwerbspersonen.

Diese Faktoren unterliegen im Zeitablauf einem erheblichen Wandel. Wie gravierend sich z.B. der Altersaufbau in Deutschland geändert hat und ändern wird, zeigt die sogenannte Alterspyramide. Hierbei handelt es sich um eine grafische Darstellungsform, die den Altersaufbau der Bevölkerung veranschaulicht. Zu Beginn des 20. Jahrhunderts war noch eine deutliche Pyramidenform zu erkennen, während das Bild heute einer „zerzausten" Wettertanne gleicht. Es ist zu befürchten, dass die Alterspyramide in Zukunft auf dem Kopf stehen wird.

---

[1] *Zu weiteren Einzelheiten zum Produktionsfaktor Arbeit vgl. S. 405 ff.*

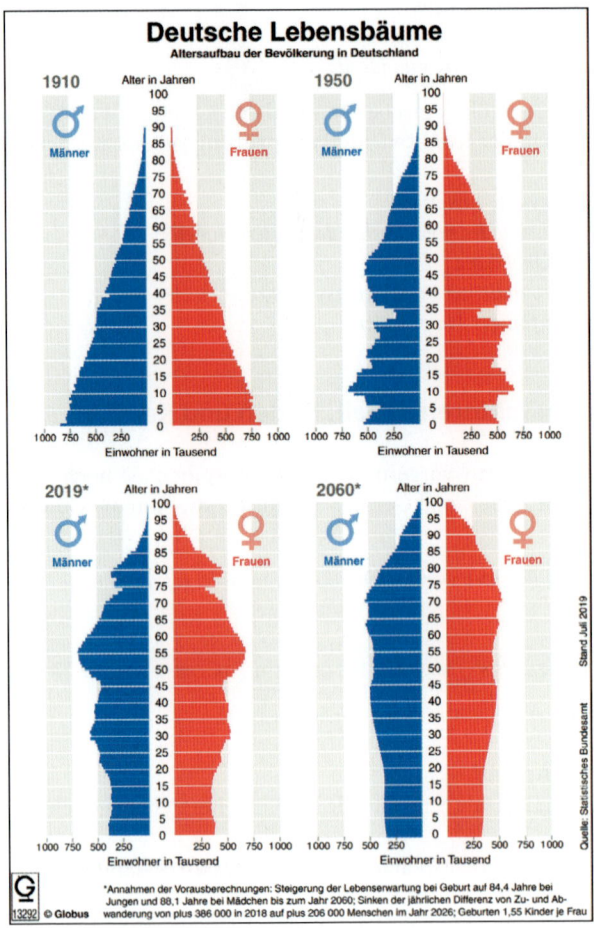

Deutsche Lebensbäume
Altersaufbau der Bevölkerung in Deutschland

Produktionsfaktor Boden

Der Produktionsfaktor Boden ist im weitesten Sinne die zu wirtschaftlichen Zwecken genutzte Natur. Er umfasst alle natürlichen Ressourcen.

Beispiele: Bodenschätze, Bodenfläche, Gewässer, Klima

Die zunehmende Bevölkerungsdichte und die wachsende Produktion hat den Produktionsfaktor Boden zu einem besonders knappen und wertvollen Gut gemacht. Gegenüber den anderen Produktionsfaktoren weist er die Besonderheit auf, dass er weder vermehrbar noch transportierbar ist. Sein Wert ist damit von seiner Lage und seiner natürlichen Beschaffenheit abhängig.

Mit natürlichen Ressourcen ging man in der Vergangenheit sehr verschwenderisch um. Heute haben wir umzudenken. Nicht nur ökonomische Gesichtspunkte sind zu berücksichtigen, sondern gerade die ökologischen Gründe führen dem Menschen täglich vor, in einem abgeschlossenen endlichen System zu leben, und verpflichten dazu, einen verantwortungsvollen Umgang mit der Natur bzw. Boden sicherzustellen.

Im Wirtschaftsleben wird der Boden in dreierlei Weise genutzt.

- Anbauboden

Der Boden ist land- und forstwirtschaftliche Nutzfläche.

Beispiele: Getreide-, Gemüse-, Obstanbau, Weideland, Teichanlagen für die Fischzucht, Waldfläche

Der Boden kann hier dauernd genutzt werden, weil er sich selbstständig, ggf. durch geeignete Düngemethoden beschleunigt, regeneriert.

- Abbauboden

Der Boden ist Quelle wichtiger Rohstoffe.

Beispiele: Kohle- und Erzbergwerke, Öl- und Gasvorkommen, Steinbrüche, Kiesgruben

Die einmal abgebauten Rohstoffe sind nicht mehr regenerierbar. Diese „Einmaligkeit" zeigt den Menschen die Grenzen eines auf der Ausbeutung der Natur begründeten Wirtschaftswachstums auf und verpflichtet sie gegenüber den nachfolgenden Generationen zum Schutz der Natur und zur weitgehenden Erhaltung der natürlichen Ressourcen.

- Standortboden

Der Boden ist Grundfläche für jeden wirtschaftlichen Zweck.

Beispiele: Der Boden ist Standort für die Produktionsstätten der Industrie, für Handelsbetriebe, Verkehrs- und Freizeitanlagen und nicht zuletzt für die Wohnungen und Häuser der Menschen.

Produktionsfaktor Kapital
Arbeit und Boden werden als **ursprüngliche** Produktionsfaktoren bezeichnet. Wäre der Mensch nur auf sie allein gestellt, könnte er seine Lebensbedingungen nur in geringem Umfang verbessern.
Durch seinen Erfindungsgeist angespornt, sucht der Mensch jedoch ständig nach Möglichkeiten, den Erfolg seiner Arbeit zu steigern. Durch die Herstellung und den Einsatz von Werkzeugen, Maschinen, Transportmitteln, Mikroprozessoren usw. wird die Produktivität, das Ergebnis der Arbeitsleistung, erheblich gesteigert.
Kapital wird als **abgeleiteter** (derivativer) Produktionsfaktor bezeichnet, weil zu seiner Entstehung die Kombination von Arbeit und Boden notwendig ist.

Der Produktionsfaktor Kapital umfasst im volkswirtschaftlichen Sinn alle Produktionsmittel[1], die bei der Gütererzeugung eingesetzt werden.

1.3.5   Faktorsubstitution

In Industrieländern ist zu beobachten, dass bei steigenden Arbeitskosten aufgrund von Rationalisierungsinvestitionen industrielle Produkte zunehmend in voll- bzw. teilautomatisierten Produktionsprozessen erstellt werden. Der Produktionsfaktor Arbeit wird hier durch den Produktionsfaktor Kapital ersetzt. Die dadurch steigende Arbeitsproduktivität hat einerseits Arbeitszeitverkürzungen ermöglicht, andererseits aber auch Arbeitsplätze vernichtet und zu Arbeitslosigkeit geführt.

---

[1] *Zu weiteren Einzelheiten zu den Produktionsmitteln und zum Begriff Investitionen vgl. S. 388*

Eine andere Wirkung steigender Arbeitskosten ist die Verlagerung besonders arbeitsintensiver Produktionsprozesse in solche Regionen und Länder *(sog. „Billiglohnländer")*, in denen Arbeitskräfte reichlich vorhanden und die Arbeitskosten deutlich geringer sind.

Es sind technische und wirtschaftliche Gründe, die zu einer bestimmten Kombination der Produktionsfaktoren führen. Ändern sich die technischen Voraussetzungen *(z. B. Erfindung einer neuen Maschine)* oder die wirtschaftlichen Gegebenheiten *(z. B. steigende Löhne)*, wird die Unternehmung versuchen, die Kombination der Produktionsfaktoren den geänderten Bedingungen anzupassen.

1.3.6   Effizienz der Produktionsfaktoren

Bei der Beurteilung der Wirtschaftskraft eines Landes spielt neben dem Potenzial der zur Verfügung stehenden Produktionsfaktoren die Frage eine Rolle, ob und inwieweit die Produktionsfaktoren effizient eingesetzt werden. Die Effizient bemisst sich nach der Produktivität.

*Unter der **Produktivität** versteht man das Verhältnis von mengenmäßigem Produktionsergebnis und dem Einsatz an Produktionsfaktoren.*

$$\text{Arbeitsproduktivität} = \frac{\text{Ausbringungsmenge}}{\text{Arbeitseinsatz}}$$

Die Arbeitsproduktivität kann gemessen werden in Ausbringungsmenge je Arbeitsstunde oder Arbeitnehmer.

$$\text{Kapitalproduktivität} = \frac{\text{Ausbringungsmenge}}{\text{Kapitaleinsatz}}$$

Die Kapitalproduktivität kann gemessen werden in Ausbringungsmenge je Maschinenstunde oder Maschine.

Um die Produktivität zwischen Volkswirtschaften vergleichen zu können, wird die gesamtwirtschaftliche Produktivität berechnet.

$$\text{Gesamtwirtschaftliche Produktivität} = \frac{\text{Bruttoinlandsprodukt}^{1}}{\text{Erwerbstätige} \cdot \text{durchschnittliche Arbeitszeit je Erwerbstätigem}}$$

Produktivitätskennziffern drücken lediglich ein mengenmäßiges Verhältnis aus. Sie stellen keinen Ursache-Wirkung-Zusammenhang her.

Beispiel: Die Arbeitsproduktivität einer Kreditsachbearbeiterin wird durch die Anschaffung einer leistungsfähigeren Software gesteigert: Während vorher 50 Kreditanträge pro Monat bearbeitet werden konnten, können bei gleicher Arbeitszeit jetzt 55 Kreditanträge bearbeitet werden.

Weil über den Wert der erzeugten Ausbringungsmenge, die Leistung und den Wert des Faktoreinsatzes, die Kosten, nichts ausgesagt wird, lässt sich mit einer Produktivitätskennziffer auch keine Aussage über die Wirtschaftlichkeit oder die Rentabilität der Produktion treffen. So kann eine Produktivitätssteigerung durchaus unwirtschaftlich sein, wenn sie mit hohen Kosten verbunden ist oder wenn sie aus Absatzmangel nicht genutzt werden kann.

---

[1] *Vgl. S. 384 ff.*

Lohnstückkosten

Häufig wird argumentiert, dass in Deutschland die Löhne zu hoch seien und deshalb die Produktion im Ausland günstiger sei. Diese auf den ersten Blick einleuchtende Aussage greift zu kurz, da sie nicht die Produktivitätsunterschiede zwischen In- und Ausland berücksichtigt. Man berechnet daher die Lohnstückkosten, weil sie das Verhältnis von Lohnkosten und Produktivität in einer Messgröße zusammenfassen.

*Unter **Lohnstückkosten** versteht man die Lohnkosten je produzierter Einheit. Diese Einheit wird durch die Produktivität ausgedrückt..*

$$\text{Lohnstückkosten} = \frac{\text{Lohnkosten}}{\text{Produktivität}}$$

Beispiel

*Ein bestimmtes Fahrzeugsicherheitssystem wird in zwei Ländern der Europäischen Union produziert. Bei einem Vergleich der beiden Länder ergeben sich folgende Werte für die Herstellung von **100 Einheiten** des Systems.*

	Land 1	Land 2
Arbeitseinsatz	50 Arbeitsstunden	25 Arbeitsstunden
Lohnkosten je Arbeitsstunde	25,00 €	40,00 €

Im Land 1 sind die Lohnkosten geringer als im Land 2, allerdings ist auch die Arbeitsproduktivität dort geringer:

- *Arbeitsproduktivität Land 1:* $\dfrac{100\ Einheiten}{50\ Arbeitsstunden} = 2\ Einheiten\ je\ Arbeitsstunde$

- *Arbeitsproduktivität Land 2:* $\dfrac{100\ Einheiten}{25\ Arbeitsstunden} = 4\ Einheiten\ je\ Arbeitsstunde$

Bei einer Betrachtung von Lohnkosten und Produktivität im Zusammenhang ergeben sich folgende Lohnstückkosten:

- *Lohnstückkosten Land 1:* $\dfrac{25,00\ €\ Lohnkosten}{2\ Einheiten} = 12,50\ €$

- *Lohnstückkosten Land 2:* $\dfrac{40,00\ €\ Lohnkosten}{4\ Einheiten} = 10,00\ €$

Trotz der höheren Lohnkosten sind die Lohnstückkosten aufgrund der höheren Produktivität im Land 2 geringer.

Die Hauptaufgabe jeder Volkswirtschaft besteht darin, den Bedarf der Bevölkerung an Gütern und Dienstleistungen zu decken. Dabei stellen sich drei grundlegende Fragen:

- **Welche Güter sollen produziert werden und in welchen Mengen?**
  Da sich nicht alle Bedürfnisse befriedigen lassen, muss entschieden werden, welche Güter vorrangig produziert werden sollen.
- **Wie sollen die Güter produziert werden?**
  Mit welchen Arbeitskräften, mit welchen technischen Mitteln, in welchen Produktionsstätten soll die Produktion erfolgen?
- **Für wen sollen die Güter produziert werden?**
  Wie soll das gesamte Produktionsergebnis der Volkswirtschaft, das Inlandsprodukt, auf die verschiedenen Wirtschaftssubjekte verteilt werden?

Das wirtschaftliche Handeln der Beteiligten (Produzenten, Konsumenten, Staat, Banken) bedarf bestimmter Rahmenbedingungen und festgelegter „Spielregeln", einer Wirtschaftsordnung.

Es gibt unterschiedliche Wirtschaftsordnungen:

- In einer Zentralverwaltungswirtschaft (Planwirtschaft) lenkt der Staat zentral das Wirtschaftsgeschehen.
- In einer freien Marktwirtschaft können Unternehmen und Verbraucher ihre wirtschaftlichen Entscheidungen nahezu völlig frei von staatlichen Einflüssen treffen. Angebot und Nachfrage bestimmen alleine das Marktgeschehen.
- In einer sozialen Marktwirtschaft bleibt die Entscheidungsfreiheit von Unternehmen und Verbrauchern erhalten, der Staat greift jedoch ggfs. zur Herstellung eines sozialen Ausgleichs in das Marktgeschehen ein.

2.1 Wirtschaftsordnung der Bundesrepublik Deutschland

Die Wirtschaftsordnung der Bundesrepublik Deutschland ist eine **soziale Marktwirtschaft**. In ihr vereinigen sich die Grundprinzipien des marktwirtschaftlichen Leistungswettbewerbs mit einer um sozialen Ausgleich bemühten staatlichen Beeinflussung des Wirtschaftsgeschehens. Wesentliche Grundlagen der sozialen Marktwirtschaft sind im **Grundgesetz** verankert.

Beispiele
- *Art. 20 GG: Deutschland als demokratischer und sozialer Rechtsstaat, bei dem die Staatsgewalt vom Volk ausgeht*
- *Art. 9 GG: Koalitionsfreiheit, d. h. das Recht zur Bildung von Vereinen und Gesellschaften (z. B. Tarifvertragsparteien)*
- *Art. 12 GG: Recht zur freien Wahl von Beruf, Arbeitsplatz und Ausbildungsstätte*
- *Art. 14 GG: Recht auf Eigentum, aber auch Verpflichtung des Eigentums zum Wohl der Allgemeinheit*
- *Art. 15 GG: Möglichkeit des Staates zur Vergesellschaftung von Eigentum (Umwandlung in Gemeineigentum) bei rechtlich verbrieftem Anspruch auf Entschädigung der Eigentümer*

Innerhalb dieses Ordnungsrahmens versucht der Staat durch seine Sozialpolitik, die negativen sozialen Folgen einer freien, ungezügelten Marktwirtschaft („Raubtierkapitalismus") zu verhindern bzw. abzumildern. Er ist damit dem **Sozialstaatsprinzip** verpflichtet. Dabei gilt das **Subsidiaritätsprinzip**, nach dem staatliche Institutionen nur dann eingreifen, wenn einzelne Personen oder Personengruppen dem Wettbewerb in der Marktwirtschaft nicht gewachsen sind (z. B. wegen Krankheit) und der Unterstützung des Staates bedürfen.

Der Begriff soziale Marktwirtschaft geht auf Alfred Müller-Armack zurück, der diese Wirtschaftsordnung mit den Worten beschrieb: *„Sinn der sozialen Marktwirtschaft ist es, das Prinzip der Freiheit auf dem Markt mit dem des sozialen Ausgleichs zu verbinden.“*

2.2   Ordnungsmerkmale der sozialen Marktwirtschaft

Die beiden Hauptmerkmale der sozialen Marktwirtschaft ergeben sich aus ihrer Bezeichnung:

Marktwirtschaft

Dem freien Spiel der Marktkräfte (freie Marktpreisbildung, freies Unternehmertum, Privateigentum, freie Konsumwahl usw.) wird soweit Raum gegeben, wie sich diese zum Nutzen der gesamten Volkswirtschaft auswirken. Individuelles Gewinnstreben, verbunden mit einem funktionsfähigen Wettbewerb, soll dafür sorgen, dass sich die Unternehmen bei ihren Produktionsentscheidungen an den Bedürfnissen der Konsumenten orientieren und dass der technische und wirtschaftliche Fortschritt letztlich den privaten Haushalten in Form einer laufenden Verbesserung des Lebensstandards zugute kommt.

Der Staat hat die Aufgabe, für einen funktionierenden Wettbewerb und für einen Schutz der Verbraucher zu sorgen.

Beispiele
- *Verbot von Preisabsprachen (Preiskartellen)*
- *Widerrufsrecht bei Darlehensverträgen*

Sozialer Ausgleich

Der Staat greift ordnend und steuernd in das Wirtschaftsgeschehen ein, wenn die sich selbst überlassenen Marktkräfte die sozialen Fragen der Volkswirtschaft nicht zufriedenstellend lösen. Diese Eingriffe vollziehen sich auf mehreren Ebenen:

- Der Staat **bietet selbst Güter und Dienstleistungen an**, die für die Bevölkerung von großem Interesse sind, aber von privatwirtschaftlich geführten Unternehmen aus Kostengründen nicht oder nur in unzureichendem Umfang bereitgestellt werden.

  Beispiele
  öffentliche Verkehrsbetriebe, Schulen, Krankenhäuser

- Der Staat stellt ein **soziales Sicherungssystem** bereit, das Hilfsbedürftige unterstützt.

  Beispiele
  Hilfszahlungen und Hilfsangebote bei Arbeitslosigkeit, Krankheit, Erwerbsunfähigkeit

- Der Staat sorgt in einem gewissen Rahmen für einen **sozialen Ausgleich** in der Bevölkerung.

  Beispiele
  - *höhere Besteuerung von hohen Einkommen*
  - *Transferzahlungen (z. B. Wohngeld, Sozialhilfe, Kindergeld)*
  - *kostenlose Bildungsangebote (z. B. Schule, Universität)*

3.1 Märkte

Private Haushalte und Unternehmungen stehen in einer ständigen Tauschbeziehung zueinander.

Ökonomischer Ort hierfür sind die Märkte: Auf einem Markt vollziehen sich somit Tauschvorgänge, bei denen das Angebot die eine Seite, die Nachfrage die andere Seite des Marktes darstellt.

Anbieter liefern Waren, erbringen Dienstleistungen und stellen Kapital oder auch ihre Arbeitskraft zur Verfügung. Nachfrager vergüten die Leistung durch Zahlung eines Kaufpreises, eines Honorars, einer Verzinsung oder eines Gehaltes.

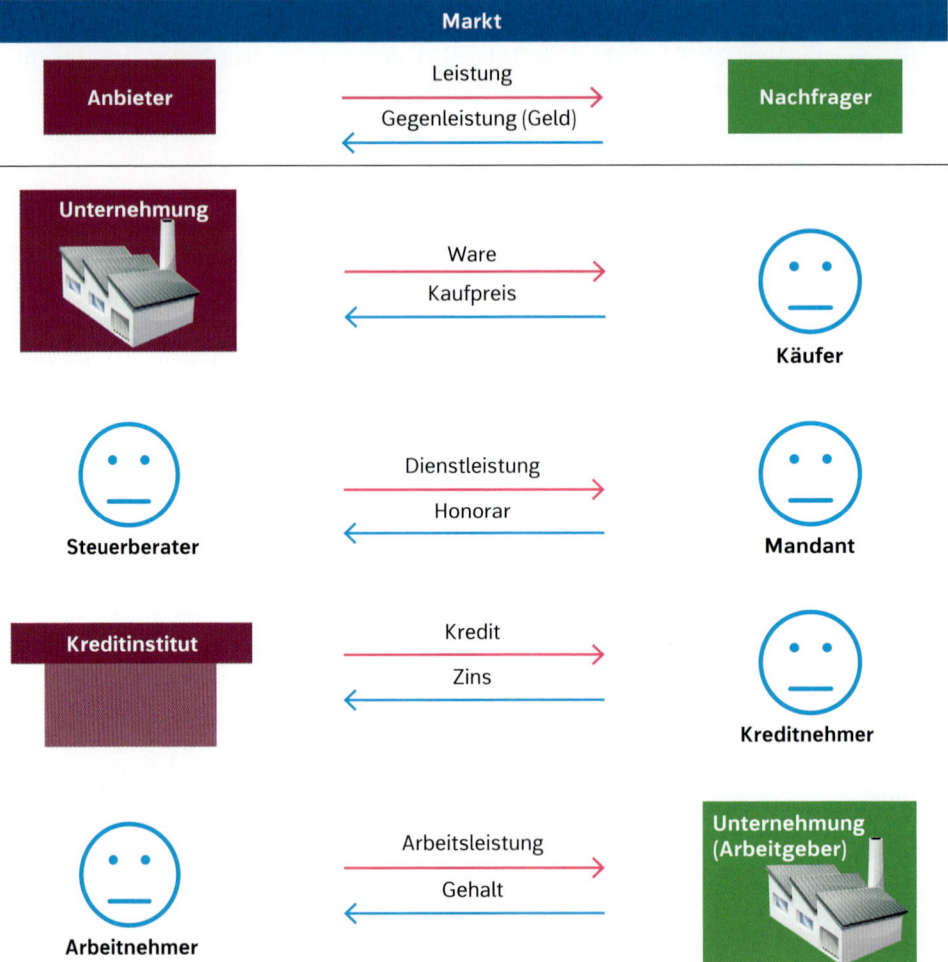

> Unter einem **Markt** versteht man jedes Zusammentreffen von Angebot und Nachfrage, gleichgültig an welchem Ort, zu welcher Zeit und unter welchen Umständen dies geschieht.

Aufgabe des Marktes ist der Ausgleich von Angebot und Nachfrage.

Man unterscheidet *organisierte* und *nicht organisierte* Märkte: Bei einem **organisierten Markt** ist das Zusammentreffen von Angebot und Nachfrage lokalisiert und zeitlich begrenzt. Weil hier eine Vielzahl von konkurrierenden Anbietern und Nachfragern gleichzeitig auftreten und für alle Marktteilnehmer eine hohe Markttransparenz (Marktübersicht) besteht, sind gute Voraussetzungen für einen intensiven Wettbewerb geschaffen. Der **nicht organisierte Markt** verfügt hingegen nur über wenige Richtlinien, die Transaktionen sind kaum zu überschauen.

Beispiele: Börsen, Messen, Wochenmärkte

Nach der Art der angebotenen und nachgefragten Güter unterscheidet man:

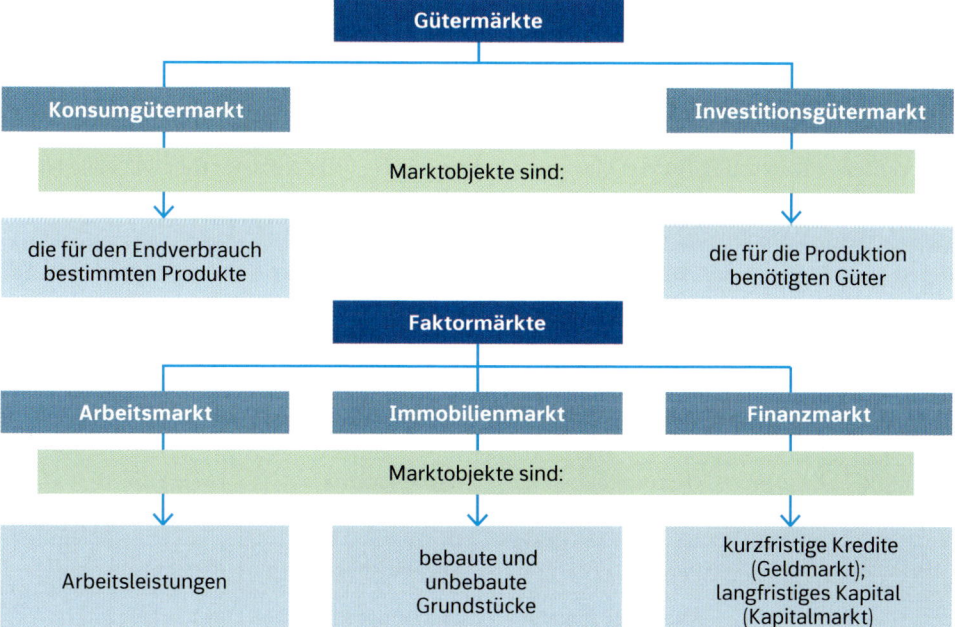

Einen Markt, der von einer starken Position der Anbieter geprägt ist, bezeichnet man als **Verkäufermarkt**. Umgekehrt spricht man von einem **Käufermarkt**, wenn die Nachfrager aufgrund ihrer Verhandlungsstärke auf den Preis und die Qualität des Angebots Einfluss nehmen können.

Beispiel: Im Winter ist während einer lang anhaltenden Kälteperiode die Position der Heizöl-Lieferanten relativ stark. Der Marktpreis wird daher deutlich steigen. Im Sommer dagegen besteht für die Anbieter eine Absatzflaute. Die Position der Nachfrager ist dadurch relativ stark. Sie können den Preis drücken und sich günstig einen Vorrat für den Winter anlegen.

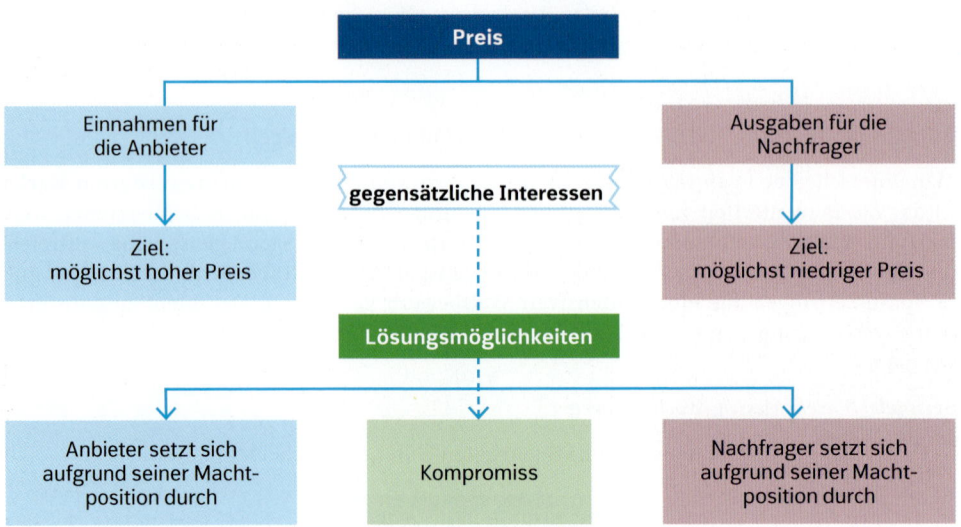

3.2   Marktformen

Von zentraler Bedeutung für das Marktgeschehen ist, wie viele Anbieter und wie viele Nachfrager auf dem Markt auftreten.

Beispiel: Wenn ein Top-Profifußballspieler von einem Verein an einen anderen Verein verkauft wird, unterliegt dieser Vorgang anderen Marktgesetzmäßigkeiten, als wenn an einer Wertpapierbörse zwischen einer Vielzahl von Marktteilnehmern Aktien einer großen Chemie-AG gehandelt werden.

Je nach Anzahl und relativer Größe der Marktteilnehmer auf der Angebots- bzw. der Nachfrageseite lassen sich verschiedene Marktformen unterscheiden:

Zahl der Nachfrager \ Zahl der Anbieter	viele kleine	wenige mittlere	ein großer
viele kleine	Polypol	Angebotsoligopol	Angebotsmonopol
wenige mittlere	Nachfrageoligopol	zweiseitiges Oligopol	beschränktes Angebotsmonopol
ein großer	Nachfragemonopol	beschränktes Nachfragemonopol	zweiseitiges Monopol

Beispiele:

Polypol	Anbieter: Nachfrager:	viele Gemüsehändler (Wochenmarkt) viele Käufer
Angebotsoligopol	Anbieter: Nachfrager:	wenige Automobilhersteller viele Automobilkäufer
Angebotsmonopol	Anbieter: Nachfrager:	konzessionierte Lottogesellschaften[1] viele Lottospieler
zweiseitiges Oligopol	Anbieter: Nachfrager:	Werften (Schiffshersteller) Reedereien (Schiffsbetreiber)
zweiseitiges Monopol	Anbieter: Nachfrager:	Gewerkschaft Arbeitgeberverband
Nachfragemonopol	Anbieter: Nachfrager:	Straßenbauunternehmen öffentliche Hand

Die Marktform und die Möglichkeit des **Marktzutritts** für neue Marktteilnehmer sind für das Ausmaß des Wettbewerbs von zentraler Bedeutung.

Beispiel: Der einzige Bäcker in einer kleinen, abgelegenen Ortschaft kann, vordergründig betrachtet, den Brötchenpreis weitgehend autonom festsetzen: Wer morgens unbedingt frische Brötchen haben möchte, hat keine Ausweichmöglichkeit. Auf der anderen Seite weiß der Bäcker, dass er als einziger Anbieter unmittelbar keine Konkurrenz zu fürchten hat. Würde der Bäcker jedoch seine Marktstellung zu sehr ausnutzen und einen völlig überzogenen Preis für seine – vielleicht auch noch schlechten –
Brötchen verlangen, müsste er damit rechnen, dass sich schon bald ein anderer Bäcker niederlässt und ihm seinen Markt streitig macht.

Für die Beurteilung eines Marktes kommt es deshalb auch darauf an, ob es sich um einen offenen oder einen *geschlossenen* Markt handelt.
Während in einen **offenen Markt** jederzeit neue Anbieter bzw. Nachfrager eintreten können, ist bei einem **geschlossenen Markt** neuen Marktteilnehmern der Zugang durch gesetzliche, technische oder finanzielle Barrieren versperrt.

Beispiele:
- *Nur staatliche Lottogesellschaften dürfen Lotterien durchführen. Anderen Marktteilnehmern ist der Marktzugang gesetzlich versperrt.*
- *Zum Bau eines Kraftwerkes ist ein Kapitalbedarf in Milliardenhöhe und ein besonderes technisches Wissen erforderlich. Nur ein großes Energieversorgungsunternehmen verfügt über das entsprechende Know-how und ist in der Lage, das notwendige Kapital aufzubringen.*

Steht der Marktmacht der einen Marktseite keine entsprechende Gegenmacht gegenüber, so besteht die Gefahr, dass der Wettbewerb eingeschränkt oder im Extremfall sogar aufgehoben wird.
Die relative Stärke eines Marktteilnehmers gegenüber der Marktgegenseite drückt sich in seiner Fähigkeit aus, den Marktpreis beeinflussen zu können.

---

[1] *Das Lottomonopol ist eines der letzten verbliebenen staatlichen Monopole. Es basiert auf dem „Staatsvertrag zum Lotteriewesen". Demnach dürfen Lotterien nur durch die auf Ebene der Bundesländer angesiedelten konzessionierten Lottogesellschaften durchgeführt werden. Diese haben dann in dem jeweiligen Bundesland ein Monopol.*

Beispiel: Auf eine Erhöhung der Wasserpreise können die privaten Haushalte nur durch Wassersparen reagieren. Einen Einfluss auf die Preisgestaltung des Versorgungsunternehmens haben sie nicht.

3.3   Bestimmungsgründe des Nachfragerverhaltens

In der Nachfrage der privaten Haushalte kommt der Wunsch der Konsumenten zum Ausdruck, eine bestimmte Menge von Gütern zu erwerben.

Der primäre Grund für die Nachfrage der privaten Haushalte ist darin zu sehen, dass jeder Mensch Bedürfnisse hat, die er mit den ihm gegebenen finanziellen Mitteln befriedigen muss bzw. möchte.

Im Einzelnen betrachtet, wird man feststellen, dass die Nachfrage nach einem Gut von mehreren Faktoren abhängig ist.

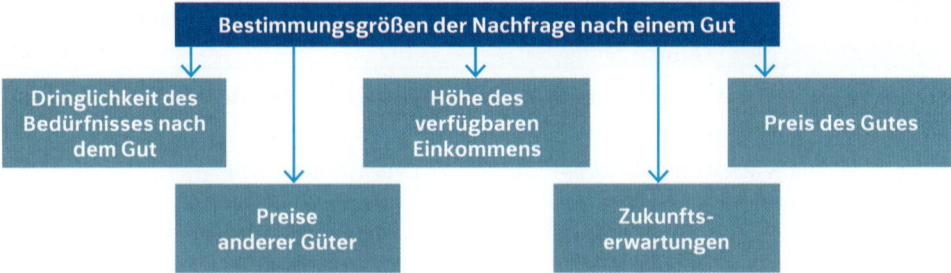

Dringlichkeit des Bedürfnisses nach dem Gut

Die Haushalte versuchen, zunächst die Güter nachzufragen, die sie am dringlichsten benötigen bzw. sich wünschen. Jeder private Haushalt entwickelt dabei unterschiedliche Bedürfnisse.

Beispiel: In dem einen Haushalt wird besonderer Wert auf Essen und Trinken gelegt, für den anderen Haushalt ist gute Kleidung besonders wichtig, für einen dritten Haushalt steht die jährliche Urlaubsreise im Vordergrund des Interesses.

Die **Bedürfnisskala**[1] eines Menschen spiegelt die Reihenfolge der Bedürfnisse entsprechend ihrer individuell empfundenen Dringlichkeit wider. Das subjektive Mangelgefühl wird vielfach durch Werbung und das gesellschaftliche Umfeld, in dem der Einzelne lebt, beeinflusst oder sogar erst geweckt.

Je dringlicher der Wunsch nach einem bestimmten Gut empfunden wird, desto höher ist auch der Preis, den man zu zahlen bereit ist.

Höhe des verfügbaren Einkommens

Bei steigendem Einkommen kann man sich mehr Wünsche erfüllen. Dies bedeutet, dass man entweder von einem bestimmten Gut eine größere Menge kauft oder dass man auf höherwertige, teurere Güter umsteigt.

Beispiel: Es ist zu beobachten, dass bei steigendem Einkommen die Verbrauchsausgaben für Grundnahrungsmittel wie Brot und Kartoffeln sinken, während für teurere Lebensmittel, wie exotische Obst- und Gemüsesorten, mehr Geld ausgegeben wird.

Ein steigendes Einkommen führt daher in der Regel zu einer Änderung der Bedürfnisskala.

---

[1] *Vgl. hierzu S. 228 ff.*

Die absolute Höhe des verfügbaren Haushaltseinkommens begrenzt die Möglichkeiten der Bedürfnisbefriedigung.
Die Haushalte versuchen, ihr Einkommen so aufzuteilen, dass mit den verfügbaren Mitteln möglichst viele Bedürfnisse befriedigt werden können.

Preis des Gutes

Wer sich etwas kaufen möchte, schaut zunächst auf den Preis.
Je höher der Preis eines Gutes, desto geringer wird im Normalfall die Nachfrage nach diesem Gut sein. Umgekehrt wird bei sinkendem Preis die Nachfrage nach dem Gut zunehmen.
Wenn die Nachfrager in dieser Weise auf Preisveränderungen bei einem Gut reagieren, spricht man von einer preiselastischen Nachfrage.

Beispiel: Bei deutlich steigenden Benzinpreisen sinkt die Nachfrage nach Benzin.

Die **Preiselastizität** ist von Gut zu Gut unterschiedlich.
Bei nicht so dringlich gewünschten Gütern reagieren die Verbraucher im Allgemeinen preisempfindlicher als bei dringend benötigten Gütern. Bei einer hohen Preiselastizität führen daher bereits kleine Preisveränderungen zu einer großen Veränderung der nachgefragten Menge.
Die Nachfrage nach einem Gut kann auch unabhängig von seinem Preis sein. In diesem Fall spricht man von einer starren (= preisunelastischen) Nachfrage.

Beispiel: Ein Medikament, das für die Gesundung des Kranken wichtig ist und für das es kein Ersatzmedikament gibt, wird unabhängig von der Höhe seines Preises in der erforderlichen Menge gekauft.

Den Zusammenhang von Preis und nachgefragter Menge kann man in einer **Nachfragekurve** veranschaulichen. Sie macht deutlich, wie die Käufer auf Preisveränderungen der von ihnen nachgefragten Güter reagieren.

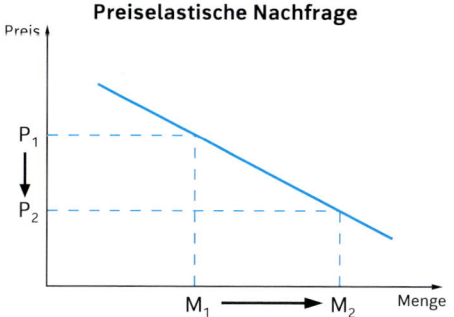

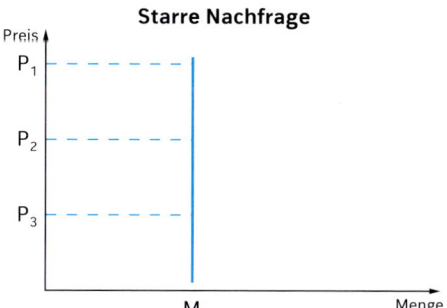

Preise anderer Güter

Es lässt sich beobachten, dass die Nachfrage nach einem bestimmten Gut auch von den Preisen anderer Güter, nämlich den Preisen der *Substitutionsgüter* und *Komplementärgüter*, abhängig ist.

Substitutionsgüter sind untereinander austauschbare Güter. Sie dienen demselben Zweck.

Beispiele:
– *Butter – Margarine*
– *Fahrrad – Auto*

Bei steigendem Preis eines Gutes besteht die Neigung, auf ein billigeres Substitutionsgut umzusteigen. Es steigt dann die Nachfrage nach dem Substitutionsgut.

Beispiel: Bei deutlich steigenden Benzinpreisen steigt die Nachfrage nach der Inanspruchnahme öffentlicher Verkehrsmittel.

Komplementärgüter sind sich ergänzende Güter. Das eine Gut bildet mit dem anderen Gut zusammen eine Nutzeneinheit. Es kann nur im Zusammenwirken mit dem anderen Gut sinnvoll genutzt werden.

Beispiele:
- *Auto – Benzin*
- *CD-Player – CD*

Steigt der Preis des einen Gutes, wird man feststellen, dass nicht nur die Nachfrage nach diesem Gut, sondern auch die Nachfrage nach dem Komplementärgut zurückgeht.

Beispiel: Bei deutlich steigendem Benzinpreis sinkt die Nachfrage nach Autos mit hohem Benzinverbrauch, wohingegen die Nachfrage nach Autos mit günstigen Verbrauchswerten steigt.

Das letzte Beispiel macht deutlich, dass der Preisanstieg bei einem Gut nicht nur Folgen für die Nachfrage nach diesem Gut hat, sondern indirekt zu einer Veränderung der Nachfragestruktur führen kann.

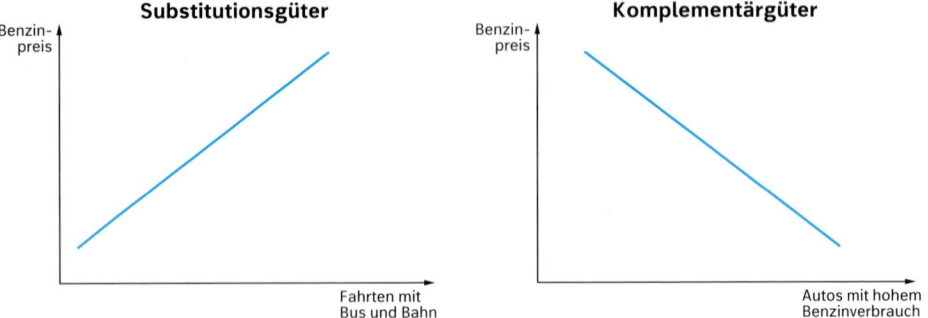

Zukunftserwartungen
Rechnen die Nachfrager damit, dass das Gut bald nicht mehr zu haben ist oder dass es in Zukunft zu einem Anstieg der Preise kommen wird, werden sie unter Umständen bereits heute das Gut kaufen.

Beispiele:
- *Kauf von Aktien in Erwartung steigender Kurse*
- *„Hamsterkäufe" in Erwartung einer Wirtschaftskrise*

3.4   Bestimmungsgründe des Anbieterverhaltens

Primäre Antriebsfeder für das Anbieterverhalten von Unternehmungen in einer Marktwirtschaft ist die Gewinnerzielungsabsicht:
Die Unternehmungen versuchen auf der einen Seite, die Kosten der Produktion möglichst gering zu halten, und auf der anderen Seite, für die von ihnen erzeugten Produkte einen möglichst hohen Preis zu erzielen.

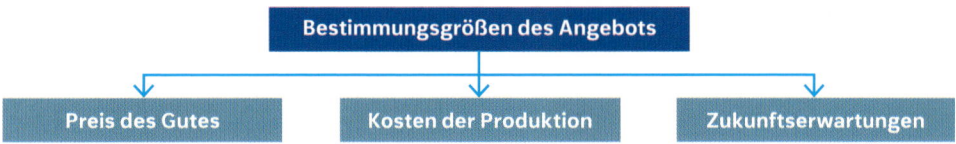

Preis des Gutes

Je höher der am Markt erzielbare Preis für ein Gut ist, desto mehr Unternehmer sind grundsätzlich bereit, dieses Gut zu produzieren. Umgekehrt wird bei sinkendem Preis die Anzahl der Unternehmen, die das Gut produzieren wollen, geringer.

Wenn die Unternehmungen in dieser Weise auf Preisänderungen reagieren, spricht man von einem **preiselastischen** Angebot.

Beispiel: Steigen aufgrund einer besonderen Nachfrage die Preise für handgefertigte Marzipanhasen, so führt dies dazu, dass Unternehmen, die diese Marktlücke erkennen, die sich bietenden Gewinnchancen wahrnehmen und ihre Produktion entsprechend ausweiten.

Die Angebotsmenge eines Gutes kann aber auch unabhängig von seinem Preis sein. In diesem Fall spricht man von einem **starren** (preisunelastischen) Angebot.

Beispiel: Sind die Produktionskapazitäten der Unternehmen ausgelastet, so kann bei einer Ausweitung der Nachfrage und trotz steigender Preise das Angebot kurzfristig nicht erhöht werden.

Der Zusammenhang zwischen Preis und angebotener Menge lässt sich in einer **Angebotskurve** veranschaulichen. Sie macht deutlich, wie die Verkäufer auf Preisveränderungen der von ihnen angebotenen Güter reagieren.

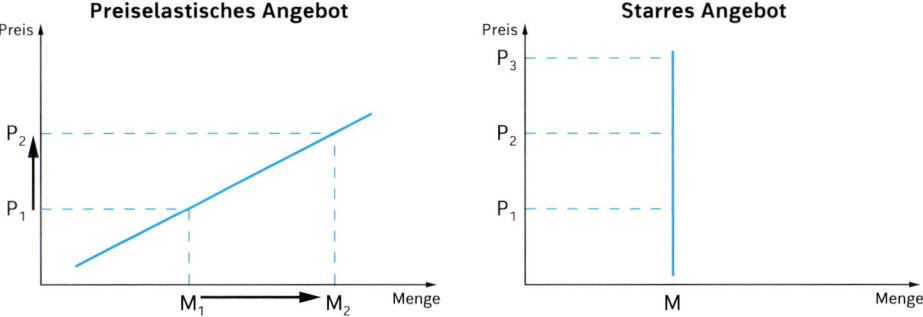

Kosten der Produktion

Die Kosten der Produktion sind für die Produktionsentscheidungen einer Unternehmung ebenso wichtig wie der am Markt erzielbare Preis, denn der Gewinn der Unternehmung ist die Differenz zwischen den Verkaufserlösen und den durch die Produktion verursachten Kosten.

> Unter **Kosten** versteht man den bei der betrieblichen Leistungserstellung verursachten wertmäßigen Verbrauch an Gütern und Dienstleistungen.

Man unterscheidet zwischen **fixen** und **variablen** Kosten.

Fixe Kosten sind von der Beschäftigungslage der Unternehmung unabhängig. Man spricht daher auch von den Kosten der Betriebsbereitschaft.

Beispiele: Gehälter für die Mitarbeiter, zeitanteilige Abschreibungen für die bei der Produktion eingesetzten Maschinen, Mietkosten

Variable Kosten sind von der Beschäftigungslage abhängig. Sie steigen (sinken) mit zunehmender (abnehmender) Produktionsmenge.

Beispiele: Materialkosten, Akkordlöhne

Addiert man die fixen und die variablen Kosten, so ergeben sich die Gesamtkosten der Unternehmung.

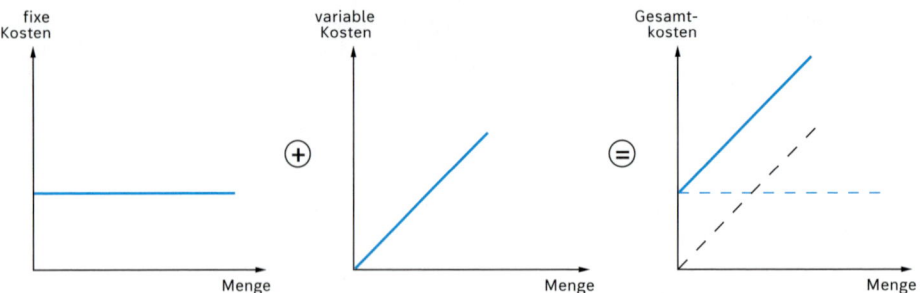

Bei Dienstleistungsbetrieben bestehen die Gesamtkosten überwiegend aus fixen Kosten.

Beispiel: In einer Steuerberaterpraxis machen die Mietkosten und die Personalkosten den überwiegenden Teil der Kosten aus. Die Kosten für das Büromaterial und andere variable Kosten sind dabei von untergeordneter Bedeutung.

In Handwerksbetrieben und im Baugewerbe bestehen die Gesamtkosten häufig zum größeren Teil aus variablen Kosten, da derartige Unternehmungen vorwiegend materialaufwendig arbeiten und die Mitarbeiter vielfach nicht fest angestellt sind.

Gesetz der Massenproduktion

Während die variablen Kosten pro Stück unabhängig von der Produktionsmenge konstant bleiben, nehmen die fixen Kosten pro Stück mit zunehmender Kapazitätsauslastung ab. Die Stückkosten sinken daher mit steigender Produktionsmenge (Stückkostendegression).

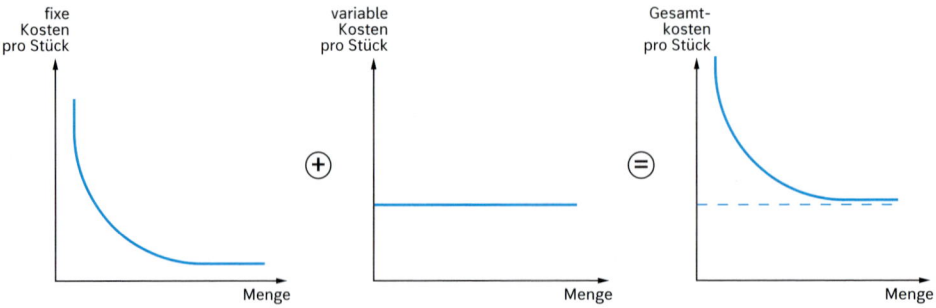

$$\text{Stückkosten} = \frac{\text{fixe Kosten}}{\text{Produktionsmenge}} + \text{variable Kosten pro Stück}$$

Beispiel: Die fixen Kosten eines Fahrrad-Produzenten betragen 600 000,00 € pro Jahr. Die variablen Kosten je Fahrrad betragen 80,00 €.
Die Produktionskapazität beträgt 15 000 Stück pro Jahr.

Produktionsmenge (Stück)	variable Kosten (€)	fixe Kosten pro Stück (€)	Stückkosten (€)
1	80,00	600 000,00	600 080,00
100	80,00	6 000,00	6 080,00
1 000	80,00	600,00	680,00
10 000	80,00	60,00	140,00
15 000	80,00	40,00	120,00

3.5   Vollkommener Markt

Das ideale Marktgeschehen spielt sich auf einem Markt ab, der frei von jeglichen Wettbewerbsbeschränkungen ist. Ein solcher Markt wird als vollkommener Markt bezeichnet.

> Der **vollkommene Markt** ist kein Markt der Wirklichkeit, sondern nur ein theoretisches Modell, das für das Verständnis des Zusammenspiels von Angebot und Nachfrage besonders hilfreich ist.

Für einen vollkommenen Markt müssen folgende **Voraussetzungen** erfüllt sein:

- **Rationale Verhaltensweisen der Marktteilnehmer**
  Die Marktteilnehmer handeln streng nach dem Rationalprinzip: Die Anbieter (Unternehmungen) streben *Gewinnmaximierung*, die *Nachfrager* (Konsumenten) *Nutzenmaximierung* an.

- **Polypolistische Konkurrenz**
  Die Anzahl der Marktteilnehmer ist so groß bzw. die Marktmacht des einzelnen Marktteilnehmers so gering, dass niemand aus seiner Marktposition heraus in der Lage ist, den Marktpreis zu beeinflussen.

- **Homogenität der Güter**
  Beispiel: Weizenauszugsmehl Typ 405, abgespackt in einer Standartverpackung zu 1 kg

  Die auf dem Markt gehandelten Güter sind in jeglicher Hinsicht gleichartig. Sie weisen keinerlei Unterschiede hinsichtlich Qualität, Aussehen und Verpackung auf.

- **Keine persönlichen Präferenzen**
  Käufer und Verkäufer dürfen sich nicht gegenseitig bevorzugen. Es kommt auf diesem Markt also nicht vor, dass jemand aufgrund einer besonders freundlichen Bedienung ein bestimmtes Geschäft bevorzugt.

- **Keine räumlichen Präferenzen**
  Angebot und Nachfrage treffen an einem bestimmten Ort zusammen. Zwischen Anbietern und Nachfragern bestehen keine räumlichen Unterschiede. Es handelt sich um einen *Punktmarkt*.

- **Keine zeitlichen Präferenzen**
  Angebot und Nachfrage treffen zeitgleich aufeinander.

- **Vollständige Markttransparenz der Marktteilnehmer**
  Anbieter und Nachfrager verfügen über eine vollständige Marktübersicht: Die Anbieter sind darüber informiert, welche Mengen und zu welchen Preisen die Nachfrager kaufen wollen, umgekehrt wissen die Nachfrager, welche Mengen und zu welchen Preisen die Anbieter verkaufen wollen.

- **Unendlich schnelle Reaktionsgeschwindigkeit der Marktteilnehmer**
  Anbieter und Nachfrager sind in der Lage, auf Preisänderungen sofort zu reagieren: Die Anbieter können ohne zeitlichen Verzug die Güterproduktion aufnehmen oder einstellen. Es gibt hierbei keine produktionstechnischen Hemmnisse.

Wertpapierbörse

Ein Markt der Wirklichkeit, der den Bedingungen des vollkommenen Marktes sehr nahe kommt, ist die **Wertpapierbörse**:

- Die Marktteilnehmer handeln weitgehend rational.

- Die gehandelten Wertpapiere sind innerhalb einer bestimmten Wertpapiergattung homogen.

- Persönliche Präferenzen bestehen nicht. Es spielt keine Rolle, von wem ein Wertpapier gekauft bzw. an wen es verkauft wird.

- Angebot und Nachfrage treffen zeitgleich an einem bestimmten Börsenplatz zusammen.

- Die Marktteilnehmer verfügen über eine hervorragende Markttransparenz und reagieren schnell auf Kursveränderungen.

3.6   Unvollkommene Märkte

Ist nur eine der Voraussetzungen des vollkommenen Marktes nicht erfüllt, so liegt ein unvollkommener Markt vor.

Die Märkte der Wirklichkeit sind unvollkommene Märkte.

Beispiele:
- *Wegen der vermeintlich besseren Qualität bevorzugen manche Konsumenten ein ganz bestimmtes Waschmittel. Objektiv betrachtet weisen die Konkurrenzprodukte dieselben Wascheigenschaften auf.*
- *Manche kaufen dieses Waschmittel im Gemischtwarenladen direkt um die Ecke, weil der Weg zum billigen Discounter zu weit ist, andere kaufen es dort nicht, weil sie nicht wissen, dass dort das Waschmittel billiger ist.*
- *Wiederum ein anderer kauft das Waschmittel in der teuren Drogerie, weil er sich auf das Wiedersehen mit der netten Verkäuferin freut.*
- *Ein Dritter kauft das Waschmittel nachts im Bahnhofsgeschäft, weil er für einen Vorstellungstermin am nächsten Morgen noch sein Hemd waschen muss und er vergessen hat, sich das Waschmittel rechtzeitig zu besorgen.*

In einem unvollkommenen Markt ist es den Anbietern möglich, innerhalb eines bestimmten Rahmens für ein und dasselbe Gut unterschiedliche Preise zu verlangen.

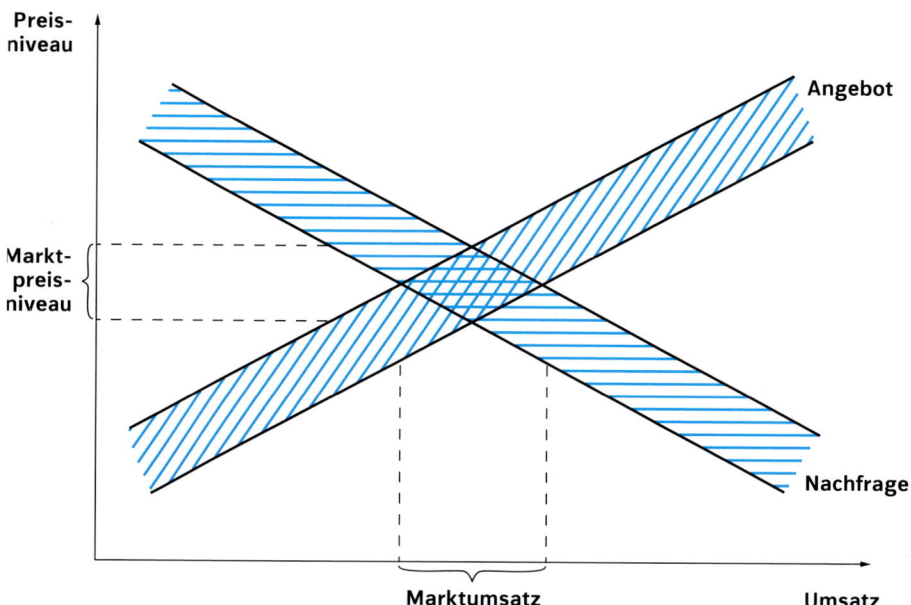

Der einzelne Anbieter ist in der Entscheidung über die Höhe des Preises oder über die Ange-botsmenge frei. Setzt er den Preis nach eigenem Ermessen fest, dann können sich die Nachfra-ger nur mit der Nachfragemenge anpassen. Setzt er die Menge fest, die er anbieten will, dann lässt er den Käufern die Wahl, zu welchem Preis sie nachfragen wollen. Er kann also im Ge-gensatz zum Anbieter im vollkommenen Markt aktive **Preispolitik** betreiben.

4 Preisbildung

4.1 Preisbildung im vollkommenen Markt

4.1.1 Angebot und Nachfrage als Preisbildungsfaktoren

Die Entstehung des Marktpreises ist das Ergebnis des Zusammentreffens von Angebot und Nachfrage.

Beispiel: Ausgangspunkt für die folgenden Überlegungen ist der Markt für Fahrräder.
Es wird unterstellt, dass die Bedingungen des vollkommenen Marktes erfüllt sind:
- *Die Marktteilnehmer handeln rational. Sie haben weder zeitliche, räumliche noch persönliche Präferenzen und verfügen über eine vollständige Markttransparenz.*
- *Es existiert nur eine Art von Fahrrädern (Typ „Standard").*
- *Die Anzahl der Anbieter und Nachfrager ist so groß, dass es keine Rolle spielt, ob einer von ihnen ausscheidet oder hinzukommt. Keiner der Marktteilnehmer kann von sich aus den Marktpreis beeinflussen.*

Preis (€)	Angebot Menge (Stück)	Nachfrage Menge (Stück)	Marktumsatz Menge (Stück)	Nachfrage-/ Angebotsüberhang Menge (Stück)
100,00	10000	60000	10000	NÜ 50000
150,00	15000	55000	15000	NÜ 40000
200,00	30000	50000	30000	NÜ 20000
300,00	40000	40000	40000	–
400,00	50000	30000	30000	AÜ 20000
500,00	60000	20000	20000	AÜ 40000
600,00	70000	10000	10000	AÜ 60000

Die Gegenüberstellung zeigt, dass angebotene und nachgefragte Menge nur beim Preis von 300,00 € gleich groß sind. Der mengenmäßige Umsatz beträgt bei diesem Preis 40000 Stück.

> Beim *Gleichgewichtspreis* (= Marktpreis) stimmen angebotene und nachgefragte Menge überein.
> Die dazugehörige Menge heißt *Gleichgewichtsmenge*.

Im vollkommenen Markt kann kein Anbieter und kein Nachfrager von sich aus den Marktpreis beeinflussen, weil alle in scharfem Wettbewerb zueinander stehen, die Zahl der Mitbewerber groß und der eigene Marktanteil sehr gering ist. Alle müssen sich dem Gleichgewichtspreis anpassen, der durch das Zusammenspiel von Angebot und Nachfrage entsteht. Es hat deshalb für den einzelnen Anbieter keinen Sinn, den Preis als absatzpolitisches Mittel einzusetzen. Er muss den **Preis als Datum** in seine Entscheidung einbeziehen und kann sich nur mit seiner produzierten Menge an die Bedingungen des Marktes anpassen. Man bezeichnet ihn daher als **Mengenanpasser**. An veränderte Marktdaten passt er sich nur mit seiner Ausbringungsmenge an. Seine Mengenänderungen sind für den Gesamtmarkt wegen seines geringen Marktanteils nicht spürbar und rufen keine Reaktionen der Konkurrenten hervor.

Der Gleichgewichtspreis liegt im Schnittpunkt von Angebots- und Nachfragekurve.

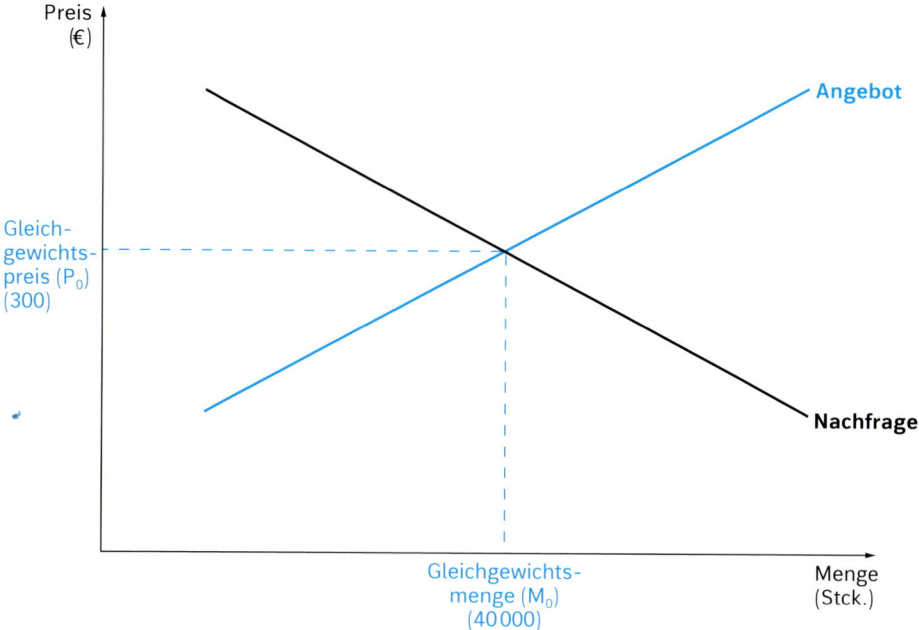

Bei allen Preisen über 300,00 € existiert ein **Angebotsüberhang**, der umso größer ist, je höher der Preis ist.

Beispiel: *Angenommen, die Unternehmer glaubten, Fahrräder ließen sich zum Preis von 600,00 € absetzen. Das Marktangebot betrüge dann insgesamt 70 000 Stück. Die Fahrradhersteller würden jedoch bald feststellen, dass nur wenige Nachfrager bereit sind, diesen hohen Preis zu zahlen, und würden auf dem Großteil der Produktion, nämlich 60 000 Fahrrädern, „sitzen bleiben". Nur durch eine Preissenkung könnten sie ihre Läger von den überteuerten Fahrrädern räumen.*
Je weiter der Preis fällt, umso mehr Unternehmer müssten die Produktion von Fahrrädern aufgeben. Es bleiben schließlich nur solche Unternehmen übrig, die auf Dauer in der Lage sind, zum Preis von 300,00 € Fahrräder kostendeckend zu produzieren.

Bei allen Preisen unter 300,00 € entsteht ein **Nachfrageüberhang**, der umso größer wird, je niedriger der Preis ist.

Beispiel: *Angenommen, die Unternehmen glaubten, Fahrräder ließen sich nur zum Preis von 150,00 € absetzen. Das Marktangebot betrüge dann nur 15 000 Stück, da nur wenige, besonders kostengünstig arbeitende Unternehmen in der Lage sind, bei diesem Preis rentabel zu produzieren.*
Die Hersteller würden jedoch sofort feststellen, dass ihnen bei diesem Preis die Fahrräder förmlich aus den Händen gerissen werden. Um ihre Gewinne zu erhöhen, würden sie schleunigst die Preise heraufsetzen. Dieser Preisanstieg lockt weitere Unternehmen in diesen Markt. Das Marktangebot würde zunehmen, je höher der Preis steigt. Der Nachfrageüberhang von 40 000 Stück würde so nach und nach abgebaut.

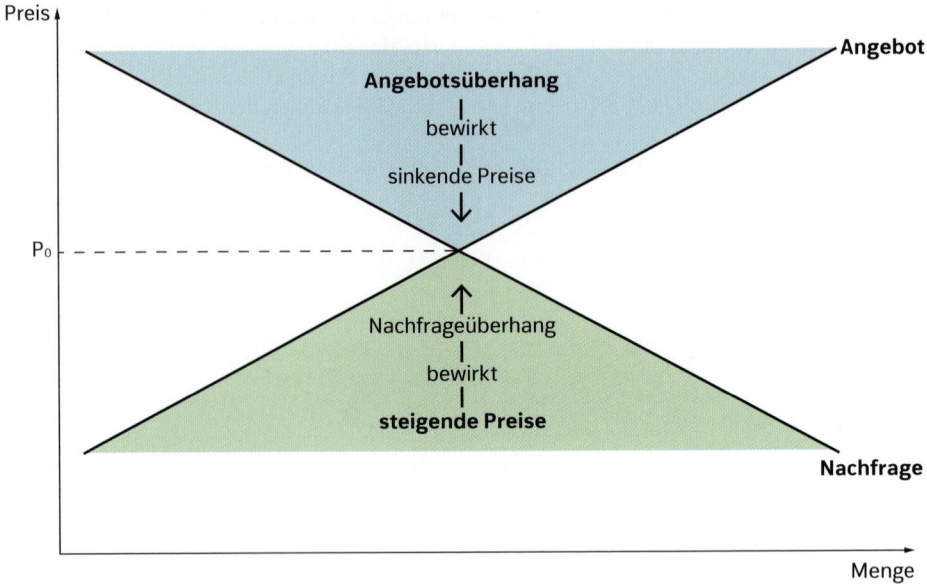

4.1.2   Funktionen des Marktpreises

Der Marktpreis erfüllt innerhalb der Volkswirtschaft wichtige Funktionen:

Signal-/Lenkungsfunktion

Ein hoher Marktpreis signalisiert die Knappheit eines Gutes und regt die Unternehmen an, dieses Gut zu produzieren.

Die produktiven Kräfte innerhalb der Volkswirtschaft werden dorthin gelenkt, wo sie besonders rentabel (= gewinnbringend) eingesetzt werden können. Die jeweiligen Marktpreise geben ein Bild von der Situation auf den verschiedenen Märkten. Hohe Marktpreise signalisieren den Unternehmungen, wo sich Gewinnchancen bieten und Marktlücken existieren. Produktionszweige, die aufgrund einer rückläufigen Nachfrage nicht mehr rentabel arbeiten, werden aufgegeben. Die dabei freigesetzten Produktionsfaktoren können jetzt bei der Herstellung solcher Güter eingesetzt werden, die besonders gefragt sind und Zukunft haben.

Ausschaltungs-/Innovationsfunktion

Unternehmungen, die mit der technischen und wirtschaftlichen Entwicklung nicht Schritt halten können, weil sie im Preis von ihren Konkurrenten unterboten werden und in der Qualität ihrer Produkte hinter anderen Unternehmen zurückstehen, finden bald nicht mehr genügend Abnehmer und werden vom Markt verdrängt.

Der Druck der Konkurrenz lässt die Unternehmen ständig nach günstigeren Produktionsmethoden, nach technischen Neuerungen, nach verbesserten oder neuartigen Produkten suchen. Dies bewirkt einen Fortschritt in der Wirtschaft, der den allgemeinen Lebensstandard hebt und den Verbrauchern zugutekommt.

Grenzanbieter sind diejenigen Anbieter, die beim Marktpreis gerade noch bereit und in der Lage sind, das Produkt herzustellen. Bei einem Preisrückgang sind sie als Erste von der Ausschaltung bedroht.

Anbieter dagegen, die aufgrund ihrer besonders kostengünstigen Produktionsweise auch unterhalb des Marktpreises anbieten könnten, erzielen einen Geldvorteil, die Produzentenrente.

Die **Produzentenrente** ist die Differenz zwischen dem Marktpreis des Gutes und dem Preis, zu dem der Unternehmer gerade noch bereit und in der Lage wäre, das Produkt anzubieten. Sie ist gewissermaßen die „Belohnung" für besondere unternehmerische Tüchtigkeit.

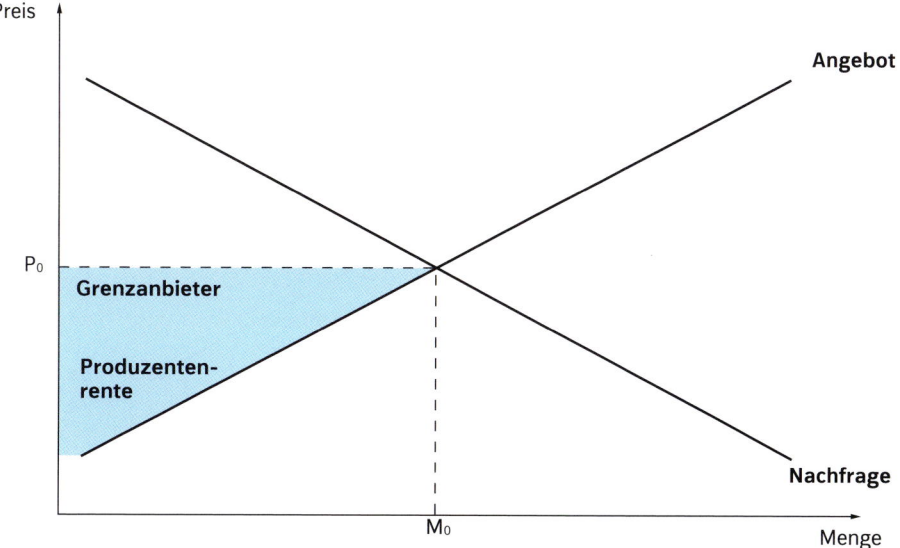

Nachfrager dagegen, die aufgrund ihrer besonders hohen Nutzeneinschätzung für das Gut bereit und in der Lage wären, auch einen höheren Preis als den vorhandenen Marktpreis zu zahlen, erzielen ebenfalls einen Geldvorteil, die Konsumentenrente.

Die **Konsumentenrente** ist die Differenz zwischen dem Marktpreis und dem Preis, den der einzelne Nachfrager gerade noch zu zahlen bereit und in der Lage gewesen wäre.

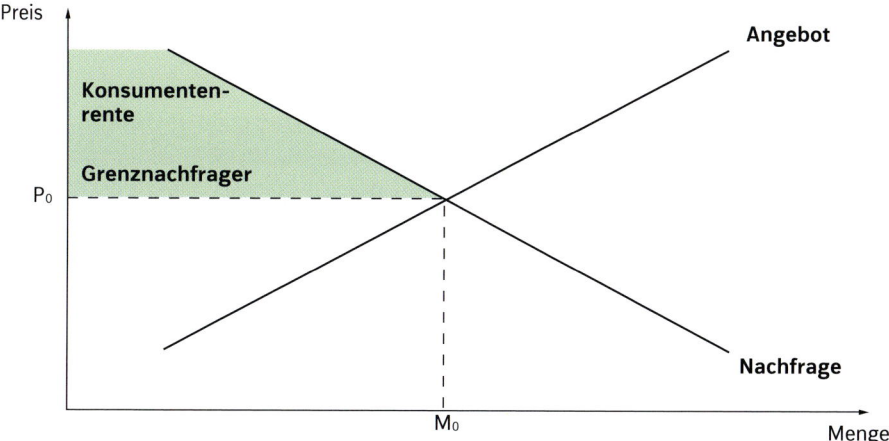

Markträumungsfunktion

Die Preisbildung sorgt dafür, dass angebotene und nachgefragte Menge einander entsprechen. Ein Angebotsüberhang wird durch sinkende Preise und verringerte Güterproduktion, ein Nachfrageüberhang durch steigende Preise und erhöhte Güterproduktion beseitigt.

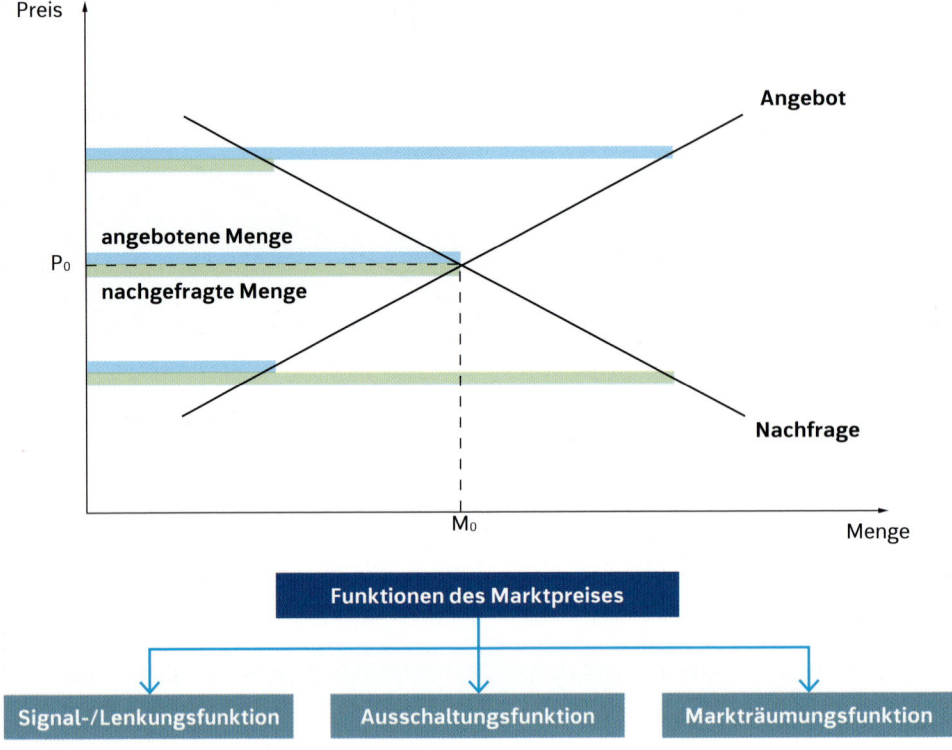

4.1.3   Anpassungsreaktionen bei Veränderungen von Angebot und Nachfrage

Ein bestehendes Marktgleichgewicht wird durch Veränderungen des Angebots- und Nachfrageverhaltens aufgehoben. Der Marktmechanismus sorgt dafür, dass sich ein neues Marktgleichgewicht bildet.

Veränderungen der Nachfrage

Erhöhung der Nachfrage durch:	Verringerung der Nachfrage durch:
– gestiegene Nutzeneinschätzung der Nach-frager für das Gut (das Gut ist „in"). – Einkommenserhöhung – Steuersenkung – Preiserhöhung bei einem Substitutionsgut – Preissenkung bei einem Komplementärgut	– gesunkene Nutzeneinschätzung der Nach-frager für das Gut (das Gut ist „out"). – Einkommensrückgang – Steuererhöhung – Preissenkung bei einem Substitutionsgut – Preiserhöhung bei einem Komplementärgut
Die Nachfragekurve verschiebt sich nach *rechts*.	Die Nachfragekurve verschiebt sich nach *links*.
Zum ursprünglichen Preis besteht jetzt eine *größere Nachfrage*.	Zum ursprünglichen Preis besteht jetzt eine *geringere Nachfrage*.

Erhöhung der Nachfrage:	Verringerung der Nachfrage:
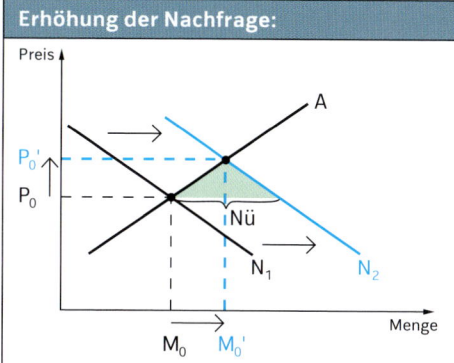	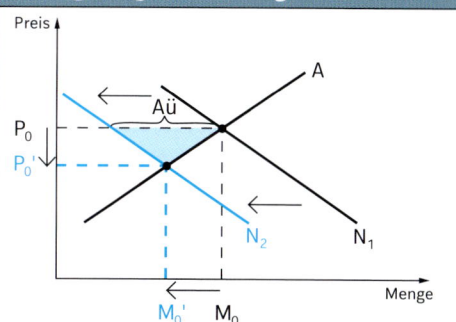
Die Erhöhung der Nachfrage führt dazu, dass zunächst ein *Nachfrageüberhang* entsteht.	Die Verringerung der Nachfrage führt dazu, dass zunächst ein *Angebotsüberhang* entsteht.
Der dadurch hervorgerufene *Preisanstieg* führt zu einer Erhöhung der Angebotsmenge.	Der dadurch hervorgerufene *Preisrückgang* führt zu einer Verringerung der Angebotsmenge.
Das neue Marktgleichgewicht ist gekennzeichnet durch – einen höheren Gleichgewichtspreis – eine höhere Gleichgewichtsmenge	Das neue Marktgleichgewicht ist gekennzeichnet durch – einen niedrigeren Gleichgewichtspreis – eine niedrigere Gleichgewichtsmenge

Veränderungen des Angebots

Erhöhung des Angebots durch:	Verringerung des Angebots durch:

– Verringerung der Produktionskosten
  Beispiel:
  fallende Rohstoffpreise
– optimistische Zukunftserwartungen bei den Unternehmungen
	– Erhöhung der Produktionskosten
	  Beispiel:
	  Lohnsteigerungen
	– pessimistische Zukunftserwartungen bei den Unternehmungen

Die Angebotskurve verschiebt sich nach *rechts*.	Die Angebotskurve verschiebt sich nach *links*.
Zum ursprünglichen Preis besteht jetzt ein *größeres Angebot*.	Zum ursprünglichen Preis besteht jetzt ein *geringeres Angebot*.
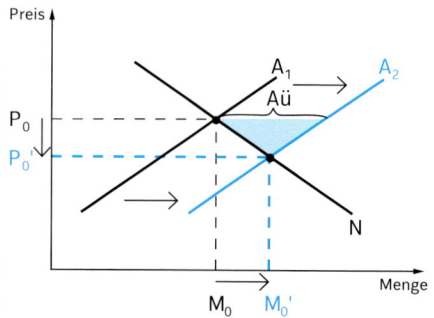	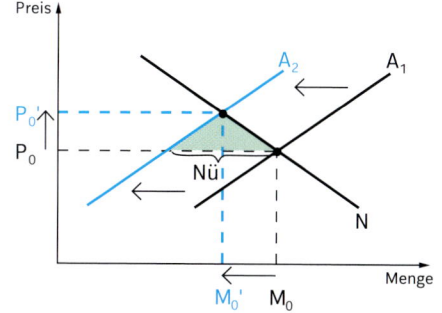
Die Erhöhung des Angebots führt dazu, dass zunächst ein *Angebotsüberhang* entsteht.	Die Verringerung des Angebotes führt dazu, dass zunächst ein *Nachfrageüberhang* entsteht.
Der dadurch hervorgerufene *Preisrückgang* führt zu einer Verringerung des Angebots.	Der dadurch hervorgerufene *Preisanstieg* führt zu einer Verringerung der Nachfrage.
Das neue Marktgleichgewicht ist gekennzeichnet durch – einen niedrigeren Gleichgewichtspreis – eine größere Gleichgewichtsmenge	Das neue Marktgleichgewicht ist gekennzeichnet durch – einen höheren Gleichgewichtspreis – eine niedrigere Gleichgewichtsmenge

Im vollkommenen Markt kann kein Anbieter und kein Nachfrager von sich aus den Marktpreis beeinflussen, weil alle in scharfem Wettbewerb zueinander stehen, die Zahl der Mitbewerber groß und der eigene Marktanteil sehr gering ist. Alle müssen sich dem Gleichgewichtspreis anpassen, der durch das Zusammenspiel von Angebot und Nachfrage entsteht.

Für den einzelnen Anbieter ist es sinnlos, Preispolitik zu betreiben:

- Setzt der Anbieter einen Preis über dem Marktpreis fest, so verliert er den gesamten Absatz. Der Preis übt eine Ausschaltungsfunktion aus.
- Verkauft der Anbieter dagegen unterhalb des Marktpreises, so würde die gesamte Nachfrage auf ihn übergehen. Das würde seine Kapazität übersteigen. Die Nachfrage könnte nicht befriedigt werden.

*Im vollkommenen Markt ist der **Marktpreis** für den Anbieter eine gegebene Größe, die er hinnehmen muss. Er hat nur die Möglichkeit, seine Angebotsmenge so zu wählen, dass sein Gewinn maximiert wird. Er ist **Mengenanpasser**.*

Beispiel:
Ein Sportartikelhersteller produziert Surfbretter. Diese haben einen Marktpreis von 400,00 €.
Die Kapazität der Unternehmung liegt bei 80 Stück im Abrechnungszeitraum.
Die fixen Kosten in diesem Zeitraum betragen 10 000,00 €.
Die variablen Stückkosten belaufen sich auf 200,00 €.
Die variablen Kosten verlaufen proportional.

Preis	Menge	Erlös	Kosten	Gewinn	
400,00	0	0,00	10 000,00	– 10 000,00	
400,00	10	4 000,00	12 000,00	– 8 000,00	Verlust-
400,00	20	8 000,00	14 000,00	– 6 000,00	zone
400,00	30	12 000,00	16 000,00	– 4 000,00	
400,00	40	16 000,00	18 000,00	– 2 000,00	
400,00	50	20 000,00	20 000,00	0,00	← Gewinn-schwelle
400,00	60	24 000,00	22 000,00	+ 2 000,00	Gewinn-zone
400,00	70	28 000,00	24 000,00	+ 4 000,00	
400,00	80	32 000,00	26 000,00	+ 6 000,00	← Gewinn-maximum

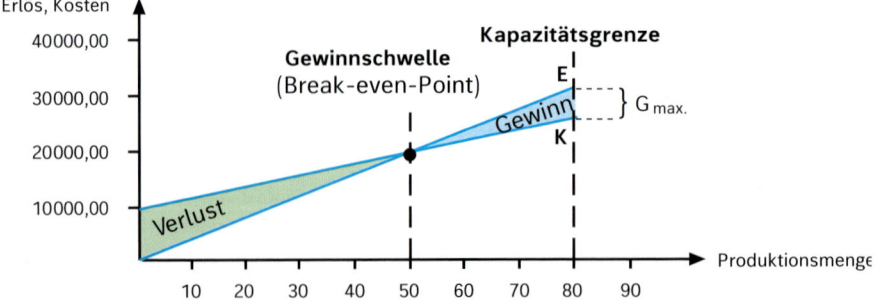

Der **Mengenanpasser** erreicht bei proportionalem Verlauf der variablen Kosten sein Gewinn-maximum, wenn er an der Kapazitätsgrenze produziert.

Steigen die variablen Kosten vor der Kapazitätsgrenze überproportional, so ist die Menge gewinnmaximal, bei der die Differenz aus Erlösen und Kosten am größten ist.

4.2   Preisbildung in unvollkommenen Märkten

Die vollständige Konkurrenz ist ein praxisfremdes Modell. Die Wirklichkeit zeigt vielmehr die Züge eines Polypols auf unvollkommenem Markt:

- Die angebotenen Güter stimmen in Art, Aufmachung, Qualität nicht völlig überein. Sie sind heterogen.

- Die Käufer haben Präferenzen räumlicher, zeitlicher, persönlicher Art.

- Der Markt lässt sich nicht vollständig überblicken.

- Die Marktteilnehmer reagieren auf Änderungen mit zeitlichen Verzögerungen.

Von der Seite der Unternehmungen her wird diese Uneinheitlichkeit bewusst gefördert: Man darf nicht vergessen, dass das oberste Ziel des Marketings das Schaffen und Erhalten eines Marktes ist. Da der Preiswettbewerb oft schmerzhafte Folgen hat, verlagert man den Wettbe-werb vielfach von der Preisebene weg auf die Art und Qualität der Leistungen. Vielen Anbie-tern gelingt es, Leistungen zu produzieren, die alle auf ihre eigene Weise Vorteile bieten:

- gefälliges Design
- gute Verarbeitung
- gute Materialqualität
- vielseitige Verwendbarkeit
- attraktive Verpackung
- guter Service
- günstige Zahlungs- und Lieferungsbedingungen
- besondere Garantieleistungen

Der Käufer ist dadurch nicht mehr in der Lage, den gesamten Markt zu überblicken. Er kann an und für sich gleichartige Erzeugnisse nicht mehr miteinander vergleichen. Er hält sich dann oft an Verkäufer, die ihm aufgrund ihres bekannten Namens vertrauenswürdig er-scheinen oder mit denen er bisher gute Erfahrungen gemacht hat. Mit anderen Worten: Er entwickelt Präferenzen (Vorlieben) für bestimmte Anbieter. Damit ist ein wesentliches Mar-ketingziel erreicht. Dem Anbieter gelingt es bei seinen mehr oder weniger sicheren Stamm-kunden oft, seine Preisvorstellungen auch dann durchzusetzen, wenn sie die Preise von Konkurrenzprodukten übertreffen.

Auf dem unvollkommenen Markt versuchen die Anbieter, den einheitlichen Markt für ein Gut durch Leistungsdifferenzierung aufzuspalten und sich einen monopolistischen Teilmarkt zu schaffen.

Die Angebotskurve eines solchen Anbieters erhält einen gewissen **monopolistischen Be-reich**. Preisänderungen innerhalb dieses Bereichs haben keine großen Auswirkungen auf die Nachfrage. Die Nachfrage verhält sich **relativ unelastisch**.

Erhöht der Anbieter seinen Preis allerdings zu sehr (über P_1), so lässt die Wirkung der Präfe-renzen nach. Die Nachfrage reagiert elastisch. Die Nachfrager wandern zur Konkurrenz ab.

Senkt der Anbieter den Preis sehr stark (unter P_2), kann es sein, dass nunmehr die Nachfrage sehr zunimmt. Wegen der begrenzten Kapazität des Anbieters kann die Nachfrage jedoch nur zu einem sehr geringen Teil befriedigt werden.

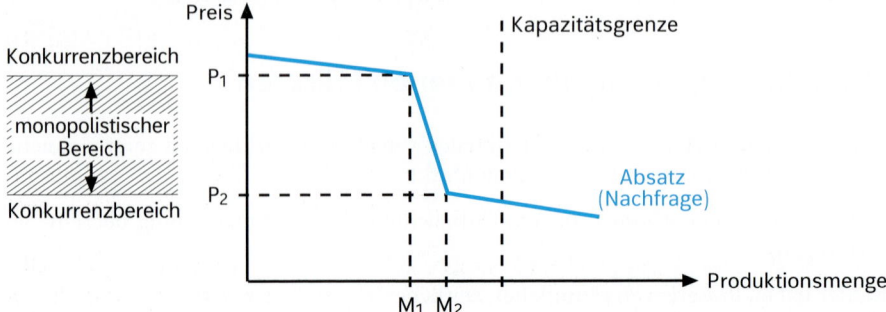

Fazit:

- Der Anbieter im Polypol auf dem unvollkommenen Markt verfügt über einen monopolistischen Freiraum, in dem er aktive Preispolitik betreiben und damit seinen Preis gewinnmaximal festsetzen kann.

- Bei zu hohen Preisen muss der Anbieter damit rechnen, dass die Kunden zur Konkurrenz abwandern.

- Bei sehr niedrigen Preisen muss der Anbieter damit rechnen, dass er die Nachfrage wegen seiner begrenzten Kapazität nicht befriedigen kann.

5 Eingriffe des Staates in die Preisbildung

Im vollkommenen Markt bildet sich der Marktpreis automatisch.

Wer als Unternehmer nicht zum Marktpreis anbieten will oder kann, wird von seinen Konkurrenten verdrängt. Wer als Konsument den Marktpreis nicht zahlen will oder kann, geht leer aus.

Marktpreise können aus sozialpolitischen Erwägungen zu hoch oder zu niedrig sein. Oftmals ist der Staat daher daran interessiert, den Preis für bestimmte Güter zu kontrollieren bzw. zu beeinflussen. Dies könnte ihn dazu veranlassen, in die Preisbildung einzugreifen.

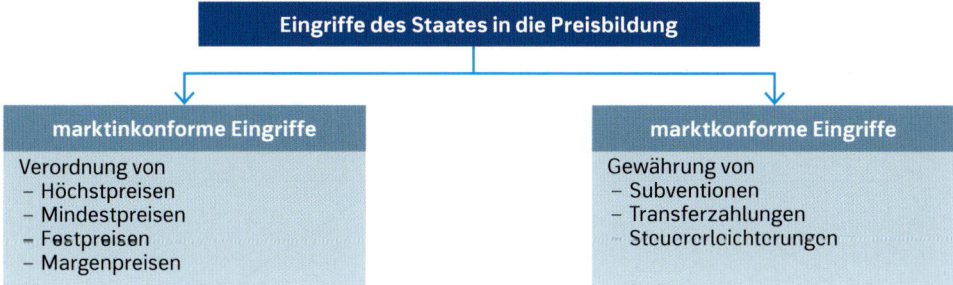

Durch marktinkonforme Eingriffe wird der Preisbildungsprozess außer Kraft gesetzt, während bei marktkonformen Eingriffen der Preisbildungsprozess im Prinzip erhalten bleibt.

Da die Volkswirtschaft der Bundesrepublik Deutschland eine Marktwirtschaft ist, sind die Eingriffe des Staates in die Preisbildung die Ausnahme.

Sie sind nur dann berechtigt, wenn die marktwirtschaftliche Preisbildung unter sozialen Gesichtspunkten zu Ergebnissen führt, die mit dem im Grundgesetz verankerten **Sozialstaatsprinzip** nicht vereinbar sind.

5.1 Marktinkonforme Eingriffe

Festpreise

Der Staat schreibt für ein Gut bzw. eine Dienstleistung einen bestimmten Preis vor, der weder über- noch unterschritten werden darf.

Beispiele:
- *Gebührenordnung für Ärzte*
- *nach dem Einkommen der Eltern gestaffelte Kindergartengebühren*
- *Preise für Medikamente*

Höchstpreise

Höchstpreise werden zum Schutz der Konsumenten vor zu hohen Preisen verordnet. Der Höchstpreis liegt immer unter dem Gleichgewichtspreis.

Beispiel: Im Zuge einer allgemeinen Lebensmittelknappheit setzt der Staat den Preis für 1 kg Brot auf 2,50 € fest, nachdem der Marktpreis auf 10,00 € gestiegen war und einkommensschwache Nachfrager bei diesem Preis nicht mehr ausreichend versorgt waren.

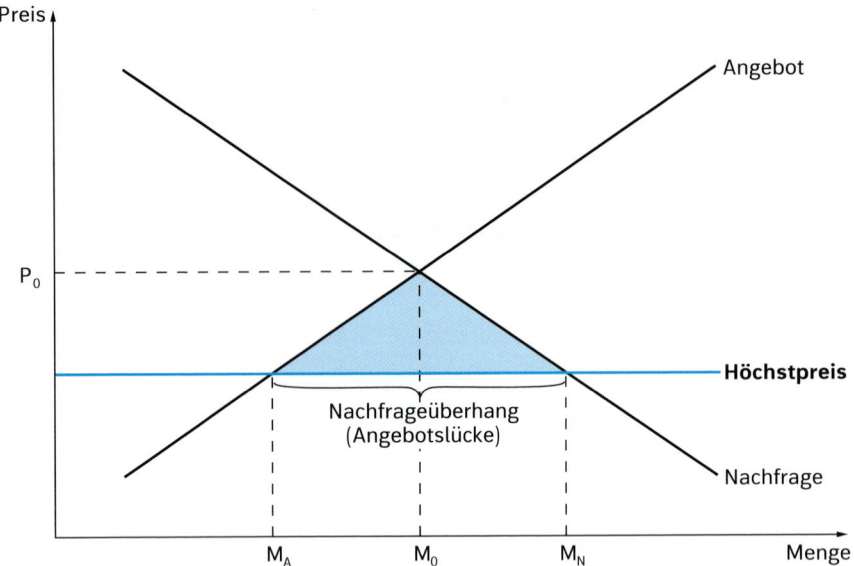

Es zeigt sich, dass der Höchstpreis zu einem **Nachfrageüberhang** führt. Die Angebotsmenge wird gegenüber der Gleichgewichtsmenge durch den Eingriff des Staates verringert, da eine Reihe von Anbietern nicht mehr in der Lage ist, bei diesem Preis noch kostendeckend zu produzieren. Eine Unterversorgung der Bevölkerung ist damit vorprogrammiert.

Nur durch Rationierung des begrenzten Angebots *(z. B. mithilfe von Lebensmittelkarten)* kann der Staat eine gleichmäßige Verteilung des vorhandenen Angebots erreichen.
Warteschlangen vor den Geschäften und die Entstehung illegaler „Schwarzmärkte", auf denen Ware zu „Marktpreisen" gehandelt wird, sind die äußeren Folgen der Höchstpreisverordnung.

Da die Lebensmittelversorgung in den Industrieländern inzwischen auf einem hohen Niveau liegt, spielen Höchstpreise hier keine Rolle mehr. Eine andere Situation liegt auf dem Wohnungsmarkt vor. Gerade in Großstädten und Ballungsgebieten sind die Mietpreise in den letzten Jahren außerordentlich stark gestiegen. Mit der 2015 eingeführten Mietpreisbremse (§§ 556d – 556g BGB) wurde daher ein System von Höchstpreisen eingeführt, deren Wirkung jedoch aufgrund der gesetzlichen Bedingungen begrenzt ist. So gilt die Mietpreisbremse beispielsweise nicht für Neubauten und Altbauten, die „umfassend modernisiert" wurden.

Mindestpreise

Mindestpreise werden festgelegt, um den Produzenten ein bestimmtes Mindesteinkommen zu sichern. Der Mindestpreis liegt immer über dem Gleichgewichtspreis.

Beispiel: Zum Schutz der Landwirtschaft setzt der Staat für 1 kg Rindfleisch einen Mindestpreis von 6,00 € fest, nachdem der Marktpreis im Zuge einer allgemeinen Produktivitätssteigerung auf 3,00 € gefallen war und viele landwirtschaftliche Betriebe dadurch an den Rand ihrer Existenz gedrängt worden waren.

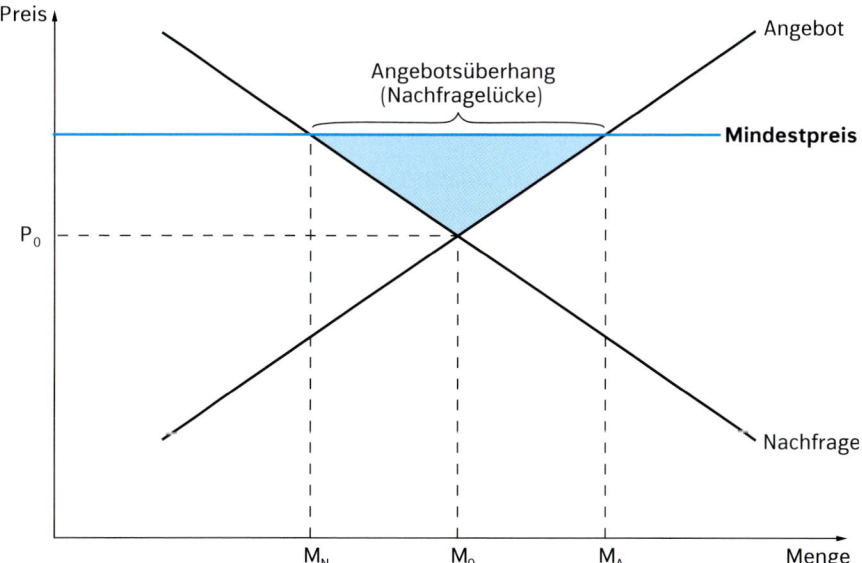

Es zeigt sich, dass der Mindestpreis zu einem **Angebotsüberhang** führt. Die Angebotsmenge wird gegenüber der Gleichgewichtsmenge durch den Eingriff des Staates erhöht, da nun auch solche Anbieter auf dem Markt auftreten können, die ansonsten dem marktwirtschaftlichen Ausleseprozess zum Opfer gefallen wären. Ein Überangebot ist damit vorprogrammiert.

Nur durch Interventionskäufe kann der Staat sein Ziel erreichen: In Höhe der vorhandenen Nachfragelücke müsste er selbst als Nachfrager auftreten und den Produzenten ihre Ware zum garantierten Mindestpreis abnehmen.
Überproduktion, überhöhte Preise und damit ebenfalls eine Unterversorgung der Konsumenten sind die äußeren Folgen der Mindestpreisverordnung.

Die Erfahrungen, die in der Vergangenheit mit marktinkonformen staatlichen Eingriffen gemacht wurden, sind häufig unbefriedigend. Sie zeigen, dass der Staat damit seine ursprüngliche Zielsetzung auf Dauer nicht erreichen kann und lediglich kurzfristig die äußeren Symptome, nicht jedoch die eigentlichen Ursachen einer wirtschaftlichen Fehlentwicklung bekämpfen kann.

In der Europäischen Union (EU) gibt es aktuell keine staatlich festgelegten Mindestpreise mehr. Die Agrarpolitik der EU besteht aus einer Kombination von Direktzahlungen an Landwirte und gezielten Förderprogrammen für eine nachhaltige und umweltschonende Landwirtschaft. Dies sind marktkonforme Eingriffe.

5.2   Marktkonforme Eingriffe

Die marktinkonformen Eingriffe des Staates haben zur Folge, dass nicht mehr die Marktkräfte, sondern staatliche Stellen den Ausgleich von Angebot und Nachfrage regulieren.
Die relative Erfolglosigkeit derartiger Eingriffe hat dazu geführt, dass der Staat versucht, das Marktgeschehen durch marktkonforme Eingriffe zu lenken.

> Bei *marktkonformen Eingriffen* bleiben die Funktionen der freien Marktpreisbildung erhalten. Die negativen sozialen Auswirkungen zu hoher oder zu niedriger Marktpreise werden durch Veränderung der Angebots- bzw. Nachfragebedingungen abgefedert.

Maßnahme: Durch Transferzahlungen und Steuererleichterungen werden einkommensschwache Privathaushalte begünstigt.

Folge: Die Nachfragekurve verlagert sich nach rechts.

Beispiel: Die Zahlung von Wohngeld ermöglicht Sozialhilfeempfängern den Bezug solcher Wohnungen, die sie sich normalerweise nicht leisten könnten. Der Vermieter erhält die übliche Marktmiete, sodass der Anreiz, Mietwohnungen zu bauen und zu unterhalten, bestehen bleibt. Würde der Staat stattdessen Miethöchstpreise vorschreiben, die nicht gewinnbringend oder sogar nicht kostendeckend sind, wäre eine Wohnungsnot die langfristige Folge.

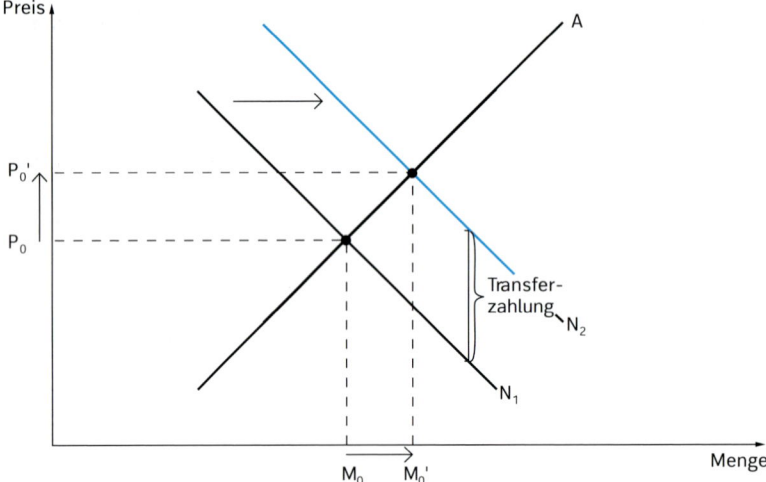

Maßnahme: Um Arbeitsplätze zu erhalten bzw. um die Verbraucherpreise niedrig zu halten, werden an Unternehmen bestimmter Branchen Subventionen gezahlt.

Folge: Die Angebotskurve verlagert sich nach rechts.

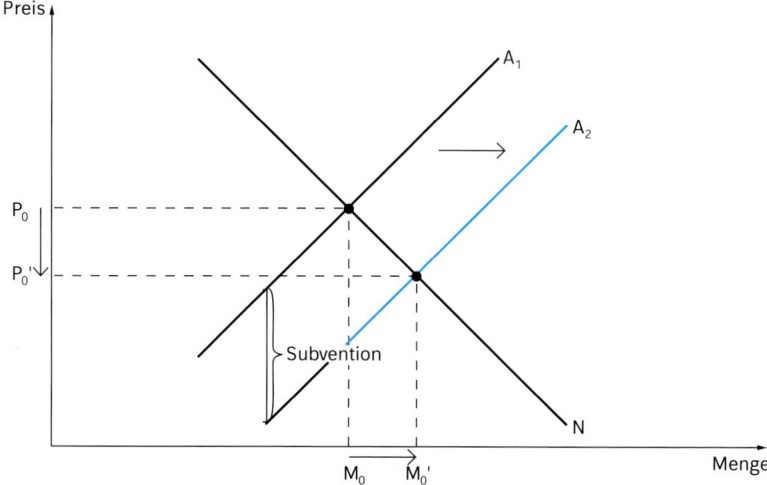

Maßnahme: Durch Erhöhung bestimmter Verbrauchsteuern (Tabaksteuer, Branntweinsteuer, Mineralölsteuer usw.) werden die Marktpreise der betroffenen Produkte künstlich verteuert.

Folge: Die Angebotskurve verlagert sich nach links.

Verbrauchsteuern dienen – wie alle Steuern – grundsätzlich der Finanzierung der öffentlichen Haushalte. Durch gezielte Steuerbelastung bestimmter Produkte kann aber auch unerwünschten Marktverhaltensweisen begegnet werden.

Beispiele:

- *Eine Erhöhung der Mineralölsteuer bringt viele Autofahrer dazu, auf öffentliche Verkehrsmittel umzusteigen.*
- *Eine Erhöhung der Tabaksteuer hält mehr Menschen vom Rauchen ab. Die Krankenkassen werden von
nikotinbedingten Krankheitskosten entlastet.*

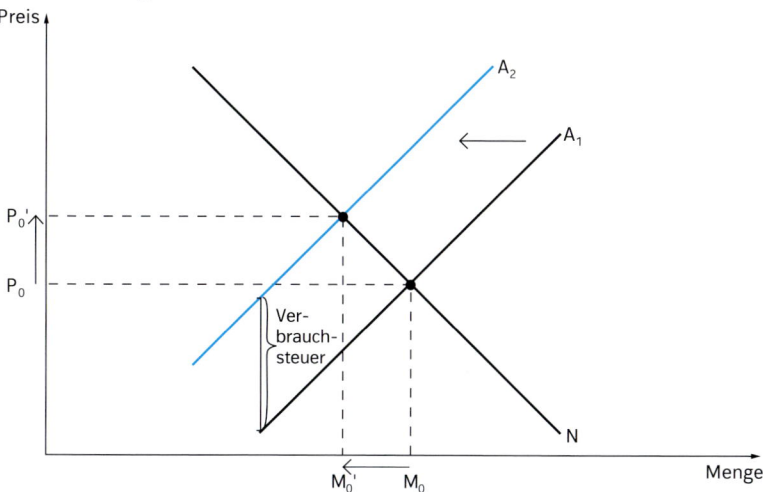

6   Zinsbildung auf den Geld- und Kapitalmärkten

So wie auf den Konsum- und Produktionsgütermärkten Preise für die dort gehandelten Güter entstehen, so entstehen die Zinsen aufgrund des Angebots und der Nachfrage von Geld und Kapital.

*Der **Zins** ist der Preis für die Bereitstellung von Krediten.*

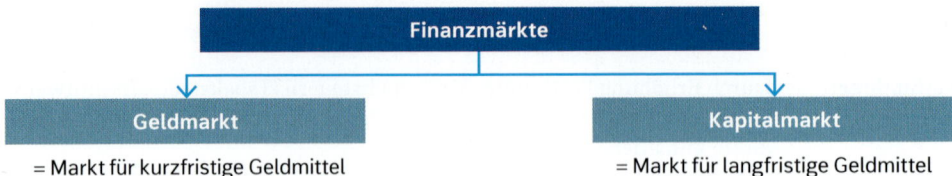

- Der **Anbieter erhält Zinsen** für die Überlassung der Geldmittel, weil er auf die gegenwärtige Verwendung seiner Geldmittel verzichtet. Je höher der Zinssatz, desto eher ist die Bereitschaft für diesen Verzicht.
- Der **Nachfrager zahlt Zinsen**, weil er mithilfe der Kreditmittel jetzt bereits Ausgaben tätigen kann, auf die er sonst zu diesem Zeitpunkt noch verzichten müsste. Je niedriger der Zinssatz, desto ausgeprägter ist die Bereitschaft, sich zu verschulden.

*Der **Marktzins** ist das Ergebnis des Zusammentreffens von Angebot und Nachfrage von Geld bzw. Kapital.*

Bei den Marktteilnehmern kann grundsätzlich von einem **zinselastischen Nachfrage- bzw. Angebotsverhalten** ausgegangen werden:
- Je höher der Zinssatz, desto geringer ist die Nachfrage und desto größer ist das Angebot.
- Je niedriger der Zinssatz, desto größer ist die Nachfrage und desto geringer ist das Angebot.

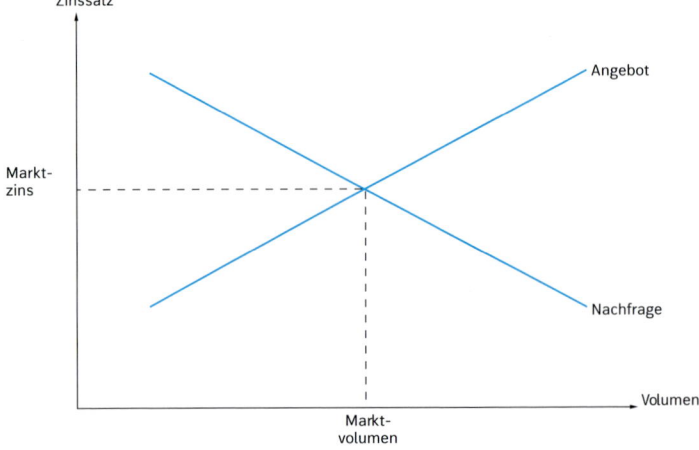

Auch hier gilt, dass der Preis, also der Zinssatz, nicht die alleinige Bestimmungsgröße von Angebot und Nachfrage ist.

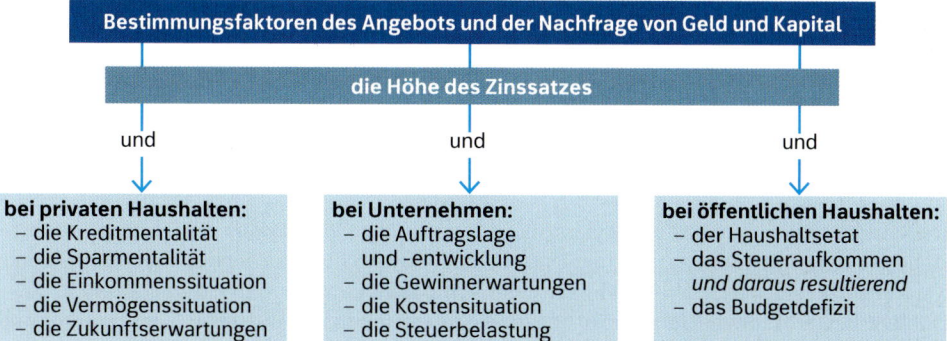

Bestimmungsfaktoren des Angebots und der Nachfrage von Geld und Kapital		
die Höhe des Zinssatzes		
und	und	und
bei privaten Haushalten:	**bei Unternehmen:**	**bei öffentlichen Haushalten:**
– die Kreditmentalität	– die Auftragslage	– der Haushaltsetat
– die Sparmentalität	und -entwicklung	– das Steueraufkommen
– die Einkommenssituation	– die Gewinnerwartungen	*und daraus resultierend*
– die Vermögenssituation	– die Kostensituation	– das Budgetdefizit
– die Zukunftserwartungen	– die Steuerbelastung	

Unterstellt man ein konstantes Angebot, so werden bei steigender Nachfrage die Zinsen steigen und umgekehrt bei sinkender Nachfrage die Zinsen fallen.

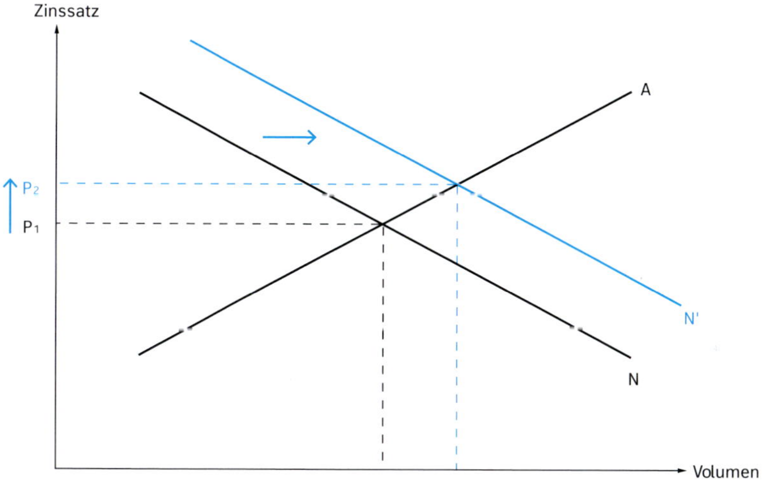

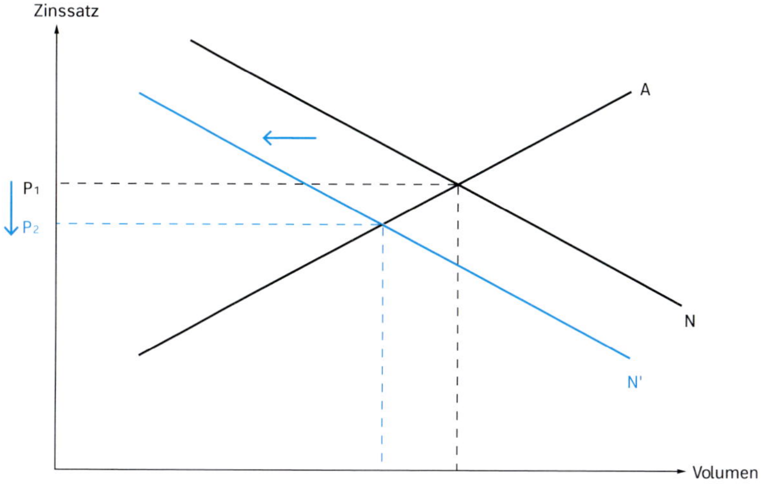

7 Kooperation und Konzentration von Unternehmen

7.1 Unternehmenszusammenschlüsse

Die wirtschaftliche Realität zeigt, dass sich ein wirksamer Wettbewerb nicht von alleine einstellt und erhält, sondern dass auf der Unternehmensseite häufig die Tendenz besteht, sich dem Konkurrenzdruck durch den Zusammenschluss mit anderen Unternehmen zu entziehen. Die Wettbewerbskonzentration führt dazu, dass die Anzahl der Wettbewerber abnimmt und sich die Anteile der am Markt verbleibenden Unternehmen auf immer weniger große Anbieter konzentrieren. Sie kann die Innovations-, Ausschaltungs- und Lenkungsfunktion des Wettbewerbs beeinträchtigen.

Unternehmenszusammenschlüsse, einerlei in welcher Form sie sich vollziehen, führen zur Konzentration wirtschaftlicher Kraft. Nach der Produktionsstufe lassen sich verschiedene **Arten der Unternehmenszusammenschlüsse** unterscheiden.

Arten der Zusammenschlüsse nach dem Unternehmensgegenstand

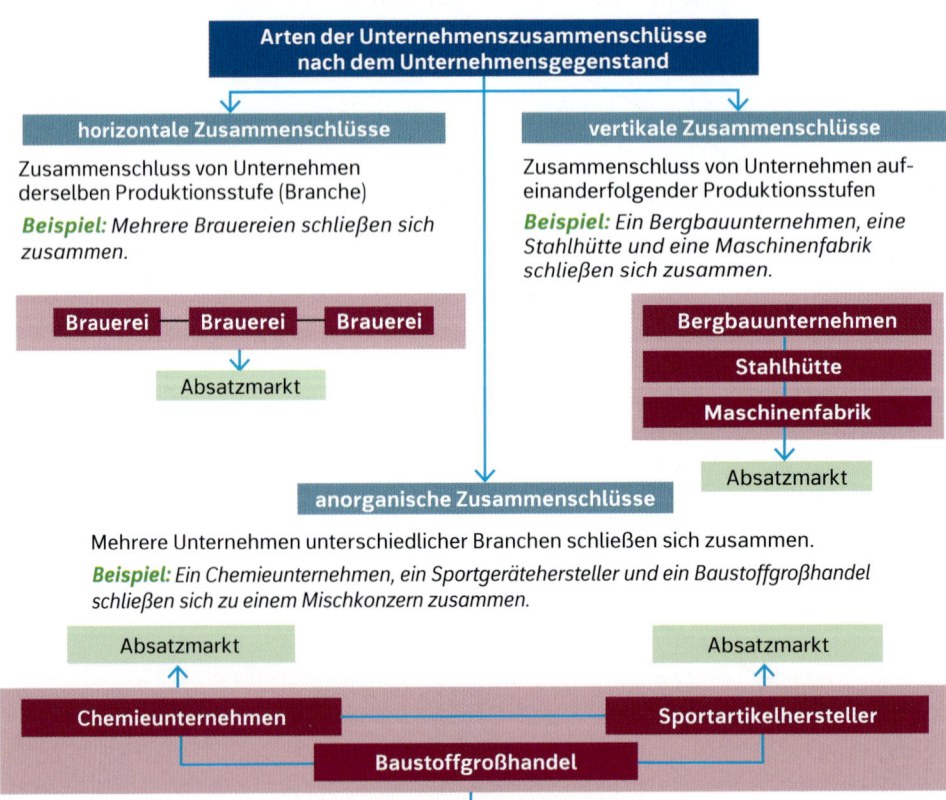

Ziele der Unternehmenszusammenschlüsse

Unternehmenszusammenschlüsse können unterschiedlich motiviert sein.
Es kann beabsichtigt sein:

- ein **Ausbau der Machtstellung** auf der Beschaffungsseite und/oder auf der Absatzseite.

- eine **Kostensenkung** in den betrieblichen Teilbereichen: Zusammenschlüsse können von der Beschaffungs-, Produktions- oder Absatzseite ausgehen.

Beispiele:
- *Nutzung von Synergieeffekten im Verbund von Kreditinstituten und Versicherungsgesellschaften („Allfinanz")*
- *Erzielung von Kostenvorteilen im DV-Bereich beim Zusammenschluss von Kreditgenossenschaften*
- *Erlangung günstiger Einkaufskonditionen durch Großaufträge beim Zusammenschluss von kleinen Einzelhandelsunternehmen*
- *Absatz durch eine gemeinsame Vertriebsgesellschaft bei Winzern*

- eine **Verminderung des Risikos.** So kann eine Verbindung mit den Hauptabnehmern das Absatzrisiko verringern, eine Verbindung mit den Hauptlieferanten die Beschaffung sichern.

Wirtschaftliche Zusammenschlüsse müssen sehr differenziert beurteilt werden. Eine einseitig negative Beurteilung wäre sachlich falsch:

- Oft entsteht erst durch Unternehmenszusammenschlüsse ein leistungsfähiges Unternehmen, das einerseits dem Druck der Konkurrenz standhalten kann, andererseits für etablierte Wettbewerber zu einem ernst zu nehmenden Konkurrenten wird. Zusammenschlüsse können auf diese Weise die Wettbewerbsintensität sogar erhöhen.

- Die industriellen Zusammenschlüsse ermöglichen eine Produktion in großen Stückzahlen. Dadurch können die Stückkosten gesenkt werden (Gesetz der Massenproduktion). Diese Kostenvorteile kommen den Konsumenten in Form niedriger Preise zugute.

- Bestimmte Produkte *(z.B. Flugzeuge, Benzin, Industrieanlagen)* können aus Wirtschaftlichkeitsgründen und aufgrund technischer Gegebenheiten nur von Großunternehmen hergestellt werden.

- Unternehmenszusammenschlüsse führen zu einer größeren Kapitalkraft, die teure Investitionen und umfangreiche Ausgaben für Forschung und Entwicklung erst möglich macht.

- Unternehmen, die sich in globalen Märkten für digitale Dienstleistungen behaupten müssen, sind oft nur bei entsprechender Größe wettbewerbsfähig.

Unternehmenszusammenschlüsse sind vor allem dann negativ zu beurteilen, wenn

- durch sie Wettbewerbsbeschränkungen entstehen, d.h. die Wettbewerbsintensität zum Nachteil der Konsumenten verringert wird,

  und

- sie zur Erlangung von Marktmacht führen.

Unternehmen bzw. Unternehmenszusammenschlüsse mit großer Marktmacht sind zumindest der Versuchung ausgesetzt, ihre Marktmacht zu missbrauchen, d.h. Gewinne zu erzielen, die weniger auf ihrer eigentlichen Marktleistung als vielmehr auf ihrer marktbeherrschenden Stellung beruhen.

Wettbewerbsbeschränkungen können schon aufgrund von eher „lockeren" Absprachen zwischen wirtschaftlich und rechtlich selbstständigen Unternehmen entstehen. Sie entstehen vor allem dann, wenn sich Unternehmen so zusammenschließen, dass sie gemeinsam eine marktbeherrschende Stellung erlangen.

Je nachdem, ob die Unternehmen ihre Selbstständigkeit behalten oder verlieren, spricht man von **Kooperation** oder **Konzentration**. Bei der Kooperation behalten die beteiligten Unternehmen ihre rechtliche Selbstständigkeit und es findet keine Kapitalbeteiligung statt. Bei der Konzentration liegt eine Kapitalbeteiligung vor; die Unternehmen können rechtlich selbstständig bleiben (Konzern) oder ihre rechtliche Selbstständigkeit aufgeben (Fusion).

7.2 Kooperationsformen

Kooperation liegt vor, wenn die betreffenden Unternehmen auf bestimmten Gebieten zusammenarbeiten, ihre wirtschaftliche und rechtliche Selbstständigkeit jedoch nicht verlieren.

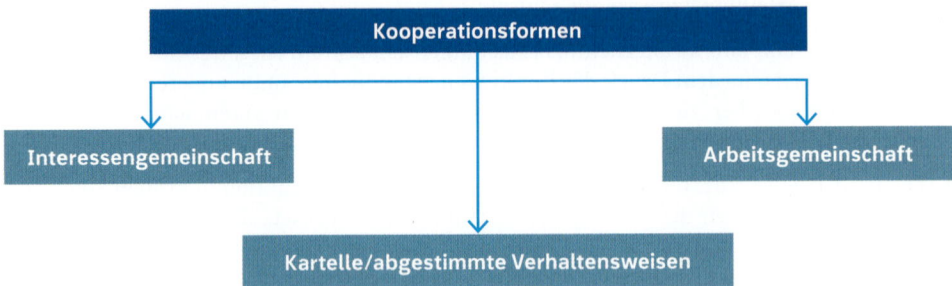

7.2.1 Interessengemeinschaft

Bei einer Interessengemeinschaft schließen sich Unternehmen, die rechtlich selbstständig bleiben, zu einem gemeinsamen wirtschaftlichen Zweck zusammen, meist in der Rechtsform einer GmbH oder eines eingetragenen Vereins (e. V.).

Gemeinsame Zwecke können sein:
- Forschung und Entwicklung
- Werbung und Öffentlichkeitsarbeit (Public Relations)
- Gemeinsame Nutzung von Datenverarbeitungsanlagen
- Durchführung von Marktuntersuchungen
- Ausbeutung von Rohstoffvorkommen
- Aus- und Weiterbildung der Mitarbeiter

Beispiele:
- *Bundesverband deutscher Banken e. V.*
- *Deutscher Sparkassen- und Giroverband e. V.*

7.2.2 Arbeitsgemeinschaft (ARGE)

Bei einer Arbeitsgemeinschaft schließen sich Unternehmen, die rechtlich selbstständig bleiben, zur Durchführung eines Auftrags zusammen, meist in Form einer BGB-Gesellschaft.

Beispiele:
– *Bau einer Brücke*
– *Errichtung eines Kraftwerks*

Nach Durchführung des Auftrags endet die Arbeitsgemeinschaft.
Im Bereich der Kreditwirtschaft spielt das **Konsortium** eine besondere Rolle, bei dem sich Kreditinstitute zusammenschließen, um bei größeren finanzwirtschaftlichen Vorhaben Volumina und Risiken zu verteilen.

Beispiele: Emissionskonsortium, Kreditkonsortium

7.2.3 Kartelle

Kartelle sind vertragliche Absprachen zwischen Unternehmen derselben Branche u. a. über Preise, Produktqualitäten oder Produktionsmengen.

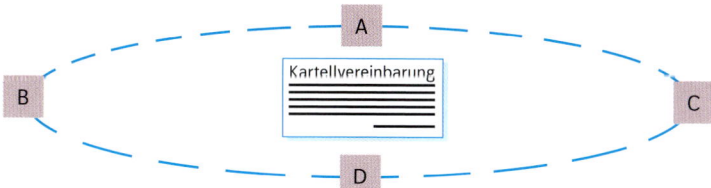

Die Unternehmen behalten ihre rechtliche Selbstständigkeit, geben jedoch ihre wirtschaftliche Selbstständigkeit in den Bereichen auf, die Gegenstand der Kartellabsprache sind.

Wettbewerbsbeschränkende Kartelle sind verboten. Welche Vereinbarungen im Einzelnen unter das Kartellverbot fallen, lässt das Gesetz offen.[1]

- *Vereinbarungen zwischen Unternehmen*
- *Beschlüsse von Unternehmensvereinigungen und*
- *aufeinander abgestimmte Verhaltensweisen,*
die eine Verhinderung, Einschränkung oder Verfälschung des Wettbewerbs bezwecken oder bewirken, sind verboten (§ 1 GWB[1]).

Beispiele für kartellrechtlich unzulässige Absprachen:

Preiskartell: *Wettbewerber A und Wettbewerber B vereinbaren, dass sie künftig ihre Produkte nicht mehr unter einem bestimmten Mindestpreis anbieten werden.*

Quotenkartell: *Zwei Baustahlhändler kommen überein, dass innerhalb Bayerns Unternehmen A ausschließlich Kunden beliefern soll, die einen jährlichen Bedarf von mehr als 150 000 t Stahl haben. Kunden mit einem darunterliegenden Jahresbedarf sollen ausschließlich von Unternehmen B versorgt werden.*

---

[1] *GWB = Gesetz gegen Wettbewerbsbeschränkungen (Kartellgesetz); vgl. auch S. 282 ff.*

Gebietskartell: *Vier Zementhersteller teilen sich Deutschland in vier Verkaufsgebiete auf und*
                                         verpflichten sich, die Verkaufsgebiete der jeweils anderen drei Mitbewerber
                                         nicht zu beliefern.

Submissionskartell
(Sonderform des
Preiskartells):   *Bauunternehmen sprechen ihre Preise bei der öffentlichen Ausschreibung einer*
                                         Flughafenerweiterung ab.

Freistellung vom Kartellverbot

Das GWB erlaubt unter bestimmten Bedingungen eine Freistellung vom Kartellverbot. Es gilt
die Generalklausel des §2 GWB. *Danach ist eine Vereinbarung vom Kartellverbot freigestellt,*
wenn sie den Wettbewerb fördert und den Beteiligten keine unnötigen Beschränkungen auferlegt
(System der Legalausnahme). Unternehmen müssen daher in allen Fällen eigenverantwortlich
selbst beurteilen, ob sich ihr Verhalten spürbar auf den Wettbewerb auswirkt und die Voraussetzungen für eine Freistellung erfüllt. Diese Selbsteinschätzung erfordert umfangreiche
Kenntnisse des Wettbewerbsrechtes. Ein Anspruch gegenüber dem Kartellamt auf eine Auskunft über die rechtliche Zulässigkeit der geplanten Vereinbarung besteht nicht.

GWB §2
Freigestellte Vereinbarungen
(1) vom Verbot des §1 freigestellt sind Vereinbarungen zwischen Unternehmen,
    Beschlüsse von Unternehmensvereinigung oder aufeinander abgestimmte Verhal-
    tensweisen, die unter angemessener Beteiligung der Verbraucher an dem entstehen-
    den Gewinn zur Verbesserung der Warenerzeugung oder -verteilung oder zur Förde-
    rung des technischen oder wirtschaftlichen Fortschritts beitragen, ohne dass den
    beteiligten Unternehmen
    1. Beschränkungen auferlegt werden, die für die Verwirklichung dieser Ziele nicht
       unerlässlich sind, oder
    2. Möglichkeiten eröffnet werden, für einen wesentlichen Teil der betreffenden Wa-
       ren den Wettbewerb auszuschalten

(2) Bei der Anwendung von Absatz 1 gelten die Verordnungen des Rates oder der Kommis-
    sion der Europäischen Gemeinschaft über die Anwendung von Artikel 81 Abs. 3 des
    Vertrages zur Gründung der Europäischen Gemeinschaft auf bestimmte Gruppen von
    Vereinbarungen, Beschlüsse von Unternehmensvereinigungen und aufeinander abge-
    stimmte Verhaltensweisen (Gruppenfreistellungsverordnungen) entsprechend. Dies
    gilt auch, soweit die dort genannten Vereinbarungen, Beschlüsse und Verhaltenswei-
    sen nicht geeignet sind, den Handel zwischen den Mitgliedstaaten der Europäischen
    Gemeinschaft zu beeinträchtigen.

Mittelstandskartelle

Eine Ausnahme von der Freistellung kraft Gesetzes gilt für Vereinbarungen zwischen kleineren und mittleren Unternehmen (bis 250 Mitarbeiter, bis 50 Mio. € Umsatz, bis 43 Mio. €
Bilanzsumme) die im Wettbewerb miteinander stehen. Ihnen ist die Bildung von Mittel-
standskartellen nach §3 GWB gestattet. Um Klarheit über die Zulässigkeit ihrer Kartellbil-
dung zu erlangen, haben sie einen Anspruch auf eine Entscheidung des Kartellamtes, dass
kein Anlass zum Eingreifen besteht (Nichttätigkeitsbescheid).

GWB §3

Mittelstandskartelle

(1) Vereinbarungen zwischen miteinander im Wettbewerb stehenden Unternehmen und Beschlüsse von Unternehmensvereinigungen, die die Rationalisierung wirtschaftlicher Vorgänge durch zwischenbetriebliche Zusammenarbeit zum Gegenstand haben, erfüllen die Voraussetzungen des §2 Abs. 1, wenn

   1. dadurch der Wettbewerb auf dem Markt nicht wesentlich beeinträchtigt wird und
   2. die Vereinbarung oder der Beschluss dazu dient, die Wettbewerbsfähigkeit kleiner oder mittlerer Unternehmen zu verbessern.

Beispiel: Mehrere Schreinereibetriebe gründen eine gemeinsame Gesellschaft zur Durchführung von Generalunternehmeraufträgen bei Großprojekten im Bereich von Schreinerausbaugewerken sowie Laden- und Geschäftsausstattungen. Die Gesellschafter haben sich auf unterschiedliche Bereiche des Bauschreinerhandwerks und benachbarter Bereiche spezialisiert, wie z.B. den Ladenbau einschließlich der Schlosserei, Kühltechnik, Gastronomieausbau, Türen- und Fensterbau, Treppenbau, Einbruchsicherung, Feuerschutz. Sie bringen ihre jeweiligen Fachkenntnisse in die Kooperation mit ein und bewirken so eine Rationalisierung der betrieblichen Abläufe bei allen Beteiligten; die gemeinsame Gesellschaft eröffnet ihnen bessere Möglichkeiten zur Vermarktung ihres Angebots

7.3   Konzentrationsformen

Konzentration liegt vor, wenn die betreffenden Unternehmen aufgrund einer Kapitalbeteiligung ihre rechtliche und/oder wirtschaftliche Selbstständigkeit ganz oder teilweise verlieren.

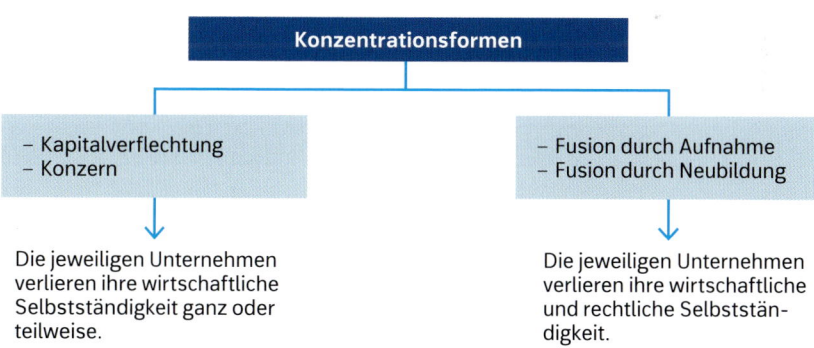

Kapitalverflechtung

Kapitalverflechtungen entstehen dadurch, dass sich ein Unternehmen an einem anderen Unternehmen kapitalmäßig beteiligt.

- Minderheitsbeteiligungen
- Schachtelbeteiligungen (mindestens 10 %)
- Mehrheitsbeteiligungen (über 50 %)
- indirekte Beteiligungen (mittelbar, z.B. Unternehmen A ist an Unternehmen B beteiligt, B wiederum an C, damit ist A mittelbar an C beteiligt)

Die Beherrschung der Tochter erfolgt bei der Aktiengesellschaft in drei Stufen:

- Mit 25% Kapitalanteil (plus 1 Stimme) können Hauptversammlungsbeschlüsse verhindert werden, die eine 3/4-Mehrheit erfordern (Sperrminorität),

- mit 50% Kapitalanteil (plus 1 Stimme) können die meisten Ziele eines Hauptaktionärs durchgesetzt werden (absolute Mehrheit) und

- mit 75% Kapitalanteil können praktisch alle eigenen Vorstellungen in der Gesellschaft verwirklicht werden (satzungsändernde Mehrheit).

7.3.1   Konzern

Kapitalverflechtungen führen zur Entstehung eines Konzerns, wenn ein herrschendes Unternehmen (Muttergesellschaft) über ein oder mehrere abhängige Unternehmen (Tochtergesellschaften) die einheitliche Leitung ausübt.

Die einheitliche Leitung ermöglicht es, die wirtschaftlichen Interessen und Aufgaben der Konzernunternehmen aufeinander abzustimmen.
Man unterscheidet zwischen Unterordnungskonzern und Gleichordnungskonzern.

Unterordnungskonzern
Ein Unternehmen kauft die Kapitalmehrheit an einem oder mehreren anderen Unternehmen auf. Durch die Kapitalverflechtung entsteht ein sogenanntes **Mutter-Tochter-Verhältnis**, das oft mit einem **Beherrschungsvertrag** (Leitung der Tochterunternehmung wird der Mutterunternehmung unterstellt) oder **Gewinnabführungsvertrag** (Gewinn der Tochter wird an die Mutter abgeführt) verbunden ist.

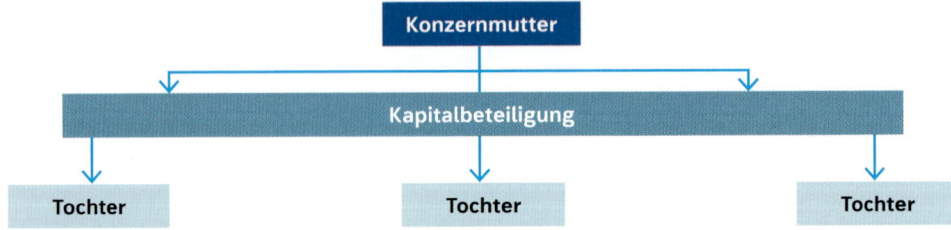

Gleichordnungskonzern
Die Konzernunternehmungen tauschen ihre Kapitalbeteiligungen gleichmäßig aus. Dazu müssen die Unternehmen kein neues Kapital aufbringen. Aufgrund der Ausgewogenheit der Beteiligung besteht ein gleichgewichtiger, gegenseitiger Einfluss. Man spricht dann von **Schwestergesellschaften**. Die einheitliche Leitung entsteht hier durch gegenseitige Abstimmung.

7.3.2 Holding

Eine Holding stellt als Dachgesellschaft die Verwaltungsspitze eines Konzerns dar und beherrscht die angeschlossenen Gesellschaften. Sie ist in der Regel reine Verwaltungs- und Finanzierungsgesellschaft. Die beteiligten Unternehmen bleiben rechtlich selbstständig und eigenverantwortlich für das operative Geschäft.

Beispiele: Douglas Holding AG, MD Bau Holding AG

7.3.3 Fusion

> Bei einer **Fusion** (= Verschmelzung) wird ein Unternehmen unter Aufgabe seiner rechtlichen und wirtschaftlichen Selbstständigkeit mit dem gesamten Vermögen in ein anderes Unternehmen eingegliedert.

Die aufzunehmende Unternehmung erlischt durch Fusion (Fusion durch Aufnahme). Es ist auch möglich, dass alle fusionierenden Firmen gelöscht werden. Sie übertragen dann ihr gesamtes Vermögen auf eine gemeinsam von ihnen gegründete neue Gesellschaft (Fusion durch Neugründung).

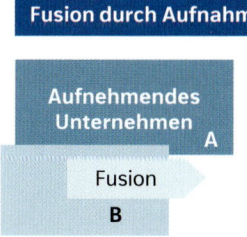

Fusion durch Aufnahme

Aufnehmendes Unternehmen A

Fusion B

Beispiel:
Übernahme der Dresdner Bank AG (aufzunehmendes Unternehmen) durch die Commerzbank AG (aufnehmendes Unternehmen)

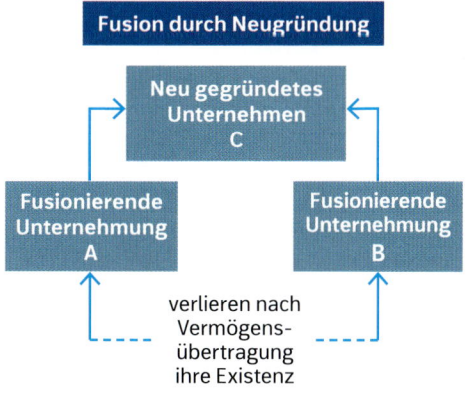

Fusion durch Neugründung

Neu gegründetes Unternehmen C

Fusionierende Unternehmung A

Fusionierende Unternehmung B

verlieren nach Vermögensübertragung ihre Existenz

Beispiel:
Fusion von Bayerischer Hypotheken- und Wechselbank und Bayerischer Vereinsbank zur HypoVereinsbank AG

Kapitalbeteiligungen und beabsichtigte Fusionen müssen dem Bundeskartellamt, ggf. der EU-Kommission ab einer bestimmten Größenordnung angezeigt werden. *Fusionsverbote* können ausgesprochen werden, wenn durch den Zusammenschluss eine marktbeherrschende Stellung entstehen würde.

Staatliche Wettbewerbspolitik ist ein Teilbereich der staatlichen Ordnungs- und Wirtschaftspolitik. Ihre Aufgaben sind
- die Erhaltung eines funktionsfähigen Wettbewerbs,
- der Schutz der Konsumenten vor Wettbewerbsbeschränkungen und
- die Verhinderung unlauterer Wettbewerbspraktiken.

Die rechtlichen Rahmenbedingungen der staatlichen Wettbewerbspolitik sind im Gesetz gegen Wettbewerbsbeschränkungen (GWB) und im Gesetz gegen den unlauteren Wettbewerb
(UWG) geregelt.

8.1   Kartellregelung

Das **Bundeskartellamt** mit Sitz in Bonn versucht als „Hüter des Wettbewerbs", die Entstehung und den Missbrauch von Marktmacht zu verhindern. Eine Kernaufgabe des Bundes-
kartellamts besteht in der Aufdeckung und Verfolgung wettbewerbsbeschränkender und
damit verbotener Kartelle.

Da die Beteiligten illegale Kartellabsprachen diskret
und verschwiegen „in Hinterzimmern" treffen, ist das
Kartellamt bei dieser Aufgabe oft auf die Hilfe von
Insidern angewiesen, die solche Absprachen melden.
Es bedient sich dabei auch Kronzeugenregelungen,
nach der aussagewillige Beteiligte eine geringe Strafe
erhalten oder sogar ganz straffrei bleiben. Zudem gibt
es ein Hinweisgebersystem, auf dem Insider auch an-
onym Kartellverstöße melden können.

Bei Verstößen verhängt das Kartellamt Bußgelder, deren konkrete Höhe von mehreren Faktoren abhängig
ist (Schwere und Dauer der Tat, Produktumsatz usw.).

Kartellregelung im EU-Binnenmarkt
Der EU-Binnenmarkt erfordert auch eine einheitliche Wettbewerbspolitik auf europäischer
Ebene. In dem Vertrag über die Arbeitsweise der Europäischen Union (AEUV) sind gemeinsame Regeln betreffend Wettbewerb, Steuerfragen und Angleichung der Rechtsvorschriften
geregelt *(Art. 101–118 AEUV)*.

In den EU-Ländern sind Vereinbarungen verboten, die den Handel zwischen Mitgliedstaaten
beeinträchtigen und den Wettbewerb innerhalb des Binnenmarkts behindern *(Art. 101
AEUV)*.

Zuständig für die Durchsetzung der Wettbewerbsvorschriften ist die innerhalb der Europäischen Kommission angesiedelte Generaldirektion Wettbewerb; sie arbeitet mit den nationalen Wettbewerbsbehörden der EU-Staaten eng zusammen.

EU-Kartellverfahren

Die Europäische Kommission hat wegen Verstoßes gegen die EU-Kartellvorschriften Geldbußen in Höhe von 31 647 000,00 € gegen Coroos und Groupe CECAB verhängt. Bonduelle wurde die Geldbuße erlassen, weil das Unternehmen die Kommission vom Bestehen des Kartells in Kenntnis gesetzt hatte.

Die Kommission hat festgestellt, dass Bonduelle, Coroos und Groupe CECAB mehr als 13 Jahre lang an einem Kartell für die Lieferung bestimmter Arten von Dosengemüse an Lebensmittelhändler und Gastronomiebetriebe im Europäischen Wirtschaftsraum (EWR) beteiligt waren. Alle drei Unternehmen räumten ihre Kartellbeteiligung ein und stimmten einem Vergleich zu. [...]

Quelle: Europäische Kommission: Kartellrecht: EU-Kommission verhängt gegen Coroos und Groupe CECAB in einem Vergleichsverfahren Geldbußen in Höhe von 31.6 Mio. EUR wegen Beteiligung an einem Kartell für Dosengemüse, Brüssel, 27.09.2019 In: https://ec.europa.eu/ commission/presscorner/api/files/document/ print/de/ip_19_5911/IP_19_5911_DE.pdf (30.04.2021)

8.2 Fusionskontrolle

Eine weitere Aufgabe des Bundeskartellamtes ist die Fusionskontrolle. Das Kartellamt prüft bei Zusammenschlüssen (Fusionen) von Unternehmen die Auswirkungen auf den Wettbewerb. Dazu analysiert und bewertet das Kartellamt die Verhältnisse auf dem Markt, der von einem Zusammenschluss betroffen ist.

Nicht jeder neue Zusammenschluss unterliegt der Fusionskontrolle durch das Bundeskartellamt. Eine Kontrollpflicht besteht erst ab einer bestimmten wirtschaftlichen Größe des Vorhabens:

- Die beteiligten Unternehmen müssen zusammen weltweit mehr als 500 Mio. € Umsatz erzielen.
- Innerhalb Deutschlands muss mindestens eines der beteiligten Unternehmen mehr als 25 Mio. € und ein anderes mehr als 5 Mio. € Umsatz erzielen *(§ 35 GWB).*

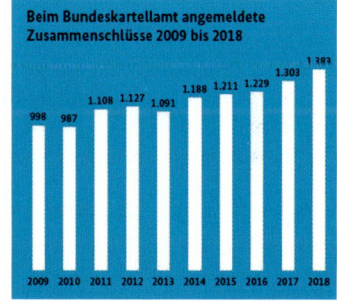

Die Fusionskontrolle erstreckt sich auch auf Mehrheitsbeteiligungen an anderen Unternehmen. Eine Minderheitsbeteiligung von weniger 25 % der Stimmrechte oder Kapitalanteile an einem anderen Unternehmen ist dem Bundeskartellamt ebenfalls zu melden, das dann prüft, ob die Beteiligung das erwerbende Unternehmen in die Lage versetzt, künftig einen wettbewerblich erheblichen Einfluss auf das andere Unternehmen auszuüben. Sogar den Erwerb wesentlicher Vermögensgegenstände, z. B. eines Produktionsstandortes oder eines Geschäftszweiges, kann das Kartellamt im Rahmen der Fusionskontrolle verbieten, wenn dadurch der Wettbewerb gefährdet ist.

Fusionskontrolle im EU-Binnenmarkt

Zusammenschlüsse mit „gemeinschaftsweiter Bedeutung" prüft und genehmigt die Europäische Kommission in Brüssel auf der Grundlage der Europäischen Fusionskontrollverordnung (FKVO).

8.3   Missbrauchsaufsicht

Der Missbrauchsaufsicht des Bundeskartellamtes unterliegen marktbeherrschende und marktstarke Unternehmen.

Marktbeherrschende Unternehmen ...	Marktstarke Unternehmen ...
sind Unternehmen, die – keinem wesentlichen Wettbewerb ausgesetzt sind und – eine überragende Marktstellung haben. *Beispiele für Beurteilungskriterien* – *Marktanteile des Unternehmens* – *Marktanteile der Mittwettbewerber* – *Verfügbarkeit wettbewerbsrelevanter Ressourcen (Patente, Vertriebsnetze usw.)* – *Marktzutrittschancen für neue Anbieter* – *Wechselkosten für Kunden*	sind Unternehmen, – bei denen nicht die Kriterien einer marktbeherrschenden Stellung vorliegen, – von denen allerdings andere, insbesondere kleine und mittlere Unternehmen abhängig sind. *Beispiel:* *Fünf Großhandelsgesellschaften haben beim Vertrieb eines Produktes, das von vielen kleinen und mittleren Unternehmen hergestellt wird, jeweils einen relativ hohen Marktanteil, ohne dass eine von ihnen marktbeherrschend ist. Beim Vertrieb des Produktes sind die kleinen und mittleren Unternehmen jedoch von ihnen abhängig. Als marktstarke Unternehmen unterliegen die fünf Großhandelsgesellschaften somit der Missbrauchsaufsicht.*

Das Bundeskartellamt prüft die infrage kommenden Unternehmen im Hinblick auf eine missbräuchliche Behinderung des Wettbewerbs.

Beispiele
- *Ein marktbeherrschendes Unternehmen verweigert Konkurrenten den Zugang zu eigenen Netzen, Leitungen usw.*
- *Ein Anbieter, der bei bestimmten Produkten über eine marktbeherrschende Stellung verfügt, koppelt die Abnahme dieser Produkte mit der Abnahme anderer Produkte, die eine geringere Marktbedeutung haben.*
- *Ein marktbeherrschendes Unternehmen versucht Konkurrenten mit einer Niedrigpreisstrategie vom Markt zu drängen.*
- *Ein marktbeherrschendes Unternehmen setzt Zulieferer durch aggressive Forderungen nach Gewährung von Preisnachlässen unter Druck.*

Im Falle eines missbräuchlichen Verhaltens kann das Bundeskartellamt eine Beendigung der Missbrauchsmaßnahme anordnen. Sollte das Unternehmen aufgrund seiner marktbeherrschenden Stellung überhöhte Preise in Rechnung gestellt haben, kann das Amt eine Rückerstattung an die geschädigten Kunden verlangen. Außerdem hat es die Möglichkeit, Bußgelder zu verhängen.

Missbrauchsaufsicht im EU-Binnenmarkt

Auch auf EU-Ebene existiert eine Missbrauchsaufsicht.

Die missbräuchliche Ausnutzung einer beherrschenden Stellung auf dem Binnenmarkt oder auf einem wesentlichen Teil des Binnenmarktes durch ein oder mehrere Unternehmen ist verboten, wenn der Handel zwischen Mitgliedstaaten beeinträchtigt wird *(§ 102 AEUV)*.

Bundeskartellamt zeigt XXXLutz kartellrechtliche Grenzen bei Sonderrabattforderungen auf

Branche: Möbelhandel
Aktenzeichen: B1-7/19-7
Datum der Entscheidung: 25. Februar 2020

Das Bundeskartellamt hatte im Herbst 2019 die von der XXXLutz KG, Wels, Österreich (nachfolgend: „XXXLutz"), gegenüber Lieferanten erhobene Forderung nach einem „Jubiläumsrabatt" aufgegriffen und Bedenken geäußert, dass das Verhalten von XXXLutz gegen das kartellrechtliche Missbrauchsverbot verstoßen könnte. XXXLutz ist daraufhin mit den Lieferanten in Verhandlungen über den Rabatt getreten. Das Unternehmen hat auf Drängen des Bundeskartellamtes allen Lieferanten, mit denen ursprünglich keine Gegenleistung für den Rabatt vereinbart worden war, eine solche angeboten und zudem mit allen Lieferanten die jeweilige Gegenleistung schriftlich festgehalten. Vor diesem Hintergrund konnte das Bundeskartellamt von einer vertieften Prüfung des Sachverhaltes absehen.

Quelle: Bundeskartellamt: Bundeskartellamt zeigt XXXLutz kartellrechtliche Grenzen auf. In: https://www.bundeskartellamt.de/ SharedDocs/Entscheidung/DE/Fallberichte/ Missbrauchsaufsicht/2020/B1-7-19-7.pdf?__ blob=publicationFile&v=4 (30.04.2021)

8.4   Maßnahmen gegen unlauteren Wettbewerb

Das **Gesetz gegen den unlauteren Wettbewerb (UWG)** soll dafür sorgen, dass der Wettbewerb unter den Anbietern fair, d.h. ausschließlich mit zulässigen Wettbewerbsinstrumenten (Preispolitik, Produktpolitik, Werbung, Vertriebspolitik) geführt wird. Es schützt Unternehmen und Verbraucher vor unlauteren (unfairen) Wettbewerbspraktiken und sorgt für einen unverfälschten Wettbewerb.

Das Bundeskartellamt ist auch für die Einhaltung der Normen des UWG zuständig Es untersucht Vorgänge, bei denen ein Verdacht auf gravierende Verstöße gegen verbraucherrechtliche Regelungen besteht. Darüber hinaus gibt das UWG jedem Unternehmen die Möglichkeit, Verstöße von Mitbewerbern durch eine **Abmahnung** zu ahnden.

Nach dem UWG sind **unlautere geschäftliche Handlungen unzulässig** *(§ 3 Abs. 1 UWG)*.

Unlautere geschäftliche Handlungen sind
- Handlungen, die sich an Verbraucher richten oder diese erreichen, wenn sie nicht der unternehmerischen Sorgfalt entsprechen und dazu geeignet sind, das wirtschaftliche Verhalten des Verbrauchers wesentlich zu beeinflussen *(§ 3 Abs. 2 UWG)*;
- zudem bestimmte, in einem Anhang aufgeführte Handlungen gegenüber Verbrauchern *(§ 3 Abs. 3 UWG)*.

Beispiele

Beispiele gemäß Anhang zu § 3 Abs. 3 UWG:
- *Verwendung von Qualitätskennzeichen ohne erforderliche Genehmigung*
- *unwahre Angaben über Art und Ausmaß einer Gefahr für die persönliche Sicherheit des Verbrauchers bzw. seiner Familie*
- *Erwecken des unzulässigen Eindrucks, der Verbraucher habe einen Preis gewonnen*

Darüber hinaus gibt es weitere verbotene Handlungen:
- aggressive geschäftliche Handlungen
- irreführende geschäftliche Handlungen

Eine vergleichende Werbung ist nur bei Einhaltung bestimmter Grundsätze zulässig.

Aggressive geschäftliche Handlungen (§ 4a UWG)

Eine geschäftliche Handlung ist aggressiv, wenn sie geeignet ist, die Entscheidungsfreiheit des Verbrauchers oder sonstigen Marktteilnehmers erheblich zu beeinträchtigen.

Beispiele

- *Belästigung*
- *Nötigung einschließlich der Anwendung körperlicher Gewalt*
- *unzulässige Beeinflussung (durch Ausüben von Druck auch ohne Androhung oder Anwendung körperlicher Gewalt)*

Irreführende geschäftliche Handlungen (§ 5 UWG)

Irreführend können Angaben über Beschaffenheit, Ursprung, Herstellungsart, Preisbemessung einzelner Waren oder des gesamten Angebots, Preislisten, Bezugsart, Bezugsquellen, Besitz von Auszeichnungen, Anlass oder Zweck des Verkaufs oder Menge der Vorräte sein.

Beispiele

- *Cadbury, britischer Schokoladenhersteller, musste wegen Irreführung seinen Schokoriegel „Swiss Chalet" umbenennen.*
- *Durch Herausstellen einzelner Niedrigpreisartikel (ohne Kennzeichnung als Sonderangebot) wird ein preisgünstiges Gesamtangebot vorgetäuscht („Lockvogelwerbung").*
- *Ein Kühlschrank ohne technische Spitzenausführung wird als „Luxusausführung" gekennzeichnet.*

Als irreführend gilt auch ein Unterlassen. Irreführende Unterlassung liegt vor, wenn ein Anbieter eine Tatsache verschweigt und dadurch die Kaufentscheidung eines Verbrauchers beeinflusst.

Beispiel

Ein Gartencenter verkauft Pflanzen, ohne darauf hinzuweisen, dass es sich um Zimmerpflanzen handelt, die nicht in den Garten gepflanzt werden dürfen.

Vergleichende Werbung (§ 6 UWG)

Eine vergleichende Werbung muss folgende Bedingungen erfüllen:
- Sie darf nicht irreführend sein.
- Sie muss sich auf gleiche Waren oder Dienstleistungen für den gleichen Bedarf beziehen.
- Sie muss die Waren oder Dienstleistungen objektiv und nachprüfbar vergleichen.
- Sie darf zu keiner Herabsetzung oder Verunglimpfung der Konkurrenz führen.

Beispiele

- *Werbung des Discounters Lidl mit Anspielung auf den Konkurrenten ALDI: „Lidl lohnt sich, ALDI anderen sind teurer."*
  → Erlaubt, da es sich nur um ein Wortspiel und nicht um eine Verunglimpfung handelt.
- *Werbung von Amazon für das Streaming-Angebot „Amazon Prime": Herausstellung des günstigeren Preises und zusätzlicher Leistungen im Vergleich zu einer Netflix-Mitgliedschaft.*
  → Erlaubt, da es sich um eine „gleiche Dienstleistung" handelt.

Geld ist eine jener Selbstverständlichkeiten des Lebens, die man normalerweise nicht erklären muss. Es spielt die zentrale Rolle in einer modernen Volkswirtschaft und ist aus dem Wirtschaftsleben nicht mehr wegzudenken. Kaum jemand kann auf das Geldverdienen verzichten, um seinen Lebensunterhalt und seine Zukunft abzusichern.

1.1   Geschichte des Geldes

In den Anfängen der Menschheitsgeschichte kannte man das Geld nicht. In der ursprünglichen Wirtschaftsform, der **geschlossenen Hauswirtschaft**, wurden die lebensnotwendigen Güter von den Mitgliedern einer Großfamilie gemeinsam produziert und verbraucht. Handelsbeziehungen mit Außenstehenden existierten daher nicht.

Beispiel: Auch Robinson Crusoe war in seinem unfreiwilligen Inseldasein ganz auf sich allein gestellt und hatte niemanden, mit dem er in wirtschaftliche Beziehungen treten konnte. Er war daher gezwungen, sich mit den Gütern, die er zum Leben brauchte, selbst zu versorgen. Die Goldmünzen, die er aus dem Schiffswrack hatte bergen können, stellten sich für ihn als völlig wertlos heraus.

Schon bald erkannten die Menschen die Vorzüge der Arbeitsteilung und beruflichen Spezialisierung. Sie führte dazu, dass in kürzerer Zeit mehr und höherwertige Güter hergestellt werden konnten. Mit der Arbeitsteilung verbunden ist die Notwendigkeit des Handels: Die Menschen tauschten die Güter, die sie selbst hergestellt hatten und im Überfluss besaßen, gegen die zur Deckung ihres Bedarfs fehlenden Güter. Man bezeichnet diese Stufe der wirtschaftlichen Entwicklung als **Naturaltauschwirtschaft**. Die Güter wechselten im direkten Tausch Ware gegen Ware ihren Besitzer.

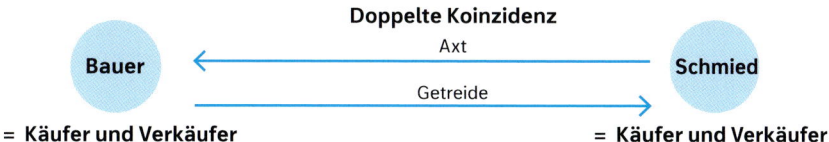

Mit dieser Form des Tauschhandels waren folgende Probleme verbunden:

- Es musste ein Tauschpartner gefunden werden, der einerseits das gesuchte Gut liefern konnte und wollte und andererseits bereit war, die angebotene Ware als Gegenleistung anzunehmen. Diese fehlende doppelte Übereinstimmung (doppelte Koinzidenz) machte häufig einen Tausch unmöglich oder erforderte mehr oder weniger umfangreiche Ringtausch-Verfahren.

- Es musste eine Einigung über das Wertverhältnis der beiden Tauschobjekte erzielt werden können. Der Handel konnte nur gelingen, wenn die angebotene und die nachgefragte Ware sich in ihrem Wert entsprachen.

Beispiele:
- *Wenn ein Schmied der Bronzezeit eine Axt gegossen hatte und Getreide für den Winter benötigte, musste er einen Bauern suchen, der die im Wert entsprechende Getreidemenge zum Tausch anbot. Der erste Bauer, den er aufsuchte, besaß vielleicht zwar im Überfluss Getreide, wollte dieses aber nur gegen Felle eintauschen. Der zweite Bauer suchte möglicherweise eine Axt, konnte jedoch nur eine Ziege zum Tausch anbieten.*
- *Der Handel zwischen einem Bauern und einem Töpfer musste zwangsläufig scheitern, wenn der Bauer nur einen Tonkrug benötigte, aber nur ein sehr viel wertvolleres Stück Vieh zum Tausch anbieten konnte.*

Um einen Tausch erfolgreich durchzuführen, benötigen die Beteiligten ein hohes Maß an Informationen über Austauschverhältnis, Tauschort und Güterqualität.

Beispiel:
Angenommen, in einer Tauschwirtschaft mit 1000 verschiedenen Gütern sind die Preise nicht in Geld ausgedrückt, weil es diesen allgemein anerkannten Bewertungsmaßstab noch nicht gibt. Ein Wirtschaftssubjekt, das über sämtliche Austauschverhältnisse auf den Märkten informiert sein will, müsste demnach für jedes einzelne Gut das Tauschverhältnis zu jedem anderen Gut kennen. Es gäbe also bei 1000 verschiedenen Gütern 499 500 Austauschrelationen [$\frac{n\,(n-1)}{2}$], deren Kenntnis erheblichen Zeit- und Kostenaufwand verursachen dürfte.

Warengeld

Diese Schwierigkeiten ließen den Wunsch nach einem allgemein anerkannten **Tauschmittel** entstehen. Man verständigte sich auf ein Gut, das von allen gleichermaßen geschätzt und begehrt war. Diese erste Form des Geldes besaß neben seinem Tauschwert noch einen eigenen Gebrauchswert und wird daher als Warengeld bezeichnet.

In der Frühzeit der Menschheit soll das Vieh das übliche Tauschmittel gewesen sein, obwohl es dafür schlecht geeignet ist. So finden wir in alter Zeit häufig den Wert der Dinge nach Stück Vieh gemessen, das man dafür im Tausch gab. Wie Homer berichtet, kostete die Rüstung Diomeds nur neun Ochsen, die des Glaukus dagegen hundert. In Abessinien soll Salz bevorzugtes Handels- und Tauschmittel gewesen sein, in einigen Küstengebieten Indiens eine Muschelsorte, in Neufundland Stockfisch, in Virginia Tabak, in einigen unserer westindischen Kolonien Zucker und schließlich in anderen Ländern Häute oder gegerbtes Leder. Und noch heute gibt es in Schottland ein Dorf, wo es, wie man mir sagte, nichts Ungewöhnliches sei, wenn ein Arbeiter beim Bäcker oder im Wirtshaus mit Nägeln statt Geld bezahlt.
Quelle: Smith, Adam: Der Wohlstand der Nationen, London 1775, vollständige Ausgabe nach der 5. Auflage (letzter Hand) London 1789. München 1978, S. 22

Warum finden sich in der Aufzählung von Adam Smith neben Waren, die über einen hohen Tauschwert hauptsächlich aufgrund eines eigenen Gebrauchswertes verfügen, Muscheln aus „… einigen Küstengebieten Indiens …"? Aus dem Warengeld entwickelte sich mit der Ausdifferenzierung der Arbeitsteilung und der Zunahme des Handels sogenanntes Schmuckgeld. Dieses besaß zwar keinen Gebrauchsnutzen, aber es war ein knappes und begehrtes Gut und verfügte über einen hohen Symbolwert.

Aus anderen Quellen ist bekannt, dass die Häuschen der Kauri-Schnecken aus dem Indischen Ozean, Perlen oder kunstvoll bearbeitete Pfeilspitzen, die für die Jagd aber nutzlos waren, als Geld dienten. Schmuckgeld hatte gegenüber vielen Arten des Gebrauchsgeldes vor allem den Vorteil der leichten Transportierbarkeit und war die Vorstufe zum Metallgeld. Mithilfe des Geldes wurde der direkte Tausch Ware gegen Ware in zwei voneinander unabhängige Vorgänge, einen Kauf und einen Verkauf, zerlegt. Der Schritt zur Geldwirtschaft war vollzogen.

Beispiel: Der Schmied brauchte nicht mehr jemanden zu suchen, der seine Axt begehrte und zugleich die entsprechende Getreidemenge abgeben wollte. Stattdessen konnte er an jeden beliebigen Kaufinteressenten seine Axt veräußern und mit dem erzielten Gelderlös bei jedem beliebigen Bauern das gewünschte Getreide kaufen.

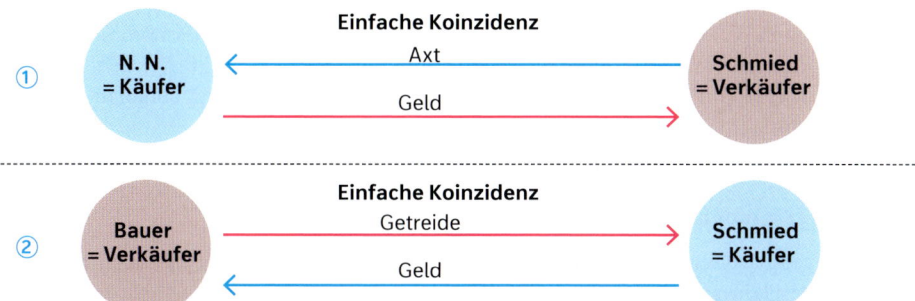

Zwar waren die Schwierigkeiten gemindert, die mit dem direkten Tausch verbunden sind, ungelöst blieben beim Warengeld jedoch die Probleme seiner

- geringen Teilbarkeit,
- mangelnden Wertbeständigkeit,
- vielfach schwierigen Transportierbarkeit und Lagerfähigkeit.

Metallgeld

Als erste Form des Metallgeldes gilt das sogenannte **Wägegeld**. Es handelte sich um unbearbeitetes Edelmetall, das bei jedem Kaufvorgang umständlich abgewogen werden musste. Der Vorzug lag darin, dass es sich fast beliebig teilen ließ, man es gut transportieren konnte und es eine hohe Wertbeständigkeit aufwies. Demgegenüber standen erhebliche Risiken in Bezug auf den Reinheitsgrad des Edelmetalls und die Gefahren beim praktischen Umgang mit dem Wägegeld.

Durch die Einschmelzung des Wägegeldes zu handlichen Stangen wurden die Risiken gemildert. Das jetzt entstandene **Barrengeld** wies aber einen gravierenden Nachteil auf: Es war nicht mehr ohne Weiteres teilbar.

Münzgeld

Kaufleute lösten dieses Problem, indem sie die Edelmetallstäbe in Metallscheiben zerlegten und den Feinheitsgehalt eingravierten. Um ca. 700 v. Chr. entstanden bei den Lydern unter König Krösus, dem ein sagenhafter Reichtum nachgesagt wird (*„Ich bin doch kein Krösus"*), die ersten **Kurantmünzen**, also gewichtsgleiche, einheitlich geformte Metallscheibchen mit obrigkeitlichem Stempel, mit dem die Gewähr für Reinheit und Gewicht übernommen wurde. Zunächst in betrügerischer Absicht sind die **Scheidemünzen** entstanden, bei denen ein geringwertiges Metall mit einem Goldüberzug und den für Kurantmünzen üblichen Angaben versehen wurde.

Heute sind Scheidemünzen die typische Erscheinungsform des Metallgeldes, da sie

- relativ günstig produziert und

- den wachsenden Geldbedürfnissen einer modernen Volkswirtschaft problemlos angepasst werden können.

Papiergeld

Die Entstehung des ersten **Papiergeldes** im 15. Jahrhundert hat seine Wurzel in den Gefahren des Geldverlustes durch Raub und Überfall. Die Ausweitung des Fernhandels ließ den Transport und die nicht genügend sichere Aufbewahrung von Münzgeld risikoreicher werden. Wegen dieser Unsicherheiten waren die Kaufleute dazu übergegangen, ihre Münzgeldbestände bei Goldschmieden und Geldwechslern, den Vorläufern der heutigen Banken, zu hinterlegen. Diese stellten im Gegenzug als Quittung entsprechende **Hinterlegungsscheine** aus, die ihrem rechtmäßigen Inhaber den Anspruch auf Aushändigung des genannten Betrages bestätigten. Die jederzeit garantierte Einlösbarkeit bewirkte schließlich, dass diese Papiere selbst zum Tauschmittel wurden und als Geldscheine verwendet wurden.

Die Erfahrung lehrte, dass nicht alle ausgegebenen Hinterlegungsscheine zugleich zur Einlösung vorgelegt wurden, sondern ein Teil stets im Umlauf blieb. In den Tresoren der Bankiers befand sich daher immer ein ungenutzter Bestand an Münzgeld, solange die entsprechende Anzahl von Geldscheinen im Wirtschaftsleben als Zahlungsmittel verwendet wurde.

Diese Beobachtung veranlasste die Bankiers, zusätzlich solche Geldscheine im Wege der Kreditvergabe auszustellen. Dies führte schließlich dazu, dass bald mehr Geldscheine im Umlauf waren als Gold- und Silberreserven in den Tresoren lagerten. In diesem Vorgang der **Geldschöpfung** liegt der eigentliche Ursprung für die spätere Entstehung zentraler Währungs- und Notenbanken (Notenbank = Bank, die über das Recht zur Ausgabe von Banknoten verfügt).

Buchgeld

Beim Buchgeld (Giralgeld) handelt es sich um Guthaben auf Konten bei Kreditinstituten. Es wird als Buchgeld bezeichnet, weil es stofflos ist und nur noch buchungsmäßig erfasst wird.

Buchgeld entsteht durch die Einzahlung von Bargeld auf ein Konto und die Kreditschöpfung der EZB und der Kreditinstitute.

Wertmäßig wird heute der überwiegende Teil des Zahlungsvolumens innerhalb der Volkswirtschaft mithilfe des Buchgeldes, also durch Umbuchung von Konto zu Konto, abgewickelt.

Elektronisches Geld

Die sehr vielfältigen Formen des E-Geldes sind software- oder hardwaregestützt und reichen von der vorausbezahlten einfunktionalen Karte, bei der Kartenherausgeber (Emittent) und Händler (Akzeptant) identisch sind *(z. B. Telefonkarte)*, über Karten mit Speicherchip bis hin zu Netzgeld (paypal, Giropay), das über Telekommunikationsnetze wie das Internet übertragen wird.

Die rechtlichen Grundlagen sind im ZAG (Zahlungsdienstegesetz) geregelt. Durch die Blockchain-Technologie hat die Entwicklung des E-Geldes neue Dimensionen erreicht und ist gleichzeitig sehr unübersichtlich geworden.

Kryptowährungen (z. B. Bitcoin oder Ethereum) werden in privaten Netzwerken geschürft und haben somit weder einen Emittenten noch einen intrinsischen Wert. Obwohl sie nicht über die klassischen Eigenschaften des Geldes verfügen und trotz der sehr hohen Wertschwankungen werden sie als digitales Zahlungsverkehrsmittel und darüber hinaus als Spekulationsobjekt genutzt.

Entwicklungsstufen des Geldes

1.2   Eigenschaften und Funktionen des Geldes

Um als Geld fungieren zu können, muss ein Gut über folgende **Eigenschaften** verfügen: Es muss

- knapp, allgemein anerkannt und begehrt sein,
- ohne Wertverlust teilbar sein,
- sich als Wertaufbewahrungsmittel eignen, d.h., bei seiner Lagerung darf nicht das Risiko des Verderbs, der Wertminderung oder der Vernichtung bestehen,
- leicht transportierbar sein.

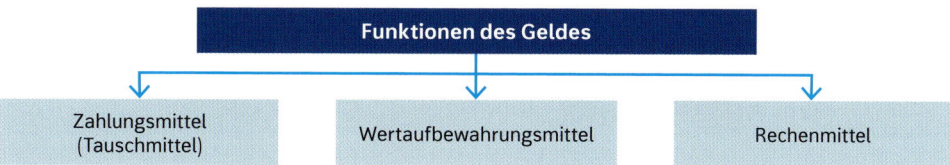

Geld ist Zahlungsmittel (Tauschmittel)

Geld kann zum Kauf von Gütern und zur Inanspruchnahme von Dienstleistungen benutzt werden. Diese Funktion ermöglicht die Arbeitsteilung innerhalb der Wirtschaft und die reibungslose Abwicklung der Tauschvorgänge auf den Märkten.

Geld ist Wertaufbewahrungsmittel

Geld kann gespart werden und damit zur zeitlichen Verschiebung der Konsumausgaben und zur Geldvermögensbildung verwendet werden. Solange die Menschen auf den Wert des Geldes vertrauen, werden sie zum Sparen bereit sein. Auf diese Weise werden die für die Investitionstätigkeit innerhalb der Wirtschaft notwendigen Geldmittel bereitgestellt.

Geld ist Rechenmittel

Der Wert aller Güter lässt sich in Geldeinheiten ausdrücken, sodass die Güter in ihrem Wert gemessen und verglichen werden können. Geld ist dadurch Grundlage einer geordneten Wirtschaftsführung in den Unternehmungen sowie in den privaten und öffentlichen Haushalten. Die Bilanz und die Gewinn- und Verlustrechnung einer Unternehmung, die Rentabilität einer Kapitalanlage, der Einnahmen-/Ausgabenplan eines Haushaltes wird in Geldeinheiten ausgedrückt. Die Beachtung des ökonomischen Prinzips wird durch Geld erleichtert. Das Geld kann seine Funktionen auf Dauer nur erfüllen, wenn der Wert des Geldes gesichert ist.

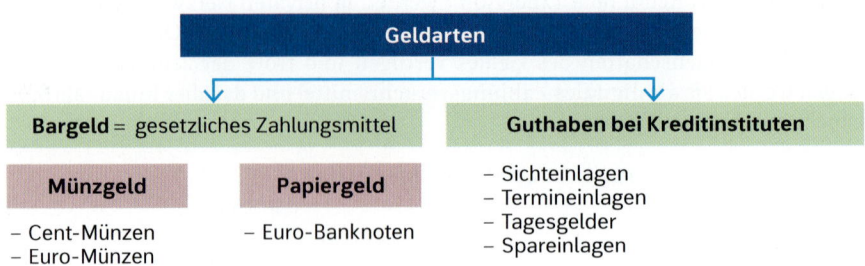

1.3   Geldarten und Geldproduktion

1.3.1   Münzregal

Das alleinige Recht zur Produktion von Münzen, das Münzregal, liegt als Relikt aus der Fürstenzeit seit 1950 beim Bund. Dies hat sich auch mit der Umstellung auf den Euro nicht geändert, denn das Münzregal wurde bei den einzelnen Mitgliedsstaaten des Eurosystems belassen. Die Bundesregierung lässt in fünf Prägeanstalten Münzen prägen und veräußert sie zum Nennwert an die Deutsche Bundesbank. Die Münzstätten erhalten die prägefertigen Münzrohlinge – auch Ronden genannt – von Metallwerken, bei denen die Rohlinge im Auftrag des Bundes angefertigt werden. Der Überschuss aus der Veräußerung der Münzen an die Bundesbank wird als Schlaggewinn oder Seigniorage bezeichnet und fließt dem Bundeshaushalt zu.

> **Münzregal (*Art. 128 Abs. 2 AEUV*)**
> Die Mitgliedstaaten haben das Recht zur Ausgabe von Euro-Münzen, wobei der Umfang dieser Ausgabe der Genehmigung durch die Europäische Zentralbank bedarf.

Die Münzproduktion ist durch hohe Metallkosten für die Speziallegierungen (*z. B. ist das „Nordische Gold" für die 10-, 20- und 50-Cent-Münzen eine Kupfer-Aluminium-Zink-Zinn-Legierung*) und teilweise aufwendige Produktionsverfahren (*z. B. Bimetall-Ausführung der 1- und 2-Euro-Münzen*) sehr teuer. Bei den 1- und 2-Cent-Münzen liegen die Prägekosten sogar über dem Geldwert.

In der Bilanz der Bundesbank ist der Münzbestand in der Position 11.1 unter „Sonstige Aktiva" enthalten. Aus Sicht der Zentralbank macht es keinen Unterschied, ob sie Grundstücke, Schreibtische oder Münzen ankauft, es handelt sich in allen Fällen um Aktiva. Auch aus historischer Sicht ist erklärbar, dass die Münzbestände auf der Aktivseite zu erfassen sind: Goldbestände sind Aktiva, daraus hergestellte Goldmünzen ebenso, und Scheidemünzen, die zu ihrem Nennwert angekauft werden, folglich auch. Die nationalen Zentralbanken des Eurosystems bringen die Münzen in den Geldkreislauf, indem sie aus ihrem Bestand Münzen an die Kreditinstitute veräußern.

- Wenn die Zahlung durch Überlassung von Aktiva wie Devisen oder Wertpapieren erfolgt, führt die Transaktion lediglich zu einem **Aktivtausch**.

- Sofern die Kreditinstitute die Münzen aus ihrem Zentralbankguthaben bezahlen, gibt es in der Bilanz des Eurosystems eine **Aktiv-Passiv-Minderung**.

Beispiel:

Aktiva		Bundesbankbilanz vom 8. Februar 20..	Passiva
	Mio. €		Mio. €
Gold	10	Banknotenumlauf	20
Devisen	10	Einlagen inländischer Kreditinstitute	10
Scheidemünzen	10		

Am 15. Februar erwirbt ein Kreditinstitut für 1 Mio. € Münzen und bezahlt mit Devisen aus Exporterlösen seiner Kunden.

Aktiva		Bundesbankbilanz vom 15. Februar 20..	Passiva
	Mio. €		Mio. €
Gold	10	Banknotenumlauf	20
Devisen	11	Einlagen inländischer Kreditinstitute	10
Scheidemünzen	9		

Am 22. Februar hebt ein Kreditinstitut zulasten seines BBk-Girokontos 1 Mio. € in Münzen ab.

Aktiva		Bundesbankbilanz vom 22. Februar 20..	Passiva
	Mio. €		Mio. €
Gold	10	Banknotenumlauf	20
Devisen	11	Einlagen inländischer Kreditinstitute	9
Scheidemünzen	8		

Aus der Bilanz der Bundesbank ist nicht ersichtlich, wie hoch der Wert der von ihr in Umlauf gebrachten Münzen ist. Der Wert der von der Bundesbank im Umlauf gebrachten Münzen beträgt mit ca. 6 Mrd. € nur einen Bruchteil der in Umlauf befindlichen deutschen Banknoten (ca. 250 Mrd. €). Nicht eindeutig zu klären sind die Fragen, wie viele deutsche Euro-Münzen

- gehortet werden,
- im Ausland umlaufen und
- in Deutschland tatsächlich für Transaktionszwecke zur Verfügung stehen.

Bargeldproduktion im Eurosystem – dargestellt am Beispiel Deutschland

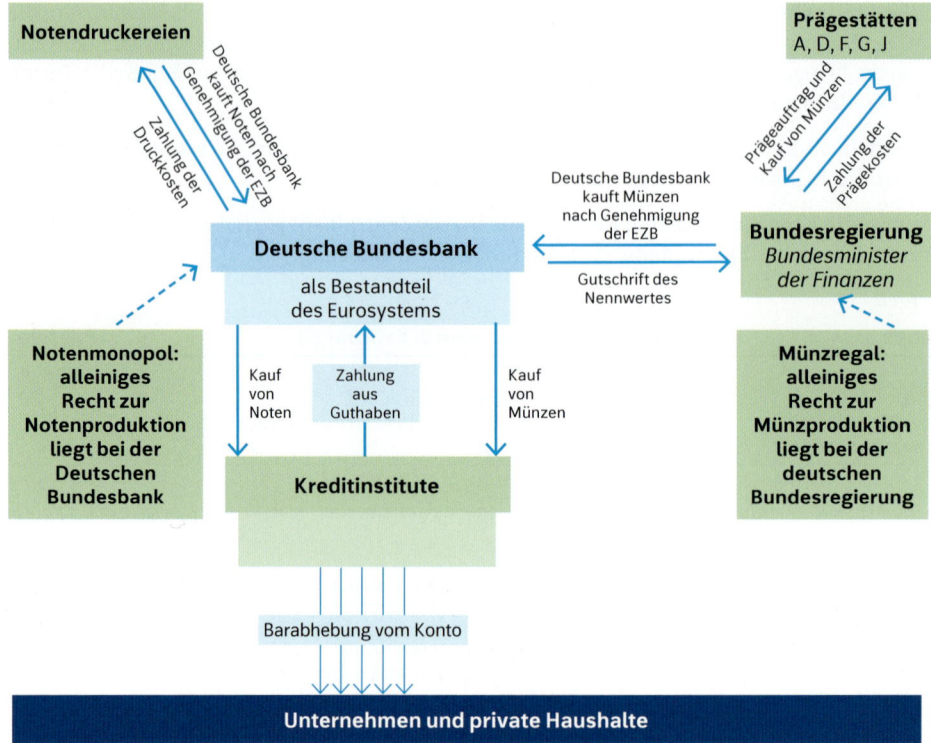

Sonderprägungen

Seit Beginn der Währungsunion wurden von den Mitgliedsstaaten verschiedene Euro-Sammlermünzen herausgegeben. Die 2-Euro-Sonderprägungen (*z. B. 25 Jahre Deutsche Einheit*) sind für den Umlauf gedacht und gelten in der gesamten Eurozone als gesetzliches Zahlungsmittel. Andere Euro-Sammlermünzen wie die 10-Euro-Sonderprägungen, die aus verschiedensten Anlässen (*z. B. Frauen-Fußballweltmeisterschaft*) emittiert werden, sind nur in den jeweiligen Ausgabestaaten gesetzliches Zahlungsmittel. Ein Teil der Sonderprägungen wird in Spiegelglanzausführung hergestellt und wandert dementsprechend in die Hände von Numismatikern, die auf erhebliche Steigerungen des Sammlerwertes in der Zukunft hoffen.

Begrenzter Annahmezwang

Für die Euro-Münzen besteht ein begrenzter Annahmezwang. Niemand ist dazu verpflichtet, mehr als fünfzig Münzen in einer Zahlung anzunehmen. Mit dieser Regelung ist keine Wertangabe verbunden. Die Annahmepflicht von deutschen, auf Euro lautenden Gedenkmünzen ist auf 100,00 € je Zahlung beschränkt. Ergänzend gilt die Beschränkung auf 50 Münzen auch für aus Umlauf- und Gedenkmünzen zusammengesetzte Zahlungen.

1.3.2 Notenmonopol

Notenausgabe (*Art. 128 Abs. 1 AEUV*) Die Europäische Zentralbank hat das ausschließliche Recht, die Ausgabe von Euro-Banknoten innerhalb der Union zu genehmigen. Die Europäische Zentralbank und die nationalen Zentralbanken sind zur Ausgabe dieser Banknoten berechtigt. Die von der Europäischen Zentralbank und den nationalen Zentralbanken ausgegebenen Banknoten sind die einzigen Banknoten, die in der Union als gesetzliches Zahlungsmittel gelten.

Euro-Banknoten werden von den Nationalen Zentralbanken selbst und von privaten oder staatlichen Unternehmen hergestellt.

Die Deutsche Bundesbank lässt die Banknoten nicht ausschließlich in Deutschland produzieren, sondern schreibt die Druckaufträge europaweit aus.

In Deutschland hergestellte Banknoten tragen auf der Rückseite den Buchstaben X vor der Seriennummer, und am ersten Buchstaben eines kleinen Codes auf der Vorderseite lässt sich die Druckerei erkennen (Bundesdruckerei = R, Giesecke und Devrient = P).

Im Gegensatz zu den Münzen können die Banknoten aber zunächst nicht bilanziert werden, da sie noch keinen Wert verkörpern. Ein Rückblick in die Entstehungsgeschichte des Geldes macht dies deutlich. Wenn ein Juwelier Depotscheine auf Vorrat produziert hätte, wären sie auch bis zur Ausgabe an einen Kunden wertlos geblieben.

Banknoten werden also erst dann bilanziert, wenn sie an ein Kreditinstitut weitergegeben werden. Vorher sind sie **Nonvaleurs** – wertlose Wertpapiere.

Ausgegebene Banknoten werden auf der Passivseite unter der Position Banknotenumlauf erfasst.

Für die Nationale Zentralbank (NZB) sind Banknoten eine Verbindlichkeit.

- Erhält die NZB für ausgegebene Banknoten Aktiva, kommt es zu einer Aktiv-Passiv-Mehrung.

- Wenn die „Bezahlung" der Banknoten mit Zentralbankguthaben erfolgt, kommt es nur zu einem Passivtausch.

Beispiel:

Aktiva	Bundesbankbilanz vom 8. Februar 20..		Passiva
	Mio. €		Mio. €
Gold	10	Banknotenumlauf	20
Devisen	10	Einlagen inländischer Kreditinstitute	10
Sonstige Aktiva	10		

Am 15. Februar erwirbt ein Kreditinstitut für 1 Mio. € Banknoten und bezahlt mit Devisen aus Exporterlösen seiner Kunden.

Aktiva	Bundesbankbilanz vom 15. Februar 20..		Passiva
	Mio. €		Mio. €
Gold	10	Banknotenumlauf	21
Devisen	11	Einlagen inländischer Kreditinstitute	10
Sonstige Aktiva	10		

Am 22. Februar hebt ein Kreditinstitut zulasten seines BBk-Girokontos 1 Mio. € in Banknoten ab.

Aktiva	Bundesbankbilanz vom 22. Februar 20..		Passiva
	Mio. €		Mio. €
Gold	10	Banknotenumlauf	22
Devisen	11	Einlagen inländischer Kreditinstitute	9
Sonstige Aktiva	10		

1.3.3   Zentralbankgeldschöpfung durch das Eurosystem

Neben der Ausgabe von Bargeld produziert das Eurosystem Buchgeld, in dem es Kredite gewährt. Um ihre Geschäfte im Aktivbereich ausdehnen zu können, sind die Kreditinstitute auf Geld aus dem Eurosystem angewiesen. Sie decken einen großen Teil ihres Refinanzierungsbedarfs, indem sie Wertpapiere oder Devisen an die Nationalen Zentralbanken veräußern und im Gegenzug Zentralbankgeld in entsprechender Höhe erhalten.

Zentralbankgeld ist Geld, das nur durch die Zentralbank geschaffen werden kann.

Zentralbankgeldschöpfung und Zentralbankgeldvernichtung

Zentralbankgeld, auch als Geldbasis oder M_0 bezeichnet, existiert in der Form von Guthaben bei der Nationalen Zentralbank (NZB) sowie von umlaufenden Banknoten und Münzen. Es entsteht durch Monetisierung von Aktiva bei der NZB. Umgekehrt kommt es zu einer Vernichtung von Zentralbankgeld, wenn die NZB Wertpapiere oder Devisen verkauft. Dabei fließt der NZB wieder Bargeld (Bargeldvernichtung) oder Sichtguthaben (Kreditvernichtung) zu.

Beispiel: Zentralbankgeldschöpfung
Die A-Bank verkauft USD im Wert von 1 Mio. € an die Deutsche Bundesbank.
Die A-Bank erhält dafür Sichtguthaben (Zentralbankguthaben) bei der Deutschen Bundesbank.

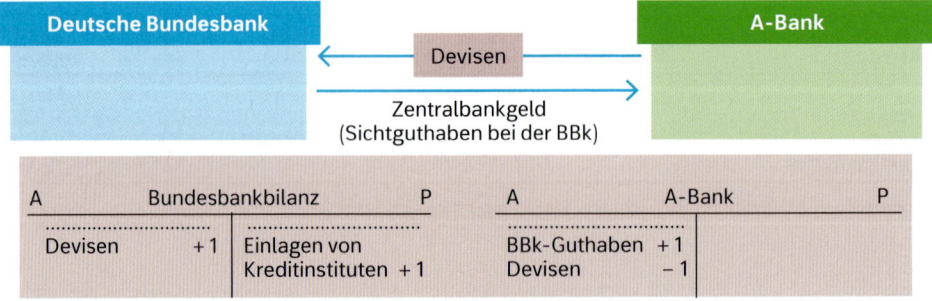

Wenn die Bundesbank anstelle von Zentralbankguthaben Münzen oder Banknoten auszahlt, stellt sich die Situation analog dar: Es kommt entweder zu einem Aktivtausch (Münzbestand nimmt ab, Devisenbestand nimmt zu) oder ebenfalls zu einer Bilanzverlängerung (Notenumlauf nimmt zu, Devisenbestand nimmt zu).

*Beispiel: **Zentralbankgeldvernichtung***
Die B-Bank erwirbt bei der Deutschen Bundesbank USD im Wert von 1 Mio. €.

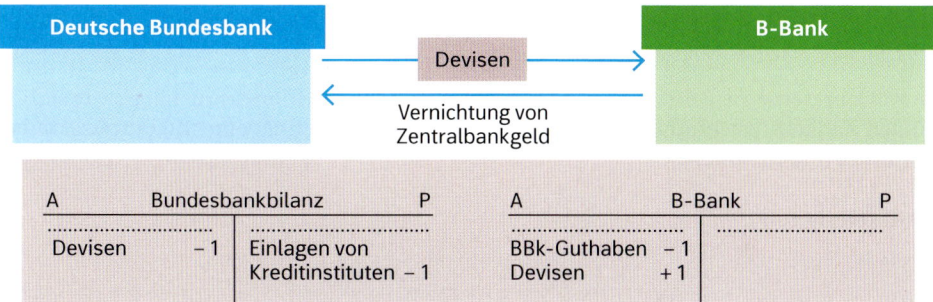

1.3.4 Giralgeldschöpfung durch die Kreditinstitute

Passive Giralgeldschöpfung

*Die Bareinzahlung auf ein Girokonto bedeutet eine **passive Giralgeldschöpfung**.*

Beispiel:
- *Wenn ein Kunde eine Bareinzahlung von 1 000,00 € zugunsten seines Girokontos vornimmt, ist es für ihn nur ein Tausch von Bargeld gegen Buchgeld. Über die Sichteinlage kann er jederzeit verfügen.*
- *Aus Sicht des Kreditinstitutes sieht es anders aus. Es „kauft" dem Kunden 1 000,00 € Bargeld ab und bezahlt mit **selbst geschaffenem** Buchgeld.*
  Verbindlichkeiten von Kreditinstituten gegenüber Kunden werden in der Bilanz der Geschäftsbank als Sichteinlage auf der Passivseite erfasst.

A	Bilanz des Kreditinstituts		P
Kasse	1 000,00 €	Sichteinlagen	1 000,00 €

- *Volkswirtschaftlich ist die umlaufende Geldmenge gleich geblieben, da 1 000,00 € Zentralbankgeld in Form von Bargeld dem Nichtbankensektor entzogen worden sind und im Gegenzug der gleiche Betrag durch Geldschöpfung des Kreditinstitutes dem Geldkreislauf hinzugefügt wurde.*

Bei einer Barabhebung kommt es zu einer Vernichtung des zuvor geschaffenen Giralgeldes. Die Geldmenge bleibt jedoch gleich, da Zentralbankgeld in gleicher Höhe aus dem Bankensektor in den Nichtbankensektor gelangt.

Aktive Giralgeldschöpfung

*Bei der **aktiven Giralgeldschöpfung** schaffen die Geschäftsbanken zusätzliches Geld in Form von Buchgeld.*

Kreditinstitute möchten möglichst alles, was sie an Einlagen von der Kundschaft erhalten, ausleihen. Dies ist aber nicht hundertprozentig möglich, da immer damit gerechnet werden muss, dass Kunden über Sichteinlagen bar verfügen wollen. Folglich hat das Kreditinstitut eine **Kassenreserve** zu halten, um die Bargeldwünsche seiner Kunden erfüllen zu können.

Beispiel: Ein Kreditinstitut erhält 100 000,00 € Sichteinlagen und zahlt täglich im Durchschnitt 10 000,00 € aus. Es muss eine Kassenreserve von 10 % halten.

Die Kassenreserve ist bei den Kreditinstituten unterschiedlich hoch. Sie hängt wesentlich von den Zahlungsgewohnheiten der Kundschaft ab. Zusätzlich ist eine Mindestreserve bei der EZB zu unterhalten.

Mindestreserven[1]

Mindestreserven (*Satzung ESZB, EZB Art. 19*) Vorbehaltlich des Artikels 2 kann die EZB zur Verwirklichung der geldpolitischen Ziele verlangen, dass die in den Mitgliedsstaaten niedergelassenen Kreditinstitute Mindestreserven auf Konten bei der EZB und den nationalen Zentralbanken unterhalten. Verordnungen über die Berechnung und Bestimmung des Mindestreservesolls können vom EZB-Rat erlassen werden. Bei Nichteinhaltung kann die EZB Strafzinsen erheben und sonstige Sanktionen mit vergleichbarer Wirkung verhängen.

Die EU-Einlagensicherungsrichtlinie schreibt für Spar-, Giro-, Tagesgeld- und Festgeldkonten Einlagensicherungssysteme mit einer Mindestsumme von 100 000,00 € pro Einleger zwingend vor.

Ursprünglich war die Mindestreserve dazu gedacht, bei Bankenzusammenbrüchen die betroffenen Kunden zu entschädigen. Diese Bedeutung besteht nicht mehr, da die Kreditinstitute inzwischen eigene Hilfseinrichtungen geschaffen haben.

Beispiele:
- *Haftungsverbund der Sparkassen-Finanzgruppe*
- *Entschädigungseinrichtung deutscher Banken GmbH (EdB)*
- *Entschädigungseinrichtung des Bundesverbandes Öffentlicher Banken GmbH (EdÖ)*
- *Sicherungseinrichtung der BVR*

Heute ist die Mindestreserve ausschließlich ein geldpolitisches Instrument der EZB.

Kreditinstitute haben einen bestimmten prozentualen Anteil ihrer Verbindlichkeiten aus
- Sichteinlagen,
- Einlagen mit bis zu zwei Jahren Laufzeit,
- Einlagen mit zweijähriger Kündigungsfrist,
- Schuldverschreibungen mit vereinbarter Laufzeit bis zu zwei Jahren und
- Geldmarktpapieren

verzinslich bei der EZB zu halten. Je höher der Mindestreservesatz ist, desto geringer ist der Spielraum, der den Kreditinstituten für Ausleihungen verbleibt.

Beispiel: Ein Kreditinstitut erhält eine Bareinlage in Höhe von 1 000,00 €. Davon werden 10 % als Kassenbestand „reserviert" und 1 % als Mindestreserve bei der EZB gehalten. Der Differenzbetrag von 890,00 € ist die erste Überschussreserve, die dem Kreditinstitut für Kredite zur Verfügung steht.

Die aktive Giralgeldschöpfung wurde im obigen Beispiel nur auf ein Kreditinstitut bezogen und betrug 890,00 €. Wenn man dieses Beispiel ausweitet und unterstellt, dass der Kreditneh-

---

[1] *Vgl. S. 347 ff.*

mer das Geld ausgibt und der Empfänger des Geldes es bei seinem Kreditinstitut einzahlt, kann sich der Vorgang der aktiven Giralgeldschöpfung wiederholen. Allerdings stehen jetzt nicht 890,00 € für die Kreditvergabe zur Verfügung, sondern nur die um Kassen- und Mindestreserve (Liquiditätsreserve) verminderte erste Überschussreserve. Theoretisch ließe sich dieser Vorgang unendlich oft wiederholen, wobei die mögliche Kreditvergabe von Mal zu Mal sinken würde. Diese Geldschöpfung unter Einschaltung nicht nur einer, sondern der Gesamtheit der Kreditinstitute nennt man **multiple Buchgeldschöpfung**.

Beispiel: Die A-Bank erhält eine Bareinzahlung in Höhe von 1 000,00 € und gewährt einem Kunden einen Kredit zum Kauf eines Möbelstücks in Höhe von 890,00 €. Das Geld wird bei der Hausbank (B-Bank) des Möbelhauses eingezahlt. Diese gewährt einem Kunden Kredit in Höhe von 792,10 €. Dieser Kunde kauft sich ein Fernsehgerät und zahlt das Geld bei der C-Bank des TV-Fachgeschäftes ein, welche wiederum einen Kredit von 704,97 € gewährt.

Kreditinstitut	Sichteinlage	Kassenreserve 10%	Mindestreserve 1%	Überschuss-reserve
		(Liquiditätsreserve)		
	€	€	€	€
A-Bank	1 000,00	100,00	10,00	890,00
B-Bank	890,00	89,00	8,90	792,10
C-Bank	792,10	79,21	7,92	704,97
D-Bank	704,97	70,48	7,05	627,42
Summe	3 387,07	338,70	33,87	3 014,49

Um zu berechnen, wie viele Kredite insgesamt geschöpft werden können, wenn sich die Kreditvergabe nach obigem Schema immer weiter fortsetzt, bedient man sich des **Geldschöpfungsmultiplikators**.

Der *Geldschöpfungsmultiplikator* ist der reziproke Liquiditätsreservesatz.

Erste Sichteinlage	1 000,00	Passive Giralgeldschöpfung
– Kassenreserve	100,00	Kassenreservesatz 10%
– Mindestreserve	10,00	Mindestreservesatz 1%
Erste Überschussreserve	890,00	Aktive Giralgeldschöpfung

$$\text{Liquiditätsreservesatz } 11\% = \frac{11}{100}$$

$$\text{reziproker Liquiditätsreservesatz} = \frac{100}{11}$$

$$\text{Geldschöpfungsmultiplikator} = \frac{100}{11} = 9,0909$$

Durch Veränderung des Mindestreservesatzes wird der Geldschöpfungsmultiplikator verändert.

- Je höher der Mindestreservesatz, desto geringer der Geldschöpfungsmultiplikator.
- Je geringer der Mindestreservesatz, desto höher der Geldschöpfungsmultiplikator.

Außerdem ist der Geldschöpfungsmultiplikator abhängig von den Zahlungsgewohnheiten in der Volkswirtschaft. Nimmt der bargeldlose Zahlungsverkehr zu, verringert sich die notwendige Kassenhaltung der Kreditinstitute und der Multiplikator wird größer.

> **Maximale Kreditschöpfung** = Erste Überschussreserve · Geldschöpfungsmultiplikator

Beispiel: Aus einer ursprünglichen Bareinzahlung in Höhe von 1000,00 € sind bei einem Geldschöpfungsmultiplikator von 9,0909 Kredite in Höhe von 8090,91 € entstanden. Dabei wurde unterstellt, dass die Reservesätze konstant waren und alle beteiligten Kreditinstitute ihre maximalen Kreditmöglichkeiten ausgenutzt haben.

Eine Erhöhung der Mindestreserve und der Kassenreserve führt zu einer Verringerung der ersten Überschussreserve und wirkt damit wie ein **Geldvernichtungsmultiplikator**.

1.4   Geldmengenbegriffe der Europäischen Zentralbank

Wer sein Geldvermögen als Termingeld oder in Wertpapieren anlegt, hat zwar Geld, aber er kann nicht sofort darüber verfügen, denn es fehlt die Tauschmittelfunktion. So ist unter dem Gesichtspunkt seiner Funktionen Geld nicht immer gleich Geld.

Ähnlich verhält es sich mit Guthaben der Kreditinstitute untereinander und der Nationalen Zentralbanken untereinander. Diese Gelder dienen normalerweise nicht zum Kauf von Gütern und Dienstleistungen im Währungsgebiet des Euro, sodass auch diesen Geldern die Tauschmittelfunktion fehlt.

Um Preisrisiken früh zu erkennen, stützt sich die EZB auf eine Beobachtung der Entwicklung des breiten Geldmengenaggregates M_3.

Geldmengenbegriffe der EZB

M_3
Repogeschäfte[1]
Geldmarktfondsanteile
Geldmarktpapiere und Schuldverschreibungen mit einer Ursprungslaufzeit von bis zu zwei Jahren
 	
    M_2
    Einlagen mit vereinbarter Laufzeit von bis zu zwei Jahren
    Einlagen mit vereinbarter Kündigungsfrist von bis zu drei Monaten
 	
        M_1
        Bargeldumlauf
        Täglich fällige Einlagen von Nichtbanken

Die Geldmengenbegriffe umfassen die monetären Verbindlichkeiten der Kreditinstitute (Monetäre Finanzinstitute, Abk. MFIs) gegenüber im Euro-Währungsgebiet ansässigen

---

[1] *Repo: Repurchase Operation (Repurchase agreement = Rückkaufsvereinbarung): Vereinbarung über den Verkauf eines Vermögensgegenstandes, die den Verkäufer gleichzeitig berechtigt und verpflichtet, diesen Vermögensgegenstand zu einem späteren Zeitpunkt zurückzukaufen. Eine solche Vereinbarung gleicht wirtschaftlich einem besicherten Kredit (vgl. S. 338).*

Nicht-Banken (Nicht-MFIs). Bei den Repogeschäften aus M_3 handelt es sich um Pensionsgeschäfte zwischen MFIs (Pensionsgeber) und Nicht-MFIs (Pensionsnehmer). Das pensionsgebende MFI behält die Wertpapiere in seiner Bilanz. Der Geldbetrag, den das MFI für die Papiere erhält, wird in der Bilanz des MFI als Verbindlichkeit erfasst.

M_1

Nach der engsten Definition der EZB erfüllen neben dem Bargeldumlauf (Münzen und Noten) nur täglich fällige Einlagen (Sichtguthaben) die Geldfunktionen im ursprünglichen Sinn. Sie sind jederzeit fällig, d.h., die Kundschaft kann jederzeit per Überweisung, Scheck oder Lastschrift über die Sichteinlagen verfügen bzw. sich das Geld bar auszahlen lassen.

M_2

Bei der etwas weiteren Definition M_2 werden neben M_1 Termineinlagen mit vereinbarter Laufzeit bis zu zwei Jahren und Einlagen mit vereinbarter Kündigungsfrist bis zu drei Monaten einbezogen. Diese Einlagen dienen nicht dem Zahlungsverkehr, sondern der kurzfristigen Geldanlage. Sie können trotz teilweiser Einschränkungen wie Kündigungsfristen, Vorschusszinsen und Gebühren sehr schnell in Sichteinlagen oder Bargeld umgewandelt werden.

M_3

M_3 ist die am weitesten abgegrenzte Geldmenge. Zusätzlich zu M_2 bezieht die EZB in ihre Definition M_3 Repogeschäfte, Geldmarktfondsanteile und Geldmarktpapiere sowie Schuldverschreibungen mit einer Ursprungslaufzeit bis zu zwei Jahren ein. Diese Bestandteile haben einen hohen Liquiditätsgrad und eine hohe Kurssicherheit und sind deswegen enge Substitute für Einlagen.

Nach ihrer Grundidee kann die EZB mittelbar Einfluss auf das „breite monetäre Aggregat M_3" nehmen, indem sie die Refinanzierungskosten der Kreditinstitute ändert. Eine Erhöhung der Notenbankzinsen führt zu einer Verteuerung der Bankkredite, und mit einer Senkung der Notenbankzinsen wird eine Verbilligung der Kredite für die Bankkundschaft angestrebt.

So kann die EZB über einen langen Hebel auf die nachfragewirksame Geldmenge Einfluss nehmen. Sie senkt oder erhöht die Refinanzierungskosten der Kreditinstitute, die wiederum mit fallenden oder steigenden Kreditzinsen und fallenden oder steigenden Einlagenzinsen gegenüber ihrer Kundschaft reagieren sollen.

Die Auswirkung von Zinsänderungen der EZB auf die langfristigen Zinsen ist vor allem dann möglich, wenn sich mit der Aktion der EZB auch die Erwartungshorizonte der Marktteilnehmer ändern.

2 Währungen

Das Geld ist – wie seine Entwicklungsgeschichte zeigt – aus dem Wunsch nach einem allgemein anerkannten Tauschmittel entstanden, das bei Geschäftsabschlüssen benutzt werden kann und den Warenhandel zwischen den Menschen erleichtern soll. Geld ist ursprünglich ein Gut, das sich als Tauschmittel bewährt hatte.

Die besondere Bedeutung des Geldes für das Wirtschaftsleben hat dazu geführt, dass schon bald die Träger politischer Macht (Könige, Regierungen) das Recht zur Regelung des Geldwesens für sich beanspruchten. Dies geschah ursprünglich zu dem Zweck, um verbindlich festzulegen, welche Münzen zur Bezahlung der Steuern verwendet werden mussten.

Es zeigte sich im Laufe der Zeit, dass das Vertrauen in das Geld und ein geordnetes Geldwesen die Grundvoraussetzungen für eine blühende Wirtschaft darstellen. Der Staat übernahm schließlich die Verantwortung und damit die Gewähr *(wortgeschichtlich: Werunge = Gewähr)* für die Funktionsfähigkeit des Geldwesens.

> *Die Währungsordnung (Geldverfassung) ist die gesetzlich geregelte Ordnung des Geldwesens eines Staates.*

Durch die Währungsordnung sind festgelegt:

- die **Währungsbezeichnung** und **-einheiten**,
- das **Münzregal** (= das Recht zur Prägung von Münzen),
- das **Notenprivileg** (= das Recht zur Ausgabe von Banknoten),
- die Art des **Wechselkurssystems**, d.h. die Regeln, nach denen der Außenwert (= der Wechselkurs) der Landeswährung gegenüber den Auslandswährungen festgelegt wird,
- die Art des **Währungssystems**,

Währung im weitesten Sinne umfasst alle Gesetzesvorschriften, welche die Geschäftstätigkeit der Kreditinstitute sowie den Geld- und Kapitalverkehr regeln.

> *Mit der Festlegung des Währungssystems entscheidet der Staat,*
> - *nach welchen Grundsätzen die Geldversorgung der Wirtschaft erfolgen soll,*
> - *auf welche Weise das Vertrauen auf den Wert des Geldes gesichert werden soll.*

Von der Mark zum Euro – vom Pfennig zum Cent

In den Staaten des Eurosystems wurde am 1. Januar 2002 mit der Ausgabe von auf Euro lautenden Münzen und Banknoten begonnen. Seit dem 1. Juli 2002 hat die DM ihre Gültigkeit als gesetzliches Zahlungsmittel verloren.

Drei Mal gab es in Deutschland nach dem Zweiten Weltkrieg eine weitreichende Währungsreform. 1948 ging es darum, nach dem völligen Zusammenbruch der geldpolitschen Ordnung wieder eine geregelte Wirtschaft zu ermöglichen. Die zweite große Währungsreform war nach dem Zusammenbruch der DDR nötig, damals wurden ostdeutsche Mark in gesamtdeutsche D-Mark umgetauscht. Und 1999 schließlich kam der Abschied von der nationalen Währung: Seitdem leben und arbeiten die Deutschen mit dem Euro.
Quelle: Globus

Gebundene Währungen

Die **gebundenen Währungen** zeichnen sich durch eine feste Bindung des Geldwertes an den Wert eines bestimmten Edelmetalles aus.

Beispiel: Legt man fest, dass eine Reichsmark den Wert von 0,3584 g Feingold hat, so kann die umlaufende Geldmenge niemals den Wert der Goldreserven bei der Zentralbank übersteigen.

Bis 1914 bestand in Deutschland eine Goldwährung. Der Wert einer Reichsmark entsprach dem Wert einer bestimmten Gewichtsmenge Gold:

$$1 \text{ Reichsmark} = \frac{1}{2\,790} \text{ kg Feingold}$$

Aus 1 kg Gold konnte man Goldmünzen im Nennwert von 2 790 Reichsmark prägen lassen.

Das umlaufende Papiergeld stand stellvertretend für die Ware Gold. Die Deutsche Reichsbank war als damalige Zentralbank dazu verpflichtet, die von ihr ausgegebenen Banknoten in die entsprechende Menge Gold umzutauschen.

Für 2 790 RM in Banknoten erhielt man somit 1 kg Gold.

Die gebundenen Währungen gehören der Vergangenheit an. Ihr schwerwiegender Nachteil ist, dass der Umfang der innerhalb einer Volkswirtschaft verfügbaren Geldmenge von dem jeweils vorhandenen Vorrat des zugrunde liegenden Währungsmetalls abhängig ist. Eine Anpassung der Geldmenge an den steigenden Geldbedarf einer wachsenden Wirtschaft ist damit nicht ohne Weiteres möglich.

Freie Währungen

Die freien Währungen sind an keinen stofflichen Wert gebunden.
Die Zentralnotenbank ist bei der Ausgabe der Banknoten frei, d. h. unabhängig von einer Beschränkung durch den vorhandenen Bestand an Edelmetall.

Eine Edelmetalldeckung der ausgegebenen Banknoten existiert daher nicht. Die Papierwährung ist somit eine stoffwertlose Währung. Der Metallwert der ausgegebenen Münzen liegt weit unter ihrem Nennwert. Der **Wert des Geldes** hängt allein von seinem **Tauschwert** ab, d. h. von den Gütern, die man mit einer bestimmten Geldmenge kaufen kann.
Die **freien Währungen** haben den Vorteil, dass die innerhalb einer Volkswirtschaft verfügbare Geldmenge mithilfe der Geldpolitik der Zentralbank dem Bedarf der Wirtschaft an Zahlungsmitteln angepasst werden kann.
Wichtigste Bestimmungsgröße für die Geldversorgung der Volkswirtschaft ist die produzierte Menge an Gütern und Dienstleistungen, das **BIP**.

Beispiele:
- *Nimmt die Güterproduktion innerhalb einer Volkswirtschaft zu, so wird eine größere Geldmenge zur Abwicklung des Zahlungsverkehrs benötigt.*
- *In einer wachsenden Wirtschaft benötigen die Unternehmungen zusätzliches Geldkapital, um ihre Investitionen finanzieren zu können.*

Währungssysteme	
Gebundene Währungen	**Freie (manipulierbare) Währungen**
– Es besteht eine gesetzlich vorgeschriebene Wertbindung an ein Edelmetall. – Die vorhandene Geldmenge richtet sich nach dem vorhandenen Bestand an Währungsmetall. – Das Vertrauen gegenüber dem Geld beruht auf der Wertbeständigkeit des Währungsmetalls.	– Es besteht keine Bindung des Geldes an stoffliche Werte. – Die Geldmenge ist beliebig veränderbar und kann den jeweiligen wirtschaftlichen Gegebenheiten flexibel angepasst werden. – Das Vertrauen gegenüber dem Geld beruht ausschließlich auf seinem Tauschwert.

3 Binnenwert des Geldes

Unter dem **Binnenwert** des Geldes versteht man den Geldwert im Inland.

Da der **Stoffwert** des Geldes durch die Entwicklung der freien Währungen bedeutungslos geworden ist, stellt sich die Frage nach dem **Tauschwert** des Geldes.

Im Unterschied zum aufgedruckten Nennbetrag des Geldes, dem **Nominalwert**, gibt der Tauschwert des Geldes an, welche Gütermenge für eine Geldeinheit gekauft werden kann. Der Tauschwert des Geldes gegenüber den Gütern wird auch als **Realwert** bezeichnet.

3.1 Geldwerttheorie

Verschlechterungen des Geldwertes sind seit der Antike bekannt.

Beispiele:
- *Herrscher verringerten den Feingehalt ihrer Münzen, um so die Geldmenge zur Finanzierung ihrer Kriege zu vergrößern.*
- *Spanische und portugiesische Söldner brachten im 16. Jahrhundert von den Eroberungszügen in Süd amerika riesige Gold- und Silbermengen mit und waren bereit, für die Güter des täglichen Bedarfs Preise zu zahlen, die der normale Bürger als Wucherpreise empfinden musste. Es hätte sich keine Verschlechterung des Geldwertes gezeigt, wenn die Söldner das Geld gespart hätten und es somit nicht nachfragewirksam geworden wäre.*

Der **Wert des Geldes** hängt nicht von der absoluten, sondern von der **nachfragewirksamen Geld- menge** ab.

Die **nachfragewirksame Geldmenge** wird bestimmt durch die vorhandene **Menge an Zahlungs- mitteln** – wobei das Hortgeld abzuziehen ist – und die **Umlaufgeschwindigkeit** des Geldes.

Die Umlaufgeschwindigkeit gibt an, wie häufig das Geld innerhalb eines Jahres für den Kauf von Gütern und Dienstleistungen verwendet wird. Das hängt wiederum von den Zahlungsgewohnheiten (*z. B. Wochen- oder Monatslohn*) und den Zukunftserwartungen ab.

Beispiel: Wenn ein Hunderteuroschein im Laufe eines Jahres 20-mal seinen Besitzer wechselt, also 20-mal zur Bezahlung eines Kaufpreises verwendet wird, so können mit diesem Hunderteuroschein Güter im Wert von 2 000,00 € gekauft werden. Bei einer Umlaufgeschwindigkeit des Geldes von 20 und einer Geldmenge von 100,00 € ergibt sich folglich eine nachfragewirksame Geldmenge von 2 000,00 €.

Der **Wert der umgesetzten Gütermenge** ist die Menge der verkauften Güter, das **Handels- volumen**, multipliziert mit den dazugehörigen Preisen.

Beispiel: Ein PC wird vom Hersteller zum Preis von 500,00 € an den Großhändler, von diesem zum Preis von 800,00 € an den Einzelhändler verkauft. Der Einzelhändler verkauft den PC schließlich zum Preis von 1 200,00 € an den Endverbraucher. Der Wert der umgesetzten Gütermenge beträgt in diesem Fall 2 500,00 €.

Der Geldwert kann entweder als Preisniveau oder als Kaufkraft ausgedrückt werden.

- **Preisniveau:** Wie viele Geldeinheiten kostet eine Gütereinheit?
- **Kaufkraft:** Wie viele Gütereinheiten sind für eine Geldeinheit erhältlich?

Beispiel: Unter sonst gleichbleibenden Bedingungen erhöht sich die Geldmenge von 10 Geldeinheiten (GE) auf 14 GE und später auf 18 GE. Das Preisniveau steigt von 2 auf 4 und die Kaufkraft sinkt von 0,5 auf 0,25.

					Geldwert	
Geld-menge	Hortgeld	Umlaufge-schwindig-keit	nachfrage-wirksame Geldmenge	Güter-menge (Handels-volumen)	Preisniveau	Kaufkraft
		$\times$	$=$		$\frac{\text{nachfragewirksame Geldmenge}}{\text{Gütermenge}}$	$\frac{\text{Gütermenge}}{\text{nachfragewirksame Geldmenge}}$
10	2	4	32	16	2	0,50
14	2	4	48	16	3	0,33
18	2	4	64	16	4	0,25

Preisniveau und Kaufkraft verhalten sich zueinander umgekehrt proportional. Je höher das Preisniveau, desto geringer die Kaufkraft und umgekehrt.

Beispiel: 2010 kostete ein Körnerbrötchen 25 Cent, also waren für einen Euro vier Körnerbrötchen erhältlich. Zehn Jahre später kostete ein Körnerbrötchen 50 Cent. Für einen Euro waren nur noch zwei Körnerbrötchen erhältlich. Das Preisniveau war von 25 Cent auf 50 Cent gestiegen, die Kaufkraft des Euro war von vier Körnerbrötchen auf zwei Körnerbrötchen gesunken.

	2010	2020
Preisniveau	25	50
Kaufkraft	4	2

Ein Erklärungsmodell für den Geldwert ist die sogenannte **Quantitätstheorie**, die der amerikanische Volkswirt **Irving Fisher** (1867–1947) weiterentwickelte. Er stellte 1922 die **Verkehrsgleichung** (hier leicht gekürzt) auf und erklärte den Geldwert mit einer geld- und güterseitigen Betrachtung:

Geldseite		Güterseite
$\underbrace{G \cdot U}$	$=$	$\underbrace{H \cdot P}$

G = Geldmenge	Bargeld und Sichteinlagen in Händen inländischer Nichtbanken
U = Umlaufgeschwindigkeit	durchschnittliche Anzahl der Zahlungstransaktionen, die mit der vorhandenen Geldmenge innerhalb des zugrunde liegenden Zeitraumes ausgeführt werden
H = Handelsvolumen	Menge der Güter und Dienstleistungen, die im zugrunde liegenden Zeitraum verkauft werden
P = Preisniveau	durchschnittliche Höhe der Preise der verkauften Güter und Dienstleistungen

Die Verkehrsgleichung verdeutlicht in vereinfachter Form wichtige Zusammenhänge zwischen der Geld- und der Güterseite in der Wirtschaft. Letztlich wird der Wert des Geldes durch die Menge der Güter und Dienstleistungen bestimmt, die der Geldmenge gegenübersteht. Die Deckung des Geldes durch das Inlandsprodukt macht seinen Wert aus und ist Grundlage des Vertrauens in das Geld.

Geldmenge und Gütermenge müssen immer in einem „richtigen" Verhältnis zueinander stehen. Steigt die Geldmenge schneller als das Handelsvolumen, besteht die Gefahr einer Inflation, übersteigt hingegen die Gütermenge die Geldmenge, sind deflatorische Wirkungen zu erwarten.

Mithilfe der Verkehrsgleichung lässt sich zeigen, dass das Preisniveau abhängig ist
- von der Geldmenge,
- der Umlaufgeschwindigkeit des Geldes
- und dem Handelsvolumen.

$$P = \frac{G \cdot U}{H}$$

Es bleibt allerdings fraglich, ob die Verkehrsgleichung geeignet ist, wirtschaftspolitischen Entscheidungsträgern Hilfestellung bei dem Bemühen um Erhalt der Geldwertstabilität zu geben, da mit Umlaufgeschwindigkeit und Handelsvolumen auf beiden Seiten der Gleichung mindestens eine Größe steht, die sich der staatlichen Einflussnahme weitgehend entzieht.

$$\text{Umlaufgeschwindigkeit} = \frac{\text{Bruttoinlandsprodukt in jeweiligen Preisen}}{M_3}$$

„Es hat nicht an Versuchen gefehlt, die Verkehrsgleichung mit konkreten Zahlen anzufüllen und sie zum Beweis volkswirtschaftlicher Interdependenzen [...] heranzuziehen.
Dabei ist sie [...] wenig mehr als eine Tautologie. Dass die wirksame Geldmenge, multipliziert mit ihrer Umlaufgeschwindigkeit, dem Durchschnitt aller Umsätze, multipliziert mit den dazugehörigen Preisen, entspricht, ist eine Aussage, die kaum mehr besagt, als dass alle Käufe zugleich Verkäufe, alle Zahlungen zugleich Geldeingänge bei den Empfängern und alle Umsätze von Waren gegen Geld zugleich solche von Geld gegen Waren sind."
Quelle: Schmölders, Günter: Psychologie des Geldes, Reinbek, 1966.

3.2   Verbraucherpreisindex

Für die Messung des Geldwertes ist in Deutschland das **Statistische Bundesamt** in Wiesbaden zuständig. Es beobachtet und dokumentiert arbeitsteilig mit den Statistischen Landesämtern ständig die Preisentwicklung wichtiger Güter und Wirtschaftsbereiche und veröffentlicht deren Entwicklung in Zeitreihen.

Der Verbraucherpreisindex für Deutschland
- *ermöglicht Aussagen über die Veränderung der Kaufkraft der privaten Haushalte und damit des Lebensstandards der Bevölkerung,*
- *dient bei Tarifverhandlungen als wichtige Orientierungsgröße,*
- *dient als Indikator für wirtschaftspolitische Entscheidungen,*
- *leistet Hilfe bei Verträgen mit Wertsicherungsklauseln,*
- *dient als Indikator bei der Berechnung des realen Wirtschaftswachstums.*

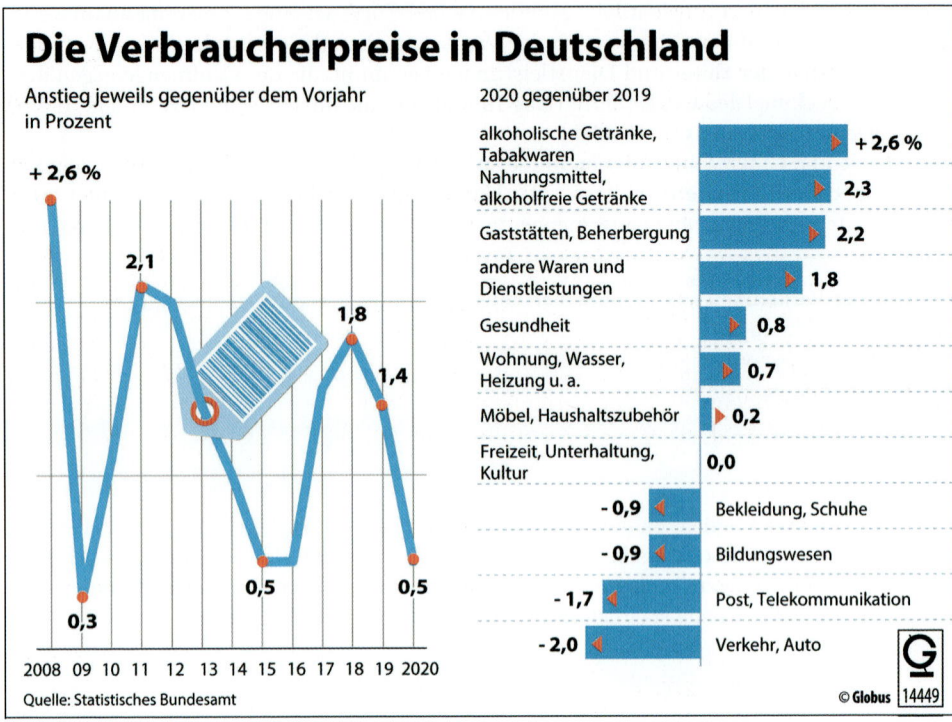

Die Verbraucherpreise in Deutschland

Anstieg jeweils gegenüber dem Vorjahr
in Prozent

2020 gegenüber 2019

alkoholische Getränke, Tabakwaren	+ 2,6 %
Nahrungsmittel, alkoholfreie Getränke	2,3
Gaststätten, Beherbergung	2,2
andere Waren und Dienstleistungen	1,8
Gesundheit	0,8
Wohnung, Wasser, Heizung u. a.	0,7
Möbel, Haushaltszubehör	0,2
Freizeit, Unterhaltung, Kultur	0,0
Bekleidung, Schuhe	– 0,9
Bildungswesen	– 0,9
Post, Telekommunikation	– 1,7
Verkehr, Auto	– 2,0

+ 2,6 %
2,1
1,8
1,4
0,5
0,5
0,3

2008 09 10 11 12 13 14 15 16 17 18 19 2020

Quelle: Statistisches Bundesamt

© Globus 14449

Für die Bevölkerung ist vor allem die Entwicklung der Lebenshaltungskosten interessant.

Der Verbraucherpreisindex soll zeigen, in welchem Maße sich die Lebenshaltung der Haushalte infolge von Preisänderungen, aber unbeeinflusst von Änderungen im Konsumverhalten sowie von Mengen- und Qualitätsänderungen, verteuert oder verbilligt hat.

Der Verbraucherpreisindex wird deshalb wie die übrigen amtlichen Indizes auf der Basis einer konstanten Verbrauchsstruktur berechnet. Dabei muss nicht nur die Zusammensetzung des für die laufende Preisbeobachtung ausgewählten Bündels von Waren und Dienstleistungen im Zeitablauf konstant gehalten werden, sondern auch die „Indexgewichte", mit denen die unterschiedliche Ausgabenbedeutung der einzelnen Güter im Warenkorb für die Budgets der Haushalte berücksichtigt werden. Die Indexberechnung unterstellt ein über fünf Jahre hinweg konstantes Verbraucherverhalten.

Da der für das Basisjahr festgelegte Warenkorb und die Indexgewichte im Laufe der Zeit veralten, wird der Warenkorb jedes Jahr wirklichkeitsfremder. Dieser Mangel wird durch eine Überprüfung der Gewichte (Wägungsschema) und Änderung des Basisjahres im Abstand von fünf Jahren behoben.

Statistisches Verfahren zur Ermittlung des Verbraucherpreisindexes

Im Abstand von fünf Jahren werden ca. 60 000 Haushalte aus allen sozialen Schichten und allen Haushalts- und Gemeindegrößen gesucht, die auf freiwilliger Basis über drei Monate gegen ein geringes Entgelt alle Einnahmen und Ausgaben detailliert notieren. Die Daten aus dieser Einkommens- und Verbrauchsstichprobe werden ergänzt durch laufende Wirtschaftsrechnungen, in denen ca. 8 000 Haushalte jährlich ihre Einnahmen- und Ausgaben aufführen.

Durch ständige Beobachtung der Entwicklung von über 300 000 Einzelpreisen in ausgewählten Geschäften in über 190 Städten und Gemeinden kann Monat für Monat der Preis für den Warenkorb neu bestimmt werden.

Dabei werden auch die Geschäftstypen (*z. B. Warenhaus, Supermarkt, Discounter, Fachgeschäft*) nach ihrer Bedeutung für die Häufigkeit der Käufer explizit gewichtet.

Es ist aber nicht möglich und auch nicht erforderlich, die Preise für alle angebotenen Güter und Dienstleistungen zu erheben. Es reicht aus, einige hundert Waren auszuwählen, die stellvertretend den gesamten Verbrauch repräsentieren. Die Gesamtheit dieser Preisrepräsentanten bildet den Warenkorb, der knapp 600 Güterarten enthält. Ein einmal für die Preisbeobachtung ausgewählter Artikel wird dann gegen einen anderen ausgetauscht, wenn er z. B. durch Modellwechsel o. Ä. nicht mehr oder nur noch wenig nachgefragt wird. Wenn sich beispielsweise die Nachfrage von flüssigem Spülmittel zugunsten von Tabs oder Pulver verschiebt, bleibt das Gewicht der Gütergruppe Geschirrspülmittel konstant. Bei technischen Gütern kann es durchaus vorkommen, dass bis zu 10 % der Güter von Monat zu Monat ersetzt werden. Flatrates, Espressomaschinen und Smartphones sind solche technischen Waren.

Indexberechnung

Der Euro-Wert des Warenkorbes im Basisjahr wird mit 100 Prozentpunkten gleichgesetzt, und die Preisänderungen der Folgejahre werden ebenfalls in Prozentpunkten ausgedrückt.

Beispiel:

Wert des Warenkorbes 2015: 2 000 €	=	*Preisindex 100 Prozentpunkte*
Wert des Warenkorbes 2016: 2 200 €	=	*Preisindex 110 Prozentpunkte*
Wert des Warenkorbes 2017: 2 400 €	=	*Preisindex 120 Prozentpunkte*

Die prozentualen Preisänderungen werden nun berechnet, indem die Indexzahl des Vorjahres mit 100 % gleichgesetzt wird und auf dieser Basis der prozentuale Wert des aktuellen Jahres berechnet wird.

Auf oben genanntes Beispiel angewendet ergibt sich folgendes Bild:

Beispiel:

2015	*Preisindex 100 Prozentpunkte = 100 %*		
2016	*Preisindex 110 Prozentpunkte = 110 %*	=	***Preisanstieg 10,00 %***
2016	*Preisindex 110 Prozentpunkte = 100 %*		
2017	*Preisindex 120 Prozentpunkte = 109,09 %*	=	***Preisanstieg 9,09 %***

Die Veränderung der Lebenshaltungskosten lässt sich nach folgender Formel errechnen:

$$\text{Änderungen des Preisniveaus} = (\frac{\text{Neuer Preisindex}}{\text{Alter Preisindex}} \cdot 100) - 100$$

Im Kapitel über die Geldwerttheorie wurde dargestellt, dass sich die Kaufkraft umgekehrt proportional zum Preisniveau entwickelt. Damit ergibt sich folgende Formel für die Kaufkraft:

$$\text{Änderungen der Kaufkraft} = (\frac{\text{Alter Preisindex}}{\text{Neuer Preisindex}} \cdot 100) - 100$$

Der Verbraucherpreisindex für Deutschland hat sich seit 2015 wie folgt entwickelt:

Jahr	2015	2016	2017	2018	2019	2020
Preisindex	100	100,5	102,0	103,8	105,3	105,8
Veränderung des Preisniveaus gegenüber dem Vorjahr in %	+ 0,5	+ 0,5	+ 1,5	+ 1,8	+ 1,4	+ 0,5
Veränderung der Kaufkraft gegenüber dem Vorjahr in %	− 0,5	− 0,5	− 1,47	− 1,73	− 1,42	− 0,47

Beispiel: Ein Bankkaufmann verdient nach einer Gehaltserhöhung um 3,3 % 2892,40 €, also 92,40 € mehr als im Vorjahr. Der Verbraucherpreisindex ist im gleichen Zeitraum von 107,7 Prozentpunkten auf 110,6 Prozentpunkten gestiegen. Nach der Formel [(Neuer Index : Alter Index) · 100] − 100 ergibt sich daraus eine Steigerung des Preisniveaus um 2,7 %.
Die Kaufkraftformel [(Alter Index : Neuer Index) · 100] − 100 zeigt dagegen, dass die Kaufkraft um 2,62 % gesunken ist.
*Um zu ermitteln, wie sich nach der Gehaltserhöhung die **individuelle Kaufkraft** entwickelt hat, muss die Kaufkraft des alten Gehaltes mit der Kaufkraft des neuen Gehaltes verglichen werden.*

	Jahr 1	Jahr 2
Gehalt	2 800,00 €	2 892,40 €
Kaufkraft des Gehaltes in %	100 %	97,38 %
Kaufkraft des Gehaltes in Euro	2 800,00 €	2 816,62 €

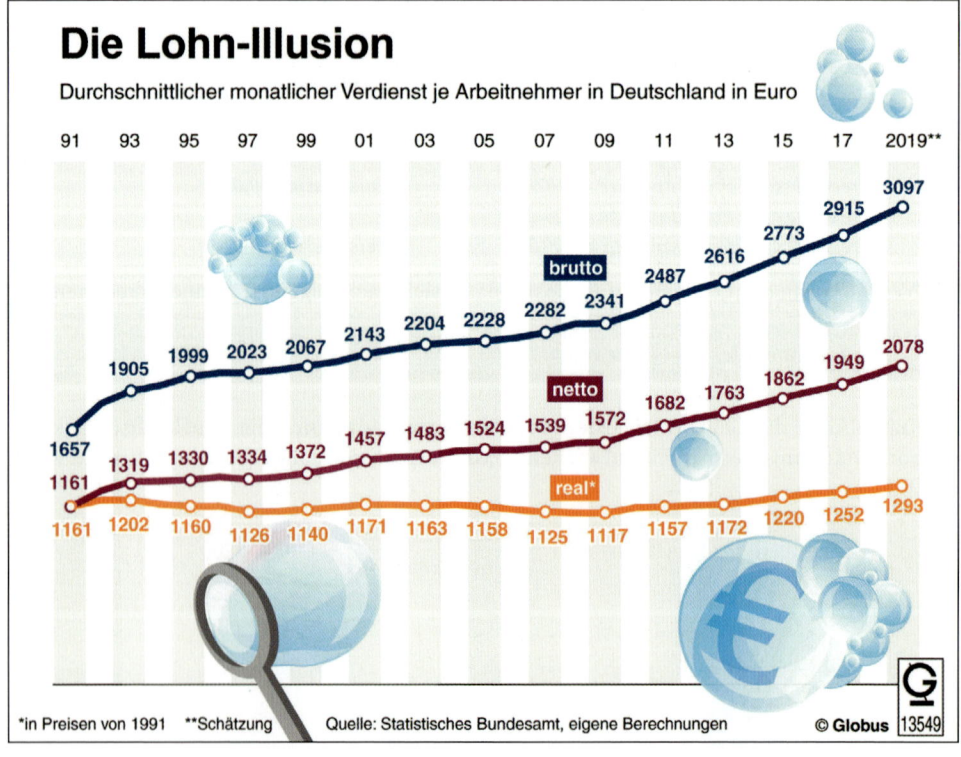

Die Lohn-Illusion
Durchschnittlicher monatlicher Verdienst je Arbeitnehmer in Deutschland in Euro

brutto: 1657, 1905, 1999, 2023, 2067, 2143, 2204, 2228, 2282, 2341, 2487, 2616, 2773, 2915, 3097

netto: 1161, 1319, 1330, 1334, 1372, 1457, 1483, 1524, 1539, 1572, 1682, 1763, 1862, 1949, 2078

real*: 1161, 1202, 1160, 1126, 1140, 1171, 1163, 1158, 1125, 1117, 1157, 1172, 1220, 1252, 1293

*in Preisen von 1991   **Schätzung   Quelle: Statistisches Bundesamt, eigene Berechnungen   © Globus 13549

Eine Steigerung des Preisniveaus führt zu einer Abnahme der Kaufkraft, da sich die Konsumenten weniger als zuvor für ihr Geld kaufen können. Diese Situation wird als üblich für eine moderne Volkswirtschaft angesehen. Nur einmal (1986) gab es in der Bundesrepublik die umgekehrte Situation, als es durch den Zusammenbruch des OPEC-Kartells und den gleichzeitigen Verfall des Wechselkurses für den USD zu einem Rückgang des Preisniveaus und einer Erhöhung der Kaufkraft kam.

Das Index-Verfahren zur Ermittlung der Lebenshaltungskosten ist nicht unumstritten, denn

- der Warenkorb weist von vornherein statistische Ungenauigkeiten auf. Da der Wechsel des Basisjahres zeitaufwendig ist, sind die Basisdaten über die Konsumgewohnheiten bei Einführung des neuen Warenkorbes häufig schon überholt. So wurde die Umbasierung des Warenkorbes von 2015 im Jahre 2018 bekannt gegeben.

- die Zunahme des Preisniveaus weist nur indirekt und annähernd auf die Kaufkraftänderung hin, da die Berechnungen von Preisniveau und Kaufkraft zu prozentual unterschiedlichen Ergebnissen führen.

- Qualitätsverbesserungen und technischer Fortschritt bei den Gütern des Warenkorbs bleiben weitgehend unberücksichtigt. Noch in den Kinderschuhen steckt der Einsatz der sogenannten „hedonischen Methode". Mit ihr sollen zukünftig Preisänderungen innovativer technischer Güter – z. B. Smartphones –, die nicht über einen längeren Zeitraum mit identischer Qualität auf den Markt kommen, berechnet werden. Preisänderungen, die nur auf Qualitätsänderungen beruhen, sollen eliminiert werden, sodass nur Gleiches mit Gleichem verglichen wird.

- sich ändernde Verbrauchergewohnheiten werden durch seltene Änderungen der Basisjahre unzureichend erfasst.

- da es sich nur um Durchschnittszahlen handelt, ist die Bedeutung für den Einzelnen recht unterschiedlich.

  Beispiel: Haben außergewöhnliche Mietpreissteigerungen zu einer beträchtlichen Verteuerung des Warenkorbes geführt, ist die daraus resultierende Inflationsrate für eine Familie, die ihr Haus mit einem Festzinsdarlehen finanziert hat, nicht relevant.

- eine internationale Vergleichbarkeit der Ergebnisse ist nicht gegeben, da unterschiedliche Verfahren zur Ermittlung der Inflationsrate angewendet werden.

Im Hinblick auf die Europäische Wirtschafts- und Währungsunion wurde eine Harmonisierung der Preismessung für die Lebenshaltung auf europäischer Ebene entwickelt. Das **Statistische Amt der Europäischen Gemeinschaften in Luxemburg (EUROSTAT)** veröffentlicht für den Zeitraum ab 1995 das Ergebnis dieser Preismessung als **Harmonisierten Verbraucherindex (HVPI)**. Er beruht auf den nationalen HVPIs, die in allen Staaten des Euro-Währungsgebietes nach einer einheitlichen Methode erstellt werden. Der Anteil Deutschlands am HVPI der Eurozone beträgt ca. 26 %. Ein methodischer Unterschied zum Verbraucherpreisindex ist, dass als Basisjahr für den HVPI weiterhin 2005 dient und dass das Wägungsschema jährlich aktualisiert wird. Inhaltlich gibt es ebenfalls Unterschiede zwischen HVPI und VPI.

Beispiel: Im HVPI ist die vollständige Berücksichtigung des vom Eigentümer selbst genutzten Wohneigentums erst in einigen Jahren vorgesehen (die EZB behilft sich deswegen bei ihren Inflationsmessungen derzeit nur mit Schätzungen). Im VPI werden die Ausgaben der privaten Haushalte für selbstgenutztes Wohneigentum unter Verwendung der Entwicklung des Preisindex für Nettokaltmieten geschätzt. Im deutschen HVPI werden im Gegensatz zum VPI die Ausgaben für Glücksspiele nicht berücksichtigt.

4   Außenwert des Geldes

Wenn im Inland jemand etwas kaufen will, weiß er genau, dass der Euro als Zahlungsmittel akzeptiert wird. Er ist nicht nur gesetzliches Zahlungsmittel, sondern auch allgemein anerkannt und begehrt. Der Empfänger des Kaufpreises weiß ebenfalls genau, dass er seinerseits mit dem Euro bestimmte Mengen an Gütern und Dienstleistungen erwerben kann. Wie sieht es aber im Außenhandel aus?

Beispiel:
- *Ein japanischer Automobil-Importeur möchte deutsche Autos kaufen. Der deutsche Autohersteller wird nur dann bereit sein, japanische Yen anzunehmen, wenn er sich damit etwas kaufen kann. Allerdings dürfte das in Deutschland schwierig sein, da deutsche Arbeiter, deutsche Finanzämter, deutsche Kreditgeber und deutsche Vorlieferanten eine Bezahlung ihrer Forderungen mit Yen ablehnen werden. Damit bleiben dem deutschen Autohersteller zwei Möglichkeiten: Er erwirbt in Japan Waren und bezahlt mit Yen, oder er verkauft die Yen an ein deutsches Kreditinstitut und erhält dafür Euro.*
- *Eine andere Möglichkeit wäre, wenn der japanische Automobil-Importeur von vornherein bei einem japanischen Kreditinstitut die benötigte Euro-Menge gegen Yen erwerben würde. Dies würde aber voraussetzen, dass das japanische Kreditinstitut auf dem Devisenmarkt die benötigten Euro erwerben könnte.*

Das Beispiel macht auf die verschiedenen Schwierigkeiten aufmerksam, die entstehen, wenn sich unterschiedliche Währungen berühren. Eine problemlose Zahlungsabwicklung ist nur dann möglich, wenn

- die Währungen **konvertibel**, d. h. untereinander frei austauschbar sind.

  Beispiel: Der deutsche Autohersteller wird nur dann Yen annehmen, wenn er bei einem deutschen Kreditinstitut oder bei der EZB dafür Euro erhält.

Eine Währung ist nur dann konvertibel, wenn die Nationale Zentralbank bereit ist, die eigene Währung gegen fremde Währungen anzukaufen.

- es eine **Leitwährung** gibt, die international als Tauschmittel anerkannt und begehrt ist und es so ermöglicht, jede gewünschte Währung der Welt zu erwerben.

  Beispiel: Wenn die japanische Notenbank nicht genügend Euro hätte, könnte sie sich diese gegen Dollar bei der EZB beschaffen. Damit wäre es denkbar, das gesamte Geschäft sofort in Dollar zu fakturieren.

Wegen ihrer hohen Stabilität orientieren über 120 Staaten ihre Währungen an den Ankerwährungen Euro und US-Dollar.

Unter dem Außenwert versteht man den Wert der inländischen Währung gegenüber ausländischen Währungen.

Zur besseren Vergleichbarkeit wird der Außenwert einer Währung häufig als Index dargestellt.

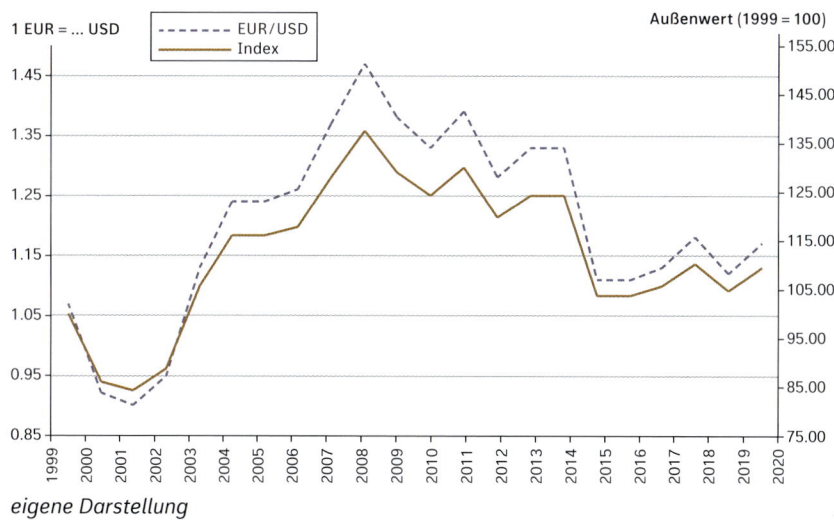

Wechselkurs und Index des Außenwertes
des EUR gegenüber US.Dollar

eigene Darstellung

Nominaler und realer Wechselkurs

Eine Erhöhung des Außenwertes des EUR gegenüber dem USD muss nicht unbedingt bedeuten, dass wir mit dem EUR mehr Waren im Ausland kaufen können. Theoretisch gleichen sich über die Wechselkurse, die sich an den Devisenmärkten bilden (nominale Wechselkurse), Preis- und Kostendifferenzen der beteiligten Länder an (Kaufkraftparitäten).

Beispiel: Steigt das Preisniveau in den USA schneller als innerhalb des Euro-Währungsraumes, werden die Importe ins Euroland teurer und die Exporte aus dem Euroland werden begünstigt. Über den daraus folgenden zunehmenden Export bei gleichzeitig rückläufigem Import müsste sich der Wechselkurs ändern. Die zunehmenden Exporterlöse würden zu einer Erhöhung des Dollarangebotes ($A_1 \rightarrow A_2$) führen, und die verringerten Importe hätten eine Abschwächung der Dollarnachfrage ($N_1 \rightarrow N_2$) zur Folge. Der Dollar müsste schwächer, der Euro stärker werden.

EUR/USD (Preisnotierung)   USD-Angebot/USD-Nachfrage   USD/EUR (Mengennotierung)

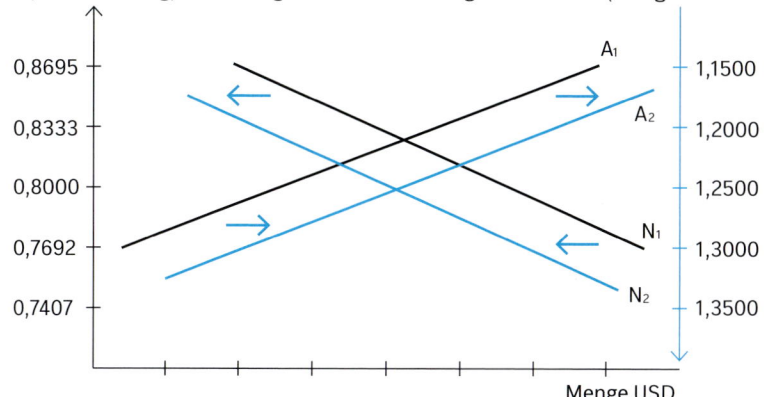

In der Wirklichkeit kommt es aber meistens nicht zu einer Wechselkursanpassung, weil neben der Preis- und Kostenentwicklung eine Reihe anderer Faktoren die internationale Wettbewerbsfähigkeit und damit die Wechselkurse bestimmen. Hierzu zählen beispielsweise Lieferpünktlichkeit, Service, Produktinnovation, Anpassungsfähigkeit auf veränderte

Marktsituationen usw. Außerdem hängt nur ein verschwindend geringer Teil der täglichen Währungstransaktionen mit dem Außenhandel zusammen.[1] Über 97 % des Devisenhandels ist spekulationsbedingt und hat nichts mit der Bezahlung von internationalen Warenströmen zu tun. Daraus folgt, dass im **nominalen Wechselkurs** die Preisdifferenzen zwischen beiden Ländern nicht unbedingt zum Ausdruck kommen müssen.

Um die preisliche und kostenmäßige Wettbewerbsfähigkeit eines Landes und damit den tatsächlichen Wert der eigenen Währung gegenüber einer ausländischen Währung zu bestimmen, werden **reale Wechselkurse** errechnet.

> *Reale Wechselkurse* sind die um Preissteigerungen in den beteiligten Ländern bereinigten nominalen Wechselkurse.

Der reale Wechselkurs (R) berücksichtigt, wie sich die Verbraucherpreise im In- und Ausland entwickelt haben und wird nach der Formel $R = W(P_{eu} / P_i)$ berechnet.

Dabei gilt: W =   nominaler Eurokurs, Mengennotierung
              P_{eu} =   Preisniveau in der Eurozone
              P_i =   Preisniveau im betreffenden Ausland

Der Kehrwert $(1/W)(P_i/P_{eu})$ des realen Wechselkurses wird als realer Außenwert (Q) bezeichnet.

Eine Zunahme des realen Außenwertes (Q) ist gleichbedeutend mit einer Aufwertung gegenüber dem Euro-Raum. Das kann dadurch geschehen, dass sich die betreffende Währung nominal gegenüber dem Euro aufwertet (d. h., W sinkt bzw. 1/W steigt), und/oder dadurch, dass die Inflation in diesem Land diejenige im Euro-Raum übersteigt.

Während der nominale Wechselkurs sowie ein entsprechender nominaler Außenwert den Relativpreis zweier Währungen wiedergibt, ist der reale Wechselkurs beziehungsweise der reale Außenwert der Relativpreis zwischen den Warenkörben in den zwei Währungsgebieten. Eine reale Aufwertung des Landes i gegenüber dem Euro-Gebiet kann daher auch als relativer Preisanstieg in diesem Land gegenüber den in der gleichen Währung ausgedrückten Preisen im Euro-Raum angesehen werden. Eine solche Änderung der relativen Preise verschlechtert damit die preisliche Wettbewerbsfähigkeit des betrachteten Landes.

Diese kompliziert erscheinende Berechnung lässt sich an einem Beispiel nachvollziehen:

Beispiel:

Ein vergleichbarer USB-Stick wird in Deutschland und den USA hergestellt.

Nominaler Wechselkurs: 1,25 USD – 1,00 EUR		
	in den USA	**in Deutschland**
Bisheriger Preis für einen USB-Stick	1,25 USD	1,00 EUR
Preissteigerung	8 %	5 %
Neuer Preis für USB-Stick	1,35 USD	1,05 EUR
	ein USB-Stick aus den USA kostet jetzt 1,35 USD	ein USB-Stick aus Deutschland kostet jetzt 1,05 €
	ein USB-Stick aus Deutschland kostet jetzt 1,31 USD	ein USB-Stick aus den USA kostet jetzt 1,08 €
Folgen:	Importe nehmen zu	Exporte nehmen zu

---

[1] *Vgl. S. 351 ff.*

Nominaler Wechselkurs: 1,25 USD – 1,00 EUR		
	in den USA	**in Deutschland**
	Exporte gehen zurück	Importe gehen zurück
Realer Wechselkurs = $W(P_{eu}/P_i)$ Realer Wechselkurs = 1,25(1,05/1,08) Realer Wechselkurs = 1,2153		
Realer Außenwert = $1/W \cdot (P_i/P_{eu})$ Realer Außenwert = $1/1,25 \cdot (1,08/1,05)$ Realer Außenwert = 0,8229		

Effektive reale Wechselkurse beziehen sich nicht auf das Verhältnis zu einer einzelnen Währung, sondern auf ein größeres Bündel von Währungen.

Effektive Wechselkurse des Euro*

1. Vj. 1999 = 100						
Effektiver Wechselkurs des Euro						
EWK-19 [1]					EWK-38 [2]	
Zeit	nomi-nal	real, auf Basis der Verbraucherpreis-indizes	real, auf Basis der Deflatoren des Brutto-inlandsprodukts [3]	real, auf Basis der Lohnstückkosten in der Gesamt-wirtschaft [3]	nominal	real, auf Basis der Verbraucher-preisindizes
2017	97,5	93,5	89,1	94,3	112,4	91,9
2018	100,0	95,7	90,5	95,8	117,3	95,1
2019	98,2	93,3	88,7	93,1	115,5	92,4
2020	99,7	93,7	...	...	119,4	94,0

* Der effektive Wechselkurs entspricht dem gewogenen Außenwert der betreffenden Währung. (...) 1) Berechnungen der EZB anhand der gewogenen Durchschnitte der Veränderungen der Euro-Wechselkurse gegenüber den Währungen folgender Länder: Australien, Bulgarien, China, Dänemark, Hongkong, Japan, Kanada, Kroatien, Norwegen, Polen, Rumänien, Schweden, Schweiz, Singapur, Südkorea, Tschechische Republik, Ungarn, Vereinigtes Königreich und Vereinigte Staaten. Soweit die aktuellen Preis- bzw. Lohnindizes noch nicht vorlagen, sind Schätzungen berücksichtigt. 2) Berechnungen der EZB. Umfasst die EWK-19-Gruppe (siehe Fußnote 1) zzgl. folgender Länder: Algerien, Argentinien, Brasilien, Chile, Indien, Indonesien, Island, Israel, Malaysia, Marokko, Mexiko, Neuseeland, Philippinen, Russische Föderation, Südafrika, Taiwan, Thailand, Türkei und Venezuela. 3) Jahres- bzw. Vierteljahresdurchschnitte. (...)

*Quelle: Deutsche Bundesbank: Monatsbericht Januar 2021, 73. Jahrgang Nr. 1, Frankfurt am Main, 15.01.2021, Statistischer Teil S. 83**

Wechselkurse und ihre Kursfeststellung

Referenzkurse der EZB

Die EZB legt täglich um 14:15 Uhr in einer Telefonkonferenz zwischen Zentralbanken innerhalb und außerhalb des Eurosystems einen Referenzkurs für die einzelnen Währungen fest (Konzertationsverfahren) und veröffentlicht ihn kurz danach unter Anwendung der Mengennotierung (1 EUR = X Fremdwährungseinheiten) als Mittelkurs mit einer i. d. R. fünfstelligen Ziffer auf der Website der EZB und über die elektronischen Informationsdienste.

Referenzkurse der Kreditinstitute

Die Spitzeninstitute des Sparkassen- und Genossenschaftssektors lassen ihre Referenzwechselkurse (EuroFX) täglich um 13:00 Uhr auf Basis der vorliegenden Devisenkauf- und Verkaufsaufträge durch das Börseninformationssystem Reuters vollautomatisch berechnen und sofort veröffentlichen. Diese Mittelkurse dienen als Abrechnungsgrundlage für das Kundengeschäft.

Freie Wechselkurse

Freie Wechselkurse werden im Telefonhandel zwischen den Kreditinstituten, Nationalen Zentralbanken und internationalen Großunternehmen ausgehandelt.

Wechselkurse nach der Art der Kursnotierung

Mengennotierung		Preisnotierung	
Inlandswährung	**Auslandswährung**	**Inlandswährung**	**Auslandswährung**
↓	↓	↓	↓
feste Bezugseinheit	**variable Bezugsgröße**	**variable Bezugsgröße**	**feste Bezugseinheit**

Mengennotierung	Preisnotierung
Die EZB hat für den EUR die Mengennotierung als verbindlich erklärt. 1,00 EUR = … USD 1,2000 1,2500 1,3000 1,3500 *originärer Kurs =* $\dfrac{1}{\text{Kurs der Preisnotierung}}$	… EUR = 1 USD 0,8333 0,8000 0,7692 0,7407 *inverser Kurs =* $\dfrac{1}{\text{Kurs der Mengennotierung}}$

Bei der Mengennotierung bedeutet:
- Geldkurs aus Sicht der Kreditinstitute = Verkaufspreis der Fremdwährung
- Briefkurs aus Sicht der Kreditinstitute = Ankaufspreis der Fremdwährung

Beispiel:

Referenzkurs EuroFX	*1,2988 USD*
Geldkurs	*1,2975 USD*
Briefkurs	*1,3035 USD*

Devisen sind Zahlungsmittel in Form von Buchgeld *(z. B. Guthaben bei ausländischen Banken, Schecks oder Wechsel, die auf ausländische Währungen lauten).*

Sorten sind ausländische Banknoten und Münzen. Kreditinstitute handeln in der Regel nur mit Banknoten.

	Sorten-verkaufskurs	Referenzkurs	Sorten-ankaufskurs
USD	1,2445	1,3005	1,3748

4.1 Wechselkurssysteme

Weltweit gibt es eine Vielzahl von Wechselkurssystemen. Sie lassen sich grob in drei Kategorien einteilen.

Wechselkurssysteme		
Flexible Wechselkurse	Mischsysteme	Feste (fixe, starre) Wechselkurse
Der Wechselkurs bildet sich durch Angebot und Nachfrage auf dem Devisenmarkt. *Beispiele: Euro, US-Dollar*	Der Wechselkurs hat Elemente der fixen und der freien Wechselkurse und lässt Anpassungen des Leitkurses mit oder ohne Bandbreiten zu. *Beispiele: Dänemark, Schweiz, China* Bi-/multilaterale Festlegung des Wechselkurses mit Interventionsverpflichtung zur Kursstützung.	Der Staat legt das Austauschverhältnis seiner Währung zu einer Ankerwährung fest und verändert seine Geldmenge nur im Gleichlauf mit der Veränderung seiner Devisenreserven. Dieses System wird in seiner striktesten Form Currency-Board-Regime genannt. *Beispiele: Bulgarien, CFA-Franc-Zone*

In den wichtigsten Volkswirtschaften wird der Wechselkurs bestimmt durch Devisenangebot und -nachfrage. Nur eine geringe Menge der auf den Devisenmärkten gehandelten Devisen resultiert aus Export- und Importgeschäften. Der überwiegende Teil des Devisenhandels ist auf Kapitaltransaktionen zurückzuführen.

Devisenmärkte funktionieren wie Güter- oder Geldmärkte durch das Zusammenspiel von Angebot und Nachfrage. Die Darstellung der Wechselkursentwicklung in diesem Buch erfolgt deswegen als Preisnotierung und damit gemäß den Ausführungen aus dem Kapitel Preisbildung (vgl. S. 258). Diese Darstellungsweise ist in der deutschen und internationalen Fachliteratur üblich. Sie ist auch pädagogisch sinnvoll, denn bei der Mengennotierung ist zu beachten, dass Angebots- und Nachfragekurve genau entgegengesetzt zur konventionellen Darstellung von Angebot und Nachfrage verlaufen.

Devisengeschäfte lassen sich unterscheiden nach dem Zeitpunkt der Erfüllung.
- **Kassageschäfte** sind sofort (bzw. „over night") zum Kassakurs zu erfüllen.
- **Termingeschäfte** sind an einem bestimmten, in der Zukunft liegenden Termin *(z. B. 90 Tage)* zum Terminkurs zu erfüllen. Der Terminkurs wird am Tag des Geschäftsabschlusses vereinbart.

Abkommen von Bretton Woods
Schon kurz nach dem 2. Weltkrieg einigten sich in Bretton Woods im US-Staat New Hampshire Finanzminister und Notenbankgouverneure auf ein System fester Wechselkurse. Die Relation des USD zum Gold wurde auf 35 USD je Unze Feingold (eine Unze = 31,104 Gramm) festgesetzt. Die anderen Währungen wurden in ein festes Verhältnis zum Dollar gesetzt und waren damit indirekt an das Gold gebunden (Goldstandard).
Deutschland trat dem System fester Wechselkurse im Jahr 1949 bei. Es galt die Relation

$$4,2000 \text{ DEM} = 1,00 \text{ USD}$$
$$35,00 \text{ USD} = 31,104 \text{ g Feingold.}$$

Ein deutscher Empfänger von Dollar hatte eine doppelte Sicherheit: Er konnte mit seinen Dollar entweder in den USA Waren im Gegenwert seiner Dollar erwerben oder sich Gold entsprechend der festgelegten Relation beschaffen.

Die Wechselkurse waren allerdings nicht vollkommen starr, sondern konnten nach oben und unten um 0,75 % schwanken.

Beispiel: Wenn durch sehr hohe Exporterlöse das Angebot an Dollar stieg und damit der Kurs zu sinken drohte, hatte die Notenbank zu intervenieren: Sie musste selbst als Käuferin der Dollar auftreten, um einen Rückgang auf unter 4,16 DM zu verhindern. Umgekehrt hatte die Notenbank bei einer hohen Nachfrage nach Dollar selbst als Anbieterin von Dollar aufzutreten, um den Knappheitsgrad der Dollar zu mildern und eine Überschreitung des Kurses von 4,24 DM zu verhindern.

Das Wechselkursabkommen von Bretton Woods bestand bis 1973. Die Bindung der DM an den Dollar wurde bereits 1971 aufgehoben, in der Folgezeit konnte sich der Kurs DEM/USD frei nach Angebot und Nachfrage entwickeln. Das Ergebnis war eine extreme Aufwertung der DM von durchschnittlich 3,47945 DEM/USD auf 1,81825 DEM/USD im Jahr 1980.

Das Europäische Währungssystem (EWS II)

Mit der Einführung des Euro am 1. Januar 1999 ist zwischen den Teilnehmerländern die erwünschte Kalkulationssicherheit und Preistransparenz im Außenhandel erreicht worden. Gleichzeitig war ein neuer europäischer **Wechselkursmechanismus (WKM II)** in Kraft getreten. Er bildet den Rahmen für die Währungskooperation zwischen den Staaten des Eurosystems („ins") und denjenigen EU-Staaten, die den Euro noch nicht eingeführt haben („outs"). Durch die Teilnahme am WKM II schaffen die Teilnehmerländer die Voraussetzung zur späteren Umstellung der eigenen Währung auf den Euro, der als Ankerwährung für die Partnerländer dient. Sie sind über **feste Wechselkurse mit Bandbreiten** an den Euro gebunden. Für die dänische Krone wurde eine Schwankungsbandbreite von ±2,25 % vereinbart. Schweden nimmt nicht am WKM II teil. Die schwedische Krone floated unabhängig von anderen Währungen. Von neuen EU-Mitgliedsstaaten wird erwartet, dass sie den Euro einführen. Für sie gilt nicht die Ausnahmeregelung wie für Dänemark, das von seiner „Nichtbeteiligungsklausel" Gebrauch gemacht und dem EU-Rat mitgeteilt hat, dass es den Euro noch nicht einführen wolle. Neben Dänemark gehören Bulgarien und Kroatien dem WKM II an. Vor einer Aufnahme in die Währungsunion müssen Beitrittskandidaten die Konvergenzkriterien, zu denen eine zweijährige von Auf- und Abwertungen freie sowie spannungsarme Teilnahme am WKM II gehört, erfüllen.

4.1.1   Freie Wechselkurse (Floating)

*Bei **flexiblen Wechselkursen** bildet sich das Austauschverhältnis zwischen den Währungen durch Angebot und Nachfrage. Die Kurse floaten.*

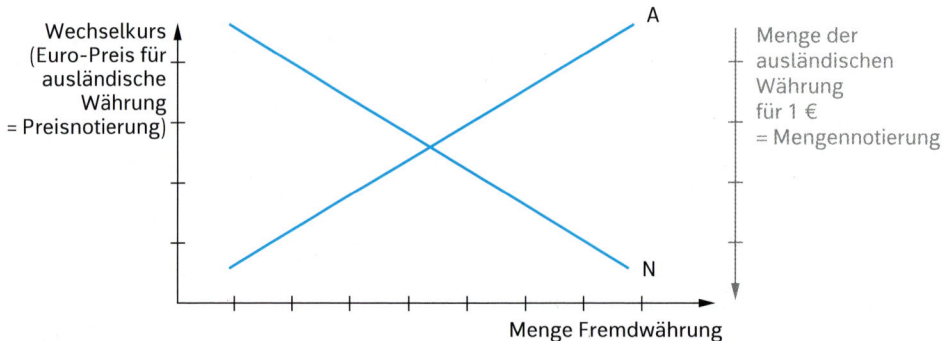

Änderungen von Devisenangebot und Devisennachfrage werden hervorgerufen durch
- grenzüberschreitende Kapitalanlagen und Investitionen,
- Devisenspekulationen,
- Exporte und Importe,
- Auslandsreiseverkehr,
- unentgeltliche Übertragungen,
- Preisentwicklung,
- Zinsänderungen,
- Devisengeschäfte der Zentralbanken,
- politische und wirtschaftliche Zukunftserwartungen.

Eine **Zunahme der Devisennachfrage** führt zu einem Kursanstieg der Fremdwährung bzw. einem Kursrückgang des Euro.

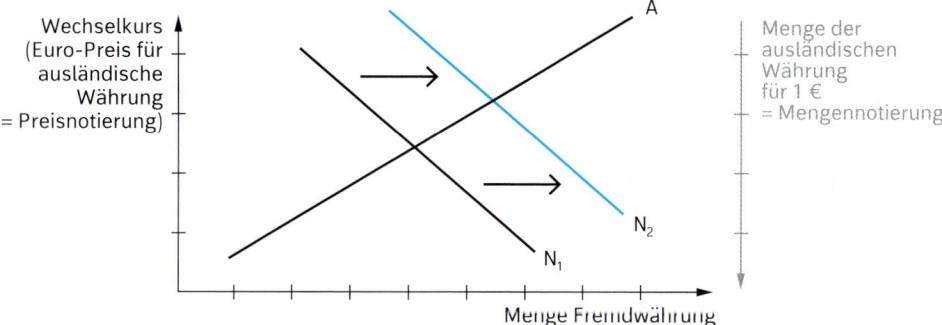

Eine Zunahme des Devisenangebots führt zu einer Kurssenkung der Fremdwährung bzw. einem Kursanstieg des Euro.

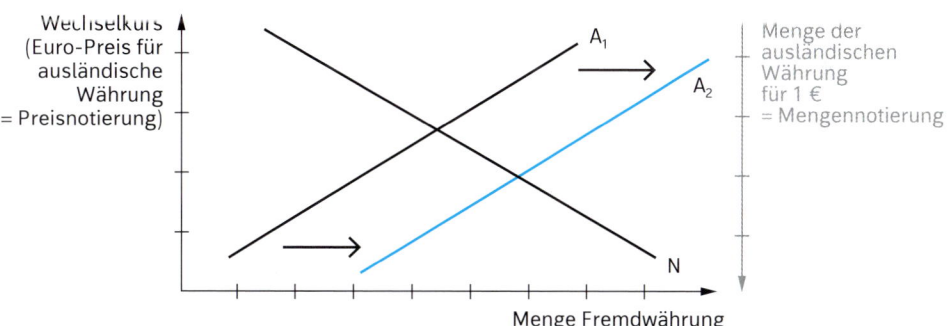

Vorteile freier Wechselkurse	Nachteile freier Wechselkurse
Freie Wechselkurse ...	Freie Wechselkurse ...
– begünstigen eine ausgeglichene Zahlungsbilanz, – fördern den internationalen Wettbewerb, – hemmen die Übertragung von Inflationstendenzen vom Ausland in das Inland und umgekehrt, – erfordern keine Intervention der Zentralbank.	– erschweren die Kalkulation im Außenhandel und erfordern Kurssicherungen (Hedging), – können die internationale Integration behindern, – können zu Währungsspekulationen führen.

4.1.2 Mischsysteme: Feste Wechselkurse mit Bandbreiten oder anderen Anpassungsmöglichkeiten an einen Leitkurs

Feste Wechselkurse mit Bandbreiten basieren auf einer Übereinkunft zwischen den beteiligten Staaten. Sie vereinbaren einen Wechselkurs zwischen ihren Währungen, lassen aber Kursabweichungen durch die Kräfte des Marktes innerhalb definierter Bandbreiten zu.

Die beteiligten Notenbanken haben zu intervenieren, wenn der Wechselkurs den oberen oder unteren Rand der Bandbreite (Interventionspunkt) zu erreichen droht.

Interventionsverkäufe: Wenn bei einer beteiligten Nationalen Zentralbank die starke Währung zum Interventionskurs nachgefragt wird, hat sie zu diesem Kurs zu verkaufen.
Interventionskäufe: Wenn bei einer beteiligten Zentralbank die schwache Währung zum Grenzkurs angeboten wird, so muss die Notenbank zur Kursstützung diese Fremdwährung kaufen.

Eine positive (negative) Abweichung vom Euro-Leitkurs bedeutet, dass die Währung innerhalb des Kursbandes schwach (stark) notiert.

Für die dänische Krone gilt eine Schwankungsbandbreite von ±2,25 %, für Kroatien und Bulgarien die Standardschwankungsbreite von ±15 %.

Im Euro-Währungsgebiet übernehmen normalerweise die Nationalen Zentralbanken die Interventionen. Sie handeln dabei als Agenten der EZB. Die Notierung der Kurse im WKM II erfolgt nur als Mengennotierung. Auf die Definition der inversen Relation (Preisnotierung) wird hingegen verzichtet. Damit hat für die künftigen Teilnehmerländer nur noch die Relation der eigenen Währung zum Euro Bedeutung.

Beispiel: Der Kurs des Euro gegenüber der Dänischen Krone bewegt sich auf den oberen Interventionspunkt zu (gepunktete Linie). In diesem Fall sind alle Nationalen Zentralbanken des Eurosystems verpflichtet, DKK gegen EUR zu kaufen. Der Kurs des Euro sinkt, die Situation entspannt sich und der Kurs bleibt innerhalb der vereinbarten Bandbreite.

> **NZBs kaufen DKK gegen EUR**
> Die EUR-Angebotskurve verschiebt sich nach rechts, der EUR-Kurs sinkt, die DKK wird gestützt.

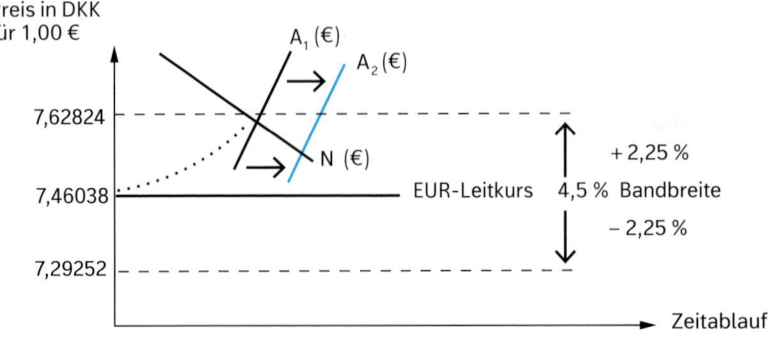

Der Kurs des Euro gegenüber der Dänischen Krone bewegt sich auf den unteren Interventionspunkt (gepunktete Linie) zu. In diesem Fall sind alle Nationalen Zentralbanken des Eurosystems verpflichtet, DKK gegen EUR zu verkaufen. Der Kurs des EUR steigt, die Situation entspannt sich und der Kurs bleibt innerhalb der vereinbarten Bandbreite.

> **NZBs verkaufen DKK gegen EUR**
> Die EUR-Nachfragekurve verschiebt sich nach rechts, der EUR-Kurs steigt, die DKK wird schwächer.

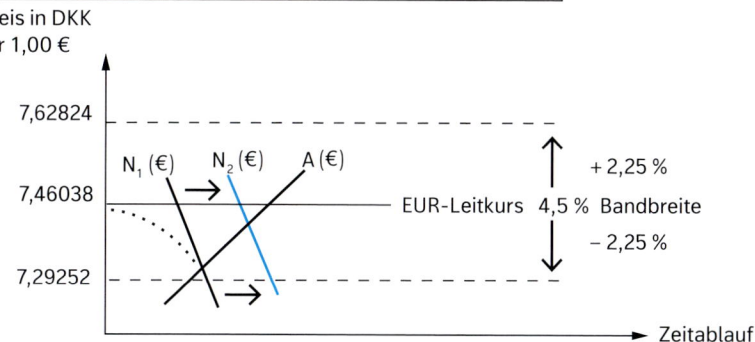

> Für die am Außenhandel beteiligten Unternehmen liegt der entscheidende Vorteil eines Wechselkurssystems mit Bandbreiten fester Wechselkurse in der erhöhten Kalkulationssicherheit.

Dies gilt allerdings nur, wenn die Bandbreiten relativ eng gezogen sind.

Beispiel: Ein deutscher Anlagenbauer bietet einem dänischen Kunden eine Fabrikanlage im Wert von 50 Mio. € an, Liefertermin in zwölf Monaten. Der dänische Kunde verlangt zur Ausschaltung des Kursrisikos eine Fakturierung in DKK. Der Kurs (Mengennotierung) liegt zurzeit bei 7,50 DKK, sodass die Anlage für 375 000 000 DKK angeboten wird. Bei einer angenommenen Bandbreite von ± 2,25 % kann das deutsche Unternehmen unter normalen stabilen Verhältnissen von folgender Erlössituation ausgehen und sein Risiko kalkulieren:

> **Schwacher EUR/starke DKK**
> *DKK/EUR-Kurs der DKK am unteren Interventionspunkt:*
> (7,46038 − 2,25 % = 7,29252)
>
> | | |
> |---|---:|
> | 7,29252 DKK = | 1,00 € |
> | Verkaufserlös 375 000 000 DKK = | 51 422,55 € |

> **Starker EUR/schwache DKK**
> *Kurs der DKK am oberen Interventionspunkt:*
> (7,46038 + 2,25 % = 7,62824)
>
> | | |
> |---|---:|
> | 7,62824 DKK = | 1,00 € |
> | Verkaufserlös 375 000 000 DKK = | 49 159,44 € |

Probleme fester Wechselkurse mit Bandbreiten:

- **Förderung inflationärer Tendenzen**
  Bei Erreichen des oberen Interventionspunktes wird ausländische Währung gekauft und mit Zentralbankgeld bezahlt, sodass es zu einer Ausweitung der inländischen Geldmenge kommt („Wechselkursfalle").

- **Erschöpfung der eigenen Devisenvorräte**
  Bei Erreichen des unteren Interventionspunktes ist ausländische Währung zu verkaufen. Ein nachhaltiges Verharren des Kurses am unteren Interventionspunkt kann zu einer Erschöpfung der eigenen Devisenvorräte führen.

Wenn sich ein Wechselkurs (Parität) als nicht marktgerecht erweist, indem er von den Marktteilnehmern immer wieder an die Interventionsgrenze herangeführt wird und damit allen Interventionsversuchen trotzt, sollte auf Ebene der Regierungschefs eine Neufestlegung der Paritäten (Realignment) vereinbart werden. Dieser Vorgang kann entweder eine Heraufsetzung des EUR-Leitkurses (Abwertung) oder eine Herabsetzung des EUR-Leitkurses (Aufwertung) sein.

4.1.3 Feste Wechselkurse

Feste (fixe, starre) Wechselkurse werden gesetzlich festgelegt.

Feste Wechselkurse gelten heute noch für eine große Anzahl Staaten Afrikas und Mittelamerikas.

Früher waren feste Wechselkurse in den sogenannten Staatshandelsländern Osteuropas üblich. Die Wechselkurse wurden stets unterhalb des Kurses, der sich am freien Markt gebildet hätte, fixiert. Die eigene Währung war **überbewertet**. Da der Wechselkurs nicht den Marktverhältnissen entsprach, war die Währung für das Ausland uninteressant. Kein ausländischer Exporteur war bereit, für seine Güter und Dienstleistungen die Währung anzunehmen. Die daraus folgende Devisenknappheit macht in dem entsprechenden Land eine Devisenbewirtschaftung notwendig. Inländische Exporteure mussten ihre Exporterlöse bei einer staatlichen Stelle gegen Inlandswährung verkaufen, und inländische Importeure er-

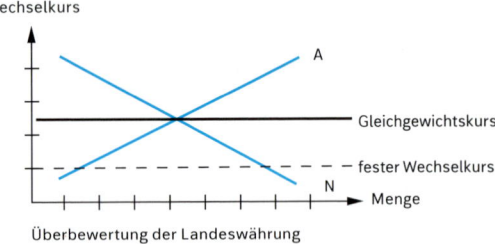

Überbewertung der Landeswährung

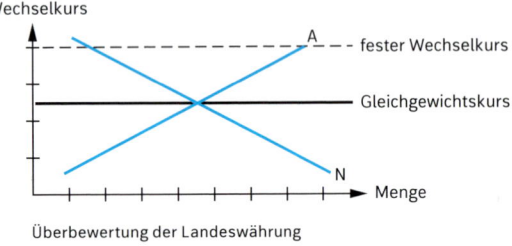

Überbewertung der Landeswährung

hielten die benötigten Devisen von einer staatlichen Stelle zugeteilt. Diese Bewirtschaftung wurde flankiert durch das Verbot, die Landeswährung oberhalb bestimmter Freibeträge grenzüberschreitend zu transferieren.

Bei einer Unterbewertung der heimischen Währung nehmen die Exporte zu. Die Begründung ist ganz einfach: Wenn in der Währung des Exportlandes fakturiert wird, muss der ausländische Handelspartner weniger Inlandswährung für seine Importrechnungen aufwenden und importiert folglich u. U. größere Mengen. Sollte die Rechnung auf die Währung des Empfängerlandes lauten, erhält der Exporteur bei Umtausch der Exporterlöse mehr Inlandswährung. Er kann u. U. seine Exportpreise senken und Marktanteile hinzugewinnen. Die florierenden Exporte geben starke Impulse für die inländische Beschäftigung, aber gleichzeitig werden die Importe entsprechend teurer. Dieses Zusammenspiel von zunehmenden Exporten und schwächeren Importen birgt eine erhebliche Gefahr für die Geldwertstabilität und und kann Ursache für eine importierte Inflation sein.

Vorteile fester Wechselkurse	Nachteile fester Wechselkurse
– Kalkulations- und Planungssicherheit	Bei Überbewertung: – Hoher Aufwand an Bürokratie und Kosten für die Devisenbewirtschaftung, – Inflexibilität bei Änderungen des Devisenbedarfs, – dauernde Importüberschüsse, – Gefahr der internationalen Zahlungsunfähigkeit. Bei Unterbewertung: – Inflationsgefahr, – dauernde Exportüberschüsse, – dauerndes Zahlungsbilanzungleichgewicht, – außenpolitischer Druck.

4.2 Auf- und Abwertung

Änderungen der Wechselkurse bedeuten immer gleichzeitig eine Auf- und Abwertung, gleichgültig, ob es sich um feste oder freie Wechselkurse oder um eine Mischform handelt.

Beispiel: Der US-Dollar gewinnt gegenüber dem Euro an Wert.

Wechselkurs in der Eurozone	Wechselkurs in den USA
1,00 EUR/1,2500 USD	1 USD/0,8000 EUR
↓	↓
1,00 EUR/1,1000 USD	1 USD/0,9090 EUR

Wechselkursänderung

Kursherabsetzung = Abwertung des EUR
Für die gleiche Menge der inländischen Währung erhält man nach der Wechselkursänderung weniger ausländische Währung.

Kursheraufsetzung = Aufwertung des USD
Für die gleiche Menge der inländischen Währung erhält man nach der Wechselkursänderung mehr ausländische Währung.

Die Aufwertung der einen Währung ist gleichzeitig eine Abwertung der anderen Währung.

Im WKM II werden Auf- oder Abwertungen (Realignments) durch die EZB und die Regierungen der beteiligten Länder vorgenommen, wenn sich der Wechselkurs langfristig und nachhaltig von der Parität (Leitkurs) entfernt. Der neue Leitkurs wird so gewählt, dass er den Marktverhältnissen entspricht und weitere Interventionen – zumindest kurzfristig gesehen – nicht erforderlich macht. Eine unterbewertete Währung ist aufzuwerten, eine überbewertete Währung ist abzuwerten.

Beispiel:

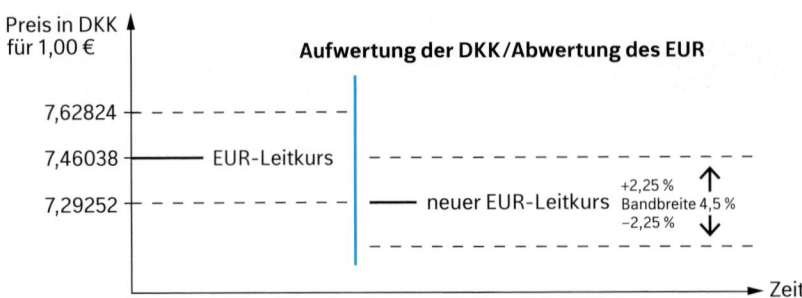

Beispiel:

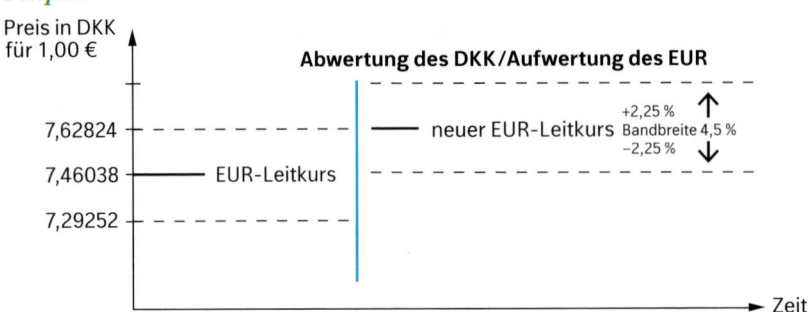

Die Folgen einer Aufwertung der eigenen Währung für den Außenhandel sind zweischneidig.

Der deutsche Importeur muss zukünftig weniger Euro für die ausländische Währung bezahlen und kann somit günstiger einkaufen. Der deutsche Exporteur erhält weniger Euro bei Umtausch seiner auf Fremdwährung lautenden Exporterlöse.

Beispiel: Ein deutscher Luxusautomobilhersteller berechnet für einen Sportwagen, der nach Kalifornien exportiert wird, 100 000,00 USD. Bei einem Kurs von 1,2500 USD/EUR schreibt ihm sein Kreditinstitut beim Umtausch 80 000,00 € gut.
Nach einer Aufwertung des Euro auf 1,3000 USD/EUR beträgt der Exporterlös bei unverändertem Verkaufspreis nur noch 76 923,07 €.
Für den konkurrierenden amerikanischen Automobilhersteller, der ein vergleichbares Fahrzeug zu 80 000,00 € in Europa anbietet, stellt sich die Situation nach der Abwertung des USD von 1,2500 EUR/USD auf 1,3000 EUR/USD günstiger dar:
Vor der Wechselkursanpassung beträgt der Exporterlös 100 000,00 USD, nach der Abwertung des USD werden beim amerikanischen Exporteur 104 000,00 USD gutgeschrieben.
Da die exportierende Wirtschaft Aufwertungsverluste nur selten über Preiserhöhungen abwälzen kann, ziehen Aufwertungen tendenziell Rückgänge beim Export nach sich.

Bei Abwertungen verhält es sich umgekehrt. Eine Schwächung der eigenen Währung begünstigt den Export. Sie kann zu Preissenkungen und damit zu einer Stärkung der Position auf den Auslandsmärkten führen.

Gerüchte über bevorstehende Auf- oder Abwertungen können zu spekulationsbedingten Marktverzerrungen führen.

Beispiel: Bei einem Kurs von 1,3500 USD/EUR erwirbt ein Amerikaner EUR. Für 1 000 000,00 USD erhält er 740 740,74 EUR. Nach der Aufwertung des EUR auf 1,4000 USD/EUR (und Abwertung des USD von 0,74074 EUR/USD auf 0,71429 EUR/USD) verkauft er die erworbenen EUR und erhält 1 037 037,00 USD. Sein Spekulationsgewinn beträgt 37 037,00 USD.

Ein aufwertungsverdächtiges Land wird kurzfristiges ausländisches Geld anziehen. Dies hat eine Erhöhung des inländischen Geldumlaufs und einen Druck auf das inländische Zinsniveau zur Folge.

Aufwertung der Inlandswährung	Abwertung der Inlandswährung
Gründe: – Auslandspreisniveau höher als im Inland – Zins- und spekulationsbedingte Geld- zuflüsse aus dem Ausland	**Gründe:** – Preisniveau im Inland höher als im Ausland – Zins- und spekulationsbedingte Geld- abflüsse ins Ausland
Folgen: – Exportrückgang – Importzunahme	**Folgen:** – Exportzunahme – Importrückgang

Das Europäische System der Zentralbanken ist föderal aufgebaut und besteht aus der Europäischen Zentralbank (EZB) und den nationalen Notenbanken (NZBs) der Mitgliedsstaaten, d.h., es umfasst außer den Mitgliedern des Eurosystems auch die Nationalen Zentralbanken, die den Euro nicht zu Beginn der dritten Stufe der EWWU eingeführt haben.

Das **Eurosystem** umfasst die EZB und die Nationalen Zentralbanken der Teilnehmerländer, die den Euro seit Beginn der dritten Stufe der EWWU eingeführt haben. Das Gebiet der Mitgliedsstaaten ist die **Eurozone**.

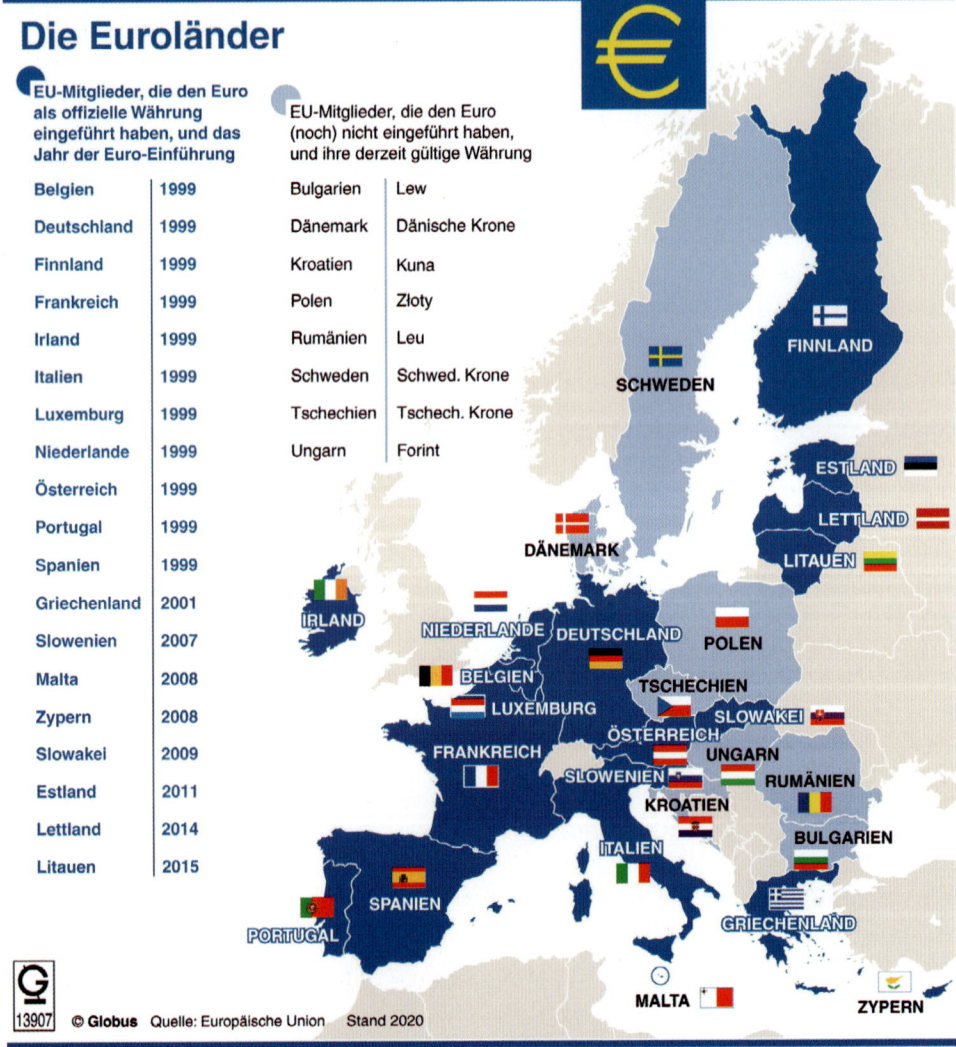

Die Euroländer

EU-Mitglieder, die den Euro als offizielle Währung eingeführt haben, und das Jahr der Euro-Einführung		EU-Mitglieder, die den Euro (noch) nicht eingeführt haben, und ihre derzeit gültige Währung	
Belgien	1999	Bulgarien	Lew
Deutschland	1999	Dänemark	Dänische Krone
Finnland	1999	Kroatien	Kuna
Frankreich	1999	Polen	Zloty
Irland	1999	Rumänien	Leu
Italien	1999	Schweden	Schwed. Krone
Luxemburg	1999	Tschechien	Tschech. Krone
Niederlande	1999	Ungarn	Forint
Österreich	1999		
Portugal	1999		
Spanien	1999		
Griechenland	2001		
Slowenien	2007		
Malta	2008		
Zypern	2008		
Slowakei	2009		
Estland	2011		
Lettland	2014		
Litauen	2015		

13907   © Globus   Quelle: Europäische Union   Stand 2020

Autonomie (Weisungsunabhängigkeit) der Europäischen Zentralbank

Bei der Wahrnehmung ihrer Befugnisse, Aufgaben und Pflichten darf

- weder die EZB
- noch eine Nationale Zentralbank
- noch ein Mitglied ihrer Beschlussorgane

Weisungen von Organen oder Einrichtungen der Gemeinschaft, Regierungen der Mitgliedsstaaten oder anderen Stellen einholen oder entgegennehmen (*Art. 108 AEUV*).

Ziele und Aufgaben der Europäischen Zentralbank

Die Europäische Zentralbank hat mit Beginn ihrer Tätigkeit die währungs- und geldpolitischen Aufgaben der Nationalen Zentralbanken übernommen. Diese werden von der Europäischen Zentralbank zur Durchführung von Geschäften aus dem Aufgabenbereich des Europäischen Systems der Zentralbanken in Anspruch genommen.

Die Europäische Zentralbank beeinflusst mit ihrer **Geldpolitik** das Wirtschaftsgeschehen innerhalb der Gemeinschaft und ist damit neben den Regierungen der Euro-Mitgliedsländer wichtigster Träger der Konjunkturpolitik.

Die EZB berücksichtigt Klimaschutz und Klimawandel nicht nur in ihren gesamtwirtschaftlichen Modellen und Analysen, sondern auch in ihrer Geld- und Anlagepolitik, z. B. durch Kauf von grünen Anleihen auf dem Weg zu einer CO_2-armen Wirtschaft.

> Die **Europäische Zentralbank** regelt die Geldpolitik innerhalb der Gemeinschaft. Als **„Hüterin der Währung"** verfolgt sie das Ziel, die **Preisstabilität** innerhalb der Gemeinschaft zu sichern (Art. 127 Abs. 1 AEUV).

Die Europäische Zentralbank hat die allgemeine Wirtschaftspolitik in der Europäischen Währungsunion zu unterstützen, soweit dies ohne Beeinträchtigung der Preisstabilität möglich ist (*Art. 127 Abs. 1 AEUV*).

Artikel 127 AEUV

(1) Das vorrangige Ziel des Europäischen Systems der Zentralbanken (im Folgenden „ESZB") ist es, die Preisstabilität zu gewährleisten. Soweit dies ohne Beeinträchtigung des Zieles der Preisstabilität möglich ist, unterstützt das ESZB die allgemeine Wirtschaftspolitik in der Union, um zur Verwirklichung der in Artikel 3 des Vertrags über die Europäische Union festgelegten Ziele der Union beizutragen. Das ESZB handelt im Einklang mit dem Grundsatz einer offenen Marktwirtschaft mit freiem Wettbewerb, wodurch ein effizienter Einsatz der Ressourcen gefördert wird, und hält sich dabei an die in Artikel 119 genannten Grundsätze.

(2) Die grundlegenden Aufgaben des ESZB bestehen darin,
– die Geldpolitik der Union festzulegen und auszuführen,
– Devisengeschäfte im Einklang mit Artikel 219 durchzuführen,
– die offiziellen Währungsreserven der Mitgliedstaaten zu halten und zu verwalten,
– das reibungslose Funktionieren der Zahlungssysteme zu fördern.

Notenmonopol und Münzregal

Die Europäische Zentralbank hat das ausschließliche Recht, die Ausgabe von Banknoten innerhalb der Gemeinschaft zu genehmigen. Die Europäische Zentralbank und die Nationalen Zentralbanken sind zur Ausgabe von Banknoten berechtigt. Dies sind die einzigen Banknoten, die in der Gemeinschaft als gesetzliches Zahlungsmittel gelten.

Die Mitgliedsstaaten haben das Recht zur Ausgabe von Münzen, wobei der Umfang der Genehmigung durch die Europäische Zentralbank bedarf *(Art. 128 AEUV)*.

5.1 Europäische Zentralbank (EZB)

Kernstück des Europäischen Systems der Zentralbanken ist die Europäische Zentralbank. Sie ist berechtigt, völkerrechtliche Verträge abzuschließen. In jedem Mitgliedsland besitzt die EZB „... die weitestgehende Rechts- und Geschäftsfähigkeit ...“ juristischer Personen *(Art. 9 ESZB/EZB-Satzung)*.

Rechtsform:	Gesellschaft sui generis nach internationalem Völkerrecht
Gezeichnetes Kapital:	10 825 007 069,61 €
Sitz:	Frankfurt/Main
Rechtsgrundlagen:	Vertrag zur Gründung der Europäischen Gemeinschaft (EGV); ESZB/EZB-Satzung
Beginn der Tätigkeit:	1. Januar 1999
Subsidiaritätsprinzip:	Die Europäische Zentralbank übernimmt die währungs- und geldpolitischen Aufgaben der Nationalen Zentralbanken. Sie nimmt die Nationalen Zentralbanken zur Durchführung von Geschäften aus dem Aufgabenbereich des ESZB in Anspruch, soweit dies möglich und sachgerecht erscheint. Damit bleibt der Deutschen Bundesbank die technische Umsetzung eines großen Teils der geldpolitischen Entscheidungen erhalten.

Gezeichnetes Kapital

Das gezeichnete Kapital der Europäischen Zentralbank in Höhe von 10,82 Mrd. € wird von den Nationalen Zentralbanken nach einem Schlüssel aufgebracht, der

- den Anteil der eigenen Bevölkerung an der Gesamtbevölkerung der Gemeinschaft und
- den Anteil des eigenen Bruttoinlandsprodukts am gesamten Bruttoinlandsprodukt der Gemeinschaft berücksichtigt.

Die NZBen der zehn Länder der EU, die nicht dem Euro-Währungsgebiet angehören, müssen als Beitrag zu den Betriebskosten, die der EZB durch deren Teilnahme am Europäischen System der Zentralbanken (ESZB) entstehen, einen Mindestprozentsatz des von ihnen gezeichneten Kapitals einzahlen. Zuzahlungen haben diese Zentralbanken erst zu leisten, wenn sie dem Eurosystem beitreten. Bis dahin sind sie weder an den Gewinnen noch an den Verlusten beteiligt.

Währungsreserven

Zur Erfüllung ihrer devisenpolitischen Aufgaben erhält die Europäische Zentralbank maximal 50 Mrd. € von den Mitgliedsstaaten. Die Nationalen Zentralbanken übertragen dazu einen Teil ihrer Währungsreserven aus Drittwährungen an die Europäische Zentralbank.

Es gilt der gleiche Schlüssel wie bei der Aufbringung des gezeichneten Kapitals. In Höhe der übertragenen Währungsreserven erhalten die Nationalen Zentralbanken Forderungen gegen die Europäische Zentralbank.

Gewinnverwendung

Gewinne der Nationalen Zentralbanken

Die Nationalen Zentralbanken erzielen Gewinne durch Erfüllung ihrer währungspolitischen Aufgaben des Europäischen Systems der Zentralbanken. Die Gewinne werden für alle beteiligten Nationalen Zentralbanken zusammengeführt und gemäß der Kapitalanteile wieder verteilt *(Art. 32 ESZB/EZB-Satzung)*.

Gewinne der Europäischen Zentralbank

Durch Devisenoperationen erzielt die Europäische Zentralbank Gewinne. Maximal 20 % des Gewinns werden der Rücklage zugeführt, bis 100 % des gezeichneten Kapitals erreicht sind. Der Rest wird im Verhältnis der eingezahlten Kapitalanteile an die Nationalen Zentralbanken ausgeschüttet *(Art. 33 ESZB/EZB-Satzung)*.

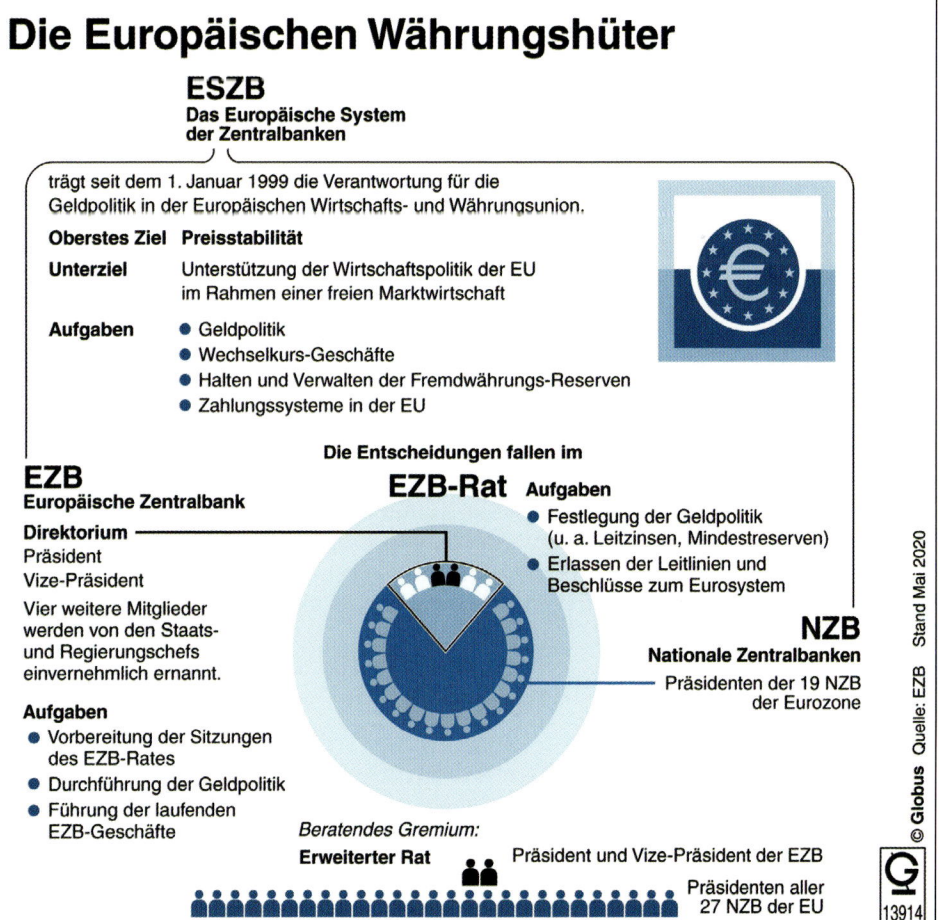

5.2   Aufbau und Organe der Europäischen Zentralbank

Europäischer Zentralbankrat (EZB-Rat)

Mitglieder des Europäischen Zentralbankrates sind
- die Präsidenten der Nationalen Zentralbanken und
- die Mitglieder des Direktoriums.

Der EZB-Rat bestimmt die Geld- und Währungspolitik der Europäischen Zentralbank.

Die Beschlüsse werden grundsätzlich mit einfacher Mehrheit gefasst. Um eine effiziente Arbeit sicherzustellen, gilt bei Abstimmungen im EZB-Rat ein Rotationssystem. Die Notenbankpräsidenten der fünf stärksten Volkswirtschaften bilden eine Gruppe mit vier stimmberechtigten Mitgliedern. Alle übrigen Notenbankpräsidenten bilden eine zweite Gruppe mit gemeinsam 11 Stimmen. Die Stimmrechte rotieren monatlich, sodass die Zeiträume ohne Stimmrecht für die einzelnen Präsidenten relativ kurz sind. Die Stimmrechte der Direktoriumsmitglieder bleiben hiervon unberührt. Nur bei Fragen der Kapitalausstattung, der Währungsreserven und der Gewinnverteilung verfügen die Nationalen Zentralbanken über ein gewichtetes Stimmrecht, das sich nach der Höhe ihres Kapitalanteils richtet. Bei diesen Abstimmungen haben die Mitglieder des Direktoriums kein Stimmrecht.

Der EZB-Rat hat folgende Aufgaben:
- Erlassen der Leitlinien und Beschlüsse, die zur Erfüllung der dem Eurosystem übertragenen Aufgaben notwendig sind, und
- Festlegung der Geldpolitik des Eurogebiets; dies beinhaltet die Beschlussfassung über geldpolitische Ziele, Leitzinssätze und die Bereitstellung von Zentralbankgeld im Eurosystem sowie die Formulierung von Leitlinien zur Umsetzung der oben genannten Beschlüsse.

Direktorium

Mitglieder des Direktoriums sind
- der EZB-Präsident,
- der Vizepräsident,
- bis zu vier weitere Mitglieder.

Wahlverfahren des Direktoriums

Die Mitglieder des Direktoriums werden von den Mitgliedsstaaten auf Ebene der Staats- und Regierungschefs auf Empfehlung des Wirtschafts- und Finanzausschusses (ECOFIN-Rat) ernannt. Dem ECOFIN-Rat gehören die Wirtschafts- und Finanzminister an. Vor seiner Empfehlung hört der ECOFIN-Rat den EZB-Rat und das Europäische Parlament.

Die Amtszeit der Präsidenten beträgt mindestens fünf Jahre, die Amtszeit der Mitglieder des Direktoriums beträgt acht Jahre. Eine Wiederwahl ist nicht zulässig. Die Mitglieder des erstem Direktoriums der EZB hatten Verträge unterschiedlicher Laufzeit. Damit wurde Kontinuität sichergestellt, da nicht mehrere Mitglieder des Direktoriums zum gleichen Zeitpunkt ersetzt werden mussten.

Aufgaben des Direktoriums

Das Direktorium führt die Geldpolitik nach den Beschlüssen des EZB-Rates aus. Wenn die Beschlüsse von den Nationalen Zentralbanken vollzogen werden, erteilt das Direktorium die entsprechenden Anweisungen.

Es gilt das **Subsidiaritätsprinzip**. Die Europäische Zentralbank führt nur diejenigen Aufgaben aus, die von den Nationalen Zentralbanken nicht in gewünschter Weise ausgeführt werden können.

Erweiterter EZB-Rat

Dem erweiterten EZB-Rat gehören neben dem Präsidenten und dem Vizepräsidenten der Europäischen Zentralbank die Notenbankpräsidenten aller EU-Mitglieder an. Auf diesem Weg werden auch diejenigen EU-Staaten, die noch nicht an der Währungsunion teilnehmen, in Beratungen einbezogen. Der erweiterte Rat besteht nur so lange, wie nicht alle EU-Staaten den Euro eingeführt haben.

5.3   Deutsche Bundesbank

Die **Deutsche Bundesbank** ist die Zentralbank der Bundesrepublik Deutschland.

Rechtsform:	Bundesunmittelbare juristische Person des öffentlichen Rechts
Sitz:	Frankfurt/Main
Rechtsgrundlage:	Gesetz über die Deutsche Bundesbank (BBankG)
Grundkapital:	2,5 Mrd. €
	Das Grundkapital steht dem Bund zu und damit auch der entstehende Bundesbankgewinn.

- Als **Nationale Zentralbank** innerhalb des Europäischen Systems der Zentralbanken (ESZB) ist die Deutsche Bundesbank aufgrund einer Genehmigung der Europäischen Zentralbank zur Ausgabe von Banknoten berechtigt.

- Als **Mitglied des Europäischen Systems der Zentralbanken** führt die Deutsche Bundesbank die in ihren Zuständigkeitsbereich fallenden geldpolitischen Beschlüsse der Europäischen Zentralbank aus.

- Als **Hausbank des Bundes** und eingeschränkt auch der Länder

  - vertritt die Deutsche Bundesbank die Bundesrepublik Deutschland in internationalen Währungsbehörden *(z. B. Internationaler Währungsfonds)*,

  - verwaltet sie die nationalen Währungsreserven, soweit sie nicht an die EZB übertragen sind,

  - wirkt sie mit bei der Bankenaufsicht,

  - wirkt sie mit bei der Kreditaufnahme des Bundes und der Länder auf den Geld- und Kapitalmärkten („fiscal agent"),

  - erfüllt sie statistische Aufgaben.

Aufgaben im Eurosystem/ESZB	Nationale und internationale Aufgaben
– Mitwirkung bei der Erfüllung der Aufgaben des Eurosystems/ESZB mit dem vorrangigen Ziel der Preisstabilität – Mitentscheidung der gemeinsamen Geldpolitik im EZB-Rat durch den Präsidenten der Deutschen Bundesbank – Umsetzung der Geldpolitik des Eurosystems in Deutschland – Refinanzierung des deutschen Bankensystems – Versorgung mit Bargeld und Pflege des Bargeldumlaufs – Verwaltung der Währungsreserven der Deutschen Bundesbank	– Mitwirkung bei der Bankenaufsicht – Erhebung, Aufbereitung und Veröffentlichung von Wirtschaftsstatistiken, Zahlungsbilanz (statistische Aufgaben) – Hausbank des Staates, Kontenführung für den Staat, Übernahme des Zahlungsverkehrs, Unterstützung beim Emissionsgeschäft, Beratung (Fiscal Agent) – Beratung der Bundesregierung in währungspolitischen Angelegenheiten – Portfoliomanagement: Versorgungsrücklage für Bundesbeamte, Vermögensverwaltung Stiftung „Geld und Währung"
– Sorge für die bankmäßige Abwicklung des Zahlungsverkehrs im Inland und mit dem Ausland, Systembetreiber RTGSPlus – Information und Öffentlichkeitsarbeit über die Aufgaben und die Geldpolitik des Eurosystems	– Schlichtungsstelle für den Überweisungsverkehr – Wahrnehmung der deutschen Mitgliedschaft im Internationalen Währungsfonds (IWF), Vertretung in internationalen Gremien (G7, G10, G20, OECD, BIZ, WFA) – technische Zentralkooperation – volkswirtschaftliches Forschungszentrum – allgemeine Information und Öffentlichkeitsarbeit

Aufbau der Deutschen Bundesbank

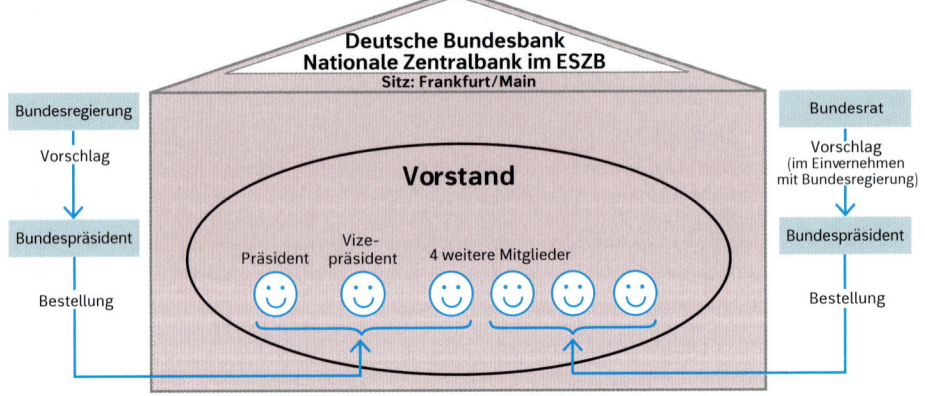

9 Hauptverwaltungen mit 35 Filialen
Leitung durch Präsidenten, die jeweils dem Vorstand unterstehen

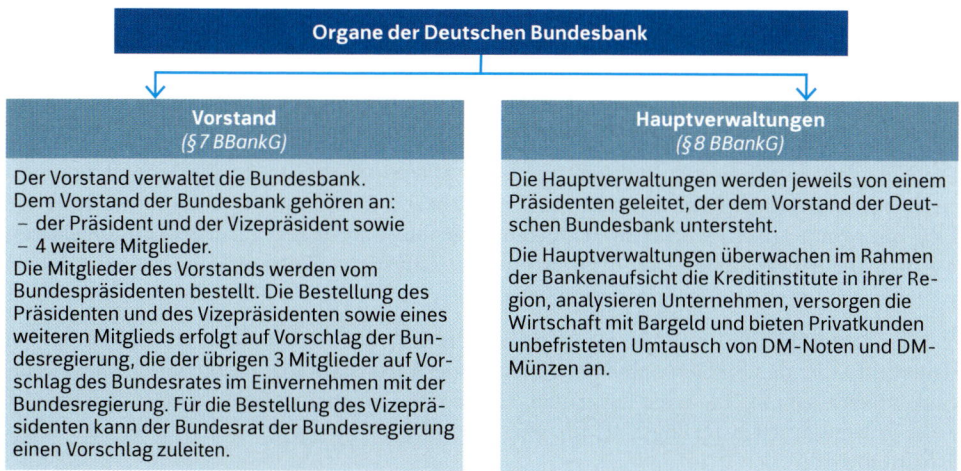

Organe der Deutschen Bundesbank

Vorstand (§ 7 BBankG)

Der Vorstand verwaltet die Bundesbank.
Dem Vorstand der Bundesbank gehören an:
– der Präsident und der Vizepräsident sowie
– 4 weitere Mitglieder.
Die Mitglieder des Vorstands werden vom Bundespräsidenten bestellt. Die Bestellung des Präsidenten und des Vizepräsidenten sowie eines weiteren Mitglieds erfolgt auf Vorschlag der Bundesregierung, die der übrigen 3 Mitglieder auf Vorschlag des Bundesrates im Einvernehmen mit der Bundesregierung. Für die Bestellung des Vizepräsidenten kann der Bundesrat der Bundesregierung einen Vorschlag zuleiten.

Hauptverwaltungen (§ 8 BBankG)

Die Hauptverwaltungen werden jeweils von einem Präsidenten geleitet, der dem Vorstand der Deutschen Bundesbank untersteht.

Die Hauptverwaltungen überwachen im Rahmen der Bankenaufsicht die Kreditinstitute in ihrer Region, analysieren Unternehmen, versorgen die Wirtschaft mit Bargeld und bieten Privatkunden unbefristeten Umtausch von DM-Noten und DM-Münzen an.

5.4 Zentralbankgeldbedarf

Die Kreditinstitute beschaffen ihre Geldmittel hauptsächlich über Kundeneinlagen und Kredite bei anderen Banken. Darüber hinaus benötigen sie aber auch Zentralbankgeld zur Bargeldversorgung, zur Unterhaltung ihrer Mindestreserve und für die Abwicklung von Zahlungsverkehr. Zentralbankgeld sind Banknoten und Sichtguthaben der MFIs bei der Zentralbank, also Geld, das nur die Zentralbank schaffen kann. Auf dem Geldmarkt ist aber i. d. R. zu wenig Zentralbankgeld vorhanden, sodass die MFIs gezwungen sind, sich bei der EZB zu refinanzieren. Durch Gestaltung der Refinanzierungskosten für Zentralbankguthaben nimmt die EZB Einfluss auf den Geldmarkt. Niedrige Zinsen und ausreichende Mittelzuteilungen werden das Tagesgeld verbilligen und im umgekehrten Fall verteuern.

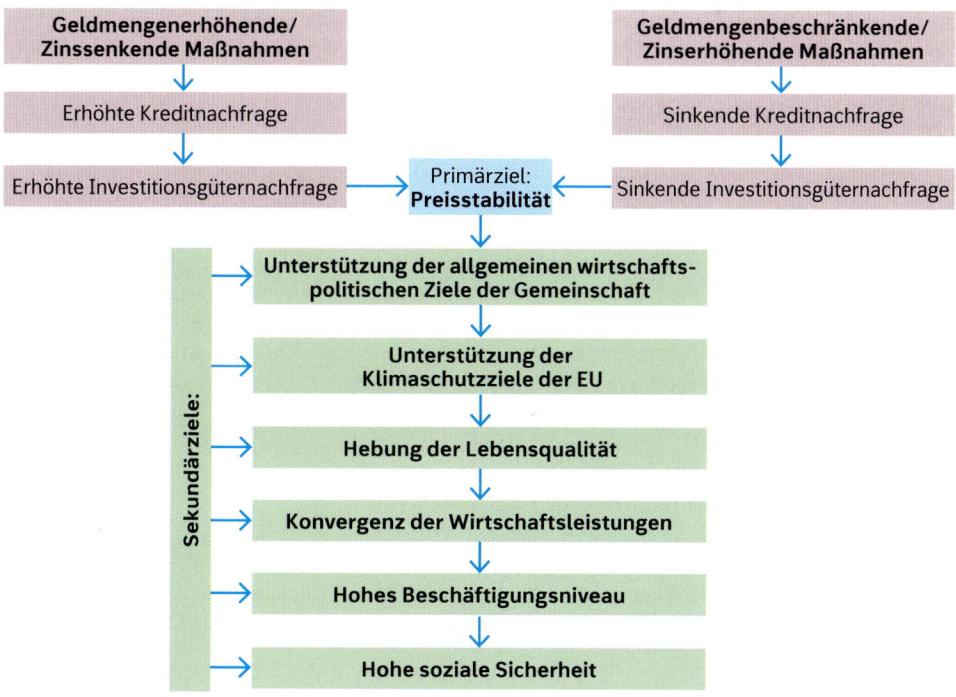

5.5   Geldpolitische Strategie

Das vorrangige Ziel des Europäischen Systems der Zentralbanken (ESZB) ist es, die Preisstabilität zu gewährleisten (Art 127 Abs. 1 AEUV).

Die EZB definiert Preisstabilität nicht mit einer starren Rechengröße, sondern als symmetrisches mittelfristiges Inflationsziel von zwei Prozent. Dieses Inflationsziel bezeichnet die EZB als symmetrisch, weil Abweichungen in beide Richtungen ausdrücklich zugelassen werden. Die Preise dürfen sich demnach im mittelfristigen Zeitraum (zwei bis vier Jahre) sowohl nach unten als auch nach oben bewegen.

Mit dieser seit Juli 2021 gültigen Strategie will die EZB vor allem eines erreichen: Wenn bei dauerhaft fallenden Preisen unter Umständen eine Wirtschaftskrise droht (Stichwort Deflation), möchte sie mit massiven Eingriffsmöglichkeiten gegensteuern können, auch wenn die Zwei-Prozent-Preissteigerungsrate als unerwünschte Nebenfolge dabei erreicht oder überschritten wird.

Neben den bisher eingesetzten Instrumenten (vgl. Kap. 5.6) einer lockeren Geldpolitik würde die EZB neue geldpolitische Instrumente in Betracht ziehen, wenn die Preissteigerungsrate den Wert von null Prozent zu erreichen droht und wenn weitere Leitzinssenkungen nicht möglich sind.

Besonderen Wert legt die EZB in einer solchen Phase auf das Forward Guidance. Mit einer klaren Kommunikation über künftige geldpolitische Absichten sollen bei Banken, anderen Finanzmarktteilnehmern, Unternehmen und Verbrauchern reale Vorstellungen über die vermutliche Entwicklung der Kreditkosten gebildet und damit indirekt notwendige Impulse auf die Konjunktur ausgeübt werden.

Anstatt mechanistisch auf stabilitätsgefährdende Störungen zu reagieren, hat die EZB ein auf zwei Säulen basierendes Analyse-System entwickelt. Mit diesem System sollen die Ursachen der Störungen identifiziert werden und daraus folgend gegebenenfalls Entscheidungen zur Gewährleistung der mittelfristigen Preisstabilität getroffen werden.

5.5.1   Wirtschaftliche Analyse

Schwerpunkt der wirtschaftlichen Analyse sind die realen und nominalen wirtschaftlichen Entwicklungen in der Eurozone. Die EZB stützt sich zunächst auf die Untersuchung einer breiten Palette von Konjunkturindikatoren. Diese umfassen vor allem Größen, die den Charakter von Frühindikatoren haben. Dazu gehören u. a. Lohn- und Gehaltsentwicklung, Wechselkurse, Anleihekurse, die Zinsstrukturkurve sowie Messgrößen der Wirtschaftstätigkeit, Preis- und Kostenindizes wie z. B. die industriellen Erzeugerpreise sowie Branchen- und Verbraucherumfragen. Durch eine vorsichtige Interpretation dieser Indikatoren, die Vorlaufindikatoreigenschaften für zukünftige Preisentwicklungen besitzen, möchte die EZB eine Stop-and-Go-Policy vermeiden.

5.5.2   Monetäre und finanzielle Analyse

Das Hauptaugenmerk der monetären und finanziellen Analyse liegt auf der Fragestellung, wie sich geldpolitische Entscheidungen tatsächlich auf die Wirtschaft auswirken. Dieser als „geldpolitischer Transmissionsmechanismus" bezeichnete Zusammenhang untersucht die nicht immer klar erkennbaren oder widerspruchsfreien oder gewünschten Folgen geldpolitscher Entscheidungen z. B. für Zinsen, Kreditvergabe, Wertpapierpreise, Außenhandel, Wohnungsmarkt usw.

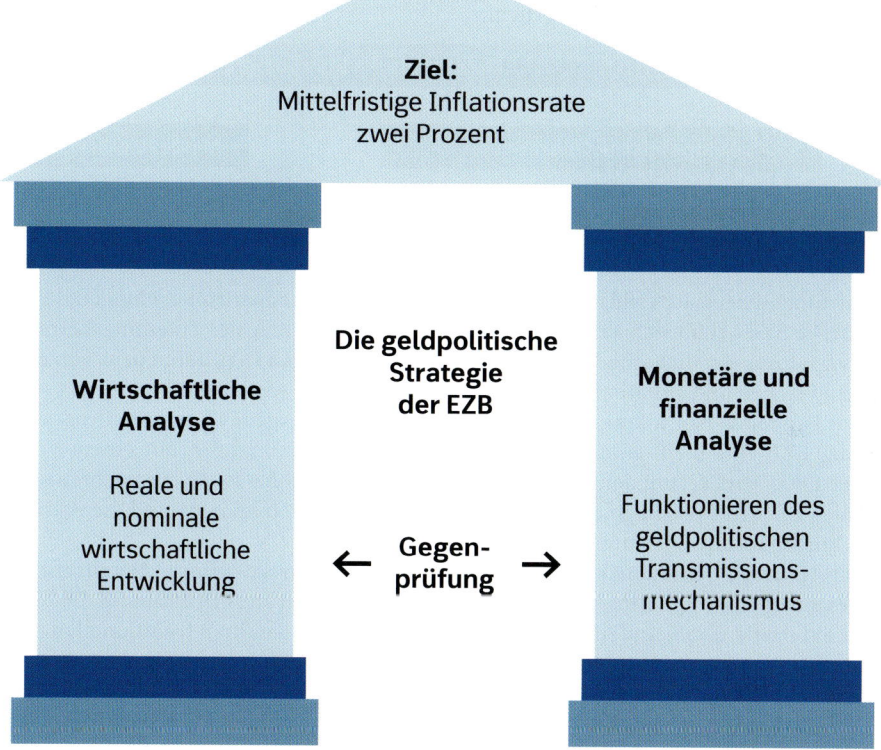

Zwischen der wirtschaftlichen und der monetär-finanziellen Analyse gibt es vielfältige wechselseitige und ineinandergreifende Abhängigkeiten, die letztlich bei den geldpolitischen Beschlüssen zu bewerten sind.

Beispiel

Angenommen, die Inflationsrate liege im Euroraum bei 0,5 %. Um ihr geldpolitisches Ziel – Inflationsrate 2 % – zu erreichen, setzt die EZB verschiedene Instrumente zur Erhöhung der Geldmenge ein: Hauptrefinanzierungszinssatz 0 %, Einlagezinssatz 0,5 %, Verzinsung der Mindestreserven 0 %. Diese Politik des billigen Geldes soll die Banken zu einer vermehrten Vergabe von Investitionskrediten an die Unternehmen und Konsumentenkrediten an Verbraucher motivieren mit der gewünschten Folge höherer Nachfrage und damit höherer Preise. Das wäre eine gelungene Transmission der Geldpolitik, oder mit anderen Worten: Die Geldpolitik würde auf reale Wirtschaftsentwicklung wirken.

Wenn aber in Wirklichkeit das billige Geld zum Erwerb von Wertpapieren oder Immobilien genutzt wird, kommt die Geldpolitik der EZB in der Realwirtschaft nicht an. Preissteigerungen entstehen nur bei den Vermögenswerten, aber das Inflationsziel 2 % bleibt unberührt.

Die bis Juli 2021 stets angestrebte Inflationsrate von nahe unter 2 % wurde seit 2013 trotz Null- und Minuszinsen und wachsender Geldmenge nicht mehr erreicht. Die EZB hat angekündigt, ihre neue geldpolitische Strategie mit dem Zielwert zwei Prozent im Jahr 2025 zu überprüfen.

5.6   Geldpolitische Instrumente

Die geldpolitischen Instrumente lassen sich in zwei wesentliche Bereiche unterteilen: Der Schwerpunkt liegt bei den „geldpolitischen Operationen" (**Offenmarktgeschäfte** und **Ständige Fazilitäten**) und der **Mindestreservepflicht**.

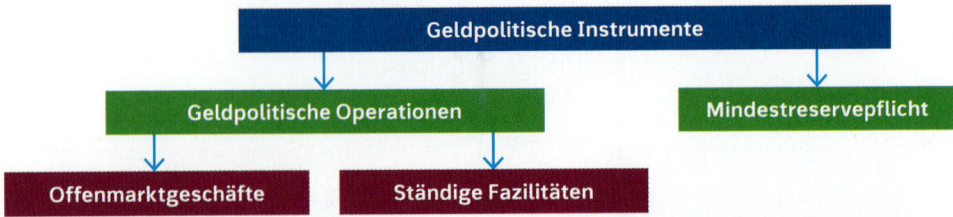

Der Instrumenteneinsatz erfolgt grundsätzlich nach den allgemeinen Regelungen des Eurosystems. Die EZB behält sich jedoch vor, bezüglich der Laufzeiten, der Zuteilungsbeträge, der Tenderverfahren, der Sicherheiten, des Korridors der ständigen Fazilitäten usw. von den Regeln abzuweichen und situationsangemessen und flexibel zu verfahren.

So ist das Pandemie-Notfallankaufprogramm (Pandemic Emergency Purchase Programme – PEPP) der EZB eine nicht standardmäßige geldpolitische Maßnahme, mit einem Volumen von über 1.800 Mrd. €, um den durch den Ausbruch des Coronavirus verursachten schwerwiegenden Risiken für den geldpolitischen Übertragungsmechanismus und die Aussichten für das Euroraum entgegenzuwirken.

Seit dem Ausbruch der Finanzkrise 2007 hat die EZB den Zinssatz für die Hauptrefinanzierungsgeschäfte sowie die Zinssätze für die Spitzenrefinanzierungsfazilität und die Einlagefazilität auf 0,00 %, 0,25 % und -0,50 % angepasst. Daneben hat sie ihren traditionellen geldpolitischen Instrumenteneinsatz erweitert und temporäre geldpolitische Sondermaßnahmen ergriffen:

– Refinanzierungsgeschäfte werden als Mengentender mit Vollzuteilung durchgeführt.
– Senkung der Mindestreserveanforderungen
– Lockerung des Sicherheitenrahmens

Zusätzlich hat der EZB-Rat Ankaufprogramme für Anleihen von Zentralstaaten und Unternehmen beschlossen. Mit dieser sogenannten Quantitativen Lockerung (Quantitativ Easing – QE) will die EZB ihr selbstgestelltes Ziel einer Inflationsrate von nahe unter 2 % anstreben. Vereinfacht sieht der Weg so aus:

Die EZB kauft über Nationale Zentralbanken von Banken Staats- und Unternehmensanleihen.

Dadurch steigt zum einen der Kurs dieser Anleihen, zum anderen fließt Geld in das Bankensystem.

In der Folge sinken die Zinssätze auf breiter Front, und Kredite werden günstiger.

Unternehmen und Privatpersonen können so mehr Kredite aufnehmen und müssen weniger für ihre Schulden zahlen.

Konsum und Investitionen werden folglich kräftig angekurbelt.

Ein stärkerer Konsum und höhere Investitionen stützen das Wirtschaftswachstum und schaffen Arbeitsplätze.

Die Anleihenkäufe werden beendet kurz bevor der EZB-Rat mit der Erhöhung der Leitzinsen beginnt.

In Anbetracht steigender Preise stellt die EZB auf mittlere Sicht eine Inflationsrate von unter, aber nahe 2 % sicher.

Diese Anleihenkäufe (Outright Money Transactions – OMTs) zählen in der Systematik des geldpolitischen Instrumentenkastens der EZB zu den Offenmarktgeschäften und innerhalb dieser Kategorie zu den Strukturellen Operationen. Sie weisen folgende Merkmale auf: unregelmäßige Durchführung, liquiditätszuführend, endgültige Käufe ohne Rückkaufsvereinbarung, bilaterale Durchführung auf Ebene der Nationalen Zentralbanken.
Auf den folgenden Seiten werden die geldpolitischen Instrumente im Einzelnen beschrieben.

5.6.1   Offenmarktpolitik

Offenmarktgeschäfte spielen für die Geldpolitik des Europäischen Systems der Zentralbanken die zentrale Rolle. Sie werden eingesetzt, um die Zinsen und die Liquidität am Markt zu steuern und Signale bezüglich des geldpolitischen Kurses zu setzen. Hauptsächlich führt die EZB ihre Offenmarktgeschäfte in Form von befristeten Transaktionen durch.

Befristete Transaktionen

Befristete Transaktionen sind Geschäfte, bei denen das Europäische System der Zentralbanken refinanzierungsfähige Sicherheiten im Rahmen von Rückkaufsvereinbarungen kauft oder verkauft oder Kreditgeschäfte gegen Verpfändung oder Zedierung refinanzierungsfähiger Sicherheiten durchführt.

Die Nationalen Zentralbanken können Kredite an die MFIs auf verschiedene Arten besichern:

- **Pfandkredite**
  Die NZB, hier die Deutsche Bundesbank, lässt sich für die Kreditlaufzeit ein Pfandrecht an einem Sicherheitenpool einräumen, der z. B. bei ihr selbst oder für sie als Dispositionsdepot bei einer Wertpapiersammelbank (XEMAC der Clearstream Banking AG) geführt wird. Der Vorteil dieser Besicherung liegt in der einfachen Handhabung: Eigentumsübertragung kann entfallen; zu verpfändende Wertpapiere brauchen nicht benannt zu werden, da „en bloc" ein wertmäßiger Anteil am Pool verpfändet wird.

- **Stille Zession**
  Die Deutsche Bundesbank nimmt die von MFIs zur Refinanzierung genutzten Kreditforderungen im Wege der stillen Zession statt bisher der Verpfändung herein (Mindestlaufzeit von einem Monat, Betrag ab 500.000 €). Pflicht zur Schuldnerbenachrichtigung wie bei der Verpfändung von Kreditforderungen besteht bei der stillen Zession nicht.

■ **Wertpapierpensionsgeschäfte** (Repogeschäfte)[1]
Hierbei wird der Nationalen Zentralbank das Sicherungseigentum an Offenmarktpapieren übertragen und gleichzeitig eine Rückabwicklung des Geschäftes zum Ende der Kreditlaufzeit vereinbart. Die Deutsche Bundesbank führt im Gegensatz zu ausländischen NZBs diese Art von Wertpapierpensionsgeschäften nicht mehr durch, da Verpfändung von Wertpapieren und Zedierung von Kreditforderungen rechtlich einfacher sind und weniger Verwaltungsaufwand verursachen.

Die Kreditinstitute haben die von ihnen aufgenommenen Beträge zu verzinsen. Die Höhe der Verzinsung richtet sich nach den geldpolitischen Zielen der EZB und wird als „Pensionssatz" oder als **„Repo-Satz"** bezeichnet. Die Berechnung erfolgt nach Eurozinsmethode (act/360).

■ Pfandkredite und Zessionskredite werden nach dem festgesetzten Zinssatz, bezogen auf den ausstehenden Kreditbetrag und die Laufzeit, verzinst.

■ Bei den Pensionsgeschäften entspricht die Differenz zwischen Kaufpreis und Rückkaufspreis den für die Laufzeit des Geschäftes anfallenden Zinsen.

Je nach Art und Laufzeit der Sicherheit werden Bewertungsabschläge zwischen 0,5 % und 25 % vorgenommen.

Sicherheitenpool: Um eine rasche und flexible Refinanzierung zu ermöglichen, unterhalten die Kreditinstitute bei ihrer NZB, einer Wertpapiersammelbank oder einer inländischen Depotbank (Drittverwahrer) einen Pool mit refinanzierungsfähigen Sicherheiten. Diese können ohne aufwendige Depotumlegungen für Refinanzierungszwecke eingesetzt werden.

Für geldpolitische Geschäfte des Eurosystems zugelassene Sicherheiten		
Zulassungs-kriterien	**Marktfähige Sicherheiten**	**Nicht marktfähige Sicherheiten**
Art der Sicherheit	EZB-Schuldverschreibungen Sonstige marktfähige Schuldtitel	Kreditforderungen RMBDs (Abk. für „Retail Mortgage-Backed Debt Instrument" = mit hypothekarischen Darlehen an Privatkunden besicherte Schuldtitel)
Bonitätsanforderungen	Die Sicherheit muss den hohen Bonitätsanforderungen genügen. Die hohen Bonitätsanforderungen werden anhand der ECAF-Regeln für marktfähige Sicherheiten beurteilt. [1]	Der Schuldner/Garant muss den hohen Bonitätsanforderungen genügen. Die Kreditwürdigkeit wird anhand der ECAF-Regeln für Kreditforderungen beurteilt.	Die Sicherheit muss den hohen Bonitätsanforderungen genügen. Die hohen Bonitätsanforderungen werden anhand der ECAF-Regeln für RMBDs beurteilt.
Emissionsort	EWR [1]	Nicht zutreffend	Nicht zutreffend

---

[1] *Vgl. S. 300*

Für geldpolitische Geschäfte des Eurosystems zugelassene Sicherheiten		
Zulassungs-kriterien	**Marktfähige Sicherheiten**	**Nicht marktfähige Sicherheiten**
Abwicklungs-/ Beabeitungs-verfahren	Abwicklungsort: Euro-Währungsgebiet Die Sicherheiten müssen zentral in girosammelver-wahrfähiger Form bei Natio-nalen Zentralbanken oder einem Wertpapierabwick-lungssystem hinterlegt wer-den, das den EZB-Mindest-standards entspricht.	Verfahren des Eurosystems / Verfahren des Eurosystems
Art des Emit-tenten/Schuld-ner/Garanten	Zentralbanken Öffentliche Hand Privater Sektor Internationale und supra-nationale Organisationen	Öffentliche Hand Nichtfinanzielle Unterneh-men Internationale und supra-nationale Organisationen / Kreditinstitute
Sitz des Emitten-ten/Schuldners oder Garanten	Emittent: EWR oder G-10-Länder außerhalb des EWR Garant: EWR	Euro-Währungsgebiet / Euro-Währungsgebiet
Zugelassene Märkte	Geregelte Märkte Von der EZB zugelassene nicht geregelte Märkte	Nicht zutreffend / Nicht zutreffend
Währung	Euro	Euro / Euro
[...] Grenzüber-schreitende Nutzung	Ja	Ja / Ja

Quelle: Europäische Zentralbank: Durchführung der Geldpolitik im Europäischen-Wirtschaftsgebiet. Allgemeine Regelungen für die Geldpolitischen Instrumente und Verfahren des Eurosystems, Frankfurt am Main, Januar 2012, S. 38/L 331/37

Der Gesamtbetrag der mit dem ausmachenden Betrag bewerteten Sicherheiten darf den Gesamtbetrag der gleichzeitig in Anspruch genommenen Refinanzierungsinstrumente nicht unterschreiten.

Hauptrefinanzierungsoperationen (Haupttender)

Das wichtigste Offenmarktgeschäft des Europäischen Systems der Zentralbanken sind die Hauptrefinanzierungsoperationen. Dieser Name ist wörtlich zu verstehen, denn mit diesem Instrument gibt die EZB mit über 75 % den größten Anteil des Geldvolumens in den Markt hinein.

Kreditinstitute lassen ihre Wertpapiere in Sicherheitenpools treuhänderisch verwahren. Ohne aufwendige Depotumlegung können die Wertpapiere schnell und flexibel als Sicherheiten für Refinanzierungszwecke eingesetzt werden.

---

[1] *Die Bonität der von nichtfinanziellen Unternehmen begebenen oder garantierten marktfähigen Schuldtitel ohne Rating wird auf Basis der vom jeweiligen Geschäftspartner gemäß den ECAF-Regeln für Kreditanforderungen ausgewählten Bonitätsbeurteilungsquellen ermittelt. Bei diesen marktfähigen Schuldtiteln wurden folgende Zulassungskriterien für marktfähige Sicherheiten geändert: Sitz des Emittenten/Garanten: Euro-Währungsgebiet, Emissionsort: Euro-Währungsgebiet.*

Hauptrefinanzierungsoperationen	
Über sie	– werden Zinssätze gesteuert – wird Liquidität zugeführt – werden Signale bezüglich des geldpolitischen Kurses gesetzt
Merkmale:	– wöchentliche Durchführung über Standardtender – Laufzeit eine Woche – dezentrale Durchführung auf Ebene der Nationalen Zentralbanken

Die Initiative zu diesen Geschäften geht von der EZB aus. Sie stellt den Kreditinstituten jede Woche gegen Stellung von Sicherheiten Kredite mit einer Laufzeit von normalerweise sieben Tagen zur Verfügung, wobei die Durchführung dezentral bei den Nationalen Zentralbanken liegt. Die Gebote müssen über einen Mindestbetrag von 1 000 000,00 € lauten. Darüber hinaus kann in Schritten von 100 000,00 € geboten werden. Als Orientierungshilfe für die Gebotser-stellung gibt die EZB den Geschäftspartnern vorab eine Information über das geplante Zutei-lungsvolumen. Sie teilt ihnen ihre Schätzung

- der autonomen Faktoren (darunter versteht man den Liquiditätsbedarf der MFIs, der nicht mit geldpolitischen Operationen zusammenhängt, u. a. die Nettofremdwährungsposition, der Banknotenumlauf und die Einlagen öffentlicher Haushalte beim Eurosystem),

- der Überschussreserven (das Mindestreserve-Soll überschreitende Einlagen),

- der Zahlen zur Liquidität des Bankensystems (Stand der Guthaben, Inanspruchnahme der ständigen Fazilitäten, Schätzung des Mindestreserve-Solls und der Tenderzuteilung)

mit und ermittelt daraus die Benchmark-Zuteilung. Es handelt sich um den Zuteilungsbetrag, der den MFIs eine reibungslose Erfüllung ihrer Mindestreservpflicht ermöglicht und der nor-malerweise erforderlich ist, um am kurzfristigen Geldmarkt ausgeglichene Bedingungen her-zustellen, d. h. die kurzfristigen Geldmarktsätze in der Nähe des Mindestbietungssatzes der Hauptrefinanzierungsgeschäfte zu halten. Eine vollständige Zuteilung behält sich die EZB vor.

Längerfristige Refinanzierungsgeschäfte (Basistender)
Mit den längerfristigen Refinanzierungsgeschäften stellt das Europäische System der Zent-ralbanken nur einen Teil des gesamten Refinanzierungsvolumens bereits. Es folgt mit diesem Instrument nicht die Absicht, Signale zu setzen und tritt als Preisnehmer auf. Im Bereich der Bundesbank beträgt der Mindestbietungssatz derzeit 10 000,00 €. Eine vollständige Zutei-lung behält sich die EZB vor.

Längerfristige Refinanzierungsgeschäfte	
Über sie	– werden längerfristige Refinanzierungsmittel zugeführt – wird eine Verstetigung der Liquiditätsversorgung beabsichtigt
Merkmale:	– monatliche Durchführung über Standardtender – Laufzeit i. d. R. drei Monate oder drei Jahre – dezentrale Durchführung auf Ebene der Nationalen Zentralbanken

Gezielte längerfristige Refinanzierungsgeschäfte (GLRGs)
Diese Geschäfte laufen über mehrere Jahre und werden als Mengentender mit Vollzuteilung durchgeführt; der Zinssatz während der Laufzeit der einzelnen Geschäfte entspricht dem zum Zeitpunkt der Inanspruchnahme geltenden Zinssatz für die Hauptrefinanzierungsge-schäfte zuzüglich eines festen Aufschlags von 10 %.

Tenderverfahren

Die EZB bietet den Kreditinstituten die Teilnahme an Offenmarktgeschäften über ihr Internetportal OMTOS (**O**pen **M**arket **T**ender **O**peration System) im Wege von Ausschreibungen an (engl. tender). Über die eingehenden Gebote der Kreditinstitute und entsprechende Zuteilungen versucht die EZB, die zuzuführende Liquidität exakt zu bestimmen und zu einem marktgerechten Zinssatz abzusetzen. Zur Erleichterung der Planung und Organisation veröffentlicht die EZB im Voraus einen unverbindlichen Kalender für die Tenderoperationen des Folgejahres. Damit alle Geschäftspartner der Eurozone teilnehmen können, werden nationale Feiertage der Mitgliedsstaaten berücksichtigt. Es werden zwei Tender- und Bietverfahren praktiziert.

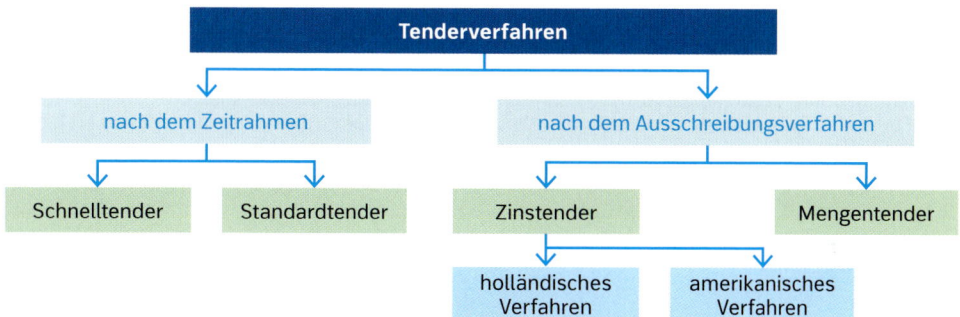

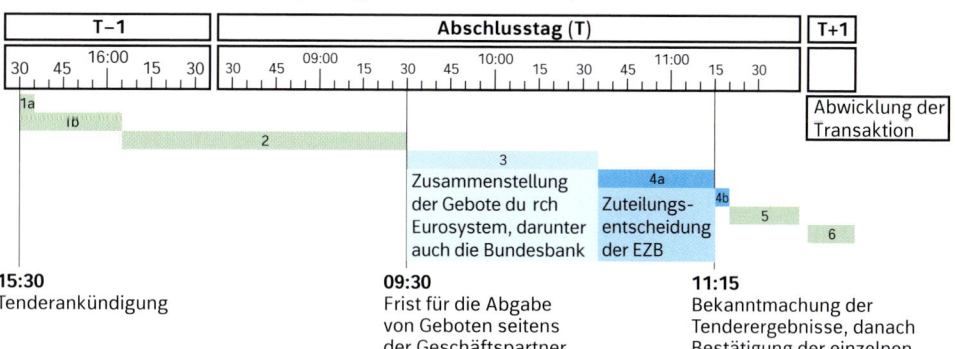

Normaler Zeitrahmen für die Verfahrensschritte bei Standardtendern
(Zeitangaben in EZB-Zeit – MEZ)

Hinweis: Die Zahlen beziehen sich auf die unten aufgeführten Verfahrensschritte.

Bei **Schnelltendern** liegt zwischen der Ankündigung des Tenders und der Bekanntgabe der Ergebnisse ca. 1 Stunde. Schnelltender werden nur zur Durchführung von Feinsteuerungsoperationen verwendet.

Mengentender

Die EZB gibt in ihrer **Ausschreibung** einen bestimmten Zinssatz fest vor („Festsatz").

Die Kreditinstitute nennen in ihren **Geboten** den gewünschten Betrag.

Die **Zuteilung** des von der EZB vorgesehenen Ausschreibungsvolumens erfolgt gleichmäßig auf die vorliegenden Einzelgebote. Wenn keine vollständige Zuteilung vorgesehen ist, erhalten die Kreditinstitute Zuteilung entsprechend der sich ergebenden Zuteilungsquote.

Beispiel:
Mengentender
Festsatz .... 1,0 % p. a.
Ausschreibungsvolumen .... 8 000 Mio. €
Gesamtsumme der vorliegenden Gebote .... 20 000 Mio. €
Zuteilungsquote .... 40 %
Alle an der Ausschreibung teilnehmenden Kreditinstitute erhalten Zuteilung in Höhe von 40 % ihres Gebotes.

Zinstender

Die EZB lässt in ihrer **Ausschreibung** den Zinssatz offen oder gibt einen Mindestbietungssatz („Mindestsatz") vor.

Die Kreditinstitute nennen in ihren **Geboten** den gewünschten Betrag und den Zinssatz, den sie zu zahlen bereit sind.

↓

Die Zuteilung des von der EZB vorgesehenen Ausschreibungsvolumens erfolgt in der Reihenfolge der Höhe der Zinsgebote.
– Beim **„holländischen Verfahren"** erfolgt sie einheitlich zu dem Zinssatz, bei dem das von der EZB vorgesehene Ausschreibungsvolumen realisiert wird.
– Beim **„amerikanischen Verfahren"** erfolgt sie zu den jeweils von den Kreditinstituten tatsächlich genannten Zinsgeboten, bis das von der EZB vorgesehene Ausschreibungsvolumen realisiert ist.
Volle Zuteilung erhalten die Gebote, die über dem „Grenzzinssatz" liegen; zu diesem Satz abgegebene Gebote werden ggf. repartiert, darunter liegende Gebote kommen nicht zum Zuge.

Beispiel:
Zinstender
Mindestsatz .... 1 % p. a.
Ausschreibungsvolumen .... 15 000 Mio. €

Gebote der Kreditinstitute:
K_1 .... 35 Mio. €; 1,50 % p. a.
K_2 .... 50 Mio. €; 1,45 % p. a.
.
.
.
K_{117} .... 12 Mio. €; 1,25 % p. a.
Zwischensumme .... 15 000 Mio. €

K_{118} .... 40 Mio. €; 1,20 % p. a.
.
.
.
K_{382} .... 30 Mio. €; 1,00 % p. a.
Gesamtsumme .... 36 950 Mio. €

K_1 – K_{117} erhalten volle Zuteilung.
– Beim „holländischen Verfahren" einheitlich zum Zuteilungssatz von 1,25 % p. a.
– beim „amerikanischen Verfahren" zu den jeweils genannten Zinsgeboten.

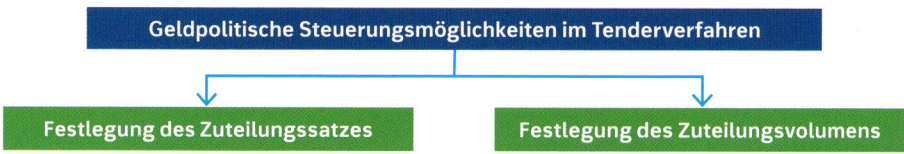

Durch eine Veränderung der Refinanzierungssätze und des Refinanzierungsvolumens lassen sich die Kosten und das Volumen der Geldbeschaffung der Kreditinstitute beim Europäischen System der Zentralbanken und damit indirekt auch die Kreditkonditionen innerhalb des Bankensystems beeinflussen.

Die Zinssätze der Europäischen Zentralbank bei ihren **Hauptfinanzierungsoperationen** und **ständigen Fazilitäten** werden als **Leitzinsen** bezeichnet, weil durch sie letzten Endes die Entwicklung des Zinsniveaus auf den Geld- und Kapitalmärkten bestimmt wird.

- Erhöht die EZB ihre Leitzinsen, so kündigt sie eine Politik des „knappen" Geldes an und leitet einen *kontraktiven* Kurs der Geldpolitik ein. In Erwartung steigender Kreditzinsen kommt es innerhalb der Wirtschaft zu einer *pessimistischen* Zukunftseinschätzung.

- Senkt die EZB ihre Leitzinsen, so kündigt sie eine Politik des „billigen" Geldes an und leitet einen expansiven Kurs der Geldpolitik ein. In Erwartung fallender Kreditzinsen kommt es innerhalb der Wirtschaft zu einer *optimistischen* Zukunftseinschätzung.

Leitzinsänderungen üben folglich eine wichtige **Signalwirkung** für die Wirtschaft aus: Das Eurosystem gibt hierdurch zu erkennen, dass es eine bestimmte Zielrichtung der Geldpolitik verfolgt. In der Sprache der Zentralbanken bedeutet eine Änderung des Leitzinses um 100 Basispunkte eine tatsächliche Änderung um einen Prozentpunkt. Bereits die unmittelbare Bekanntgabe einer Zinsänderung führt zur psychologischen Beeinflussung der Wirtschaft und kann das Verhalten der Wirtschaftssubjekte in die gewünschte Richtung lenken.

Kein geldpolitisches Instrument der Zinssteuerung ist der Basiszinssatz. Der **Basiszinssatz** dient als abstrakte Bezugsgröße der Berechnung des Zinsschadens beim Verzug:

Eine Geldschuld ist während des Verzugs zu verzinsen. Der Verzugszins liegt 5 oder 9 Prozentpunkte über dem Basiszinssatz *(§ 288 BGB)*.

Beispiele: Basiszinssatz: 1,13 % + 5,00 Prozentpunkte = 6,13 % Verzugszinssatz
Basiszinssatz: − 0,88 % + 8,00 Prozentpunkte = 7,12 % Verzugszinssatz

Der Basiszinssatz gilt jeweils für einen Zeitraum von sechs Monaten und wird von der Deutschen Bundesbank im Bundesanzeiger bekannt gemacht. Er verändert sich zum 1. Januar und 1. Juli eines jeden Jahres um die Prozentpunkte, um die der Zinssatz für die jüngste Hauptrefinanzierungsoperation der EZB gestiegen oder gefallen ist *(§ 247 BGB) und kann auch negativ sein*.

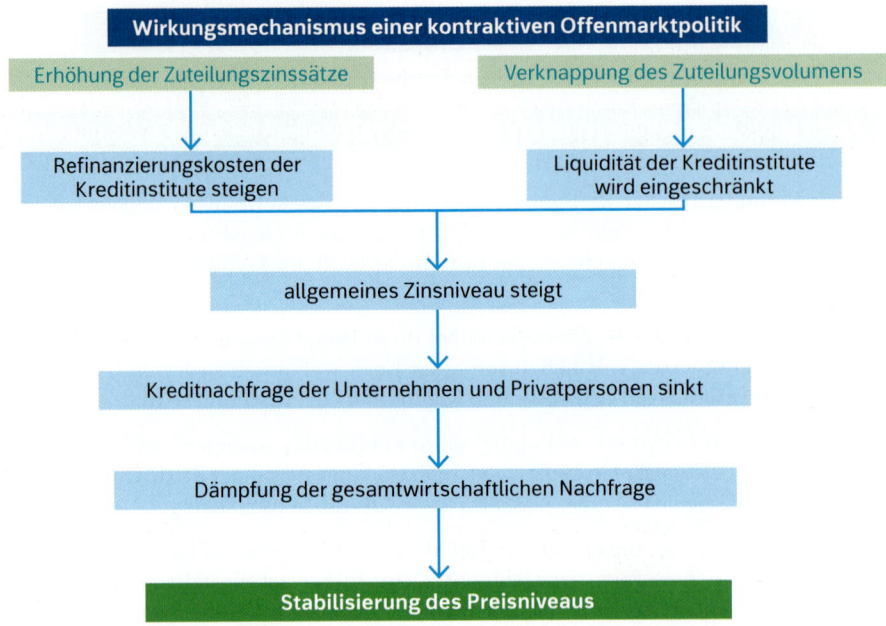

Feinsteuerungsoperationen

Feinsteuerungsoperationen in Form von befristeten Transaktionen

Durch Feinsteuerungsoperationen in Form von befristeten Transaktionen reagiert das Eurosystem auf unerwartete Markt- und Liquiditätsentwicklungen. Mit diesem Instrument sollen die Auswirkungen solcher Entwicklungen auf die Zinssätze ausgeglichen werden. Da je nach Situation rascher Handlungsbedarf besteht, ist das ESZB bei der Durchführung dieser Geschäfte hoch flexibel.

Merkmale:

- dezentrale Durchführung über die Nationalen Zentralbanken,
- unregelmäßiger Einsatz,
- Laufzeit nicht standardisiert,
- Liquiditätszuführung über Schnelltender,
- Liquiditätsabsorption über bilaterale Geschäfte.

Feinsteuerungsoperationen in Form von Devisenswaps

Es handelt sich hierbei um Geschäfte, bei denen die EZB Euro per Kasse gegen eine Fremdwährung kauft (oder verkauft) und diese gleichzeitig per Termin verkauft (oder kauft). Diese gleichzeitige Vornahme einer Kassa- und einer Termintransaktion ist eine Feinsteuerungsmaßnahme zur Steuerung der Liquidität und der Zinssätze am Markt. Die Devisenswapgeschäfte werden in gängigen Währungen durchgeführt. Der zwischen dem ESZB und dem Geschäftspartner vereinbarte Swapsatz entspricht der Differenz zwischen dem Terminkurs und dem Kassakurs.

Merkmale:

- liquiditätszuführend oder -absorbierend
- unregelmäßige Durchführung
- nicht standardisierte Laufzeit
- Durchführung als Schnelltender über die Nationalen Zentralbanken, nur in Ausnahmefällen bilateral über die EZB

Feinsteuerungsoperationen durch Hereinnahme von Termineinlagen

Zur Feinsteuerung kann das Europäische System der Zentralbanken die Hereinnahme von verzinslichen Termineinlagen bei der nationalen Notenbank des Mitgliedsstaates anbieten, um damit Liquidität abzuschöpfen. Die Zinsen werden, wie beim Europäischen System der Zentralbanken üblich, nach der Eurozinsmethode (act/360) berechnet und bei Fälligkeit der Einlage bezahlt.

Merkmale:

- Liquiditätsentzug
- unregelmäßige Hereinnahme
- keine standardisierte Laufzeit
- dezentrale Abwicklung über Nationale Zentralbanken im Schnelltenderverfahren oder als bilaterales Geschäft

Strukturelle Operationen

Strukturelle Operationen in Form befristeter Transaktionen

Mit diesem Instrument kann das Europäische System der Zentralbanken auf die Liquidität des Finanzsektors einwirken. Zur Unterlegung der Kredite sind sowohl marktfähige wie auch nicht marktfähige Sicherheiten zugelassen.

Merkmale:

- regelmäßige und unregelmäßige Liquiditätszuführung
- Laufzeit ist nicht von vornherein standardisiert
- Durchführung als Standardtender
- dezentrale Durchführung über die Nationalen Zentralbanken

Strukturelle Operation durch Emission von Schuldverschreibungen

Das Europäische System der Zentralbanken kann eigene Schuldverschreibungen begeben. Sie stellen eine Verbindlichkeit der Europäischen Zentralbank gegenüber dem Inhaber dar und werden in girosammelverwahrfähiger Form und/oder stückelos begeben. Die Schuldverschreibungen werden in abgezinster Form emittiert. Die Differenz zwischen dem Emissionsbetrag und dem Nennbetrag entspricht der Verzinsung zum vereinbarten Zinssatz über die Laufzeit.

Merkmale:

- Liquiditätsabschöpfung
- regelmäßige und unregelmäßige Emittierung
- Laufzeit unter zwölf Monaten
- dezentrale Abwicklung über Nationale Zentralbanken im Tenderverfahren

Definitive Käufe bzw. Verkäufe

Dieses Instrument bezeichnet Transaktionen, bei denen das Europäische System der Zentralbanken endgültig zentralbankfähige Aktiva kauft oder verkauft, also keine Rückkaufsvereinbarung getroffen wird. Das Geschäft wird zu den für diese Papiere marktüblichen Gepflogenheiten abgewickelt. Es dient nur zur Beeinflussung der **strukturellen Liquidität** und zur **Feinsteuerung**.

Merkmale:

- Liquiditätszuführung oder -absorbtion
- unregelmäßiger Einsatz
- Durchführung als bilaterales Geschäft auf Ebene der Nationalen Zentralbanken

5.6.2   Ständige Fazilitäten

Die ständigen Fazilitäten (ständig angebotene Kreditlinien) dienen dazu, den Kreditinstituten Übernacht-Liquidität bereitzustellen oder kurzfristige Geldanlage-Möglichkeiten anzubieten.

Spitzenrefinanzierungsfazilität

Mit der Spitzenrefinanzierungsfazilität können sich die Geschäftspartner intraday zinslos
zur Aufrechterhaltung des Zahlungsverkehrs und overnight Liquidität gegen refinanzierungsfähige Sicherheiten beschaffen. Eine Kredithöchstgrenze ist nicht vorgesehen. Somit
limitieren die Sicherheiten die Höhe der Inanspruchnahme. Der Zinssatz der Spitzenrefinanzierungsfazilität bildet in der Regel die Obergrenze auf dem Markt für Tagesgeld.

Einlagefazilität

Die Einlagefazilität können die Geschäftspartner nutzen, um bis zum Beginn des nächsten
Geschäftstages überschüssige Liquidität bei den Nationalen Zentralbanken anzulegen. Die
Höhe der Beträge ist unbeschränkt. Der Zinssatz der Einlagefazilität bildet in der Regel die
Untergrenze des Tagesgeldsatzes (Euro Short-Term Rate). Ein negativer Einlagezinssatz soll
den Geschäftspartnern signalisieren, dass eine Geldanlage bei der EZB unerwünscht ist und
stattdessen Kredite für die Wirtschaft bereitgestellt werden sollen.

Die Zinssätze für die ständigen Fazilitäten und die Offenmarktgeschäfte haben die Wirkung
von **Leitzinsen**. Mit den Zinssätzen der ständigen Fazilitäten werden Signale bezüglich des
Kurses der Geldmarktpolitik gesetzt. Der Satz für den Übernachtkredit bildet dabei die obere
Grenze und der Zinssatz für die Einlagefazilität die untere Grenze eines Zinskanals für Ta-
gesgelder. Einerseits würde sich kein Kreditinstitut am freien Markt zu einem Zinssatz, der
über dem Zinssatz der Spitzenrefinanzierungsfazilität liegt, refinanzieren, und andererseits
würde kein Kreditinstitut seine Übernacht-Liquidität zu einem Zinssatz anlegen, der unter
dem Zinssatz des ESZB für die Einlagenfazilität liegt. Der Zinssatz für das bedeutendste
Refinanzierungsinstrument des ESZB, des Hauptrefinanzierungsinstrumentes, liegt innerhalb des Zinskanals, den die ständigen Fazilitäten vorgeben.

EZB-Zinssätze und der Tagesgeldsatz (Euro Short-Term Rate)

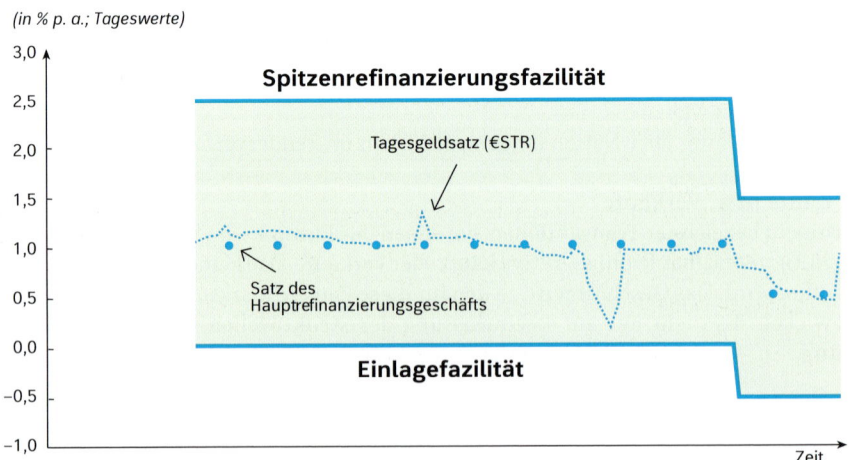

Quelle: Eigene Darstellung, Zahlen gemäß EZB

5.6.3   Mindesreservepolitik

Die Kreditinstitute sind verpflichtet, einen bestimmten Prozentsatz ihrer Verbindlichkeiten als Guthaben auf ihrem Konto bei der Nationalen Zentralbank zu unterhalten.

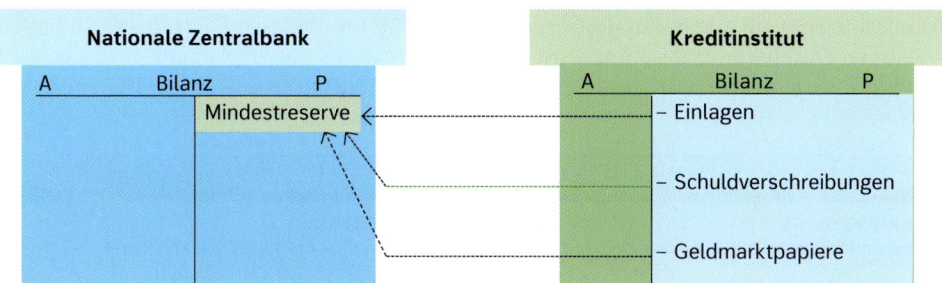

Mindestreservebasis

Die Mindestreservebasis eines Kreditinstituts wird aus einzelnen Bilanzpositionen ermittelt. Für die meisten in die Reservebasis einbezogenen Verbindlichkeiten schreibt die EZB einen einheitlichen Reservesatz von zurzeit 1 % vor. Für einige Verbindlichkeiten beträgt der Reservesatz 0 %, doch kann die EZB die Reservesätze jederzeit bis zu 10 % erhöhen.

Reservebasis und Mindestreservesätze
A. In die Mindestreserve einbezogene Verbindlichkeiten mit positivem Mindestreservesatz von 1 %
Einlagen – täglich fällige Einlagen – Einlagen mit vereinbarter Laufzeit von bis zu zwei Jahren – Einlagen mit vereinbarter Kündigungsfrist von bis zu zwei Jahren Ausgegebene Schuldverschreibungen – Schuldverschreibungen mit vereinbarter Laufzeit von bis zu zwei Jahren
B. In die Mindestreservebasis einbezogene Verbindlichkeiten mit einem Reservesatz von 0 %
Einlagen – Einlagen mit vereinbarter Laufzeit von über zwei Jahren – Einlagen mit vereinbarter Kündigungsfrist von über zwei Jahren – Repogeschäfte Ausgegebene Schuldverschreibungen – Schuldverschreibungen mit vereinbarter Laufzeit von über zwei Jahren
C. Nicht in die Mindestreservebasis einbezogene Verbindlichkeiten
– Verbindlichkeiten gegenüber Instituten, die selbst den ESZB-Mindestreservevorschriften unterliegen – Verbindlichkeiten gegenüber der EZB und den Nationalen Zentralbanken

Ermittlung und Erfüllung der Mindestreserven

Aufgrund der Monatsbestände der mindestreservepflichtigen Verbindlichkeiten wird durch Multiplikation mit dem Mindestreservesatz das Mindestreserve-Soll ermittelt. Hiervon kann das Kreditinstitut einen Freibetrag von 100 000,00 € abziehen. Im Durchschnitt der Tagesendbestände eines Monats ab dem Abwicklungstag des Hauptrefinanzierungsgeschäftes, das auf die Sitzung des EZB-Rates mit der monatlichen Erörterung der Geldpolitik folgt (die geplanten Termine werden von der EZB ein Jahr im Voraus veröffentlicht), ist die Mindestreserve auf einem Mindestreservekonto bei der Nationalen Zentralbank zu halten. Mit dieser Durchschnittsregelung wird den Kreditinstituten die Möglichkeit gegeben, kurzfristige Zinsschwankungen auszunutzen und die Mindestreserve als Liquiditätspuffer zu nutzen.

Mindestreserve-Soll	Mindestreserve-Ist
Ermittlungsbasis: Reservepflichtige Verbindlichkeiten der Kreditinstitute.	**Ermittlungsbasis:** Tagesendguthaben auf den Reservekonten bei der jeweiligen EZB bzw. der Zentralinstitute.
Ermittlungsmethode: 1. Die Beträge der reservepflichtigen Verbindlichkeiten werden auf Basis der Monatsendbestände der Meldungen zur Geld- und Bankenstatistik durch die EZB ermittelt. Die Reservemeldung der Kreditinstitute entfällt. 2. Die reservepflichtigen Verbindlichkeiten werden mit den jeweiligen Mindestreserve-Sätzen multipliziert. Das Produkt entspricht dem Mindestreserve-Soll und gilt für die folgende Erfüllungsperiode.	**Ermittlungsmethode:** Einfacher Durchschnitt aller Tagesendbestände auf dem Reservekonto in der betreffenden Erfüllungsperiode. Unterschreitungen des Mindestreserve-Solls an bestimmten Tagen können durch höhere Tagesguthaben in derselben Periode ausgeglichen werden. Die NZBs melden auch weiterhin das Durchschnittsguthaben für die abgelaufene Erfüllungsperiode.
Ermittlungszeitpunkt: Zum Ultimo eines Monats für den Folgemonat.	**Ermittlungszeitpunkt (Erfüllungsperiode):** Die Periode zur Erfüllung des Mindestreserve-Solls beginnt immer am Abwicklungstag des Hauptrefinanzierungsgeschäftes, das auf die Sitzung des EZB-Rates folgt, für die die monatliche Erörterung der Geldpolitik vorgesehen ist. Der EZB-Rat erörtert seine Geldpolitik i. d. R. nur in der ersten Sitzung jedes Monats.
Pauschaler Freibetrag: vom Mindestreserve-Soll kann jedes Kreditinstitut pauschal 100 000,00 € absetzen. Die Absetzung kann mehrfach für jede Niederlassung in einem Mitgliedsland vorgenommen werden.	

Sanktionen der EZB

Erfüllt ein Institut seine Reservepflicht ganz oder teilweise nicht, ist die EZB zu folgenden Sanktionen befugt:

- Zahlung von bis zu 5 Prozentpunkten über dem Satz der Spitzenrefinanzierungsfazilität oder dem doppelten Satz der Spitzenrefinanzierungsfazilität auf den Fehlbetrag
- Zwang zur Einlage bei der EZB in dreifacher Höhe des Fehlbetrages
- Ausschluss von den Refinanzierungsmöglichkeiten über das Eurosystem
- Verpflichtung zur täglichen Einhaltung des Reserve-Solls

Verzinsung der Mindestreserven

Um Wettbewerbsnachteile gegenüber Mitbewerbern aus den Staaten außerhalb des Euro-Währungsgebietes zu vermeiden, werden Mindestreserveguthaben zum durchschnittlichen Zinssatz der EZB für die Hauptrefinanzierungsgeschäfte über die Mindestreserve-Erfüllungsperiode (gewichtet nach der Anzahl der Kalendertage) verzinst. Guthaben, die die erforderliche Mindestreserve übersteigen, werden nicht verzinst.

Je höher die Mindestreservesätze von der EZB festgesetzt werden, desto geringer ist für die Kreditinstitute der Spielraum für die Gewährung von Krediten. Die Erhöhung der Mindestreservesätze führt darüber hinaus zu einer Verknappung des Geldangebotes und damit zu einer Erhöhung der Zinsen.

Beispiel: Der EZB-Rat beschließt eine Mindestreserve auf Spareinlagen in Höhe von 1%.
Bei der Sparkasse KölnBonn werden Spareinlagen in Höhe von 300 Mio. € unterhalten. Die Sparkasse KölnBonn muss 3 Mio. € abzüglich Freibetrag auf ihrem BBk-Konto als Mindestreserveguthaben unterhalten, sodass ihr nur 297 Mio. € für eine andere Verwendung (z. B. Kreditvergabe) zur Verfügung stehen.

Bei der Senkung der Mindestreservesätze treten die umgekehrten Wirkungen ein.

Instrumenteneinsatz der Geldpolitik	
expansive Geldpolitik (konjunkturbelebend)	**kontraktive Geldpolitik** (konjunkturdämpfend)
– Senkung der Zinsen im Offenmarktgeschäft und in der Spitzenrefinanzierungsfazilität – Senkung der Zinsen für die Einlagefazilität und Termineinlagen – Erhöhung des Refinanzierungsvolumens (der Zuteilung) im Tenderverfahren – Senkung der Mindestreservesätze – definitive Käufe zentralbankfähiger Aktiva (z. B. Devisen)	– Erhöhung der Zinsen im Offenmarktgeschäft und in der Spitzenrefinanzierungsfazilität – Erhöhung der Zinsen für die Einlagefazilität und Termineinlagen – Verringerung des Refinanzierungsvolumens (der Zuteilung) im Tenderverfahren – Erhöhung der Mindestreservesätze – definitive Verkäufe zentralbankfähiger Aktiva – Emission eigener Schuldverschreibungen

Zusammenfassung

Geldpolitisches Instrumentarium der EZB					
Geldpolitische Geschäfte	**Transaktionsart**		**Laufzeit**	**Rhythmus**	**[Verfahren]**
	Liquiditätsbe-reitstellung	**Liquiditätsab-schöpfung**			
Offenmarktgeschäfte					
Hauptrefinanzie-rungsgeschäfte	Befristete Trans-aktionen	–	Eine Woche	Wöchentlich	Standardtender
Längerfristige Re-finanzierungsge-schäfte	Befristete Trans-aktionen	–	Drei Monate	Monatlich	Standardtender
Feinsteuerungs-operationen	Befristete Trans-aktionen Devisenswaps	Befristete Trans-aktionen Hereinnahme von Termineinlagen Devisenswaps	Nicht standardi-siert	Unregelmäßig	Schnelltender Bilaterale Ge-schäfte
Strukturelle Operationen	Befristete Trans-aktionen	Emission von Schuldverschrei-bungen	Standardisiert/ nicht standardi-siert	Regelmäßig und unregelmäßig	Standardtender
	Endgültige Käufe	Endgültige Ver-käufe	–	Unregelmäßig	Bilaterale Ge-schäfte
Ständige Fazilitäten					
Spitzenrefinanzie-rungsfazilitäten	Befristete Trans-aktionen	–	Über Nacht	Inanspruchnahme auf Initiative des Geschäftspartners	
Einlagefazilitäten	–	Einlagenannahme	Über Nacht	Inanspruchnahme auf Initiative des Geschäftspartners	

Quelle: Europäische Zentralbank: Die Geldpolitik der EZB, Januar 2011, S. 103 (verändert)

Mindestreserve
Die Geschäftspartner der EZB müssen einen bestimmten Prozentsatz ihrer Verbindlichkeiten als Guthaben auf ihrem Girokonto bei ihrer Nationalen Zentralbank haben. **Potenzielle Basis für die Mindestreservebemessung** Täglich fällige Einlagen, Einlagen mit vereinbarter Laufzeit bzw. Kündigungsfrist, Repogeschäfte, ausgegebene Schuldverschreibungen und Geldmarktpapiere

Überschüsse und Defizite im Außenhandel wirken auch auf die Binnenwirtschaft der beteiligten Staaten. Importüberschüsse haben z.B. bei den Entwicklungsländern die Devisenreserven zusammenschmelzen lassen und letztlich zur Verschuldung gegenüber dem Ausland geführt. Aber auch Länder mit Exportüberschüssen wie Deutschland können Probleme bekommen. Wenn ein Teil der im Inland produzierten Güter exportiert wird, aber im Gegenzug nicht importierte Güter, sondern Devisen ins Land fließen, kommt es zu einem Ungleichgewicht zwischen Geldmenge und realem Güterangebot und damit zur Inflationsgefahr.

Deutschland gehört zu den größten Handelsnationen der Welt.

Wegen der Knappheit an Bodenschätzen ist Deutschland auf den Bezug von Rohstoffen aus dem Ausland angewiesen. Die für die Bezahlung dieser Importwaren benötigten Devisen müssen über Exportgeschäfte verdient werden. Für Deutschland waren bisher die hohe Qualität, der hohe technische Standard und die breite Produktpalette Garanten für die Exporterfolge.

Die größten Exporteure der Welt

Ausfuhren im Jahr 2019 in Milliarden US-Dollar

Land	Mrd. $
China	2499 Mrd. $
USA	1646
Deutschland	1489
Niederlande	709
Japan	706
Frankreich	570
Südkorea	542
Hongkong*	535
Italien	533
Großbritannien	469
Mexiko	461
Kanada	447
Belgien	445
Russland	419
Singapur*	391
Spanien	334
Taiwan	331
Indien	324
Schweiz	314
Verein. Arab. Emirate**	280
Australien	272
Saudi-Arabien**	269
Vietnam	264
Polen	264
Thailand	246

EXPORT

Quelle: WTO *einschl. Transitwaren **geschätzt   © Globus 13901

Allerdings zeigt sich seit Beginn der Neunzigerjahre ein erheblicher Wandel. Die **Globalisierung** der Märkte führt dazu, dass nicht mehr ausschließlich die Güter, sondern zunehmend der Produktionsfaktor Kapital zu den ausländischen Märkten strebt. Die Produktionsverlagerungen erfolgen dabei nicht nur aus Gründen der Marktnähe, sondern auch unter Kostenaspekten.

Hinzu kommt, dass fernöstliche Länder zu ernsthaften Konkurrenten auf den Weltmärkten gereift sind.

Bedrohlich für die traditionellen Industrieländer ist dabei, dass die Schwellenländer Asiens mehr und mehr qualitativ hochwertige und technologisch anspruchsvolle Investitions- und Konsumgüter liefern. Der immer härter werdende internationale Wettbewerb lässt vielfach den Nachweis der Außenwirtschaftstheorie außer Acht, dass ein freier Außenhandel den Wohlstand der beteiligten Länder fördert. In vielen Volkswirtschaften lassen sich Formen von Protektionismus (Handelsbeschränkungen) beobachten, die stets zum Ziel haben, die einheimischen Anbieter vor ausländischer Konkurrenz zu schützen. Mit sehr viel Energie und Fantasie wurde eine ganze Reihe **nichttarifärer Handelshemmnisse** aufgebaut. Zölle (tarifäre Handelshemmnisse) wurden dagegen nachhaltig verringert.

Zu den **protektionistischen Maßnahmen** zählen:
- Einfuhrkontingente, -lizenzen, -zölle, -monopole
- Zwang zu unverhältnismäßig umfangreicher Beibringung von Urkunden und anderen Bescheinigungen
- Besondere Vorschriften über Sicherheit, Verpackung, Etikettierung und Gewicht
- Bevorzugung bestimmter Ländergruppen zulasten anderer Länder
- Exportsubventionen

6.1   Europäische Wirtschafts- und Währungsunion (EWWU)

Zu Beginn des Jahres 1999 wurde die DM als Buchgeld und Anfang 2002 auch als Bargeld durch eine einheitliche neue Währung – den Euro – abgelöst.

Konvergenzkriterien

Die Aufnahme in die Währungsunion ist abhängig von der Einhaltung bestimmter, im Maastrichter Vertrag vereinbarter Bedingungen, den sog. Konvergenzkriterien. Die Teilnehmerländer sollen einen bestimmten Gleichlauf ihrer wirtschaftlichen Entwicklung hinsichtlich Preisniveau, Zinsniveau, Haushaltsdisziplin und Wechselkursstabilität erreicht haben, um die Stabilität des Euro zu sichern und Spannungen in der Währungsunion zu vermeiden. Die Konvergenzkriterien sind unter den Wirtschaftsprofessoren und Politikern zwar umstritten, ihre Einhaltung ist allerdings inzwischen zu einer Vertrauensmesslatte für eine stabile Währungsunion geworden.

Voraussetzungen für die Aufnahme in die europäische Wirtschafts- und Währungsunion

- **Preisstabilität**: Der Anstieg der Verbraucherpreise, die Inflationsrate, darf den Durchschnitt der drei preisstabilsten Länder um nicht mehr als 1,5 Prozentpunkte übersteigen.

- **Wechselkursstabilität**: Die Währung eines Mitgliedslandes muss dem Europäischen Währungssystem angehören und darf in den letzten beiden Jahren nicht abgewertet worden sein.

- **Kapitalmarktzinsniveau**: Die durchschnittliche Rendite langfristiger Staatsanleihen, der Zinssatz für langfristiges Kapital, darf höchstens 2 Prozentpunkte über dem Durchschnitt der entsprechenden Zinsen in den drei Ländern mit der niedrigsten Inflationsrate liegen.

- **Haushaltsdisziplin**: Das jährliche Budgetdefizit, die Neuverschuldung der öffentlichen Haushalte, darf höchstens 3 % des Bruttoinlandsprodukts betragen, es sei denn, die Quote ist erheblich rückläufig und liegt in der Nähe des Höchstsatzes.

- **Staatsverschuldung**: Die Gesamtverschuldung der öffentlichen Haushalte darf nicht mehr als 60 % des Bruttoinlandsprodukts betragen, es sei denn, die Quote ist rückläufig und nähert sich rasch genug dem Höchstsatz.

6.2   Weltbankgruppe

Zur Weltbankgruppe gehören fünf Organisationen mit jeweils eigener Rechtspersönlichkeit:
- Internationale Bank für Wiederaufbau und Entwicklung (IBRD),
- Internationale Entwicklungsorganisation (IDA),
- Internationale Finanz-Corporation (IFC),

- Multilaterale Investitions-Garantie-Agentur (MIGA),
- Internationales Zentrum zur Beilegung von Investitionsstreitigkeiten (ICSID).

Gemeinsames Ziel dieser Institutionen ist es, die wirtschaftliche Entwicklung in weniger entwickelten Ländern durch finanzielle und technische Hilfen sowie durch Beratung zu unterstützen.

Die Gründung der **Internationalen Bank für Wiederaufbau und Entwicklung (IBRD)** fällt zusammen mit der Errichtung des IWF in Bretton Woods[1]. Ihr Sitz ist Washington, D.C. Sie wurde im Hinblick auf den für die Nachkriegszeit erwarteten großen Bedarf an langfristigem Kapital für den Wiederaufbau und die wirtschaftliche Entwicklung ihrer Mitgliedsländer geschaffen. Anfänglich wurden die Mittel überwiegend für den Aufbau Europas eingesetzt. Heute konzentriert sich die Tätigkeit auf Entwicklungsländer in aller Welt.

Die **Internationale Finanz-Corporation (IFC**, gegründet 1956) fördert privatwirtschaftliche Initiativen in Entwicklungsländern. Ohne Inanspruchnahme staatlicher Rückzahlungsgarantien wird die Errichtung, Modernisierung und Erweiterung privater Unternehmen gefördert. Zu diesem Zweck werden in- und ausländisches privates Kapital sowie erfahrenes Management und technische Hilfe zusammengebracht. In bestimmten Situationen tritt die IFC selbst als Gesellschafterin bei privaten Unternehmen auf.

Maßgeblich für die Errichtung der **Internationalen Entwicklungsorganisation (IDA)** im Jahr 1960 war, dass die ärmsten Entwicklungsländer nicht mehr in der Lage waren, sich weiter zu marktüblichen Konditionen zu verschulden. Aufgabe der IDA ist es, den Entwicklungsländern Kredite zu Bedingungen bereitzustellen, die die Zahlungsbilanz wenig belasten. Die gewährten Kredite sind unverzinslich. Am Anfang stehen tilgungsfreie Jahre und die Laufzeiten sind wesentlich länger als üblich.

Erst 1988 wurde die **Multilaterale Investitions-Garantie-Agentur (MIGA)** gegründet. Ihr vorrangiges Ziel ist es, ausländische Direktinvestitionen gegen nichtkommerzielle Risiken abzusichern.

Voraussetzung für die Mitgliedschaft bei den Institutionen der Weltbank ist die Zugehörigkeit zum IWF. Die Mittelbeschaffung erfolgt hauptsächlich über

- Kapitalmarktanleihen,
- Rückflüsse aus gewährten Darlehen,
- Verkauf von Darlehensforderungen,
- Kapitalbeteiligung der Mitglieder,
- laufende Gewinne.

Beispiel: Die Bundesrepublik Deutschland ist mit 4% am Kapital der Weltbankgruppe beteiligt.

6.3   Internationaler Währungsfonds (IWF)

Die Gründung des IWF mit Sitz in Washington wurde 1944 auf der „Internationalen Währungs- und Finanzkonferenz" von 45 Teilnehmerländern beschlossen. Heute gehören dem IWF 188 Staaten an. Deutschland trat dem IWF 1952 bei.

Ziele des IWF
- *Förderung und Ausweitung des Welthandels*
- *Aufhebung der Devisenzwangswirtschaft*
- *Förderung der Währungsstabilität*
- *Internationale währungspolitische Zusammenarbeit*
- *Gewährung von Hilfestellung bei Zahlungsbilanzungleichgewichten*

---

[1] *Siehe S. 317 f. „Abkommen von Bretton Woods".*

Gouverneursrat

*Der **Gouverneursrat** (Board of Gouvernors) ist oberstes Organ des IWF.*

Im Gouverneursrat ist jedes Land durch einen Gouverneur – im Allgemeinen durch den Finanzminister oder den Notenbankpräsidenten – vertreten. Zu den wichtigsten Aufgaben des Gouverneursrates gehören
- die Aufnahme neuer Mitglieder,
- die Festsetzung und Änderung der Anteile (Quoten) der Mitgliedsländer,
- die Neuzuteilung von Sonderziehungsrechten.

Der Gouverneursrat tritt zweimal jährlich zusammen. Ihm gehört als Vertreter der Bundesrepublik Deutschland der Präsident der Deutschen Bundesbank an.

Exekutivdirektorium

*Das **Exekutivdirektorium** ist für die Geschäftsführung des IWF zuständig.*

Der Gouverneursrat hat alle delegierbaren Befugnisse auf das 24-köpfige Exekutivdirektorium übertragen. Ob ein Land von einem eigenen „gewählten" Exekutivdirektor oder als Mitglied einer Ländergruppe von einem gemeinsam gewählten Exekutivdirektor vertreten wird, ist vor allem von seiner IWF-Quote abhängig. Da die Stimmgewichte der Direktoren möglichst gleich verteilt sein sollen, werden sich Länder mit relativ hoher Quote, zu denen Deutschland (mit einer Quote von 5,59 %, aus der 5,3 % Stimmrechte resultieren) gehört, keiner Gruppe anschließen müssen.
Das Exekutivdirektorium wählt auf fünf Jahre den geschäftsführenden Direktor des IWF, der gleichzeitig Vorsitzender des Exekutivdirektoriums und oberster Dienstherr des internationalen Mitarbeiterstabes des IWF ist.

Mittelausstattung des IWF
Jedem Mitgliedsland wird eine bestimmte Quote zugewiesen, die sich nach den volkswirtschaftlichen Daten des Landes richtet. Nach der Quote bemessen sich
- die Einzahlungsverpflichtung (Subskription),
- das Recht zur Kreditinanspruchnahme (Ziehung) beim Fonds und
- das Stimmrecht.

Die Mitglieder zahlen in Höhe ihrer Quote beim IWF Fremdwährung, Sonderziehungsrechte und eigene Währung ein. Die Summe der Quoten erhöht die Reservetranche, die das Finanzierungspotenzial des IWF darstellt. So ist erklärbar, dass es in der Vergangenheit eine Reihe von Quotenaufstockungen gab. Nach Inkrafttreten der nächsten Quotenerhöhung wird der deutsche Anteil von 14,4 Mrd. auf 26,6 Mrd. SZR steigen und die Quote wird bei 5,59 % liegen. Hierin spiegelt sich die Zunahme des weltwirtschaftlichen Gewichts Deutschlands seit der letzten Quotenüberprüfung wider.

Ziehungsrechte
Bei Zahlungsbilanzproblemen gewährt der IWF seinen Mitgliedern verzinsliche Kredite aus der Reservetranche sowie aus einer Reihe weiterer Kreditprogramme (Kreditfazilitäten). Zahlungsbilanzschwache Länder erhalten gegen eigene Währung die gewünschten Devisen.

Sonderziehungsrechte (SZR)

Die Sonderziehungsrechte kann man als eine Art Kunstgeld bezeichnen. Der IWF teilt seinen Mitgliedern bestimmte Mengen dieser künstlichen Währung zu. Dies führt bei den Notenbanken der betreffenden Länder – nach Bildung eines Ausgleichspostens auf der Passivseite – zu einer Bilanzverlängerung. Bei einem Finanzierungsbedarf wendet sich der Teilnehmer an den IWF, der ihn an ein reservestarkes Land verweist. Dieses Land gibt die gewünschte Währung ab und erhält dafür SZR und eine Verzinsung für die abgegebenen Devisen.

Beispiel:

vor der Zuteilung von SZR:			
Aktiva	Notenbankbilanz		Passiva
	Mio. €		Mio. €
Gold	2	Sonstige	20
Devisen	8		
Sonstige	10		
	20		**20**

nach der Zuteilung von SZR:			
Aktiva	Notenbankbilanz		Passiva
	Mio. €		Mio. €
Gold	2	Sonstige	20
Devisen	8	Ausgleichs-	
SZR	2	posten für	
Sonstige	10	zugeteilte	
		SZR	2
	22		**22**

nach dem Ankauf von SZR:			
Aktiva	Notenbankbilanz		Passiva
	Mio. €		Mio. €
Gold	2	Sonstige	20
Devisen	7	Ausgleichs-	
SZR	3	posten für	
Sonstige	10	zugeteilte	
		SZR	2
	22		**22**

Die Ankaufspflicht von SZR endet, wenn das Dreifache der eigenen Zuteilung erreicht ist.

Bewertung von Sonderziehungsrechten

Der **Wert des SZR** ergibt sich aus dem Marktwert eines Währungskorbs, der feste Beiträge der wichtigsten Währungen (US-Dollar, Euro, Yen, Pfund Sterling, Renminbi) enthält.

Als Basis für die einzelnen Währungsbeträge dienen bestimmte volkswirtschaftliche Kennziffern (Außenhandel, Bedeutung der eigenen Währung für andere Währungen). Alle fünf Jahre findet eine Überprüfung der Währungen und ihrer Korbgewichte statt.
Börsentäglich ermittelt der IWF den Tageswert des SZR in US-Dollar, indem er die Währungsbeträge im Korb zu deren US-Dollarkursen am Devisenmarkt bewertet. Der SZR-Wert aller übrigen Währungen wird dann über die repräsentativen Kurse dieser Währungen zum US-Dollar errechnet. Durch diese Form der Bewertung wird gewährleistet, dass alle auf SZR lautenden Vermögenswerte nur geringen Wechselkursrisiken ausgesetzt sind.

SZR-Bewertungskorb seit 13. Dezember 2016

Zusammensetzung des Währungskorbes			
Währung	**Währungsbetrag in jeweiliger Währung**	**Wechselkurs**	**Gegenwert in US-Dollar**
Chinesischer Yuan	1,017400	6,930450 CNY je USD	0,146801
Euro	0,3867100	1,060700 USD je EUR	0,410183
Japanischer Yen	11,900000	115,385000 JYN je USD	0,103133
Pfund Sterling	0,085946	1,27065 USD je GBP	0,109207
US-Dollar	0,582520	1,000000 USD	0,582520
			1,351845
		1 USD = SZR	0,739730
		1 SZR = USD	1,351845

6.4   Bank für Internationalen Zahlungsausgleich (BIZ)

Die **Bank für Internationalen Zahlungsausgleich** mit Sitz in Basel ist die älteste internationale Finanzorganisation. Sie wurde 1930 gegründet. Ihr gehören heute 50 Mitgliedsländer an.

Eine der Hauptaufgaben der BIZ ist die Verwaltung der Gold- und Devisenreserven von etwa 140 Zentralbanken. Die BIZ achtet auf eine hochliquide Anlage und legt die Mittel bei Geschäftsbanken erstklassiger Bonität sowie in kurzfristigen Schuldverschreibungen an. Für die beteiligten Zentralbanken besteht der Vorteil einer Einlage bei der BIZ darin, dass bei Devisenmarktoperationen die Anonymität gewahrt bleibt.

Kredite an Entwicklungsländer werden nur gewährt, wenn bereits eine Zusage zur Kreditablösung durch andere internationale Stellen wie IWF oder Weltbank vorliegt.

6.5   Welthandelsorganisation (WTO)

Hauptziel der WTO ist die Liberalisierung des Welthandels und die Sicherung und der Ausbau der Regeln für den ungestörten Austausch von Gütern.

Die Welthandelsorganisation mit Sitz in Genf wurde 1995 gegründet. Vorläufer der WTO ist der **GATT-Vertrag** (GATT = General Agreement on Tariffs and Trade). Dieses internationale Zoll- und Handelsabkommen hatte sich vor allem die folgenden Prinzipien gegeben:

- **Liberalisierung**: Verzicht auf den Aufbau neuer Zollschranken und Abbau bestehender Zölle

- **Gegenseitigkeit**: Bei Zollverhandlungen sollen Leistungen und Gegenleistungen gleichwertig sein.

- **Nichtdiskriminierung/Meistbegünstigungsklausel**: Kein Mitgliedsland darf ein anderes Mitgliedsland unterschiedlich behandeln und insbesondere nicht gegenüber Drittländern schlechter stellen. Für jedes Mitgliedsland muss der günstigste Zollsatz gelten.

Insbesondere soll der Abbau von tarifären und nicht tarifären Handelshemmnissen vorangetrieben werden. Neben den Zielen des GATT, die vorwiegend auf die Förderung des internationalen Warenaustauschs zielen, überwacht die WTO auch das **Allgemeine Übereinkommen über den Handel mit Dienstleistungen (GATS)**. Das GATS hat sich die gleichen Prinzipien wie das GATT gegeben und beinhaltet Regelungen für Finanzdienstleistungen, Medien, Bau- und Konstruktionsleistungen, Tourismus und Verkehr sowie für jede andere Form des Handels mit Dienstleistungen.

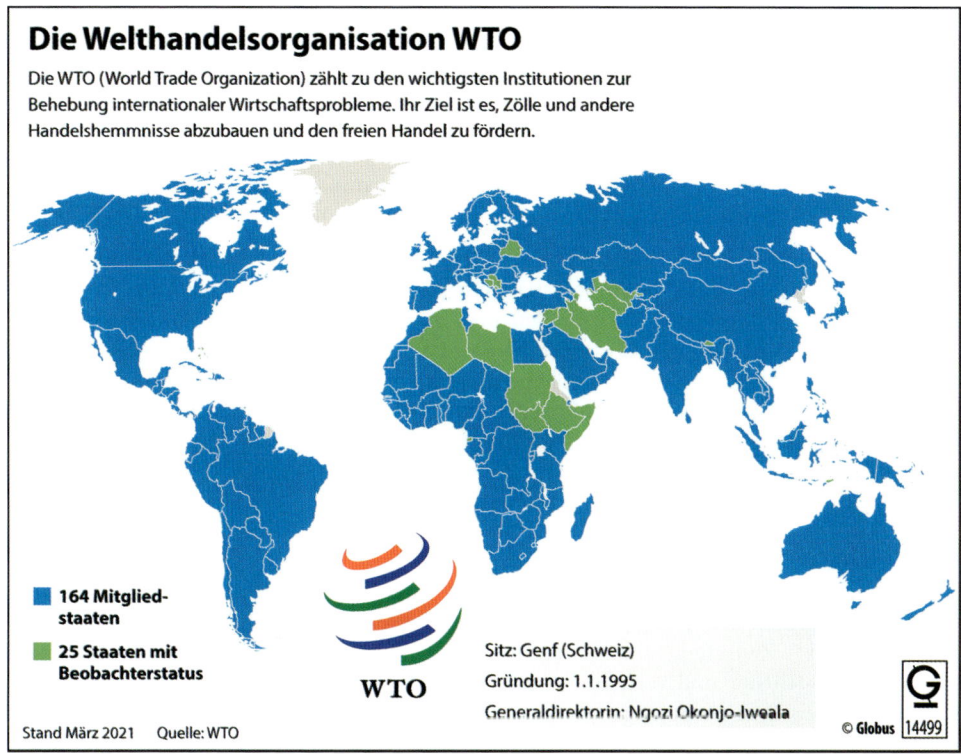

Das dritte wichtige Abkommen im Aufgabenbereich der WTO ist das **Übereinkommen über handelsbezogene Aspekte der Rechte am geistigen Eigentum (TRIPS)**. Dieses Übereinkommen dient dazu, den internationalen Konventionen über den Schutz geistiger Eigentumsrechte zu größerer Wirkung zu verhelfen.

Die WTO hat den Fortschritt der Entwicklungsländer zu fördern und ihre Politik nach den Erfordernissen des Umweltschutzes auszurichten.

6.6   Organisation für wirtschaftliche Zusammenarbeit und Entwicklung (OECD)

Die OECD (Organisation for Economic Co-operation and Development) wurde 1961 gegründet und hat ihren Sitz in Paris. Sie ist ein ursprünglich rein europäisches Kooperationsgremium von Industriestaaten, dem inzwischen aber auch die USA, Japan und fünf weitere außereuropäische Staaten angehören. Im Prinzip nimmt die OECD nur Staaten auf, die

- marktwirtschaftlich orientiert sind,
- sich in einem fortgeschrittenen Entwicklungsstand befinden,
- die Menschenrechte beachten,
- die Grundsätze einer pluralistischen Demokratie beachten.

Ziel der OECD ist,

- in ihren Mitgliedsstaaten zu optimaler Wirtschaftsentwicklung und Beschäftigung sowie steigendem Lebensstandard und Wahrung der finanziellen Stabilität beizutragen,

- den Dienstleistungs- und Kapitalverkehr der Mitgliedsstaaten weitgehend von Beschränkungen zu befreien,

- das Wirtschaftswachstum in den Entwicklungsländern zu fördern,

- zu einer Ausweitung des Welthandels beizutragen.

Die praktische Arbeit der OECD leisten Fachausschüsse mit Delegierten aus den Mitgliedsländern. Die Besetzung dieser Ausschüsse reicht vom Referenten bis zum Staatssekretär.

Die Bundesrepublik Deutschland misst dem wirtschaftspolitischen Ausschuss (Economic Policy Committee) eine besondere Bedeutung zu. Auf höchster Ebene der Ministerial- und Notenbankbürokratie werden die nationalen und internationalen Auswirkungen der Wirtschaftspolitik der Mitgliedsländer erörtert. Ziel ist eine internationale Übereinstimmung, um Zahlungsbilanz- und Devisenprobleme zu erkennen bzw. diesen vorzubeugen. An die Öffentlichkeit tritt der wirtschaftspolitische Ausschuss der OECD, wenn er zweimal jährlich die konjunkturelle Situation der Mitgliedsländer beurteilt und Entwicklungstendenzen prognostiziert.

6.7   Nord-Süd-Konflikt

Eine der ungelösten und dringendsten Aufgaben der Menschheit ist die Lösung des Nord-Süd-Konfliktes. Zwischen Entwicklungsländern und Industrieländern besteht ein außenwirtschaftlicher und verteilungspolitischer Interessenkonflikt aufgrund der ungleichen Macht- und Einflusspotenziale.
Die Ursachen für dieses Ungleichgewicht sind vielfältig:
- Klima,
- Bevölkerungsexplosion,
- Tradition, Religion und Weltanschauung,
- Erziehung und Bildung,
- Unkenntnis moderner Anbau- und Produktionsmethoden,
- Korruption,
- Rohstoff- bzw. Kapitalmangel,
- fehlende Verkehrsmittel und -wege,
- Mängel in der Gesundheitsversorgung,
- fehlende Infrastruktur für Kommunikation und Nachrichtenübermittlung.

Mit der Ölkrise zu Beginn der 1970er-Jahre trat der Nord-Süd-Konflikt erstmals in das Bewusstsein der Öffentlichkeit. Die ölfördernden Staaten hatten sich in der „Organisation Erdöl exportierender Staaten" (OPEC) zu einem Preis- und Quotenkartell zusammengeschlossen. Den Industrieländern wurde über Nacht ihre Rohstoffabhängigkeit deutlich. Die Dritte Welt erkannte, wie sie durch solidarisches Handeln ein Gegengewicht zu den etablierten Industrienationen aufstellen konnte. Von dem langen Forderungskatalog der Entwicklungsländer, der von einer neuen Weltwirtschaftsordnung über ein integriertes Rohstoffprogramm, eine neue Weltwährungsordnung, eine Neuregelung der Meeresnutzung bis zu einer neuen Weltinformationsordnung reichte, ist so gut wie keines erreicht worden.

Rohstoffe

Die Industriestaaten des Nordens *(z. B. die USA und Russland)* besitzen selbst eine große Menge an Rohstoffen. Bei vielen wichtigen Rohstoffen jedoch sind die Entwicklungsländer die „Reichen" und die Industriestaaten von ihnen abhängig. Dieser Reichtum hat auch seine

Schattenseiten: Manche Entwicklungsländer sind von der Ausfuhr ihrer Produkte so abhängig geworden, dass sie in ernste wirtschaftliche Schwierigkeiten geraten, wenn die Preise für ihre Waren auf dem Weltmarkt plötzlich fallen oder die Nachfrage sinkt.

Die Gründe für den Rückfall der Entwicklungsländer in die alte Ohnmachtsposition liegen nicht nur in dem Mangel an Solidarität in den Entwicklungsländern, sondern auch in dem Verfall der Rohstoffpreise, der Ernährungs- und Schuldenkrise der Dritten Welt in den Achtzigerjahren und dem Protektionismus der Industrieländer.

Nach Schätzungen sterben jeden Tag 17 000 Kinder unter 10 Jahren an Mangelernährung und Krankheiten. Der Teufelskreis der Armut schließt sich immer wieder aufs Neue. Die bisherigen Formen der Entwicklungshilfe haben keine nachhaltige Verbesserung der Lebensverhältnisse herbeigeführt, sondern in vielen Ländern zu einem unbezwingbaren Schuldenberg geführt. Entgegen häufiger Annahmen wurde öffentliche Entwicklungshilfe in der Regel nicht als „Geschenk", sondern als verzinslicher Kredit gewährt. Dabei wurde der Kreditnehmer verpflichtet, mit dem Kredit im Gläubigerland Güter und Dienstleistungen zu erwerben. Somit blieb das Geld im Lande, wurde dort nachfragewirksam und trug zur Sicherung von Arbeitsplätzen bei. Die Tilgungs- und Zinsverpflichtungen der Empfängerländer stiegen aber in unermessliche Höhen.

Terms of Trade

Die Terms of Trade sind das Verhältnis zwischen Exportpreisindex und Importpreisindex. Sie zeigen aus Sicht der Entwicklungsländer an, wie sich die Preise importierter Fertigwaren und exportierter Rohstoffe entwickeln.

Beispiel: Die Deutsche Bundesbank berichtet, dass sich der Ausfuhrpreisindex von 100 auf 100,4 Punkte erhöht und sich der Einfuhrpreisindex von 100 auf 98,7 Punkte verringert hat.

$$\text{Terms of Trade:} \quad \frac{100,4}{98,7} \cdot 100 = 101,722$$

Unsere Handelspartner müssen ca. 1,7% mehr Waren ausführen, um die gleiche Gütermenge wie im Vorjahr einführen zu können.
Für einen ecuadorianischen Bananenanbaubetrieb bedeutet das: Um in Deutschland einen kleinen Traktor im Wert von 50 000,00 € zu kaufen, mussten im Vorjahr 100 000 kg Bananen exportiert werden. Durch die Preiserhöhung bei Traktoren um 0,4% und den gleichzeitigen Preisrückgang bei Bananen um 1,3% mussten in diesem Jahr 1 722 kg Bananen mehr als zuvor exportiert werden, um einen Traktor zu erwerben.

Erst seit der großen Schuldenkrise in den Achtzigerjahren haben die Industrieländer erkannt, dass viele ihrer Außenstände uneinbringlich sind. Seitdem laufen verschiedene Umschuldungs- und Schuldenerlassprogramme, an denen sich auch Deutschland beteiligt.

*Beispiel: Auf Initiative Deutschlands wurde 1999 auf dem Weltwirtschaftsgipfel in Köln die „**Kölner Schuldeninitiative**" zugunsten der ärmsten Länder verabschiedet. Sie sieht eine weitgehende und schnelle Entschuldung ärmster Länder vor, wenn sie eine auf Wachstum und tragfähige Entwicklung ausgerichtete Politik verfolgen und sich der Beachtung der Menschenrechte verpflichtet fühlen.*

7 Konjunktur

Eine völlig gleichmäßige wirtschaftliche Entwicklung ist unter den Bedingungen der Marktwirtschaft nicht zu erreichen. Veränderte Wünsche der Konsumenten, technische Neuerungen, Kostensteigerungen, die außenwirtschaftliche Lage, aber auch die Zukunftserwartungen und das politische Klima beeinflussen die wirtschaftliche Aktivität innerhalb der Volkswirtschaft und lassen Auf- und Abwärtsbewegungen im Wirtschaftsablauf entstehen.

Unter Konjunktur versteht man die sich wiederholenden Schwankungen der wirtschaftlichen Aktivität einer Volkswirtschaft und die dadurch hervorgerufenen Veränderungen der Beschäftigungslage, der Preisniveauentwicklung und des Wirtschaftswachstums.

7.1 Konjunkturindikatoren

Um zu beurteilen, in welcher konjunkturellen Phase sich eine Volkswirtschaft befindet, bedient man sich bestimmter Messzahlen, der **Konjunkturindikatoren**. Sie sind Grundlage für die Einleitung konjunkturpolitischer Steuerungsmaßnahmen durch die Bundesregierung und die Zentralbank.

- *Frühindikatoren zeigen die zukünftige Wirtschaftsentwicklung.*
- *Präsensindikatoren zeigen die aktuelle Konjunkturphase.*
- *Spätindikatoren beschreiben zeitverzögert die Konjunkturentwicklung.*

7.1.1 Frühindikatoren

Konjunkturforscher versuchen seit Langem, Messgrößen zu finden, mit denen der Konjunkturverlauf zuverlässig prognostiziert werden kann. Diese Frühindikatoren lassen sich in faktenbasierte und erwartungsbasierte (psychologische) Größen einteilen.

- **Auftragseingänge im verarbeitenden Gewerbe**
  Zu den wichtigsten Frühindikatoren gehören die Indizes der Auftragseingänge. Diese wertmäßige Erfassung eingegangener und akzeptierter Bestellungen bei Industrieunternehmen mit mehr als 20 Beschäftigten wird vom Statistischen Bundesamt monatlich veröffentlicht. Neben einem Gesamtindikator werden Indizes für einzelne Wirtschaftszweige sowie für den Außenhandel erstellt.

Auftragseingang in der Industrie

Zeit	Industrie (2015 = 100)	Veränderung gegen Vorjahr in %	davon: Vorleistungsgüter-produzenten (2015 = 100)	Veränderung gegen Vorjahr in %	Investitionsgüter-produzenten (2015 = 100)	Veränderung gegen Vorjahr in %	Konsumgüter-produzenten (2015 = 100)	Veränderung gegen Vorjahr in %	davon: Gebrauchsgüter-produzenten (2015 = 100)	Veränderung gegen Vorjahr in %	Verbrauchsgüter-produzenten (2015 = 100)	Veränderung gegen Vorjahr in %
	insgesamt											
2016	100,7	+ 0,9	98,9	– 0,9	101,9	+ 2,1	100,6	+ 0,8	105,3	+ 5,6	99,0	+ 0,8
2017	108,6	+ 7,8	109,4	+ 10,6	108,5	+ 6,5	105,7	+ 5,1	116,5	+ 10,6	102,2	+ 3,2
2018	110,5	+ 1,7	111,5	+ 1,9	109,9	+ 1,3	110,0	+ 4,1	118,9	+ 2,1	107,1	+ 4,8
2019	104,9	– 5,1	103,5	– 7,2	105,4	– 4,1	107,0	– 2,7	123,3	+ 3,7	101,7	+ 5,0

Quelle: Deutsche Bundesbank: Monatsbericht Januar 2021, 73. Jahrgang Nr. 1, Frankfurt am Main, 15.01.2021, Statistischer Teil S. 68*

- Baugenehmigungen

- Nachfrage nach Zeitarbeit

- ifo-Geschäftsklimaindex
  Monatlich werden vom ifo Institut ca. 7000 Unternehmen zur gegenwärtigen Geschäftslage und ihren Zukunftserwartungen befragt.

- Einkaufsmanagerindex
  Für diesen ursprünglich aus Amerika bekannten Indikator werden monatlich ca. 500 Einkäufer und Geschäftsführer aus repräsentativ ausgewählten Unternehmen des verarbeitenden Gewerbes befragt.

ifo Geschäftsklima Deutschland[a]
Saisonbereinigt

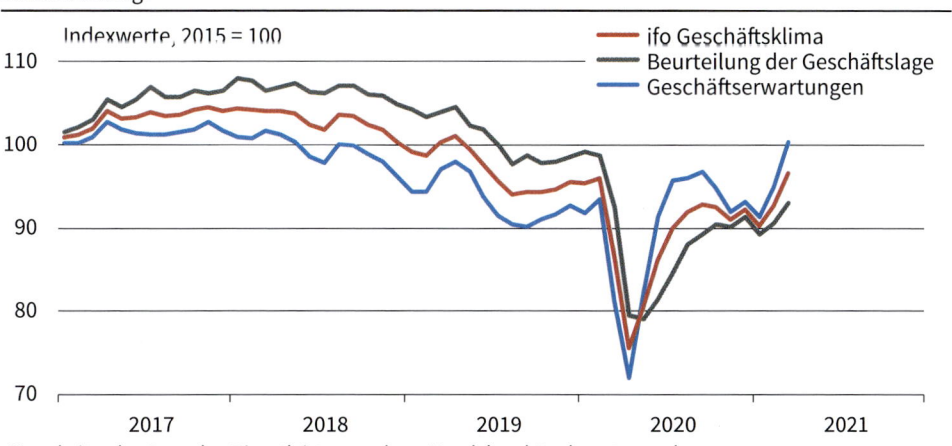

[a] Verarbeitendes Gewerbe, Dienstleistungssektor, Handel und Bauhauptgewerbe.
Quelle: ifo Konjunkturumfragen, März 2021.   © ifo Institut

Ob im Einzelfall eine Messgröße als Frühindikator eingeordnet wird, hängt im Wesentlichen davon ab, welche Faktoren als maßgeblich für die gesamtwirtschaftliche Entwicklung betrachtet werden. Die Prognosequalität der Frühindikatoren ist nicht unumstritten, da der

Wirtschaftsprozess keinen mechanistischen Gesetzen folgt und Ursache-Wirkungsketten nicht berechenbar sind.

7.1.2   Präsensindikatoren

Die Präsensindikatoren informieren zeitnah über das gesamtwirtschaftliche Angebot und die gesamtwirtschaftliche Nachfrage.

Präsensindikatoren sind:

- reales BIP,
- Industrieproduktion,
- Kapazitätsauslastungsgrad.
- Im- und Export,
- Einzelhandelsumsätze,

7.1.3   Spätindikatoren

Spätindikatoren sind:

- **Preise**
  Für das Nachhinken der Preise sind die time lags auf den verschiedenen Produktions- und Handelsstufen verantwortlich. Vom Anstieg der industriellen Erzeugerpreise bis zu einem Anstieg des Preisindexes für die privaten Lebenshaltungskosten ist mit einer Verzögerung von eineinhalb bis zu zwei Jahren zu rechnen.

- **Löhne**
  Tariflaufzeiten lassen die Löhne erst mit einer Anpassungsdauer von einem halben bis einem Jahr reagieren.

- **Arbeitslosigkeit**
  Durch die Kündigungsschutzregelungen kommt es auch bei der Beschäftigung zu zeitverzögerten Reaktionen.

Die verzögert wirkenden Indikatoren dienen hauptsächlich der Kontrolle des Mitteleinsatzes, wobei Preisniveauentwicklung und Beschäftigungsgrad zugleich Ziele der Konjunkturpolitik beschreiben.

Veränderung der Konjunkturindikatoren	
konjunktureller Aufschwung	**konjunktureller Abschwung**
– Anstieg der Wachstumsrate des Bruttoinlandsprodukts – Anstieg des Preisniveaus – steigende Kapazitätsauslastung – vermehrte Investitionen – steigende Steuereinnahmen des Staates – steigende Löhne	– Rückgang der Wachstumsrate des Bruttoinlandsprodukts – stabiles Preisniveau – sinkende Kapazitätsauslastung – verringerte Investitionen – sinkende Steuereinnahmen des Staates – konstante bzw. nur schwach steigende Löhne

7.2 Darstellungsmöglichkeiten konjunktureller Schwankungen

In den Medien hat sich eine eindimensionale Darstellung des Konjunkturverlaufs durchgesetzt. Unter Außerachtlassung der übrigen Konjunkturindikatoren wird der Konjunkturverlauf auf die prozentualen Wachstumsraten des realen BIP gegenüber dem Vorjahr reduziert.

Von den Konjunkturschwankungen sind zu unterscheiden:

- **Saisonale Schwankungen**
Saisonale Schwankungen sind jahreszeitlich bedingte Schwankungen der wirtschaftlichen Aktivität. Sie dauern wenige Wochen oder Monate und wirken sich oft nur auf einzelne Wirtschaftszweige aus.

Beispiele:
- *Der Einzelhandel erzielt im Dezember traditionsgemäß überdurchschnittlich hohe Umsätze.*
- *Im Sommer geht die Produktion durch die Werksferien in der Automobilindustrie zurück.*

- **Trend**
Der Trend ist eine langfristige Darstellung des Wirtschaftsverlaufs. Durch Glättung der Konjunkturschwankungen zeigt der Trend die Entwicklung einer Volkswirtschaft über mehrere Konjunkturzyklen. Dabei ist zu beachten, dass die Gründe für die Trendentwicklung von den spezifischen Konjunkturursachen abweichen. Sie liegen in wegweisenden Erfindungen, technologischen Umwälzungen sowie in gravierenden Veränderungen der politischen und wirtschaftlichen Ordnung.

7.3 Der Konjunkturzyklus und seine Merkmale

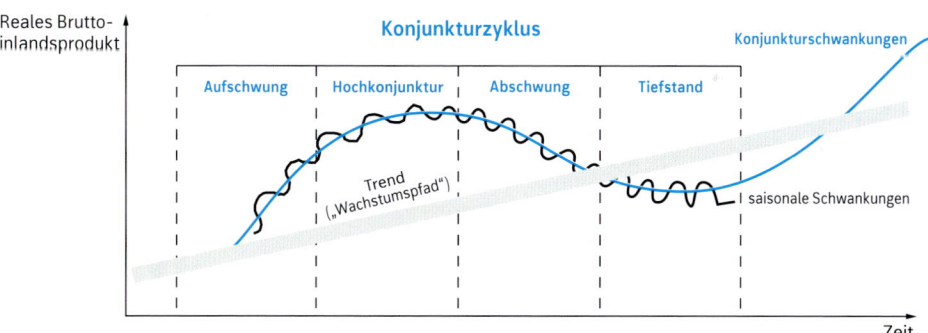

Der idealtypische Konjunkturzyklus verläuft über die Phasen
- **Aufschwung** (Prosperität)
- **Hochkonjunktur** (Boom)
- **Abschwung** (Rezession)
- **Talsohle** (Tiefstand, Depression)

Über die zeitliche Dauer eines Konjunkturzyklus lassen sich keine präzisen Aussagen treffen. Dies zeigen die Konjunkturzyklen der letzten 60 Jahre.
Bei einer Beschreibung der einzelnen Konjunkturphasen muss sehr vorsichtig verfahren werden, da die Phasen mit fließenden Übergängen versehen sind und innerhalb einer Phase durchaus widersprüchliche Daten erkennbar werden können.

- **Aufschwung (Expansion)**
Eine abwartend positive Grundhaltung setzt sich durch, die gesamtwirtschaftliche Produktion wird ausgeweitet. Bei langsam zunehmender Auslastung des Produktionspoten-

zials steigen die Gewinne überdurchschnittlich, zunächst ohne Preiserhöhungen. Positive Zukunftserwartungen stärken die Nachfrage nach Investitionsgütern und Konsumgütern. Die personellen Kapazitäten werden durch Überstunden, Urlaubssperren und Zeitarbeit weiter ausgelastet. Die Finanzierungskosten für die Erweiterungsinvestitionen belasten die Unternehmen. Bei Auslaufen von Tarifverträgen drängen die Gewerkschaften auf Lohnerhöhungen, um die Beschäftigten an den steigenden Unternehmensgewinnen teilhaben zu lassen. Es kommt insgesamt zu Einkommenssteigerungen. Die Unternehmen versuchen, ihre Gewinne zu stabilisieren und die gestiegenen Kosten über die Preise abzuwälzen. Wenn es sich nicht umgehen lässt, werden neue Arbeitskräfte eingestellt. Falls der Staat nicht regulierend eingreift, kommt es gegen Ende der Aufschwungphase zu einer weiteren Steigerung der Nachfrage.

- **Hochkonjunktur (Boom)**
  Es kommt zu einer Überhitzung an den Märkten und zur Überbeschäftigung. Weil das Produktionspotenzial ausgelastet ist, trifft Nachfrage auf ein unelastisches Angebot und ruft weitere Preissteigerungen hervor. Hohe Lohnforderungen werden mitden zurückliegenden Preissteigerungen und den gestiegenen Unternehmensgewinnen begründet. Die Lohnabschlüsse reichen jedoch nicht aus, um den Kaufkraftverlust auszugleichen. Die Beschäftigung in der Investitionsgüterindustrie geht zurück und führt zu stagnierenden oder sogar – bei Abbau von Überstunden – rückläufigen Einkommen. Die Konsumgüternachfrage ist zunächst noch ungebrochen, aber vonseiten der Unternehmer bestimmt allgemeine Skepsis das Bild. Die Zuwachsraten des BIP schrumpfen.

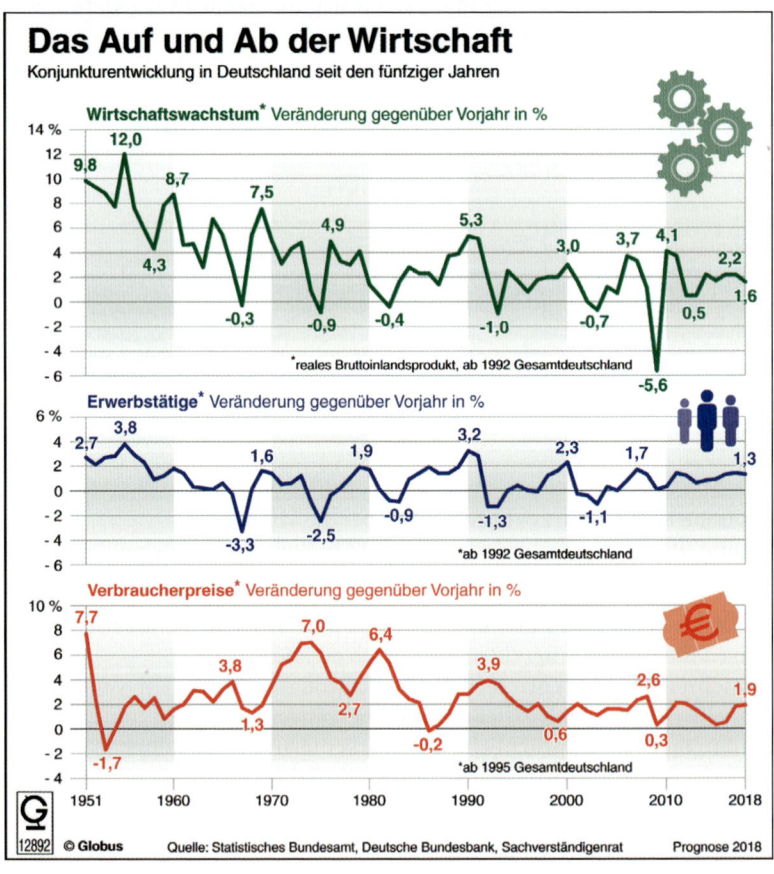

Das Auf und Ab der Wirtschaft
Konjunkturentwicklung in Deutschland seit den fünfziger Jahren

Wirtschaftswachstum* Veränderung gegenüber Vorjahr in %
9,8 · 12,0 · 8,7 · 4,3 · 7,5 · -0,3 · -0,9 · 4,9 · -0,4 · 5,3 · -1,0 · 3,0 · -0,7 · 3,7 · 4,1 · -5,6 · 0,5 · 2,2 · 1,6
*reales Bruttoinlandsprodukt, ab 1992 Gesamtdeutschland

Erwerbstätige* Veränderung gegenüber Vorjahr in %
2,7 · 3,8 · 1,6 · -3,3 · 1,9 · -2,5 · -0,9 · 3,2 · -1,3 · 2,3 · -1,1 · 1,7 · 1,3
*ab 1992 Gesamtdeutschland

Verbraucherpreise* Veränderung gegenüber Vorjahr in %
7,7 · -1,7 · 3,8 · 1,3 · 7,0 · 2,7 · 6,4 · -0,2 · 3,9 · 0,6 · 2,6 · 0,3 · 1,9
*ab 1995 Gesamtdeutschland

1951 · 1960 · 1970 · 1980 · 1990 · 2000 · 2010 · 2018

12892   © Globus   Quelle: Statistisches Bundesamt, Deutsche Bundesbank, Sachverständigenrat   Prognose 2018

■ **Abschwung (Rezession)**

Lagerbestände werden abgebaut. Die auf den Beschäftigungsrückgang in der Investitionsgüterindustrie folgenden Einkommensrückgänge machen sich in der Nachfrage nach Konsumgütern bemerkbar. Eine rückläufige Kapazitätsauslastung zwingt die Unternehmen zur
Kostensenkung. Da die Löhne nach unten starr sind, können die Personalkosten nur durch
Aufbau von Arbeitszeitguthaben, Kurzarbeit oder Entlassungen gesenkt werden. Die Arbeitslosenquote steigt. Schrumpfende Gewinne, Absatzprobleme, niedrige Lohnzuwächse
und Preisdisziplin sind weitere Kennzeichen eines veränderten Nachfrageverhaltens. Die
Stimmung der Wirtschaftssubjekte kippt.

In der Öffentlichkeit wird Rezession häufig rein technisch als Schrumpfen des BIP in zwei
aufeinanderfolgenden Quartalen definiert. Danach wäre Land A mit den aufeinanderfolgenden Wachstumsraten plus 2,0 %, minus 0,1 %, minus 0,1 % in der Rezession, aber nicht das
Land B mit den Wachstumsraten minus 1,2 %, plus 0,1 %, minus 1,2 %. Dass es dem Land B
wirtschaftlich wesentlich schlechter als dem Land A geht, ist jedoch offensichtlich.
Die breitere Definition erklärt daher Rezession als Abweichung der Produktion vom gesamtwirtschaftlichen Produktionspotenzial und Aktivitätsverlust in der Entwicklung der Industrieproduktion, der Umsätze in der verarbeitenden Industrie und im Handel, in der Beschäftigung und
der verfügbaren Einkommen über eine Reihe von Monaten.

■ **Talsohle (Depression)**

Bei nachlassender Nachfrage, rückläufigem Kapazitätsauslastungsgrad und hohen Lager-
vorräten geraten Löhne und Preise unter Druck. Die Unterauslastung des Produktionspo-
tenzials verstärkt sich und das BIP schrumpft. Hohe Arbeitslosigkeit, sinkende Absatz-
und Gewinnerwartungen und rückläufige Investitionstätigkeit führen zu
einer Abwärtsspirale, die von zahlreichen Unternehmenszusammenbrüchen begleitet
wird. Die allgemeine Grundstimmung ist sehr pessimistisch, aber viele Unternehmen rüs-
ten sich schon für die Zukunft. Sie nehmen umfangreiche Restrukturierungen vor, denn
sie wissen, dass auf die Talsohle der Aufschwung folgt.

Obwohl der psychologische Faktor nur als einer unter vielen Ursachen von Konjunkturschwankungen angesehen werden kann, hat sich nicht nur in der Weltwirtschaftskrise von
1929 gezeigt, dass Panikstimmungen, Haussefieber usw. sich lawinenartig fortsetzen und die
Konjunkturbewegungen verstärken können.

Bestimmungsfaktoren der konjunkturellen Entwicklung

```
┌──────────────┐   ┌──────────────┐
│ verfügbares  │   │ Gewinne der  │
│ Einkommen der│   │ Unternehmen  │
│ privaten     │   │              │
│ Haushalte    │   │              │
└──────┬───────┘   └──────┬───────┘
       ↓                  ↓
┌──────────────┐ ┌──────────────┐ ┌──────────────┐ ┌──────────────┐
│ private      │ │ Investitions-│ │ Staats-      │ │ Auslands-    │
│ Konsum-      │ │ güter-       │ │ nachfrage    │ │ nachfrage    │
│ güternachfrage│ │ nachfrage   │ │              │ │              │
└──────────────┘ └──────────────┘ └──────────────┘ └──────────────┘
```

Gesamtwirtschaftliche Nachfrage

Beschäftigungsgrad
Preisniveau
Wachstumsrate des Bruttoinlandsprodukts

Gesamtwirtschaftliches Angebot

Angebotsmenge   **Angebotspreise**

| Ausstattung der Volkswirtschaft mit Produktionsfaktoren | Produktions-kosten | Gewinnspanne der Unternehmen |

Arbeitspotenzial   **Produktions-anlagen**   **Lohnkosten**   **Kapitalkosten**

Steuerbelastung der Unternehmen

7.4   Konjunkturdiagnose und Konjunkturprognose

Die Regierung ist daran interessiert, die binnenwirtschaftlichen Schwankungen auszuschließen und den Aufschwung zu verstetigen. Um eine an langfristigen Zielen orientierte Wirtschaftspolitik durchzusetzen, werden exakte Informationen benötigt, die kurz- und mittelfristige Entwicklungsvorhersagen zulassen.

In Deutschland befassen sich neben der Deutschen Bundesbank, dem Bundeswirtschaftsministerium und dem Bundesfinanzministerium die Wirtschaftsforschungsinstitute und der Sachverständigenrat mit der Konjunkturdiagnose und -prognose.

Konjunkturdiagnose
Die Konjunkturdiagnose ist eine Darstellung der aktuellen gesamtwirtschaftlichen Situation. Sie dient vor allem der Kontrolle, inwieweit gesteckte Ziele erreicht worden sind.

Konjunkturprognose
Die Konjunkturprognose versucht eine Vorhersage konjunktureller Entwicklungen. Die Prognoseergebnisse dienen den wirtschaftspolitischen Entscheidungsinstanzen bei der Planung und Einleitung geeigneter Steuerungsmaßnahmen.

Halbjährlich im Frühjahr und im Herbst lässt das Bundeswirtschaftsministerium von führenden Wirtschaftsforschungsinstituten eine sogenannte Gemeinschaftsdiagnose über die wirtschaftliche Lage in Deutschland, im Eurogebiet und in der Welt erstellen und eine Konjunkturprognose für die nähere Zukunft abgeben. Die Vergabe des Gemeinschaftsgutachtens erfolgt über einen mehrjährigen Zeitraum auf dem Wege der europaweiten Ausschreibung.

Die Institute sind unabhängig. Sie finanzieren sich über öffentliche Gelder, Honorare aus Forschungsaufträgen sowie Erlöse aus eigenen Publikationen.

ifo Institut für Wirtschaftsforschung (1949) **mit der Konjunkturforschungsstelle an der ETH Zürich**	ifo	München
Rheinisch-Westfälisches Institut für Wirtschaftsforschung (1926) **mit dem Institut für Höhere Studien (Wien)**	RWI	Essen
Deutsches Institut für Wirtschaftsforschung (1928) **mit dem Österreichischen Institut für Wirtschaftsforschung (Wien)**	DIW	Berlin
Leibnitz-Institut für Wirtschaftsforschung Halle (1992)	IWH	Halle
Institut für Weltwirtschaft an der Universität Kiel (1914)	IfW	Kiel

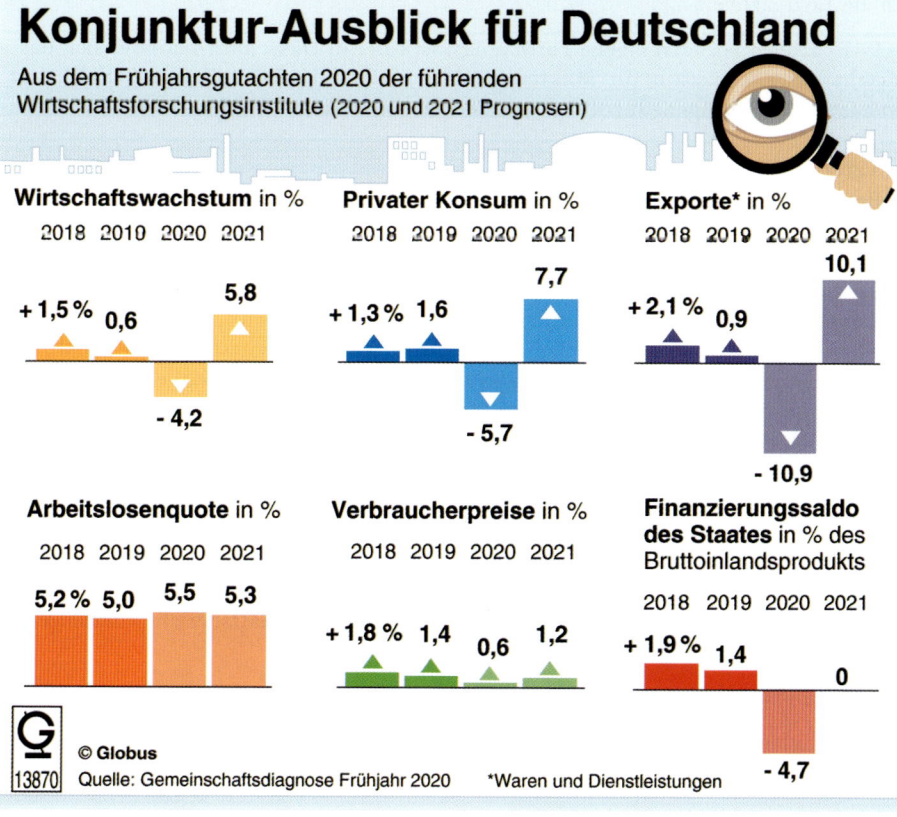

Konjunktur-Ausblick für Deutschland

Aus dem Frühjahrsgutachten 2020 der führenden
Wirtschaftsforschungsinstitute (2020 und 2021 Prognosen)

Wirtschaftswachstum in %
2018 2010 2020 2021
+ 1,5 %   0,6
5,8
– 4,2

Privater Konsum in %
2018 2019 2020 2021
+ 1,3 %   1,6
7,7
– 5,7

Exporte* in %
2018 2019 2020 2021
+ 2,1 %   0,9
10,1
– 10,9

Arbeitslosenquote in %
2018 2019 2020 2021
5,2 %   5,0   5,5   5,3

Verbraucherpreise in %
2018 2019 2020 2021
+ 1,8 %   1,4   0,6   1,2

Finanzierungssaldo
des Staates in % des
Bruttoinlandsprodukts
2018 2019 2020 2021
+ 1,9 %   1,4   0
– 4,7

© Globus
13870   Quelle: Gemeinschaftsdiagnose Frühjahr 2020   *Waren und Dienstleistungen

Für ihre Vorausschätzungen greifen die Institute auf die amtliche Statistik zurück und führen eigene Befragungen durch.

Beispiele:
- *Das ifo Institut befragt regelmäßig über 10 000 Unternehmen und gewinnt damit detaillierte Informationen über Aktivitäten und Ziele der beteiligten Unternehmen.*
- *Der ifo Konjunkturtest, der in fast 500 Produktgruppen bzw. Märkte aufgeteilt ist, gibt Aufschluss über die konjunkturelle Lage und über die kurzfristige Planung in Industrie, Bauwirtschaft, Groß- und Einzelhandel. Obwohl das Ausfüllen der Fragebögen für die Unternehmen oft sehr zeitraubend ist, nehmen sie doch teil, weil ihnen bereits drei Wochen nach Ende des Berichtsmonats die Ergebnisse zur Verfügung stehen. Der vielbeachtete Geschäftsklima-Index ist ein Nebenprodukt der Umfrageergebnisse.*

Andere Befragungen erfassen
- geplante und realisierte Investitionen,
- Motive für Investitionen,
- Einführung neuer Produkte,
- Einsatz neuer Produktionstechniken,
- Planungen in Bezug auf Umsatz, Produktion, Beschäftigtenzahlen,
- geplante und abgebrochene Innovationen,
- Bauplanungsvolumina bei Architekten,
- die Meinungen von leitenden Persönlichkeiten der Wirtschaft zu aktuellen unternehmens- und wirtschaftspolitischen Themen.

Die Wirtschaftsforschungsinstitute schonen in ihren Gutachten weder die Bundesregierung noch die Tarifparteien.

Die Tarifparteien besitzen eigene Forschungsinstitute. In Düsseldorf befindet sich das gewerkschaftseigene Institut für Makroökonomie und Konjunkturforschung (IMK) und in Köln das arbeitgebereigene Institut der deutschen Wirtschaft (IW).

Sachverständigenrat
Auf Betreiben des damaligen Bundeswirtschaftsministers Ludwig Erhard wurde 1963 das *„Gesetz über die Bildung eines Sachverständigenrates zur Begutachtung der gesamtwirtschaftlichen Entwicklung"* verabschiedet.
Der Sachverständigenrat soll in seinen Gutachten die jeweilige gesamtwirtschaftliche Lage und deren Entwicklung darstellen. Er besteht aus fünf Mitgliedern („Fünf Weisen"), die über besondere wirtschaftswissenschaftliche Kenntnisse und volkswirtschaftliche Erfahrungen sowie über ein hohes Maß an Unabhängigkeit verfügen müssen. Die Mitglieder werden durch den Bundespräsidenten auf Vorschlag der Bundesregierung berufen. In der Regel handelt es sich um Hochschullehrer. Einige von ihnen sind oder waren gleichzeitig auch an den sechs führenden Wirtschaftsforschungsinstituten tätig.
Das Jahresgutachten ist bis zum 15. November zu veröffentlichen. Im Gegensatz zu den Gutachten der Wirtschaftsforschungsinstitute ist die Bundesregierung bei den Gutachten des Sachverständigenrates zu einer Stellungnahme verpflichtet. Das „Gesetz zur Förderung der Stabilität und des Wachstums der Wirtschaft" schreibt vor, dass die Bundesregierung im Januar eines jeden Jahres dem Bundestag einen Jahreswirtschaftsbericht vorzulegen hat. Dieser Bericht enthält

- die Stellungnahme zu dem Jahresgutachten des Sachverständigenrates,

- die für das laufende Jahr angestrebten wirtschafts- und finanzpolitischen Ziele (Jahresprojektion),

- eine Darlegung der für das laufende Jahr geplanten Wirtschafts- und Finanzpolitik.

Die Gutachten der Wirtschaftsforschungsinstitute und der „Fünf Weisen" liefern Diagnose- und Prognosewerte. In den allermeisten Fällen weichen die Prognosewerte erheblich von der tatsächlichen Entwicklung ab. Das beruht zum Teil darauf, dass

- die Prognosen bei den Wirtschaftssubjekten aufgrund des Selffulfilling-Prophecy-Phänomens sich selbst verstärkende Effekte hervorrufen,

  Beispiel:

  Wenn die Prognose einen Rückgang der Investitionstätigkeit vorhersagt, können potenzielle Investoren darauf reagieren und fest eingeplante Investitionen zurückstellen.

- bestimmte wirtschaftspolitische Entscheidungen und Gesetzesänderungen nicht vorhersehbar waren,

  Beispiel:

  Erhöhung der Mineralölsteuer zur Stabilisierung der Rentenbeiträge

- Naturkatastrophen und internationale Notlagen massiv auf die Entscheidungen der Wirtschaftssubjekte einwirken,

  Beispiel:

  Corona-Pandemie

- bestimmte außenwirtschaftliche Einflüsse nicht erwartet worden sind.

  Beispiel:

  Ein wichtiger Handelspartner ändert abrupt seine bisher auf Gegenseitigkeit angelegte Außenhandelspolitik.

Die verantwortliche Rolle des Staates innerhalb der sozialen Marktwirtschaft hat zur Folge, dass die wirtschaftliche Entwicklung neben den Selbststeuerungskräften des Marktes abhängig und beeinflusst ist von den Zielen und Maßnahmen der staatlichen Wirtschaftspolitik.

8.1 Wirtschaftskreislauf

Gewirtschaftet wird überall dort, wo planvolle Entscheidungen zur Beschaffung und Verwendung knapper Güter getroffen werden. Es lassen sich vier Wirtschaftssektoren unterscheiden:

- die **privaten Haushalte** als Stätten des Konsums,
- die **Unternehmungen** als Stätten der Produktion,
- die **Einrichtungen des Staates** *(öffentliche Haushalte)*,
- **Gebietskörperschaften** *(Bund, Länder, Gemeinden)*,
- **Sozialversicherungsträger** *(z. B. Rentenversicherung, Krankenkassen)*,
- das **Ausland** mit seinen Wirtschaftsbeziehungen zum Inland.

Private Haushalte, Unternehmungen und staatliche Einrichtungen sind die Träger selbstständiger wirtschaftlicher Entscheidungen. Sie werden daher auch als **Wirtschaftssubjekte** bezeichnet.

Beispiele:
- *Ein Paar trifft die Entscheidung, ein neues Auto zu kaufen.*
- *Ein Unternehmen fasst den Beschluss, eine neue Fabrikhalle zu errichten.*
- *Eine Stadt beschließt den Bau neuer Radwege.*

*Die **Wirtschaftssubjekte** eines Landes bilden in ihrer **Gesamtheit** und mit ihren Beziehungen zueinander eine **Volkswirtschaft**.*

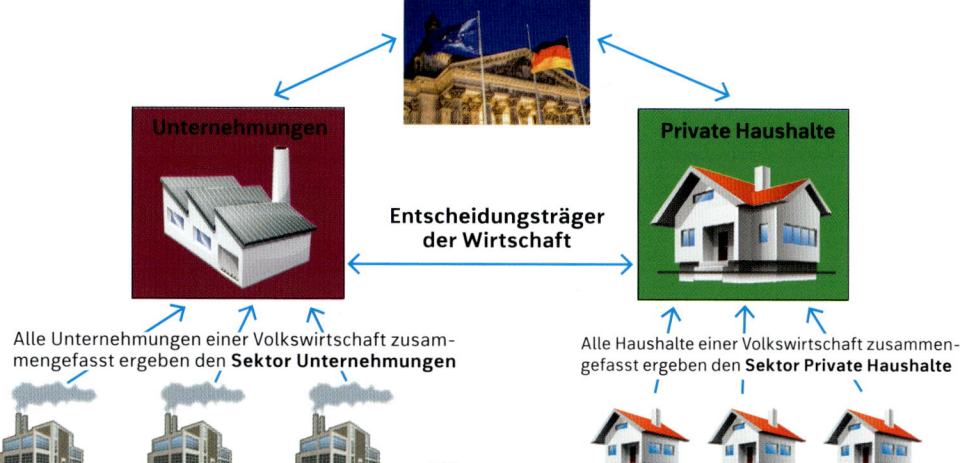

Ziel der europäischen Integration ist eine länderübergreifenden Volkswirtschaft, in der
- für die Wirtschaftssubjekte weitgehend gleiche gesetzliche Rahmenbedingungen existieren,
- ein ungehinderter Austausch von Waren, Dienstleistungen, Geld und Kapital erfolgen kann,
- eine gemeinsame Währung installiert ist,
- die Wirtschaftspolitik aufeinander abgestimmt ist.

8.1.1 Einfacher Wirtschaftskreislauf

Das wirtschaftliche Geschehen innerhalb der Bundesrepublik Deutschland bietet mit seinen über 83 Millionen Einwohnern, über 42 Millionen Haushalten und ca. 3,6 Millionen Unternehmen das Bild einer kaum überschaubaren, verwirrenden Vielfalt.

Um die komplizierten Vorgänge innerhalb der Volkswirtschaft überblicken und das reibungslose Funktionieren des Wirtschaftsablaufs verstehen zu können, bedient man sich einer vereinfachten Darstellung, eines **Modells**. In diesem Modell sind alle gleichartigen Wirtschaftssubjekte zu jeweils einer Gruppe zusammengefasst. Es werden im Folgenden zunächst die Verbindungen zwischen der Gruppe der Unternehmungen und der privaten Haushalte betrachtet. Die Beziehungen, die zwischen den verschiedenen Unternehmungen bestehen, werden dabei vernachlässigt.

Güterkreislauf

In den heutigen Volkswirtschaften werden die zur Bedürfnisbefriedigung benötigten Güter nur in sehr geringem Umfang innerhalb des eigenen Haushalts produziert.

Beispiel: Mit Do-it-yourself-Arbeiten, wie Anstreichen der Wohnung oder Kartoffelanbau im eigenen Garten usw., kann die Güterversorgung eines Haushaltes nur zu einem geringen Teil geregelt werden.

Das war nicht immer so: In der frühesten und einfachsten Wirtschaftsform, der geschlossenen Hauswirtschaft, wurde nahezu alles, was man zum Leben brauchte, durch die Familienangehörigen selbst hergestellt, angefangen von den Nahrungsmitteln bis zur Bekleidung und Unterkunft.

Inzwischen hat sich eine weitgehende Trennung zwischen dem **Konsum in den privaten Haushalten** und der **Produktion in den Unternehmungen** vollzogen. Die meisten Güter, die in den Haushalten ge- und verbraucht werden, werden in den Unternehmungen hergestellt und gelangen anschließend als Güterangebot auf den Markt.

Private Haushalte sind Lebensgemeinschaften mit gemeinsamer Wirtschaftsführung. Die durchschnittliche Haushaltsgröße beträgt in Deutschland ca. 1,97 Personen.

Die Unternehmungen und die privaten Haushalte stehen in einer ständigen Verbindung zueinander, denn Güterproduktion und -konsum sind Vorgänge, die sich laufend wiederholen.

Die Produktion der Güter in den Unternehmungen erfolgt durch **Kombination** (das Zusammenwirken) der **Produktionsfaktoren** Arbeit, Boden und Kapital[1]. Sie ist nur möglich, wenn die privaten Haushalte die hierzu notwendigen Produktionsfaktoren bereitstellen.

Im Produktivgüterstrom stellen die privaten Haushalte den Unternehmungen die Produktionsfaktoren zur Verfügung.

Beispiele:
- *Herr Schneider ist Angestellter in einem Großhandelsunternehmen. Er stellt wöchentlich 38 Stunden seine Arbeitskraft zur Verfügung.*
- *Herr Weintraut hat ein Grundstück geerbt, das er an ein Gartencenter langfristig verpachtet hat.*
- *Frau Albert ist vermögend. Aufgrund ihres Besitzes von 3500 VW-Aktien ist sie Miteigentümerin dieser Unternehmung.*

Die Produktion in den Unternehmungen ist in ihrer letzten Bestimmung auf den Konsum gerichtet. Die Unternehmungen stellen die Konsumgüter her, um diese anschließend an die Haushalte zu verkaufen.

Im Konsumgüterstrom fließen die von Unternehmungen produzierten Konsumgüter an die privaten Haushalte.

---

[1]   *Vgl. hierzu S. 239 ff.*

Der Produktivgüterstrom und der Konsumgüterstrom bilden zusammen den **Güterkreislauf**.

Der Güterkreislauf zwischen den Unternehmungen und den privaten Haushalten ist Grundmerkmal jeder arbeitsteiligen Volkswirtschaft. Es ist leicht zu erkennen, dass eine Unterbrechung des Produktivgüterstroms auch zu einer Unterbrechung des Konsumgüterstroms führen würde.

Beispiel: Die Haushalte verzichten darauf, den Unternehmungen ihre Arbeitskraft zur Verfügung zu stellen. Da in diesem Fall in den Unternehmungen nicht weiterproduziert werden könnte, müsste zwangsläufig auch der Konsumgüterstrom ausbleiben. Die Haushalte wären gezwungen, sich mit den Gütern, die sie zur Deckung ihres Bedarfs benötigen, selbst zu versorgen.

Geldkreislauf

Als Gegenleistung für die Bereitstellung der Produktionsfaktoren Arbeit, Boden und Kapital erzielen die Haushalte ein **Einkommen** in Form von Löhnen und Gehältern, Pachten, Mieten, Zinsen und Gewinnen.

> Im *Einkommensstrom* erhalten die privaten Haushalte in Form von Geldzahlungen das Entgelt für die Bereitstellung der Produktionsfaktoren.

Während die Zahlungen für Löhne und Gehälter, Zinsen und Pacht für die privaten Haushalte Einkommensquelle sind, bedeuten sie für die Unternehmungen Aufwendungen. Auch der Unternehmensgewinn ist Einkommensquelle: Er wird an die Eigentümer der Unternehmung ausgeschüttet und fließt damit deren Privathaushalt zu.

Beispiele:
- *Herr Schneider bezieht als Angestellter ein Monatsgehalt von 3 700,00 €.*
- *Herr Weintraut erzielt aufgrund der Verpachtung seines Grundstücks an ein Gartencenter eine jährliche Pachteinnahme von 28 000,00 €.*
- *Frau Albert erhält als Aktionärin von der Volkswagen AG eine jährliche Gewinnausschüttung. Für das zurückliegende Geschäftsjahr werden 4,65 € Dividende je Aktie ausgeschüttet.*

Die Haushalte verwenden die erzielten Einkommen zum Kauf der **Konsumgüter**.

> Im *Konsumausgabenstrom* leisten die privaten Haushalte Geldzahlungen an die Unternehmungen als Entgelt für die gekauften Konsumgüter.

Die Haushaltsausgaben für Konsumgüter sind daher aus der Sicht der Unternehmungen die Erlöse aus dem Verkauf ihrer Produkte.

Der **Geldkreislauf** setzt sich aus dem Einkommensstrom und dem Konsumausgabenstrom zusammen. Nicht zu Unrecht vergleicht man den Geldkreislauf mit dem Blutkreislauf eines Lebewesens. Das Geld ist der „Treibstoff", der den Wirtschaftsablauf in Gang hält: Einerseits sind die Geldeinkommen Anreiz für die Haushalte, den Unternehmungen die zur Gütererzeugung erforderlichen Produktionsfaktoren zur Verfügung zu stellen. Andererseits sind die Erlöse mit den darin enthaltenen Gewinnen der Antrieb für die Unternehmungen, die zur Deckung des Bedarfs notwendigen Güter herzustellen und zu verkaufen.

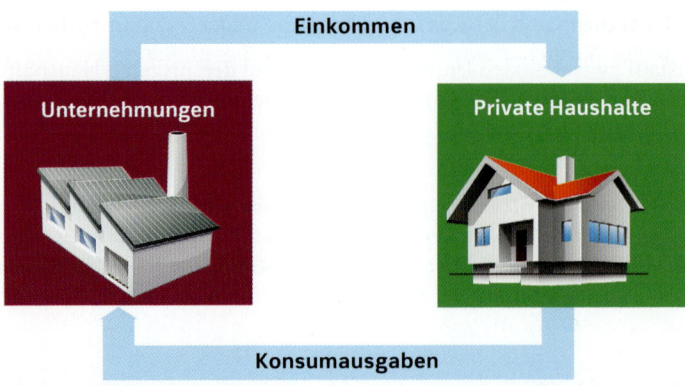

Geldkreislauf und Güterkreislauf bilden zusammen den Wirtschaftskreislauf, der den Wirtschaftsablauf innerhalb einer Volkswirtschaft in vereinfachter Form darstellt. Geldkreislauf und Güterkreislauf verlaufen in entgegengesetzter Richtung.

Dies ist einfach dadurch begründet, dass auf der einen Seite die Einkommen die Gegenleistung der Unternehmungen für die Bereitstellung der Produktionsfaktoren durch die Haushalte, und auf der anderen Seite die Konsumausgaben die Gegenleistung der Haushalte für die bezogenen Konsumgüter darstellen. Produktivgüterstrom und Einkommenstrom einerseits sowie Konsumgüterstrom und -ausgabenstrom andererseits stimmen folglich wertmäßig überein.

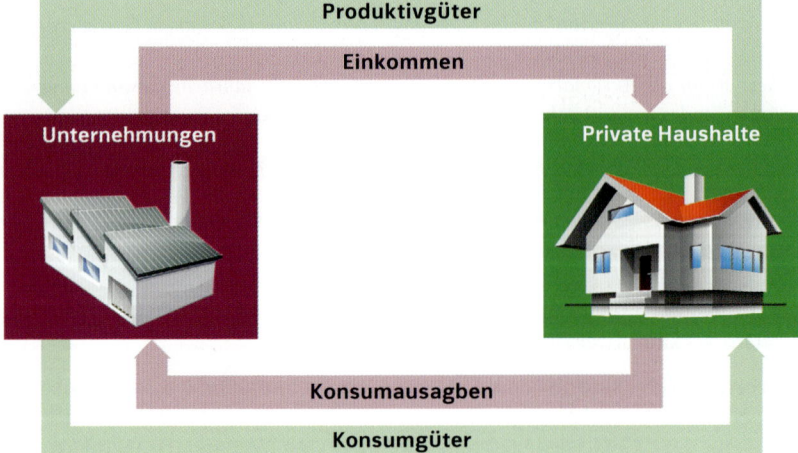

Da die Produktionsfaktoren in den Unternehmungen und die Konsumgüter in den Haushalten aufgebraucht werden, müssen sie immer wieder neu in den Güterkreislauf eingebracht werden.

Beispiele:
- *Die in den Unternehmungen benutzten Maschinen haben nur eine begrenzte Lebensdauer und müssen daher in bestimmten Zeitabständen ersetzt werden.*
- *Die Mitarbeiter der Unternehmungen müssen ihre Arbeitskraft jeden Tag neu zur Verfügung stellen.*

Das Geld führt dagegen einen dauernden Kreislauf aus. Eine bestimmte Geldmenge reicht folglich aus, um den Wirtschaftskreislauf dauerhaft aufrechtzuerhalten.

8.1.2 Erweiterter Wirtschaftskreislauf

Im Modell des einfachen Wirtschaftskreislaufs ist unterstellt worden, dass die privaten Haushalte ihr gesamtes Einkommen für den Kauf von Konsumgütern ausgeben. Auch die Rolle des Staates wird in diesem Modell nicht berücksichtigt. Beides ist wirklichkeitsfremd.

Einbeziehung der Kreditinstitute
Sparen

Die privaten Haushalte können frei entscheiden, ob sie ihr Einkommen konsumieren, also zum Kauf von Konsumgütern verwenden, oder ob sie einen Teil davon zurücklegen und sparen.

Sparen ist der Verzicht darauf, einen Teil des Einkommens zu verbrauchen.

Dieser Konsumverzicht ist oft nur vorübergehend: Zu einem späteren Zeitpunkt, wenn das Sparziel erreicht ist, dienen die angesammelten Sparbeträge einem konsumtiven Zweck.

Wer einen Teil seines Einkommens sparen will, wird diesen Betrag möglichst sicher und verzinslich anlegen wollen. Die Geldanlage erfolgt bei den **Kapitalsammelstellen**. Hierzu zählen in erster Linie die Kreditinstitute.

Bei den Kreditinstituten in Deutschland kommt den **Universalbanken** die größte Bedeutung zu.
Universalbanken wickeln Kredit-, Wertpapier, Einlagengeschäfte sowie Dienstleistungen im Rahmen des Zahlungsverkehrs „unter einem Dach" ab. Das Universalbankensystem besteht aus den folgenden Sektoren:
- Kreditbanken
- Sparkassen
- Genossenschaftsbanken

Die Entwicklung der Anzahl verschiedener Kreditinstitute in Deutschland von 2004 bis 2019

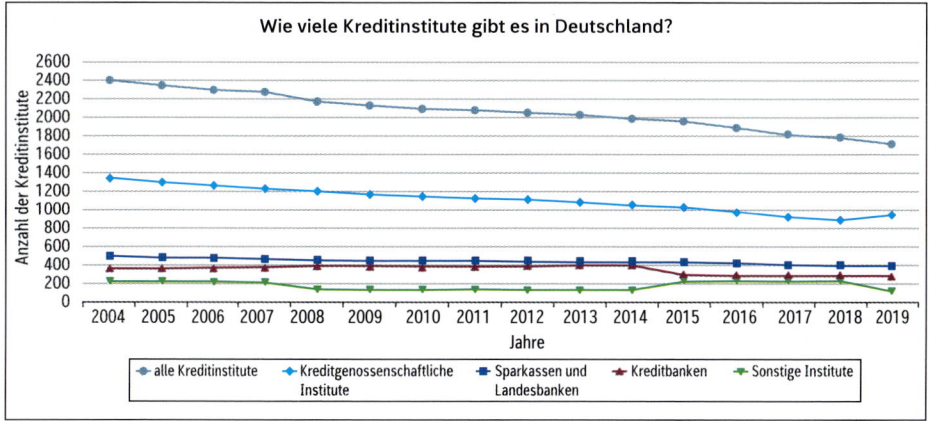

Stand: 10. April 2020
Quelle: Deutsche Bundesbank

Die Entwicklung der Anzahl verschiedener Bankfilialen in Deutschland von 2004 bis 2019

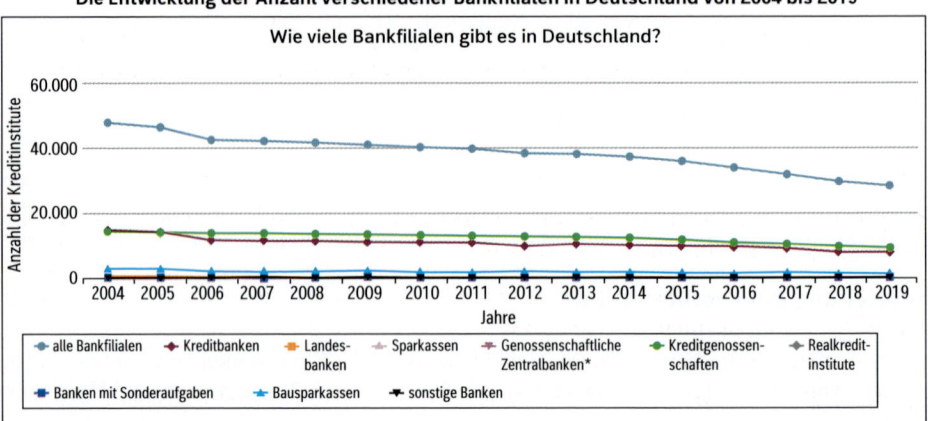

Stand: 10. April 2020
Quelle: Deutsche Bundesbank

Trotz ihres hohen Anteils an der Gesamtzahl der Kreditinstitute von knapp 50 % repräsentieren die Kreditgenossenschaften lediglich 11,8 % der Bilanzsumme des deutschen Finanzsektors. Andererseits vereinigen die Kreditbanken, die ca. 11 % der Kreditinstitute in Deutschland stellen, 41,2 % der gesamten Bilanzsumme auf sich. Bei diesen Verhältnissen werden die Unterschiede in der Geschäftsstruktur der Sektoren deutlich: Während Kreditgenossenschaften häufig als „kleine Banken vor Ort" tätig sind, agieren die Kreditbanken meist global und weisen dementsprechend stärkere Bezüge zum Investmentbanking auf.

Die **Kapitalsammelstellen** bieten ihren Kunden eine Vielzahl nach Betrag, Laufzeit, Rentabilität (Verzinsung) und Risiko unterschiedlicher Möglichkeiten der Geldanlage an.

Die **Sparquote** gibt an, wie viel Prozent des verfügbaren Einkommens in einer Volkswirtschaft durchschnittlich gespart wird.

$$\text{Sparquote} = \frac{\text{private Ersparnis} \cdot 100}{\text{verfügbares Einkommen}^1}$$

Beispiel:

Die verfügbaren Einkommen der privaten Haushalte in Deutschland betrugen 2020 2040,4 Mrd. €. Davon wurden 331,1 Mrd. € gespart. Somit ergab sich eine Sparquote für 2020 von $\frac{331,1}{2040,4} \cdot 100 = 16,2 \%$.

Dieser Wert war außergewöhnlich hoch, da die Haushalte aufgrund der mit der Corona-Pandemie verbundenen Beschränkungen des öffentlichen Lebens viele Konsumausgaben (z.B. Restaurant-, Kino-, Konzertbesuche) reduzieren mussten. 2019 lag die Sparquote noch bei 10,9 %.

Die **Konsumquote** gibt an, wie viel Prozent des verfügbaren Einkommens für Konsumzwecke ausgegeben wird. Sparquote und Konsumquote addieren sich daher immer zu 100 %.

Für den Fall, dass das laufende Einkommen zur Finanzierung der Ausgaben nicht ausreicht (z.B. bei größeren Anschaffungen), können die privaten Haushalte bei den Kreditinstituten Konsumkredite erlangen.

---

[1] *Vgl. hierzu S. 393*

Investieren

Die Kreditinstitute vermitteln die bei ihnen angelegten Geldbeträge an die Unternehmungen weiter. Diese Geldmittel geben den Unternehmungen die Möglichkeit, Investitionen vorzunehmen.

Investition ist die Mittelverwendung für Unternehmenszwecke.

Die Investitionsvorhaben können durch langfristige Kredite oder durch Bereitstellung von zusätzlichem Eigenkapital finanziert werden.

Vorübergehend nicht benötigte Geldmittel können auf der anderen Seite von den Unternehmungen bei Kreditinstituten angelegt werden.

Beispiel:
Für eine Erweiterungsinvestition werden von einem Unternehmen 30 000 000,00 € benötigt.
Der Kapitalbedarf soll durch einen Investitionskredit und durch die Ausgabe zusätzlicher Aktien gedeckt werden.
Die West-Bank AG gewährt den Investitionskredit.

Einkommens- und Kapazitätseffekt von Investitionen

Investitionen lassen sich in eine Phase der Durchführung und in eine Phase der Nutzung der Investition einteilen. Volkswirtschaftlich ergibt sich während der ersten Phase ein **Einkommenseffekt** und während der zweiten Phase ein **Kapazitätseffekt**.

Investitionen haben einen Einkommens- und einen Kapazitätseffekt.

Beispiel: Der Bau einer Hochgeschwindigkeits-Zugstrecke zwischen zwei Großstädten erfordert eine Gesamtinvestition von 770 Mio. €.
Nach einer Bauzeit von zwölf Jahren kann die Strecke erstmalig in Betrieb genommen werden.
Während der Bauzeit gibt die Deutsche Bahn AG folgende Beträge aus:
380 Mio. € an die Bauwirtschaft für die Streckenbauten
120 Mio. € an die Stahlindustrie für die Schienenstränge
* 70 Mio. € an die Elektroindustrie für die elektrotechnische Ausstattung*
150 Mio. € an die Maschinenbauindustrie für Triebwagen und Waggons
* 50 Mio. € an Dienstleistungsunternehmen für Projektion, Marketing, Kreditbereitstellung usw.*
In dieser Phase entstehen aus der Investitionssumme von 770 Mio. € Einkommen in Form von Löhnen und Gehältern, Zinsen und Gewinnen. Aufgrund ihrer Aufträge an die Zulieferbetriebe wird die Deutsche Bahn AG damit indirekt zum Arbeitgeber für ca. 5 000 Arbeitnehmer in den verschiedensten Branchen.

Unter dem Einkommenseffekt einer Investition versteht man die Tatsache, dass das investierte Kapital in der ersten Phase ausschließlich neues Einkommen entstehen lässt, ohne dass die Investition selbst einen zusätzlichen Output an Gütern und Dienstleistungen erwirtschaftet.

Die sich aus den investierten Geldmitteln ergebende Nachfrage wirkt sich fördernd auf die Beschäftigungssituation innerhalb der Volkswirtschaft aus.
Nach Beendigung der reinen Investitionsphase verändert sich das Bild. Aufgrund der Investition kann die Unternehmung ihre Leistungen am Markt anbieten und entsprechende Erträge erzielen.

Die Wirkung der Investition auf das Produktionsvolumen der Unternehmung bezeichnet man als **Kapazitätseffekt**.

Beispiel: *Die Hochgeschwindigkeitsstrecke der Deutschen Bahn AG wird in Betrieb genommen. Aufgrund der günstigen Anbindung zweier Großstädte kann das Beförderungsvolumen verdoppelt werden. Nach kurzer Zeit erweist sich, dass die eingesetzten Züge zu 90 % ausgelastet sind.*
Die Deutsche Bahn AG beschäftigt auf der neuen Strecke zusätzliche 500 Arbeitnehmer.

Einkommens- und Kapazitätseffekt treten in einem bestimmten zeitlichen Abstand voneinander auf. Wie groß der zeitliche Abstand ist, hängt von der Art der Investition ab.

Beispiele:
– *Wenn ein Handwerker seinen Betrieb erweitert, kann die Investition schon nach wenigen Wochen erste Früchte tragen.*
– *Der Neubau eines Gewerbeparks oder einer Industrieanlage kann dagegen mehrere Jahre in Anspruch nehmen.*

Aus dem Einkommens- und Kapazitätseffekt erklärt sich, weshalb Bundesregierung, EZB und Tarifparteien in Zeiten schlechter Konjunktur und dadurch verursachter Arbeitslosigkeit auf die Investitionsbereitschaft der Unternehmen blicken. Springt der „Motor der Investitionen" an, so stehen die Aussichten auf konjunkturelle Erholung, wirtschaftliches Wachstum und Abbau der Arbeitslosigkeit nicht schlecht.

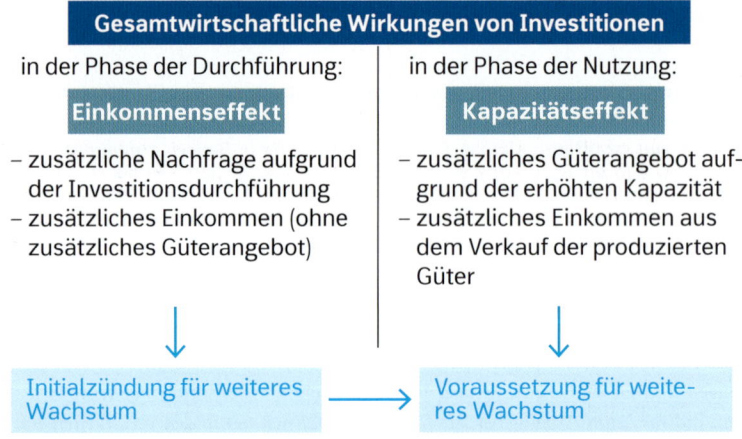

Voraussetzung für die Durchführung von Investitionen in den Unternehmungen ist eine entsprechende Ersparnisbildung der privaten Haushalte.
Im Kreislaufmodell wird deutlich, dass nur solche Geldbeträge für Investitionen zur Verfügung stehen, die bei Kreditinstituten angelegt werden. Geldbeträge, die stattdessen gehortet werden („im Sparstrumpf verschwinden"), werden dem Geldkreislauf vorübergehend entzogen und können deshalb nicht produktiv verwendet werden.

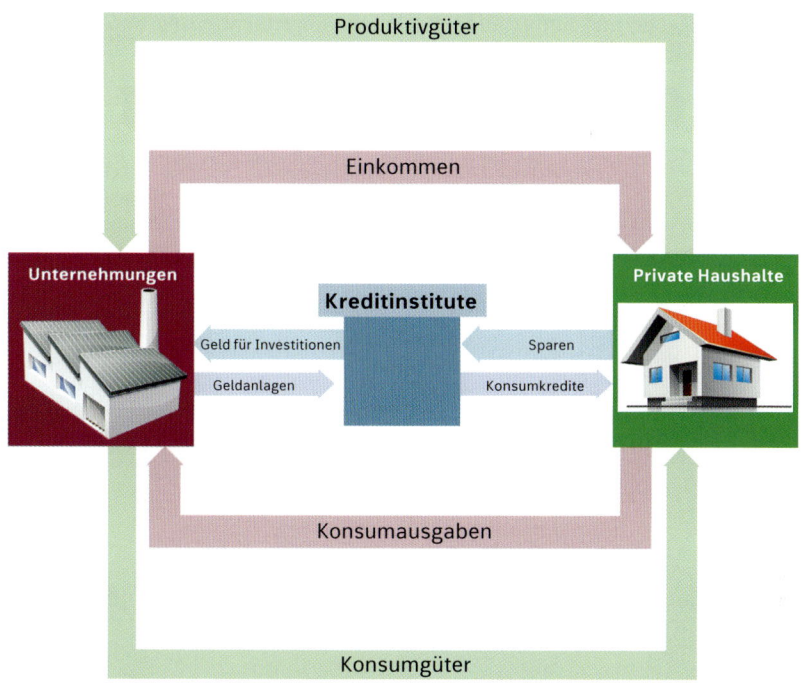

Gesamtwirtschaftliche Funktionen der Kreditinstitute		
Ballungs- und Größen-transformationsfunktion	**Vertrauens- und Risiko-transformationsfunktion**	**Fristentransformations-funktion**
Im **Einlagengeschäft** erhalten die Kreditinstitute von ihren Kunden Sichteinlagen für den Zahlungsverkehr sowie Termin- und Spareinlagen zum Zweck der Geld- und Kapital-anlage. Diese vielen, vom jeweiligen Einzelvolumen relativ geringen Einlagenbeträge werden ge-bündelt und können im **Kreditgeschäft** in höheren Beträgen bereitgestellt werden. Durch das Sammeln kleiner Einlagenbeträge und deren Zusammenballung zu großen Kreditbeträgen erfolgt eine Größentransformation.	Die Kunden vertrauen auf die sichere Verwaltung der den Kreditinstituten anvertrauten Vermögenswerte. Die Kreditinstitute achten bei ihrer Kreditvergabe auf eine hin-reichende Bonität der Kredit-nehmer und berücksichtigen das Prinzip der **Risikostreuung**, indem sie ihr Kreditvolumen auf große Zahl nach Art, Kunden-kreis, Höhe und Laufzeit unter-schiedliche Kredite verteilen. Der einzelne Anleger wäre hier-zu nicht in der Lage. Würde er sein Geld einem einzelnen Kre-ditnehmer zur Verfügung stel-len, so würde dessen Zah-lungsunfähigkeit für ihn zu einem Totalverlust führen. Durch die Darlehensvergabe an sehr viele unterschiedliche Kre-ditnehmer erfolgt eine Risikotransformation.	Die Kreditinstitute transfor mieren kurz- und mittelfristige Einlagen in langfristige Kredite: Ein Teil der Einlagen steht den Kreditinstituten langfristig zur Verfügung, da nicht alle Kun-den im Rahmen der formal kurz- und mittelfristigen Kün-digungsfristen über sie verfü-gen. Es verbleibt somit ein **Bodensatz** auf den Konten, der zu langfristigen Kreditge-währungen verwendet werden kann. Langfristige Kredite sind gesamtwirtschaftlich von gro-ßer Bedeutung, da Investi-tions- und Bauvorhaben einen langfristigen Kapitalbedarf verursachen. Ohne die langfristige Mittelbe-reitstellung durch Kredit-institute wären wirtschaft-liches Wachstum und privater Wohnungsbau nicht möglich.

Funktionsstörungen innerhalb der Kreditwirtschaft und ein Vertrauensverlust gegenüber den Kreditinstituten können zu einer Krisensituation innerhalb der Volkswirtschaft führen. Dies macht eine vorbeugende und umfassende gesetzliche Reglementierung und **staatliche Beaufsichtigung der Kreditinstitute** erforderlich.

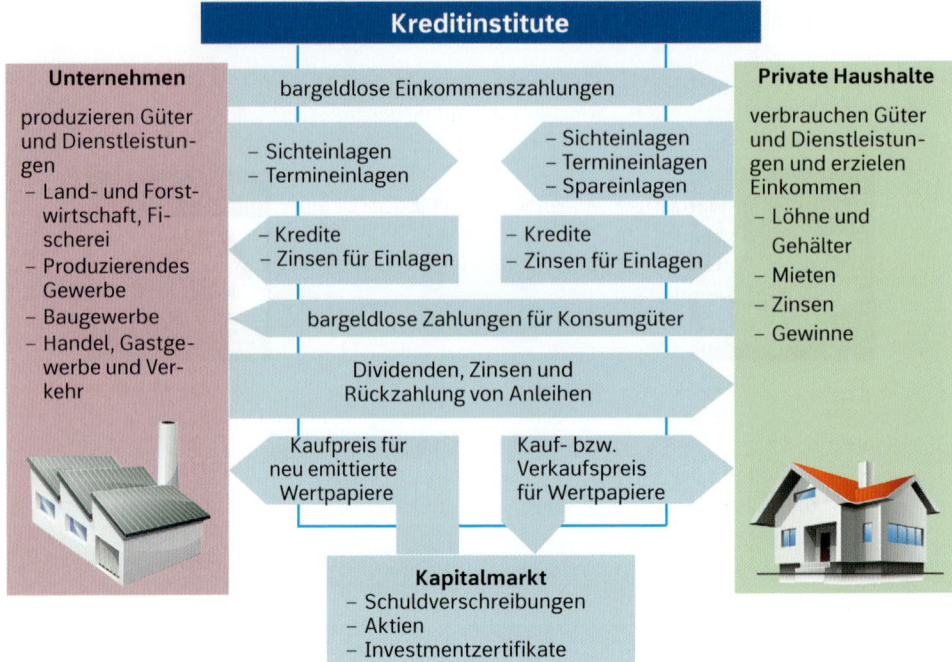

Bei den Kreditinstituten lässt die Bilanz besonders deutlich Umfang und Schwerpunkte der geschäftlichen Tätigkeit erkennen. Die Annahme von Einlagen einerseits und die Kreditvergabe andererseits sind die wesentlichen Aufgaben des Bankensystems, die entsprechend im Bild der konsolidierten (= zusammengefassten) Bilanz erscheinen (Werte in Mrd. €).

Aktiva der Kreditinstitute	2010	2014	2019
Barreserve	16	19	43
Kredite an Banken	2361	2309	2230
Kredite an Nichtbanken	2724	3888	4020
andere Aktivpositionen	3203	1586	2018
Bilanzsumme	8304	7802	8311

Passiva der Kreditinstitute	2010	2014	2019
Einlagen von Banken	1495	1324	1242
Einlagen von Nichtbanken	2925	3197	3778
andere Passivpositionen	3884	3281	3291
Bilanzsumme	8304	7802	8311

Einbeziehung des Staates

Der Staat ist – neben den Unternehmen, den privaten Haushalten und dem Ausland – einer der vier großen Sektoren der Volkswirtschaft. In unserer Gesellschaftsordnung ist er kein zentral gesteuertes Gebilde, sondern er besteht aus einer Vielzahl einzelner Entscheidungseinheiten, die ihre speziellen Belange vertreten, dabei jedoch in den gemeinsamen Rahmen des Verfassungs-, Staats- und Haushaltsrechts eingebettet sind. **Öffentliche Unternehmen** *(z. B. Versorgungsbetriebe, Sparkassen)* werden in den Sektor Staat nicht einbezogen. Sie gehören in der Volkswirtschaftlichen Gesamtrechnung zum Unternehmenssektor.

Der Wirtschaftssektor Staat ist die Zusammenfassung aller öffentlichen Haushalte. Hierzu zählen die Gebietskörperschaften (Bund, Länder, Gemeinden), die Sozialversicherungsträger und alle sonstigen staatlichen Institutionen, die gemeinnützige Aufgaben erfüllen.

Der Staat kann seine vielfältigen Aufgaben der Daseinsfürsorge, z. B. im Sozial-, Gesundheits- und Bildungswesen, in der Rechtsprechung und der öffentlichen Verwaltung, im Umweltschutz und der internationalen Zusammenarbeit nur erfüllen, wenn er über entsprechende Einnahmen verfügt.

Staatseinnahmen

Die Staatseinnahmen setzen sich zum überwiegenden Teil aus den **unterschiedlichen Steuerarten** zusammen, die der Staat zwangsweise bei den privaten Haushalten und Unternehmungen erhebt.

Daneben erzielt der Staat Einnahmen durch Erhebung von Gebühren für bestimmte Leistungen und durch Erhebung von Beiträgen, denen aber keine unmittelbare Leistung gegenübersteht.

Beispiele:
– *Ausstellungsgebühr für einen neuen Reisepass*
– *Beiträge zur gesetzlichen Renten-, Kranken-, Pflege- und Arbeitslosenversicherung*

Staatsausgaben

Als Staatsausgaben fließen die vereinnahmten Geldmittel des Staates wieder an die Unternehmungen und die privaten Haushalte zurück.

Der Geldstrom an die privaten Haushalte umfasst:
- Arbeitsentgelte für die Bediensteten des Staates
- Transferzahlungen

Transferzahlungen sind unentgeltliche Leistungen des Staates an bestimmte Privatpersonen. Durch diese Ausgaben versucht der Staat, innerhalb der Volkswirtschaft für soziale Gerechtigkeit zu sorgen.

Beispiele:
– *Renten und Pensionen für aus dem Erwerbsleben ausgeschiedene Personen und deren Hinterbliebene*
– *Sozialleistungen wie Arbeitslosengeld, Wohngeld, Kindergeld usw.*

Der Geldstrom an die Unternehmungen umfasst:

Entgelte für Sachleistungen der Unternehmungen an den Staat

Beispiele:
– *Das Land NRW plant die Errichtung der sechsspurigen Rheinbrücke. Nach Ablauf des öffentlichen Ausschreibungsverfahrens erhält die REGO Hochbau AG aufgrund ihres Angebotes über 35 000 000,00 € den Zuschlag.*
– *Die Schulmöbelfabrik Löffert & Co. beliefert die Stadt Dresden mit 200 Schulbänken zur Ausstattung einer Berufsschule zum Preis von 25 000,00 €.*

Subventionen

Subventionen *sind unentgeltliche Zuwendungen des Staates an Unternehmungen sowie an einzelne Wirtschaftsregionen.*
Die Gewährung von Subventionen kann auch in Form von Steuererleichterungen erfolgen.

Beispiele:
- *Forschungsförderung in der Wasserstofftechnologie*
- *Unterstützung der Landwirtschaft*

Einbeziehung des Auslandes

Der Wirtschaftssektor Ausland besteht aus der Zusammenfassung aller ausländischen Wirtschaftssubjekte.

Der Außenwirtschaftsverkehr[1] umfasst den Austausch von Waren, Dienstleistungen und Kapital mit anderen Volkswirtschaften.

Für Deutschland spielen die Beziehungen zum Ausland eine besondere Rolle:
Deutschland ist ein rohstoffarmes Land und muss deshalb eine Vielzahl der zur Güterherstellung benötigten Produkte aus dem Ausland einführen. Auch können viele Dinge des täglichen Verbrauchs, die wir sehr schätzen *(z. B. bestimmte Lebensmittel)*, nur aus dem Ausland bezogen werden. Schließlich sind die Deutschen sehr reisefreudig und verbringen gerne ihren Urlaub im Ausland.

Das dazu benötigte Geld muss im Gegenzug durch entsprechende Wirtschaftsleistungen für das Ausland „verdient" werden.

Da ungefähr ein Drittel der bei uns erzeugten Produkte an das Ausland verkauft wird, ist eine Vielzahl von Arbeitsplätzen im Inland von der Nachfrage des Auslandes abhängig.
Ein freier Welthandel ermöglicht eine internationale Arbeitsteilung und dient damit den in den einzelnen Volkswirtschaften lebenden Menschen.

Voraussetzungen für möglichst ungehinderte Wirtschaftsbeziehungen mit ausländischen Volkswirtschaften sind:
- geordnete wirtschaftliche und politische Verhältnisse im In- und Ausland,
- stabile Wechselkurse,
- keine Handelsbarrieren.

Unter Einbeziehung der Kreditinstitute, des Staates und des Auslandes ergibt sich der **erweiterte Wirtschaftskreislauf.**

---

[1] *Vgl. hierzu S. 416*

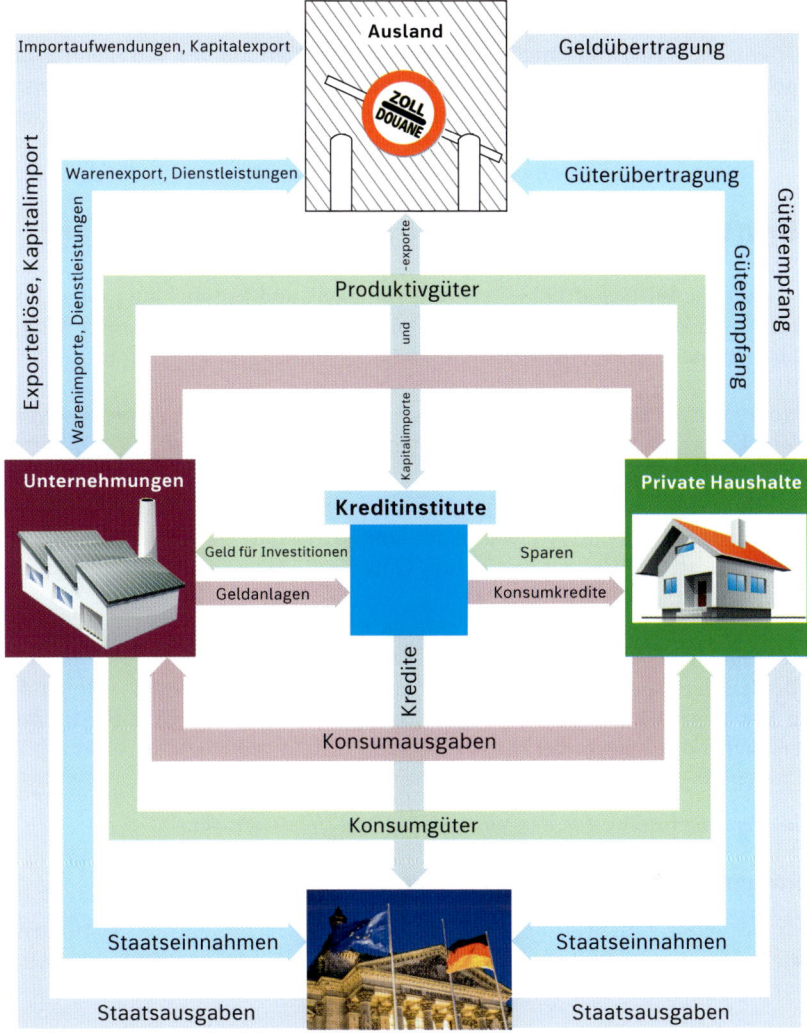

Kritik am Modell des Wirtschaftskreislaufs

Das Modell vermittelt den Eindruck, als sei der Wirtschaftsablauf stets störungsfrei und als sei das Handeln der verschiedenen Wirtschaftssubjekte völlig aufeinander abgestimmt. Nicht immer sind in der Wirklichkeit die Annahmen erfüllt, dass

- die privaten Haushalte so viel sparen, wie die Unternehmungen für ihre Investitionen benötigen,

- die Unternehmungen so viele Konsumgüter produzieren, wie die privaten Haushalte kaufen wollen und können,

- der Staat in dem Umfang über Einnahmen verfügt, wie zur Bestreitung der Staatsausgaben erforderlich ist,

- der Austausch von Waren, Dienstleistungen und Kapital mit anderen Volkswirtschaften ausgeglichen ist.

In jeder dynamischen, d.h. im Zeitablauf sich verändernden und fortentwickelnden Volkswirtschaft entstehen Schwankungen und Störungen innerhalb des Wirtschaftsablaufs. Es sind zunächst die Kräfte des Marktes, die auf einen Ausgleich hinwirken. Daneben versucht der Staat, mithilfe seiner Wirtschaftspolitik lenkend und korrigierend auf das Wirtschaftsgeschehen Einfluss zu nehmen.[1]

8.2   Bruttoinlandsprodukt (BIP) und Volkseinkommen

Um etwas über die wirtschaftliche Leistungsfähigkeit und Entwicklung einer Volkswirtschaft zu erfahren, muss man den gesamten Umfang der Produktion und seine Veränderung im Zeitablauf messen.

> Das **Bruttoinlandsprodukt (BIP)** ist der Gesamtwert aller Güter und Dienstleistungen, die während eines Jahres innerhalb einer Volkswirtschaft produziert werden.

Bildlich gesehen kann man sich das Bruttoinlandsprodukt als einen riesigen Berg von Gütern vorstellen, der all das umfasst, was in der Volkswirtschaft während eines Jahres hervorgebracht worden ist, einerlei, ob es sich um Güter *(z. B. Autos)* oder Dienstleistungen *(z. B. Kinobesuche)* handelt.
Die Menge der verfügbaren Produktionsfaktoren und der Wirkungsgrad ihres Einsatzes bestimmen das mögliche Ausmaß des Bruttoinlandsprodukts.
Um das Bruttoinlandsprodukt wertmäßig genau bestimmen zu können, werden die Güter mit ihren Herstellungskosten zuzüglich des Saldos aus Gütersteuern *(z. B. Mineralölsteuer)* und Gütersubventionen bewertet.

Beispiel: Der Unterricht in der Schule stellt einen Beitrag des Staates zum Bruttoinlandsprodukt dar. Die Gehälter der Lehrer stellen die „Herstellungskosten" des Unterrichts dar.

Schattenwirtschaft als statistisches Problem

Statistisch nicht erfasst im Bruttoinlandsprodukt sind solche Produktionsleistungen, die unentgeltlich in den privaten Haushalten erbracht werden.

Beispiele:
– *Heimwerkerarbeiten*
– *Obst- und Gemüseanbau im eigenen Garten*
– *Dienstleistungen, die unentgeltlich innerhalb der privaten Haushalte von Familienangehörigen erbracht werden (kochen, putzen, waschen).*

Man spricht hier von legaler Schattenwirtschaft. Auf der anderen Seite existiert auch eine **illegale Schattenwirtschaft**.

Beispiele:
– *Schwarzarbeit*
– *Drogenhandel*
– *Tabakschmuggel*

Während Schätzungen zum Wert der Schwarzarbeit bereits seit vielen Jahren in die Berechnung des Bruttoinlandsprodukts einfließen, werden illegale Tätigkeiten im Zusammenhang

---

[1] *Vgl. hierzu S. 370*

mit Drogenhandel oder Tabakschmuggel erst seit Mitte 2014 erfasst. Die Erfassung erfolgt durch Einsatz bestimmter Schätzmethoden.

Rechtsgrundlage für die Berechnung des Bruttoinlandsprodukts ist die im Mai 2013 in Kraft getretene und europaweit geltende ESVG; Verordnung 2010 (ESVG = Europäisches System Volkswirtschaftlicher Gesamtrechnungen.).

Bruttoinlandsprodukt

Veränderung gegenüber dem Vorquartal:

2019				2020			
1. Vj	2. Vj	3. Vj	4. Vj	1. Vj	2. Vj	3. Vj	4. Vj
1,0 %	−0,3 %	1,2 %	0,2 %	−1,8 %	−11,3 %	8,2 %	0,1 %

Vj = Vierteljahr

Ausdruck für das **Wirtschaftswachstum** einer Volkswirtschaft ist im Allgemeinen der Anstieg des Bruttoinlandsprodukts. Ob ein quantitatives Wachstum jedoch *tatsächlich* die Lebensbedingungen der Bevölkerung verbessert, wird zunehmend kritisch betrachtet.

Die Bruttoinlandsproduktsberechnung berücksichtigt, welche Personengruppen vom Wirtschaftswachstum profitieren und welche Schäden und Nachteile die Mehrproduktion hervorruft:

- Umweltbelastungen
- Klimawandel
- Zivilisationskrankheiten,

8.2.1 Wertschöpfung der Unternehmung

Um festzustellen, wie groß das Bruttoinlandsprodukt ist, muss man die einzelnen Produktionsleistungen am Ort ihrer Entstehung erfassen.

Beispiele: Ein forstwirtschaftliches Unternehmen verkauft Holz zum Preis von 10 000,00 € an ein Sägewerk.
Das Sägewerk schneidet das Holz zu Brettern und verkauft es zum Preis von 16 000,00 € an eine Möbelfabrik.
Die Möbelfabrik verarbeitet die Bretter zu Naturholzmöbeln und verkauft diese zum Preis von 25 000,00 € an eine Möbelhandlung.
Die Möbelhandlung verkauft die gelieferten Erzeugnisse als Bio-Möbel zum Preis von 32 000,00 € an die Endverbraucher.
Es ist leicht zu erkennen, dass die beteiligten Unternehmen jeweils einen unterschiedlichen Beitrag zur Herstellung des Endproduktes geleistet haben:

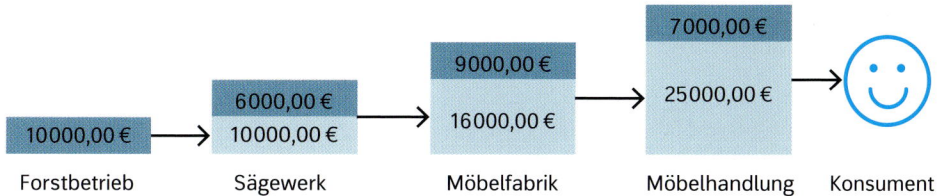

	Vorleistungen	Bruttowertschöpfung	Produktionswert
Forstbetrieb	–	10 000,00 €	10 000,00 €
Sägewerk	10 000,00 €	6 000,00 €	16 000,00 €
Möbelfabrik	16 000,00 €	9 000,00 €	25 000,00 €
Möbelhandlung	25 000,00 €	7 000,00 €	32 000,00 €
	51 000,00 €	32 000,00 €	83 000,00 €

Die Bruttowertschöpfung der Unternehmung ist die Differenz zwischen dem Verkaufserlös der eigenen Leistungen, dem sog. Produktionswert, und dem Kaufpreis der von anderen Unternehmen bezogenen Vorleistungen.

*Die **Wertschöpfung** in der Unternehmung geschieht durch die **Kombination der Produktionsfaktoren Arbeit, Boden und Kapital**[1].*

Die Eigentümer der Produktionsfaktoren, also die Arbeitnehmer, Kapitalanleger, Grundstücksbesitzer und Unternehmer erhalten für ihre Leistungen ein Entgelt in Form von Löhnen und Gehältern, Zinsen, Mieten, Pachten, Gewinnausschüttungen. Diese Zahlungen stellen das Einkommen der privaten Haushalte dar.

Aufgrund des Produktionsprozesses werden die in der Unternehmung eingesetzten Produktionsanlagen und -mittel abgenutzt, sodass sie nach Ablauf ihrer Nutzungsdauer wieder erneuert werden müssen. Die entstandenen Wertminderungen des Sachkapitals stellen Aufwendungen dar und werden als Abschreibungen erfasst. Die Abschreibungsbeträge sind in die Verkaufspreise miteinkalkuliert und fließen damit beim Verkauf der Produkte in die Unternehmung zurück. Die Abschreibungsgegenwerte dienen später der Finanzierung der Ersatzinvestitionen.

Die **Nettowertschöpfung** ist somit identisch mit den Einkommen, die den privaten Haushalten zufließen.

Produktionswert		
Vorleistungen	Bruttowertschöpfung	
	Abschreibungen	Nettowertschöpfung

Beispiele: Die Möbelfabrik aus dem obigen Beispiel hat an die Mitarbeiter Gehälter in Höhe von 5 500,00 €, an die Kreditgeber Zinsen in Höhe von 500,00 € und an die Eigentümer des Firmengrundstücks Miete in Höhe von 1 000,00 € zu zahlen. Die Abschreibungen für die eingesetzten Maschinen und Geräte betragen 800,00 €.

Wertschöpfungsrechnung			
Vorleistungen	16 000,00 €		
Abschreibungen	800,00 €		
Nettowertschöpfung	8 200,00 €	Verkaufserlöse	25 000,00 €
Gehälter 5 500,00 € Zinsen 500,00 € Miete 1 000,00 € Gewinn 1 200,00 €			

---

[1] Vgl. S. 239 ff.

8.2.2 Wege zur Berechnung des Bruttoinlandsprodukts

Das Inlandsprodukt kann auf drei verschiedenen Wegen ermittelt werden, wobei jeweils ein anderer Untersuchungsaspekt im Vordergrund steht:

- **Entstehungsrechnung**: Wo ist das Inlandsprodukt entstanden? Wieviel haben die einzelnen Wirtschaftsbereiche zum gesamtwirtschaftlichen Ergebnis beigetragen?
- **Verwendungsrechnung**: Wie wird das Inlandsprodukt verwendet? Wurde es konsumiert, investiert oder exportiert?
- **Verteilungsrechnung**: Wie werden die bei der Entstehung des Inlandsprodukts erzielten Einkommen verteilt?

Entstehungsrechnung

Das Bruttoinlandsprodukt ist das Ergebnis der wirtschaftlichen Tätigkeit in den verschiedenen Wirtschaftsbereichen. Die Entstehungsrechnung weist die Beiträge der einzelnen Wirtschaftsbereiche zum Bruttoinlandsprodukt aus. Die Veränderung dieser Beiträge im langfristigen Zeitablauf spiegelt die strukturellen Veränderungen der Volkswirtschaft wider.

Im **Europäischen System Volkswirtschaftlicher Gesamtrechnungen (ESVG)** wird zwischen folgenden Wirtschaftsbereichen unterschieden; ausgewiesen wird hier die gesamte Wertschöpfung der Volkswirtschaft (Bruttowertschöpfung):

Bruttowertschöpfung 2020 (in Mrd. EUR)	
Land- und Forstwirtschaft, Fischerei	22,1
Produzierendes Gewerbe ohne Baugewerbe	690,3
Baugewerbe	182,5
Handel, Verkehr, Gastgewerbe	473,9
Information und Kommunikation	155,4
Finanz- und Versicherungsdienstleister	116,9
Grundstücks- und Wohnungswesen	334,4
Unternehmensdienstleister	337,6
Öffentliche Dienstleister, Erziehung, Gesundheit	591,6
Sonstige Dienstleister	109,2
Bruttowertschöpfung gesamt	**3013,9**

Verwendungsrechnung

Die Verwendung des BIP gibt Auskunft darüber, von welchen Wirtschaftsbereichen die produzierten Güter beansprucht werden bzw. für welche Zwecke sie hergestellt werden.

Verwendung des Bruttoinlandsprodukts		
In jeweiligen Preisen, 2020		**Mrd. €**
Konsumausgaben		2 460,1
darunter: Private Konsumausgaben	1 709,3	
Konsumausgaben des Staates	750,8	
Bruttoinvestitionen		678,1
darunter: Bruttoanlageinvestitionen	735,5	
Vorratsveränderungen	– 57,4	
Inländische Verwendung		3 138,2
Exporte	1 460,1	
Importe	1 266,1	
Außenbeitrag (Exporte – Importe)		194,0
Bruttoinlandsprodukt		**3 332,2**

Die *privaten Konsumausgaben* umfassen alle Käufe von Sachgütern und Dienstleistungen durch die privaten Haushalte.

Die *Konsumausgaben des Staates* umfassen die Güterkäufe des Staates für seinen laufenden Bedarf sowie die Einkommensleistungen an die öffentlichen Bediensteten.

Die Bruttoinvestitionen setzen sich zusammen aus den Bruttoanlageinvestitionen und den Vorratsveränderungen. Die *Bruttoanlageinvestitionen* umfassen *Ausrüstungen* (Maschinen, Fahrzeuge, sonstige Produktionsmittel), *Bauten* (Häuser, Straßen) und *sonstige Anlagen* (Software, Urheberrechte). Die *Vorratsveränderungen* werden durch Vergleich der Vorratsbestände (Halb-, Fertigprodukte, Roh-, Hilfs- und Betriebsstoffe) zum Ende des Jahres mit den Beständen zum Jahresbeginn ermittelt. Die Differenz kann positiv (Lagerbestände haben sich zum Jahresende gegenüber dem Jahresbeginn erhöht) oder negativ (Lagerbestände haben sich zum Jahresende gegenüber dem Jahresbeginn verringert) sein.

Bruttoinvestitionen abzüglich der *Abschreibungen* ergeben die *Nettoinvestitionen*.

Der *Außenbeitrag* ist die Differenz zwischen Exporten und Importen von Waren und Dienstleistungen.

Die Höhe und Entwicklung des Bruttoinlandsprodukts kann in **nominalen** und **realen** bzw. in **absoluten** und **relativen** Werten ausgedrückt werden.

Nominales BIP: Die einzelnen Positionen sind in den jeweiligen, also den tatsächlichen Preisen ausgedrückt. Die Veränderungen des BIP können somit auf Veränderungen der tatsächlichen Menge der erzeugten Güter und Dienstleistungen und auf Veränderungen der Preise zurückzuführen sein.

Reales BIP: Hierbei werden die Preissteigerungen teilweise herausgerechnet. Die einzelnen Positionen werden als Indexwerte (zurzeit auf der Basis des Jahres 2015) ausgewiesen.

Veränderung in absoluten Werten: Gemessen wird lediglich die in Geldeinheiten ausgedrückte Differenz zwischen den betrachteten Jahren.

Veränderung in relativen Werten: Gemessen wird lediglich die in Prozent ausgedrückte Differenz zwischen den betrachteten Jahren.

Beispiel:

	Jahr 1 (Referenzjahr)	Jahr 2	Jahr 3
nominale Entwicklung des BIP (Mrd. €)	2 100	2 150	2 210
nominales Wachstum (Vorjahresvergleich)	–	$\frac{2150 - 2100}{2100} \cdot 100$ $= 2,4\%$	$\frac{2210 - 2150}{2150} \cdot 100$ $= 2,8\%$
nominales Wachstum gegenüber dem Referenzjahr	–	$\frac{2150 - 2100}{2100} \cdot 100$ $= 2,4\%$	$\frac{2210 - 2100}{2100} \cdot 100$ $= 5,2\%$
reale Entwicklung des BIP (Indexpunkte)	100	101,2	102,9
reales Wachstum (Vorjahresvergleich)	–	$\frac{101,2 - 100}{100} \cdot 100$ $= 1,2\%$	$\frac{102,9 - 101,2}{101,2} \cdot 100$ $= 1,7\%$
reales Wachstum gegenüber dem Referenzjahr	–	$\frac{101,2 - 100}{100} \cdot 100$ $= 1,2\%$	$\frac{102,9 - 100}{100} \cdot 100$ $= 2,9\%$

Nach ESVG 2010 werden sowohl die nominalen Werte („in jeweiligen Preisen") als auch die realen Werte über einen Index („preisbereinigt, verkettet") ausgewiesen. Bei den realen Werten werden zusätzlich saisonale Einflüsse (*z. B. geringere Bautätigkeit im Winter*) als auch kalenderbedingte Einflüsse (unterschiedliche Verteilung von Werk- und Feiertagen bei den verschiedenen Jahren) berücksichtigt:

Beispiel:
Bruttoinlandsprodukt 2020
– *in jeweiligen Preisen: 3 332,2 Mrd. €*
– *preisbereinigt, verkettet/saison- und kalenderbereinigt (2015 = 100): 101,6*

Die Angabe zum realen Bruttoinlandsprodukt zeigt, dass dieses gegenüber 2015 um 1,6% real (also mengenmäßig und somit nicht aufgrund gestiegener Preise) gewachsen ist. Diese geringe Steigerung innerhalb eines Zeitraums von fünf Jahren ist auf den wirtschaftlichen Einbruch 2020 infolge der Coronapandemie zurückzuführen. Im Jahr 2019 lag der preisbereinigte Wert noch bei 106,8 %. Real sank das Bruttoinlandsprodukt 2020 gegenüber 2019 also um fast 5 %:

$$\frac{101,6 - 106,8}{106,8} \cdot 100 = -4,9\%$$

8.2.3 Vom Bruttoinlandsprodukt zum verfügbaren Einkommen

Bruttoinlandsprodukt
Das Bruttoinlandsprodukt (BIP) schließt nur die innerhalb des eigenen Wirtschaftsraumes erwirtschafteten Leistungen ein. Dabei spielt es keine Rolle, ob diese von Inländern oder Ausländern erzielt wurden.

Beispiele:
– *Ausländische Arbeitnehmer aus grenznahen Gebieten zu Deutschland sind häufig bei deutschen Unternehmen beschäftigt. Die von diesen Arbeitnehmern erzielten Einkommen sind im deutschen Bruttoinlandsprodukt enthalten.*
– *Auch das Gehalt eines Profi-Fußballspielers, der seinen Wohnsitz in Belgien hat, aber bei einem deutschen Bundesligaverein spielt, ist im deutschen Bruttoinlandsprodukt enthalten.*

*Das **Bruttoinlandsprodukt (BIP)** umfasst die während eines Jahres innerhalb des eigenen Wirtschaftsraumes, also im Inland, von Inländern **und** Ausländern erwirtschafteten Wertschöpfungen.*

Nach dem Wohnort- oder Produktionsortprinzip gelten alle Wirtschaftssubjekte als Inländer, die ihren ständigen Sitz in Deutschland haben, also auch die hier lebenden Arbeitnehmer fremder Nationalitäten und die Tochtergesellschaften ausländischer Unternehmen.

Bruttonationaleinkommen
Wenn man jedoch das Volumen der nur von den Inländern erwirtschafteten Wertschöpfungen ermitteln möchte, muss man zum Bruttoinlandsprodukt den Saldo der Primäreinkommen aus der übrigen Welt addieren.

	Primäreinkommen der Inländer aus der übrigen Welt
–	Primäreinkommen der Ausländer aus dem Inland
=	**Saldo der Primäreinkommen Inland (Primäreinkommen an die übrige Welt)**

*Das **Bruttonationaleinkommen (BNE)** umfasst die wirtschaftlichen Leistungen aller **Inländer**, einerlei, ob diese im Inland oder Ausland erzielt werden.*

Beispiele:
– *Die Zinseinkünfte, die ein deutscher Kapitalanleger aufgrund einer Kapitalanlage im Ausland erzielt, sind Vermögenseinkommen aus dem Ausland und im deutschen Bruttonationaleinkommen enthalten.*
– *Das Preisgeld jedoch, das ein ausländischer Tennisstar bei einem Tennisturnier in Deutschland gewinnt, ist nicht im deutschen Bruttonationaleinkommen enthalten.*

Nettonationaleinkommen
Im Bruttonationaleinkommen enthalten sind die Produktionsleistungen, die zur Erhaltung des in der Volkswirtschaft vorhandenen Sachkapitals notwendig sind.
Die hierzu erforderlichen Geldmittel werden durch die Abschreibungen bereitgestellt. Somit sind die Abschreibungen wertgemäß identisch mit den Ersatzinvestitionen.
Ohne Ersatzinvestitionen würde die Leistungsfähigkeit der Volkswirtschaft ständig abnehmen.

Abschreibungen	≙	**Ersatzinvestitionen**

Während also das Bruttonationaleinkommen die gesamte Produktionsleistung der Inländer einschließlich der Ersatzinvestitionen erfasst, stellt das Nettonationaleinkommen nur die neu geschaffene Produktionsleistung dar, klammert also die durch die Abschreibungen erfassten Wertminderungen des vorhandenen Sachkapitals aus.

	Bruttonationaleinkommen
–	Abschreibungen
=	**Nettonationaleinkommen (Primäreinkommen)**

Volkseinkommen

Werden die produzierten Güter ausschließlich mit den Kosten der zu ihrer Entstehung eingesetzten Produktionsfaktoren bewertet, erhält man das **Volkseinkommen**.
Der Unterschied zwischen dem Volkseinkommen und dem Nettonationaleinkommen ist zunächst dadurch begründet, dass der Staat den Verbrauch bestimmter Güter und den Verkauf von Waren und Dienstleistungen mit Produktions- und Importabgaben belastet.
Diese sind im Verkaufspreis enthalten und werden damit auf den Verbraucher abgewälzt.

Beispiele:
– *Mineralölsteuer*
– *Tabaksteuer*
– *Branntweinsteuer*

Die Produktions- und Importabgaben machen ein Produkt also teurer, als es gemessen an seinen Entstehungskosten eigentlich ist.
Auf der anderen Seite gewährt der Staat manchen Unternehmen **Subventionen**. Dies führt dazu, dass die von diesen Unternehmen erzeugten Produkte billiger angeboten werden können, als sie es von ihren Entstehungskosten eigentlich sind.

	Nettonationaleinkommen
–	Produktions- und Importabgaben
+	Subventionen
=	**Volkseinkommen**

Die Kosten für die Beschaffung der zur Produktion benötigten Produktionsfaktoren sind aus der Sicht der Empfängerseite, also der privaten Haushalte, Einkommenszahlungen.

Das **Volkseinkommen** *ist demzufolge die Summe aller von den Inländern während eines Jahres erzielten Faktoreinkommen.*

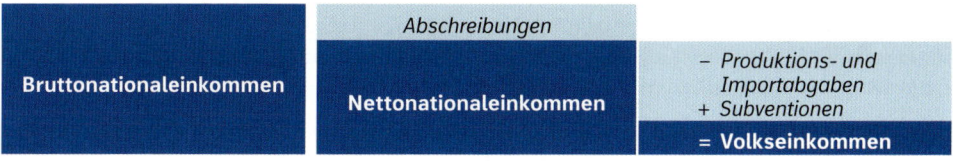

Verteilungsrechnung

Die **Verteilungsrechnung** gibt Auskunft über die Höhe und die Arten der Faktoreinkommen, die von den Inländern innerhalb eines Jahres aufgrund ihrer Wertschöpfungsbeiträge im In- und Ausland erzielt worden sind.

Aus Vereinfachungsgründen wird hierbei nur zwischen zwei Einkommensquellen unterschieden:

- Das **Arbeitnehmerentgelt** ist die Summe aller Arbeitnehmereinkommen; es beinhaltet die Bruttolöhne und -gehälter zuzüglich der *Lohnnebenkosten* in Form von Arbeitgeberbeiträgen zur Sozialversicherung und weiterer Sozialaufwendungen der Arbeitgeber.

- Das **Unternehmens- und Vermögenseinkommen** ist die Summe aller übrigen Faktoreinkommen:
  - Gewinne der Unternehmen
  - Zinsen und sonstige Kapitaleinkünfte
  - Mieten und Pachten

Die **Lohnquote** drückt den relativen Anteil der Arbeitnehmereinkommen am Volkseinkommen aus. Ziel der gewerkschaftlichen Tarifpolitik ist es u.a., die Lohnquote zu erhöhen.

Verteilung des Volkseinkommens (2020)	Mrd. €	Prozent
Arbeitnehmerentgelt	1 841,4	74
+ Unternehmens- und Vermögenseinkommen	651,3	26
= **Volkseinkommen**[1]	2 492,7	100,0

$$\text{Lohnquote} = \frac{\text{Arbeitnehmerentgelt}}{\text{Volkseinkommen}} \cdot 100$$

Die Lohnquote gibt keine Auskunft über die Höhe der Einkommen, die insgesamt von den Arbeitnehmerhaushalten erzielt werden, da in ihr weder die Transferleistungen des Staates noch die Nebeneinkünfte der Arbeitnehmerhaushalte *(z. B. Einkünfte aus Kapitalvermögen)* berücksichtigt sind.

Beispiel: Das Monatsgehalt der Bankangestellten Monika Gerz beträgt netto 2 500,00 €.
Sie hat eine Eigentumswohnung geerbt und für 1 200,00 € pro Monat vermietet.
Sie besitzt ein Wertpapiervermögen im Gesamtwert von 60 000,00 €, das zu 1,5 % Zinsen p. a. angelegt ist und jährlich 900,00 € an Kapitaleinkünften erwirtschaftet.
Sie erzielt somit ein durchschnittliches Gesamteinkommen in Höhe von 4 600,00 € pro Monat.

Die Lohnquote gibt auch keine Auskunft über die Gerechtigkeit der Einkommensverteilung innerhalb der Volkswirtschaft, da in ihr nicht die Einkommensunterschiede und auch nicht die Anzahl der Selbstständigen berücksichtigt werden.

Beispiel: Das Jahresgehalt eines Top-Profifußballspielers in Höhe von 4 000 000,00 € wird ebenso in der Lohnquote erfasst wie das Monatsgehalt einer Verkäuferin in Höhe von 2 000,00 €.

---

[1] *In jeweiligen Preisen.*

Bezieht man das Unternehmens- und Vermögenseinkommen auf das Volkseinkommen, so erhält man die **Gewinnquote**.

$$\text{Gewinnquote} = \frac{\text{Unternehmens- und Vermögenseinkommen}}{\text{Volkseinkommen}} \cdot 100$$

Lohnquote und Gewinnquote addieren sich immer zu 100%. Sinkt die Lohnquote also z.B. um 2 Prozentpunkte, steigt die Gewinnquote entsprechend; umgekehrt führt beispielsweise eine Steigerung der Lohnquote um 3 Prozentpunkte automatisch zu einer entsprechend hohen Abnahme der Gewinnquote.

Verfügbares Einkommen der privaten Haushalte

Das Volkseinkommen ist allerdings nicht identisch mit dem Einkommen, das den privaten Haushalten tatsächlich zur Verfügung steht.

Der Staat entzieht vielmehr den privaten Haushalten Einkommensteile in Form von direkten Steuern und Sozialabgaben.

Ein Teil dieser öffentlichen Einnahmen dient der Finanzierung öffentlicher Aufgaben, ein anderer Teil fließt jedoch an die privaten Haushalte in Form von Transferzahlungen an die privaten Haushalte zurück.

Der Staat bewirkt auf diese Weise eine Einkommensumverteilung zwischen Beschäftigten und Arbeitslosen, zwischen sehr gut und weniger gut Verdienenden, zwischen Gesunden und Kranken.

Beispiele: Arbeitslosengeld, Grundsicherung, Elterngeld.

	Volkseinkommen
−	direkte Steuern (Lohn-/Einkommensteuer)
−	Sozialabgaben
+	Transferzahlungen
=	**verfügbares Einkommen**

Verwendung des verfügbaren Einkommens der privaten Haushalte					
Jahr	Verfügbares Einkommen Mrd. €[1]	Privater Verbrauch		Private Ersparnis	
		Mrd. €	Prozent	Mrd. €	Prozent
2018	1970,83	1755,39	89,1	215,44	10,9
2019	2027,12	1806,87	89,1	220,24	10,9
2020	2040,42	1709,29	83,8	331,13	16,2

---

[1] *In der Volkswirtschaftlichen Gesamtrechnung wird die Zunahme bei den betrieblichen Versorgungsansprüchen (z. B. Direktversicherungen, die Arbeitgeber für Arbeitnehmer abschließen, Pensionszusagen etc.) zur Ermittlung der privaten Ersparnis in Prozent (Sparquote) eingerechnet. Die hier ausgewiesenen Werte enthalten daher die zusätzlichen betrieblichen Versorgungsansprüche.*

Zusammenfassung

Vom Bruttoinlandsprodukt zum verfügbaren Volkseinkommen
Bruttoinlandsprodukt
+ Primäreinkommen der Inländer aus der übrigen Welt – Primäreinkommen der Ausländer aus dem Inland
= **Bruttonationaleinkommen**
– Abschreibungen
= **Nettonationaleinkommen (Primäreinkommen)**
– Produktions- und Importabgaben
+ Subventionen an Unternehmen
= **Volkseinkommen** *setzt sich zusammen aus:* – Arbeitnehmerentgelt – Unternehmens- und Vermögenseinkommen
– direkte Steuern der privaten Haushalte
– Sozialabgaben
+ Transferzahlungen an private Haushalte
= **verfügbares Einkommen der privaten Haushalte** *wird verwendet für:* – privater Verbrauch – private Ersparnis

8.2.4   Volkswirtschaftliche Gesamtrechnung in der Statistik der Deutschen Bundesbank

Entstehung und Verwendung des Inlandsprodukts, Verteilung des Volkseinkommens (2018 bis 2020)

1. Reale Werte

Position	2018	2019	2020
	Index 2015 = 100		
Preisbereinigt, verkettet			
I. Entstehung des Inlandsprodukts Produzierendes Gewerbe			
(ohne Baugewerbe)	109,3	105,4	95,1
Baugewerbe	103,7	107,3	110,3
Handel, Verkehr, Gastgewerbe	107,5	109,7	103,0
Information und Kommunikation	115,8	120,2	119,1
Erbringung von Finanz- und Versicherungsdienstleistungen	97,1	99,1	98,9
Grundstücks- und Wohnungswesen	100,8	101,8	101,3

Position	2018	2019	2020
	Index 2015 = 100		
Unternehmensdienstleister	109,8	110,8	101,9
Öffentliche Dienstleister, Erziehung und Gesundheit	105,7	107,4	104,2
Sonstige Dienstleister	101,0	102,1	90,5
Bruttowertschöpfung	106,4	106,9	101,3
Bruttoinlandsprodukt	106,2	106,8	101,6
II. Verwendung des Inlandsprodukts			
Private Konsumausgaben	105,6	107,2	100,7
Konsumausgaben des Staates	107,0	109,9	113,5
Ausrüstungen	112,1	112,7	99,0
Bauten	107,4	111,5	113,5
Sonstige Anlagen	114,2	117,3	116,0
Vorratsveränderungen	.	.	.
Inländische Verwendung	107,7	109,0	104,4
Außenbeitrag	.	.	.
Exporte	109,8	110,8	100,5
Importe	114,1	117,0	107,1
Bruttoinlandsprodukt	106,2	106,8	101,6

2. Nominale Werte

Position	2018	2019	2020
	Index 2015 = 100		
In jeweiligen Preisen (Mrd €)			
III. Verwendung des Inlandsprodukts	1 755,4	1 806,9	1 709,3
Private Konsumausgaben	670,3	704,5	750,8
Konsumausgaben des Staates	235,6	240,1	213,9
Ausrüstungen	344,9	373,7	387,0
Bauten	128,8	134,2	134,6
Sonstige Anlagen	15,0	−10,3	−57,4
Vorratsveränderungen			
Inländische Verwendung	3150,0	3249,1	3138,3
Außenbeitrag	206,4	199,9	194,0
Exporte	1590,0	1617,4	1460,1
Importe	1383,6	1417,4	1266,1
Bruttoinlandsprodukt	3356,4	3449,1	3332,2
IV. Preise (2010 = 100)			
Privater Konsum	103,7	105,1	105,9
Bruttoinlandsprodukt	104,4	106,7	108,4
Terms of Trade	100,1	100,9	103,0
V. Verteilung des Volkseinkommens			
Arbeitnehmerentgelt	1771,8	1845,9	1841,4
Unternehmens- und Vermögenseinkommen	738,3	718,2	651,3
Volkseinkommen	2510,1	2564,1	2492,7
Nachr.: Bruttonationaleinkommen	3447,4	3542,8	3427,1

Quelle: Deutsche Bundesbank: Monatsbericht März 2021, 73. Jahrgang Nr. 3, Frankfurt am Main, 19. März 2021, S. 66*

8.3   Hauptziele der Konjunkturpolitik – das Magische Viereck

Im „Gesetz zur Förderung der Stabilität und des Wachstums der Wirtschaft" von 1967 wurden die gesamtwirtschaftlichen Ziele für die Bundesrepublik Deutschland erstmals gesetzlich verankert.

§ 1 StabG Bund und Länder haben bei ihren wirtschafts- und finanzpolitischen Maßnahmen die Erfordernisse des **gesamtwirtschaftlichen Gleichgewichts** zu beachten. Die Maßnahmen sind so zu treffen, dass sie im Rahmen der marktwirtschaftlichen Ordnung gleichzeitig zur **Stabilität des Preisniveaus**, zu einem **hohen Beschäftigungsstand** und **außenwirtschaftlichem Gleichgewicht** bei **stetigem und angemessenem Wirtschaftswachstum** beitragen.

Die Lage in Deutschland 1966/67

Zur Zeit der Entstehung des Stabilitätsgesetzes befand sich die Bundesrepublik Deutschland in ihrer ersten Rezession. Im Jahr 1967 war die reale Wirtschaftsleistung nach 15 Jahren ständiger Wachstumsraten erstmalig gegenüber dem Vorjahr gesunken (−0,2 %). Die Zahl der Arbeitslosen war von 161 000 im Jahr 1966, was einer Arbeitslosenquote von 0,7 % entsprach, auf 459 000 Personen (2,1 %) gestiegen.

Die Zahlen waren aus damaliger Sicht so dramatisch, dass es in Bonn zu einem Regierungswechsel kam. Nach nur drei Jahren musste Ludwig Erhard (CDU) sein Amt als Bundeskanzler aufgeben. Er wurde von Kurt Georg Kiesinger (CDU) abgelöst, der mit der SPD unter Willy Brandt erstmalig eine große Koalition aus CDU/CSU und SPD bildete.

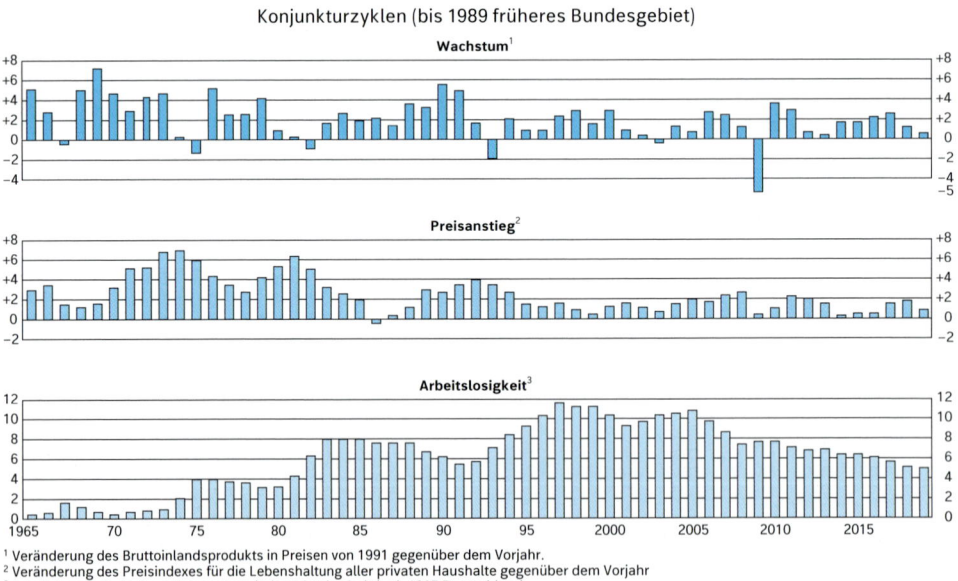

Konjunkturzyklen (bis 1989 früheres Bundesgebiet)

[1] Veränderung des Bruttoinlandsprodukts in Preisen von 1991 gegenüber dem Vorjahr.
[2] Veränderung des Preisindexes für die Lebenshaltung aller privaten Haushalte gegenüber dem Vorjahr
[3] Arbeitslose in % der Erwerbspersonen (Jahresdurchschnitt), ab 1995 Deutschland

Quelle: Eigene Darstellung

8.3.1   Gesamtwirtschaftliches Gleichgewicht

Der Begriff „gesamtwirtschaftliches Gleichgewicht" ist bereits im Grundgesetz aufgeführt.

Bund und Länder sind verpflichtet, bei allen wirtschafts- und finanzpolitischen Maßnahmen das gesamtwirtschaftliche Gleichgewicht zu beachten (Art. 109 GG).

Eine Konkretisierung des gesamtwirtschaftlichen Gleichgewichts erfolgt durch die vier im Stabilitätsgesetz genannten Ziele (angemessenes und stetiges Wachstum, hoher Beschäftigungsstand, Stabilität des Preisniveaus und außenwirtschaftliches Gleichgewicht), ohne aber mit Zahlen zu definieren, ab wann die Ziele – das sogenannte **Magische Viereck** – als erreicht gelten. Die Offenheit lässt den Entscheidungsinstanzen politische Spielräume bei der Festlegung der Zielgrößen. Von den Ideen des sozialen Ausgleichs durch bessere Bildungschancen und gerechtere Einkommensverteilung, der Nachhaltigkeit der Staatsfinanzen (Stichwort: Schuldenbremse) und der ökologischen Nachhaltigkeit durch Entkoppelung von Wachstum und Ressourcenverbrauch war man bei der Formulierung der Ziele des Magischen Vierecks weit entfernt.

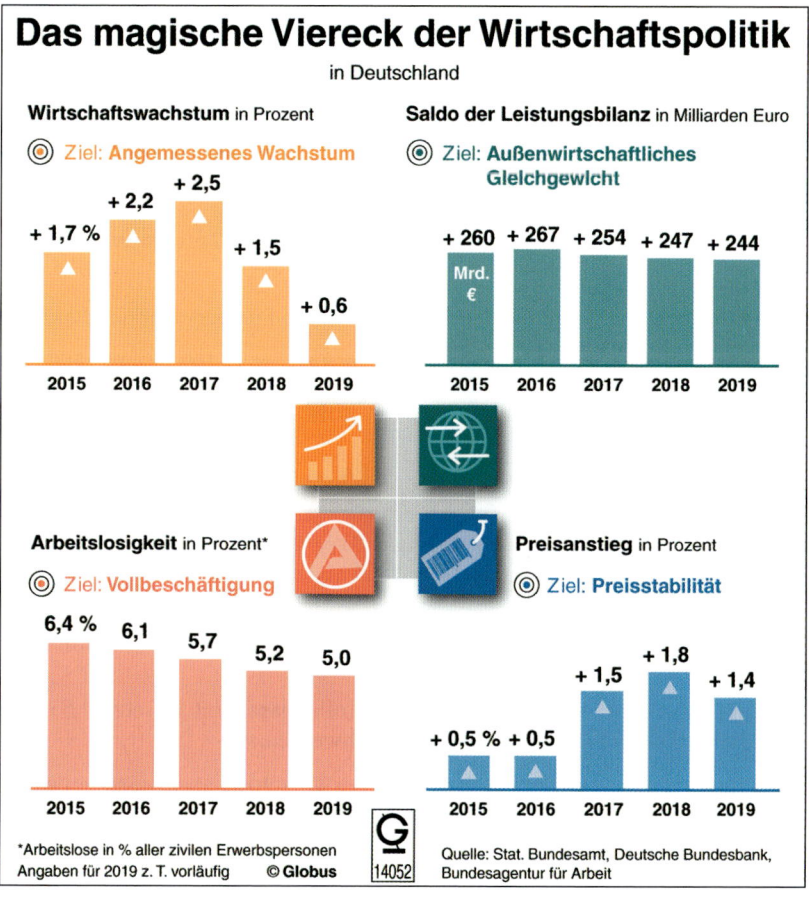

8.3.2   Preisstabilität

In einem marktwirtschaftlichen System kommt es durch die Kräfte der Wirtschaft und die sich verändernden rechtlichen, politischen und sozialen Rahmenbedingungen zu ständigen Veränderungen des Geldwertes.

- Bei einer Verringerung des Geldwertes spricht man von **Inflation**.
- Bei einer Erhöhung des Geldwertes spricht man von **Deflation**.

8.3.2.1 Inflation

Der Begriff Inflation (lat. „inflare" = aufblähen) lässt sich unterschiedlich definieren:

- Inflation ist ein fortgesetzter Anstieg des Preisniveaus für Güter und Dienstleistungen auf breiter Front, gemessen an der Erhöhung des Verbraucherpreisindexes.

- Inflation ist ein starker Anstieg weniger Preise mit der Folge, dass der Durchschnitt aller Preise, gemessen am Verbraucherpreisindex, steigt.

- Inflation ist eine Zunahme der Geldmenge bei weniger stark steigender Gütermenge.

Nach den beiden großen Inflationen von 1914 bis 1923 und 1936 bis 1948 herrscht in Deutschland eine tief verwurzelte Inflationsfurcht und eine nicht immer ganz emotionsfreie Diskussion über dieses Phänomen. Als Beleg lässt sich die Debatte um die „gefühlte Inflation" im Gefolge der Umstellung von DM auf Euro anführen.

Die Arten der Inflation lassen sich unterscheiden nach der Erkennbarkeit, der Geschwindigkeit und den Ursachen des Geldentwertungsprozesses.

Inflation – definiert nach der äußeren Erscheinung der Geldentwertung

Offene Inflation
Die Preissteigerungen und damit der Kaufkraftverlust sind für jeden erkennbar.

Beispiel: Eigene Wahrnehmung der Preiserhöhungen beim Kauf von Gütern oder durch die Veröffentlichung des Preisindexes für die Lebenshaltung.

Verdeckte Inflation
Durch einen allgemeinen Preis- und Lohnstopp (so in Deutschland ab 1936) oder durch Festsetzung von Höchstpreisen wird die Inflation zurückgestaut. Für breite Kreise der Bevölkerung erscheint dies als ein erfolgversprechender Weg zur Inflationsverhinderung. Bei genauerem Hinsehen werden jedoch gewichtige Einwände sichtbar:

- Der Marktpreis verliert seine Signal- und Lenkungsfunktion.

- Es entsteht die Gefahr von Schwarzmärkten.

- Ein umfangreicher und kostenintensiver Kontrollapparat mit Gesetzen, Sanktionsvorschriften, Behörden und Personal muss errichtet werden.

- Steigende Importpreise müssen entweder von der Vorschrift ausgenommen werden oder sie gefährden die importierenden Wirtschaftszweige.

- Je länger und wirksamer die administrativen Maßnahmen greifen, desto stärker wird sich der Inflationsstau bei Aufhebung der Maßnahmen in Preissteigerungen niederschlagen.

Beispiel: In den neuen Bundesländern gab es Begrenzungen bei den Wohnungsmieten, die nach der Wiedervereinigung zu extremen Mietpreissteigerungen geführt haben.

Inflation – definiert nach der Geschwindigkeit der Geldentwertung

Der Umfang des jährlichen Preisanstiegs wird mit
- schleichender,
- trabender oder
- galoppierender Inflation oder Hyperinflation

umschrieben.

Eine Zuordnung von Prozentsätzen zur Kennzeichnung der Geschwindigkeit ist wegen der unterschiedlichen wirtschaftlichen Situation und Inflationsmentalität nicht möglich.

Inflation – definiert als Kerninflation

Zur Berechnung von Kerninflationsraten werden Nahrungsmittel- und Energiepreise sowie kurzfristige Einflüsse, wie Kalendereffekte (*z. B. Urlaubsreisen, Schlussverkäufe*) und Änderungen der indirekten Steuern, aus dem HVPI herausgefiltert, um ein unverzerrtes Bild der Inflationsentwicklung zu erlangen.

Ursachen der Inflation

Preissteigerungen können auf einer Vielzahl unterschiedlicher Ursachen beruhen. Da die Preissteigerungen an den Märkten entstehen, lässt sich die Inflation vom Markt und seinen Teilnehmern her erklären.

Ursachen der Inflation	
Nachfrageinduzierte Inflation	**Angebotsinduzierte Inflation**

– Konsuminflation
– Investitionsinflation
– Staatsinflation (Fiskalinflation)
– Importierte Inflation
	– Kosteninflation
	  - Kosten inländischer Produktionsfaktoren
	  - importierte Kosteninflation
	– Gewinninflation
	– Inflation durch staatlich administrierte Preise

Nachfrageinduzierte Inflation (demand-pull inflation)

Wenn die gesamtwirtschaftliche Nachfrage bei konstantem gesamtwirtschaftlichem Angebot zunimmt, entsteht ein Nachfragesog, der die Preise nach oben zieht.

Voraussetzung ist, dass das Angebot elastisch oder unelastisch reagiert und die Nachfrageerhöhung über eine zusätzliche Geldschöpfung finanziert wird. Wenn allerdings die Angebotsseite aufgrund unausgelasteter Kapazitäten vollkommen elastisch reagieren kann, bleiben die preissteigernden Effekte aus.

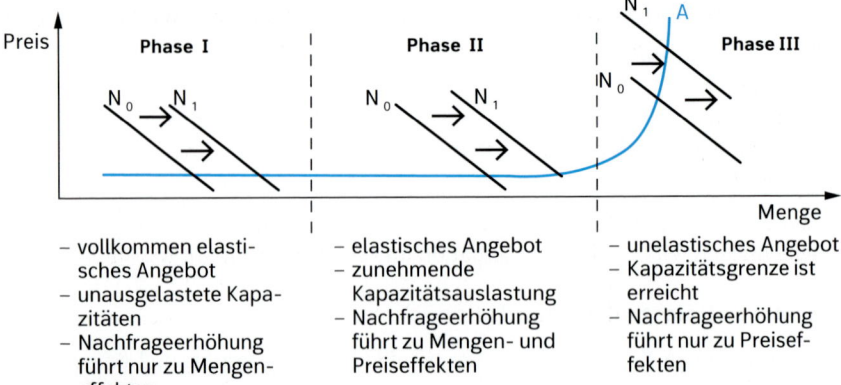

	Phase I	Phase II	Phase III
	– vollkommen elastisches Angebot – unausgelastete Kapazitäten – Nachfrageerhöhung führt nur zu Mengeneffekten	– elastisches Angebot – zunehmende Kapazitätsauslastung – Nachfrageerhöhung führt zu Mengen- und Preiseffekten	– unelastisches Angebot – Kapazitätsgrenze ist erreicht – Nachfrageerhöhung führt nur zu Preiseffekten

- **Konsuminflation**

Die privaten Haushalte weiten ihre Nachfrage nach Konsumgütern aus und finanzieren ihre Nachfrageerhöhung aus Ersparnissen oder durch Kreditaufnahme. Wenn das Konsumgüterangebot nicht ausreicht, werden die Nachfrager bereit sein, höhere Preise zu bezahlen, und die Anbieter werden nicht nur mit steigenden Mengen, sondern auch mit Preiserhöhungen reagieren.

- **Investitionsinflation**

Wenn die Unternehmen ihre über Kredite finanzierte Nachfrage nach Investitionsgütern erhöhen und auf ein nicht ausreichendes Investitionsgüterangebot treffen, kommt es ebenfalls zu einem Nachfragesog, der Preiserhöhungen nach sich zieht.

- **Staatsinflation**

Wenn der Staat selbst als Nachfrager auftritt und dies über eine weitere, geldmengenwirksame Verschuldung finanziert, kann dies zu einem Nachfrageüberhang und damit zu inflatorischen Wirkungen führen.

Beispiel:

Im sogenannten „Dritten Reich" gründete die Regierung die Metallforschungs-GmbH. Diese Unternehmung hatte die Aufgabe, die vom Staat in Auftrag gegebenen Rüstungsgüter zu finanzieren. Die Zahlung erfolgte, indem die Metallforschungs-GmbH mit einer Reichsbankgarantie ausgestattete Drei-Monats-Wechsel der Rüstungsindustrie akzeptierte. Bei Fälligkeit wurde die Wechsellaufzeit auf fünf Jahre verlängert. Die Industrie wollte aber nicht so lange auf ihr Geld warten und verkaufte die Wechsel an die Geschäftsbanken, die wegen der Reichsbankgarantie die Wechsel hereinnahmen. Als die Wechsel schließlich fällig wurden, prolongierte der Staat noch einmal, da für die Einlösung der Wechsel kein Geld vorhanden war.

Erst später verzichtete der Staat auf den Finanzierungsumweg und nahm direkt bei der Reichsbank Kredite auf. Da nicht mehr auf die Geldmittel, die der Kapitalmarkt bereithielt, zurückgegriffen wurde, kam es damit zu einer zusätzlichen Geldschöpfung.

Der Geldmantel wurde immer weiter, während das Angebot an Investitionsgütern und Konsumgütern ständig zugunsten der volkswirtschaftlich nutzlosen Rüstungsgüterproduktion abnahm. Durch einen Lohn- und Preisstopp wurde der Geldentwertungsprozess verdeckt. Der Bargeldumlauf hatte 1935 6,3 Mrd. Reichsmark betragen, lag im Mai 1945 bei 73 Mrd. Reichsmark und stieg schließlich bis 1948 auf ca. 100 Mrd. Reichsmark. Der Geldwert war somit vollends zerrüttet und veranlasste die Alliierten zur Einführung eines neuen Zahlungsmittels, der Deutschen Mark.

- **Importierte Inflation**

Wenn bei festen Wechselkursen die Exporte die Importe übersteigen, kommt es im Inland zu einer Abnahme der Gütermenge. Gleichzeitig bläht sich die Geldmenge auf, da die Exporterlöse bei der Notenbank in Inlandswährung umgetauscht werden.

Es entsteht ein Ungleichgewicht zwischen Güter- und Geldmenge und damit die Gefahr einer importierten Inflation. Ursächlich für die Exportüberschüsse und die daraus resultierende inländische Güterlücke sind bei gegebenen Wechselkursen vor allem die unterschiedlichen Inflationsraten der beteiligten Länder und die Dringlichkeit der Importnachfrage.

Angebotsinduzierte Inflation

Bei der angebotsinduzierten Inflation versuchen die Anbieter, über Preiserhöhungen eine Verschlechterung ihrer Kostensituation auszugleichen oder eine Verbesserung ihrer Gewinnsituation herbeizuführen (siehe folgende Grafik).

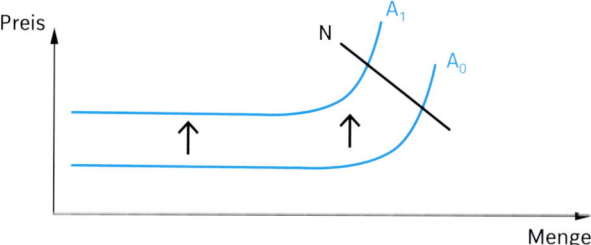

- **Kosteninflation (cost-push inflation)**

Die Unternehmen geben gestiegene Kosten über die Preise weiter, sofern sie den Kostendruck nicht über Produktivitätssteigerungen kompensieren können oder bereit sind, Gewinneinbußen hinzunehmen.

- **Lohn-Preis-Spirale oder Preis-Lohn-Spirale**

Wenn die Lohnstückkosten steigen – wofür nicht nur Tariferhöhungen, sondern auch Lohnnebenkosten verantwortlich sein können – kann es zu Preissteigerungen kommen. Bei der nächsten Tarifrunde werden die Gewerkschaften einen Lohnausgleich durchsetzen, der wiederum den Unternehmen als Motiv für weitere Preissteigerungen dient („Zweitrundeneffekt"). Je nach politischem Standpunkt wird dieser Prozess Lohn-Preis-Spirale oder Preis-Lohn-Spirale genannt.

In diesem Zusammenhang wird auch von einer Anspruchsinflation gesprochen, da hier die Ansprüche der gesellschaftlichen Gruppen an der Verteilung des Volkseinkommens zur Förderung der Inflation beitragen.

- **Importierte Inflation**

Wenn die Kostensteigerungen aus dem Import ausländischer Produkte resultieren, erfolgt eine Abwälzung der gestiegenen Importkosten auf die Verkaufspreise im Inland. Weil diese Verteuerungen von Entwicklungen im Ausland ausgehen, wird auch hier von importierter Inflation gesprochen.

- **Gewinninflation**

Wenn Unternehmen ohne ökonomische Notwendigkeit Preiserhöhungen durchsetzen, kann dies eine Gewinninflation verursachen. Diese Form des missbräuchlichen Ausnutzens von Marktmacht droht am häufigsten auf oligopolistischen Märkten und bei Angebotsmonopolen.

- **Inflation durch staatlich administrierte Preise**

Bei vielen Gütern und Dienstleistungen bestimmt der Staat mittelbar oder unmittelbar den Preis und trägt durch Preiserhöhungen zur Inflation bei.

Auf den ersten Blick scheint es paradox, wenn der Staat, der Preisstabilität zum wirtschaftspolitischen Ziel erklärt, die Inflation anheizt, indem die staatlich administrierten Preise stärker als die anderen Preise ansteigen. Die Erklärung für diese Situation ist einfach: Wenn die Staatseinnahmen durch Steuerausfälle sinken, kann der Staat nicht im gleichen Maße seine Ausgaben kürzen, da ein Großteil seiner Aufgaben gesetzlich vorgeschrieben ist. Folglich erhöht er Steuern, Gebühren und Abgaben, um seinen Verpflichtungen weiter nachkommen zu können.

Rund 30 Prozent aller Preise für Güter und Dienstleistungen, die in den Harmonisierten Verbraucherpreisindex eingehen, werden von staatlichen Institutionen mehr oder weniger stark beeinflusst.

Folgen der Inflation

Bei einer Inflation gibt es Gewinner und Verlierer.

Inflationsgewinner sind:

- **Schuldner**

Sie haben „gutes Geld" erhalten und zahlen schlechtes Geld zurück.

Beispiel:
Bei Bauherren, die langfristige Darlehen mit Festzinsvereinbarung aufnehmen, verringert sich von Jahr zu Jahr der prozentuale Anteil ihrer Belastung am Einkommen, da das Einkommen inflationsbedingt steigt, aber die monatliche Belastung konstant bleibt. Außerdem haben Bauherren den Vorteil, dass der Wert ihrer kreditfinanzierten Immobilie steigt.

- **der Staat**

Einerseits entwerten sich die Staatsschulden, andererseits nehmen inflationsbedingt und strukturell bedingt (Steuerprogression) die Staatseinnahmen zu.

- **vermögende Personen**

Da sie ihr Vermögen häufig in Sachwerten angelegt haben, steigt der Nominalwert ihres Vermögens.

Inflationsverlierer sind:

- **Bezieher fester Einkommen** (Arbeiter, Angestellte, Beamte, Rentner)

Erst mit Verzögerung kommt es zu Einkommenserhöhungen und damit zum Kaufkraftausgleich. Bei Rentnern ist die Verzögerung durch das System der nettolohnbezogenen Rentenanpassungen noch ausgeprägter. Sie erhalten immer erst dann einen Kaufkraftausgleich, wenn die Inflation schon fortgeschritten ist.

- **Empfänger von Unterhaltsleistungen und Studenten**

Transferzahlungen und Freibeträge werden oft in sehr langem zeitlichen Abstand erhöht.

Beispiele: Kindergeld, Elternfreibeträge beim BAföG

- **Gläubiger, Sparer und andere Geldanleger**

Die Zinserträge werden durch die Geldentwertung real geschmälert, sodass die Kaufkraft des Gesparten nur wenig steigt oder gar abnimmt.

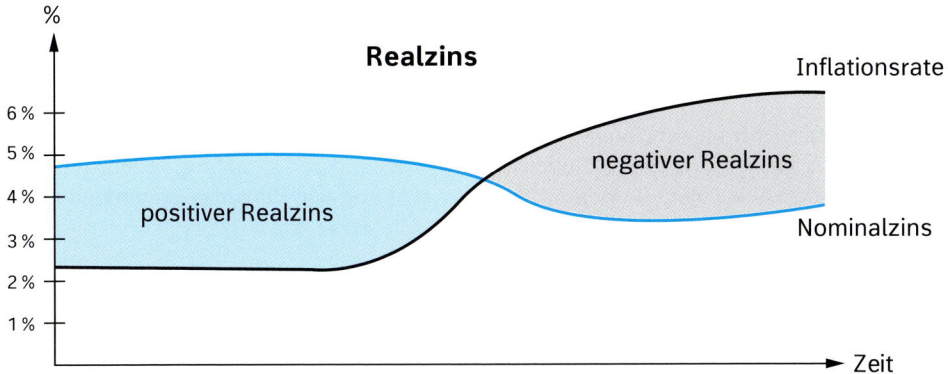

Personen mit erheblichem Geldvermögen erhalten meistens über den Anlageberater bei ihrem Kreditinstitut oder ihrem Steuerberater bei drohender Inflation Hinweise zur „Flucht in die Sachwerte". Für Kleinanleger ergibt sich dieser Weg nicht, da ihnen häufig entsprechende Informationen fehlen und ihr Geldvermögen für die Flucht in die Sachwerte nicht ausreicht. Sie gehen in ihren Überlegungen vom **Nominalzins** aus und beachten nicht den **Realzins**.

Die Inflation hat negative Folgen für die soziale Symmetrie in der Bevölkerung. Es kommt zu einer Gefährdung der sozialen Sicherheit und zu Wohlstandseinbußen. Länder mit hohen Inflationsraten gefährden ihre internationale Wettbewerbsfähigkeit. Insbesondere in Ländern mit einer sehr exportorientierten Wirtschaft geraten Produktion und Beschäftigung unter Druck.

8.3.2.2 Deflation

Deflation ist eine fortgesetzte Senkung des Preisniveaus.

Das Preisniveau kann nicht im gleichen Maße sinken, wie es bei der Inflation steigen könnte, da den Unternehmen für Preissenkungen Grenzen gesetzt sind.
- Bei den Löhnen müssen die Unternehmen die Tarifvereinbarungen beachten.
- Für importierte Rohstoffe sind Preise zu zahlen, die mit deflatorischen Entwicklungen im Inland nichts zu tun haben.

Ursachen der Deflation

Rückgang der Nachfrage
- des Staates, wenn er seine Investitionstätigkeit stark drosselt,
- des Auslandes, wenn Exporte drastisch zurückgehen,
- der privaten Haushalte, die zulasten des Konsums vermehrt sparen und die Unternehmen zu Produktionseinschränkungen zwingen sowie weitere Preissenkungen abwarten (Attentismus).

Preissenkungen durch die Unternehmen zur Anregung der Nachfrage, weil
- die eigenen Kapazitäten nicht ausgelastet sind,
- sie bei gesättigten Märkten Marktanteile gewinnen wollen

Rückgang der nachfragewirksamen Geldmenge, weil
- die Wirtschaftssubjekte aus Gründen der Vorsicht und in Erwartung fallender Preise Kaufzurückhaltung üben und damit zu einer Senkung der Umlaufgeschwindigkeit des Geldes beitragen,
- die Zentralbank das Geldvolumen reduziert.

Beispiel:
In den Jahren 1930 bis 1932 versuchte die Regierung, den Staatshaushalt mit untauglichen Mitteln zu sanieren. Öffentliche Investitionen wurden radikal zurückgefahren, und die Löhne und Gehälter der im öffentlichen Dienst Beschäftigten wurden gekürzt. Die Folge war eine Deflationsspirale, an deren Ende die Geldmenge um über 30 % gesunken und das Heer der Arbeitslosen auf 6 Millionen gestiegen war.

Folgen der Deflation
Die schrumpfende Geldmenge und der Preisverfall führen zu
- Nachfragesenkungen bei Konsum- und Investitionsgütern,
- Produktionseinschränkungen,
  - Erhöhung der Lagervorräte
  - Beschäftigungsrückgang
  - Einkommenseinbußen
  - Rückgang der Steuereinnahmen
  - Zunahme der Staatsverschuldung

Begünstigte der Deflation sind Verbraucher, Bezieher fester Einkommen sowie Gläubiger und Geldanleger. Dagegen werden Unternehmer und Schuldner mit langfristigen Verbindlichkeiten von der Deflation hart getroffen.
Die Gefahr einer Deflation wurde als beherrschbar eingeschätzt, wenn ihr mit einer Kombination von aggressiver Zinspolitik und entschlossener Fiskalpolitik begegnet wird. Das Beispiel Japan lehrt aber das Gegenteil. Seit nunmehr über 20 Jahren kämpft die Politik dort gegen die Deflation, doch der Erfolg ist höchst bescheiden. Riesige staatliche Investitionen und eine Null-Zins-Politik haben die Staatsverschuldung verdoppelt, aber die Deflation nicht gestoppt und kein nennenswertes Wachstum hervorgerufen. Bei der Bekämpfung hoher Inflation haben die Notenbanken mit ihren vielen Instrumenten der Geld- und Zinspolitik reichlich Erfahrung gesammelt, aber Deflation ist für sie Neuland. Wenn die Notenbankzinsen bei Null sind, ist das Pulver zur Bekämpfung der Deflation verschossen.

8.3.2.3 Stagflation

Stagflation ist eine Wortschöpfung aus **Stag**nation und In**flation**. Damit ist eine Phase schleichender Inflation bei stagnierender wirtschaftlicher Tätigkeit gemeint. Die Bundesrepublik hat eine solche Phase in den Jahren 1973 und 1974 erlebt. Auf rückläufige Nachfrage reagieren die Unternehmen mit Produktionseinschränkungen und Beschäftigungsabbau. Entgegen der Theorie, wonach die Preise bei einem Nachfragerückgang sinken, kommt es aber zu Preisniveauerhöhungen, da die fixen Stückkosten zunehmen und die Unternehmen Verschlechterungen der Erlös-Kosten-Relation nicht hinnehmen wollen.

8.3.3 Hoher Beschäftigungsstand

Als 1967 das Ziel „hoher Beschäftigungsstand" gesetzlich verankert wurde, hielt man eine Arbeitslosenquote von 1 % für erreichbar. Inzwischen ist man bescheidener geworden und verzichtet auf Zahlenangaben. Die hohe Arbeitslosigkeit ist heute ein Problem, unter dem sehr viele Volkswirtschaften leiden.

- **Unterbeschäftigung**
Der Produktionsfaktor Arbeit ist unzureichend ausgelastet, sodass ein Teil des gesamtwirtschaftlichen Potenzials brachliegt. Die Anzahl der Arbeitslosen ist höher als die Anzahl der offenen Stellen.

- **Vollbeschäftigung**
Ziel ist Vollbeschäftigung, also die optimale Auslastung des Produktionsfaktors Arbeit. Optimal meint in diesem Zusammenhang, dass ein gewisses Arbeitskräftepotenzial als Reserve nicht beschäftigt ist und bei Engpässen Pufferfunktionen übernehmen kann. Rechnerisch wäre dieser Zustand hergestellt, wenn die Anzahl der Arbeitslosen der Anzahl der offenen Stellen entspräche.

- **Überbeschäftigung**
Bei Überbeschäftigung gibt es diese Reserve nicht, sodass es zu Überhitzungen am Arbeitsmarkt kommt. Es gibt mehr offene Stellen als Arbeitslose.

Beispiel:
Überzogene Lohnforderungen und Abwerbungen von Arbeitskräften sind typische Merkmale der Überbeschäftigung.

8.3.3.1 Ursachen und Typologien der Arbeitslosigkeit

Die Arbeitslosigkeit hat objektive und subjektive Gründe.

Objektive Ursachen der Arbeitslosigkeit Primär in sachlichen Gegebenheiten begründet	Subjektive Ursachen der Arbeitslosigkeit Primär in der Person des Arbeitnehmers begründet

– konjunkturelle Arbeitslosigkeit
– Rationalisierungsarbeitslosigkeit/
  technologische Arbeitslosigkeit
– saisonale Arbeitslosigkeit
– strukturelle Arbeitslosigkeit
  - branchenspezifisch/sektoral
  - regional
  - demografisch
  - durch Mismatch
	– Qualifikationsmängel
	– Alter
	– Nationalität
	– Krankheit/Behinderung
	– Geschlecht
	– charakterliche Eigenschaften
	– Langzeitarbeitslosigkeit
	– friktionelle Arbeitslosigkeit
	  (fluktuationsbedingte Arbeitslosigkeit)

Objektive Ursachen der Arbeitslosigkeit

Die Ursachen der objektiven Arbeitslosigkeit liegen vorwiegend in gesamtwirtschaftlichen Gegebenheiten.

- **Konjunkturelle Arbeitslosigkeit**

In Phasen eines Rückgangs der gesamtwirtschaftlichen Nachfrage sehen sich viele Unternehmen zu Entlassungen veranlasst.

- **Rationalisierungsarbeitslosigkeit/Technologische Arbeitslosigkeit**

Um im Wettbewerb mithalten zu können, sehen sich die Unternehmen vor die Daueraufgabe „Kostensenkung" gestellt. Dabei werden nicht nur betriebliche Abläufe optimiert, sondern menschliche Arbeit wird durch Einführung neuer Techniken ersetzt.

Beispiel: Onlinebanking

- **Saisonale Arbeitslosigkeit**

Beschäftigung erfolgt in Anlehnung an saisonale veränderliche Bedingungen.

Beispiel: Personal in Ferienzentren

- **Strukturelle Arbeitslosigkeit**

Die Aufsplittung des Begriffs in **branchenspezifische** und in **regionale** Arbeitslosigkeit verdeutlicht, ob bestimmte Wirtschaftszweige Arbeitsplätze abbauen oder ob in gewissen Regionen aufgrund gegebener Standortfaktoren besonders wenig Wirtschaftsunternehmen angesiedelt sind.

Beispiele:
- *Branchenspezifische Arbeitslosigkeit: In der Stahlindustrie kommt es zu Entlassungen.*
- *Regionale Arbeitslosigkeit: Wegen ungünstiger Standortfaktoren ist die Arbeitslosigkeit in Teilen Mecklenburg-Vorpommerns besonders hoch.*

Wenn das Arbeitsangebot und die Arbeitsnachfrage in regionaler oder qualifikatorischer Hinsicht voneinander abweichen und deswegen gleichzeitig Arbeitslosigkeit und Arbeitskräftemangel herrschen, wird von **Mismatch-Arbeitslosigkeit** gesprochen.

Beispiel: In Wolfsburg sind Facharbeiter aus der Automobilbranche arbeitslos geworden, und in München werden dringend Softwareentwickler gesucht.

Verschiedentlich wird auch die Bevölkerungsstruktur für die hohe Arbeitslosigkeit verantwortlich gemacht. Diese Art struktureller Arbeitslosigkeit wird als **demografische** Arbeitslosigkeit bezeichnet.

Beispiel: Geburtenstarke Jahrgänge strömen auf den Arbeitsmarkt, der aber nicht in der Lage ist, in kurzer Zeit diese Zugänge mit Arbeit zu versorgen.

In den letzten Jahren haben die Arbeitgeber und ihre Verbände die Diskussion über die Gründe der Arbeitslosigkeit auf die Personalkosten gelenkt.

Für die hohe Arbeitslosigkeit werden u. a. folgende Ursachen mitverantwortlich gemacht:
- Die Lohnkosten, insbesondere in den unteren Lohngruppen (Mindestlohn), sind zu hoch.
- Die Lohnnebenkosten sind so hoch, dass sie die Arbeitgeber unangemessen stark belasten.
- Flächentarifverträge berücksichtigen regionale Gegebenheiten nur unzureichend und verhindern somit u. U. die Einstellung von Mitarbeitern.

– Die Umweltschutzregelungen und -kosten sind überzogen.
– Die Regelungen des sozialen Arbeitsschutzes machen Neueinstellungen letztlich zu teuer.

Subjektive Ursachen der Arbeitslosigkeit

Die Ursachen der Arbeitslosigkeit liegen in der Person des Arbeitnehmers, seiner persönlichen Disposition oder seinem Verhalten.

Drei Personengruppen haben besonders schlechte Chancen, wieder eine Beschäftigung zu finden, wenn sie erst einmal arbeitslos geworden sind.

Das sind Personen
- ohne berufliche Qualifikation,
- mit gesundheitlichen Beeinträchtigungen,
- die älter als 55 Jahre sind,
- die ein Jahr und länger ohne Arbeit sind.

Friktionelle Arbeitslosigkeit (Sucharbeitslosigkeit) bezeichnet die Zeit, die der Arbeitslose braucht, um sich auf dem Arbeitsmarkt umzusehen, Vorstellungstermine zu vereinbaren und wahrzunehmen, Alternativen abzuwägen, eventuell einen Wohnungswechsel vorzubereiten und durchzuführen, um schließlich in ein neues Arbeitsverhältnis einzutreten. Arbeitnehmer können diese Art von Arbeitslosigkeit, die üblicherweise nicht länger als drei Monate dauert und die auch häufig als fluktuationsbedingt bezeichnet wird, verhindern oder verkürzen, wenn sie sich bereits in ihrem alten Beschäftigungsverhältnis nach einer neuen Arbeit umsehen und dann nach ihrem Resturlaub nahtlos eine neue Stelle antreten.

8.3.3.2 Arbeitsmarktstatistik und Grenzen der Statistik

Arbeitslosenquoten zeigen die prozentuale Unterauslastung des Arbeitskräfteangebots an, indem sie die registrierten Arbeitslosen zu allen zivilen Erwerbspersonen – abhängige zivile Erwerbstätige, Selbstständige und mithelfende Familienangehörige – in Beziehung setzen.

Nach dem Sozialgesetzbuch III (*SGB III*) definiert die Bundesagentur für Arbeit (BA) Personen, die
- vorübergehend nicht in einem Beschäftigungsverhältnis stehen,
- eine versicherungspflichtige Beschäftigung suchen und dabei den Vermittlungsbemühungen der Agentur für Arbeit zur Verfügung stehen und
- sich bei der Agentur für Arbeit arbeitsuchend gemeldet haben,

als arbeitslos, sofern sie nicht an einer Maßnahme der aktiven Arbeitsmarktpolitik teilnehmen *(§ 16 SGB III).*

$$\text{Arbeitslosenquote (auf Basis aller zivilen Erwerbspersonen)} = \frac{\text{Arbeitslose}}{\text{alle ziv. Erwerbstätigen} + \text{Arbeitslose}}$$

Beispiel: In einer Volkswirtschaft gibt es 100 Erwerbspersonen, davon 15 Selbstständige und 5 Arbeitslose.

100 Erwerbspersonen		
85 Abhängige Erwerbspersonen		15 Selbstständige
5 Arbeitslose	80 Abhängige Beschäftigte	
	95 Erwerbstätige insgesamt	

Berechnung: $\dfrac{5 \cdot 100}{95 + 5} = 5,00\%$

Für internationale Vergleiche ist die Berechnungsart der Bundesagentur für Arbeit wenig geeignet, da die einzelnen Staaten die Arbeitslosigkeit nach unterschiedlichen Verfahren messen.

Die **Internationale Arbeitsorganisation (ILO)** hat eine Methode entwickelt, mit der Beschäftigtenstatistiken international vergleichbar werden. Das sogenannte Labour-Force-Konzept der ILO zur Messung der Erwerbslosigkeit weist beträchtliche Unterschiede zur nationalen deutschen Statistik auf. Dies wird nicht nur an den Begriffen deutlich – hier Arbeitslose, dort Erwerbslose –, sondern auch an unterschiedlichen Abgrenzungen und Erhebungsmethoden.

Unterschiede zwischen der deutschen und der internationalen Beschäftigtenstatistik		
Arbeitslose nach SGB III		**Erwerbslose nach ILO**
– Ja, aktuelle Beschäftigung bis 14 Wochenstunden möglich	*Aktuelle Beschäftigung*	– Nein, keine aktuelle Beschäftigung
– 15- bis 65-Jährige	*Altersgrenze*	– 15- bis 74-Jährige
– Meldung und Registrierung bei Agentur für Arbeit, Arbeitsgemeinschaft oder kommunalem Träger und – Überprüfung und Beurteilung der Angaben durch Mitarbeiter	*Erhebungsverfahren*	– Telefonische Bevölkerungsbefragung, – stichprobenartig ausgewählte Haushalte, – monatlich, – sechsmalige Wiederholungsbefragung, – Plausibilitätsprüfung durch Statistisches Bundesamt
– Beschäftigung im Umfang von mind. 15 Wochenstunden wird angestrebt, – der Arbeitssuchende nimmt aktiv an der Beschäftigungssuche teil	*Bereitschaft zur Arbeitsaufnahme*	– Beschäftigung im Umfang von mind. einer Wochenstunde wird gesucht, – der Arbeitssuchende hat in den letzten vier Wochen aktiv an der Beschäftigungssuche teilgenommen
– Möglichst zeitnah	*Möglicher Arbeitsbeginn nach einem Vermittlungsvorschlag*	– Innerhalb von 14 Tagen
– Arbeitslose: 2,76 Mio. – Arbeitslosenquote: 6,0 %	*Zahlenvergleich Okt. 2020*	– Erwerbslose: 1,93 Mio. – Erwerbslosenquote: 4,95 %

Die Übersicht zeigt, dass in der ILO-Arbeitsmarktstatistik Erwerbslose enthalten sind, die die Bundesagentur für Arbeit nicht als arbeitslos zählt. Zum anderen gelten in der Statistik der BA auch Personen als arbeitslos, die nach Definition der ILO-Arbeitsmarktstatistik nicht erwerbslos sind. Im Vergleich der Ergebnisse weist die ILO-Statistik insgesamt niedrigere Erwerbslosenzahlen und Erwerbslosenquoten auf als die nationale Statistik der BA.

Wodurch wird die Arbeitslosenzahl künstlich verkleinert?

Durch eine Reihe von Tatbeständen wird die Arbeitslosenzahl künstlich verkleinert. Dadurch kommt es zu einer **verdeckten Arbeitslosigkeit**. Die Bundesagentur veröffentlicht dazu die Zahl der Personen in „Unterbeschäftigung", die ca. 30 % über der Arbeitslosenzahl liegt. Als unterbeschäftigt gelten neben den Arbeitslosen vor allem Menschen in arbeitsmarktpolitischen Fördermaßnahmen, wie z. B.
- Personen in Kurzarbeit
- Personen in Altersteilzeit
- Empfänger von Gründungszuschüssen
- Empfänger von Beschäftigungszuschüssen
- Personen in beruflicher Weiterbildung

Für die Verringerung der Zahl der registrierten Arbeitslosen sind weitere Punkte maßgeblich:

- Ausländische Arbeitnehmer können Abfindungen zur vorzeitigen Auflösung ihrer Arbeitsverträge erhalten, um ins Ausland zurückzukehren (§ 7 RückHG),

- Schulabgänger suchen nach der Schulentlassung einen Ausbildungsplatz. Sie werden in der Statistik der Ausbildungsplatzsuchenden erfasst.

	Bestand				Veränderung gegenüber Vorjahresmonat			
	vorläufig – hochgerechnet		endgültig		Februar		November	
	Februar 2021	Januar 2021	Dezember 2020	November 2020	absolut	in %	absolut	in %
	1	2	3	4	5	6	7	8
Arbeitslose	2.904.413	2.900.663	2.707.242	2.699.133	508.809	21,2	519.134	23,8
+ Personen, die im weiteren Sinne arbeitslos sind	338.308	331.556	351.285	349.842	−42.184	−11,1	−37.544	−9,7
dav.: Aktivierung und berufliche Eingliederung	169.522	163.535	182.612	181.408	−38.457	−18,5	−32.503	−15,2
Sonderregelungen für Ältere (§ 53a Abs. 2 SGB II)	168.786	168.021	168.673	168.434	−3.727	−2,2	−5.041	−2,9
= Arbeitslosigkeit im weiteren Sinne	3.242.721	3.232.219	3.058.527	3.048.975	466.625	16,8	481.590	18,8
+ Personen, die nahe am Arbeitslosenstatus sind	430.925	425.952	464.148	461.737	−106.274	−19,8	−85.723	−15,7
dav.: Berufliche Weiterbildung								
inkl. Ford. von Menschen mit Behind.	159.028	161.080	166.206	165.054	−12.693	−7,4	−12.221	−6,9
Arbeitsgelegenheiten	48.052	49.677	56.520	60.128	−17.699	−26,9	−14.495	−19,4
Fremdförderung	120.680	126.802	136.302	132.331	−56.714	−32,0	−51.767	−28,1
Förderung von Arbeitsverhältnissen	33	34	145	311	−1.865	−98,3	−2.538	−89,1
Beschäftigungszuschuss	1.348	1.389	1.462	1.483	−297	−18,1	−248	−14,3
Bundesprogramm Soziale Teilhabe am Arbeitsmarkt	–	–	–	–	–	X	–	X
Teilhabe am Arbeitsmarkt ***)	42.605	42.816	42.902	42.495	5.580	15,1	10.211	31,6
kurzfristige Arbeitsunfähigkeit	59.179	44.154	60.611	59.935	−22.586	−27,6	−14.665	−19,7
= Unterbeschäftigung im engeren Sinne	3.673.646	3.658.171	3.522.675	3.510.712	360.351	10,9	395.867	12,7
+ Personen, die fern vom Arbeitslosenstatus sind, in Maßnahmen, die gesamtwirtschaftlich entlasten *)	18.800	18.715	18.537	18.633	−1.565	−7,7	−1.637	−8,1
dar.: Gründungszuschuss	17.954	17.880	17.628	17.721	−.226	−6,4	−1.323	−6,9
Einstiegsgeld - Variante: Selbstständigkeit	846	835	909	912	−339	−28,6	−314	−25,6
Kurzarbeiter (Beschäftigtenäquivalent) *)	...	...	1.271.096	1.162.910	X	X	1.127.616	.X
= Unterbeschäftigung (einschl. Kurzarbeit)*	...	...	4.812.308	4.692.255	X	X	1.521.846	48,0
= Unterbeschäftigung (ohne Kurzarbeit)	3.692.446	3.676.886	3.541.212	3.529.345	358.786	10,8	394.230	12,6

*) um die Werte im zeitlichen Verlauf und die Vorjahresvergleiche nicht zu verzerren, wird hier die Komponente "Kurzarbeiter (Beschäftigtenäquivalent)" nicht in die Summe eingerechnet

Quelle: Bundesagentur für Arbeit: Umfassende Arbeitsmarktstatistik. Arbeitslosigkeit und Unterbeschäftigung, Nürnberg, April 2021, S. 2. In: https://statistik.arbeitsagentur.de/DE/Statischer-Content/ Statistiken-aktuell/Unterbeschaeftigung-Schaubild.pdf?__blob=publicationFile&v=12. (30.04.2021)

- Während einer Krankschreibungsphase werden Langzeitarbeitslose nicht mitgezählt.
- Jobsuchende, die z. B. Termine verpassen oder die wegen fehlender Verfügbarkeit oder Mitwirkung kein ALG I oder ALG II mehr erhalten, fallen aus der Arbeitslosenstatistik.
- Von privaten Jobvermittlern betreute Arbeitslose werden nicht mitgezählt.

Zur „**stillen Reserve**" gehören ca. 5 % der Nichterwerbspersonen, das sind mehr als eine Mio. Personen. Sie lassen sich in zwei Gruppen einteilen.

- Personen, die zwar generell eine Arbeitsaufnahme wünschen, aber kurzfristig für eine Arbeitsaufnahme nicht zur Verfügung stehen. Ursachen hierfür sind Krankheit oder Arbeitsunfähigkeit, Aus- oder Fortbildung und Studium, persönliche oder familiäre Verpflichtungen wie Betreung von Kindern oder pflegebedürftigen Angehörigen sowie sonstige Gründe.
- Personen, die aus unterschiedlichen Gründen aktuell keine Arbeit suchen, aber im Prinzip gerne arbeiten würden und auch verfügbar sind. Die Gründe sind z. T. wie bei Gruppe A, doch zusätzlich kann Entmutigung („Ich finde sowieso keinen Job") oder der Tatbestand, dass man bereits Rente oder Pension bezieht, eine Rolle spielen.

Erwerbspersonen		Nichterwerbspersonen		
Erwerbstätige	Erwerbslose	Stille Reserve		Sonstige
		Gruppe A arbeitssuchend nicht verfügbar	*Gruppe B* verfügbar nicht suchend	

Das Geschlecht (Frauen mittleren Alters sind am häufigsten mit der Erziehung der Kinder und anderen familiären Verpflichtungen wie z.B. der Pflege oder Betreuung der Eltern beschäftigt) und das Lebensalter (Ruhestand) haben den stärksten Einfluss auf die Entscheidung, nicht aktiv am Arbeitsmarkt teilzunehmen.

Wodurch wird die Arbeitslosenzahl künstlich vergrößert?

Man muss davon ausgehen, dass eine Reihe von Personen in Wirklichkeit keine sozialversicherungspflichtige Tätigkeit sucht, sondern nur gemeldet ist, um finanzielle Ansprüche geltend machen zu können.
Im Einzelnen zählen dazu:

- Schüler, die sich nach dem Schulabschluss arbeitssuchend melden, um den Eltern bis zum Antritt von freiwilligem Wehrdienst, Bundesfreiwilligendienst oder Beginn einer Ausbildung das Kindergeld zu sichern,
- Personen, die sich zur Sicherung von Rentenausfallzeiten arbeitssuchend melden, obwohl sie wegen ihres hohen Alters keine neue Stelle antreten wollen,
- kaum vermittelbare Personen, die aufgefordert werden, sich arbeitssuchend zu melden, um so Berechtigung zum Bezug von Arbeitslosengeld II zu erlangen,
- Personen, die an einer Arbeitsaufnahme uninteressiert sind,
- Personen, die im Rahmen der Zumutbarkeitsverordnung Stellenangebote ablehnen,
- Erwerbspersonen, die bis zu 15 Wochenstunden in einem kurzzeitigen Beschäftigungsverhältnis stehen und einen Fulltime-Job suchen,
- Schwarzarbeiter, die aufgrund weiterer Einkünfte neben dem Arbeitslosengeld kein Interesse an einer sozialversicherungspflichtigen Beschäftigung haben.

Ca. 2,7 Millionen registrierte Arbeitslose im November 2020, doch …	

… eigentlich gibt es viel weniger Arbeitslose, denn die Zahl wird künstlich erhöht durch …
– Schüler und Studenten zwischen zwei Ausbildungsabschnitten,
– leistungsberechtigte Frauen, die nach dem Mutterschutzurlaub zu Hause bleiben,
– ehemalige Sozialhilfeempfänger,
– die nicht vermittelbar sind,
– Arbeitsunwillige,
	… eigentlich gibt es viel mehr Arbeitslose, denn die Zahl wird künstlich gesenkt durch …
	– arbeitsmarktpolitische Instrumente,
	  - Kurzarbeiter,
	  - Teilnehmer an Beschäftigung schaffenden Maßnahmen,
	  - Teilnehmer an Eignungsfeststellungs- und Trainingsmaßnahmen,
	  - Ein-Euro-Jobber,
	  - Teilnehmer an Fortbildungs- und Umschulungsmaßnahmen,

– Personen, die im Rahmen der Zumutbarkeitsverordnung Arbeitsangebote ausschlagen, – arbeitssuchende Erwerbstätige, die weniger als 15 Std. pro Woche arbeiten, – Schwarzarbeiter, – Personen, die aus familiären Gründen nur Teilzeit arbeiten können oder in der räumlichen Mobilität sehr eingeschränkt sind.	- Arbeitslose, die von privaten Jobvermittlern betreut werden, - Teilnehmer an Deutschlehrgängen, – Empfänger von Vorruhestands- und Altersübergangsgeld, – ausbildungsplatzsuchende Schulabgänger, die in einer anderen Statistik landen, – arbeitslose Ausländer, die Rückkehrprämien erhalten, – die stille Reserve.

8.3.3.3 Folgen und Bekämpfung der Arbeitslosigkeit

Soziale Folgen

Die Folgen für den Einzelnen liegen nicht nur in der Verschlechterung seiner materiellen Situation, sondern vor allem auch im psychischen Bereich. Der Arbeitslose gibt soziale Kontakte zu Arbeitskollegen auf und verliert an gesellschaftlicher Anerkennung und persönlicher Selbstverwirklichung. Nicht selten ist eine Stigmatisierung die Folge. Der Arbeitslose wird für die Entlassung selbst verantwortlich gemacht, seine Leistungsfähigkeit und Qualifikation scheinen nicht auszureichen. Bei der Suche nach einem neuen Arbeitsplatz muss begründet werden, warum man entlassen worden ist.

Volkswirtschaftliche Folgen

Arbeitslosigkeit bedeutet eine erhebliche Belastung der öffentlichen Hand, da Sozialversicherungsbeiträge ausfallen, aber Transferzahlungen gezahlt werden müssen. Eine hohe Arbeitslosigkeit kann zu einer spürbaren Senkung der Inlandsnachfrage führen und eine konjunkturelle Abwärtsbewegung hervorrufen.

Arbeitsmarktpolitische Instrumente

Besonderheiten des Arbeitsmarktes

Für den Arbeitsmarkt gelten nur teilweise die gleichen Gesetzmäßigkeiten wie für Gütermärkte. Die Gemeinsamkeiten erschöpfen sich darin, dass Unternehmen Arbeit möglichst billig nachfragen und Arbeitnehmer ihre Arbeitskraft möglichst teuer anbieten. Es ist aber schon bei der Preisfindung (Lohn) zweifelhaft, ob hier ein echter Kompromiss nach den Gesetzen des Marktes gefunden wird, da Lohn- und Gehaltstarife in aller Regel nur in einer Richtung, nämlich nach oben, variabel sind.

Arbeitskräfte gesucht

Offene Stellen in Deutschland jeweils im zweiten Quartal in Tausend

davon 2020 (in Prozent) in Betrieben mit

2011 2012 2013 2014 2015 2016 2017 2018 *2019 2020*
⌊*vorläufig*⌋

1389

1211

1101

982

798 Tsd. 836 730 825 878 893

250 und mehr 13 37 **bis zu 9 Mitarbeitern**

50 bis 249 22 %

15 13

20 bis 49 **10 bis 19**

später zu besetzen 27 73 **sofort zu besetzen**

%

Quelle: Institut für Arbeitsmarkt- und Berufsforschung (IAB)   Stand August 2020   © Globus   14190

Vor allem aber verschließt sich der Arbeitsmarkt den üblichen Marktbedingungen, weil das Gut „Arbeitsleistung" untrennbar mit dem Menschen verknüpft ist. Diese enge Verknüpfung hat eine Reihe von gesetzlichen Schutzregelungen zur Folge, die den Marktmechanismus überdecken oder sogar außer Kraft setzen.

Beispiele: Arbeitsschutzvorschriften; allgemeiner Kündigungsschutz und besonderer Kündigungsschutz für Betriebsräte, Mütter, Behinderte; Arbeitszeitvorschriften; Lohnfortzahlungsvorschriften; Jugendarbeitsschutzgesetz

Diese Vorschriften wirken zweischneidig: Sie schützen Arbeitnehmer, die in einem Arbeitsverhältnis stehen, stellen aber für Arbeitslose möglicherweise eine Erschwernis dar, weil Unternehmer das Risiko, besonders geschützte Personen einzustellen, zu vermeiden suchen.

Träger der Arbeitsmarktpolitik

*Die **Bundesagentur für Arbeit** in Nürnberg hat ihre Aufgaben nach den Bestimmungen des Sozialgesetzbuches III (SGB III) zu erfüllen. Die Maßnahmen nach diesem Gesetz sind im Rahmen der Sozial- und Wirtschaftspolitik der Bundesregierung darauf auszurichten, dass*

- *ein hoher Beschäftigungsstand erzielt und aufrechterhalten,*
- *die Beschäftigungsstruktur ständig verbessert und damit*
- *das Wachstum der Wirtschaft gefördert wird.*

- **Berufsberatung**

Die Berufsberatung, für die die Bundesagentur das Monopol besitzt, versucht sehr frühzeitig bei den Berufsanfängern oder Berufswechslern durch Beratung und Information Fehlentscheidungen vermeiden zu helfen.

- **Arbeitsberatung**

Die Arbeitsberatung informiert Arbeitslose über Möglichkeiten des Arbeitsmarktes und spezielle Förderungskonzepte.

- **Arbeitsvermittlung**

Mit der Arbeitsvermittlung sollen Arbeitnehmer und Arbeitgeber zum Abschluss eines Dienstvertrages geführt werden.

Neben der Bundesagentur für Arbeit beteiligen sich lizenzierte Unternehmen entgeltlich an der Arbeitsvermittlung. Für Arbeitnehmer sind Vermittlungen über privatwirtschaftliche Agenturen kostenlos. Die Vermittlungsgebühr trägt der zukünftige Arbeitgeber.

- **Leistungen zur Erhaltung und Schaffung von Arbeitsplätzen**

Hierzu gehört das Kurzarbeitergeld, das allen Beteiligten Vorteile bringt: Die Beschäftigten werden nicht arbeitslos, sondern erfahren nur eine überschaubare Einkommensminderung. Das Unternehmen kann seine Kosten entsprechend der Leistung reduzieren und spart Kosten für Neuanwerbung von Arbeitskräften bei Verbesserung der Auftragslage. Die Bundesagentur zahlt anstatt Arbeitslosengeld nur Kurzarbeitergeld. Es werden weiterhin Beiträge an die Sozialversicherung gezahlt.

Beispiel: Ein Unternehmen leidet unter Auftragsmangel und müsste 50 % seiner 500 Mitarbeiter entlassen. Es meldet deswegen bei der Agentur für Arbeit für eine bestimmte Zeit Kurzarbeit an. Während dieser Zeitdauer, für die gesetzliche Höchstgrenzen festgelegt sind, arbeiten die Beschäftigten nur 50 % der üblichen Arbeitszeit und erhalten einen entsprechend reduzierten Lohn. Die Agentur für Arbeit zahlt dazu Kurzarbeitergeld an die Arbeitnehmer, damit die Differenz zum Normaleinkommen nicht zu groß wird. Da ohne Kurzarbeitergeld 250 Beschäftigte entlassen werden müssten, beträgt das Arbeitslosenäquivalent 250 Personen.

Mit Maßnahmen zur Arbeitsbeschaffung (ABM) werden zeitlich befristet Arbeitsplätze geschaffen, wobei die Agentur für Arbeit einen Großteil der Lohnkosten übernimmt.

Zur aktiven Arbeitsmarktpolitik gehören ferner vielfältige finanzielle Hilfen.

Beispiele: Hilfen zur beruflichen Rehabilitation oder zur Verbesserung der beruflichen Qualifikation der Arbeitssuchenden durch Umschulung und Fortbildung, Umzugskostenerstattungen, Einarbeitungszuschüsse.

Aktive Arbeitsmarktpolitik

Als *aktive Arbeitsmarktpolitik* bezeichnet die Nürnberger Bundesagentur für Arbeit (BA) alle Aktivitäten der Arbeitsagenturen, die über die bloße Zahlung von Arbeitslosengeld hinausgehen.

- **Förderung der beruflichen Ausbildung**

  - **Berufsvorbereitende Maßnahmen** beinhalten Lehrgänge, die Jugendliche und Berufseinsteiger an eine Berufsausbildung heranführen und ihre Berufswahl erleichtern sollen. Weiterhin gehören besondere Förderlehrgänge und Praktika für Behinderte dazu.

  - Auszubildenden, die nicht mehr bei ihren Eltern wohnen, kann ab einem bestimmten Einkommen **Berufsausbildungshilfe** gewährt werden. Ebenso förderfähig sind Teilnehmer von berufsvorbereitenden Maßnahmen.

  - Die Förderung der **Berufsausbildung benachteiligter Jugendlicher** hat zum Ziel, Jugendlichen mit körperlichen und/oder sozialen Problemen zu einem Ausbildungsabschluss zu verhelfen. Dazu wird ausbildungsbegleitender Förderunterricht angeboten.

Jugendlichen, die keinen Ausbildungsplatz finden, kann darüber hinaus eine Ausbildung in einer außerbetrieblichen Einrichtung finanziert werden.

- **Förderung der beruflichen Weiterbildung und Trainingsmaßnahmen**

Die Agentur für Arbeit fördert die Weiterbildung von Personen, die arbeitslos oder von Arbeitslosigkeit bedroht sind oder einen fehlenden Berufsabschluss nachholen wollen. Ziel ist es, ihre beruflichen Kenntnisse an die technologische Entwicklung anzupassen. Daher liegt ein Schwerpunkt der geförderten Weiterbildung auf der Vermittlung von IT-Kompetenzen (IT = Informationstechnik).

Die Leistungen, die im Rahmen der Förderung der Weiterbildung gezahlt werden, sind zum Beispiel:
- Unterhaltsgeld
- Lehrgangskosten, das heißt die Kosten für die Weiterbildung sowie Lernmittel oder Arbeitskleidung
- Fahrtkosten
- Unterbringung
- Kinderbetreuung.

Die von der Bundesagentur für Arbeit finanzierten Trainingsmaßnahmen, die mit einem Praktikum vergleichbar sind, finden vorwiegend in Betrieben statt. Die Teilnehmer erhalten Arbeitslosengeld. Gegebenenfalls werden von der Agentur für Arbeit auch Lehrgangskosten, Fahrtkosten usw. bezahlt.

- **Berufliche Rehabilitation**

Je nach Art und Schwere einer Behinderung übernimmt die Agentur für Arbeit die Kosten für verschiedene Maßnahmen der beruflichen Erst- und Wiedereingliederung Behinderter in das Erwerbsleben.

- **Lohnkostenzuschüsse für Arbeitgeber**

Unternehmen erhalten bei der Einstellung eines durch die Arbeitsagentur zugewiesenen Arbeitslosen eine Lohnsubvention.

Um Mitnahmeeffekte zu vermeiden, darf das Unternehmen sechs Monate vor und während der Förderung keine Entlassungen vornehmen. Die Förderungshöchstdauer beträgt ein Jahr, und die Zahl der förderungsfähigen Beschäftigten pro Betrieb ist jeweils begrenzt.

Eingliederungszuschüsse werden für verschiedene Zielgruppen von der Agentur für Arbeit bezahlt – so für die Einarbeitung von Personen, die schwer vermittelt werden können (vorwiegend Langzeitarbeitslose und Behinderte), und für ältere Arbeitnehmer.

Maximal trägt die Agentur für Arbeit 50% des Lohns. Die Förderung ist im Höchstfall auf 24 Monate begrenzt.

Einstellungszuschüsse für Neugründungen werden an Existenzgründer gezahlt, die einen schwer vermittelbaren Arbeitslosen einstellen.

Das Unternehmen darf nicht älter als zwei Jahre alt sein und nicht mehr als fünf Mitarbeiter beschäftigen. Die Agentur für Arbeit trägt höchstens 50% des Lohns für maximal ein Jahr.

Die **Beschäftigungshilfe für Langzeitarbeitslose** unterstützt Betriebe, die Langzeitarbeitslosen einen unbefristeten Vollzeitarbeitsplatz bieten.

Die Zuschüsse der Agentur für Arbeit zum Lohn staffeln sich nach der Dauer, die der Teilnehmer vorher arbeitslos war, und betragen höchstens 80% des Arbeitsentgeltes.

Die Förderung ist auf zwölf Monate begrenzt, und der Arbeitgeber ist verpflichtet, den Arbeitnehmer auch danach noch weiter zu beschäftigen.

- **Überbrückungsgeld und Arbeitnehmerhilfe**

Mit dem **Überbrückungsgeld** werden Arbeitslose gefördert, sie sich selbstständig machen. Das Risiko, in den kritischen ersten Monaten der Selbstständigkeit den Lebensunterhalt nicht mehr bestreiten zu können, fällt somit weg.

Die **Arbeitnehmerhilfe** unterstützt Arbeitslose, die eine höchstens auf drei Monate befristete Tätigkeit annehmen. Sie sollen damit einen Anreiz bekommen, Saisontätigkeiten, die typischerweise gering entlohnt werden, aufzunehmen. Meist geht es dabei um Pflanzenbau (Erntearbeiter).

- **Sonstige Maßnahmen**

Neben den genannten, im Sozialgesetzbuch verankerten Maßnahmen haben die Agenturen für Arbeit die Möglichkeit, einen Teil der Gelder nach eigenem Ermessen für aktive Arbeitsmarktpolitik zu vergeben.

Darüber hinaus legt die Bundesagentur für Arbeit diverse Sonderprogramme auf. Darunter sind zum Beispiel Maßnahmen zur Bekämpfung der Jugendarbeitslosigkeit, zur Bekämpfung der Langzeitarbeitslosigkeit, zur Verbesserung der Zusammenarbeit mit Zeitarbeitsfirmen und ein Modellprojekt zur Aufnahme gering entlohnter Tätigkeiten.

Darüber hinaus gibt es zahlreiche weitere Maßnahmen wie **Winterbauförderung** (für arbeitslose Bauarbeiter bei schlechter Witterung), **Mobilitätshilfen** (für Arbeitslose, die umziehen, um eine Stelle anzutreten) oder ein Modell zum **Abbau von Überstunden** bei gleichzeitiger Einstellung von Arbeitslosen.

Passive Arbeitsmarktpolitik

Mit den Mitteln der *passiven Arbeitsmarktpolitik* wird den Arbeitslosen finanzielle Unterstützung in ihrer Situation gewährt. Diese Lohnersatzleistungen sind hauptsächlich *Arbeitslosengeld I (ALG I)* und *Arbeitslosengeld II (ALG II)*.

Alte Modelle und neue Ideen zur Bekämpfung der Arbeitslosigkeit

Die Bekämpfung der Arbeitslosigkeit ist ein zentrales Thema der Wirtschaftspolitik. Sie ist aber nicht nur Aufgabe der Regierung, sondern auch der Arbeitgeber und der Arbeitnehmer, der Tarifpartner und der Gesellschaft insgesamt.

Da jeder Vorschlag gegen die Arbeitslosigkeit Vor- und Nachteile aufweist und damit die Interessen bestimmter gesellschaftlicher Gruppen berührt, ist die Durchsetzung stets mit Hindernissen verbunden.

Wer bekämpft die Arbeitslosigkeit?	Mit welchen Mitteln wird der Arbeitslosigkeit begegnet?
Regierung	– Beschäftigungsprogramme – Ankurbelung der Binnennachfrage aufgrund einer umfassenden Steuerreform – Senkung der gesetzlichen Lohnnebenkosten – Schaffung eines gesetzlichen Rahmens, um vermehrt Investivlohn zahlen zu können – Vermehrte Bildungs- und Forschungsinvestitionen – Förderung des Eintritts in die Selbstständigkeit – Verminderung der Lohnersatzleistungen (z. B. Arbeitslosengeld II) – Reformierung bestehender Ausbildungsgänge – Errichtung neuer Ausbildungsgänge – Anreize an Unternehmen, Entlassungen zu vermeiden, z. B. Verlängerung des Kurzarbeitergeldes – Abbau von Investitionshindernissen – Verkürzung der Lebensarbeitszeit (Problem: Rente) – Verbot von Lohndumping – Durchsetzung und Kontrolle des Gesetzes gegen Schwarzarbeit
Bundesagentur für Arbeit	– Aktive Arbeitsmarktpolitik – Intensivierung der Vermittlung – Verbesserung der Winterbauförderung

Wer bekämpft die Arbeitslosigkeit?	Mit welchen Mitteln wird der Arbeitslosigkeit begegnet?
Arbeitgeber	– Vermehrung von Teilzeitarbeitsplätzen – Einrichtung von Jobsharing-Arbeitsplätzen – Abbau von Überstunden – Einrichtung von Arbeitszeitkonten – Arbeitszeitverkürzung
Arbeitnehmer	– Erhöhung der beruflichen und regionalen Mobilität – Bereitschaft, sich im Zweifel für eine Arbeit und gegen öffentliche Unterstützung zu entscheiden – Bereitschaft, Arbeit unter Lohnverzicht mit anderen zu teilen – Verbesserung der beruflichen Qualifikation
Tarifpartner	– Tariföffnungsklauseln – Arbeitszeitverkürzung ohne Lohnausgleich – Rationalisierungsschutzabkommen

8.3.4   Außenwirtschaftliches Gleichgewicht

8.3.4.1 Gegenstände des Außenwirtschaftsverkehrs

Die außenwirtschaftlichen Beziehungen sind für die Bundesrepublik Deutschland von besonderer Bedeutung.

Beispiel: 2016 wurden von den im Inland produzierten Gütern und Dienstleistungen über 30 % exportiert. Mehr als jeder dritte Arbeitsplatz in Deutschland ist vom Export abhängig.

*Der **Außenwirtschaftsverkehr** umfasst den Waren-, Dienstleistungs-, Kapital- und Zahlungsverkehr mit anderen Volkswirtschaften (§ 1 AWG).*

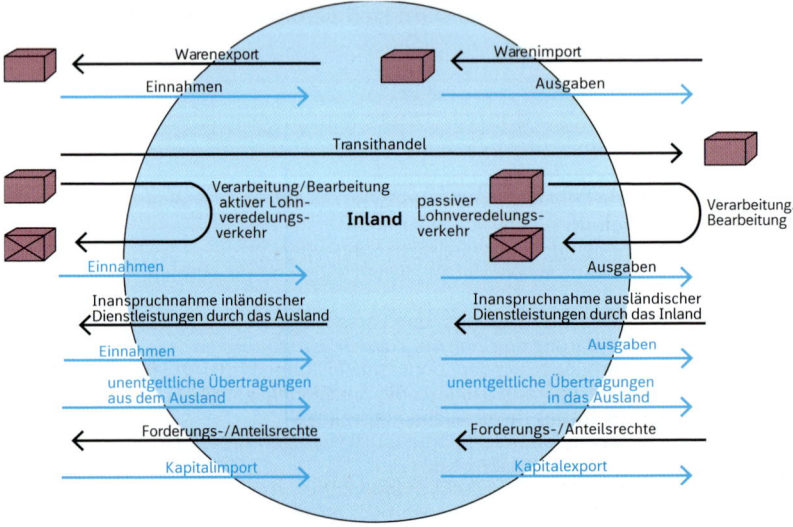

8.3.4.2 Zahlungsbilanz

> Die *Zahlungsbilanz* ist eine systematische Darstellung aller ökonomischen Transaktionen zwischen Inländern und Gebietsfremden[1] in einer Zeitperiode (Monat, Quartal, Jahr).

Der Begriff „Bilanz" ist irreführend, da die Zahlungsbilanz keine zeitpunktbezogene Vermögensaufstellung ist, sondern eine in Teilbilanzen aufgegliederte Gegenüberstellung von Wertströmen zwischen im Inland ansässigen Wirtschaftseinheiten und im Ausland ansässigen Wirtschaftseinheiten.[1]

Zahlungsbilanzschema der Deutschen Bundesbank						Kapitalbilanz (Zunahme an Nettoauslandsvermögen: +/ Abnahme: -)		
Leistungsbilanz								
Warenhandel (fob/fob)	darunter: Ergänzungen zum Außenhandel, Saldo	Dienstleistungen (fob/fob)	Primäreinkommen	Sekundäreinkommen	Vermögensänderungsbilanz	insgesamt	darunter Währungsreserven	Statistisch nicht aufgliederbare Transaktionen

Entsprechend dem System der doppelten Buchführung wird jede Transaktionen zweimal erfasst. Einem ausgehenden muss ein eingehender Wertstrom gegenüberstehen, damit die Bilanz ausgeglichen ist. Bei entgeltlichen Transaktionen ist das kein Problem; wird aber eine Leistung unentgeltlich empfangen oder abgegeben, muss für einen Bilanzausgleich eine fiktive Gegenposition (Übertragungsbilanz) gebildet werden.

Die Erstellung der deutschen Zahlungsbilanz obliegt der Deutschen Bundesbank und folgt den gemeinsamen Empfehlungen und Vorgaben von UNO, IWF[2], Weltbank, OECD, EZB und der Kommission der Europäischen Gemeinschaften.

Das Zahlenmaterial stammt überwiegend aus
- der Außenhandelsstatistik des Statistischen Bundesamtes und
- der Statistik des Auslandszahlungsverkehrs der Deutschen Bundesbank.

Die wichtigsten innerdeutschen Rechtsgrundlagen der Zahlungsbilanz sind:
- Gesetz über die Statistik des grenzüberschreitenden Warenverkehrs
- Außenwirtschaftsgesetz und Außenwirtschaftsverordnung
- Bundesbankgesetz
- Gesetz über die Statistik für Bundeszwecke

Alle außenwirtschaftlichen Transaktionen von Gebietsansässigen (Unternehmen, Privatpersonen und öffentlichen Stellen) sind für Zahlungsbilanzzwecke zu melden. Von dieser Vorschrift des §26 AWG in Verbindung mit der AWV sind
- Transaktionen bis 12 500,00 €,
- Zahlungen in Zusammenhang mit Warenexporten und -importen,

---

[1] *Unterscheidung Inländer – Gebietsfremder: bei Haushalten und Privatpersonen nach Wohnortprinzip (mind. ein Jahr), nicht nach Staatsangehörigkeit; bei Unternehmen der Ort, an dem die Produktion der Güter und Dienstleistungen schwerpunktmäßig stattfindet.*

[2] *BPM6 (Balance of Payments and International Investment Position Manual Sixth Edition) ist das Zahlungsbilanzhandbuch des IWF.*

- kurzfristige Kapitalverkehrstransaktionen (> zwölf Monate),
- Direktinvestitionsbestände bis 3 Mio. €,
- Forderungen und Verbindlichkeiten der Unternehmen bis 5 Mio. €

ausgenommen.

Kreditinstitute unterliegen besonderen Meldevorschriften für Transaktionen ihrer Kunden. Beispielsweise sind Wertpapiererträge und Zinsen mit den Formularen Z 11 und Z 14/15 zu melden.

Buchungsregeln der Zahlungsbilanz

Die Zahlungsbilanz kann in Staffel-, Konten- oder Spaltenform dargestellt werden. Die Bundesbank bevorzugt die Spaltenform. Jeder Vorgang wird grundsätzlich zweiseitig erfasst. Die Richtung der Wertströme wird durch Vorzeichen (+, –) kenntlich gemacht.

Plusvorzeichen +	Minusvorzeichen –
– Lieferungen inländischer Waren, Dienstleistungen und Faktorleistungen (Ausfuhr) + – Unentgeltliche Leistungen vom Ausland an das Inland +	– Käufe ausländischer Waren, Dienstleistungen und Faktorleistungen (Einfuhr) – – Unentgeltliche Leistungen vom Inland an das Ausland –
Sonderregel Kapitalbilanz: **Forderungen und Verbindlichkeiten werden getrennt dargestellt**	
– Zunahme bei Forderungen + – Zunahme bei Verbindlichkeiten +	– Abnahme bei Forderungen – – Abnahme bei Verbindlichkeiten –

Leistungsbilanz

Die Leistungsbilanz besteht aus den Unterbilanzen
- Warenhandel, darunter: Ergänzungen zum Warenverkehr,
- Dienstleistungsen,
- Primäreinkommen sowie
- Sekundäreinkommen.

Der Saldo der Leistungsbilanz, der sich aus den Salden der einzelnen Unterbilanzen ergibt, soll die Transfers berücksichtigen, die Einfluss auf Verbrauch und Einkommen haben. Die Gegenbuchungen erfolgen in der Kapitalbilanz.

Warenhandel

Der Warenhandel, umgangssprachlich **Handelsbilanz**, umfasst alle **Warenausfuhren** (fob) und alle **Wareneinfuhren** (fob), wenn der physische Grenzübergang mit einem Eigentumsübergang zwischen In- und Ausländern verbunden ist.

Beispiel: Warenexport 500 Mio. €, Zahlungsziel sechs Monate, Warenimport 400 Mio. €, Zahlung unverzüglich

Leistungsbilanz						Kapital-bilanz	
Waren-handel	darunter: Erg. zum Außenhandel	Dienst-leistungen	Primär-einkom-men	Sekundär-einkom-men	Vermögens-änderungs-bilanz	Ford.	Verb.
+ 500 – 400						+ 500	+ 400

---

[1] *Folgende Begriffe in der Tabelle hier und auf den folgenden Seiten wurden verkürzt dargestellt: Erg. = Ergänzungen, Ford. = Forderungen, Verb. = Verbindlichkeiten.*

Übersteigen die Exporte die Importe, wird von einer **aktiven Handelsbilanz** gesprochen. Die **Handelsbilanz ist passiv**, wenn die Importe größer sind.

Ergänzungen zum Außenhandel

Die „Ergänzungen zum Außenhandel" informieren über Ein- und Ausfuhren, die wertmäßig im Warenhandel enthalten sind, aber dort nicht genauer spezifiziert sind. Bei den Vorgängen steht der Aspekt der Eigentumsübertragung zwischen Inländern und Gebietsfremden und nicht die Dienstleistung im Vordergrund.

- Lagerverkehr für inländische Rechnung
- Handel mit physischem Gold
- Lohnveredelung
- Transithandel

Beim Transithandel erwirbt ein Inländer Waren, die er an einen Gebietsfremden verkauft, ohne die Waren zuvor ins Inland zu bringen. Die Käufe im Transithandel werden als negative Exporte gebucht, da ihr Erwerb ausschließlich dazu dient, positive Exporte durchzuführen.

Beispiel: Einfuhr von Teppichen und Lagerung im Zollfreigebiet im Wert von 2 Mio. €

Leistungsbilanz						Kapital-bilanz	
Waren-handel	darunter: Erg. zum Außenhandel	Dienst-leistungen	Primär-einkom-men	Sekundär-einkom-men	Vermögens-übertragun-gen	Ford.	Vcrb.
+ 500						+ 500	
– 400							+ 400
– 2	– 2						+ 2

Dienstleistungen

Der Dienstleistungssektor hat eine im Außenhandel stark wachsende Bedeutung. Er umfasst die „unsichtbaren Ausfuhren und Einfuhren". Dazu gehören

- Finanzdienstleistungen,
- Transportdienstleistungen (Fracht- und Personenbeförderung),
- Reiseverkehrsdienstleistungen (Ausgaben von Touristen und Geschäftsreisenden),
- Lizenzen und Patente,
- Kommunikationsdienstleistungen (Post, Telefon, Satellitenübertragung).

Beispiele:

- *Deutsche Urlauber geben für Auslandsreisen 60 Mio. € aus. Sie importieren Dienstleistungen.*
- *Ein deutsches Kreditinstitut erhält von einem ausländischen Konzern 25 Mio. € Honorar für die Beratung bei einer Übernahme. Eine Dienstleistung wurde exportiert.*

Leistungsbilanz

Warenhandel	darunter: Erg. zum Außenhandel	Dienstleistungen	Primäreinkommen	Sekundäreinkommen	Vermögensänderungsbilanz	Kapitalbilanz	
						Ford.	Verb.
+ 500						+ 500	
− 400							+ 400
− 2	+ 2						+ 2
		− 60					+ 60
		+ 25				+ 25	

Das traditionelle Defizit in der deutschen Dienstleistungsbilanz ist vornehmlich auf den negativen Saldo im Reiseverkehr zurückzuführen.

Primäreinkommen

Die wichtigsten Komponenten der Primäreinkommen sind Kapitalerträge aus Direktinvestitionen, Wertpapieranlagen, Mieten und Pachten sowie Einkommen aus unselbstständiger Arbeit. Einkommen aus selbstständiger Arbeit bildet nur einen verhältnismäßig geringen Beitrag zu den Primäreinkommen.

Beispiel: Deutsche Anleger erhalten von dem Luxemburger Tochterinstitut ihrer Hausbank 30 Mio. € Zinsen auf ihre Konten in Deutschland überwiesen.

Leistungsbilanz

Warenhandel	darunter: Erg. zum Außenhandel	Dienstleistungen	Primäreinkommen	Sekundäreinkommen	Vermögensänderungsbilanz	Kapitalbilanz	
						Ford.	Verb.
+ 500						+ 500	
− 400							+ 400
− 2	− 2						+ 2
		− 60					+ 60
		+ 25				+ 25	
			+ 30			+ 30	

Sekundäreinkommen

Hierunter fallen Leistungen, denen keine unmittelbaren Gegenleistungen gegenüberstehen: Laufende Beiträge zu den Haushalten internationaler Organisationen sowie Überweisungen von ausländischen Arbeitnehmern, bestimmte Zuwendungen an Entwicklungsländer, Renten, Pensionen sowie Prämien (ohne Dienstleistungsanteil) und Schadensleistungen der Versicherungen usw.

Beispiel: Die Bundesrepublik zahlt in den Agrarfonds der Europäischen Gemeinschaft 80 Mio. €.

Leistungsbilanz

Warenhandel	darunter: Erg. zum Außenhandel	Dienstleistungen	Primäreinkommen	Sekundäreinkommen	Vermögensänderungsbilanz	Kapitalbilanz	
						Ford.	Verb.
+ 500						+ 500	
− 400							+ 400
− 2	− 2						+ 2
		− 60					+ 60
		+ 25				+ 25	
			+ 30			+ 30	
				− 80			+ 80

Beispiel: Nach einer Saldierung ergibt sich folgendes Bild der Leistungsbilanz:

Leistungsbilanz

Warenhandel	darunter: Erg. zum Außenhandel	Dienstleistungen	Primäreinkommen	Sekundäreinkommen	Vermögensänderungsbilanz	Kapitalbilanz	
						Ford.	Verb.
+ 500						+ 500	
− 400							+ 400
− 2	− 2						+ 2
		− 60					+ 60
		+ 25				+ 25	
			+ 30			+ 30	
				− 80			+ 80
+ 98		− 35	+ 30	− 80		+ 13[1]	

Der Saldo der Leistungsbilanz (+98 −35 +30 −80) beträgt +13 Mio. €.

Mit anderen Worten: Deutschland hat gegenüber dem Ausland einen Überschuss an Leistungen in Höhe von 13 Mio. € erbracht und damit, wie die Kapitalbilanz zeigt, einen Bestand an Auslandsforderungen in gleicher Höhe aufgebaut.

Vermögensänderungsbilanz

Für die Klassifizierung als Vermögensübertragung ist es ausreichend, wenn eine der beiden Seiten einen nicht das Einkommen und den Verbrauch berührenden Transfer als einmalig betrachtet. Zu den Vermögensübertragungen gehören Schuldenerlasse, Erbschaften, Schenkungen, Vermögensmitnahmen von Aus- und Einwanderern, immaterielle nicht produzierte Sachgüter (von der Bundesnetzagentur versteigerte Mobilfunklizenzen) sowie Zuschüsse zu Infrastrukturmaßnahmen von der EU. Zahlungen an den EU-Haushalt gehören dagegen, wie oben gezeigt, zu den Sekundäreinkommen.

---

[1] *Hierbei handelt es sich um den Saldo.*

Beispiel: Deutschland erlässt Jordanien Schulden in Höhe von 10 Mio. €.

Leistungsbilanz					Vermögens-änderungs-bilanz	Kapital-bilanz	
Waren-handel	darunter: Erg. zum Außenhandel	Dienst-leistungen	Primär-einkom-men	Sekundär-einkom-men		Ford.	Verb.
+ 500						+ 500	
– 400							+ 400
– 2	– 2						+ 2
		– 60					+ 60
		+ 25				+ 25	
			+ 30			+ 30	
				– 80			+ 80
					– 10	– 10	
+ 98		– 35	+ 30	– 80	– 10		+ 3

Der Saldo aus Leistungsbilanz (+13) und Vermögensübertragungen (–10) beträgt jetzt +3, d. h. das Netto-Auslandsvermögen ist um 3 gestiegen.

Kapitalbilanz

Die Kapitalbilanz verzeichnet als Teil der Zahlungsbilanz sämtliche internationalen Käufe und Verkäufe von Vermögenswerten. Diese werden in fünf Teilkomponenten aufgeschlüsselt: Direktinvestitionen, Wertpapieranlagen, Finanzderivate, übriger Kapitalverkehr und Währungsreserven.

Die **Kapitalbilanz** erfasst Kapitalexporte und -importe.

Buchungsregeln in der Kapitalbilanz
Die Buchungen erfolgen nicht – wie in der übrigen Zahlungsbilanz – nach den Regeln der doppelten Buchführung. Die Kapitalbilanz zeigt nicht die Richtung der Zahlungsströme. Die Kapitalbilanz zeigt nicht die Änderungen an Forderungen und Verbindlichkeiten. Die Kapitalbilanz zeigt, wie sich die **Bestände an Forderungen und Verbindlichkeiten** geändert haben.

Forderungen und Verbindlichkeiten werden getrennt dargestellt. Zugänge an Forderungen und Verbindlichkeiten werden mit „+"-Vorzeichen, Abgänge mit „–"-Vorzeichen erfasst. Das bedeutet: Die übliche Vorzeichenkonvention tritt außer Kraft. Statt mit Zahlungsbilanzvorzeichen wird mit Bestandsvorzeichen gebucht. Damit ändert sich der Saldo der Zahlungsbilanz. Ein Plus bedeutet eine Zunahme des Netto-Auslandsvermögens.

Leistungsbilanzsaldo + Vermögensänderungsbilanz = Kapitalbilanzsaldo

Plusvorzeichen +	Minusvorzeichen –
– Forderungszunahme – Verbindlichkeitenzunahme	– Forderungsabnahme – Verbindlichkeitenabnahme

Warum wird aber die Forderungszunahme als Zunahme des Auslandsvermögens bezeichnet?

Die Kapitalbilanz nimmt, wie in den vorherigen Beispielen dargestellt wurde, die Gegenpositionen aus den Transfers der Leistungsbilanz und der Vermögensänderungsbilanz auf.

Beispiel: Ein deutsches Maschinenbauunternehmen verkauft eine Werkzeugmaschine nach Kanada und vereinbart „Zahlung in 90 Tagen". Streng genommen hat der Exporteur sein Kapital so lange im Ausland festliegen, bis der Kunde bezahlt. Er hat sein Kapital exportiert, bis die Forderung beglichen ist. Das deutsche Auslandsvermögen hat entsprechend zugenommen. Analog gilt, dass Kapital eines ausländischen Lieferanten so lange in Deutschland festliegt, bis der deutsche Importeur bezahlt hat.

Im Einzelnen gilt für den Kapitalverkehr folgende Untergliederung:

Direktinvestitionen

Hierunter sind Transfers zu verstehen, in denen ein besonderes unternehmerisches Engagement zum Ausdruck kommt. Dazu gehören Beteiligungskapital, langfristige Darlehen und kurzfristige Finanzbeziehungen verbundener Unternehmen, reinvestierte Gewinne, grenzüberschreitender Erwerb und Veräußerung von Immobilien.

Beispiele: Ein deutscher Anleger nimmt in Japan einen langfristigen Kredit in Höhe von 5 Mio. € auf und kauft dafür ein Grundstück in Tokio. Mit dieser Transaktion nehmen die deutschen Auslandsverbindlichkeiten zu (Kapitalimport) und gleichzeitig steigen die deutschen Auslandsvermögen (Kapitalexport), sodass sich per Saldo keine Veränderung der Kapitalbilanz ergibt.

Leistungsbilanz						Kapitalbilanz	
Warenhandel	darunter: Erg. zum Außenhandel	Dienstleistungen	Primäreinkommen	Sekundäreinkommen	Vermögensänderungsbilanz	Ford.	Verb.
+ 500						+ 500	
– 400							+ 400
– 2	– 2						+ 2
		– 60					+ 60
		+ 25				+ 25	
			+ 30			+ 30	
				– 80			+ 80
					– 10	– 10	
						+ 5	+ 5
+ 98		– 35	+ 30	– 80	– 10	+ 3	

Wertpapiere
Hierzu zählen:
- Dividendenwerte,
- festverzinsliche Wertpapiere,
- Genussscheine,
- Investmentzertifikate,
- Geldmarktpapiere.

Finanzderivate

Verbriefte und nicht verbriefte Optionen sowie Finanztermingeschäfte.

Übriger Kapitalverkehr

In diese Kategorie fallen lang- und kurzfristige Kredite von Kreditinstituten, Unternehmen und Privatpersonen, dem Staat und der Deutschen Bundesbank.

Währungsreserven

Um auf den ersten Blick Informationen über Veränderungen bei den von der Deutschen Bundesbank gehaltenen offiziellen Währungsreserven zu erhalten, kommt es zu einem separaten Ausweis innerhalb der Kapitalbilanz. Die Währungsreserven bestehen aus

- den Goldbeständen und den Goldforderungen,
- der IWF-Position und
- den Devisenreserven.

Veränderungen in der IWF-Position resultieren aus Kreditaufnahmen und -rückzahlungen beim IWF durch andere Staaten. Bei den Devisenreserven, die sich aus Einlagen und Wertpapieranlagen zusammensetzen, sind die Transaktionen auf Entscheidungen des Anlagemanagements zurückzuführen.

Beispiel: Die Deutsche Bundesbank kauft Währungsreserven von Gebietsfremden, folglich nehmen ihre Forderungen ans Ausland zu. Andererseits aber steigen zugleich die Verbindlichkeiten der Bundesbank gegenüber dem Ausland, da – als Gegenleistung für die Überlassung der Währungsreserven – den Gebietsfremden der entsprechende Euro-Gegenwert auf deren Konten bei der Bundesbank gutzuschreiben ist. Die Transaktion findet also Niederschlag als Forderungszunahme (–) in der Rubrik „Veränderung der Währungsreserven zu Transaktionswerten" bei gleichzeitiger Zunahme der Verbindlichkeiten (+) der Notenbank gegenüber Gebietsfremden in der Rubrik „Übriger Kapitalverkehr", einem weiteren Unterkonto der Kapitalbilanz. Der Saldo der Kapitalbilanz bleibt in diesem Fall unverändert, da Buchung und Gegenbuchung sich saldentechnisch gegenseitig aufheben.

Formaler und inhaltlicher Zahlungsbilanzausgleich

Der Saldo von Leistungsbilanz und Vermögensänderungsbilanz entspricht dem Saldo der Kapitalbilanz.

Unter Beachtung der Vorzeichen muss die Summe der Hauptsalden aus Leistungsbilanz und Vermögensänderungsbilanz dem Saldo der Kapitalbilanz entsprechen.

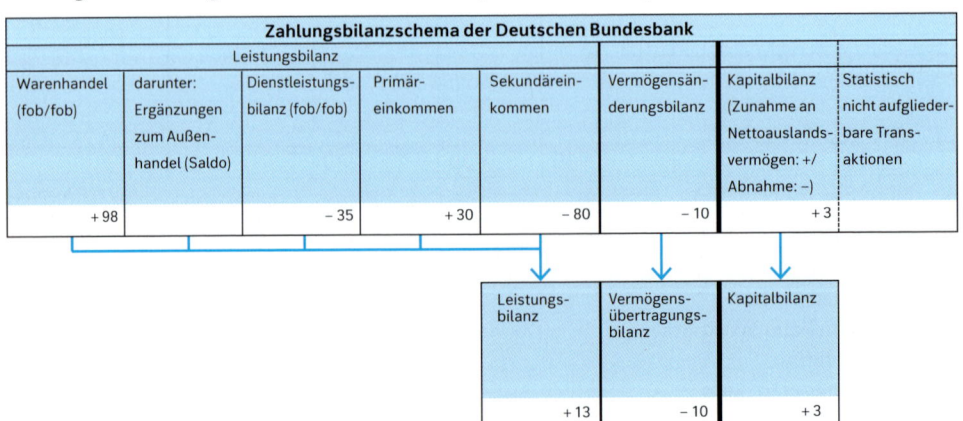

Zahlungsbilanzschema der Deutschen Bundesbank							
Leistungsbilanz							
Warenhandel (fob/fob)	darunter: Ergänzungen zum Außenhandel (Saldo)	Dienstleistungsbilanz (fob/fob)	Primäreinkommen	Sekundäreinkommen	Vermögensänderungsbilanz	Kapitalbilanz (Zunahme an Nettoauslandsvermögen: +/ Abnahme: –)	Statistisch nicht aufgliederbare Transaktionen
+ 98		– 35	+ 30	– 80	– 10	+ 3	

Leistungsbilanz	Vermögensübertragungsbilanz	Kapitalbilanz
+ 13	– 10	+ 3

Rechnerische Differenzen aufgrund von Schätzfehlern, Meldelücken, Erfassungsfehlern, Bewertungsfehlern und Periodisierungsfehlern werden über den „Saldo der statistisch nicht aufgliederbaren Transaktionen", auch „Restposten" genannt, ausgeglichen.

Beispiel:

Leistungsbilanz	Vermögensänderungsbilanz	Kapitalbilanz	Statistisch nicht aufgliederbare Transaktionen
+ 17,5	+ 0,2	+ 4,3	– 13,4
+ 17,5	+ 0,2	– 4,3 (Vorzeichenwechsel)*	– 13,4

* siehe Buchungsregel Kapitalbilanz
(Zahlen vgl. Pressenotiz Deutsche Bundesbank 12. Juli 2016)

Weil die Zahlungsbilanz nach den Regeln der doppelten Erfassung jeder Transaktion erstellt wird, ist sie stets ausgeglichen. Dieser Zahlungsbilanzausgleich ist aber nur von **formaler** Natur.

Wichtiger als der buchungstechnische Ausgleich ist der **inhaltliche** (materielle) **Zahlungsbilanzausgleich**.

Die **Zahlungsbilanz ist ausgeglichen,** wenn analytisch bedeutsame Salden innerhalb der Teilbilanzen mit dem Ziel „Außenwirtschaftliches Gleichgewicht" vereinbar sind.

Wichtige Posten der Zahlungsbilanz

Zeit	Leistungsbilanz Insgesamt	Warenhandel (fob/fob)[1] Insgesamt	darunter: Ergänzungen zum Außenhandel, Saldo[2]	Dienstleistungen[3]	Primäreinkommen	Sekundäreinkommen	Vermögensänderungsbilanz[4]	Kapitalbilanz (Zunahme an Nettoauslandsvermögen: + / Abnahme: –) Insgesamt	darunter: Währungsreserven	Statistisch nicht aufgliederbare Transaktionen[5]
2011	+ 167 340	+ 162 970	– 9 357	– 29 930	+ 69 087	– 34 787	+ 419	+ 120 857	+ 2 836	– 46 902
2012	+ 195 712	+ 199 531	– 11 388	– 30 774	+ 65 658	– 38 703	– 413	+ 151 417	+ 1 297	– 43 882
2013	+ 184 352	+ 203 802	– 12 523	– 39 321	+ 63 284	– 43 413	– 563	+ 226 014	+ 838	+ 42 224
2014	+ 210 906	+ 219 629	– 14 296	– 25 303	+ 57 752	– 41 172	+ 2 936	+ 240 258	– 2 564	+ 26 416
2015	+ 260 286	+ 248 394	– 15 405	– 18 516	+ 69 262	– 38 854	– 48	+ 234 392	– 2 213	– 25 845
2016	+ 266 689	+ 252 409	– 19 921	– 20 987	+ 76 199	– 40 931	+ 2 142	+ 261 123	+ 1 686	– 7 708
2017	+ 254 936	+ 255 077	– 13 613	– 23 994	+ 74 629	– 50 776	– 2 936	+ 276 709	– 1 269	+ 24 710
2018	+ 264 156	+ 224 584	– 22 682	– 17 410	+ 105 694	– 48 713	+ 676	+ 246 544	+ 392	– 18 288
2019	+ 258 627	+ 216 523	– 31 760	– 20 653	+ 111 191	– 48 434	– 526	+ 203 799	– 544	– 54 302
2020	+ 231 926	+ 189 379	– 8 907	+ 1 631	+ 92 497	– 51 582	– 4 771	+ 227 639	– 51	+ 484

Mio €

1 Ohne Fracht- und Versicherungskosten des Außenhandels. **2** Unter anderem Lagerverkehr auf inländische Rechnung, Absetzungen der Rückwaren und Absetzungen der Aus- bzw. Einfuhren in Verbindung mit Lohnveredelung. **3** Einschl. Fracht- und Versicherungskosten des Außenhandels. **4** Einschl. Nettoerwerb/veräußerung von nichtproduzierten Sachvermögen. **5** Statistischer Restposten, der die Differenz zwischen dem Saldo der Kapitalbilanz und den Salden der Leistungs- sowie der Vermögensänderungsbilanz abbildet.

Quelle: Deutsche Bundesbank: Monatsbericht April 2021, 73. Jahrgang Nr. 4, Frankfurt am Main, 16.04.2021, S. 76*

Störungen des Zahlungsbilanzgleichgewichtes

Die wichtigsten Gründe für Störungen des Zahlungsbilanzgleichgewichtes sind:
- Strukturdifferenzen zwischen den Handelspartnern in Bezug auf
  - Ausstattung mit Ressourcen
  - Ausstattung mit den Produktionsfaktoren Arbeit und Kapital
- Internationales Technologiegefälle
- Einseitig verteilte wirtschaftliche Macht
  Beispiel: EU-Kontingentierung der Bananeneinfuhren aus Staaten Südamerikas

- Internationales Preisniveaugefälle
- Politische Entwicklungen
- Internationales Zinsniveaugefälle
- Wechselkurse
- Kriege
- Naturkatastrophen

Warum Zahlungsbilanzausgleich

Eine ausgeglichene Zahlungsbilanz („außenwirtschaftliches Gleichgewicht") ist ein Ziel des Magischen Vierecks, weil

- zu hohe Exportüberschüsse die inländische Beschäftigung zu einer starken Abhängigkeit vom Ausland führen,

- es zu außenpolitischem Druck kommt, wenn eigene Exporte beim Handelspartner konjunkturell unerwünscht sind,

- Exportüberschüsse den Protektionismus fördern können,

- Importüberschüsse zu Devisenknappheit führen,

- Importüberschüsse zu einer Verschuldung gegenüber dem Ausland bis hin zum Verlust der internationalen Kreditwürdigkeit führen können,

- die Gefahr importierter Inflation bei zu hohen Exporten eintritt.

Die Gefahr von Geldmengenstörungen und Wechselkursschwankungen aufgrund von Handelsbilanzungleichgewichten hat sich, wie die Struktur des deutschen Außenhandels zeigt, mit der Einführung des Euro auf die Handelsbeziehungen mit Staaten außerhalb des Euro-Währungsraumes reduziert.

EWWU-Zahlungsbilanz

Mit Beginn der Europäischen Währungsunion hatten die nationalen Zahlungsbilanzen als Analyseinstrument für die Geldpolitik zunehmend an Bedeutung verloren.

Obwohl Binnenzölle nicht mehr existieren, es eine einheitliche Währung gibt, womit Wechselkursrisiken entfallen, und das Zinsniveau in der Eurozone einheitlich ist, weist die Wirtschaftsentwicklung, insbesondere Wachstum, Arbeitslosigkeit und Preise, weiterhin Unterschiede auf.

Insofern ist die nationale Zahlungsbilanz nicht entbehrlich geworden. Die Volkswirtschaftliche Gesamtrechnung ist auf Daten aus der Zahlungsbilanz angewiesen. Außerdem erhält die deutsche Wirtschaftspolitik wichtige finanz- und standortpolitische Informationen aus der Zahlungsbilanz. Neu ist, dass die EU-Staaten im Rahmen des Stabilitäts- und Wachstumspaktes das Überwachungsverfahren exzessiver Staatsdefizite

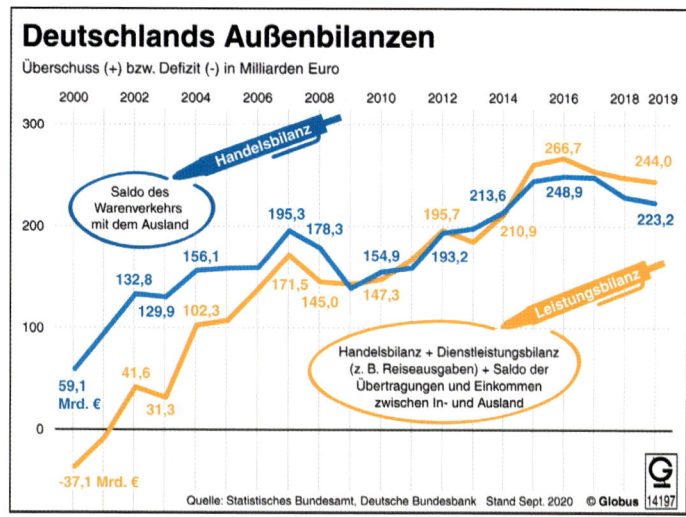

Deutschlands Außenbilanzen
Überschuss (+) bzw. Defizit (-) in Milliarden Euro

verschärft haben. Sie fordern von allen Staaten vertiefte außenwirtschaftliche Kennziffern wie das relative Verhältnis von Leistungsbilanzsaldo zum BIP oder den Anteil am Weltexport und bestehen damit ebenso wie der IWF auf nationalen Zahlungsbilanzaufzeichnungen.

8.3.5 Angemessenes und stetiges Wirtschaftswachstum

Die Verbesserung der Lebensbedingungen ist seit jeher ein Ziel der Menschheit. Wirtschaftswachstum ist umso wichtiger, je niedriger das Versorgungsniveau und der Lebensstandard der Bevölkerung sind.
Wirtschaftswachstum führt jedoch nur dann zu einer Verbesserung der Lebensbedingungen des Einzelnen, wenn
- die Wachstumsrate des BIP die Wachstumsrate der Bevölkerung übersteigt,
- die Wachstumsraten gerecht verteilt werden,
- die externen Kosten die Wachstumsgewinne unterschreiten,
- der Umweltschutz und die Ressourcenschonung nachhaltig sind und
- Aspekte wie Gesundheit, Bildung und Sicherheit stärker beachtet werden.

Maßstab für das Wirtschaftswachstum ist die jährliche Wachstumsrate des Bruttoinlandsprodukts[1].

Das Stabilitätsgesetz fordert ein „stetiges" und „angemessenes" Wirtschaftswachstum:

- **„Stetig"** bedeutet, dass das Wirtschaftswachstum gleichmäßig, das heißt ohne hektische Ausschläge und ohne Wachtumsunterbrechungen erfolgen soll.

- **„Angemessen"** bedeutet, dass das Wirtschaftswachstum nur insoweit erfolgen soll, als es die übrigen Ziele des Stabilitätsgesetzes nach Möglichkeit unterstützt, zumindest aber nicht gefährdet. Das Ziel Wirtschaftswachstum soll also nicht um jeden Preis verfolgt werden.

---
[1] *Vgl. S. 384 ff.*

Da der Wert des Bruttoinlandsprodukts bestimmt wird durch die Menge der produzierten Güter und Dienstleistungen und deren Preise, wird bei einem Anstieg des allgemeinen Preisniveaus das tatsächliche Wachstum des Bruttoinlandsprodukts nicht sichtbar. Man muss daher zwischen dem nominalen und dem realen Wirtschaftswachstum unterscheiden.

> Das *reale Wirtschaftswachstum* ist Ausdruck für die um den Anstieg des Preisniveaus bereinigte Veränderung des Bruttoinlandsprodukts.

Die Knappheit der Rohstoff- und Energievorräte und steigende Umweltbelastungen führen zu einem **Spannungsverhältnis zwischen Ökonomie und Ökologie** und zeigen den Menschen zunehmend die Grenzen eines auf der Ausbeutung der Natur begründeten Wirtschaftswachstums auf.

Die Wachstumsrate des Bruttoinlandsprodukts ist eine rein **quantitative** Größe, die nur geringe Aussagefähigkeit für die Lebensqualität hat.

Man spricht von einem **qualitativen** Wachstum, wenn es darauf abzielt,

- nicht nur ökonomische, sondern auch ökologische Gesichtspunkte bei Investitionsentscheidungen zu berücksichtigen,
- energie- und ressourcenschonende/-sparende Produktionsverfahren zu praktizieren,
- die Produktion umweltbelastender Sachgüter einzuschränken bzw. aufzugeben,
- die Produktion ökologisch unbedenklicher Güter und Dienstleistungen zu begünstigen,
- bereits eingetretene Umweltschäden zu beseitigen,
- die Arbeitsbedingungen zu verbessern,
- bestehende soziale Ungerechtigkeiten abzubauen.

8.3.6 Zielerweiterungen

Soziale und ökonomische Nachhaltigkeit

Das Ziel Wirtschaftswachstum gewinnt dann eine besondere Bedeutung, wenn das Ziel einer sozialverträglichen Einkommens- und Vermögensverteilung in den wirtschaftspolitischen Zielkatalog aufgenommen wird.

Das liegt daran, dass in einer wachsenden Wirtschaft eine Einkommensumverteilung leichter durchzuführen ist als in einer stagnierenden Wirtschaft. In einer wachsenden Wirtschaft nämlich könnten den Beziehern niedriger und mittlerer Einkommen gegenüber den bessergestellten Bevölkerungsgruppen höhere Zuwachsraten ihrer Einkommen zugebilligt werden. In einer stagnierenden Wirtschaft (Nullwachstum) dagegen müsste eine beabsichtigte Einkommensumverteilung zwangsläufig zu einer Einkommensminderung des reicheren Bevölkerungsteils führen, was bei diesem aufgrund des Besitzstandsverlustes zu Unsicherheit, Motivationsverlust und Widerständen führen könnte.

Was ist eine gerechte Einkommens- und Vermögensverteilung?
Ist eine ausschließlich an der individuellen Leistung orientierte Verteilung von Einkommen und Vermögen gerecht? Oder verspricht das Gleichheitsprinzip größtmögliche Gerechtigkeit?

Das sind die Extrempositionen bei der Beantwortung einer Frage, die die Menschen seit jeher bewegt und für die es noch keine gültige Antwort gibt. Denn einen objektiven Maßstab für Gerechtigkeit gibt es in diesem Zusammenhang nicht.

Für die Marktwirtschaft gilt: Wer qualifiziert, initiativ und tüchtig ist und bereit ist, Verantwortung und Risiko zu tragen, wird mit relativ hohem Einkommen und Vermögen belohnt. Wer jedoch wenig Initiative entfaltet, das Risiko scheut oder weniger qualifiziert ist, erzielt allenfalls ein durchschnittliches Einkommen. Und: Durch den marktwirtschaftlichen Verteilungsprozess wird nur solchen Personen Einkommen zugeteilt, die sich am Wirtschaftsleben als Erwerbstätige oder Kapitalgeber beteiligen.

Das verfassungsrechtlich verankerte **Sozialstaatsprinzip** verpflichtet den Staat, für soziale Sicherheit und Gerechtigkeit innerhalb der Gesellschaft zu sorgen. Seine Sozialpolitik zielt u. a. darauf ab, den Einzelnen bei Krankheit, Unfall, Invalidität und Arbeitslosigkeit zu schützen und wirtschaftlich benachteiligte oder schwache Bevölkerungskreise zu unterstützen.

Instrumente der sozialen Umverteilungspolitik sind u. a.:

- die progressive Besteuerung der Einkommen natürlicher Personen,
- die progressive Besteuerung ererbten Vermögens,
- die staatliche Förderung der Vermögensbildung und der Altersvorsorge,
- die staatliche Förderung des privaten Wohnungsbaus,
- Transferzahlungen: Renten, Pensionen, Arbeitslosengeld, Kindergeld, Wohngeld, BAföG-Zahlungen,
- Steuererleichterungen aufgrund der Abzugsfähigkeit von Sonderausgaben und außergewöhnlichen Belastungen bei natürlichen Personen.

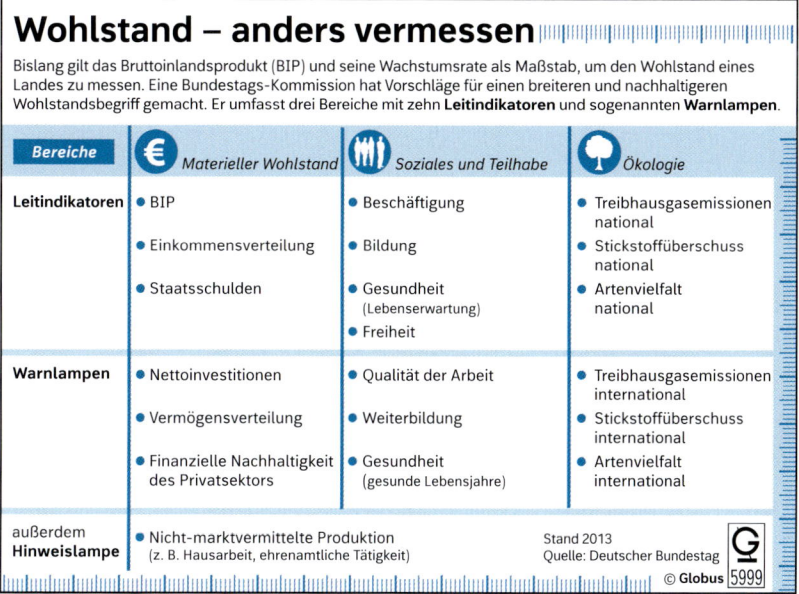

Wohlstand – anders vermessen

Bislang gilt das Bruttoinlandsprodukt (BIP) und seine Wachstumsrate als Maßstab, um den Wohlstand eines Landes zu messen. Eine Bundestags-Kommission hat Vorschläge für einen breiteren und nachhaltigeren Wohlstandsbegriff gemacht. Er umfasst drei Bereiche mit zehn **Leitindikatoren** und sogenannten **Warnlampen**.

Bereiche	Materieller Wohlstand	Soziales und Teilhabe	Ökologie
Leitindikatoren	• BIP	• Beschäftigung	• Treibhausgasemissionen national
	• Einkommensverteilung	• Bildung	• Stickstoffüberschuss national
	• Staatsschulden	• Gesundheit (Lebenserwartung)	• Artenvielfalt national
		• Freiheit	
Warnlampen	• Nettoinvestitionen	• Qualität der Arbeit	• Treibhausgasemissionen international
	• Vermögensverteilung	• Weiterbildung	• Stickstoffüberschuss international
	• Finanzielle Nachhaltigkeit des Privatsektors	• Gesundheit (gesunde Lebensjahre)	• Artenvielfalt international
außerdem Hinweislampe	• Nicht-marktvermittelte Produktion (z. B. Hausarbeit, ehrenamtliche Tätigkeit)	Stand 2013 Quelle: Deutscher Bundestag	© Globus 5999

Ökologische Nachhaltigkeit

Die Erhaltung einer lebenswerten Umwelt ist national und international zu einem erklärten Ziel der Wirtschaftspolitik geworden. Sie ist Bestandteil in den Programmen der politischen Parteien und findet sich auch in den Statuten internationaler Organisationen wie der UNO und der WTO wieder. Auf dem Umweltgipfel in Rio wurde 1992 eine weltweite Initiative zur Schonung der Umwelt vereinbart. Neben den völkerrechtlich verbindlichen Klimaschutz- und Artenschutzabkommen wurde der Aktionskatalog „**Agenda 21**" verabschiedet, der vier Schwerpunkte setzt:

- Veränderung der Konsumgewohnheiten der Industrieländer mit Blick auf die Armut und das Bevölkerungswachstum in der Dritten Welt,

- Schutz der Erdatmosphäre, Erhaltung der Artenvielfalt, Bekämpfung der Wüstenbildung,

- Verteilung der Aufgaben im Prozess der nachhaltigen Entwicklung auf staatliche Einrichtungen, Nichtregierungsorganisationen und andere Institutionen,

- Instrumente zur technischen Umsetzung und Finanzierung der „Agenda 21".

Das Pariser Klimaabkommen von 2015 wurde von über 195 Staaten unterzeichnet und sieht eine Begrenzung der globalen Erderwärmung von unter 2 % vor. Zur Überprüfung der Zielerreichung werden Umwelt-Informationssysteme aufgebaut. In der Bundesrepublik Deutschland ist hierfür das Statistische Bundesamt zuständig, das die **Umweltökonomische Gesamtrechnung** (UGR) aufstellt.

8.3.7 Zielkonflikte im Magischen Viereck

Der Gesetzgeber hat es bei der Formulierung des Stabilitätsgesetzes vermieden, zwischen den Zielen Preisniveaustabilität, hoher Beschäftigungsstand, außenwirtschaftliches Gleichgewicht und Wirtschaftswachstum eine Rangordnung aufzustellen.
Den verantwortlichen Politikern ist damit der gesetzliche Auftrag erteilt, die gleichzeitige Verwirklichung der genannten Ziele anzustreben, bzw. wenn dies nicht möglich ist, die Wirtschaftspolitik auf das am meisten gefährdete Ziel zu konzentrieren.

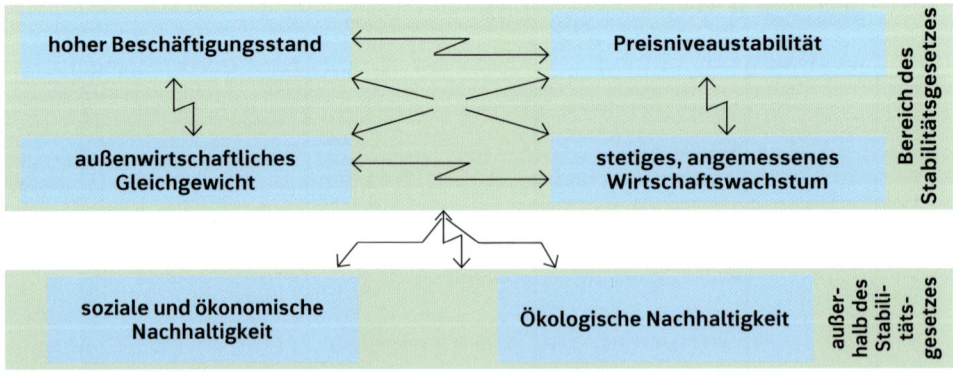

Beispiele:

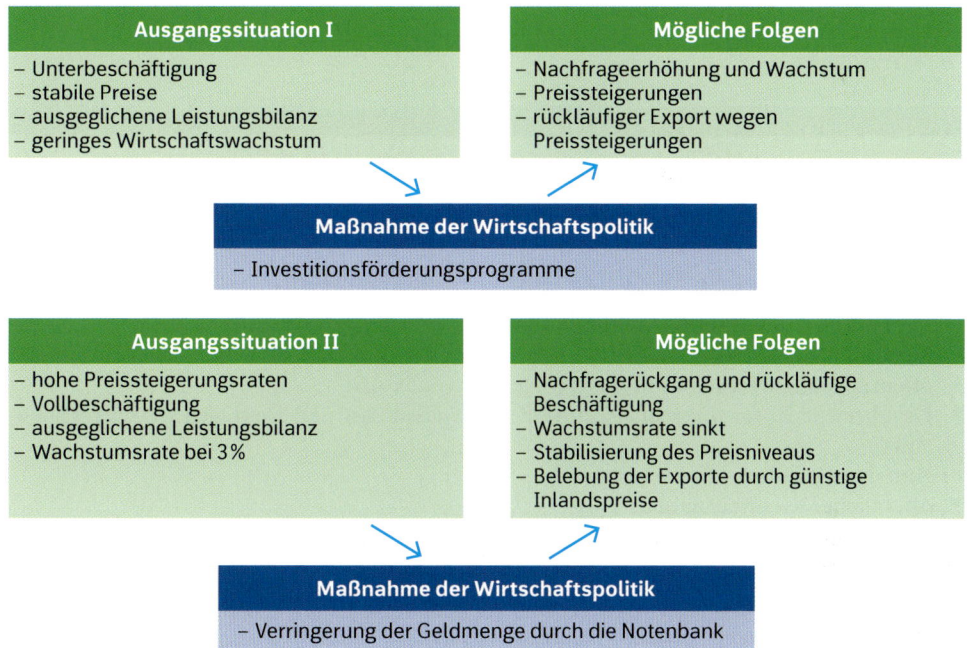

Die Erfahrungen der Gegenwart und der Vergangenheit zeigen, dass es in der Realität offensichtlich nur unter besonders günstigen Bedingungen möglich ist, alle vier Ziele gleichzeitig zu erreichen.

Grund hierfür ist, dass zwischen den Zielen Konflikte bestehen, d.h., es existieren Abhängigkeitsbeziehungen, die dazu führen können, dass die Verfolgung des einen Ziels gleichzeitig die Erreichung eines oder mehrerer der übrigen Ziele gefährdet. Man spricht auch von dem **„Magischen Viereck"**, weil es offensichtlich magischer Kräfte bedürfte, alle Ziele gleichzeitig zu erreichen.

Dreh- und Angelpunkt staatlicher Politik ist die finanzielle Situation der öffentlichen Haushalte. Nur wenige wirtschaftspolitische Maßnahmen des Staates bleiben ohne direkte oder indirekte Wirkung auf die staatlichen Einnahmen und Ausgaben.

Die **Einnahmen des Staates** resultieren aus
- Steuern,
- öffentlichen Erwerbseinkünften (*z. B. Deutsche Bahn AG*),
- Gebühren (*z. B. für Ausstellung eines Personalausweises*) und Beiträgen (Sozialversicherung),
- Anteil am Bundesbankgewinn,
- öffentlicher Kreditaufnahme.

Haupteinnahmequelle des Staates sind die Steuern.

Steuern sind „... *Geldleistungen, die nicht eine Gegenleistung für eine besondere Leistung darstellen und von einem öffentlich-rechtlichen Gemeinwesen zur Erzielung von Einnahmen allen auferlegt werden, bei denen der Tatbestand zutrifft, an den das Gesetz die Leistungspflicht knüpft".*

Eine Vielzahl von Steuergesetzen regelt, in welchen Fällen welche Steuern zu zahlen sind. Die **Abgabenordnung** (AO) enthält das allgemeine Steuerrecht.

Beispiele:
- *Steuergeheimnis*
- *Verfahrens- Erhebungs- und Vollstreckungsgrundsätze*
- *Rechte und Pflichten von Finanzbehörden und Steuerpflichtigen*

Der schottische Moralphilosoph und Nationalökonom **Adam Smith** hat **Steuergrundsätze** entwickelt, die teilweise heute noch gelten:

- **Gleichmäßigkeit**: Die Steuerpflicht des Einzelnen soll im Verhältnis zu seiner Leistungsfähigkeit stehen.

- **Bestimmtheit**: Die Steuerforderung soll gesetzlich klar fixiert sein und Willkür der Steuereintreiber verhindern.

- **Bequemlichkeit**: Durch eine günstige Termingestaltung und eine bequeme Erhebungsart soll der Steuerpflichtige bei seiner Steuerentrichtung unterstützt werden.

- **Billigkeit**: Die hohe Steuerlast soll nicht demotivieren; für die Steuererhebung ist die kostengünstigste Methode zu wählen.

Die etwa 40 Steuerarten lassen sich nach unterschiedlichen Kriterien kategorisieren.

Steuereinteilung nach der Steuerhoheit *(Art. 106 GG)*

Bundessteuern
Beispiele: Kraftfahrzeugsteuer, alle Verbrauchsteuern außer Biersteuer, Versicherungsteuer, Luftverkehrsteuer, Alkopopsteuer

Ländersteuern
Beispiele: Grunderwerbsteuer, Erbschaft- und Schenkungsteuer, Biersteuer, Zweitwohnungsteuer

Gemeindesteuern
Beispiele: Grundsteuer, Gewerbesteuer (abzüglich Umlage für Bund und Länder), örtliche Verbrauch- und Aufwandsteuern wie Getränke- und Hundesteuer, Zweitwohnungsteuer

Gemeinschaftsteuern
Beispiele: Lohn- und Einkommensteuer gehen an Bund (42,5 %), Länder (42,5 %) und Gemeinden (15 %), ebenso die Umsatzsteuer (49,6 %; 47,2 %; 3,2 %). Die Körperschaftsteuer und die Kapitalertragsteuer gehen an Bund (50 %) und Länder (50 %).

Steuereinteilung nach dem Steuergegenstand

Besitzsteuern
Es werden Einkommen, Ertrag und Vermögen besteuert.
Beispiele: Einkommensteuer (inkl. Lohnsteuer und Kapitalertragsteuer), Körperschaftsteuer, Gewerbesteuer

Verkehrsteuern
Es wird ein wirtschaftlich-rechlicher Vorgang besteuert.
Beispiele: Umsatzsteuer, Versicherungsteuer, Kraftfahrzeugsteuer, Grunderwerbsteuer

Verbrauchsteuern
Der Verbrauch bestimmter Konsumgüter wird besteuert.
Beispiele: Mineralölsteuer, Tabaksteuer, Branntweinsteuer, Stromsteuer, Energiesteuer

Steuereinteilung nach Art der Erhebung

Direkte Steuern
Steuerträger und Steuerzahler sind identisch.
Beispiel: Ein Unternehmen trägt die Körperschaftsteuer und zahlt per Überweisung an das Finanzamt.

Indirekte Steuern
Steuerträger und Steuerzahler sind unterschiedliche Personen, d.h., die Steuerlast wird über den Verkaufspreis einer Ware auf den Konsumenten abgewälzt.
Beispiel: Beim Tanken trägt der Kunde die Mineralöl- und Mehrwertsteuer, da sie im Kraftstoffpreis enthalten sind. Die Überweisung der Steuern an das Finanzamt nimmt jedoch der Mineralölkonzern vor.

Steuer- und Aufgabenverteilung auf einen Blick (vereinfachte Darstellung)		
	Die wichtigsten Steuereinnahmen	**Wesentliche Aufgaben**
Gemeinden	Gemeindeanteil an Lohn und Einkommensteuer (einschließlich Abgeltungsteuer), Gemeindeanteil an der Umsatzsteuer, Gewerbesteuer[1], kleinere eigene Steuern (u.a. Hundesteuer, Getränkesteuer, Vergnügungsteuer, Jagd- und Fischereisteuer), Grundsteuer	Müllabfuhr, Kanalisation, Sozialhilfe, Baugenehmigungen, Meldewesen, Kindergärten, Schulbau, Grünanlagen, öffentlicher Nahverkehr

[1] Die Gemeinden führen Teile ihres Gewerbesteueraufkommens in Form der Gewerbesteuerumlage an die Länder und den Bund ab.

Steuer- und Aufgabenverteilung auf einen Blick (vereinfachte Darstellung)		
	Die wichtigsten Steuereinnahmen	**Wesentliche Aufgaben**
Länder	Länderanteil an Lohn- und Einkommensteuer (einschließlich Abgeltungsteuer) sowie Körperschaftsteuer und Umsatzsteuer, Erbschaftsteuer, Grunderwerbsteuer, Biersteuer, Spielbankabgabe	Schulen, Universitäten, Polizei, Rechtspflege, Gesundheitswesen, Kultur, Wohnungsbauförderung, Steuerverwaltung
Bund	Bundesanteil an Lohn- und Einkommensteuer (einschließlich Abgeltungsteuer) sowie Körperschaftsteuer und Umsatzsteuer, Mineralölsteuer, Tabaksteuer, Branntweinsteuer, Kaffeesteuer, Versicherungsteuer, Kraftfahrzeugsteuer	Soziale Sicherung (Schwerpunkt Renten- und Arbeitslosenversicherung), Verteidigung, auswärtige Angelegenheiten, Verkehrswesen, Geldwesen, Wirtschaftsförderung, Forschung (Großforschungseinrichtungen), BAföG, Universitäten

Ziele der Besteuerung

In einer modernen Volkswirtschaft gehen die Ziele der Besteuerung über die Finanzierung der Aufgaben der öffentlichen Verwaltungseinrichtungen und Institutionen (**fiskalische Gründe**) hinaus.

Verteilungs- und sozialpolitische Gründe

Bezieher geringer Einkommen unterhalb des Grundfrei-

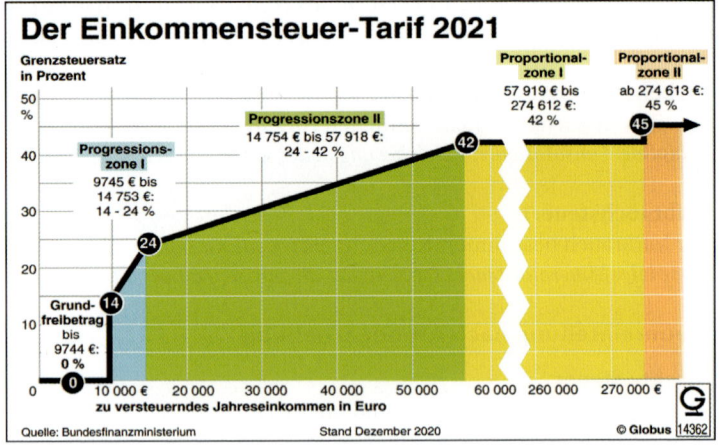

betrages zahlen gar keine Steuern. Mit zunehmendem Einkommen setzt die Steuerpflicht ein und erhöht sich einkommensabhängig linear-progressiv von 14 % auf maximal 45 %. Ähnlich wie bei den Transferzahlungen wird durch die unterschiedliche Besteuerung eine Einkommensumverteilung im Sinne des Sozialstaatsprinzips erreicht. Mit der Anhebung des Grundfreibetrags von jetzt 9744 € um 144 € auf 9984 € (2022) wird sichergestellt, dass auch im nächsten Jahr das Existenzminimum steuerfrei bleibt.

Wirtschaftspolitische Gründe

- Konjunkturpolitische Ziele
  Beispiel: Senkung der Körperschaftsteuer

- Wettbewerbspolitische Ziele
  Beispiel: Einfuhrzölle für Importe aus Ländern außerhalb des EU-Einflussbereichs

- Strukturpolitische Ziele
  Beispiel: Steuererleichterungen für Industrieansiedlungen in Mecklenburg-Vorpommern

- Ökologische Lenkung
  Beispiel: Erhöhung der Mineralölsteuer

Länderfinanzausgleich

Um zu starke Wohlstandsunterschiede innerhalb Deutschlands zu vermeiden, wurde im Grundgesetz der Länderfinanzausgleich vorgesehen. Dabei ist ist die Finanzkraft je Einwohner in den einzelnen Ländern maßgeblich. Grundsätzlich wird ein gleicher Finanzbedarf je Einwohner in ganz Deutschland unterstellt, allerdings mit Ausnahmen. Den Stadtstaaten wird ein um 35 Prozent erhöhter Finanzbedarf je Einwohner zugebilligt. Auch für dünnbesiedelte Flächenländer gibt es einen Aufschlag: für Mecklenburg-Vorpommern fünf Prozent, für Brandenburg drei Prozent und für Sachsen-Anhalt zwei Prozent. Die genaue Höhe der Ausgleichszuweisungen für ein finanzschwaches Land hängt davon ab, wie weit seine Finanzausstattung je Einwohner die durchschnittliche Finanzkraft je Einwohner unterschreitet. Spiegelbildlich verhält es sich bei den finanzstarken Ländern. Deren Beitrag ist abhängig von der Finanzkraft seiner Einwohner zur durchschnittlichen Finanzkraft aller Einwohner.

Beispiel:

Finanzkraft je Einwohner vor Länderfinanzausgleich in v. H. der durchschnittlichen Finanzkraft je Einwohner in Bremen 90, in Hessen 110. Finanzkraft je Einwohner nach Länderfinanzausgleich in v. H. der durchschnittlichen Finanzkraft je Einwohner in Bremen 96, in Hessen 104.

Haushaltsplanung

Bundeshaushalt: Vom Entwurf zum Gesetzblatt

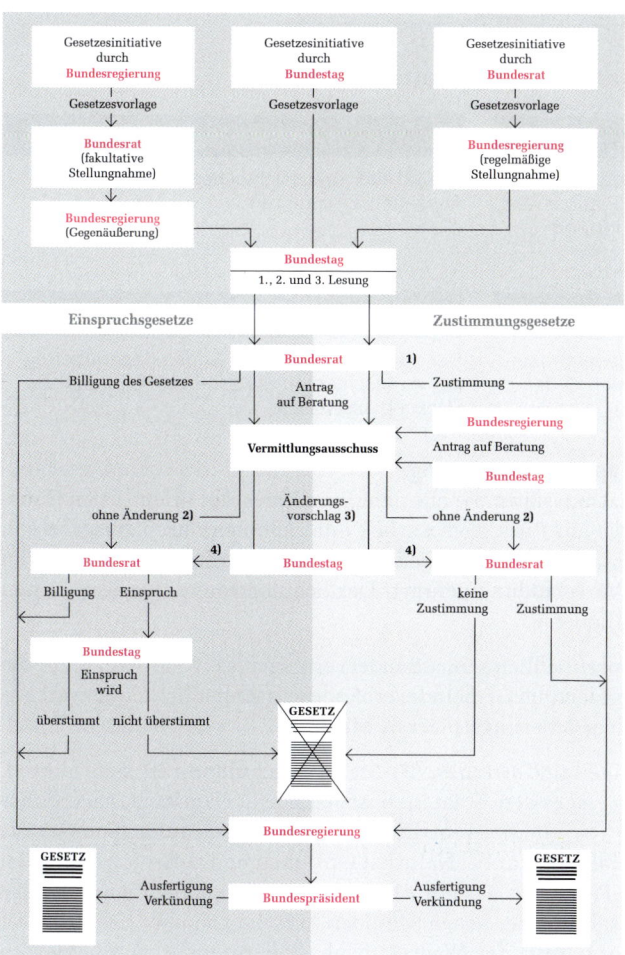

Die Haushaltsplanung folgt den Vorschriften des Grundgesetzes, des Haushaltsgrundgesetzes und der Bundeshaushaltsordnung.

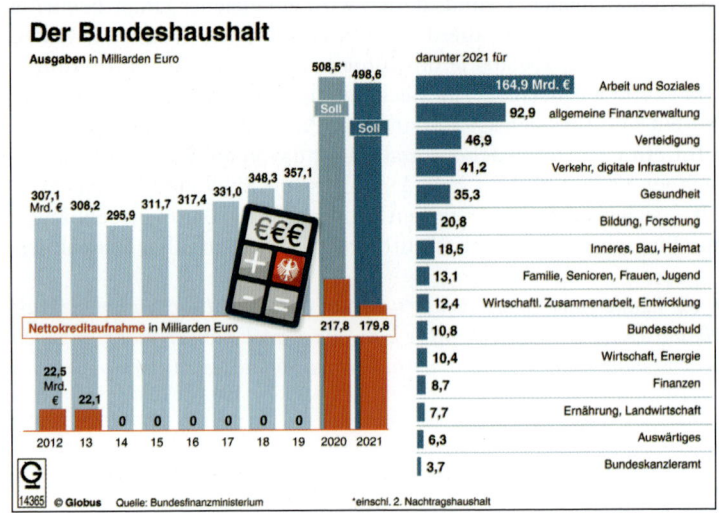

Der Bundeshaushalt

Ausgaben in Milliarden Euro

508,5* 498,6

darunter 2021 für

	Mrd. €	Bereich
	164,9 Mrd. €	Arbeit und Soziales
	92,9	allgemeine Finanzverwaltung
	46,9	Verteidigung
	41,2	Verkehr, digitale Infrastruktur
	35,3	Gesundheit
	20,8	Bildung, Forschung
	18,5	Inneres, Bau, Heimat
	13,1	Familie, Senioren, Frauen, Jugend
	12,4	Wirtschaftl. Zusammenarbeit, Entwicklung
	10,8	Bundesschuld
	10,4	Wirtschaft, Energie
	8,7	Finanzen
	7,7	Ernährung, Landwirtschaft
	6,3	Auswärtiges
	3,7	Bundeskanzleramt

Soll / Soll

307,1 Mrd. € 308,2 295,9 311,7 317,4 331,0 348,3 357,1

Nettokreditaufnahme in Milliarden Euro 217,8 179,8

22,5 Mrd. € 22,1 0 0 0 0 0 0

2012 13 14 15 16 17 18 19 2020 2021

© Globus   Quelle: Bundesfinanzministerium   *einschl. 2. Nachtragshaushalt

14365

Grundsätze der Haushaltsaufstellung

Klarheit

Der Haushaltsplan muss klar gegliedert sein, sodass aus den Haushaltsansätzen erkennbar wird, für welche Zwecke und aus welchem Grund Haushaltsmittel benötigt werden.

Vollständigkeit

Es sind alle voraussichtlichen Einnahmen und Ausgaben aufzuführen.

Öffentlichkeit

Ein geheimer Etat wäre unzulässig. Jeder Staatsbürger hat das Recht auf Einblick in den Haushaltsplan.

Ausgleich

Der Haushaltsplan muss für den Gesamtbetrag der veranschlagten Ausgaben die erforderliche Deckung ausweisen.

Problem der wachsenden Staatsverschuldung

Soweit zur Finanzierung der Staatsausgaben die eigenen Einnahmen der öffentlichen Haushalte nicht ausreichen, greifen sie auf Rücklagen zurück oder nehmen durch Ausgabe von Anleihen oder direkte Darlehensaufnahme am Kreditmarkt Fremdmittel auf. Dies hat zu einer wachsenden öffentlichen Verschuldung geführt. Der Schuldenstand der öffentlichen Haushalte betrug 2020 ca. 2,1 Billionen €.

Davon entfielen auf den Bund einschließlich seiner Sondervermögen ca. 1 300 Mrd. €, auf die Länder 625 Mrd. €, auf die Gemeinden und Gemeindeverbände (einschließlich Zweckverbände) 132 Mrd. € und auf die Sozialversicherungsträger 52 Mrd. €.

Die Diskussion über Auswirkungen und Grenzen der Staatsverschuldung ist stets aktuell. Nach einer Grundgesetzänderung ist es dem Staat inzwischen nur noch erlaubt, max. 0,35 % seiner Ausgaben über Kredite zu finanzieren. Diese sogenannte Schuldenbremse aus Art. 109 Abs. 3 S. 1 GG sieht Ausnahmen nur bei Naturkatastrophen und außergewöhnlichen Notsituationen vor. Die Corona-Pandemie hat ein Aussetzen der Schuldenbremse ab 2020 erforderlich gemacht. Eine Rückzahlung der neuen Schulden in Höhe von über 100 Mrd. € ist für die Jahre 2026 bis 2042 geplant. Trotz der Niedrigzinsphase kann nicht ausgeschlossen werden, dass die Neuverschuldung den Spielraum der Haushalte künftiger Jahre einengen wird.

Informationen über das Ausmaß der Staatstätigkeit in einer Volkswirtschaft geben die folgenden Quoten, deren Verlauf in der nachstehenden Abbildung dargestellt wird:

- **Ausgabenquote (Staatsquote)**: Anteil der staatlichen Ausgaben am Bruttoinlandsprodukt.
- **Einnahmenquote**: Anteil der staatlichen Einnahmen am Bruttoinlandsprodukt.
- **Abgabenquote**: Anteil der Steuern und Sozialabgaben am Bruttoinlandsprodukt.
- **Defizitquote**: Finanzierungsfehlbetrag im Verhältnis zum Bruttoinlandsprodukt (wichtiges Konvergenzkriterium im Zusammenhang mit der Europäischen Wirtschafts- und Währungsunion[1]).

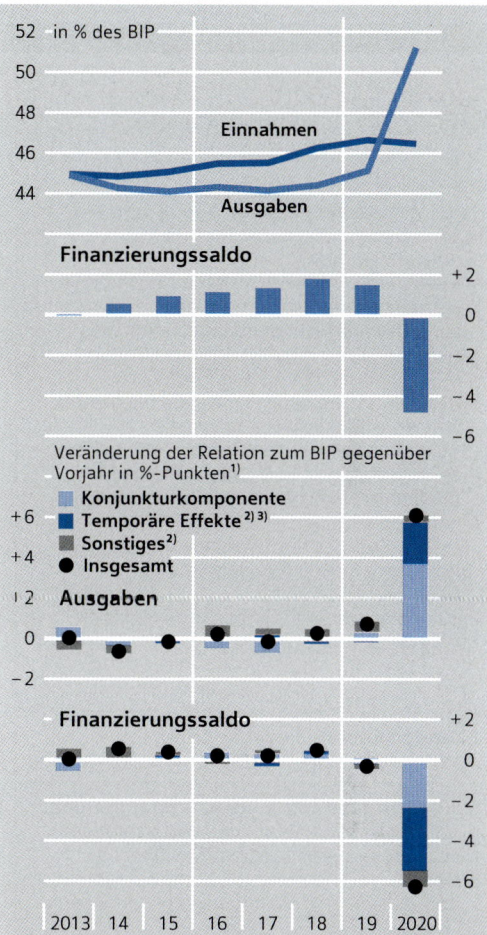

Kennziffern des Staatshaushalts und wichtige Elemente der Entwicklung*)

* Staatlicher Gesamthaushalt in Abgrenzung der Volkswirtschaftlichen Gesamtrechnungen. **1** Vgl. zur Aufteilung S. 71 ff. **2** Veränderung der Relation zum Trend-BIP. **3** Entspricht im Jahr 2020 im Wesentlichen den finanzpolitischen Stützungsmaßnahmen in der Coronakrise.

Deutsche Bundesbank

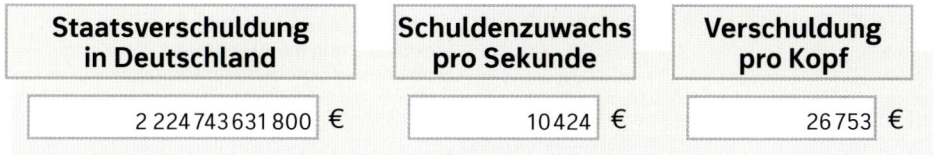

Staatsverschuldung in Deutschland	Schuldenzuwachs pro Sekunde	Verschuldung pro Kopf
2 224 743 631 800 €	10 424 €	26 753 €

Quelle: Zahlen nach: www.steuerzahler.de, abgerufen am 6.11.2020

---

[1] Vgl. S. 352 ff.

Nachfrageorientierte Wirtschaftspolitik	Angebotsorientierte Wirtschaftspolitik
Fiskalismus (John Maynard Keynes, Großbritannien)	**Monetarismus** (Milton Friedman, USA)
Grundannahmen: – Marktwirtschaftliche Systeme sind instabil; sie haben keine eigengesteuerte Tendenz zum Gleichgewicht der beiden Seiten des Marktes. Daher ist antizyklisches Gegensteuern durch den Staat erforderlich. – Arbeitslosigkeit baut sich wegen nach unten starrer Löhne nicht von selbst ab. – Bei nach unten starren Nominallöhnen bedeutet Inflation eine Reallohnsenkung. – Privater Konsum hängt vom laufenden Einkommen ab. – Private Sparneigung ist relativ konstant. Daher führen Einkommensänderungen zu Nachfrageänderungen. – „Globalsteuerung" der gesamtwirtschaftlichen Nachfrage ist möglich.	**Grundannahmen:** – Die private Wirtschaft ist stabil, tendiert zum Gleichgewicht, reguliert sich über Preis- und Mengeneffekte selbst. – Antizyklische staatliche Eingriffe („stop and go") sind nicht Reaktion auf, sondern Ursache für Konjunkturschwankungen; sie bedeuten Unsicherheit für den privaten Sektor und führen zu Fehlentscheidungen. – Notwendige Strukturanpassungen der Wirtschaft werden u. a. durch Subventionen und staatliche Reglementierungen behindert. – Arbeitslosigkeit ist vorrangig strukturell bedingt. – Für Investitionen erforderliche Unternehmergewinne werden durch hohe Löhne, Lohnnebenkosten, Steuern und Abgaben geschmälert. – Konsum hängt vom auf Dauer erwarteten Einkommen ab.
Grundproblem: Zu schwache gesamtwirtschaftliche Nachfrage.	**Grundproblem:** Zu hohe Reallöhne.
Hauptinstrumente zur Konjunktursteuerung: – Staat soll in den Ablauf des Wirtschaftsgeschehens eingreifen (Ablaufpolitik). – Gezielte Veränderung von Staatseinnahmen und -ausgaben (Staatshaushalt); daher auch „Fiskalismus". – Finanzpolitik / Fiskalpolitik wirkt über Multiplikatorwirkungen auf die Nachfrage. – Im Abschwung müssen zusätzliche Staatsausgaben (Konjunktur- bzw. Beschäftigungsprogramme) durch Verschuldung finanziert werden: sogenanntes „Deficit-Spending".	**Hauptinstrumente zur Konjunktursteuerung:** – Staat soll Rahmenbedingungen verbessern (Ordnungspolitik), anstatt in die Abläufe einzugreifen. – Hauptsächliche Steuerungsgröße ist die Geldmenge; daher auch „Monetarismus", also insbesondere die Zinspolitik der EZB. – Verstetigung der Geld- und Fiskalpolitik. – Spreizung der Löhne und Gehälter nach Arbeitsproduktivität; Einzelvertragliche Entgeltvereinbarungen statt einheitlicher Tariflöhne. – Reduzierung der Staatsquote und Abbau der Staatsverschuldung. – Abbau staatlicher Vorschriften: Stichwort „Deregulierung". – Flexibilisierung der Arbeitszeit. – Senkung der Unternehmensabgaben.

Ziel: Erhöhung der Nachfrage nach Investitions- und Konsumgütern und dadurch Zunahme der Beschäftigung und des Wirtschaftswachstums

10.1   Nachfrageorientierte Wirtschaftspolitik

Nachfrageorientierte Wirtschaftspolitik bedeutet, dass der Staat in den Wirtschaftsprozess eingreift, um Arbeitsplätze zu schaffen, Investitionen zu fördern und die Preise zu stabilisieren.

Steigerung/Senkung der gesamtwirtschaftlichen Nachfrage	Steigerung/Senkung der Produktion in den Unternehmungen	Beeinflussung – der Beschäftigung – des Preisniveaus – des Wachstums

Fiskalpolitik bedeutet die Gestaltung der staatlichen Einnahmen und Ausgaben mit der Absicht, die gesamtwirtschaftliche Nachfrage im Sinne der wirtschaftlichen Zielgrößen zu beeinflussen.

Zur gesamtwirtschaftlichen Nachfrage zählt neben der Nachfrage des Staates auch die Investitionsgüternachfrage von Unternehmen und die Konsumgüternachfrage der privaten Haushalte.

Konjunkturbelebung	Konjunkturdämpfung
– Verzicht auf Staatseinnahmen – Erhöhung der Staatsausgaben	– Erhöhung der Staatseinnahmen – Verminderung der Staatsausgaben

Die Maßnahmen zur Konjunkturbelebung und Konjunkturdämpfung sollen entgegengesetzt (antizyklisch) zu der jeweiligen Konjunkturphase wirken.

Beispiel: In der Hochkonjunktur wird über Steuererhöhungen eine Verringerung der gesamtwirtschaftlichen Nachfrage angestrebt. In der Rezession werden Steuern gesenkt, um die gesamtwirtschaftliche Nachfrage anzukurbeln.

Zum Konzept der nachfrageorientierten Wirtschaftspolitik gehört die Idee des „Deficit-Spending". Notfalls soll der Staat seine Maßnahmen zur Ankurbelung der Konjunktur über Kreditaufnahmen finanzieren. Die Rückzahlung der Neuverschuldung soll über die Steuermehreinnahmen, die das erwartete zusätzliche Wirtschaftswachstum mit sich bringt, finanziert werden.

Gegen eine nachfrageorientierte Wirtschaftspolitik gibt es wichtige Einwände:
- Konjunkturprogramme führen nur zu Strohfeuereffekten.
- Dosierung und richtiger Zeitpunkt der Maßnahmen sind in ihrer Wirkung nicht vorhersehbar.
- Die Steuereinnahmen steigen nicht im gewünschten Umfang, sodass die Staatsverschuldung steigt.
- Die staatliche Kreditaufnahme beansprucht den Kapitalmarkt so stark, dass Zinserhöhungen unausbleiblich sind.
- Es kommt zu Mitnahmeeffekten, sodass die Wirksamkeit einzelner Maßnahmen schwer überprüfbar ist.

Beispiel: Die Bundesregierung kündigt eine befristete Investitionszulage in Höhe von 10% ab dem 1. Januar des kommenden Jahres an. Unternehmen werden ihre geplanten Investitionen auf das Folgejahr verschieben, um in den Genuss der Investitionszulage zu kommen.

- Eine Wirtschaftspolitik, in der von Fall zu Fall bestimmte Instrumente eingesetzt werden (Stop-and-go-Policy), ist unberechenbar und kann bei den betroffenen Wirtschaftssubjekten unerwartete Reaktionen hervorrufen.

- Die erhofften Wirkungen treten mit zeitlicher Verzögerung ein und entfalten sich unter Umständen zum „falschen" Zeitpunkt, sodass sie prozyklisch wirken (Timelags).

- Der föderale Aufbau der Bundesrepublik lässt nicht zu, Bund, Länder und Gemeinden zu einheitlichem fiskalpolitischem Handeln zu verpflichten.

10.2   Angebotsorientierte Wirtschaftspolitik

Grundüberlegung dieser Strategie ist, dass die Beschäftigungslage und die Höhe des Volkseinkommens bestimmt wird durch die Rentabilität der Produktion.

Das Konzept zielt daher darauf ab, die Antriebskräfte der Marktwirtschaft zu stärken und die Anreize zum Investieren, zu Innovationen, zur Leistung und zur Anpassung an neue Umweltbedingungen zu verbessern.

Staatliche Auflagen, Gesetze und Subventionen, aber auch die Steuerbelastung sollen hierbei auf das Notwendigste beschränkt werden, um die Eigeninitiative und die schöpferischen Kräfte der Menschen als Triebfeder der Marktwirtschaft zu fördern und damit die wirtschaftliche Dynamik zu erhalten.

Durch Stärkung der Angebotsseite und Erleichterung der Angebotsbedingungen sollen Beschäftigung und Nachfrage verbessert werden:

- Privatisierung öffentlicher Unternehmen,
- konjunkturneutrale Finanzpolitik,
- Senkung der Lohnnebenkosten,
- Beschleunigung von Genehmigungsverfahren,
- Rückverlagerung von gemeinschaftlichen Risiken auf den Einzelnen,
- Abbau von Arbeits- und Kündigungsschutzregelungen,
- Stärkung der Subsidiarität (Selbstvorsorge) und Abbau von falschen Anreizen in der Sozialpolitik,
- Verringerung der Staatsquote,
- Abbau von Subventionen und Transferzahlungen,
- Öffnung öffentlicher Monopole,
- Senkung der Unternehmenssteuern,
- potenzialorientierte Geldpolitik[1].

Die Angebotssteuerung der Volkswirtschaft beruht auf der Überlegung, dass die Verbesserung der Investitionsbedingungen für die Unternehmungen zu erhöhter Beschäftigung und mehr Wirtschaftswachstum führt.

– Verbesserung des Investitionsklimas
– motivierendes Steuersystem
– weniger Staat, mehr Markt

– verbesserte Gewinnaussichten
– mehr Investitionen
– steigende Produktion

Steigerung
– des Wirtschaftswachstums
– der Beschäftigung

In Deutschland scheint sich in den letzten Jahren ein Trend zur angebotsorientierten Wirtschaftspolitik zu verstärken. In einem seiner letzten Gutachten rät der Sachverständigenrat,

- die Sozialversicherungssysteme umzustellen,
- den Standort Deutschland durch Kostensenkungen attraktiv zu erhalten,
- direkte Steuern zulasten von indirekten Steuern umzuschichten,
- bei Lohnerhöhungen unter dem Produktivitätsfortschritt zu bleiben und
- die Investitionsbedingungen zu verbessern.

---

[1] *Vgl. S. 336 ff.*

11   Fiskalpolitik

Mit dem Gesetz zur Förderung der Stabilität und des Wachstums der Wirtschaft wurde 1967 der Versuch unternommen, durch gesetzgeberische Vorschriften die Konjunktur zu steuern. Nach dem Prinzip der Globalsteuerung, d.h. der Beeinflussung von Investitionen, Konsum und Sparen, soll die Gesamtnachfrage antizyklisch beeinflusst werden. Diese Beeinflussung erfolgt entweder direkt durch Markteintritt des Staates als Nachfrager oder aber indirekt, indem Haushalte und Unternehmen steuerliche Erleichterungen oder Erschwernisse erhalten.

Das Stabilitätsgesetz enthält ein reichhaltiges Instrumentarium, um den Wirtschaftsablauf zur bestmöglichen Verwirklichung des „Magischen Vierecks" zu beeinflussen. Die Maßnahmen und Instrumente des Stabilitätsgesetzes gehören in die Kategorie „nachfrageorientierte Wirtschaftspolitik".

Da sich die Kassen der öffentlichen Haushalte während eines konjunkturellen Aufschwungs aufgrund steigender Steuereinnahmen allmählich füllen, ist es für den Staat natürlich naheliegend (und verführerisch), diese Steuermehreinnahmen auch wieder auszugeben. Ein solches Verhalten würde allerdings die konjunkturelle Aufwärtsentwicklung noch verstärken, also prozyklisch wirken. Im Sinne des Stabilitätsgesetzes sollten Steuermehreinnahmen im Aufschwung nicht ausgegeben, sondern antizyklisch verwendet werden, beispielsweise zur Schuldentilgung oder als Rücklage für schlechtere Zeiten (Konjunkturausgleichsrücklage).

> *Das Konzept der* **antizyklischen Fiskalpolitik** *verlangt, dass der Staat seine Einnahmen- und Ausgabenpolitik in den einzelnen konjunkturellen Phasen genau entgegengesetzt zum Verhalten der übrigen Wirtschaftssubjekte (Unternehmen, private Haushalte), also antizyklisch, gestaltet.*

Ziel der antizyklischen Fiskalpolitik ist es, durch geeignete Maßnahmen eine Verstetigung des Konjunkturverlaufs herbeizuführen.

- Im **Konjunkturaufschwung** sollte der Staat seine eigene Nachfrage senken, um die konjunkturelle Aufwärtsbewegung und den damit verbundenen Preisniveauanstieg nicht zu verstärken.

- Im **Konjunkturabschwung** sollte der Staat dagegen seine eigene Nachfrage erhöhen, um die konjunkturelle Abwärtsbewegung und den damit verbundenen Beschäftigungsrückgang zu bremsen.

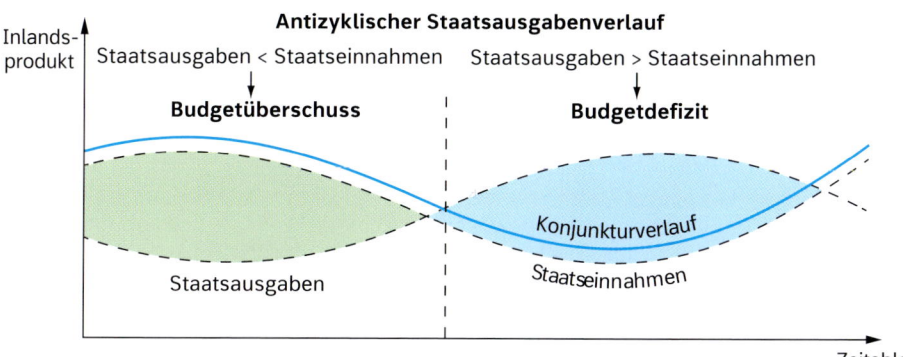

Antizyklischer Staatsausgabenverlauf

Inlandsprodukt

Staatsausgaben < Staatseinnahmen   Staatsausgaben > Staatseinnahmen

Budgetüberschuss   **Budgetdefizit**

Konjunkturverlauf

Staatsausgaben   Staatseinnahmen

Zeitablauf

Fiskalpolitisches Instrumentarium gemäß Stabilitätsgesetz

Das Instrument wirkt primär auf die Nachfrage ...	Konjunkturförderung	Konjunkturdämpfung
... der privaten Haushalte	– unmittelbare Senkung der Einkommensteuer	– unmittelbare Erhöhung der Einkommensteuer
... der Unternehmen	– unmittelbare Senkung der Körperschaftsteuer – mittelbare Senkung der Körperschaftsteuer durch Einräumung von Abschreibungsvergünstigungen – Gewährung von Subventionen	– unmittelbare Erhöhung der Körperschaftsteuer – mittelbare Erhöhung der Körperschaftsteuer durch Aussetzung von Abschreibungsvergünstigungen – Abbau von Subventionen
... des Staates	– Auflösung der Konjunkturausgleichsrücklage – Beschleunigung von Investitionen – zusätzliche Kreditaufnahme	– Bildung der Konjunkturausgleichsrücklage – Schuldentilgung – Verzögerung von Investitionen – Beschränkung der Kreditaufnahme

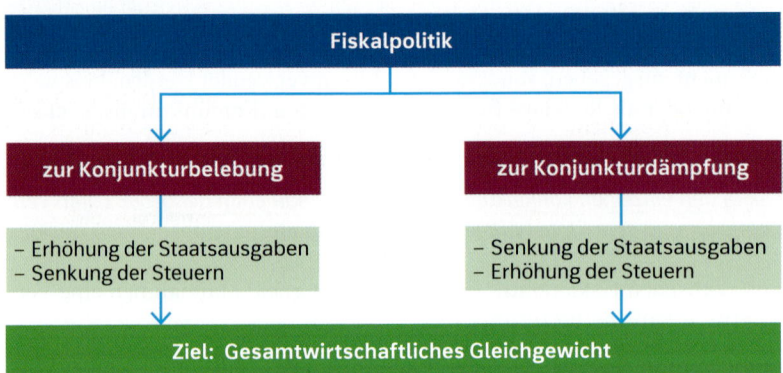

Die aktuelle Wirtschaftspolitik kann sich nicht ausschließlich entweder auf Angebotsorientierung oder auf Nachfrageorientierung konzentrieren: Beide Konzepte sind mit unterschiedlichen „Nebenwirkungen" verbunden. Gefährdung des sozialen Friedens, steigende Staatsverschuldung oder weitere Vermögensumschichtungen können die unerwünschten Folgen der einen oder der anderen Politik sein. Daher müssen Elemente beider Konzepte von der Wirtschaftspolitik genutzt werden. Von besonderer Bedeutung wird dabei sein, wie die nationale Wirtschafts- und Finanzpolitik der 19 Mitglieder der Eurozone untereinander verzahnt und mit der Geldpolitik der EZB in Einklang gebracht werden kann.

Sachwortverzeichnis

Bildquellenverzeichnis